Ms V 24

Abendgymnasium
der Stadt Bonn
5300 Bonn
Loe-Straße 14

EX LIBRIS
10/24

5613

Richard Wagner
Der Ring des Nibelungen

Acta humaniora

Richard Wagner
Der Ring des Nibelungen

Nach seinem mythologischen,
theologischen und philosophischen Gehalt
Vers für Vers erklärt von
Herbert Huber

Acta humaniora

CIP-Titelaufnahme der Deutschen Bibliothek

Huber, Herbert:
Richard Wagner, Der Ring des Nibelungen : Nach seinem
mytholog., theol. u. philos. Gehalt Vers für Vers erkl. / von
Herbert Huber. – Weinheim : VCH, Acta Humaniora, 1988
  ISBN 3-527-17600-4
NE: Wagner, Richard: Der Ring des Nibelungen

© VCH Verlagsgesellschaft mbH, D-6940 Weinheim (Bundesrepublik Deutschland), 1988
Alle Rechte, insbesondere die der Übersetzung in andere Sprachen, vorbehalten. Kein Teil dieses Buches darf
ohne schriftliche Genehmigung des Verlages in irgendeiner Form – durch Photokopie, Mikroverfilmung
oder irgendein anderes Verfahren – reproduziert oder in eine von Maschinen, insbesondere von Datenverar-
beitungsmaschinen, verwendbare Sprache übertragen oder übersetzt werden.

Satz: Mitterweger Werksatz GmbH, D-6831 Plankstadt
Druck: Heidelberger Verlagsanstalt und Druckerei GmbH, D-6900 Heidelberg
Bindung: Klambt-Druck GmbH, D-6720 Speyer

Printed in the Federal Republic of Germany

Vorwort

Die hier vorgelegten Erklärungen zu Richard Wagners »Ring des Nibelungen« wäre der Unterzeichnete zu verfassen nicht imstande gewesen, wenn nicht seine Eltern in ihm von Jugend auf den Sinn für die Sphäre der Religion geweckt und in liebevoller Pflege gefördert hätten; wenn sie ihm nicht neben der biblischen Wahrheit – als weniger heiliges, aber doch hoch verehrungswürdiges Gut – die alten Sagen der germanischen Welt und vieles andere, das für gegenwärtiges Buch nicht von offenkundiger Bedeutung ist, überliefert hätten; wenn sie ihm nicht schon im Kindesalter die Begegnung mit Richard Wagner ermöglicht hätten; wenn sie ihm nicht die Muße bereitet hätten, jene erst mündlich, dann als Schriftwerk überkommenen Wunderdinge in seinem Inneren sich festsetzen und untereinander immer mehr Verflechtung und immer größeren Raum gewinnen zu lassen. Der Dank dafür soll hier wenigstens ausgesprochen werden, wenn er auch nicht abgetragen werden kann.

Das Buch wurde zum größeren Teil neben einer vollen beruflichen Verpflichtung am häuslichen Schreibtisch abends und am Wochenende geschrieben. Die Geduld meiner Frau und unserer kleinen Tochter war zwar zu Recht nicht unbegrenzt, aber erstaunlich war es doch, wie weit solche Grenzen hinausgeschoben werden können. Auch hier sagt ein Dankeswort immer zuwenig. Wie wichtig die in diesem Buch behandelten Fragen auch sein mögen und wie dringlich es gerade heute geboten sein mag, den Versuch einer Bewahrung der durch die Flachheit des Zeitgeistes arg gefährdeten Überlieferung zu unternehmen, – die versäumte Zeit im familiären Kreis kann durch all das nicht aufgewogen werden.

Der Kommentar zum »Ring« wäre vermutlich nie auf das Papier gekommen, wenn nicht der Lektor der VCH Verlagsgesellschaft, Herr Dr. Gerd Giesler, ein starkes Interesse an der Veröffentlichung eines solchen Werkes, das ich ihm zuerst ohne wirklichen Glauben an eine Annahme vorschlug, gehabt und innerhalb des Verlages vertreten hätte. Dafür und für die wiederum sehr gute Zusammenarbeit danke ich ihm und dem Verlag. Dank gebührt schließlich auch Frau Christa Becker (VCH), die das gesamte Kommentarmanuskript aufmerksam durchgesehen und zur Beseitigung einiger sprachlicher Flüchtigkeiten beigetragen hat.

München, den 9. Oktober 1987   *Herbert Huber*

Art des Verweisens und Zitierens im Kommentar

Die fettgedruckten Ziffern beziehen sich auf die Verse des »Ring«.

Innerhalb des Kommentartextes verweisen Ziffern, die mit → versehen sind, sowohl auf die Verse des »Ring« als auch auf die entsprechenden Kommentarabschnitte.

Die mit A, B, C, D, E gekennzeichneten Ziffern beziehen sich auf den Schluß des »Ring« ab Vers 8919.

Sekundärliteratur wird durch Anführung des Verfasser- oder Titelnamens und folgende Angabe des Bandes (römische Ziffern) und der Seiten (arabische Ziffern) zitiert. Die bibliographischen Merkmale können dann dem Literaturverzeichnis entnommen werden. Abkürzungen, die bei der Zitation Verwendung finden, sind hier ebenfalls alphabetisch eingeordnet.

Inhalt

Vorwort *V*

Art des Verweisens und Zitierens im Kommentar *VI*

Einleitung *IX*

Richard Wagner
Der Ring des Nibelungen
Text
Vorabend: Das Rheingold *3*
Erster Tag: Die Walküre *29*
Zweiter Tag: Siegfried *59*
Dritter Tag: Götterdämmerung *95*
    Schlußfassungen A, B, C, D, E *124*

Kommentar von Herbert Huber
Vorabend: Das Rheingold *131*
Erster Tag: Die Walküre *175*
Zweiter Tag: Siegfried *225*
Dritter Tag: Götterdämmerung *265*
    Die Schlußfassungen von »Siegfrieds Tod« *299*
    Der Schluß des »Ring« *301*

Literaturverzeichnis *309*

Verzeichnisse zum Kommentar
    I. Verzeichnis der Worterklärungen zum »Ring« (ohne Namen) *319*
    II. Systematisches Verzeichnis *320*
    III. Verzeichnis der Namen und Sachen der germanischen Religion und Kultur *326*
    IV. Verzeichnis der germanischen Quellentexte *329*
    V. Verzeichnis der Bibelstellen (Kanonische Reihenfolge) *336*
    VI. Verzeichnis der Stellen aus Richard Wagners Werken *337*
    VII. Verzeichnis sonstiger Namen *338*

Übersichtstafeln zum Grundproblem des »Ring des Nibelungen« *339*

Einleitung

1. Götter

In keinem anderen bekannten und oft aufgeführten Werk des Theaters oder der Oper haben *Götter* eine solche Bedeutung wie im »Ring des Nibelungen«. Seit fast eineinhalb Jahrhunderten geht man aber, ohne darin auch nur ein Problem zu sehen, davon aus, daß die Götter und ihre Beziehungen untereinander und zur Welt, wie sie der »Ring« darstellt, Bilder für etwas ganz *Anderes* seien. Dieses Andere wechselte in der Interpretationsgeschichte öfter, und der Wechsel setzt sich in der gegenwärtigen Inszenierungstätigkeit fort. Der »Ring« wird so zur Parabel ökonomischer, rassistischer, politischer, gesellschaftlicher, zeitgeschichtlicher oder psychologischer Verhältnisse.* In Wahrheit ist aber im »Ring« die religiöse, philosophische oder, allgemeiner gesagt, weltanschauliche Frage nach den letzten Zusammenhängen überall gegenwärtig. Trotzdem ist bei Aufführungen, in Programmheften und in den öffentlichen Äußerungen der Festspielleiter, Regisseure, Dirigenten, Schauspieler und Sänger davon nichts zu finden. Die Gesinnung der gegenwärtigen Theaterleute ist hinsichtlich der religiösen Thematik meist nur von Ausfällen gekennzeichnet. Teils hat es ihnen der Geist der Zeit, in der sie groß geworden sind, nicht gestattet, jene Thematik überhaupt kennenzulernen, teils gefallen sie selbst sich darin, die religiöse Überlieferung in den hintersten Grund ihrer Aufmerksamkeit zu drängen. Daß sie, die zu Sachwaltern der großen Kunstwerke bestellt wären, das ihnen anvertraute Gut so nachlässig behandeln dürfen, ja für ihre erosionsartige Tätigkeit oft bejubelt und stets reich bezahlt werden, zeigt nur, wie weit der Verfall des Bewußtseins der Verantwortlichen schon fortgeschritten ist. Den Regisseuren und Inszenatoren gelingt ihr Treiben freilich nur, weil sie in Sängern, Dirigenten und Generalmusikdirektoren willige Gehilfen für ihre Anschläge auf das Werk, das jeweils die Aufführung erleiden muß, finden. Wenn ein Generalmusikdirektor sagen würde: »Solchen ›Ring‹ will ich nicht an meinem Haus«, und wenn ein Gesangsstar sagen würde: »Bei solchem Theater spiele und singe ich nicht mit«, dann würden sich vermutlich die Regisseure bald wundern, wie wenig an Aufträgen sie noch erreichte. Auch in den Kritikern findet der Zuschauer keinen Bundesgenossen, wenn er beklagt, um das Werk, dessentwegen er ja ins Theater geht, betrogen zu werden. Allerdings kann man es dem Kritiker kaum anlasten, wenn er das Werk nicht zum Maßstab seiner Beurteilung einer Aufführung macht: Als Fernseh- oder Zeitungsmann ist er dem flüchtigen Tagesgeschäft verschworen, er ist nicht der Anwalt des Werkes, sondern der »Aktualität«. Und so belehren uns ja Kritiker schon, daß die, die Wagner so sehen möchten, wie es seiner Dichtung entspräche, ewig Gestrige seien. Man fragt sich nur,

---

* Für den Nachweis dieser Behauptung vergleiche man das Werk von Oswald Georg Bauer.

warum sie dann nicht Wagner ruhig im Gestrigen lassen und *selber* ein heutiges Werk verfassen. Was Inszenatoren und Kritiker heute im Kopf haben, reicht offensichtlich nicht zu eigenen Werken – wenigstens nicht zu solchen, die das Publikum dann auch sehen möchte –, und deshalb müssen die Werke größerer Köpfe sich zum Vehikel der »Botschaft« ihrer Inszenatoren verfälschen lassen. Es drängt sich die Frage auf, was eigentlich die Kulturabteilungen des Staates veranlaßt, die Gelder, die ihnen der Steuerzahler zur Bewahrung der Überlieferung überläßt, zur Schändung derselben zu verwenden? Quousque tandem?

Was der »Ring« wirklich ist, blieb auch in der sogenannten Wagner-Forschung seit eh und je unbeachtet: eine Darstellung der Bedeutung des Göttlichen für des Menschen Verständnis seiner selbst und der übrigen Wirklichkeit. Diese Thematik rollt der »Ring« durch eine sorgfältige Verarbeitung der mythologischen Erzählungen der germanischen Welt auf, unter anspielungsreicher Einbeziehung der im 19. Jahrhundert mit großer Denkkraft durchdrungenen und im allgemeinen Bewußtsein der damaligen Zeit sehr gegenwärtigen jüdisch-christlichen Überlieferung.

Der hier vorgelegte Kommentar unternimmt es erstmals, die »Ring«-Dichtung *ohne verfälschende Umdeutung der Götter* zu erklären. Dabei wird durch Vergleich mit der *mythologischen* Vorlage gezeigt, welche parallele oder abweichende Gestalt Wagner dem Mythos jeweils gibt; sodann wird die *sachliche* Aussage herauszustellen unternommen, die der »Ring« im mythologischen Bild über Gott und Welt macht, wobei dies nie bloß historisch zur Kenntnis genommen, sondern so zu verstehen versucht wird, daß die Bedeutung der Aussage für unsere *gegenwärtige* Wirklichkeitserfahrung sich zeigt.

Der Verfasser ist sich schmerzlich bewußt, daß vieles hätte besser ausgedrückt werden müssen und daß manches in philosophischer und theologischer Hinsicht, das er zwar, so gut und tief er es vermochte, durchdacht hat, noch weiter vertieft und dadurch vielleicht auch korrigiert werden könnte. Wenn man das hier vorgelegte Werk kritisieren möchte, dann kann und soll man die philosophische und die theologische Arbeit da fortsetzen, wo der Verfasser aufhören mußte. Allenfalls kann die Kritik versuchen, angemessener zu philosophieren und zu theologisieren; was sie nicht mehr kann, ist, weiterhin blind zu sein gegenüber der philosophischen und theologischen Thematik des »Ring des Nibelungen«. Freilich könnte vor allem die sogenannte Wagner-Forschung auch in Zukunft hiergegen blind sein *wollen*.

2. Inspiration

Die Philologen werden sagen, mit der Philosophie trage man Dinge in den Text hinein, die der Autor gar nicht beabsichtigt habe. Was der Autor an Absichten haben mochte, als er die Dichtung schrieb, ist aber seine Sache; den Erklärer hat zu interessieren, was im Text steht und wovon der Autor gar kein Bewußtsein zu haben brauchte. Dies ist kein Buch über Wagner, sondern über den »Ring des Nibelungen«. Um ein Beispiel zu geben: Wenn Wagner Wotan »zwiespältig« nennt (→3015), dann ist dies eine Bezeichnung, die der germanischen Mythologie entstammt, in der Odin »Tveggi« heißt. Selbst wenn Wagner diesen Odinsnamen gekannt hat, ist es fraglich, ob seine Wotansbezeichnung wirklich den mythologischen Odinsnamen meint, weil etwa Wolfgang Golther »Tveggi« noch mit »der Zweite der Dreieinigkeit« (Golther 356), nicht aber mit »der Zwiespältige« übersetzt. Es ist aber auch völlig unerheblich, ob Wagner die Bezeichnung aus der Mythologie geschöpft oder sie selbst »erfunden« hat. Einzig entscheidend ist, daß er Wotan tatsächlich als zwiespältig darstellt und bezeichnet und damit ein religionsgeschichtlich und systematisch zentrales Problem des Gottesbegriffs zur Sprache bringt, nämlich die Frage nach der Möglichkeit und der Rolle des Widerstreits von Gut und Böse in einer Wirklichkeit, die doch von dem *einen* Gott geschaffen und gelenkt wird. Die Sache der germanischen Mythologie – wie der Religion überhaupt – spricht durch Wagner, wenn sie auch möglicherweise nicht den philologisch rekonstruierbaren Weg zu ihm gewählt hat. Nicht den *Weg* der religiösen Sache in Wagners Dichtergabe, sondern einzig die innere Bedeutung der einmal anwesenden *Sache* wollen die hier vorgelegten Erklärungen dartun, weil sie philosophischer, nicht aber philologischer oder gar psychologischer Art sind.

Indem ein Dichter *uralt* überlieferte Themen aufnimmt, sie mit der ganz anders gelagerten Situation *seiner* Zeit und ihres Denkens zusammenführt und dabei zu einem Ganzen kommt, dessen Implikationen er selbst gar nicht im Einzelnen überblicken kann, die aber zu wiederum *anderen* Zeiten als in sich und mit der alten Überlieferung stimmig sich erweisen, zeigt sich eine Einheit der Geistesgeschichte, die nicht von einzelnen Menschen mit ihrer nur sehr begrenzten Einflußmöglichkeit auf spätere Epochen konstituiert sein kann. Vielmehr bringt der alle Epochen übergreifende universale Geist *sich selbst* zu verschiedenen Zeiten in verschiedenen Individuen zur Sprache. Es ist der Gottesgeist selbst, der den Dichter inspiriert, wenngleich die empfangene Inspiration in der Endlichkeit des menschlichen Dichters ihre Reinheit auch verlieren kann. Große Dichtung ist nicht philologisch oder psychologisch, sondern nur aus Inspiration erklärbar. Ein ganz und gar unverdächtiger Zeuge für diese Auffassung ist Friedrich Nietzsche, der schreibt: »Hat jemand, Ende des neunzehnten Jahrhunderts, einen deutlichen Begriff davon, was Dichter starker Zeitalter Inspiration nannten? Im andren Falle will ich's beschreiben. – Mit dem geringsten Rest von Aberglauben in sich würde man in der Tat die Vorstellung, bloß Inkarnation, bloß Mundstück, bloß Medium übermächtiger Gewalten zu sein, kaum abzuweisen wissen. Der Begriff Offenbarung, in dem Sinn, daß plötzlich, mit unsäglicher Sicherheit und Feinheit, etwas sichtbar, hörbar wird, etwas, das einen im Tiefsten erschüttert und umwirft, beschreibt einfach den Tatbestand. ... Alles geschieht im höchsten Grad unfreiwillig, aber wie in einem Sturme von Göttlichkeit« (Nietzsche 375). Hier schildert Nietzsche sein eigenes Erleben. Es ist doch überaus aufschlußreich, daß er den Begriff der göttlichen Inspiration zwar als »abergläubisch« abzutun sich bemüht, daß er aber keinen anderen, »aufgeklärteren« Begriff anzugeben weiß. Und gerade Nietzsche fehlte es nie an treffenden Worten. Diese Unfähigkeit, einen anderen als einen religiösen Begriff zu finden, der der

Sache angemessen wäre, beweist, daß die Sache angemessen eben *nur religiös* verstanden werden kann. – Auch wenn Nietzsche diese unabweisbare Konsequenz sich nicht eingestehen will.

3. Die Erklärungen zum »Ring«: Zur Benutzung dieses Buches

Es sind drei Weisen des Umgangs mit den hier vorgelegten Erklärungen zum »Ring des Nibelungen« möglich. Der eine Leser will den Kommentar fortlaufend zur Lektüre des »Ring«-Textes verfolgen. Ihm wäre es sicherlich willkommen, nicht ständig auf Wiederholungen von Ausführungen zu treffen, sondern statt dessen bloß Verweise auf die Versnummern vorzufinden, an denen das Erforderliche und von ihm jetzt ja noch Erinnerte steht.

Der andere Leser will aber eine einzelne Textstelle erklärt haben, ohne gleich alles durcharbeiten zu müssen. Er will daher eine zwar knappe und weiterverweisende, aber doch in sich selbst verständliche Auskunft erhalten, statt an langen Ketten von Verweisziffern entlang mühsam hin und her blättern zu müssen. Hier mußte ein Weg gefunden werden zwischen ermüdender Wiederholung und verwirrendem Verweisen, um die Lesbarkeit weder durch das eine noch durch das andere allzusehr zu gefährden.

In der Abfolge der einzelnen Verse treten die inneren Bestandteile des Mythos und der theologischen und philosophischen Gedanken, die der »Ring« einschließt, nicht in der Reihenfolge auf, die ihrem sachlichen Zusammenhang entspräche. Wer daher etwa eine *systematische* Darlegung der Auffassung des »Ring« über Gott, über den Menschen, die Geschichte oder dergleichen mehr sucht, wird sie nicht finden, wenn er die Erklärungen im Kommentar in ihrer Vers-für-Vers-Anordnung liest. Dieser dritten Art von Leser – dem an der Systematik interessierten Leser – helfen die sieben Verzeichnisse und die beiden Tafeln am Ende des Buches, die das gedankliche Grundgerüst des »Ring« unabhängig von der Versfolge darstellen und die entsprechenden Vers- und Kommentarnummern nach dem systematischen Zusammenhang der in ihnen in Anspruch genommenen bzw. erklärten sachlichen Momente zusammenstellen.

Zweifellos aber ist das Buch in der Hauptsache für denjenigen Leser geschrieben, der ein Handbuch sucht, das ihm zuverlässige Auskunft gibt, wenn er in einer Aufführungspause oder beim häuslichen Schallplattenhören oder bei der Lektüre eines anderen Buches über den »Ring« sich schnell Rat darüber holen möchte, wie ein *einzelner* Vers im Ganzen des Werkes zu verorten ist. Weil bei vielen Versen *dasselbe* größere Ganze herangezogen werden muß, sind Wiederholungen unvermeidlich, wenn der Leser die Möglichkeit geboten bekommen soll, sich ohne größeren Leseaufwand am Ort des ihn gerade beschäftigenden Einzelverses Einsichten zu verschaffen. Allerdings haben die Wiederholungen immer sachlich differente Schattierungen, trotz der Verwendung derselben Wörter, die oft die Funktion technischer Termini haben. Wer im

Blick auf den einzelnen Vers liest – statt mit undeutlicher Erinnerung an »Handlungsverläufe« –, wird dies sehr leicht bemerken und verstehen, daß die Wiederholungen von der Anlage des Buches her notwendig sind. Dem Leser sollen im vorliegenden Buch die *philosophischen* Implikationen der Verse jeweils verständlich dargelegt werden. Philosophisches aber läßt sich nicht einfach als fertiges Ergebnis vorsetzen, sondern besteht in der Entfaltung eines einsichterzeugenden Argumentes. Wenn der Leser nun den Gang eines Argumentes sich aus Querverweisen selber zusammensuchen und auf die jeweilige Einzelversperspektive anwenden muß, dann geht gerade das verloren, was ein Argument ausmacht, nämlich die ausdrückliche Darlegung des inneren Zusammenhangs. Dazu kommt, daß die philosophische Betrachtung der Implikationen eines wagnerschen Verses völlig ungewohnt ist. Man nimmt das einzelne Wort der Dichtung im Falle Wagners nicht so ernst, daß man es auf seine mythologisch-philosophischen Inhalte hin gründlich analysieren würde. Wiederholt wird daher nichts, was ohnehin schon auf der Hand läge. Dem Philosophen mögen die inneren argumentativen Zusammenhänge dieser Implikationen geläufig sein. Schon nicht mehr geläufig ist ihm aber, daß und wie sich vom einzelnen *Wagnervers* her diese Implikationen immer wieder aufdrängen. Der übliche Wagnerleser und -hörer hat hier naturgemäß noch weniger Geläufigkeiten aufzuweisen. Daher *muß* das Buch konsequent vom einzelnen Vers ausgehen und immer wieder erläutern, wie gerade an *dieser* Stelle dasselbe von Bedeutung ist wie an jener. Und das, *was* hier und dort von Bedeutung ist, muß immer wieder erklärt werden, weil es für den Wagner-Freund ungewohnt ist und er nicht in der Lage sein dürfte, die Anwendung jeweils selber zu machen, wenn man ihm bloß Stichworte oder Verweisziffern vorsetzt. Auch beim Anführen der germanischen Quellentexte wurde darauf geachtet, nicht ganze Erzählverläufe zu referieren und sie zu Vers*gruppen* im »Ring« in Beziehung zu setzen, sondern zu den *einzelnen* Versen und ihrem Wortlaut die entsprechenden Quellentextabschnitte zu setzen. In diesem Zusammenhang sei auch auf die Vorbemerkung zum Literaturverzeichnis aufmerksam gemacht.

Dadurch, daß der Kommentar von seiner Anlage her sowohl eine durchgehende, eine teilweise wie auch eine unter systematischen Gesichtspunkten aufgebaute Lektüre erlaubt, ist den verschiedenen Graden der Werkkenntnis, mit denen der Leser an den Kommentar herantritt, Rechnung getragen. Der *Anfänger* wird für seinen – im Vergleich zu den gängigen »Einführungen« und »Kurzdarstellungen« – größeren Aufwand an Lesezeit und Lesemühe dadurch entschädigt, daß er von Anfang an nicht auf die im Schrifttum so reichlich vorhandenen verständnisverkürzenden Fährten gesetzt wird. Der *durchschnittlich interessierte* »Ring«-Leser, der weder ein Spezialist in »Ring«-Fragen ist (wenn er den Text auch möglicherweise gut kennt), noch sich in Philosophie und Theologie sehr zu Hause fühlt, soll in seiner Beschäftigung mit dem Text Rat und Wegweisung erhalten, sowohl was den inneren Zusammenhang des Werkes als auch was das Verständnis schwieriger einzelner Verse und Formulierungen angeht. Der Leser, der durch *eingehendes eigenes Studium* ein »Ring«-Verständnis sich erworben hat, das von dem dieses Kommentars abweicht, soll durch die Präsentation des Gesamtzusammenhangs am Ort des Einzelverses veranlaßt werden, die Auseinandersetzung um die grundsätzliche Bedeutung der ganzen »Ring«-Dichtung in der Einzelerklärung des Textes (an der sich das Grundsätzliche ja erst bewährt) zu führen, statt auf der Ebene textferner Assoziationen das Werk in Parabeln umzumünzen, die dem jeweiligen Zeitgeist zwar eingehen mögen, den mythologischen – und das heißt eben unweigerlich: den religiösen – Gehalt der Dichtung aber verleugnen.

Unsere Ausgabe bietet daher einen vollständigen, nach Versen durchnumerierten Text des »Ring« und im Anschluß daran den Kommentar, der sich durchwegs an die einzelnen Verse anschließt, um das Werk nicht nur überblickshaft, sondern im einzelnen verständlich zu machen. Vom jeweiligen Vers ausgehend, wird dessen Verflechtung in die kleineren und größeren Zusammenhänge dargestellt. Durch gründliche Querverweise in den Verskommentaren ist es praktisch möglich, sich, von einem Verse ausgehend, den ganzen »Ring« zu erschließen.

4. Der »Ring«-Text

Ein im philologischen Sinne kritischer Text des »Ring des Nibelungen« ist nicht herstellbar, weil nach Auskunft der Richard-Wagner-Gesamtausgabe in München (Herr Egon Voss) die Besitzer der zahlreichen Handschriften diese nicht zur Veröffentlichung, manche nicht einmal zur Einsichtnahme zur Verfügung stellen wollen. Der hier gebotene Text entstand durch Vergleich der gängigen Textausgaben (Reclam, Schott, Schallplattenhefte) untereinander und mit dem gesungenen Wortlaut. Die greifbaren Texte entsprechen in den Angaben bezüglich der Rufe der Walküren weder dem Umfang noch dem Lautstand des gesungenen Textes. Auch unsere Ausgabe verzichtet in diesem Punkt auf Genauigkeit.

Ein besonderes Wort ist zu den szenischen Anweisungen geboten. Da es heute Mode ist, sich bei Inszenierungen diesen Anweisungen gegenüber völlig frei zu verhalten, muß man davon ausgehen, daß sie im Bewußtsein der Teilnehmer des Opernbetriebes einen geringen Stellenwert besitzen. Für eine von szenischer Realisierung abgekoppelte Lektüre des »Ring«, wie sie der Leser des hier vorgelegten Kommentars betreiben muß, gewinnt aber die Vergegenwärtigung des Bühnenbildes und der Bewegung der Darsteller ein hohes Gewicht, weil hier die Entsprechung zum Text ohne störende Eingriffe von Bühnenbildner und Regisseur sich dem inneren Auge zeigen kann. Die szenischen Anweisungen der Partitur haben eine enge Beziehung zu den jeweiligen musikalischen Abläufen. Da in unserer Ausgabe die Musik keine Berücksichtigung findet, ist vieles an den Anweisungen, die in der Partitur stehen, für den Leser überflüssig. Richard Wagner selbst hat den »Ring des Nibelungen« dem lesenden Publikum auch als musiklose Dichtung vorgelegt. Was er in dieser Fassung an szenischen Anweisungen abdrucken ließ, muß wohl für das innere Auge des der Bühne und der Musik entratenden Lesers eingerichtet sein. Daher werden die szenischen Anweisungen in unserer ganz nur dem Texte der Dichtung gewidmeten Ausgabe des »Ring« in der Gestalt abgedruckt, die sie in den »Gesammelten Schriften und Dichtungen« Richard Wagners haben.

Richard Wagner

Der Ring des Nibelungen

Ein Bühnenfestspiel
für drei Abende und einen Vorabend

VORABEND:
DAS RHEINGOLD

ERSTE SZENE

Auf dem Grunde des Rheines.
Grünliche Dämmerung, nach oben zu lichter, nach unten zu dunkler. Die Höhe ist von wogendem Gewässer erfüllt, das rastlos von rechts nach links zu strömt. Nach der Tiefe zu lösen sich die Fluten in einen immer feineren feuchten Nebel auf, so daß der Raum der Manneshöhe vom Boden auf gänzlich frei vom Wasser zu sein scheint, welches wie in Wolkenzügen über den nächtlichen Grund dahin fließt. Überall ragen schroffe Felsenriffe aus der Tiefe auf und grenzen den Raum der Bühne ab; der ganze Boden ist in ein wildes Zackengewirr zerspalten, so daß er nirgends vollkommen eben ist und nach allen Seiten hin in dichtester Finsternis tiefere Schlüffte annehmen läßt.
Um ein Riff in der Mitte der Bühne, welches mit seiner schlanken Spitze bis in die dichtere, heller dämmernde Wasserflut hinaufragt, kreist in anmutig schwimmender Bewegung eine der RHEINTÖCHTER.

WOGLINDE
1   Weia! Waga!
    Woge, du Welle,
    walle zur Wiege!
    Wagalaweia!
5   Wallala weiala weia!

WELLGUNDES STIMME
von oben
Woglinde, wachst du allein?

WOGLINDE
Mit Wellgunde wär' ich zu zwei.

WELLGUNDE
taucht aus der Flut zum Riff herab
Lass' sehn, wie du wachst.
Sie sucht WOGLINDE zu erhaschen

WOGLINDE
entweicht ihr schwimmend
Sicher vor dir.
Sie necken sich und suchen sich spielend zu fangen

FLOSSHILDES STIMME
von oben
10 Heiala weia!
    Wildes Geschwister!

WELLGUNDE
Floßhilde, schwimm!
Woglinde flieht:
hilf mir die fließende fangen!

FLOSSHILDE
taucht herab und fährt zwischen die Spielenden
15 Des Goldes Schlaf
    hütet ihr schlecht;
    besser bewacht
    des Schlummernden Bett,
    sonst büßt ihr beide das Spiel!

Mit muntrem Gekreisch fahren die beiden auseinander, FLOSSHILDE sucht bald die eine, bald die andere zu erhaschen; sie entschlüpfen ihr und vereinigen sich endlich, um gemeinschaftlich auf FLOSSHILDE Jagd zu machen: so schnellen sie gleich Fischen von Riff zu Riff, scherzend und lachend.

Aus einer finstern Schlufft ist währenddem ALBERICH, an einem Riffe klimmend, dem Abgrunde entstiegen. Er hält, noch vom Dunkel umgeben, an und schaut dem Spiele der Wassermädchen mit steigendem Wohlgefallen zu.

ALBERICH
20 He he! Ihr Nicker!
    Wie seid ihr niedlich,
    neidliches Volk!
    Aus Nibelheims Nacht
    naht' ich mich gern,
25 neigtet ihr euch zu mir.
Die Mädchen halten, als sie ALBERICHS Stimme hören mit ihrem Spiele ein

WOGLINDE
Hei! Wer ist dort?

FLOSSHILDE
Es dämmert und ruft.

WELLGUNDE
Lugt, wer uns belauscht!
Sie tauchen tiefer herab und erkennen den Nibelung

WOGLINDE und WELLGUNDE
Pfui! Der Garstige!

FLOSSHILDE
schnell auftauchend
30 Hütet das Gold!
    Vater warnte
    vor solchem Feind.
Die beiden andern folgen ihr, und alle drei versammeln sich schnell um das mittlere Riff

ALBERICH
Ihr da oben!

DIE DREI
Was willst du dort unten?

ALBERICH
35 Stör' ich eu'r Spiel,
    wenn staunend ich still hier steh'?
    Tauchtet ihr nieder,
    mit euch tollte
    und neckte der Niblung sich gern.

WOGLINDE
40 Mit uns will er spielen?

WELLGUNDE
Ist ihm das Spott?

ALBERICH
Wie scheint im Schimmer
ihr hell und schön!
Wie gern umschlänge
45 der Schlanken eine mein Arm,
schlüpfte hold sie herab!

FLOSSHILDE
Nun lach' ich der Furcht:
der Feind ist verliebt.
Sie lachen

WELLGUNDE
Der lüsterne Kauz!

WOGLINDE
50 Laßt ihn uns kennen!
*Sie läßt sich auf die Spitze des Riffes hinab, an dessen Fuße
ALBERICH angelangt ist*

ALBERICH
Die neigt sich herab.

WOGLINDE
Nun nahe dich mir!

ALBERICH
*klettert mit koboldartiger Behendigkeit, doch wiederholt aufge-
halten, der Spitze des Riffes zu*
Garstig glatter
glitschriger Glimmer!
55 Wie gleit' ich aus!
Mit Händen und Füßen
nicht fasse noch halt' ich
das schlecke Geschlüpfer!
Er prustet
Feuchtes Naß
60 füllt mir die Nase:
verfluchtes Niesen!
Er ist in der Nähe WOGLINDES angelangt

WOGLINDE
lachend
Prustend naht
meines Freiers Pracht!

ALBERICH
Mein Friedel sei,
65 du fräuliches Kind!
Er sucht sie zu umfassen

WOGLINDE
sich ihm entwindend
Willst du mich frei'n
so freie mich hier!
Sie ist auf einem andern Riffe angelangt. Die Schwestern lachen

ALBERICH
kratzt sich den Kopf
O weh! Du entweichst?
Komm doch wieder!
70 Schwer ward mir,
was so leicht du erschwingst.

WOGLINDE
schwingt sich auf ein drittes Riff in größerer Tiefe
Steig nur zu Grund:
da greifst du mich sicher!

ALBERICH
klettert hastig hinab
Wohl besser da unten!

WOGLINDE
schnellt sich rasch aufwärts nach einem hohen Seitenriffe
75 Nun aber nach oben!
Alle Mädchen lachen

ALBERICH
Wie fang' ich im Sprung
den spröden Fisch?
Warte, du Falsche!
Er will ihr eilig nachklettern

WELLGUNDE
hat sich auf ein tieferes Riff auf der andern Seite gesenkt
Heia! Du Holder!
80 Hörst du mich nicht?

ALBERICH
sich umwendend
Rufst du nach mir?

WELLGUNDE
Ich rate dir wohl:
zu mir wende dich,
Woglinde meide!

ALBERICH
klettert hastig über den Bodengrund zu WELLGUNDE
85 Viel schöner bist du
als jene Scheue,
die minder gleißend
und gar zu glatt. –
Nur tiefer tauche,
90 willst du mir taugen!

WELLGUNDE
noch etwas mehr zu ihm sich herabsenkend
Bin nun ich dir nah'?

ALBERICH
Noch nicht genug!
Die schlanken Arme
schlinge um mich,
95 daß ich den Nacken
dir neckend betaste,
mit schmeichelnder Brunst
an die schwellende Brust mich dir schmiege.

WELLGUNDE
Bist du verliebt
100 und lüstern nach Minne,
lass' sehn, du Schöner,
wie bist du zu schaun? –
Pfui, du haariger,
höckriger Geck!
105 Schwarzes, schwieliges
Schwefelgezwerg!
Such dir ein Friedel,
dem du gefällst!

ALBERICH
sucht sie mit Gewalt zu halten
Gefall' ich dir nicht,
110 dich fass' ich doch fest!

WELLGUNDE
schnell zum mittleren Riff auftauchend
Nur fest, sonst fließ ich dir fort!
Alle drei lachen

ALBERICH
erbost ihr nachzankend

Falsches Kind!
Kalter, grätiger Fisch!
Schein' ich nicht schön dir,
115 niedlich und neckisch,
glatt und glau –
hei! So buhle mit Aalen,
ist dir eklig mein Balg!

FLOSSHILDE

Was zankst du, Alp?
120 Schon so verzagt?
Du freitest um zwei:
früg'st du die dritte,
süßen Trost
schüfe die Traute dir!

ALBERICH

125 Holder Sang
singt zu mir her!
Wie gut, daß ihr
eine nicht seid:
von vielen gefall' ich wohl einer,
130 bei einer kieste mich keine! –
Soll ich dir glauben,
so gleite herab!

FLOSSHILDE
taucht zu ALBERICH hinab

Wie töricht seid ihr,
dumme Schwestern,
135 dünkt euch dieser nicht schön!

ALBERICH
hastig ihr nahend

Für dumm und häßlich
darf ich sie halten,
seit ich dich Holdeste seh'.

FLOSSHILDE
schmeichelnd

O singe fort
140 so süß und fein;
wie hehr verführt es mein Ohr!

ALBERICH
zutraulich sie berührend

Mir zagt, zuckt
und zehrt sich das Herz,
lacht mir so zierliches Lob.

FLOSSHILDE
ihn sanft abwehrend

145 Wie deine Anmut
mein Aug' erfreut,
deines Lächelns Milde
den Mut mir labt!
Sie zieht ihn zärtlich an sich
Seligster Mann

ALBERICH

150 Süßeste Maid!

FLOSSHILDE

Wärst du mir hold!

ALBERICH

Hielt' ich dich immer!

FLOSSHILDE
ihn ganz in ihren Armen haltend

Deinen stechenden Blick,
deinen struppigen Bart,
155 o säh' ich ihn, faßt' ich ihn stets!
Deines stachligen Haares
strammes Gelock,
umflöss' es Floßhilde ewig!
Deine Krötengestalt,
160 deiner Stimme Gekrächz,
o dürft' ich staunend und stumm,
sie nur hören und seh'n!

WOGLINDE und WELLGUNDE sind nahe herabgetaucht und schlagen jetzt ein helles Gelächter auf

ALBERICH
erschreckt aus FLOSSHILDES Armen auffahrend

Lacht ihr Bösen mich aus?

FLOSSHILDE
sich plötzlich ihm entreißend

Wie billig am Ende vom Lied.
Sie taucht mit den Schwestern schnell in die Höhe und stimmt in ihr Gelächter ein

ALBERICH
mit kreischender Stimme

165 Wehe! Ach wehe!
O Schmerz! O Schmerz!
Die dritte, so traut,
betrog sie mich auch? –
Ihr schmählich schlaues,
170 lüderlich schlechtes Gelichter!
Nährt ihr nur Trug,
ihr treuloses Nickergezücht?

DIE DREI RHEINTÖCHTER

Wallala! Lalaleia! Lalei!
Heia! Heia! Haha!
175 Schäme dich, Albe!
Schilt nicht dort unten!
Höre, was wir dich heißen!
Warum, du Banger,
bandest du nicht
180 das Mädchen, das du minnst?
Treu sind wir
und ohne Trug
dem Freier, der uns fängt. –
Greife nur zu
185 und grause dich nicht!
In der Flut entfliehn wir nicht leicht.
Sie schwimmen auseinander, hierher und dorthin, bald tiefer, bald höher, um ALBERICH zur Jagd auf sie zu reizen

ALBERICH

Wie in den Gliedern
brünstige Glut
mir brennt und glüht!

190 Wut und Minne,
wild und mächtig,
wühlt mir den Mut auf. –
Wie ihr auch lacht und lügt,
lüstern lechz' ich nach euch,
195 und eine muß mir erliegen!

Er macht sich mit verzweifelter Anstrengung zur Jagd auf: mit grauenhafter Behendigkeit erklimmt er Riff für Riff, springt von einem zum andern, sucht bald dieses bald jenes der Mädchen zu erhaschen, die mit höhnischem Gelächter stets ihm entweichen; er strauchelt, stürzt in den Abgrund hinab, klettert dann hastig wieder zur Höhe, – bis ihm endlich die Geduld entfährt: vor Wut schäumend hält er atemlos an und streckt die geballte Faust nach den Mädchen hinauf.

ALBERICH
kaum seiner mächtig

Fing' eine diese Faust!...

Er verbleibt in sprachloser Wut, den Blick aufwärts gerichtet, wo er dann plötzlich von folgendem Schauspiele angezogen und gefesselt wird.
Durch die Flut ist von oben her ein immer lichterer Schein gedrungen, der sich nun an einer hohen Stelle des mittleren Riffes zu einem blendend hell strahlenden Goldglanze entzündet: ein zauberisch goldenes Licht bricht von hier durch das Wasser.

WOGLINDE
Lugt, Schwestern!
Die Weckerin lacht in den Grund.

WELLGUNDE
Durch den grünen Schwall
200 den wonnigen Schläfer sie grüßt.

FLOSSHILDE
Jetzt küßt sie sein Auge,
daß er es öffne.

WELLGUNDE
Schaut, es lächelt
in lichtem Schein.

WOGLINDE
205 Durch die Fluten hin
fließt sein strahlender Stern!

DIE DREI
zusammen das Riff anmutig umschwimmend

Heiajaheia!
Heiajaheia!
Wallala lalala leiajahei!
210 Rheingold!
Rheingold!
Leuchtende Lust,
wie lachst du so hell und hehr!
Glühender Glanz
215 entgleißt dir weihlich im Wag!
Heiajahei!
Heiajaheia!
Wache, Freund,
wache froh!
220 Wonnige Spiele
spenden wir dir:
flimmert der Fluß,
flammt die Flut,
umfließen wir tauchend,
225 tanzend und singend,
im seligen Bade dein Bett!
Rheingold!
Rheingold!
Heiajaheia!
230 Wallala lalaleia jahei!

ALBERICH
dessen Augen, mächtig vom Glanze angezogen, starr an dem Golde haften

Was ist's, ihr Glatten,
das dort so glänzt und gleißt?

DIE DREI MÄDCHEN
abwechselnd

Wo bist du Rauher denn heim,
daß vom Rheingold nie du gehört? –
235 Nichts weiß der Alp
von des Goldes Auge,
das wechselnd wacht und schläft? –
Von der Wassertiefe
wonnigem Stern,
240 der hehr die Wogen durchhellt? –
Sieh, wie selig
im Glanze wir gleiten!
Willst du Banger
in ihm dich baden,
245 so schwimm und schwelge mit uns!
Wallala lalaleia jahei!

Sie lachen

ALBERICH
Eu'rem Taucherspiele
nur taugte das Gold?
Mir gält' es dann wenig!

WOGLINDE
250 Des Goldes Schmuck
schmähte er nicht,
wüßte er all seine Wunder.

WELLGUNDE
Der Welt Erbe
gewänne zu eigen,
255 wer aus dem Rheingold
schüfe den Ring,
der maßlose Macht ihm verlieh'.

FLOSSHILDE
Der Vater sagt' es,
und uns befahl er,
260 klug zu hüten
den klaren Hort,
daß kein Falscher der Flut ihn entführe:
drum schweigt, ihr schwatzendes Heer!

WELLGUNDE
Du klügste Schwester!
265 Verklagst du uns wohl?
Weißt du denn nicht,
wem nur allein
das Gold zu schmieden vergönnt?

WOGLINDE
270 Nur wer der Minne
Macht versagt,
nur wer der Liebe
Lust verjagt,
nur der erzielt sich den Zauber,
zum Reif zu zwingen das Gold.

WELLGUNDE
275 Wohl sicher sind wir
und sorgenfrei:
denn was nur lebt, will lieben;
meiden will keiner die Minne.

WOGLINDE
Am wenigsten er,
280 der lüsterne Alp:
vor Liebesgier
möcht' er vergeh'n!

FLOSSHILDE
Nicht fürcht' ich den,
wie ich ihn erfand:
285 seiner Minne Brunst
brannte fast mich.

WELLGUNDE
Ein Schwefelbrand
in der Wogen Schwall:
vor Zorn der Liebe
290 zischt er laut!

DIE DREI
zusammen
Wallala! Wallaleia! Lala!
Lieblichster Albe,
lachst du nicht auch?
In des Goldes Scheine
295 wie leuchtest du schön!
O komm, Lieblicher, lache mit uns!
Heia jaheia!
Wallala lalala leia jahei!
Sie lachen

ALBERICH
die Augen starr auf das Gold gerichtet, hat dem hastigen Geplauder der Schwestern wohl gelauscht
Der Welt Erbe
300 gewänn' ich zu eigen durch dich?
Erzwäng' ich nicht Liebe,
doch listig erzwäng' ich mir Lust?
Furchtbar laut
Spottet nur zu!
Der Niblung naht eu'rem Spiel!
Wütend springt er nach dem mittleren Riff hinüber und klettert in grausiger Hast nach dessen Spitze hinauf. Die Mädchen fahren kreischend auseinander und tauchen nach verschiedenen Seiten hin auf.

DIE DREI RHEINTÖCHTER
305 Heia! Heia! Heiajahei!
Rettet euch!
Es raset der Alp!
In den Wassern sprüht's
wohin er springt:
310 die Minne macht ihn verrückt!
Sie lachen im tollsten Übermut

ALBERICH
auf der Spitze des Riffes, die Hand nach dem Golde ausstreckend
Bangt euch noch nicht?
So buhlt nun im Finstern,
feuchtes Gezücht!
Das Licht lösch' ich euch aus,
315 entreiße dem Riff das Gold,
schmiede den rächenden Ring;
denn hör' es die Flut –
so verfluch' ich die Liebe!
Er reißt mit furchtbarer Gewalt das Gold aus dem Riffe und stürzt damit hastig in die Tiefe, wo er schnell verschwindet. Dichte Nacht bricht plötzlich überall herein. Die Mädchen tauchen jach dem Räuber in die Tiefe nach.

DIE RHEINTÖCHTER
schreiend
Haltet den Räuber!
320 Rettet das Gold!
Hilfe! Hilfe!
Weh! Weh!
Die Flut fällt mit ihnen nach der Tiefe hinab; aus dem untersten Grunde hört man ALBERICHS gellendes Hohngelächter. – In dichtester Finsternis verschwinden die Riffe; die ganze Bühne ist von der Höhe bis zur Tiefe von schwarzem Wassergewoge erfüllt, das eine Zeit lang immer noch abwärts zu sinken scheint.

ZWEITE SZENE

Allmählich gehen die Wogen in Gewölke über, das sich nach und nach abklärt, und als es sich endlich, wie in feinem Nebel, gänzlich verliert, wird eine

freie Gegend auf Bergeshöhen

sichtbar, anfänglich noch in nächtlicher Beleuchtung. – Der hervorbrechende Tag beleuchtet mit wachsendem Glanze eine Burg mit blinkenden Zinnen, die auf einem Felsgipfel im Hintergrunde steht; zwischen diesem burggekrönten Felsgipfel und dem Vordergrunde der Szene ist ein tiefes Tal, durch welches der Rhein fließt, anzunehmen. – Zur Seite auf blumigem Grunde liegt WOTAN, neben ihm FRICKA, beide schlafend.

FRICKA
erwacht: ihr Blick fällt auf die Burg; sie staunt und erschrickt
Wotan, Gemahl! Erwache!

WOTAN
im Traume leise
Der Wonne seligen Saal
325 bewachen mir Tür und Tor:
Mannes Ehre,
ewige Macht,
ragen zu endlosem Ruhm!

FRICKA
rüttelt ihn
Auf, aus der Träume
330 wonnigem Trug!
Erwache, Mann, und erwäge!

WOTAN
erwacht und erhebt sich ein wenig: sein Auge wird sogleich vom Anblicke der Burg gefesselt

Vollendet das ewige Werk:
auf Berges Gipfel
die Götter-Burg,
335 prächtig prahlt
der prangende Bau!
Wie im Traum ich ihn trug,
wie mein Wille ihn wies,
stark und schön
340 steht er zur Schau;
hehrer, herrlicher Bau!

FRICKA
Nur Wonne schafft dir,
was mich erschreckt?
Dich freut die Burg,
345 mir bangt es um Freia.
Achtloser, lass dich erinnern
des ausbedungenen Lohns!
Die Burg ist fertig,
verfallen das Pfand:
350 vergaßest du, was du vergabst?

WOTAN
Wohl dünkt mich's, was sie bedangen,
die dort die Burg mir gebaut;
durch Vertrag zähmt' ich
ihr trotzig Gezücht,
355 daß sie die hehre
Halle mir schüfen;
die steht nun – Dank den Starken: –
um den Sold sorge dich nicht.

FRICKA
O lachend frevelnder Leichtsinn!
360 Liebelosester Frohmut!
Wußt' ich um eu'ren Vertrag,
dem Truge hätt' ich gewehrt;
doch mutig entferntet
ihr Männer die Frauen,
365 um taub und ruhig vor uns
allein mit den Riesen zu tagen.
So ohne Scham
verschenktet ihr Frechen
Freia, mein holdes Geschwister,
370 froh des Schächergewerbs.
Was ist euch Harten
doch heilig und wert,
giert ihr Männer nach Macht!

WOTAN
Gleiche Gier
375 war Fricka wohl fremd,
als selbst um den Bau sie mich bat?

FRICKA
Um des Gatten Treue besorgt
muß traurig ich wohl sinnen,
wie an mich er zu fesseln,
380 ziehts in die Ferne ihn fort:
herrliche Wohnung,
wonniger Hausrat,
sollten dich binden
zu säumender Rast.
385 Doch du bei dem Wohnbau sannst
auf Wehr und Wall allein:
Herrschaft und Macht
soll er dir mehren;
nur rastlosern Sturm zu erregen,
390 erstand dir die ragende Burg.

WOTAN
lächelnd

Wolltest du Frau
in der Feste mich fangen,
mir Gotte mußt du schon gönnen,
daß, in der Burg
395 gebunden, ich mir
von außen gewinne die Welt.
Wandel und Wechsel
liebt, wer lebt:
das Spiel drum kann ich nicht sparen.

FRICKA
400 Liebeloser,
leidigster Mann!
Um der Macht und Herrschaft
müßigen Tand
verspielst du in lästerndem Spott
405 Liebe und Weibes Wert?

WOTAN
ernst

Um dich zum Weib zu gewinnen,
mein eines Auge
setzt' ich werbend daran:
wie töricht tadelst du jetzt!
410 Ehr' ich die Frauen
doch mehr, als dich freut!
Und Freia, die gute,
geb' ich nicht auf:
nie sann dies ernstlich mein Sinn.

FRICKA
415 So schirme sie jetzt:
in schutzloser Angst
läuft sie nach Hilfe dort her!

FREIA
hastig auftretend

Hilf mir, Schwester!
Schütze mich, Schwäher!
420 Vom Felsen drüben
drohte mir Fasolt,
mich Holde käm' er zu holen.

WOTAN
Laß' ihn droh'n! –
Sah'st du nicht Loge?

FRICKA
425 Daß am liebsten du immer
dem Listigen traust!
Viel Schlimmes schuf er uns schon,
doch stets bestrickt er dich wieder.

WOTAN
Wo freier Mut frommt,
430 allein, frag' ich nach keinem;
doch des Feindes Neid
zum Nutz' sich fügen,
lehrt nur Schlauheit und List,
wie Loge verschlagen sie übt.
435 Der zum Vertrage mir riet,
versprach mir, Freia zu lösen:
auf ihn verlass' ich mich nun.

FRICKA
Und er läßt dich allein. –
Dort schreiten rasch
440 die Riesen heran:
wo harrt dein schlauer Gehilf?

FREIA
Wo harren meine Brüder,
daß Hilfe sie brächten,
da mein Schwäher die Schwache verschenkt?
445 Zu Hilfe, Donner!
Hieher! Hieher!
Rette Freia, mein Froh!

FRICKA
Die in bösem Bund dich verrieten,
sie alle bergen sich nun.

FASOLT und FAFNER
beide in riesiger Gestalt, mit starken Pfählen bewaffnet, treten auf

FASOLT
450 Sanft schloß
Schlaf dein Aug':
wie beide bauten
Schlummers bar die Burg.
Mächt'ger Müh'
455 müde nie,
stauten starke
Stein' wir auf;
steiler Turm,
Tür und Tor,
460 deckt und schließt
im schlanken Schloß den Saal.
Dort steht's,
was wir stemmten,
schimmernd hell
465 bescheint's der Tag:
zieh nun ein,
uns zahl' den Lohn!

WOTAN
Nennt, Leute, den Lohn:
was dünkt euch zu bedingen?

FASOLT
470 Bedungen ist's
was tauglich uns dünkt:
gemahnt es dich so matt?
Freia, die holde,
Holda, die freie
475 – vertragen ist's –,
sie tragen wir heim.

WOTAN
Seid ihr bei Trost
mit eurem Vertrag?
Denkt auf andern Dank:
480 Freia ist mir nicht feil!

FASOLT
vor wütendem Erstaunen einen Augenblick sprachlos
Was sagst du, ha!
Sinnst du Verrat?
Verrat am Vertrag?
Die dein Speer birgt,
485 sind sie dir Spiel,
des berat'nen Bundes Runen?

FAFNER
höhnisch
Getreu'ster Bruder!
Merkst du Tropf nun Betrug?

FASOLT
Lichtsohn du,
490 leicht gefügter,
hör' und hüte dich:
Verträgen halte Treu'!
Was du bist,
bist du nur durch Verträge:
495 bedungen ist,
wohl bedacht deine Macht.
Bist weiser du
als witzig wir sind
bandest uns Freie
500 zum Frieden du:
all deinem Wissen fluch' ich,
fliehe weit deinen Frieden,
weißt du nicht offen,
ehrlich und frei,
505 Verträgen zu wahren die Treu'! –
Ein dummer Riese
rät dir das:
du Weiser, wiss' es von ihm!

WOTAN
Wie schlau für Ernst du achtest,
510 was wir zum Scherz nur beschlossen.
Die liebliche Göttin,
licht und leicht,
was taugt euch Tölpeln ihr Reiz?

FASOLT
Höhnst du uns?
515 Ha! Wie unrecht! –
Die ihr durch Schönheit herrscht,
schimmernd hehres Geschlecht,
wie töricht strebt ihr
nach Türmen von Stein,
520 setzt um Burg und Saal
Weibes Wonne zum Pfand!
Wir Plumpen plagen uns
schwitzend mit schwieliger Hand,
ein Weib zu gewinnen,
525 das wonnig und mild
bei uns Armen wohne: –
und verkehrt nennst du den Kauf?

FAFNER
Schweig dein faules Schwatzen!
Gewinn werben wir nicht:
530 Freias Haft
hilft wenig;
doch viel gilts
den Göttern sie zu entreißen.
Goldne Äpfel
535 wachsen in ihrem Garten,
sie allein
weiß die Äpfel zu pflegen:
der Frucht Genuß
frommt ihren Sippen
540 zu ewig nie
alternder Jugend;
siech und bleich
doch sinkt ihre Blüte,
alt und schwach
545 schwinden sie hin,
müssen Freia sie missen.
Ihrer Mitte drum sei sie entführt!

WOTAN
für sich

Loge säumt zu lang!

FASOLT
Schlicht gib nun Bescheid!

WOTAN
550 Sinnt auf andern Sold!

FASOLT
Kein andrer: Freia allein!

FAFNER
Du da, folge uns!

Sie dringen auf FREIA *zu*

FREIA
fliehend

Helft! Helft vor den Harten!

DONNER und FROH
kommen eilig

FROH
Freia in seine Arme fassend

Zu mir, Freia! –
555 Meide sie, Frecher!
Froh schützt die Schöne.

DONNER
sich vor die beiden Riesen stellend

Fasolt und Fafner,
fühltet ihr schon
meines Hammers harten Schlag?

FAFNER
560 Was soll das Drohn?

FASOLT
Was dringst du her?
Kampf kiesten wir nicht,
verlangen nur unsren Lohn.

DONNER
den Hammer schwingend

Schon oft zahlt' ich
565 Riesen den Zoll.
Kommt her! Des Lohnes Last
wäg' ich mit gutem Gewicht!

WOTAN
seinen Speer zwischen den Streitenden ausstreckend

Halt, du Wilder!
Nichts durch Gewalt!
570 Verträge schützt
meines Speeres Schaft:
spar' deines Hammers Heft!

FREIA
Wehe! Wehe!
Wotan verläßt mich!

FRICKA
575 Begreif' ich dich noch,
grausamer Mann?

WOTAN
wendet sich ab und sieht LOGE *kommen*

Endlich, Loge!
Eiltest du so,
den du geschlossen,
580 den schlimmen Handel zu schlichten?

LOGE
ist im Hintergrunde aus dem Tale aufgetreten

Wie? Welchen Handel
hätt' ich geschlossen?
Wohl was mit den Riesen
dort im Rate du dangst? –
585 Zu Tiefen und Höhen
treibt mich mein Hang;
Haus und Herd
behagt mir nicht:
Donner und Froh,
590 die denken an Dach und Fach;
wollen sie frei'n,
ein Haus muß sie erfreu'n:
ein stolzer Saal,
ein starkes Schloß,
595 danach stand Wotans Wunsch. –
Haus und Hof,
Saal und Schloß,
die selige Burg,
sie steht nun stark gebaut;
600 das Prachtgemäuer
prüft' ich selbst;
ob alles fest,
forsch' ich genau:
Fasolt und Fafner
605 fand ich bewährt:
kein Stein wankt im Gestemm.
Nicht müßig war ich,
wie mancher hier:
der lügt, wer lässig mich schilt!

WOTAN

610 Arglistig
weichst du mir aus:
mich zu betrügen
hüte in Treuen dich wohl!
Von allen Göttern
615 dein einz'ger Freund,
nahm ich dich auf
in der übel trauenden Troß. –
Nun red' und rate klug!
Da einst die Bauer der Burg
620 zum Dank Freia bedangen,
du weißt, nicht anders
willigt' ich ein,
als weil auf Pflicht du gelobtest,
zu lösen das hehre Pfand.

LOGE

625 Mit höchster Sorge
drauf zu sinnen,
wie es zu lösen,
das – hab' ich gelobt:
doch daß ich fände,
630 was nie sich fügt,
was nie gelingt,
wie ließ' sich das wohl geloben?

FRICKA
zu WOTAN

Sieh, welch trugvollem
Schelm du getraut!

FROH

635 Loge heißt du,
doch nenn' ich dich Lüge!

DONNER

Verfluchte Lohe,
dich lösch' ich aus!

LOGE

Ihre Schmach zu decken,
640 schmähen mich Dumme.

DONNER und FROH wollen ihm zu Leib

WOTAN
wehrt ihnen

In Frieden laßt mir den Freund!
Nicht kennt ihr Loges Kunst:
reicher wiegt
seines Rates Wert,
645 zahlt er zögernd ihn aus.

FAFNER

Nichts gezögert!
Rasch gezahlt!

FASOLT

Lang währt's mit dem Lohn.

WOTAN
zu Loge

Jetzt hör, Störrischer!
650 Halte Stich!
Wo schweiftest du hin und her?

LOGE

Immer ist Undank
Loges Lohn!
Um dich nur besorgt,
655 sah ich mich um,
durchstöbert' im Sturm
alle Winkel der Welt,
Ersatz für Freia zu suchen,
wie er den Riesen wohl recht.
660 Umsonst sucht' ich
und sehe nun wohl,
in der Welten Ring
nichts ist so reich,
als Ersatz zu muten dem Mann
665 für Weibes Wonne und Wert.

Alle geraten in Erstaunen und Betroffenheit

So weit Leben und Weben,
in Wasser, Erd' und Luft,
viel frug ich,
forschte bei allen,
670 wo Kraft nur sich rührt
und Keime sich regen:
was wohl dem Manne
mächt'ger dünk'
als Weibes Wonne und Wert?
675 Doch so weit Leben und Weben,
verlacht nur ward
meine fragende List:
in Wasser, Erd' und Luft
lassen will nichts
680 von Lieb' und Weib. –
Nur einen sah ich,
der sagte der Liebe ab:
um rotes Gold
entriet er des Weibes Gunst.
685 Des Rheines klare Kinder
klagten mir ihre Not:
der Nibelung,
Nacht-Alberich,
buhlte vergebens
690 um der Badenden Gunst;
das Rheingold da
raubte sich rächend der Dieb:
das dünkt ihn nun
das teuerste Gut,
695 hehrer als Weibes Huld.
Um den gleißenden Tand,
der Tiefe entwandt,
erklang mir der Töchter Klage:
an dich, Wotan,
700 wenden sie sich,
daß zu Recht du zögest den Räuber,
das Gold dem Wasser
wieder gebest,
und ewig es bliebe ihr Eigen.
705 Dir's zu melden
gelobt' ich den Mädchen:
nun löste Loge sein Wort.

WOTAN

Töricht bist du,
wenn nicht gar tückisch!

710 Mich selbst siehst du in Not:
wie hülf' ich andren zum Heil?

FASOLT
der aufmerksam zugehört, zu FAFNER

Nicht gönn' ich das Gold dem Alben,
viel Not schuf uns der Niblung,
doch schlau entschlüpfte
715 unsrem Zwange immer der Zwerg.

FAFNER

Neue Neidtat
sinnt uns der Niblung,
gibt das Gold ihm Macht. –
Du da, Loge!
720 Sag' ohne Lug:
was Großes gilt denn das Gold,
daß dem Niblung es genügt?

LOGE

Ein Tand ist's
in des Wassers Tiefe,
725 lachenden Kindern zur Lust:
doch, ward es zum runden
Reife geschmiedet,
hilft es zur höchsten Macht,
gewinnt dem Manne die Welt.

WOTAN

730 Von des Rheines Gold
hört' ich raunen:
Beute-Runen
berge sein roter Glanz,
Macht und Schätze
735 schüf ohne Maß ein Reif.

FRICKA

Taugte wohl
des goldnen Tandes
gleißend Geschmeid
auch Frauen zu schönem Schmuck?

LOGE

740 Des Gatten Treu'
ertrotzte die Frau,
trüge sie hold
den hellen Schmuck,
den schimmernd Zwerge schmieden,
745 rührig im Zwange des Reifs.

FRICKA

Gewänne mein Gatte
sich wohl das Gold?

WOTAN

Des Reifes zu walten,
rätlich will es mich dünken. –
750 Doch wie, Loge,
lernt' ich die Kunst?
Wie schüf' ich mir das Geschmeid?

LOGE

Ein Runenzauber
zwingt das Gold zum Reif:
755 keiner kennt ihn;
doch einer übt ihn leicht,
der sel'ger Lieb' entsagt.

WOTAN *wendet sich unmutig ab.*

Das sparst du wohl;
zu spät auch kämst du:
760 Alberich zauderte nicht;
zaglos gewann er
des Zaubers Macht:
geraten ist ihm der Ring!

DONNER

Zwang uns allen
765 schüfe der Zwerg,
würd' ihm der Reif nicht entrissen.

WOTAN

Den Ring muß ich haben!

FROH

Leicht erringt
ohne Liebesfluch er sich jetzt.

LOGE

770 Spott-leicht,
ohne Kunst wie im Kinder-Spiel.

WOTAN

772a So rate, wie?

LOGE

772b Durch Raub!
Was ein Dieb stahl,
das stiehlst du dem Dieb:
775 ward leichter ein Eigen erlangt? –
Doch mit arger Wehr
wahrt sich Alberich;
klug und fein
mußt du verfahren,
780 ziehst den Räuber du zu Recht,
um des Rheines Töchtern
den roten Tand,
das Gold, wieder zu geben:
denn darum flehen sie dich.

WOTAN

785 Des Rheines Töchtern?
Was taugt mir der Rat!

FRICKA

Von dem Wassergezücht
mag ich nichts wissen:
schon manchen Mann
790 – mir zum Leid –
verlockten sie buhlend im Bad.

WOTAN *steht stumm mit sich kämpfend; die übrigen Götter heften in schweigender Spannung die Blicke auf ihn. – Während dem hat* FAFNER *bei Seite mit* FASOLT *beraten.*

FAFNER

Glaub mir, mehr als Freia
frommt das gleißende Gold:
auch ew'ge Jugend erjagt,
795 wer durch Goldes Zauber sie zwingt.

Sie treten wieder heran

Hör, Wotan,
der Harrenden Wort:
Freia bleib' euch in Frieden;
leichter'n Lohn
800 fand ich zur Lösung:
uns rauhen Riesen genügt
des Niblungen rotes Gold.

WOTAN

Seid ihr bei Sinn?
Was nicht ich besitze,
805 soll ich euch Schamlosen schenken?

FAFNER

Schwer baute
dort sich die Burg:
leicht wird's dir
mit list'ger Gewalt,
810 was im Neidspiel nie uns gelang,
den Niblungen fest zu fah'n.

WOTAN

Für euch müht' ich
mich um den Alben?
Für euch fing ich den Feind?
815 Unverschämt
und überbegehrlich
macht euch Dumme mein Dank!

FASOLT
ergreift plötzlich FREIA und führt sie mit FAFNER zur Seite
Hieher, Maid!
In uns're Macht!
820 Als Pfand folgst du uns jetzt,
bis wir Lösung empfah'n.
FREIA schreit laut auf: alle GÖTTER sind in höchster Bestürzung.

FAFNER

Fort von hier
sei sie entführt!
Bis Abend, achtet's wohl,
825 pflegen wir sie als Pfand:
wir kehren wieder;
doch kommen wir,
und bereit liegt nicht als Lösung
das Rheingold licht und rot –

FASOLT

830 Zu End' ist die Frist dann,
Freia verfallen:
für immer folge sie uns!

FREIA

Schwester! Brüder!
Rettet! Helft!
Sie wird von den hastig enteilenden Riesen fortgetragen: in der Ferne hören die bestürzten Götter ihren Wehruf verhallen.

FROH

835 Auf, ihnen nach!

DONNER

Breche denn alles!
Sie blicken WOTAN fragend an.

LOGE
den Riesen nachsehend
Über Stock und Stein zu Tal
stapfen sie hin;
durch des Rheines Wasserfurt
840 waten die Riesen:
fröhlich nicht
hängt Freia
den Rauhen über dem Rücken! –
Heia! Hei!
845 Wie taumeln die Tölpel dahin!
Durch das Tal talpen sie schon:
wohl an Riesenheims Mark
erst halten sie Rast!
Er wendet sich zu den Göttern
Was sinnt nun Wotan so wild? –
850 Den sel'gen Göttern wie gehts?
Ein fahler Nebel erfüllt mit wachsender Dichtheit die Bühne; in ihm erhalten die Götter ein zunehmend bleiches und ältliches Aussehen: alle stehen bang und erwartungsvoll auf WOTAN blickend, der sinnend die Augen an den Boden heftet.

LOGE

Trügt mich ein Nebel?
Neckt mich ein Traum?
Wie bang und bleich
verblüht ihr so bald!
855 Euch erlischt der Wangen Licht;
der Blick eures Auges verblitzt! –
Frisch, mein Froh,
noch ist's ja früh! –
Deiner Hand, Donner,
860 entsinkt ja der Hammer! –
Was ist's mit Fricka?
Freut sie sich wenig
ob Wotans grämlichen Grau's,
das schier zum Greisen ihn schafft?

FRICKA

865 Wehe! Wehe!
Was ist geschehn?

DONNER

Mir sinkt die Hand.

FROH

Mir stockt das Herz.

LOGE

Jetzt fand ich's: Hört, was euch fehlt!
870 Von Freias Frucht
genosset ihr heute noch nicht:
die gold'nen Äpfel
in ihrem Garten,
sie machten euch tüchtig und jung,
875 aß't ihr sie jeden Tag.
Des Gartens Pflegerin
ist nun verpfändet:
an den Ästen darbt
und dorrt das Obst,
880 bald fällt faul es herab. –
Mich kümmert's minder:
an mir ja kargte
Freia von je

knausernd die köstliche Frucht:
885 denn halb so echt nur
bin ich wie, Herrliche, ihr!
Doch ihr setztet alles
auf das jüngende Obst:
das wußten die Riesen wohl:
890 auf euer Leben
legten sie's an:
nun sorgt, wie ihr das wahrt!
Ohne die Äpfel
alt und grau,
895 greis und grämlich,
welkend zum Spott aller Welt,
erstirbt der Götter Stamm.

FRICKA
Wotan, Gemahl,
unsel'ger Mann!
900 Sieh, wie dein Leichtsinn
lachend uns allen
Schimpf und Schmach erschuf!

WOTAN
mit plötzlichem Entschluß auffahrend
Auf Loge!
Hinab mit mir!
905 Nach Nibelheim fahren wir nieder:
gewinnen will ich das Gold.

LOGE
Die Rheintöchter
riefen dich an;
so dürfen Erhörung sie hoffen?

WOTAN
heftig
910 Schweige, Schwätzer!
Freia, die gute,
Freia gilt es zu lösen.

LOGE
Wie du befiehlst
führ' ich dich gern:
915 steil hinab
steigen wir denn durch den Rhein?

WOTAN
Nicht durch den Rhein!

LOGE
So schwingen wir uns
durch die Schwefelkluft:
920 dort schlüpfe mit mir hinein!

Er geht voran und verschwindet seitwärts in einer Kluft, aus der sogleich ein schwefliger Dampf hervorquillt.

WOTAN
Ihr andren harrt
bis Abend hier:
verlorner Jugend
erjag' ich erlösendes Gold!

Er steigt Loge nach in die Kluft hinab: der aus ihr dringende Schwefeldampf verbreitet sich über die ganze Bühne und erfüllt diese schnell mit dickem Gewölk. Bereits sind die Zurückbleibenden unsichtbar.

DONNER
925 Fahre wohl, Wotan!

FROH
Glück auf! Glück auf!

FRICKA
O kehre bald
zur bangenden Frau!

Der Schwefeldampf verdüstert sich bis zu ganz schwarzem Gewölk, welches von unten nach oben steigt; dann verwandelt sich dieses in festes, finsteres Steingeklüft, das sich immer aufwärts bewegt, so daß es den Anschein hat, als sänke die Szene immer tiefer in die Erde hinab.

DRITTE SZENE

Endlich dämmert von verschiedenen Seiten aus der Ferne her dunkelroter Schein auf: eine unabsehbar weit sich dahinziehende
unterirdische Kluft
wird erkennbar, die nach allen Seiten hin in enge Schachten auszumünden scheint.
ALBERICH zerrt den kreischenden MIME an den Ohren aus einer Seitenschlufft herbei.

ALBERICH
Hehe! Hehe!
930 Hieher! Hieher!
Tückischer Zwerg!
Tapfer gezwickt
sollst du mir sein,
schaffst du nicht fertig,
935 wie ich's bestellt,
zur Stund' das feine Geschmeid!

MIME
heulend
Ohe! Ohe!
Au! Au!
Lass' mich nur los!
940 Fertig ist's,
wie du befahlst;
mit Fleiß und Schweiß
ist es gefügt:
nimm nur die Nägel vom Ohr!

ALBERICH
loslassend
945 Was zögerst du dann
und zeigst es nicht?

MIME
Ich Armer zagte,
daß noch was fehle.

ALBERICH
Was wär' noch nicht fertig?

MIME
verlegen
950 Hier ... und da ...

ALBERICH
Was hier und da?
Her das Geschmeid!

Er will ihm wieder an das Ohr fahren: vor Schreck läßt Mime *ein metallenes Gewirke, das er krampfhaft in den Händen hielt, sich entfallen.* Alberich *hebt es hastig auf und prüft es genau.*

Schau du Schelm!
Alles geschmiedet
955 und fertig gefügt,
wie ich's befahl!
So wollte der Tropf
schlau mich betrügen,
für sich behalten
960 das hehre Geschmeid,
das meine List
ihn zu schmieden gelehrt?
Kenn' ich dich dummen Dieb?

Er setzt das Gewirk als »Tarnhelm« auf den Kopf

Dem Haupt fügt sich der Helm:
965 ob sich der Zauber auch zeigt?
– »Nacht und Nebel,
Niemand gleich!« –

Seine Gestalt verschwindet; statt ihrer gewahrt man eine Nebelsäule

Siehst du mich, Bruder?

MIME
blickt sich verwunder um

Wo bist du? Ich sehe dich nicht.

ALBERICHS STIMME
970 So fühle mich doch,
du fauler Schuft!
Nimm das für dein Diebsgelüst!

MIME
schreit und windet sich unter empfangenen Geißelhieben, deren Fall man vernimmt ohne die Geißel selbst zu sehen

ALBERICHS STIMME
lachend

Hab Dank, du Dummer!
Dein Werk bewährt sich gut. –
975 Hoho! Hoho!
Niblungen all,
neigt euch nun Alberich!
Überall weilt er nun,
euch zu bewachen;
980 Ruh' und Rast
ist euch zerronnen;
ihm müßt ihr schaffen,
wo nicht ihr ihn schaut;
wo ihr nicht ihn gewahrt,
985 seid seiner gewärtig:
untertan seid ihr ihm immer!
Hoho! Hoho!
Hört ihn: er naht,
der Niblungen-Herr!

Die Nebelsäule verschwindet dem Hintergrund zu: man hört in immer weiterer Ferne Alberichs *Toben und Zanken; Geheul und Geschrei antwortet ihm aus den untern Klüften, das sich endlich in immer weitere Ferne unhörbar verliert.* Mime *ist vor Schmerz zusammengesunken: sein Stöhnen und Wimmern wird von* Wotan *und* Loge *gehört, die aus einer Schlufft von oben her sich herablassen.*

LOGE
990 Nibelheim hier:
durch bleiche Nebel
wie blitzen dort feurige Funken!

MIME
Au! Au!

WOTAN
Hier stöhnt es laut:
995 was liegt im Gestein?

LOGE
neigt sich zu MIME

Was Wunder wimmerst du hier?

MIME
Ohe! Ohe!
Au! Au!

LOGE
Hei, Mime! Muntrer Zwerg!
1000 Was zwickt und zwackt dich denn so?

MIME
Lass' mich in Frieden!

LOGE
Das will ich freilich,
und mehr noch, hör':
helfen will ich dir, Mime!

MIME
sich etwas aufrichtend

1005 Wer hälfe mir?
Gehorchen muß ich
dem leiblichen Bruder,
der mich in Bande gelegt.

LOGE
Dich, Mime, zu binden,
1010 was gab ihm die Macht?

MIME
Mit arger List
schuf sich Alberich
aus Rheines Gold
einen gelben Reif:
1015 seinem starken Zauber
zittern wir staunend;
mit ihm zwingt er uns alle,
der Niblungen nächt'ges Heer. –
Sorglose Schmiede,
1020 schufen wir sonst wohl
Schmuck unsern Weibern,
wonnig Geschmeid,
niedlichen Niblungentand:
wir lachten lustig der Müh'.
1025 Nun zwingt uns der Schlimme
in Klüfte zu schlüpfen,
für ihn allein
uns immer zu müh'n.
Durch des Ringes Gold
1030 errät seine Gier,
wo neuer Schimmer

in Schachten sich birgt:
da müssen wir spähen,
spüren und graben,
1035 die Beute schmelzen
und schmieden den Guß,
ohne Ruh' und Rast
dem Herrn zu häufen den Hort.

LOGE
Dich Trägen soeben
1040 traf wohl sein Zorn?

MIME
Mich Ärmsten, ach,
mich zwang er zum Ärgsten:
ein Helmgeschmeid
hieß er mich schweißen;
1045 genau befahl er,
wie es zu fügen.
Wohl merkt' ich klug
welch' mächt'ge Kraft
zu eigen dem Werk,
1050 das aus Erz ich wob;
für mich drum hüten
wollt' ich den Helm,
durch seinen Zauber
Alberichs Zwang mich entziehn –
1055 vielleicht, ja vielleicht
den Lästigen selbst überlisten,
in meine Gewalt ihn zu werfen,
den Ring ihm zu entreißen,
daß, wie ich Knecht jetzt dem Kühnen,
1060 mir Freien er selber dann fröhn'!

LOGE
Warum, du Kluger,
glückte dir's nicht?

MIME
Ach, der das Werk ich wirkte,
den Zauber, der ihm entzuckt,
1065 den Zauber erriet ich nicht recht!
Der das Werk mir riet,
und mir's entrieß,
der lehrte mich nun
– doch leider zu spät! –
1070 welche List läg' in dem Helm:
meinem Blick entschwand er,
doch Schwielen dem Blinden
schlug unschaubar sein Arm.
Das schuf ich mir Dummen
1075 schön zu Dank!
Er streicht sich den Rücken. Die Götter lachen.

LOGE
zu WOTAN
Gesteh', nicht leicht
gelingt der Fang.

WOTAN
Doch erliegt der Feind,
hilft deine List.

MIME
von dem Lachen der Götter betroffen, betrachtet diese aufmerksamer
1080 Mit eurem Gefrage,
wer seid denn ihr Fremde?

LOGE
Freunde dir;
von ihrer Not
befrei'n wir der Niblungen Volk.
ALBERICHS Zanken und Züchtigen nähert sich wieder

MIME
1085 Nehmt euch in Acht!
Alberich naht.

WOTAN
Sein' harren wir hier.
Er setzt sich ruhig auf einen Stein; LOGE lehnt ihm zur Seite. – ALBERICH, der den Tarnhelm vom Haupte genommen und in den Gürtel gehängt hat, treibt mit geschwungener Geißel aus der unteren, tiefer gelegenen Schlucht aufwärts eine Schaar NIBELUNGEN vor sich her; diese sind mit goldenem und silbernem Geschmeide beladen, das sie, unter ALBERICHS stetem Schimpfen und Schelten, all' auf einen Haufen speichern und so zu einem Horte häufen.

ALBERICH
Hieher! Dorthin!
Hehe! Hoho!
1090 Träges Heer,
dort zu Hauf
schichtet den Hort!
Du da, hinauf!
Willst du voran?
1095 Schmähliches Volk,
ab das Geschmeide!
Soll ich euch helfen?
Alles hieher!
Er gewahrt plötzlich WOTAN und LOGE
He! Wer ist dort?
1100 Wer drang hier ein? –
Mime! Zu mir,
schäbiger Schuft!
Schwatztest du gar
mit dem schweifenden Paar?
1105 Fort, du Fauler!
Willst du gleich schmieden und schaffen?
Er treibt MIME mit Geißelhieben unter den Haufen der Nibelungen hinein
He! An die Arbeit!
Alle von hinnen!
Hurtig hinab!
1110 Aus den neuen Schachten
schafft mir das Gold!
Euch grüßt die Geißel,
grabt ihr nicht rasch!
Daß keiner mir müßig,
1115 bürge mir Mime,
sonst birgt er sich schwer
meines Armes Schwunge:
daß ich überall weile,
wo keiner mich wähnt,
1120 das weiß er, dünkt mich, genau! –

Zögert ihr noch?
Zaudert wohl gar?
Er zieht seinen Ring vom Finger, küßt ihn und streckt ihn drohend aus
Zittre und zage,
gezähmtes Heer:
1125 rasch gehorcht
des Ringes Herrn!
Unter Geheul und Gekreisch stieben die NIBELUNGEN, *unter ihnen* MIME, *auseinander, und schlüpfen nach allen Seiten in die Schachten hinab.*

ALBERICH
grimmig auf WOTAN *und* LOGE *zutretend*
Was wollt ihr hier?

WOTAN
Von Nibelheims nächt'gem Land
vernahmen wir neue Mär:
1130 mächt'ge Wunder
wirke hier Alberich;
daran uns zu weiden,
trieb uns Gäste die Gier.

ALBERICH
Nach Nibelheim
1135 führt euch der Neid:
so kühne Gäste,
glaubt, kenn' ich gut.

LOGE
Kennst du mich gut,
kindischer Alp?
1140 Nun sag: wer bin ich,
daß du so bellst?
Im kalten Loch,
da kauernd du lagst,
wer gab dir Licht
1145 und wärmende Lohe,
wenn Loge nie dir gelacht?
Was hülf' dir dein Schmieden,
heizt' ich die Schmiede dir nicht?
Dir bin ich Vetter,
1150 und war dir Freund:
nicht fein drum dünkt mich dein Dank!

ALBERICH
Den Lichtalben
lacht jetzt Loge,
der listige Schelm:
1155 bist du Falscher ihr Freund,
wie mir Freund du einst warst,
haha! Mich freut's!
Von ihnen fürcht' ich dann nichts.

LOGE
So denk' ich, kannst du mir trau'n?

ALBERICH
1160 Deiner Untreu' trau' ich,
nicht deiner Treu'! –
Doch getrost trotz' ich euch allen.

LOGE
Hohen Mut
verleiht deine Macht:
1165 grimmig groß
wuchs dir die Kraft.

ALBERICH
Siehst du den Hort,
den mein Heer
dort mir gehäuft?

LOGE
1170 So neidlichen sah ich noch nie.

ALBERICH
Das ist für heut',
ein kärglich Häufchen:
kühn und mächtig
soll er künftig sich mehren.

WOTAN
1175 Zu was doch frommt dir der Hort,
da freudlos Nibelheim,
und nichts für Schätze hier feil?

ALBERICH
Schätze zu schaffen
und Schätze zu bergen,
1180 nützt mir Nibelheims Nacht;
doch mit dem Hort,
in der Höhle gehäuft,
denk' ich dann Wunder zu wirken:
die ganze Welt
1185 gewinn' ich mit ihm mir zu eigen!

WOTAN
Wie beginnst du, Gütiger, das?

ALBERICH
Die in linder Lüfte Weh'n
da oben ihr lebt,
lacht und liebt:
1190 mit gold'ner Faust
euch Göttliche fang' ich mir alle!
Wie ich der Liebe abgesagt,
alles, was lebt,
soll ihr entsagen:
1195 mit Golde gekirrt,
nach Gold nur sollt ihr noch gieren.
Auf wonnigen Höh'n
in seligem Weben
wiegt ihr euch;
1200 den Schwarz-Alben
verachtet ihr ewigen Schwelger! –
Habt Acht!
Habt Acht! –
Denn dient ihr Männer
1205 erst meiner Macht,
eure schmucken Frau'n –
die mein Frei'n verschmäht –
sie zwingt zur Lust sich der Zwerg,
lacht Liebe ihm nicht. –
1210 Hahahaha!
Habt ihr's gehört?

Habt Acht!
Habt Acht vor dem nächtlichen Heer,
entsteigt des Niblungen Hort
1215 aus stummer Tiefe zu Tag!

WOTAN
auffahrend
Vergeh', frevelnder Gauch!

ALBERICH
Was sagt der?

LOGE
ist dazwischen getreten
Sei doch bei Sinnen!
zu ALBERICH
Wen doch faßte nicht Wunder,
1220 erfährt er Alberichs Werk?
Gelingt deiner herrlichen List,
was mit dem Horte du heischest,
den Mächtigsten muß ich dich rühmen;
denn Mond und Stern'
1225 und die strahlende Sonne,
sie auch dürfen nicht anders,
dienen müssen sie dir. –
Doch wichtig acht' ich vor allem,
daß des Hortes Häufer,
1230 der Niblungen Heer,
neidlos dir geneigt.
Einen Ring rührtest du kühn,
dem zagte zitternd dein Volk:
doch wenn im Schlaf
1235 ein Dieb dich beschlich',
den Ring schlau dir entriss',
wie wahrtest du Weiser dich dann?

ALBERICH
Der Listigste dünkt sich Loge;
andre denkt er
1240 immer sich dumm:
daß sein' ich bedürfte
zu Rat und Dienst
um harten Dank,
das hörte der Dieb jetzt gern! –
1245 Den hehlenden Helm
ersann ich mir selbst;
der sorglichste Schmied,
Mime, mußt' ihn mir schmieden:
schnell mich zu wandeln,
1250 nach meinem Wunsch
die Gestalt mir zu tauschen,
taugt mir der Helm;
niemand sieht mich,
wenn er mich sucht;
1255 doch überall bin ich,
geborgen dem Blick.
So ohne Sorge
bin ich selbst sicher vor dir,
du fromm sorgender Freund!

LOGE
1260 Vieles sah ich,
Seltsames fand ich:
doch solches Wunder
gewahrt' ich nie.
Dem Werk ohne Gleichen
1265 kann ich nicht glauben;
wäre dies eine möglich,
deine Macht währte dann ewig.

ALBERICH
Meinst du, ich lüg'
und prahle wie Loge?

LOGE
1270 Bis ich's geprüft,
bezweifl' ich, Zwerg, dein Wort.

ALBERICH
Vor Klugheit bläht sich
zum Platzen der Blöde:
nun plage dich Neid!
1275 Bestimm', in welcher Gestalt
soll ich jach vor dir stehn?

LOGE
In welcher du willst:
nur mach' vor Staunen mich stumm!

ALBERICH
hat den Helm aufgesetzt
»Riesen-Wurm
1280 winde sich ringelnd!«
Sogleich verschwindet er: eine ungeheure Riesenschlange windet sich statt seiner am Boden; sie bäumt sich und streckt den aufgesperrten Rachen nach WOTAN *und* LOGE *hin.*

LOGE
stellt sich von Furcht ergriffen
Ohe! Ohe!
Schreckliche Schlange!
Verschlinge mich nicht!
Schone Logen das Leben!

WOTAN   zugleich.
lacht
1285 Gut, Alberich!
Gut, du Arger!
Wie wuchs so rasch
zum riesigen Wurme der Zwerg!
Die Schlange verschwindet und statt ihrer erscheint sogleich ALBERICH *wieder in seiner wirklichen Gestalt*

ALBERICH
Hehe! Ihr Klugen,
1290 glaubt ihr mir nun?

LOGE
Mein Zittern mag dir's bezeugen.
Zur großen Schlange
schufst du dich schnell:
weil ich's gewahrt,
1295 willig glaub' ich dem Wunder.
Doch, wie du wuchsest,
kannst du auch winzig
und klein dich schaffen?
Das Klügste schien' mir das,
1300 Gefahren schlau zu entflieh'n:
das aber dünkt mich zu schwer!

ALBERICH
Zu schwer dir,
weil du zu dumm!
Wie klein soll ich sein?

LOGE
1305 Daß die feinste Klinze dich fasse,
wo bang die Kröte sich birgt.

ALBERICH
Pah! Nichts leichter!
Luge du her!
Er setzt den Tarnhelm wieder auf
»Krumm und grau
1310 krieche Kröte!«
Er verschwindet: die Götter gewahren im Gestein eine Kröte auf sich zukriechen

LOGE
zu WOTAN
Dort die Kröte,
greife sie rasch!
WOTAN *setzt seinen Fuß auf die Kröte:* LOGE *fährt ihr nach dem Kopfe und hält den Tarnhelm in der Hand*

ALBERICH
wird plötzlich in seiner wirlichen Gestalt sichtbar, wie er sich unter WOTANS *Fuße windet*
Ohe! Verflucht!
Ich bin gefangen!

LOGE
1315 Halt' ihn fest,
bis ich ihn band.
Er hat ein Bastseil hervorgeholt, und bindet ALBERICH *damit Arme und Beine; den Geknebelten, der sich wütend zu wehren sucht, fassen dann beide und schleppen ihn mit sich nach der Kluft, aus der sie herabkamen.*

LOGE
Nun schnell hinauf!
Dort ist er unser.
Sie verschwinden, aufwärts steigend

VIERTE SZENE

Die Szene verwandelt sich, nur in umgekehrter Weise, wie zuvor; schließlich erscheint wieder die
freie Gegend auf Bergeshöhen,
wie in der zweiten Szene; nur ist sie jetzt noch in einem fahlen Nebelschleier verhüllt, wie vor der zweiten Verwandlung nach FREIAS *Abführung.*
WOTAN *und* LOGE, *den gebundenen* ALBERICH *mit sich führend, steigen aus der Kluft herauf.*

LOGE
Da, Vetter,
1320 sitze du fest!
Luge, Liebster,
dort liegt die Welt,
die du Lung'rer gewinnen dir willst:
welch Stellchen, sag',
1325 bestimmst du drin mir zum Stall?

ALBERICH
Schändlicher Schächer!
Du Schalk! Du Schelm!
Löse den Bast,
binde mich los,
1330 den Frevel sonst büßest du Frecher!

WOTAN
Gefangen bist du,
fest mir gefesselt,
wie du die Welt,
was lebt und webt,
1335 in deiner Gewalt schon wähntest.
In Banden liegst du vor mir,
du Banger kannst es nicht leugnen.
Zu ledigen dich
bedarf's nun der Lösung.

ALBERICH
1340 O, ich Tropf!
Ich träumender Tor!
Wie dumm traut' ich
dem diebischen Trug!
Furchtbare Rache
1345 räche den Fehl!

LOGE
Soll Rache dir frommen,
vor allem rate dich frei:
dem gebundnen Manne
büßt kein Freier den Frevel.
1350 Drum sinnst du auf Rache,
rasch ohne Säumen
sorg' um die Lösung zunächst!

ALBERICH
barsch
So heischt, was ihr begehrt!

WOTAN
Den Hort und dein helles Gold.

ALBERICH
1355 Gieriges Gaunergezücht!
für sich
Doch behalt' ich mir nur den Ring,
des Hortes entrat' ich dann leicht:
denn von neuem gewonnen
und wonnig genährt
1360 ist er bald durch des Ringes Gebot.
Eine Witzigung wär's
die weise mich macht:
zu teuer nicht zahl' ich die Zucht,
lass' für die Lehre ich den Tand. —

WOTAN
1365 Erlegst du den Hort?

ALBERICH
Löst mir die Hand,
so ruf' ich ihn her.
LOGE *löst ihm die rechte Hand*

ALBERICH
rührt den Ring mit den Lippen und murmelt den Befehl
– Wohlan, die Niblungen
rief ich mir nah:
1370 ihrem Herrn gehorchend
hör' ich den Hort
aus der Tiefe sie führen zu Tag. –
Nun löst mich vom lästigen Band!

WOTAN
Nicht eh'r, bis alles gezahlt.
Die NIBELUNGEN steigen aus der Kluft herauf, mit den Geschmeiden des Hortes beladen

ALBERICH
1375 O schändliche Schmach,
daß die scheuen Knechte
geknebelt selbst mich erschau'n! –
Dorthin geführt,
wie ich's befehl'!
1380 All zu Hauf
schichtet den Hort!
Helf' ich euch Lahmen? –
Hieher nicht gelugt! –
Rasch da! Rasch!
1385 Dann rührt euch von hinnen:
Daß ihr mir schafft!
Fort in die Schachten!
Weh euch, treff' ich euch faul!
Auf den Fersen folg' ich euch nach.
Die Nibelungen, nachdem sie den Hort aufgeschichtet, schlüpfen ängstlich wieder in die Kluft hinab.

ALBERICH
1390 Gezahlt hab ich:
nun laßt mich ziehn!
Und das Helmgeschmeid,
das Loge dort hält,
das gebt mir nun gütlich zurück!

LOGE
den Tarnhelm zum Horte werfend
1395 Zur Buße gehört auch die Beute.

ALBERICH
Verfluchter Dieb! –
Doch nur Geduld!
Der den alten mir schuf,
schafft einen andern:
1400 noch halt' ich die Macht,
der Mime gehorcht.
Schlimm zwar ist's,
dem schlauen Feind
zu lassen die listige Wehr! –
1405 Nun denn! Alberich
ließ euch alles:
jetzt löst, ihr Bösen, das Band!

LOGE
zu WOTAN
Bist du befriedigt?
Bind' ich ihn frei?

WOTAN
1410 Ein gold'ner Ring
ragt dir am Finger:
hörst du, Alp?
Der, acht' ich, gehört mit zum Hort.

ALBERICH
entsetzt
Der Ring?

WOTAN
1415 Zu deiner Lösung
mußt du ihn lassen.

ALBERICH
Das Leben – doch nicht den Ring!

WOTAN
Den Reif verlang' ich:
mit dem Leben mach', was du willst!

ALBERICH
1420 Lös' ich mir Leib und Leben,
den Ring auch muß ich mir lösen:
Hand und Haupt,
Aug' und Ohr,
sind nicht mehr mein Eigen
1425 als hier dieser rote Ring.

WOTAN
Dein Eigen nennst du den Ring?
Rasest du, schamloser Albe?
Nüchtern sag,
wem entnahmst du das Gold,
1430 daraus du den schimmernden schufst?
War's dein Eigen,
was du Arger
der Wassertiefe entwandt?
Bei des Rheines Töchtern
1435 hole dir Rat,
ob ihr Gold
sie zu eigen dir gaben,
das du zum Ring dir geraubt.

ALBERICH
Schmähliche Tücke!
1440 Schändlicher Trug!
Wirfst du Schächer
die Schuld mir vor,
die dir so wonnig erwünscht?
Wie gern raubtest
1445 du selbst dem Rheine das Gold,
war nur so leicht
die Kunst, es zu schmieden, erlangt?
Wie glückt' es nun
dir Gleißner zum Heil,
1450 daß der Niblung ich
aus schmählicher Not,
in des Zornes Zwange,
den schrecklichen Zauber gewann,
deß' Werk nun lustig dir lacht?
1455 Des Unseligen,
Angstversehrten
fluchfertige,

furchtbare Tat,
zu fürstlichem Tand
1460 soll sie fröhlich dir taugen?
Zur Freude dir frommen mein Fluch? –
Hüte dich,
herrischer Gott!
Frevelte ich,
1465 so frevelt' ich frei an mir:
doch an allem, was war,
ist und wird,
frevelst, Ewiger, du,
entreißest du frech mir den Ring!

WOTAN

1470 Her den Ring!
Kein Recht an ihm
schwörst du schwatzend dir zu.

Er entzieht ALBERICHS *Finger mit heftiger Gewalt den Ring*

ALBERICH
gräßlich aufschreiend

Ha! Zertrümmert! Zerknickt!
Der Traurigen traurigster Knecht!

WOTAN
hat den Ring an seinen Finger gesteckt und betrachtet ihn wohlgefällig

1475 Nun halt' ich, was mich erhebt,
der Mächtigen mächtigsten Herrn!

LOGE

Ist er gelöst?

WOTAN

Bind' ihn los!

LOGE
löst ALBERICH *die Bande*

Schlüpfe denn heim!
1480 Keine Schlinge hält dich:
frei fahre dahin!

ALBERICH
sich vom Boden erhebend, mit wütendem Lachen

Bin ich nun frei!
Wirklich frei? –
So grüß' euch denn
1485 meiner Freiheit erster Gruß! –
Wie durch Fluch er mir geriet,
verflucht sei dieser Ring!
Gab sein Gold
mir – Macht ohne Maß,
1490 nun zeug' sein Zauber
Tod dem – der ihn trägt!
Kein Froher soll
seiner sich freu'n;
keinem Glücklichen lache
1495 sein lichter Glanz;
wer ihn besitzt,
den sehre die Sorge,
und wer ihn nicht hat,
den nage der Neid!
1500 Jeder giere
nach seinem Gut,
doch keiner genieße
mit Nutzen sein';
ohne Wucher hüt' ihn sein Herr,
1505 doch den Würger zieh' er ihm zu!
Dem Tode verfallen,
fessle den Feigen die Furcht;
so lang' er lebt,
sterb' er lechzend dahin,
1510 des Ringes Herr
als des Ringes Knecht:
bis in meiner Hand
den geraubten wieder ich halte! –
So – segnet
1515 in höchster Not
der Nibelung seinen Ring!
Behalt' ihn nun,
hüte ihn wohl:
meinen Fluch fliehest du nicht!

Er verschwindet schnell in der Kluft

LOGE

1520 Lauschtest du
seinem Liebesgruß?

WOTAN
in die Betrachtung des Ringes verloren

Gönn' ihm die geifernde Lust!

Der Nebelduft des Vordergrundes klärt sich allmählich auf

LOGE
nach rechts blickend

Fasolt und Fafner
nahen von fern;
1525 Freia führen sie her.

Von der anderen Seite treten FRICKA, DONNER *und* FROH *auf*

FROH

Sie kehrten zurück.

DONNER

Willkommen, Bruder!

FRICKA
besorgt auf WOTAN *zueilend*

Bringst du gute Kunde?

LOGE
auf den Hort deutend

Mit List und Gewalt
1530 gelang das Werk:
dort liegt, was Freia löst.

DONNER

Aus der Riesen Haft
naht dort die Holde.

FROH

Wie liebliche Luft
1535 wieder uns weht,
wonnig Gefühl
die Sinne erfüllt!
Traurig ging' es uns allen,
getrennt für immer von ihr,

1540 die leidlos ewiger Jugend
jubelnde Lust uns verleiht.
Der Vordergrund ist wieder hell geworden; das Aussehen der Götter gewinnt durch das Licht wieder die erste Frische; über dem Hintergrunde haftet jedoch noch der Nebelschleier, so daß die ferne Burg unsichtbar bleibt.
FASOLT *und* FAFNER *treten auf,* FREIA *zwischen sich führend*

FRICKA
eilt freudig auf die Schwester zu, um sie zu umarmen
Lieblichste Schwester,
süßeste Lust!
Bist du mir wieder gewonnen?

FASOLT
ihr wehrend
1545 Halt! Nicht sie berührt!
Noch gehört sie uns. –
Auf Riesenheims
ragender Mark
rasteten wir:
1550 mit treuem Mut
des Vertrages Pfand
pflegten wir
so sehr mich's reut,
zurück doch bring' ich's
1555 erlegt uns Brüdern
die Lösung ihr.

WOTAN
Bereit liegt die Lösung:
des Goldes Maß
sei nun gütlich gemessen.

FASOLT
1560 Das Weib zu missen,
wisse, gemutet mich weh:
soll aus dem Sinn sie mir schwinden,
des Geschmeides Hort
häufe denn so,
1565 daß meinem Blick
die Blühende ganz er verdeck'!

WOTAN
So stellt das Maß
nach Freias Gestalt.
FAFNER *und* FASOLT *stoßen ihre Pfähle vor* FREIA *hin so in den Boden, daß sie gleiche Höhe und Breite mit ihrer Gestalt messen.*

FAFNER
Gepflanzt sind die Pfähle
1570 nach Pfandes Maß:
gehäuft nun füll' es der Hort.

WOTAN
Eilt mit dem Werk:
widerlich ist mir's!

LOGE
Hilf mir, Froh!

FROH
1575 Freias Schmach
eil' ich zu enden.

LOGE *und* FROH *häufen hastig zwischen den Pfählen die Geschmeide*

FAFNER
Nicht so leicht
und locker gefügt:
fest und dicht
1580 füll' er das Maß!
Mit roher Kraft drückt er die Geschmeide dicht zusammen; er beugt sich, um nach Lücken zu spähen.
Hier lug' ich noch durch:
verstopft mit die Lücken!

LOGE
Zurück, du Grober!
Greif' mir nichts an!

FAFNER
1585 Hieher! Die Klinze verklemmt!

WOTAN
unmutig sich abwendend
Tief in der Brust
brennt mir die Schmach.

FRICKA
Den Blick auf FREIA *geheftet*
Sieh, wie in Scham
schmählich die Edle steht:
1590 um Erlösung fleht
stumm der leidende Blick.
Böser Mann,
der Minnigen botest du das!

FAFNER
Noch mehr hierher!

DONNER
1595 Kaum halt' ich mich:
schäumende Wut
weckt mir der schamlose Wicht! –
Hierher, du Hund!
Willst du messen,
1600 so miß dich selber mit mir!

FAFNER
Ruhig, Donner!
Rolle, wo's taugt:
hier nützt dein Rasseln dir nichts!

DONNER
holt aus
Nicht dich Schmähl'chen zu zerschmettern?

WOTAN
1605 Friede doch!
Schon dünkt mich Freia verdeckt.

LOGE
Der Hort ging auf.

FAFNER
mit dem Blicke messend
Noch schimmert mir Holdas Haar:
dort das Gewirk
1610 wirf auf den Hort!

LOGE
Wie, auch den Helm?

FAFNER
Hurtig, her mit ihm!

WOTAN
Laß ihn denn fahren!

LOGE
wirft den Helm auf den Haufen
So sind wir denn fertig. –
1615 Seid ihr zufrieden?

FASOLT
Freia, die schöne,
schau' ich nicht mehr:
so ist sie gelöst?
Muß ich sie lassen?
Er tritt nahe hinzu und späht durch den Hort
1620 Weh! Noch blitzt
ihr Blick zu mir her;
des Auges Stern
strahlt mich noch an:
durch eine Spalte
1625 muß ich's erspähn! –
Seh' ich dies wonnige Auge,
von dem Weibe lass' ich nicht ab.

FAFNER
He! Euch rat ich,
verstopft mir die Ritze!

LOGE
1630 Nimmer-Satte!
Seht ihr denn nicht,
ganz schwand uns der Hort?

FAFNER
Mit nichten, Freund!
An Wotans Finger
1635 glänzt von Gold noch ein Ring:
den gebt, die Ritze zu füllen!

WOTAN
Wie? Diesen Ring?

LOGE
Laßt euch raten!
Den Rheintöchtern
1640 gehört dies Gold:
ihnen gibt Wotan es wieder.

WOTAN
Was schwatzest du da?
Was schwer ich mir erbeutet,
ohne Bangen wahr' ich's für mich.

LOGE
1645 Schlimm dann steht's
um mein Versprechen,
das ich den Klagenden gab.

WOTAN
Dein Versprechen bindet mich nicht:
als Beute bleibt mir der Reif.

FAFNER
1650 Doch hier zur Lösung
mußt du ihn legen.

WOTAN
Fordert frech, was ihr wollt:
alles gewähr' ich;
um alle Welt
1655 doch nicht fahren lass' ich den Ring!

FASOLT
zieht wütend FREIA hinter dem Horte hervor
Aus dann ist's
beim Alten bleibt's
nun folgt uns Freia für immer!

FREIA
Hilfe! Hilfe!

FRICKA
1660 Harter Gott,
gib ihnen nach!

FROH
Spare das Gold nicht!

DONNER
Spende den Ring doch!

WOTAN
Laßt mich in Ruh'!
1665 Den Reif geb' ich nicht.

FAFNER hält den fortdrängenden FASOLT noch auf, alle stehen bestürzt; WOTAN wendet sich zürnend von ihnen zur Seite. Die Bühne hat sich von Neuem verfinstert; aus der Felskluft zur Seite bricht ein bläulicher Schein hervor: in ihm wird WOTAN plötzlich ERDA sichtbar, die bis zu halber Leibeshöhe aus der Tiefe aufsteigt; sie ist von edler Gestalt, weithin von schwarzem Haare umwallt.

ERDA
die Hand mahnend gegen WOTAN ausstreckend
Weiche, Wotan, weiche!
Flieh' des Ringes Fluch!
Rettungslos
1670 dunklem Verderben
weiht dich sein Gewinn.

WOTAN
Wer bist du, mahnendes Weib?

ERDA
Wie alles war, weiß ich;
wie alles wird,
wie alles sein wird,
1675 seh' ich auch:
der ew'gen Welt
Ur-Wala,
Erda mahnt deinen Mut.
Drei der Töchter,
1680 ur-erschaff'ne
gebar mein Schoß:
was ich sehe,
sagen dir nächtlich die Nornen.
Doch höchste Gefahr
1685 führt mich heut'

selbst zu dir her:
Höre! Höre! Höre!
Alles, was ist, endet.
Ein düst'rer Tag
1690 dämmert den Göttern:
dir rat' ich, meide den Ring!

Sie versinkt langsam bis an die Brust, während der bläuliche Schein zu dunkeln beginnt

WOTAN

Geheimnis-hehr
hallt mir dein Wort:
weile, daß mehr ich wisse!

ERDA
im Verschwinden

1695 Ich warnte dich –
du weißt genug:
sinne in Sorg' und Furcht!

Sie verschwindet gänzlich

WOTAN

Soll ich sorgen und fürchten –
dich muß ich fassen,
1700 alles erfahren!

Er will in die Kluft, um ERDA zu halten: DONNER, FROH und FRICKA werfen sich ihm entgegen, und halten ihn auf

FRICKA

Was willst du, Wütender?

FROH

Halt ein, Wotan!
Scheue die Edle,
achte ihr Wort!

DONNER
zu den Riesen

1705 Hört ihr Riesen!
Zurück und harret:
das Gold wird euch gegeben.

FREIA

Darf ich es hoffen?
Dünkt euch Holda
1710 wirklich der Lösung wert?

Alle blicken gespannt auf WOTAN

WOTAN
war in tiefes Sinnen versunken und faßt sich jetzt mit Gewalt zum Entschluß.

Zu mir, Freia!
Du bist befreit:
wieder gekauft
kehr' uns die Jugend zurück! –
1715 Ihr Riesen, nehmt euren Ring!

Er wirft den Ring auf den Hort.
Die Riesen lassen FREIA los: sie eilt freudig auf die Götter zu, die sie abwechselnd längere Zeit in höchster Freude liebkosen.

FAFNER
breitet sogleich einen ungeheuren Sack aus und macht sich über den Hort her, um ihn da hinein zu schichten

FASOLT
dem Bruder sich entgegenwerfend

Halt, du Gieriger!
Gönne mir auch 'was!
Redliche Teilung
taugt uns beiden.

FAFNER

1720 Mehr an der Maid als am Gold
lag dir verliebtem Geck:
mit Müh' zum Tausch
vermocht' ich dich Toren.
Ohne zu teilen
1725 hättest du Freia gefreit:
teil' ich den Hort,
billig behalt' ich
die größte Hälfte für mich.

FASOLT

Schändlicher du!
1730 Mir diesen Schimpf? –
zu den Göttern:
Euch ruf' ich zu Richtern:
teilet nach Recht
uns redlich den Hort!

WOTAN wendet sich verächtlich ab

LOGE

Den Hort laß ihn raffen:
1735 halte du nur auf den Ring!

FASOLT
stürzt sich auf FAFNER, der während dem mächtig eingesackt hat

Zurück, du Frecher!
Mein ist der Ring:
mir blieb er für Freias Blick.

Er greift hastig nach dem Ring

FAFNER

Fort mit der Faust!
1740 der Ring ist mein!

Sie ringen miteinander; FASOLT entreißt FAFNER den Ring

FASOLT

Ich halt' ihn, mir gehört er!

FAFNER

Halt ihn fest, daß er nicht fall'!

Er holt wütend mit seinem Pfahle nach FASOLT aus und streckt ihn mit einem Schlage zu Boden, dem Sterbenden entreißt er dann hastig den Ring

Nun blinzle nach Freias Blick:
an den Reif rührst du nicht mehr!

Er steckt den Ring in den Sack und rafft dann gemächlich vollends den Hort ein
Alle Götter stehen entsetzt. Langes, feierliches Schweigen

WOTAN
nach einem langen, feierlichen Schweigen

1745 Furchtbar nun
erfind' ich des Fluches Kraft!

LOGE

Was gleicht, Wotan,
wohl deinem Glücke?
Viel erwarb dir
1750 des Ringes Gewinn;
daß er nun dir genommen,
nützt dir noch mehr:
deine Feinde, sieh,
fällen sich selbst
1755 um das Gold, das du vergabst.

WOTAN
tief erschüttert

Wie doch Bangen mich bindet!
Sorg' und Furcht
fesseln den Sinn;
wie sie zu enden,
1760 lehre mich Erda:
zu ihr muß ich hinab!

FRICKA
schmeichelnd sich an ihn schmiegend

Wo weilst du, Wotan?
Winkt dir nicht hold
die hehre Burg,
1765 die des Gebieters
gastlich bergend nun harrt?

WOTAN

Mit bösem Zoll
zahlt' ich den Bau!

DONNER
auf den Hintergrund deutend, der noch in Nebelschleier gehüllt ist

Schwüles Gedünst
1770 schwebt in der Luft;
lästig ist mir
der trübe Druck:
das bleiche Gewölk
samml' ich zu blitzendem Wetter;
1775 das fegt den Himmel mir hell.

Er hat einen hohen Felsstein am Talabhange bestiegen und schwingt jetzt seinen Hammer

He da! He da! He do!
Zu mir, du Gedüft!
Ihr Dünste, zu mir!
Donner, der Herr,
1780 ruft euch zu Heer.
Auf des Hammers Schwung
schwebet herbei:
dunstig Gedämpf!
Schwebend Gedüft!
1785 Donner, der Herr,
ruft Euch zu Heer!
He da! He da! He do!

Die Nebel haben sich um ihn zusammen gezogen; er verschwindet völlig in einer immer finsterer sich ballenden Gewitterwolke. Dann hört man seinen Hammerschlag schwer auf den Felsstein fallen: ein starker Blitz entfährt der Wolke; ein heftiger Donnerschlag folgt.

Bruder, hieher!
Weise der Brücke den Weg!

FROH ist mit im Gewölk verschwunden. Plötzlich verzieht sich die Wolke: DONNER und FROH werden sichtbar: von ihren Füßen aus zieht sich, mit blendendem Leuchten, eine Regenbogenbrücke über das Tal hinüber bis zur Burg, die jetzt, von der Abendsonne beschienen, im hellsten Glanze erstrahlt. FAFNER, der neben der Leiche seines Bruders endlich den ganzen Hort eingerafft hat, hat den ungeheuren Sack auf dem Rücken, während DONNERs Gewitterzauber die Bühne verlassen.

FROH

1790 Zur Burg führt die Brücke,
leicht, doch fest eurem Fuß:
beschreitet kühn
ihren schrecklosen Pfad!

WOTAN
in den Anblick der Burg versunken

Abendlich strahlt
1795 der Sonne Auge;
in prächtiger Glut
prangt glänzend die Burg.
In des Morgens Scheine
mutig erschimmernd,
1800 lag sie herrenlos
hehr verlockend vor mir.
Von Morgen bis Abend
in Müh' und Angst
nicht wonnig ward sie gewonnen!
1805 Es naht die Nacht:
vor ihrem Neid
biete sie Bergung nun.
So – grüß ich die Burg,
sicher vor Bang und Grau'n. –

zu FRICKA

1810 Folge mir, Frau:
in Walhall wohne mit mir!

Er faßt ihre Hand

FRICKA

Was deutet der Name?
Nie, dünkt mich, hört' ich ihn nennen.

WOTAN

Was, mächtig der Furcht,
1815 mein Mut mir erfand,
wenn siegend es lebt –
leg' es den Sinn dir dar!

WOTAN und FRICKA schreiten der Brücke zu: FROH und FREIA folgen zunächst, dann DONNER

LOGE
im Vordergrunde verharrend und den Göttern nachblickend

Ihrem Ende eilen sie zu,
die so stark im Bestehen sich wähnen.
1820 Fast schäm' ich mich,
mit ihnen zu schaffen;
zur leckenden Lohe
mich wieder zu wandeln,
spür' ich lockende Lust.
1825 Sie aufzuzehren,
die einst mich gezähmt,
statt mit den Blinden
blöd zu vergehn,
und wären es göttlichste Götter, –

1830 nicht dumm dünkte mich das!
　　　Bedenken will ich's:
　　　wer weiß, was ich tu'!
<small>Er geht, um sich den Göttern in nachlässiger Haltung anzuschließen.</small>
<small>Aus der Tiefe hört man den Gesang der RHEINTÖCHTER heraufschallen.</small>

   DIE DREI RHEINTÖCHTER
　　　Rheingold! Rheingold!
　　　Reines Gold!
1835　Wie lauter und hell
　　　leuchtetest hold du uns!

     WOTAN
<small>im Begriff, den Fuß auf die Brücke zu setzen, hält an und wendet sich um</small>
　　　Welch' Klagen klingt zu mir her?

   DIE RHEINTÖCHTER
　　　Um dich, du klares,
　　　wir nun klagen!

     LOGE
1840　Des Rheines Kinder
　　　beklagen des Goldes Raub.

     WOTAN
　　　Verwünschte Nicker!

   DIE RHEINTÖCHTER
　　　Gebt uns das Gold,
　　　o gebt uns das reine zurück!

     WOTAN
1845　Wehre ihrem Geneck!

     LOGE
<small>in das Tal hinabrufend</small>
　　　Ihr da im Wasser!
　　　Was weint ihr herauf?
　　　Hört, was Wotan euch wünscht.
　　　Glänzt nicht mehr
1850　euch Mädchen das Gold,
　　　in der Götter neuem Glanze
　　　sonnt euch selig fortan!
<small>Die Götter lachen laut und beschreiten nun die Brücke.</small>

   DIE RHEINTÖCHTER
<small>aus der Tiefe</small>
　　　Rheingold! Rheingold!
　　　Reines Gold!
1855　O leuchtete noch
　　　in der Tiefe dein laut'rer Tand!
　　　Traulich und treu
　　　ist's nur in der Tiefe:
　　　falsch und feig
1860　ist, was dort oben sich freut!
<small>Als alle Götter auf der Brücke der Burg zuschreiten, fällt der Vorhang.</small>

ERSTER TAG:

DIE WALKÜRE

ERSTER AUFZUG

Das Innere eines Wohnraumes

In der Mitte steht der Stamm einer mächtigen Esche, dessen stark erhabene Wurzeln sich weithin in den Erdboden verlieren; von seinem Wipfel ist der Baum durch ein gezimmertes Dach geschieden, welches so durchschnitten ist, daß der Stamm und die nach allen Seiten hin sich ausstreckenden Äste durch genau entsprechende Öffnungen hindurch gehen; von dem belaubten Wipfel wird angenommen, daß er sich über dieses Dach ausbreite. Um den Eschenstamm, als Mittelpunkt, ist nun ein Saal gezimmert; die Wände sind aus roh behauenem Holzwerk, hie und da mit geflochtenen und gewebten Decken behangen. Rechts im Vordergrunde steht der Herd, dessen Rauchfang seitwärts zum Dache hinausführt: hinter dem Herde befindet sich ein innerer Raum, gleich einem Vorratsspeicher, zu dem man auf einigen hölzernen Stufen hinaufsteigt; davor hängt, halb zurückgeschlagen, eine geflochtene Decke. Im Hintergrunde eine Eingangstüre mit schlichtem Holzriegel. Links die Türe zu einem inneren Gemache, zu dem gleichfalls Stufen hinaufführen; weiter vorne auf derselben Seite ein Tisch mit einer breiten, an der Wand angezimmerten Bank dahinter, und hölzernen Schemeln davor.

Ein kurzes Orchestervorspiel von heftiger, stürmischer Bewegung leitet ein. Als der Vorhang aufgeht, öffnet SIEGMUND von außen hastig die Eingangstüre und tritt ein: es ist gegen Abend; starkes Gewitter, im Begriff sich zu legen. – SIEGMUND hält einen Augenblick den Riegel in der Hand, und überblickt den Wohnraum: er scheint von übermäßiger Anstrengung erschöpft; sein Gewand und Aussehen zeigen, daß er sich auf der Flucht befinde. Da er niemand gewahrt, schließt er die Türe hinter sich, schreitet auf den Herd zu und wirft sich dort ermattet auf eine Decke von Bärenfell.

ERSTE SZENE

SIEGMUND
Wess' Herd dies auch sei,
hier muß ich rasten.

Er sinkt zurück und bleibt einige Zeit regungslos ausgestreckt. SIEGLINDE tritt aus der Türe des inneren Gemaches. Dem vernommenen Geräusche nach glaubte sie ihren Mann heimgekehrt: ihre ernste Miene zeigt sich dann verwundert, als sie einen Fremden am Herde ausgestreckt sieht.

SIEGLINDE
noch im Hintergrunde
Ein fremder Mann!
Ihn muß ich fragen.
Sie tritt ruhig einige Schritte näher
1865 Wer kam ins Haus
und liegt dort am Herd?
Da SIEGMUND sich nicht regt, tritt sie noch etwas näher und betrachtet ihn
Müde liegt er
von Weges Müh'n:
schwanden die Sinne ihm?
1870 wäre er siech? –
Sie neigt sich näher zu ihm
Noch schwillt ihm der Atem;
das Auge nur schloß er: –
mutig dünkt mich der Mann,
sank er müd' auch hin.

SIEGMUND
jäh das Haupt erhebend
1875 Ein Quell! Ein Quell!

SIEGLINDE
Erquickung schaff' ich.
Sie nimmt schnell ein Trinkhorn, geht aus dem Hause und kommt mit dem gefüllten zurück, das sie SIEGMUND reicht
Labung biet' ich
dem lechzenden Gaumen:
Wasser, wie du gewollt!
SIEGMUND trinkt und reicht ihr das Horn zurück. Nachdem er ihr mit dem Kopfe Dank zugewinkt, haftet sein Blick länger mit steigender Teilnahme an ihren Mienen.

SIEGMUND
1880 Kühlende Labung
gab mir der Quell,
des Müden Last
machte er leicht;
erfrischt ist der Mut,
1885 das Aug' erfreut
des Sehens selige Lust: –
wer ist's, der so mir es labt?

SIEGLINDE
Dies Haus und dies Weib
sind Hundings Eigen;
1890 gastlich gönn' er dir Rast:
harre bis heim er kehrt!

SIEGMUND
Waffenlos bin ich:
dem wunden Gast
wird dein Gatte nicht wehren.

SIEGLINDE
besorgt
1895 Die Wunden weise mir schnell!

SIEGMUND
schüttelt sich und springt lebhaft vom Lager zu Sitz auf
Gering sind sie,
der Rede nicht wert;
noch fügen des Leibes
Glieder sich fest.
1900 Hätten halb so stark wie mein Arm
Schild und Speer mir gehalten,
nimmer floh ich dem Feind; –
doch zerschellten mir Speer und Schild.
Der Feinde Meute
1905 hetzte mich müd',
Gewitter-Brunst
brach meinen Leib;

doch schneller als ich der Meute,
schwand die Müdigkeit mir:
1910 sank auf die Lider mir Nacht,
die Sonne lacht mir nun neu.

SIEGLINDE
hat ein Horn mit Met gefüllt und reicht es ihm
Des seimigen Metes
süßen Trank
mögst du mir nicht verschmäh'n.

SIEGMUND
1915 Schmecktest du mir ihn zu?
*SIEGLINDE nippt am Horne, und reicht es ihm wieder; SIEG-
MUND tut einen langen Zug: dann setzt er schnell ab und reicht
das Horn zurück. Beide blicken sich, mit wachsender Ergriffenheit, eine Zeit lang stumm an.*

SIEGMUND
mit bebender Stimme
Einen Unseligen labtest du:
Unheil wende
der Wunsch von dir!
Er bricht schnell auf, um fortzugehen
Gerastet hab' ich
1920 und süß geruht:
weiter wend' ich den Schritt.

SIEGLINDE
lebhaft sich umwendend
Wer verfolgt dich, daß du schon fliehst?

SIEGMUND
*von ihrem Rufe gefesselt, wendet sich wieder: langsam und dü-
ster*
Mißwende folgt mir,
wohin ich fliehe;
1925 Mißwende naht mir,
wo ich mich neige:
dir Frau doch bleibe sie fern!
Fort wend' ich Fuß und Blick.
Er schreitet schnell bis zur Türe und hebt den Riegel

SIEGLINDE
in heftigem Selbstvergessen ihm nachrufend
So bleibe hier!
1930 Nicht bringst du Unheil dahin,
wo Unheil im Hause wohnt!

SIEGMUND
*bleibt tief erschüttert stehen und forscht in SIEGLINDEs Mie-
nen: diese schlägt endlich verschämt und traurig die Augen nieder. Langes Schweigen. SIEGMUND kehrt zurück und läßt sich,
an den Herd gelehnt, nieder*
Wehwalt hieß ich mich selbst: –
Hunding will ich erwarten.
*SIEGLINDE verharrt in betretenem Schweigen; dann fährt sie
auf, lauscht und hört HUNDING, der sein Roß außen zu Stall
führt. Sie geht hastig zur Türe und öffnet.*

ZWEITE SZENE

*HUNDING, gewaffnet mit Schild und Speer, tritt ein und hält
unter der Türe, als er SIEGMUND gewahrt*

SIEGLINDE
*dem ernst fragenden Blicke, den HUNDING auf sie richtet, ent-
gegnend*
Müd' am Herd
1935 fand ich den Mann:
Not führt' ihn ins Haus.

HUNDING
Du labtest ihn?

SIEGLINDE
Den Gaumen letzt' ich ihm,
gastlich sorgt' ich sein'.

SIEGMUND
der fest und ruhig HUNDING beobachtet
1940 Dach und Trank
dank' ich ihr:
willst du dein Weib drum schelten?

HUNDING
Heilig ist mein Herd: –
heilig sei dir mein Haus!
Zu SIEGLINDE, indem er die Waffen ablegt und ihr übergibt
1945 Rüst' uns Männern das Mahl!
*SIEGLINDE hängt die Waffen am Eschenstamme auf, holt Speise
und Trank aus dem Speicher und rüstet auf dem Tische das
Nachtmahl.*

HUNDING
*mißt scharf und verwundert SIEGMUNDs Züge, die er mit de-
nen seiner Frau vergleicht; für sich:*
Wie gleicht er dem Weibe!
Der gleißende Wurm
glänzt auch ihm aus dem Auge.
*Er birgt sein Befremden und wendet sich unbefangen zu SIEG-
MUND*
Weit her, traun,
1950 kamst du des Wegs;
ein Roß nicht ritt,
der Rast hier fand:
welch' schlimme Pfade
schufen dir Pein?

SIEGMUND
1955 Durch Wald und Wiese,
Haide und Hain,
jagte mich Sturm
und starke Not:
nicht kenn' ich den Weg, den ich kam.
1960 Wohin ich irrte,
weiß ich noch minder:
Kunde gewänn' ich dess' gern.

HUNDING
am Tische und SIEGMUND den Sitz bietend
Dess' Dach dich deckt,

dess' Haus dich hegt,
Hunding heißt der Wirt;
wendest von hier du
nach West den Schritt,
in Höfen reich
hausen dort Sippen,
die Hundings Ehre behüten.
Gönnt mir Ehre mein Gast,
wird sein Name nun mir genannt.

SIEGMUND, *der sich am Tisch niedergesetzt, blickt nachdenklich vor sich hin.* SIEGLINDE *hat sich neben* HUNDING, SIEGMUND *gegenüber, gesetzt und heftet mit auffallender Teilnahme und Spannung ihr Auge auf diesen.*

HUNDING
der beide beobachtet

Trägst du Sorge,
mir zu vertrau'n,
der Frau hier gib doch Kunde:
sieh, wie gierig sie dich frägt!

SIEGLINDE
unbefangen und teilnahmvoll

Gast, wer du bist,
wüßt' ich gern.

SIEGMUND
blickt auf, sieht ihr in das Auge, und beginnt ernst

Friedmund darf ich nicht heißen;
Frohwalt möcht' ich wohl sein:
doch Wehwalt muß ich mich nennen.
Wolfe, der war mein Vater;
zu zwei kam ich zur Welt,
eine Zwillingsschwester und ich.
Früh schwanden mir
Mutter und Maid;
die mich gebar,
und die mit mir sie barg,
kaum hab' ich je sie gekannt. –
Wehrlich und stark war Wolfe;
der Feinde wuchsen ihm viel.
Zum Jagen zog
mit dem Jungen der Alte,
von Hetze und Harst
einst kehrten sie heim:
da lag das Wolfsnest leer,
zu Schutt gebrannt
der prangende Saal,
zum Stumpf der Eiche
blühender Stamm;
erschlagen der Mutter
mutiger Leib,
verschwunden in Gluten
der Schwester Spur:
uns schuf die herbe Not
der Neidinge harte Schar.
Geächtet floh
der Alte mit mir;
lange Jahre
lebte der Junge
mit Wolfe im wilden Wald:
manche Jagd
ward auf sie gemacht;
doch mutig wehrte
das Wolfspaar sich.

Zu HUNDING *gewendet*

Ein Wölfing kündet dir das,
den als Wölfing mancher wohl kennt.

HUNDING

Wunder und wilde Märe
kündest du, kühner Gast,
Wehwalt – der Wölfing!
Mich dünkt, von dem wehrlichen Paar
vernahm ich dunkle Sage,
kannt' ich auch Wolfe
und Wölfing nicht.

SIEGLINDE

Doch weiter künde, Fremder:
wo weilt dein Vater jetzt?

SIEGMUND

Ein starkes Jagen auf uns
stellten die Neidinge an:
der Jäger viele
fielen den Wölfen,
in Flucht durch den Wald
trieb sie das Wild:
wie Spreu zerstob uns der Feind.
Doch ward ich vom Vater versprengt:
seine Spur verlor ich,
je länger ich forschte;
eines Wolfes Fell
nur traf ich im Forst:
leer lag das vor mir,
den Vater fand ich nicht. –
Aus dem Wald trieb es mich fort;
mich drängt' es zu Männern und Frauen:
wie viel ich traf,
wo ich sie fand,
ob ich um Freund,
um Frauen warb, –
immer doch war ich geächtet,
Unheil lag auf mir.
Was Rechtes je ich riet,
andern dünkte es arg;
was schlimm immer mir schien,
andre gaben im Gunst.
In Fehde fiel ich,
wo ich mich fand;
Zorn traf mich,
wohin ich zog;
gehrt' ich nach Wonne,
weckt' ich nur Weh: –
drum mußt' ich mich Wehwalt nennen;
des Wehes waltet' ich nur.

HUNDING

Die so leidig Los dir beschied,
nicht liebte dich die Norn:
froh nicht grüßt dich der Mann,
dem fremd als Gast du nahst.

Sieglinde

2065 Feige nur fürchten den,
der waffenlos einsam fährt! –
Künde noch, Gast,
wie du im Kampf
zuletzt die Waffe verlorst!

Siegmund
immer lebhafter

2070   Ein trauriges Kind
rief mich zum Trutz:
vermählen wollte
der Magen Sippe
dem Mann ohne Minne die Maid.
2075   Wider den Zwang
zog ich zum Schutz;
der Dränger Troß
traf ich im Kampf:
dem Sieger sank der Feind.
2080 Erschlagen lagen die Brüder:
die Leichen umschlang da die Maid;
den Grimm verjagt' ihr der Gram.
Mit wilder Tränen Flut
betroff sie weinend die Wal:
2085 um des Mordes der eignen Brüder
klagte die unsel'ge Braut. –
Der Erschlagnen Sippen
stürmten daher;
übermächtig
2090 ächzten nach Rache sie;
rings um die Stätte
ragten mir Feinde.
Doch von der Wal
wich nicht die Maid;
2095   mit Schild und Speer
schirmt' ich sie lang,
bis Speer und Schild
im Harst mir zerhau'n.
Wund und waffenlos stand ich –
2100 sterben sah ich die Maid:
mich hetzte das wütende Heer –
auf den Leichen lag sie tot.
Mit einem Blicke voll schmerzlichen Feuers auf Sieglinde
Nun weißt du, fragende Frau,
warum ich Friedmund – nicht heiße!
Er steht auf und schreitet auf den Herd zu. Sieglinde *blickt
erbleichend und tief erschüttert zu Boden.*

Hunding
sehr finster

2105 Ich weiß ein wildes Geschlecht,
nicht heilig ist ihm,
was andern hehr:
verhaßt ist es allen und mir.
Zur Rache ward ich gerufen,
2110   Sühne zu nehmen
für Sippen-Blut:
zu spät kam ich,
und kehre nun heim,
des flücht'gen Frevlers Spur
2115 im eignen Haus zu erspähn. –

Mein Haus hütet,
Wölfing, dich heut';
für die Nacht nahm ich dich auf:
mit starker Waffe
2120 doch wehre dich morgen;
zum Kampfe kies' ich den Tag:
für Tote zahlst du mir Zoll.
Zu Sieglinde, *die sich mit besorgter Gebärde zwischen die
beiden Männer stellt*
Fort aus dem Saal!
Säume hier nicht!
2125 Den Nachttrunk rüste mir drin,
und harre mein' zur Ruh'.
Sieglinde *nimmt sinnend ein Trinkhorn vom Tisch, geht zu
einem Schrein, aus dem sie Würze nimmt, und wendet sich nach
dem Seitengemache: auf der obersten Stufe bei der Türe angelangt, wendet sie sich noch einmal um und richtet auf* Siegmund *– der mit verhaltenem Grimme ruhig am Herde steht
und einzig sie im Auge behält – einen langen, sehnsüchtigen
Blick, mit welchem sie ihn endlich auf eine Stelle im Eschenstamme bedeutungsvoll auffordernd hinweist.* Hunding, *der
ihr Zögern bemerkt, treibt sie dann mit einem gebietenden Winke fort, worauf sie mit dem Trinkhorn und der Leuchte durch
die Türe verschwindet.*

Hunding
nimmt seine Waffen vom Baume

Mit Waffen wahrt sich der Mann. –
Dich Wölfing treffe ich morgen:
mein Wort hörtest du –
2130 hüte dich wohl!
Er geht mit den Waffen in das Gemach ab

DRITTE SZENE

Siegmund
allein
*Es ist vollständig Nacht geworden; der Saal ist nur noch von ei-
nem matten Feuer im Herde erhellt.* Siegmund *läßt sich, nah
beim Feuer, auf das Lager nieder und brütet in großer Aufregung eine Zeitlang schweigend vor sich hin*

Ein Schwert verhieß mir der Vater,
ich fänd' es in höchster Not. –
Waffenlos fiel ich
in Feindes Haus;
2135 seiner Rache Pfand
raste ich hier: –
ein Weib sah' ich,
wonnig und hehr;
entzückend Bangen
2140 zehrt mein Herz: –
zu der mich nun Sehnsucht zieht,
die mit süßem Zauber mich sehrt –
im Zwange hält sie der Mann,
der mich – Wehrlosen höhnt. –
2145 Wälse! Wälse!
Wo ist dein Schwert?
Das starke Schwert,

    das im Sturm ich schwänge,
    bricht mir hervor aus der Brust,
2150 was wütend das Herz noch hegt?

Das Feuer bricht zusammen; es fällt aus der aufsprühenden Glut ein greller Schein auf die Stelle des Eschenstammes, welche SIEGLINDES *Blick bezeichnet hatte, und an der man jetzt deutlicher einen Schwertgriff haften sieht.*

    Was gleißt dort hell
    im Glimmerschein?
    Welch' ein Strahl bricht
    aus der Esche Stamm? –
2155 Des Blinden Auge
    leuchtet ein Blitz:
    lustig lacht da der Blick. –
    Wie der Schein so hehr
    das Herz mir sengt!
2160 Ist es der Blick
    der blühenden Frau,
    den dort haftend
    sie hinter sich ließ,
    als aus dem Saal sie schied?

Von hier an verglimmt das Herdfeuer allmählich

2165 Nächtiges Dunkel
    deckte mein Aug';
    ihres Blickes Strahl
    streifte mich da:
    Wärme gewann ich und Tag.
2170 Selig schien mir
    der Sonne Licht,
    den Scheitel umgliß mir
    ihr wonniger Glanz –
    bis hinter Bergen sie sank.
2175 Noch einmal, da sie schied,
    traf mich abends ihr Schein:
    selbst der alten Esche Stamm
    erglänzte in gold'ner Glut:
    da bleicht die Blüte –
2180 das Licht verlischt –
    nächtiges Dunkel
    deckt mir das Auge:
    tief in des Busens Berge
    glimmt nur noch lichtlose Glut!

Das Feuer ist gänzlich verloschen: volle Nacht – Das Seitengemach öffnet sich leise: SIEGLINDE, *in weißem Gewande, tritt heraus und schreitet auf* SIEGMUND *zu.*

        SIEGLINDE
2185 Schläfst du, Gast?

        SIEGMUND
    freudig überrascht aufspringend
    Wer schleicht daher?

        SIEGLINDE
    mit geheimnisvoller Hast
    Ich bin's: höre mich an! –
    In tiefem Schlaf liegt Hunding;
    ich würzt' ihm betäubenden Trank.
2190 Nütze die Nacht dir zum Heil!

        SIEGMUND
    hitzig unterbrechend
    Heil macht mich dein Nah'n!

        SIEGLINDE
    Eine Waffe laß' mich dir weisen –
    O wenn du sie gewännst!
    Den hehrsten Helden
2195 dürft' ich dich heißen:
    dem Stärksten allein
    ward sie bestimmt.
    O merke wohl, was ich dir melde! –
    Der Männer Sippe
2200 saß hier im Saal,
    von Hunding zur Hochzeit geladen:
    er freite ein Weib,
    das ungefragt
    Schächer ihm schenkten zur Frau.
2205 Traurig saß ich
    während sie tranken:
    ein Fremder trat da herein –
    ein Greis in grauem Gewand;
    tief hing ihm der Hut,
2210 der deckt' ihm der Augen eines;
    doch des andren Strahl,
    Angst schuf er allen,
    traf die Männer
    sein mächt'ges Dräu'n:
2215 mir allein
    weckte das Auge
    süß sehnenden Harm,
    Tränen und Trost zugleich.
    Auf mich blickt' er,
2220 und blitzte auf jene,
    als ein Schwert in Händen er schwang:
    das stieß er nun
    in der Esche Stamm,
    bis zum Heft haftet' es drin: –
2225 dem sollte der Stahl geziemen,
    der aus dem Stamm es zög'.
    Der Männer alle,
    so kühn sie sich mühten,
    die Wehr sich keiner gewann;
2230 Gäste kamen
    und Gäste gingen,
    die stärksten zogen am Stahl –
    keinen Zoll entwich er dem Stamm:
    dort haftet schweigend das Schwert. –
2235 Da wußt' ich, wer der war,
    der mich Gramvolle gegrüßt:
    ich weiß auch,
    wem allein
    im Stamm das Schwert er bestimmt.
2240 O fänd' ich ihn heut'
    und hier, den Freund;
    käm' er aus Fremden
    zur ärmsten Frau:
    was je ich gelitten
2245 in grimmigem Leid,
    was je mich geschmerzt
    in Schande und Schmach, –
    süßeste Rache
    sühnte dann alles!
2250 Erjagt hätt' ich,
    was je ich verlor,
    was je ich beweint,

wär' mir gewonnen –
fänd' ich den heiligen Freund,
2255 umfing' den Helden mein Arm!

Siegmund
umfaßt sie mit feuriger Glut

Dich selige Frau
hält nun der Freund,
dem Waffe und Weib bestimmt!
Heiß in der Brust
2260 brennt mir der Eid,
der mich dir Edlen vermählt.
Was je ich ersehnt,
ersah ich in dir;
in dir fand ich,
2265 was je mir gefehlt!
Littest du Schmach,
und schmerzte mich Leid;
war ich geächtet,
und warst du entehrt;
2270 freudige Rache
ruft nun den Frohen!
Auf lach' ich
in heiliger Lust,
halt' ich dich Hehre umfangen,
2275 fühl' ich dein schlagendes Herz!

Sieglinde
fährt erschrocken zusammen und reißt sich los

Ha, wer ging? Wer kam herein?

Die hintere Türe ist aufgesprungen und bleibt weit geöffnet: außen herrliche Frühlingsnacht: der Vollmond leuchtet herein und wirft sein helles Licht auf das Paar, das so sich plötzlich in voller Deutlichkeit wahrnehmen kann.

Siegmund
in leiser Entzückung

Keiner ging –
doch einer kam:
siehe, der Lenz
2280 lacht in den Saal

Er zieht sie mit sanftem Ungestüm zu sich auf das Lager

Winterstürme wichen
dem Wonnemond,
in mildem Lichte
leuchtet der Lenz;
2285 auf linden Lüften
leicht und lieblich,
Wunder webend
er sich wiegt;
durch Wald und Auen
2290 weht sein Atem,
weit geöffnet
lacht sein Aug'.
Aus sel'ger Vöglein Sange
süß er tönt,
2295 holde Düfte
haucht er aus;
seinem warmen Blut entblühen
wonnige Blumen,
Keim und Sproß
2300 entspringt seiner Kraft.
Mit zarter Waffen Zier
bezwingt er die Welt.
Winter und Sturm wichen
der starken Wehr: –
2305 wohl mußte den tapfern Streichen
die strenge Türe auch weichen,
die trotzig und starr
uns – trennte von ihm. –
Zu seiner Schwester
2310 schwang er sich her;
die Liebe lockte den Lenz;
in unsrem Busen
barg sie sich tief:
nun lacht sie selig dem Licht.
2315 Die bräutliche Schwester
befreite der Bruder;
zertrümmert liegt,
was je sie getrennt;
jauchzend grüßt sich
2320 das junge Paar:
vereint sind Liebe und Lenz!

Sieglinde

Du bist der Lenz,
nach dem ich verlangte
in frostigen Winters Frist;
2325 dich grüßte mein Herz
mit heiligem Grau'n,
als dein Blick zuerst mir erblühte. –
Fremdes nur sah ich von je,
freundlos war mir das Nahe;
2330 als hätt' ich nie es gekannt
war, was immer mir kam.
Doch dich kannt' ich
deutlich und klar:
als mein Auge dich sah,
2335 warst du mein Eigen:
was im Busen ich barg,
was ich bin,
hell wie der Tag
taucht' es mir auf,
2340 wie tönender Schall
schlug's an mein Ohr,
als in frostig öder Fremde
zuerst ich den Freund ersah.

Sie hängt sich entzückt an seinen Hals und blickt ihm nahe ins Gesicht

Siegmund

O süßeste Wonne!
2345 Seligstes Weib!

Sieglinde
dicht an seinen Augen

O laß in Nähe
zu dir mich neigen,
daß hell ich schaue
den hehren Schein,
2350 der dir aus Aug'
und Antlitz bricht,
und so süß die Sinne mir zwingt!

SIEGMUND
Im Lenzesmond
leuchtest du hell;
hehr umwebt dich
das Wellenhaar;
was mich berückt,
errat' ich nun leicht –
denn wonnig weidet mein Blick.

SIEGLINDE
schlägt ihm die Locken von der Stirn zurück und betrachtet ihn staunend
Wie dir die Stirn
so offen steht,
der Adern Geäst
in den Schläfen sich schlingt!
Mir zagt es vor der Wonne,
die mich entzückt, –
ein Wunder will mich gemahnen: –
den heut' zuerst ich erschaut,
mein Auge sah dich schon!

SIEGMUND
Ein Minnetraum
gemahnt auch mich:
in heißem Sehnen
sah ich dich schon!

SIEGLINDE
Im Bach erblickt' ich
mein eigen Bild –
und jetzt gewahr' ich es wieder:
wie einst dem Teich es enttaucht,
bietest mein Bild mir nun du!

SIEGMUND
Du bist das Bild,
das ich in mir barg.

SIEGLINDE
den Blick schnell abwendend
O still! Laß mich
der Stimme lauschen: –
mich dünkt, ihren Klang
hört' ich als Kind – –
doch nein! Ich hörte sie neulich,
als meiner Stimme Schall
mir widerhallte der Wald.

SIEGMUND
O lieblichste Laute,
denen ich lausche!

SIEGLINDE
schnell ihm wieder ins Auge spähend
Deines Auges Glut
erglänzte mir schon: –
so blickte der Greis
grüßend auf mich,
als der Traurigen Trost er gab.
An dem Blick
erkannt' ihn sein Kind –
schon wollt' ich beim Namen ihn nennen –

Sie hält inne und fährt dann leise fort
Wehwalt heißt du fürwahr?

SIEGMUND
Nicht heiß' ich so
seit du mich liebst:
nun walt' ich der hehrsten Wonnen!

SIEGLINDE
Und Friedmund darfst du
froh dich nicht nennen?

SIEGMUND
Nenne mich du,
wie du liebst, daß ich heiße:
den Namen nehm' ich von dir!

SIEGLINDE
Doch nanntest du Wolfe den Vater?

SIEGMUND
Ein Wolf war er feigen Füchsen!
Doch dem so stolz
strahlte das Auge,
wie, Herrliche, hehr dir es strahlt,
der war – Wälse genannt.

SIEGLINDE
außer sich
War Wälse dein Vater,
und bist du ein Wälsung,
stieß er für dich
sein Schwert in den Stamm –
so laß mich dich heißen,
wie ich dich liebe:
Siegmund –
so nenn' ich dich.

SIEGMUND
springt auf den Stamm zu und faßt den Schwertgriff
Siegmund heiß' ich
und Siegmund bin ich:
bezeug' es dies Schwert,
das zaglos ich halte!
Wälse verhieß mir,
in höchster Not
fänd' ich es einst;
ich faß' es nun!
Heiligster Minne
höchste Not,
sehnender Liebe
sehrende Not,
brennt mir hell in der Brust,
drängt zu Tat und Tod:
Nothung! Nothung! –
So nenn' ich dich Schwert –
Nothung! Nothung!
Neidlicher Stahl!
Zeig' deiner Schärfe
schneidenden Zahn:
heraus aus der Scheide zu mir!

Er zieht mit einem gewaltigen Zuck das Schwert aus dem Stamme und zeigt es der von Staunen und Entzücken erfaßten SIEGLINDE

Siegmund, den Wälsung,
siehst du, Weib!
Als Brautgabe
bringt er dies Schwert:
2445 so freit er sich
die seligste Frau;
dem Feindeshaus
entführt er dich so.
Fern von hier
2450 folge mir nun,
fort in des Lenzes
lachendes Haus:
dort schützt dich Nothung das Schwert,
wenn Siegmund dir liebend erlag!

Er umfaßt sie, um sie mit sich fortzuziehen

SIEGLINDE
in höchster Trunkenheit

2455 Bist du Siegmund,
den ich hier sehe –
Sieglinde bin ich,
die dich ersehnt:
die eigne Schwester
2460 gewannst du zueins mit dem Schwert!

SIEGMUND

Braut und Schwester
bist du dem Bruder –
so blühe denn Wälsungen-Blut!

Er zieht sie mit wütender Glut an sich; sie sinkt mit einem Schrei an seine Brust. – Der Vorhang fällt schnell.

ZWEITER AUFZUG

Wildes Felsengebirge
Im Hintergrunde zieht sich von unten her eine Schlucht herauf, die auf ein erhöhtes Felsjoch mündet; von diesem senkt sich der Boden dem Vordergrunde zu wieder abwärts.

ERSTE SZENE

WOTAN, *kriegerisch gewaffnet, und mit dem Speer: vor ihm* BRÜNNHILDE, *als* WALKÜRE, *ebenfalls in voller Waffenrüstung.*

WOTAN

Nun zäume dein Roß,
2465 reisige Maid!
Bald entbrennt
brünstiger Streit:

Brünnhilde stürme zum Kampf,
dem Wälsung kiese sie Sieg!
2470 Hunding wähle sich,
wem er gehört:
nach Walhall taugt er mir nicht.
Drum rüstig und rasch
reite zur Wal!

BRÜNNHILDE
jauchzend von Fels zu Fels die Höhe rechts hinaufspringend

2475 Hojotoho! Hojotoho!
Heiaha! Heiaha!
Hojotoho! Heiaha!

Auf einer hohen Felsspitze hält sie an, blickt in die hintere Schlucht hinab, und ruft zu WOTAN *zurück*

Dir rat' ich, Vater,
rüste dich selbst;
2480 harten Sturm
sollst du bestehn:
Fricka naht, deine Frau,
im Wagen mit dem Widdergespann.
Hei! Wie die goldne
2485 Geißel sie schwingt;
die armen Tiere
ächzen vor Angst;
wild rasseln die Räder:
zornig fährt sie zum Zank!
2490 In solchem Strauße
streit' ich nicht gern,
lieb' ich auch mutiger
Männer Schlacht:
drum sieh', wie den Sturm du bestehst;
2495 ich Lustige laß' dich im Stich! –
Hojotoho! Hojotoho!
Heiaha! Heiaha!
Heiahaha!

Sie ist hinter der Gebirgshöhe zur Seite verschwunden, während aus der Schlucht herauf FRICKA, *in einem mit zwei Widdern bespannten Wagen, auf dem Joch anlangt: dort steigt sie schnell ab und schreitet dann heftig in den Vordergrund auf* WOTAN *zu.*

WOTAN
indem er sie kommen sieht

Der alte Sturm,
2500 die alte Müh'!
Doch Stand muß ich ihr halten.

FRICKA

Wo in Bergen du dich birgst,
der Gattin Blick zu entgehn,
einsam hier
2505 such' ich dich auf,
daß Hilfe du mir verhießest.

WOTAN

Was Fricka kümmert,
künde sie frei.

FRICKA

Ich vernahm Hundings Not,
2510 um Rache rief er mich an:
der Ehe Hüterin

hörte ihn,
verhieß, streng
zu strafen die Tat
2515 des frech frevelnden Paars,
das kühn den Gatten gekränkt. –

WOTAN

Was so Schlimmes
schuf das Paar,
das liebend einte der Lenz?
2520 Der Minne Zauber
entzückte sie:
wer büßt mir der Minne Macht!

FRICKA

Wie töricht und taub du dich stellst,
als wüßtest fürwahr du nicht,
2525 daß um der Ehe
heiligen Eid,
den hart gekränkten, ich klage!

WOTAN

Unheilig
acht' ich den Eid,
2530 der Unliebende eint;
und mir wahrlich
mute nicht zu,
daß mit Zwang ich halte,
was dir nicht haftet:
2535 denn wo kühn Kräfte sich regen,
da rat' ich offen zum Krieg.

FRICKA

Achtest du rühmlich
der Ehe Bruch,
so prahle nun weiter
2540 und preis' es heilig,
daß Blutschande entblüht
dem Bund eines Zwillingspaars.
Mir schaudert das Herz,
es schwindelt mein Hirn:
2545 bräutlich umfing
die Schwester der Bruder!
Wann – ward es erlebt,
daß leiblich Geschwister sich liebten?

WOTAN

Heut' – hast du's erlebt:
2550 erfahre so,
was von selbst sich fügt,
sei zuvor auch nie es geschehn.
Daß jene sich lieben,
leuchtet dir hell;
2555 drum höre redlichen Rat!
Soll süße Lust
deinen Segen dir lohnen,
so segne, lachend der Liebe,
Siegmunds und Sieglindes Bund!

FRICKA

in höchste Entrüstung ausbrechend

2560 So ist es denn aus
mit den ewigen Göttern,
seit du die wilden
Wälsungen zeugtest?
Heraus sagt' ich's –
2565 traf ich den Sinn?
Nichts gilt dir der Hehren
heilige Sippe;
hin wirfst du alles,
was einst du geachtet;
2570 zerreißest die Bande,
die selbst du gebunden;
lösest lachend
des Himmels Haft –
daß nach Lust und Laune nur walte
2575 dies frevelnde Zwillingspaar,
deiner Untreue zuchtlose Frucht! –
O, was klag' ich
um Ehe und Eid,
da zuerst du selbst sie versehrt!
2580 Die treue Gattin
trogest du stets:
wo eine Tiefe,
wo eine Höhe,
dahin lugte
2585 lüstern dein Blick,
wie des Wechsels Lust du gewännest,
und höhnend kränktest mein Herz!
Trauernden Sinnes
mußt' ich's ertragen,
2590 zogst du zur Schlacht
mit den schlimmen Mädchen,
die wilder Minne
Bund dir gebar;
denn dein Weib noch scheutest du so,
2595 daß der Walküren Schar,
und Brünnhilde selbst,
deines Wunsches Braut,
in Gehorsam der Herrin du gabst.
Doch jetzt, da dir neue
2600 Namen gefielen,
als »Wälse« wölfisch
im Walde du schweiftest;
jetzt, da zu niedrigster
Schmach du dich neigtest,
2605 gemeiner Menschen
ein Paar zu erzeugen:
jetzt dem Wurfe der Wölfin
wirfst du zu Füßen dein Weib! –
So führ' es denn aus,
2610 fülle das Maß:
die Betrog'ne laß auch zertreten!

WOTAN

ruhig

Nichts lerntest du,
wollt' ich dich lehren,
was nie du erkennen kannst,
2615 eh' nicht ertagte die Tat.
Stets Gewohntes
nur magst du verstehn:
doch was noch nie sich traf,
danach trachtet mein Sinn. –
2620 Eines höre!

Not tut ein Held,
der, ledig göttlichen Schutzes,
sich löse vom Göttergesetz:
so nur taugt er
2625 zu wirken die Tat,
die, wie not sie den Göttern,
dem Gott doch zu wirken verwehrt.

FRICKA
Mit tiefem Sinne
willst du mich täuschen!
2630 Was Hehres sollten
Helden je wirken,
das ihren Göttern wäre verwehrt,
deren Gunst in ihnen nur wirkt?

WOTAN
Ihres eigenen Mutes
2635 achtest du nicht?

FRICKA
Wer hauchte Menschen ihn ein?
Wer hellte den Blöden den Blick?
In deinem Schutz
scheinen sie stark,
2640 durch deinen Stachel
streben sie auf:
du – reizest sie einzig,
die so mir Ew'gen du rühmst.
Mit neuer List
2645 willst du mich belügen,
durch neue Ränke
jetzt mir entrinnen;
doch diesen Wälsung
gewinnst du dir nicht:
2650 in ihm treff' ich nur dich,
denn durch dich trotzt er allein.

WOTAN
In wildem Leiden
erwuchs er sich selbst:
mein Schutz schirmte ihn nie.

FRICKA
2655 So schütz' auch heut' ihn nicht;
nimm ihm das Schwert,
das du ihm geschenkt!

WOTAN
Das Schwert?

FRICKA
Ja – das Schwert,
2660 das zauberstark
zuckende Schwert,
das du Gott dem Sohne gabst.

WOTAN
Siegmund gewann es sich
selbst in der Not.

FRICKA
2665 Du schufst ihm die Not,
wie das neidliche Schwert:
willst du mich täuschen,
die Tag und Nacht
auf den Fersen dir folgt?
2670 Für ihn stießest du
das Schwert in den Stamm;
du verhießest ihm
die hehre Wehr:
willst du es leugnen,
2675 daß nur deine List
ihn lockte, wo er es fänd'?
    WOTAN macht eine Gebärde des Grimmes
Mit Unfreien
streitet kein Edler,
den Frevler straft nur der Freie:
2680 wider deine Kraft
führt' ich wohl Krieg;
doch Siegmund verfiel mir als Knecht!
    WOTAN wendet sich unmutig ab
Der dir als Herren
hörig und eigen,
2685 gehorchen soll ihm
dein ewig Gemahl?
Soll mich in Schmach
der Niedrigste schmähen,
dem Frechen zum Sporn,
2690 dem Freien zum Spott?
Das kann mein Gatte nicht wollen,
die Göttin entweiht er nicht so!

WOTAN
finster

Was verlangst du?

FRICKA
Laß von dem Wälsung!

WOTAN
mit gedämpfter Stimme
2695 Er geh' seines Wegs.

FRICKA
Doch du – schütze ihn nicht,
wenn zur Schlacht ihn der Rächer ruft.

WOTAN
Ich – schütze ihn nicht.

FRICKA
Sieh mir ins Auge,
2700 sinne nicht Trug!
Die Walküre wend' auch von ihm!

WOTAN
Die Walküre walte frei.

FRICKA
Nicht doch! Deinen Willen
vollbringt sie allein:
2705 verbiete ihr Siegmunds Sieg!

WOTAN
mit heftigem inneren Kampfe
Ich kann ihn nicht fällen:
er fand mein Schwert!

FRICKA
Entzieh' dem den Zauber,
zerknick' es dem Knecht:
2710 schutzlos schau ihn der Feind!
*Sie vernimmt von der Höhe her den jauchzenden Walkürenruf
BRÜNNHILDES: diese erscheint dann selbst mit ihrem Roß auf
dem Felspfade rechts*
Dort kommt deine kühne Maid:
jauchzend jagt sie daher.

WOTAN
dumpf für sich
Ich rief sie für Siegmund zu Roß!

FRICKA
Deiner ew'gen Gattin
2715 heilige Ehre
schirme heut' ihr Schild!
Von Menschen verlacht,
verlustig der Macht,
gingen wir Götter zu Grund,
2720 würde heut' nicht hehr
und herrlich mein Recht
gerächt von der mutigen Maid. –
Der Wälsung fällt meiner Ehre: –
empfah' ich von Wotan den Eid?

WOTAN
*in furchtbarem Unmut und innerem Grimm auf einen Felsen-
sitz sich werfend*
2725 Nimm den Eid!
*Als BRÜNNHILDE von der Höhe aus FRICKA gewahrte, brach
sie schnell ihren Gesang ab, und hat nun still und langsam ihr
Roß am Zügel den Felsweg herabgeleitet; sie birgt dieses jetzt in
einer Höhle, als FRICKA, zu ihrem Wagen sich zurückwen-
dend, an ihr vorbeischreitet.*

FRICKA
zu BRÜNNHILDE
Heervater
harret dein:
laß ihn dir künden
wie das Los er gekiest!
Sie besteigt den Wagen und fährt schnell nach hinten davon.

ZWEITE SZENE

BRÜNNHILDE
*tritt mit verwunderter und besorgter Miene vor WOTAN, der,
auf dem Felssitz zurückgelehnt, das Haupt auf die Hand gestützt, in finsteres Brüten versunken ist*
2730 Schlimm, fürcht' ich,
schloß der Streit,
lachte Fricka dem Lose! –
Vater, was soll
dein Kind erfahren?
2735 Trübe scheinst du und traurig!

WOTAN
*läßt den Arm machtlos sinken und den Kopf in den Nacken fal-
len*
In eigner Fessel
fing ich mich: –
ich Unfreiester aller!

BRÜNNHILDE
So sah ich dich nie!
2740 Was nagt dir das Herz?

WOTAN
in wildem Ausbruche den Arm erhebend
O heilige Schmach!
O schmählicher Harm!
Götternot!
Götternot!
2745 Endloser Grimm!
Ewiger Gram!
Der Traurigste bin ich von allen!

BRÜNNHILDE
*wirft erschrocken Schild, Speer und Helm von sich und läßt sich
mit besorgter Zutraulichkeit zu WOTANS Füßen nieder*
Vater! Vater!
Sage, was ist dir?
2750 Wie erschreckst du mit Sorge dein Kind?
Vertraue mir:
ich bin dir treu;
sieh, Brünnhilde bittet!
*Sie legt traulich und ängstlich Haupt und Hände ihm auf Knie
und Schoß*

WOTAN
*blickt ihr lange ins Auge und streichelt ihr dann die Locken: wie
aus tiefem Sinnen zu sich kommend, beginnt er endlich mit sehr
leiser Stimme*
Laß' ich's verlauten,
2755 lös' ich dann nicht
meines Willens haltenden Haft?

BRÜNNHILDE
ihm eben so leise erwidernd
Zu Wotans Willen sprichst du,
sagst du mir, was du willst:
wer – bin ich,
2760 wär' ich dein Wille nicht?

WOTAN

Was keinem in Worten ich künde,
unausgesprochen
bleib' es denn ewig:
mit mir nur rat' ich,
2765 red' ich zu dir. – – –

*Mit noch gedämpfterer, schauerlicher Stimme, während er
BRÜNNHILDE unverwandt in das Auge blickt*

Als junger Liebe
Lust mir verblich,
verlangte nach Macht mein Mut:
von jäher Wünsche
2770 Wüten gejagt,
gewann ich mir die Welt.
Unwissend trugvoll
Untreue übt' ich,
band durch Verträge,
2775 was Unheil barg:
listig verlockte mich Loge,
der schweifend nun verschwand. –
Von der Liebe doch
mocht' ich nicht lassen;
2780 in der Macht verlangt' ich nach Minne.
Den Nacht gebar,
der bange Nibelung,
Alberich brach ihren Bund;
er fluchte der Lieb'
2785 und gewann durch den Fluch
des Rheines glänzendes Gold
und mit ihm maßlose Macht.
Den Ring, den er schuf,
entriß ich ihm listig:
2790 doch nicht dem Rhein
gab ich ihn zurück;
mit ihm bezahlt' ich
Walhalls Zinnen,
der Burg, die Riesen mir bauten,
2795 aus der ich der Welt nun gebot. –
Die alles weiß,
was einstens war,
Erda, die weihlich
weiseste Wala,
2800 riet mir ab von dem Ring,
warnte vor ewigem Ende.
Von dem Ende wollt' ich
mehr noch wissen;
doch schweigend entschwand mir das Weib.
2805 Da verlor ich den leichten Mut;
zu wissen begehrt' es den Gott:
in den Schoß der Welt
schwang ich mich hinab,
mit Liebes-Zauber
2810 zwang ich die Wala,
stört' ihres Wissens Stolz,
daß sie Rede nun mir stand.
Kunde empfing ich von ihr;
von mir doch barg sie ein Pfand:
2815 der Welt weisestes Weib
gebar mir, Brünnhilde, dich.
Mit acht Schwestern
zog ich dich auf:
durch euch Walküren
2820 wollt' ich wenden,
was mir die Wala
zu fürchten schuf –
ein schmähliches Ende der Ew'gen.
Daß stark zum Streit
2825 uns fände der Feind,
hieß ich euch Helden mir schaffen:
die herrisch wir sonst
in Gesetzen hielten,
die Männer, denen
2830 den Mut wir gewehrt,
die durch trüber Verträge
trügende Bande
zu blindem Gehorsam
wir uns gebunden –
2835 die solltet zu Sturm
und Streit ihr nun stacheln,
ihre Kraft reizen
zu rauhem Krieg,
daß kühner Kämpfer Scharen
2840 ich sammle in Walhalls Saal.

BRÜNNHILDE

Deinen Saal füllten wir weidlich;
viele schon führt' ich dir zu.
Was macht dir nun Sorge,
da nie wir gesäumt?

WOTAN

2845 Ein andres ist's:
achte es wohl,
wess' mich die Wala gewarnt! –
Durch Alberichs Heer
droht uns das Ende:
2850 mit neidischem Grimm
grollt mir der Niblung;
doch scheu' ich nun nicht
seine nächtigen Scharen –
meine Helden schüfen mir Sieg.
2855 Nur wenn je den Ring
zurück er gewänne –
dann wäre Walhall verloren:
der der Liebe fluchte,
er allein
2860 nützte neidisch
des Ringes Runen
zu aller Edlen
endloser Schmach;
der Helden Mut
2865 entwendet' er mir;
die kühnen selber
zwäng' er zum Kampf;
mit ihrer Kraft
bekriegte er mich.
2870 Sorgend sann ich nun selbst,
den Ring dem Feind zu entreißen;
der Riesen einer,
denen ich einst
mit verfluchtem Gold
2875 den Fleiß vergalt,
Fafner hütet den Hort,

um den er den Bruder gefällt.
Ihm müßt' ich den Reif entringen,
den selbst als Zoll ich ihm zahlte:
2880 doch mit dem ich vertrug,
ihn darf ich nicht treffen;
machtlos vor ihm
erläge mein Mut.
Das sind die Bande,
2885 die mich binden:
der durch Verträge ich Herr,
den Verträgen bin ich nun Knecht.
Nur einer könnte,
was ich nicht darf:
2890 ein Held, dem helfend
nie ich mich neigte;
der fremd dem Gotte,
frei seiner Gunst,
unbewußt,
2895 ohne Geheiß,
aus eigner Not
mit der eignen Wehr
schüfe die Tat,
die ich scheuen muß,
2900 die nie mein Rat ihm riet,
wünscht sie auch einzig mein Wunsch. –
Der entgegen dem Gott
für mich föchte,
den freundlichen Feind,
2905 wie fände ich ihn?
Wie schüf' ich den Freien,
den nie ich schirmte,
der in eignem Trotze
der Trauteste mir?
2910 Wie macht' ich den Andren,
der nicht mehr ich,
und aus sich wirkte,
was ich nur will? –
O göttliche Not!
2915 Gräßliche Schmach!
Zum Ekel find' ich
ewig nur mich
in allem, was ich erwirke!
Das Andre, das ich ersehne,
2920 das Andre erseh' ich nie;
denn selbst muß der Freie sich schaffen –
Knechte erknet' ich mir nur!

BRÜNNHILDE
Doch der Wälsung, Siegmund?
Wirkt er nicht selbst?

WOTAN
2925 Wild durchschweift' ich
mit ihm die Wälder;
gegen der Götter Rat
reizte kühn ich ihn auf:
gegen der Götter Rache
2930 schützt ihn nun einzig das Schwert,
das eines Gottes
Gunst ihm beschied. –
Wie wollt' ich listig
selbst mich belügen?

2935 So leicht ja entfrug mir
Fricka den Trug!
Zu tiefster Scham
durchschaute sie mich:
ihrem Willen muß ich gewähren!

BRÜNNHILDE
2940 So nimmst du von Siegmund den Sieg?

WOTAN
in wilden Schmerz der Verzweiflung ausbrechend
Ich berührte Alberichs Ring –
gierig hielt ich das Gold!
Der Fluch, den ich floh,
nicht flieht er nun mich: –
2945 was ich liebe, muß ich verlassen,
morden, wen je ich minne,
trügend verraten,
wer mir traut!
Fahre denn hin,
2950 herrische Pracht,
göttlichen Prunkes
prahlende Schmach!
Zusammen breche,
was ich gebaut!
2955 Auf geb' ich mein Werk,
Nur eines will ich noch:
das Ende – –
das Ende! –
Er hält sinnend ein
Und für das Ende
2960 sorgt Alberich! –
Jetzt versteh' ich
den stummen Sinn
des wilden Wortes der Wala: –
»Wenn der Liebe finstrer Feind
2965 zürnend zeugt einen Sohn,
der Seligen Ende
säumt dann nicht!« –
Vom Niblung jüngst
vernahm ich die Mär,
2970 daß ein Weib der Zwerg bewältigt,
dess' Gunst Gold ihm erzwang.
Des Hasses Frucht
hegt eine Frau;
des Neides Kraft
2975 kreißt ihr im Schoß:
das Wunder gelang
dem Liebelosen;
doch der in Lieb' ich freite,
den Freien erlang' ich mir nicht! –
Grimmig
2980 So nimm meinen Segen,
Niblungen-Sohn!
Was tief mich ekelt,
dir geb' ich's zum Erbe,
der Gottheit nichtigen Glanz:
2985 zernage sie gierig dein Neid!

BRÜNNHILDE
erschrocken
O sag', künde!
Was soll nun dein Kind?

WOTAN
bitter
Fromm streite für Fricka,
hüte ihr Eh' und Eid!
2990 Was sie erkor,
das kiese auch ich:
was frommte mir eigner Wille?
Einen Freien kann ich nicht wollen –
für Frickas Knechte
2995 kämpfe nun du!

BRÜNNHILDE
Weh! Nimm reuig
zurück das Wort!
Du liebst Siegmund:
dir zu Lieb' –
3000 ich weiß es – schütz' ich den Wälsung.

WOTAN
Fällen sollst du Siegmund,
für Hunding erfechten den Sieg!
Hüte dich wohl
und halte dich stark;
3005 all deiner Kühnheit
entbiete im Kampf:
ein Sieg-Schwert
schwingt Siegmund –
schwerlich fällt er dir feig.

BRÜNNHILDE
3010 Den du zu lieben
stets mich gelehrt,
der in hehrer Tugend
dem Herzen dir teuer –
gegen ihn zwingt mich nimmer
3015 dein zwiespältig Wort.

WOTAN
Ha, Freche du!
Frevelst du mir?
Wer bist du, als meines Willens
blind wählende Kür? –
3020 Da mit dir ich tagte,
sank ich so tief,
daß zum Schimpf der eignen
Geschöpfe ich ward?
Kennst du Kind meinen Zorn?
3025 Verzage dein Mut,
wenn je zermalmend
auf dich stürzte sein Strahl!
In meinem Busen
berg' ich den Grimm,
3030 der in Graun und Wust
wirft eine Welt,
die einst zur Lust mir gelacht: –
wehe dem, den er trifft!
Trauer schüf' ihm sein Trotz! –
3035 Drum rat' ich dir,
reize mich nicht;
besorge, was ich befahl: –
Siegmund falle! –
Dies sei der Walküre Werk.
Er stürmt fort und verschwindet schnell links im Gebirge.

BRÜNNHILDE
steht lange betäubt und erschrocken
3040 So – sah ich
Siegvater nie,
erzürnt' ihn sonst wohl auch ein Zank!
Sie neigt sich betrübt und nimmt ihre Waffen auf, mit denen sie sich wieder rüstet
Schwer wiegt mir
der Waffen Wucht: –
3045 wenn nach Lust ich focht,
wie waren sie leicht! –
Zu böser Schlacht
schleich' ich heut' so bang!
Sie sinnt und seufzt dann auf
Weh', mein Wälsung!
3050 Im höchsten Leid
muß dich treulos die Treue verlassen! –
Sie wendet sich nach hinten und gewahrt SIEGMUND *und* SIEGLINDE, *wie sie aus der Schlucht heraufsteigen: sie betrachtet die Nahenden einen Augenblick und wendet sich dann in die Höhle zu ihrem Roß, so daß sie dem Zuschauer gänzlich verschwindet.*

DRITTE SZENE

SIEGMUND *und* SIEGLINDE *treten auf. Sie schreitet hastig voraus; er sucht sie aufzuhalten.*

SIEGMUND
Raste nur hier:
gönne dir Ruh'!

SIEGLINDE
Weiter! Weiter!

SIEGMUND
umfaßt sie mit sanfter Gewalt
3055 Nicht weiter nun!
Verweile, süßestes Weib! –
Aus Wonne-Entzücken
zucktest du auf,
mit jäher Hast
3060 jagtest du fort;
kaum folgt' ich der wilden Flucht:
durch Wald und Flur,
über Fels und Stein,
sprachlos schweigend
3065 sprangst du dahin;
kein Ruf hielt dich zur Rast.

Sie starrt wild vor sich hin

Ruhe nun aus:
rede zu mir!
Ende des Schweigens Angst!
3070 Sieh, dein Bruder
hält seine Braut:
Siegmund ist dir Gesell!

Er hat sie unvermerkt nach dem Steinsitze geleitet

SIEGLINDE

blickt SIEGMUND mit wachsendem Entzücken in die Augen; dann umschlingt sie leidenschaftlich seinen Hals. Endlich fährt sie mit jähem Schreck auf, während SIEGMUND sie heftig faßt

Hinweg! Hinweg!
Flieh' die Entweihte!
3075 Unheilig
umfängt dich ihr Arm;
entehrt, geschändet
schwand dieser Leib:
flieh' die Leiche,
3080 lasse sie los!
Der Wind mag sie verwehn,
die ehrlos dem Edlen sich gab! – –
Da er sie liebend umfing,
da seligste Lust sie fand,
3085 da ganz sie minnte der Mann,
der ganz ihr Minne geweckt: –
vor der süßesten Wonne
heiligster Weihe,
die ganz ihr Sinn
3090 und Seele durchdrang,
Grauen und Schauder
ob gräßlichster Schande
mußte mit Schreck
die Schmähliche fassen,
3095 die je dem Manne gehorcht,
der ohne Minne sie hielt! –
Laß die Verfluchte,
laß sie dich fliehn!
Verworfen bin ich,
3100 der Würde bar!
Dir reinstem Manne
muß ich entrinnen;
dir Herrlichem darf ich
nimmer gehören:
3105 Schande bring' ich dem Bruder,
Schmach dem freienden Freund!

SIEGMUND

Was je Schande dir schuf,
das büßt nun des Frevlers Blut!
Drum fliehe nicht weiter;
3110 harre des Feindes;
hier – soll er mir fallen:
wenn Nothung ihm
das Herz zernagt,
Rache dann hast du erreicht!

SIEGLINDE
schrickt auf und lauscht

3115 Horch! Die Hörner –
hörst du den Ruf? –
Ringsher tönt
wütend Getös';
aus Wald und Gau
3120 gellt es herauf.
Hunding erwachte
aus hartem Schlaf;
Sippen und Hunde
ruft er zusammen;
3125 mutig gehetzt
heult die Meute,
wild bellt sie zum Himmel
um der Ehe gebrochenen Eid!

Sie lacht wie wahnsinnig auf: – dann schrickt sie ängstlich zusammen

Wo bist du, Siegmund?
3130 Seh' ich dich noch?
Brünstig geliebter
leuchtender Bruder!
Deines Auges Stern
laß noch einmal mir strahlen:
3135 wehre dem Kuß
des verworfnen Weibes nicht! –
Horch! O horch!
Das ist Hundings Horn!
Seine Meute naht
3140 mit mächtger Wehr.
Kein Schwert frommt
vor der Hunde Schwall: –
wirf es fort, Siegmund! –
Siegmund – wo bist du? –
3145 Ha dort – ich sehe dich –
schrecklich Gesicht! –
Rüden fletschen
die Zähne nach Fleisch;
sie achten nicht
3150 deines edlen Blicks;
bei den Füßen packt dich
das feste Gebiß –
du fällst –
in Stücken zerstaucht das Schwert:
3155 die Esche stürzt –
es bricht der Stamm! –
Bruder! Mein Bruder!
Siegmund – ha! –

Sie sinkt mit einem Schrei ohnmächtig in SIEGMUNDs Arme.

SIEGMUND

Schwester! Geliebte!

Er lauscht ihrem Atem und überzeugt sich, daß sie noch lebe. Er läßt sie an sich herabgleiten, so daß sie, als er sich selbst zum Sitze niederläßt, mit ihrem Haupt auf seinem Schoß zu ruhen kommt. In dieser Stellung verbleiben beide bis zum Schlusse des folgenden Auftrittes.
Langes Schweigen, während dessen SIEGMUND mit zärtlicher Sorge über SIEGLINDE sich hinneigt und mit einem langen Kusse ihr die Stirn küßt. –

VIERTE SZENE

BRÜNNHILDE ist, ihr Roß am Zaume geleitend, aus der Höhle langsam und feierlich nach vorne geschritten und hält nun, SIEGMUND zur Seite, in geringer Entfernung von ihm. Sie trägt Schild und Speer in der einen Hand, lehnt sich mit der anderen an den Hals des Rosses und betrachtet so, in ernstem Schweigen, eine Zeit lang SIEGMUND.

BRÜNNHILDE

3160 Siegmund! –
Sieh auf mich!
Ich – bin's,
der bald du folgst.

SIEGMUND
richtet den Blick zu ihr auf
Wer bist du, sag',
3165 die so schön und ernst mir erscheint?

BRÜNNHILDE
Nur Todgeweihten
taugt mein Anblick:
wer mich erschaut,
der scheidet vom Lebens-Licht.
3170 Auf der Walstatt allein
erschein' ich Edlen:
wer mich gewahrt,
zur Wal kor ich ihn mir.

SIEGMUND
blickt ihr lange in das Auge, senkt dann sinnend das Haupt und wendet sich endlich mit feierlichem Ernste wieder zu ihr
Der dir nun folgt,
3175 wohin führst du den Helden?

BRÜNNHILDE
Zu Walvater,
der dich gewählt,
führ' ich dich:
nach Walhall folgst du mir.

SIEGMUND
3180 In Walhalls Saal
Walvater find' ich allein?

BRÜNNHILDE
Gefall'ner Helden
hehre Schar
umfängt dich hold
3185 mit hoch-heiligem Gruß.

SIEGMUND
Fänd' ich in Walhall
Wälse, den eignen Vater?

BRÜNNHILDE
Den Vater findet
der Wälsung dort.

SIEGMUND
3190 Grüßt mich in Walhall
froh eine Frau?

BRÜNNHILDE
Wunschmädchen
walten dort hehr:
Wotans Tochter
3195 reicht dir traulich den Trank.

SIEGMUND
Hehr bist du,
und heilig
gewahr' ich das Wotanskind:
doch eines sag' mir, du Ew'ge!
3200 Begleitet den Bruder
die bräutliche Schwester?
Umfängt Siegmund
Sieglinde dort?

BRÜNNHILDE
Erdenluft
3205 muß sie noch atmen:
Sieglinde
sieht Siegmund dort nicht!

SIEGMUND
So grüße mir Walhall,
grüße mir Wotan,
3210 grüße mir Wälse
und alle Helden –
grüß' auch die holden
Wunsches-Mädchen:
zu ihnen folg' ich dir nicht.

BRÜNNHILDE
3215 Du sahst der Walküre
sehrenden Blick:
mit ihr mußt du nun ziehn!

SIEGMUND
Wo Sieglinde lebt
in Leid und Lust,
3220 da will Siegmund auch säumen:
noch machte dein Blick
nicht mich erbleichen:
vom Bleiben zwingt er mich nicht!

BRÜNNHILDE
So lang' du lebst,
3225 zwäng' dich wohl nichts;
doch zwingt dich Toren der Tod: –
ihn dir zu künden,
kam ich her.

SIEGMUND
Wo wäre der Held,
3230 dem heut' ich fiel?

BRÜNNHILDE
Hunding fällt dich im Streit.

SIEGMUND
Mit Stärk'rem drohe
als Hundings Streichen!
Lauerst du hier

3235 lüstern auf Wal,
jenen kiese zum Fang:
ich denk' ihn zu fällen im Kampf.
          BRÜNNHILDE
          den Kopf schüttelnd
Dir, Wälsung –
höre mich wohl! –
3240 Dir ward das Los gekiest.

          SIEGMUND
Kennst du dies Schwert?
Der mir es schuf,
beschied mir Sieg:
deinem Drohen trotz' ich mit ihm!
          BRÜNNHILDE
          mit stark erhobener Stimme
3245 Der dir es schuf,
beschied dir jetzt Tod:
seine Tugend nimmt er dem Schwert!
          SIEGMUND
          heftig
Schweig, und schrecke
die Schlummernde nicht! –
    Er beugt sich, mit hervorbrechendem Schmerze, zärtlich über
          SIEGLINDE
3250 Weh! Weh!
Süßestes Weib!
Du traurigste aller Getreuen!
Gegen dich wütet
in Waffen die Welt:
3255 und ich, dem du einzig vertraut,
für den du ihr einzig getrotzt –
mit meinem Schutz
nicht soll ich dich schirmen,
die Kühne verraten im Kampf?
3260 Ha, Schande ihm,
der das Schwert mir schuf,
beschied er mir Schimpf für Sieg!
Muß ich denn fallen,
nicht fahr' ich nach Walhall –
3265 Hella halte mich fest!
          BRÜNNHILDE
          erschüttert
So wenig achtest du
ewige Wonne?
Alles wär' dir
das arme Weib,
3270 das müd' und harmvoll
matt auf dem Schoße dir hängt?
Nichts sonst hieltest du hehr?
          SIEGMUND
          bitter zu ihr aufblickend
So jung und schön
erschimmerst du mir:
3275 doch wie kalt und hart
erkennt dich mein Herz! –
Kannst du nur höhnen,

so hebe dich fort,
du arge fühllose Maid!
3280 Doch mußt du dich weiden,
an meinem Weh,
mein Leiden letze dich denn;
meine Not labe
dein neidvolles Herz: –
3285 doch von Walhalls spröden Wonnen
sprich du wahrlich mir nicht!
          BRÜNNHILDE
          mit wachsender Ergriffenheit
Ich sehe die Not,
die das Herz dir nagt;
ich fühle des Helden
3290 heiligen Harm – –
Siegmund, befiehl mir dein Weib!
Mein Schutz umfange sie fest!
          SIEGMUND
Kein andrer als ich
soll die Reine lebend berühren:
3295 verfiel ich dem Tod,
die Betäubte töt' ich zuvor!
          BRÜNNHILDE
Wälsung! Rasender!
Hör' meinen Rat:
befiehl mir dein Weib
3300 um des Pfandes willen,
das wonnig von dir es empfing!
          SIEGMUND
          sein Schwert ziehend
Dies Schwert –
das dem Treuen ein Trugvoller schuf;
dies Schwert –
3305 das feig vor dem Feind mich verrät: –
frommt es nicht gegen den Feind,
so fromm' es denn wider den Freund! –
    Das Schwert auf SIEGLINDE zückend
Zwei Leben
lachen dir hier: –
3310 nimm sie, Nothung,
neidischer Stahl!
nimm sie mit einem Streich!
          BRÜNNHILDE
          im heftigsten Sturme des Mitgefühls
Halt ein, Wälsung!
Höre mein Wort!
3315 Sieglinde lebe –
und Siegmund lebe mit ihr!
Beschlossen ist's;
das Schlachtlos wend' ich:
dir, Siegmund,
3320 schaff' ich Segen und Sieg!
    Man hört aus dem fernen Hintergrunde Hornrufe erschallen
Hörst du den Ruf?
Nun rüste dich, Held!
Traue dem Schwert
und schwing' es getrost:

3325 treu hält dir die Wehr,
wie die Walküre treu dich schützt! –
Leb' wohl, Siegmund,
seligster Held!
Auf der Walstatt seh' ich dich wieder!

Sie stürmt fort und verschwindet mit dem Rosse rechts in einer Seitenschlucht. SIEGMUND blickt ihr freudig und erhoben nach.
Die Bühne hat sich allmählich verfinstert; schwere Gewitterwolken senken sich auf den Hintergrund herab und hüllen die Gebirgswände, die Schlucht und das erhöhte Bergjoch nach und nach gänzlich ein. – Von allen Seiten lassen sich aus der Ferne Rufe von Heerhörnern vernehmen, die während des Folgenden allmählich näher erschallen.

FÜNFTE SZENE

SIEGMUND
über SIEGLINDE *sich beugend*
3330 Zauberfest
bezähmt ein Schlaf
der Holden Schmerz und Harm: –
da die Walküre zu mir trat,
schuf sie ihr den wonnigen Trost?
3335 Sollte die grimmige Wahl
nicht schrecken ein gramvolles Weib? –
Leblos scheint sie,
die dennoch lebt:
der Traurigen kost
3340 ein lächelnder Traum. –
Neue Hornrufe
So schlummre nun fort,
bis die Schlacht gekämpft
und Friede dich erfreu'!

Er legt sie sanft auf den Steinsitz, küßt ihr die Stirn und bricht dann, nach abermaligen Hornrufen, auf
Der dort mich ruft,
3345 rüste sich nun;
was ihm gebührt,
biet' ich ihm:
Nothung zahl' ihm den Zoll!

Er eilt dem Hintergrunde zu und verschwindet auf dem Joche sogleich in finsteres Gewittergewölk.

SIEGLINDE
träumend
Kehrte der Vater nun heim!
3350 Mit dem Knaben noch weilt er im Forst.
Mutter! Mutter!
Mir bangt der Mut: –
nicht freund und friedlich
scheinen die Fremden! –
3355 Schwarze Dämpfe –
schwüles Gedünst –
feurige Lohe
leckt schon nach uns –
es brennt das Haus –
3360 zu Hilfe, Bruder!
Siegmund! Siegmund!

Starke Blitze zucken durch das Gewölk auf; ein furchtbarer Donnerschlag erweckt SIEGLINDE: *sie springt jäh auf*
Siegmund! – Ha!

Sie starrt mit steigender Angst um sich her; – fast die ganze Bühne ist in schwarze Gewitterwolken verhüllt; fortwährender Blitz und Donner. Von allen Seiten dringen immer näher Hornrufe her.

HUNDINGS STIMME
im Hintergrunde vom Bergjoche her
Wehwalt! Wehwalt!
Steh mir zum Streit,
3365 sollen dich Hunde nicht halten!

SIEGMUNDS STIMME
von weiter hinten her aus der Schlucht
Wo birgst du dich,
daß ich vorbei dir schoß?
Steh, daß ich dich stelle!

SIEGLINDE
die in furchtbarer Aufregung lauscht
Hunding – Siegmund –
3370 könnt' ich sie sehen!

HUNDINGS STIMME
Hieher, du frevelnder Freier:
Fricka fälle dich hier!

SIEGMUNDS STIMME
nun ebenfalls auf dem Bergjoche
Noch wähnst du mich waffenlos,
feiger Wicht?
3375 Drohst du mit Frauen,
so ficht nun selber,
sonst läßt dich Fricka im Stich!
Denn sieh: deines Hauses
heimischem Stamm
3380 entzog ich zaglos das Schwert;
seine Schneide schmecke jetzt du!

Ein Blitz erhellt für einen Augenblick das Bergjoch, auf welchem jetzt HUNDING *und* SIEGMUND *kämpfend gewahrt werden.*

SIEGLINDE
mit höchster Kraft
Haltet ein, ihr Männer!
Mordet erst mich!

Sie stürzt auf das Bergjoch zu: ein, von rechts her über den Kämpfern ausbrechender, heller Schein blendet sie aber plötzlich so heftig, daß sie wie erblindet zur Seite schwankt. In dem Lichtglanze erscheint BRÜNNHILDE *über* SIEGMUND *schwebend und diesen mit dem Schilde deckend.*

BRÜNNHILDES STIMME
Triff ihn, Siegmund!
3385 Traue dem Schwert!

Als SIEGMUND soeben zu einem tödlichen Streiche auf HUN-
DING ausholt, bricht von links her ein glühend rötlicher Schein
durch das Gewölk aus, in welchem WOTAN erscheint, über
HUNDING stehend, und seinen Speer SIEGMUND quer entge-
genhaltend.

WOTANS STIMME
Zurück vor dem Speer!
In Stücken das Schwert!

BRÜNNHILDE ist vor WOTAN mit dem Schilde erschrocken
zurückgewichen: SIEGMUNDS Schwert zerspringt an dem vor-
gestreckten Speere; dem Unbewehrten stößt HUNDING sein
Schwert in die Brust. SIEGMUND stürzt zu Boden. – SIEGLIN-
DE, die seinen Todesseufzer gehört, sinkt mit einem Schrei wie
leblos zusammen.
Mit SIEGMUNDS Fall ist zugleich von beiden Seiten der glänzende Schein verschwunden; dichte Finsternis ruht im Gewölk
bis nach vorn: in ihm wird BRÜNNHILDE undeutlich sichtbar,
wie sie in jäher Hast SIEGLINDE sich zuwendet.

BRÜNNHILDE
Zu Roß, daß ich dich rette!

Sie hebt SIEGLINDE schnell zu sich auf ihr, der Seitenschlucht
nahe stehendes Roß und verschwindet sogleich gänzlich mit ihr.
Alsbald zerteilt sich das Gewölk in der Mitte, so daß man deutlich HUNDING gewahrt, wie er sein Schwert dem gefallenen
SIEGMUND aus der Brust zieht. – WOTAN, von Gewölk umgeben, steht hinter ihm auf einem Felsen, an seinen Speer gelehnt und schmerzlich auf SIEGMUNDS Leiche blickend.

WOTAN
nach einem kleinen Schweigen, zu HUNDING gewandt
Geh hin, Knecht!
3390 Kniee vor Fricka:
meld' ihr, daß Wotans Speer
gerächt, was Spott ihr schuf. –
Geh! – Geh!

Vor seinem verächtlichen Handwink sinkt HUNDING tot zu
Boden.

WOTAN
plötzlich in furchtbarer Wut auffahrend
Doch Brünnhilde –
3395 weh' der Verbrecherin!
Furchtbar sei
die Freche gestraft,
erreicht mein Roß ihre Flucht!

Er verschwindet mit Blitz und Donner. – Der Vorhang fällt
schnell.

DRITTER AUFZUG

Auf dem Gipfel eines Felsberges.

Rechts begrenzt ein Tannenwald die Szene. Links der Eingang
einer Felshöhle, die einen natürlichen Saal bildet: darüber steigt
der Fels zu seiner höchsten Spitze auf. Nach hinten ist die Aussicht gänzlich frei; höhere und niedere Felssteine bilden den
Rand vor dem Abhange, der – wie anzunehmen ist – nach dem
Hintergrunde zu steil hinabführt. – Einzelne Wolkenzüge jagen, wie vom Sturm getrieben, am Felsensaume vorbei.

ERSTE SZENE

Die Namen der acht Walküren, welche – außer BRÜNNHILDE
– in dieser Szene auftreten, sind: GERHILDE, ORTLINDE,
WALTRAUTE, SCHWERTLEITE, HELMWIGE, SIEGRUNE,
GRIMGERDE, ROSSWEISSE.
GERHILDE, ORTLINDE, WALTRAUTE und SCHWERTLEI-
TE haben sich auf der Felsspitze, an und über der Höhle, gela-
gert, sie sind in voller Waffenrüstung.

GERHILDE
zu höchst gelagert und dem Hintergrunde zugewendet
Hojotoho! Hojotoho!
3400 Heiaha! Heiaha!
Helmwige, hier!
Hierher mit dem Roß!

In einem vorbeiziehenden Gewölk bricht Blitzesglanz aus: eine
Walküre zu Roß wird in ihm sichtbar: über ihrem Sattel hängt
ein erschlagener Krieger.

HELMWIGES STIMME
von außen
Hojotoho! Hojotoho!

ORTLINDE, WALTRAUTE
und SCHWERTLEITE
der Ankommenden entgegenrufend
Heiaha! Heiaha!

Die Wolke mit der Erscheinung ist rechts hinter dem Tann verschwunden.

ORTLINDE
in den Tann hineinrufend
3405 Zu Ortlindes Stute
stell' deinen Hengst:
mit meiner Grauen
grast gern dein Brauner!

WALTRAUTE
ebenso
Wer hängt im Sattel dir?

HELMWIGE
aus dem Tann schreitend
3410 Sintolt der Hegeling!

SCHWERTLEITE
Führ' deinen Braunen
fort von der Grauen:
Ortlindes Mähre
trägt Wittig den Irming!

GERHILDE
ist etwas näher herabgestiegen
3415 Als Feinde nur sah ich
Sintolt und Wittig.

ORTLINDE
bricht schnell auf und läuft in den Tann
Heiaha! Die Stute
stößt mir der Hengst!

SCHWERTLEITE, GERHILDE
und HELMWIGE
lachen laut auf

GERHILDE
Der Recken Zwist
3420 entzweit noch die Rosse!

HELMWIGE
in den Tann zurückrufend
Ruhig, Brauner!
Brich nicht den Frieden.

WALTRAUTE
hat für GERHILDE *die Wacht auf der äußersten Spitze genommen*
Hojoho! Hojoho!
Siegrune, hier!
3425 Wo säumst du so lang?
Wie zuvor HELMWIGE, *zieht jetzt* SIEGRUNE *im gleichen Aufzuge vorbei, dem Tann zu.*

SIEGRUNES STIMME
von rechts
Arbeit gab's!
Sind die andren schon da?

DIE WALKÜREN
Hojotoho! Hojotoho!
Heiaha!
SIEGRUNE *ist hinter dem Tann verschwunden. Aus der Tiefe hört man zwei Stimmen zugleich.*

GRIMGERDE und ROSSWEISSE
von unten
3430 Hojotoho! Hojotoho!

WALTRAUTE
Grimgerd' und Roßweiße!

GERHILDE
Sie reiten zu zwei.
ORTLINDE *ist mit* HELMWIGE *und der soeben angekommenen* SIEGRUNE *aus dem Tann herausgetreten: zu drei winken sie von dem hinteren Felssaume hinab.*

ORTLINDE, HELMWIGE und SIEGRUNE
Gegrüßt, ihr Reisige!
Roßweiß' und Grimgerde!

DIE ANDREN WALKÜREN ALLE
3435 Hojotoho! Hojotoho!
In einem blitz-erglänzenden Wolkenzuge, der von unten heraufsteigt und dann hinter dem Tann verschwindet, erscheinen GRIMGERDE *und* ROSSWEISSE, *ebenfalls auf Rossen, jede einen Erschlagenen im Sattel führend.*

GERHILDE
In Wald mit den Rossen
zu Rast und Weid'!

ORTLINDE
in den Tann rufend
Führet die Mähren
fern von einander,
3440 bis unsrer Helden
Haß sich gelegt!

GERHILDE
während die anderen lachen
Der Helden Grimm
büßte schon die Graue:
GRIMGERDE *und* ROSSWEISSE *treten aus dem Tann auf*

DIE WALKÜREN
Willkommen! Willkommen!

SCHWERTLEITE
3445 Wart ihr Kühnen zu zwei?

GRIMGERDE
Getrennt ritten wir,
und trafen uns heut'.

ROSSWEISSE
Sind wir alle versammelt,
so säumt nicht lange:
3450 nach Walhall brechen wir auf,
Wotan zu bringen die Wal.

HELMWIGE
Acht sind wir erst:
eine noch fehlt.

GERHILDE
Bei dem braunen Wälsung
3455 weilt wohl noch Brünnhild'.

WALTRAUTE
Auf sie noch harren
müssen wir hier:
Walvater gäb' uns
grimmigen Gruß,
3460 säh' ohne sie er uns nahn!

SIEGRUNE
auf der Felsspitze, von wo sie hinausspäht
Hojotoho! Hojotoho!
Hieher! Hieher!
In brünstigem Ritt
jagt Brünnhilde her.

DIE WALKÜREN
nach der Felsspitze eilend
3465 Hojotoho! Hojotoho!
Brünnhilde! Hei!

WALTRAUTE
Nach dem Tann lenkt sie
das taumelnde Roß.

GRIMGERDE
Wie schnaubt Grane
3470 vom schnellen Ritt!

ROSSWEISSE
So jach sah ich nie
Walküren jagen!

ORTLINDE
Was hält sie im Sattel?

HELMWIGE
Das ist kein Held!

SIEGRUNE
3475 Eine Frau führt sie.
GERHILDE
Wie fand sie die Frau?
SCHWERTLEITE
Mit keinem Gruß
grüßt sie die Schwestern?
WALTRAUTE
Heiaha! Brünnhilde!
3480 Hörst du uns nicht?
ORTLINDE
Helft der Schwester
vom Roß sich schwingen!
GERHILDE und HELMWIGE stürzen in den Tann.
WALTRAUTE
Zu Grunde stürzt
Grane, der starke!
SIEGRUNE und ROSSWEISSE folgen den beiden.
GRIMGERDE
3485 Aus dem Sattel hebt sie
hastig das Weib.
DIE ÜBRIGEN WALKÜREN
dem Tann zueilend
Schwester! Schwester!
Was ist geschehn?
Alle Wallküren kehren auf die Bühne zurück; mit ihnen kommt
BRÜNNHILDE, SIEGLINDE unterstützend und hereingeleitend.
BRÜNNHILDE
atemlos
Schützt mich und helft
3490 in höchster Not!
DIE WALKÜREN
Wo rittest du her
in rasender Hast?
So fliegt nur, wer auf der Flucht!
BRÜNNHILDE
Zum erstenmal flieh' ich
3495 und bin verfolgt!
Heervater hetzt mir nach!
DIE WALKÜREN
heftig erschreckend
Bist du von Sinnen?
Sprich! Sage uns!
Verfolgt dich Heervater?
3500 Fliehst du vor ihm?
BRÜNNHILDE
ängstlich
O Schwestern, späht
von des Felsens Spitze!
Schaut nach Norden,
ob Walvater naht!
ORTLINDE und WALTRAUTE springen hinauf, um zu spähen
3505 Schnell! Seht ihr ihn schon?

ORTLINDE
Gewittersturm
naht von Norden.
WALTRAUTE
Starkes Gewölk
staut sich dort auf.
DIE WALKÜREN
3510 Heervater reitet
sein heiliges Roß!
BRÜNNHILDE
Der wilde Jäger,
der wütend mich jagt,
er naht, er naht von Norden!
3515 Schützt mich, Schwestern!
Wahret dies Weib!
DIE WALKÜREN
Was ist mit dem Weibe?
BRÜNNHILDE
Hört mich in Eile!
Sieglinde ist es,
3520 Siegmunds Schwester und Braut:
gegen die Wälsungen
wütet Wotan in Grimm: –
dem Bruder sollte
Brünnhilde heut'
3525 entziehen den Sieg;
doch Siegmund schützt' ich
mit meinem Schild,
trotzend dem Gott: –
der traf ihn da selbst mit dem Speer.
3530 Siegmund fiel:
doch ich floh
fern mit der Frau:
sie zu retten,
eilt' ich zu euch,
3535 ob mich bange auch
ihr berget vor dem strafenden Streich.
DIE WALKÜREN
in größter Bestürzung
Betörte Schwester!
Was tatest du?
Wehe! Wehe!
3540 Brünnhilde, wehe!
Brach ungehorsam
Brünnhilde
Heervaters heilig Gebot?
WALTRAUTE
von der Höhe
Nächtig zieht es
3545 von Norden heran.
ORTLINDE
ebenso
Wütend steuert
hierher der Sturm.

DIE WALKÜREN
dem Hintergrunde zugewendet

Wild wiehert
Walvaters Roß,
3550 schrecklich schnaubt es daher!

BRÜNNHILDE

Wehe der Armen,
wenn Wotan sie trifft:
den Wälsungen allen
droht er Verderben!
3555 Wer leiht mir von euch
das leichteste Roß
das flink die Frau ihm entführ'?

DIE WALKÜREN

Auch uns rätst du
rasenden Trotz?

BRÜNNHILDE

3560 Roßweiße, Schwester!
Leih' mir deinen Renner!

ROSSWEISSE

Vor Walvater floh
der fliegende nie.

BRÜNNHILDE

Helmwige, höre!

HELMWIGE

3565 Dem Vater gehorch' ich.

BRÜNNHILDE

Grimgerde! Gerhilde!
Gönnt mir eu'r Roß
Schwertleite! Siegrune!
Seht meine Angst!
3570 O seid mir treu,
wie traut ich euch war:
rettet dies traurige Weib!

SIEGLINDE
die bisher finster und kalt vor sich hingestarrt, fährt auf, als BRÜNNHILDE sie lebhaft – wie zum Schutze – umfaßt

Nicht sehre dich Sorge um mich:
einzig taugt mir der Tod!
3575 Wer hieß dich Maid,
dem Harst mich entführen?
Im Sturm dort hätt' ich
den Streich empfah'n
von derselben Waffe,
3580 der Siegmund fiel:
das Ende fand ich
vereint mit ihm!
Fern von Siegmund –
Siegmund, von dir!
3585 O deckte mich Tod,
daß ich's denke! –
Soll um die Flucht
dir Maid ich nicht fluchen,
so erhöre heilig mein Fleh'n –
3590 stoße dein Schwert mir ins Herz!

BRÜNNHILDE

Lebe, o Weib,
um der Liebe willen!
Rette das Pfand,
das von ihm du empfingst:
3595 ein Wälsung wächst dir im Schoß!

SIEGLINDE
ist heftig erschrocken: plötzlich strahlt dann ihr Gesicht in erhabener Freude auf

Rette mich, Kühne!
Rette mein Kind!
Schirmt mich, ihr Mädchen,
mit mächtigstem Schutz!

Furchtbares Gewitter steigt im Hintergrunde auf: nahender Donner.

WALTRAUTE
von der Höhe

3600 Der Sturm kommt heran.

ORTLINDE
ebenso

Flieh', wer ihn fürchtet!

DIE WALKÜREN

Fort mit dem Weibe,
droht ihm Gefahr:
der Walküren keine
3605 wag' ihren Schutz!

SIEGLINDE
auf den Knien vor BRÜNNHILDE

Rette mich, Maid!
Rette die Mutter!

BRÜNNHILDE
mit schnellem Entschluß

So fliehe denn eilig –
und fliehe allein!
3610 Ich – bleibe zurück,
biete mich Wotans Rache:
an mir zögr' ich
den Zürnenden hier,
während du seinem Rasen entrinnst.

SIEGLINDE

3615 Wohin soll ich mich wenden?

BRÜNNHILDE

Wer von euch Schwestern
schweifte nach Osten?

SIEGRUNE

Nach Osten weithin
dehnt sich ein Wald:
3620 der Niblungen Hort
entführte Fafner dorthin.

SCHWERTLEITE

Wurmes-Gestalt
schuf sich der Wilde:
in einer Höhle
3625 hütet er Alberichs Reif.

GRIMGERDE
Nicht geheu'r ist's dort
für ein hilflos Weib.

BRÜNNHILDE
Und doch vor Wotans Wut
schützt sie sicher der Wald:
3630 ihn scheut der Mächt'ge
und meidet den Ort.

WALTRAUTE
von der Höhe
Furchtbar fährt
dort Wotan zum Fels.

DIE WALKÜREN
Brünnhilde, hör'
3635 seines Nahens Gebraus'!

BRÜNNHILDE
SIEGLINDE die Richtung weisend
Fort denn eile
nach Osten gewandt!
Mutigen Trotzes
ertrag alle Müh'n –
3640 Hunger und Durst,
Dorn und Gestein;
lache, ob Not,
ob Leiden dich nagt!
Denn eines wiss'
3645 und wahr' es immer:
den hehrsten Helden der Welt
hegst du, o Weib,
im schirmenden Schoß! –
Sie reicht ihr die Stücken von Siegmunds Schwert
Verwahr' ihm die starken
3650 Schwertes-Stücken;
seines Vaters Walstatt
entführt' ich sie glücklich:
der neu gefügt
das Schwert einst schwingt,
3655 den Namen nehm' er von mir –
»Siegfried« erfreu' sich des Siegs!

SIEGLINDE
O hehrstes Wunder!
Herrliche Maid!
Dir Treuen dank' ich
3660 heiligen Trost!
Für ihn, den wir liebten,
rett' ich das Liebste:
meines Dankes Lohn
lache dir einst!
3665 Lebe wohl!
Dich segnet Sieglindes Weh!
Sie eilt rechts im Vordergrunde ab. – Die Felsenhöhe ist von schwarzen Gewitterwolken umlagert; furchtbarer Sturm braust aus dem Hintergrunde daher: ein feuriger Schein erhellt den Tannenwald zur Seite. Zwischen dem Donner hört man WOTANS *Ruf.*

WOTANS STIMME
Steh! Brünnhilde!

DIE WALKÜREN
Den Fels erreichten
Roß und Reiter:
3670 weh', Brünnhild'!
Rache entbrennt!

BRÜNNHILDE
Ach, Schwestern, helft!
Mir schwankt das Herz!
Sein Zorn zerschellt mich,
3675 wenn euer Schutz ihn nicht zähmt.

DIE WALKÜREN
Hieher, Verlor'ne!
Laß dich nicht sehn!
Schmiege dich an uns
und schweige dem Ruf!
Sie ziehen sich alle die Felsspitze hinauf, indem sie BRÜNNHILDE *unter sich verbergen*
3680 Weh!
Wütend schwingt sich
Wotan vom Roß –
hieher rast
sein rächender Schritt!

ZWEITE SZENE

WOTAN *schreitet in furchtbar zürnender Aufregung aus dem Tann heraus und hält vor dem Haufen der Walküren an, die auf der Höhe eine Stellung einnehmen, durch welche sie* BRÜNNHILDE *schützen.*

WOTAN
3685 Wo ist Brünnhild'?
Wo die Verbrecherin?
Wagt ihr, die Böse
vor mir zu bergen?

DIE WALKÜREN
Schrecklich ertost dein Toben: –
3690 was taten, Vater, die Töchter,
daß sie dich reizten
zu rasender Wut?

WOTAN
Wollt ihr mich höhnen?
Hütet euch, Freche!
3695 Ich weiß: Brünnhilde
bergt ihr vor mir.
Weichet von ihr,
der ewig Verworfnen,
wie ihren Wert
3700 von sich sie warf!

DIE WALKÜREN
Zu uns floh die Verfolgte,
unsern Schutz flehte sie an!
Mit Furcht und Zagen
faßt sie dein Zorn
3705 Für die bange Schwester

bitten wir nun,
daß den ersten Zorn du bezähmst.

WOTAN

Weichherziges
Weibergezücht!
3710 So matten Mut
gewannt ihr von mir?
Erzog ich euch kühn
zum Kampfe zu ziehn,
schuf ich die Herzen
3715 euch hart und scharf,
daß ihr Wilden nun weint und greint,
wenn mein Grimm eine Treulose straft?
So wißt denn, Winselnde,
was die verbrach,
3720 um die euch Zagen
die Zähre entbrennt!
Keine wie sie
kannte mein innerstes Sinnen;
keine wie sie
3725 wußte den Quell meines Willens;
sie selbst war
meines Wunsches schaffender Schoß: –
und so nun brach sie
den seligen Bund,
3730 daß treulos sie
meinem Willen getrotzt,
mein herrschend Gebot
offen verhöhnt,
gegen mich die Waffe gewandt,
3735 die mein Wunsch allein ihr schuf! –
Hörst du's, Brünnhilde?
du, der ich Brünne,
Helm und Wehr,
Wonne und Huld,
3740 Namen und Leben verlieh?
Hörst du mich Klage erheben,
und birgst dich bang dem Kläger,
daß feig du der Straf' entflöh'st?

BRÜNNHILDE

tritt aus der Schaar der Walküren hervor, schreitet demütigen,
doch festen Schrittes von der Felsenspitze herab und tritt so in
geringer Ferne vor WOTAN

Hier bin ich, Vater:
3745 gebiete die Strafe!

WOTAN

Nicht – straf' ich dich erst:
deine Strafe schufst du dir selbst.
Durch meinen Willen
warst du allein:
3750 gegen mich doch hast du gewollt;
meine Befehle nur
führtest du aus:
gegen mich doch hast du befohlen;
Wunsch-Maid
3755 warst du mir:
gegen mich doch hast du gewünscht;
Schild-Maid
warst du mir:
gegen mich doch hobst du den Schild;

3760 Los-Kieserin
warst du mir:
gegen mich doch kiestest du Lose;
Helden-Reizerin
warst du mir:
3765 gegen mich doch reiztest du Helden.
Was sonst du warst,
sagte dir Wotan:
was jetzt du bist,
das sage dir selbst!
3770 Wunschmaid bist du nicht mehr;
Walküre bist du gewesen: –
nun sei fortan,
was so du noch bist!

BRÜNNHILDE

heftig erschrocken

Du verstößest mich?
3775 Versteh' ich den Sinn?

WOTAN

Nicht send' ich dich mehr aus Walhall,
Nicht weis' ich dir mehr
Helden zur Wal;
nicht führst du mehr Sieger
3780 in meinen Saal:
bei der Götter trautem Mahle
das Trinkhorn nicht reichst
du traulich mir mehr;
nicht kos' ich dir mehr
3785 den kindischen Mund.
Von göttlicher Schar
bist du geschieden,
ausgestoßen
aus der Ewigen Stamm;
3790 gebrochen ist unser Bund:
aus meinem Angesicht bis du verbannt.

DIE WALKÜREN

in Jammer ausbrechend

Wehe! Weh'!
Schwester! Ach Schwester!

BRÜNNHILDE

Nimmst du mir alles,
3795 was einst du gabst?

WOTAN

Der dich zwingt, wird dir's entziehn!
Hieher auf den Berg
banne ich dich;
in wehrlosen Schlaf
3800 schließ' ich dich fest;
der Mann dann fange die Maid,
der am Wege sie findet und weckt.

DIE WALKÜREN

Halt ein, o Vater!
Halt ein den Fluch!
3805 Soll die Maid verblüh'n
und verbleichen dem Mann?
Hör' unser Fleh'n!
Schrecklicher Gott,
wende von ihr

3810 die schreiende Schmach:
wie die Schwester träfe uns selber der Schimpf.

WOTAN

Höret ihr nicht,
was ich verhängt?
Aus eurer Schar
3815 ist die treulose Schwester geschieden;
mit euch zu Roß
durch die Lüfte nicht reitet sie länger;
die magdliche Blume
verblüht der Maid;
3820 ein Gatte gewinnt
ihre weibliche Gunst:
dem herrischen Manne
gehorcht sie fortan;
am Herde sitzt sie und spinnt,
3825 aller Spottenden Ziel und Spiel.

BRÜNNHILDE sinkt schreiend vor seinen Füßen zu Boden; die Walküren machen eine Bewegung des Entsetzens

Schreckt euch ihr Los?
So flieht die Verlor'ne!
Weichet von ihr
und haltet euch fern!
3830 Wer von euch wagte,
bei ihr zu weilen,
wer mir zum Trotz
zu der Traurigen hielt' –
die Törin teilte ihr Los:
3835 das künd ich der Kühnen an! –
Fort jetzt von hier!
Meidet den Felsen!
Hurtig jagt mir von hinnen,
sonst erharrt Jammer euch hier!

Die Walküren fahren mit wildem Wehschrei auseinander und stürmen in hastiger Flucht in den Tann: bald hört man sie wie mit Sturm auf ihren Rossen davonjagend. – Nach und nach legt sich während des Folgenden das Gewitter; die Wolken verziehen sich: Abenddämmerung, und endlich Nacht, sinken bei ruhigem Wetter herein.

DRITTE SZENE

WOTAN und BRÜNNHILDE, die noch zu seinen Füßen hingestreckt liegt, sind allein zurückgeblieben. – Langes, feierliches Schweigen: unveränderte Stellung WOTANS und BRÜNNHILDES.

BRÜNNHILDE

endlich das Haupt langsam erhebend, sucht WOTANS noch abgewandten Blick und richtet sich während des Folgenden allmählich ganz auf

3840 War es so schmählich,
was ich verbrach,
daß mein Verbrechen so schmählich du bestrafst?
War es so niedrig,
was ich dir tat,
3845 daß du so tief mir Erniedrigung schaffst?
War es so ehrlos,
was ich beging,
daß mein Vergeh'n nun die Ehre mir raubt?

O sag', Vater!
3850 Sieh mir ins Auge:
schweige den Zorn,
zähme die Wut
und deute mir hell
die dunkle Schuld,
3855 die mit starrem Trotze dich zwingt,
zu verstoßen dein trautestes Kind!

WOTAN

finster

Frag deine Tat –
sie deutet dir deine Schuld!

BRÜNNHILDE

Deinen Befehl
3860 führte ich aus.

WOTAN

Befahl ich dir,
für den Wälsung zu fechten?

BRÜNNHILDE

So hießest du mich
als Herrscher der Wal.

WOTAN

3865 Doch meine Weisung
nahm ich wieder zurück.

BRÜNNHILDE

Als Fricka den eignen
Sinn dir entfremdet:
da ihrem Sinn du dich fügtest,
3870 warst du selber dir Feind.

WOTAN

bitter

Daß du mich verstanden, wähnt' ich
und strafte den wissenden Trotz;
doch feig und dumm
dachtest du mich:
3875 so hätt' ich Verrat nicht zu rächen,
zu gering wärst du meinem Grimm?

BRÜNNHILDE

Nicht weise bin ich;
doch wußt' ich das eine –
daß den Wälsung du liebtest:
3880 ich wußte den Zwiespalt,
der dich zwang,
dies eine ganz zu vergessen.
Das andre mußtest
einzig du sehn,
3885 was zu schauen so herb
schmerzte dein Herz –
daß Siegmund Schutz du versagtest.

WOTAN

Du wußtest es so
und wagtest dennoch den Schutz?

BRÜNNHILDE

3890 Weil für dich im Auge
das eine ich hielt,

dem, im Zwange des andren
schmerzlich entzweit,
ratlos den Rücken du wandtest.
3895 Die im Kampfe Wotan
den Rücken bewacht,
die sah nun das nur,
was du nicht sahst: –
Siegmund mußt' ich sehn.
3900 Tod kündend
trat ich vor ihn,
gewahrte sein Auge,
hörte sein Wort;
ich vernahm des Helden
3905 heilige Not;
tönend erklang mir
des Tapfersten Klage –
freiester Liebe
furchtbares Leid,
3910 traurigsten Mutes
mächtigster Trotz:
meinem Ohr erscholl,
mein Aug' erschaute,
was tief im Busen das Herz
3915 zu heil'gem Beben mir traf. –
Scheu und staunend
stand ich in Scham:
ihm nur zu dienen,
konnt' ich noch denken:
3920 Sieg oder Tod
mit Siegmund zu teilen –
dies nur erkannt' ich,
zu kiesen als Los! –
Der diese Liebe
3925 mir ins Herz gelegt,
dem Willen, der
dem Wälsung mich gesellt,
ihm innig vertraut –
trotzt' ich deinem Gebot.

WOTAN

3930 So tatest du,
was so gern zu tun ich begehrt –
doch was nicht zu tun,
die Not zwiefach mich zwang?
So leicht wähntest du
3935 Wonne der Liebe erworben,
wo brennend Weh
in das Herz mir brach,
wo gräßliche Not
den Grimm mir schuf,
3940 einer Welt zu Liebe
der Liebe Quell
im gequälten Herzen zu hemmen?
Wo gegen mich selber
ich sehrend mich wandte,
3945 aus Ohnmacht-Schmerzen
schäumend ich aufschoß,
wütender Sehnsucht
sengender Wunsch
den schrecklichen Willen mir schuf,
3950 in den Trümmern der eignen Welt
meine ew'ge Trauer zu enden: –

da labte süß
dich selige Lust;
wonniger Rührung
3955 üppigen Rausch
enttrankst du lachend
der Liebe Trank –
als mir göttlicher Not
nagende Galle mischt?
3960 Deinen leichten Sinn
lass' dich denn leiten:
von mir sagtest du dich los!
Dich muß ich meiden,
gemeinsam mit dir
3965 nicht darf ich Rat mehr raunen;
getrennt, nicht dürfen
traut wir mehr schaffen:
so weit Leben und Luft,
darf der Gott dir nicht mehr begegnen!

BRÜNNHILDE

3970 Wohl taugte dir nicht
die tör'ge Maid,
die staunend im Rate
nicht dich verstand,
wie mein eigner Rat
3975 nur das eine mir riet –
zu lieben, was du geliebt. –
Muß ich denn scheiden
und scheu dich meiden,
mußt du spalten,
3980 was einst sich umspannt,
die eigne Hälfte
fern von dir halten –
daß sonst sie ganz dir gehörte,
du Gott, vergiß das nicht!
3985 Dein ewig Teil
nicht wirst du entehren,
Schande nicht wollen,
die dich beschimpft:
dich selbst ließest du sinken,
3990 sähst du dem Spott mich zum Spiel!

WOTAN

Du folgtest selig
der Liebe Macht:
folge nun dem,
den du lieben mußt!

BRÜNNHILDE

3995 Soll ich aus Walhall scheiden,
nicht mehr mit dir schaffen und walten.
dem herrischen Manne
gehorchen fortan: –
dem feigen Prahler
4000 gib mich nicht preis:
nicht wertlos sei er,
der mich gewinnt.

WOTAN

Von Walvater schiedest du –
nicht wählen darf er für dich.

BRUNNHILDE
4005 Du zeugtest ein edles Geschlecht;
kein Zager kann je ihm entschlagen:
der weihlichste Held – ich weiß es –
entblüht dem Wälsungenstamm.
WOTAN
Schweig' von dem Wälsungenstamm!
4010 Von dir geschieden,
schied ich von ihm:
vernichten mußt' ihn der Neid.
BRÜNNHILDE
Die von dir sich riß –
rettete ihn:
4015 Sieglinde hegt
die heiligste Frucht;
in Schmerz und Leid,
wie kein Weib sie gelitten,
wird sie gebären,
4020 was bang sie birgt.
WOTAN
Nie suche bei mir
Schutz für die Frau,
noch für ihres Schoßes Frucht!
BRÜNNHILDE
Sie wahret das Schwert,
4025 das du Siegmund schufst. –
WOTAN
Und das ich ihm in Stücken schlug! –
Nicht streb', o Maid,
den Mut mir zu stören!
Erwarte dein Los,
4030 wie sich's dir wirft:
nicht kiesen kann ich es dir! –
Doch fort muß ich jetzt,
fern mich verziehn:
zu viel schon zögert' ich hier.
4035 Von der Abwendigen
wend' ich mich ab;
nicht wissen darf ich,
was sie sich wünscht:
die Strafe nur
4040 muß vollstreckt ich sehn.
BRÜNNHILDE
Was hast du erdacht,
daß ich erdulde?
WOTAN
In festen Schlaf
verschließ' ich dich:
4045 wer so die Wehrlose weckt,
dem ward, erwacht, sie zum Weib.
BRÜNNHILDE
stürzt auf ihre Knie
Soll fesselnder Schlaf
fest mich binden,
dem feigsten Manne
4050 zur leichten Beute:

dies eine mußt du erhören,
was heil'ge Angst zu dir fleht!
Die Schlafende schütze
mit scheuchenden Schrecken:
4055 daß nur ein furchtlos
freiester Held
hier auf dem Felsen
einst mich fänd'!
WOTAN
Zu viel begehrst du –
4060 zu viel der Gunst!
BRÜNNHILDE
seine Knie umfassend
Dies eine
mußt du erhören!
Zerknicke dein Kind,
das dein Knie umfaßt;
4065 zertritt die Traute,
zertrümm're die Maid;
ihres Leibes Spur
zerstöre dein Speer:
doch gib, Grausamer, nicht
4070 der gräßlichsten Schmach sie preis!
Mit Wildheit
Auf dein Gebot
entbrenne ein Feuer;
den Fels umglühe
lodernde Glut:
4075 es leck' ihre Zung',
es fresse ihr Zahn
den Zagen, der frech sich wagte,
dem freislichen Felsen zu nahn!
WOTAN
blickt ihr ergriffen in das Auge und hebt sie auf
Leb' wohl, du kühnes
4080 herrliches Kind!
Du meines Herzens heiligster Stolz
leb' wohl! Leb' wohl! Leb' wohl!
Muß ich dich meiden,
und darf nicht minnig
4085 mein Gruß dich mehr grüßen;
sollst du nun nicht mehr
neben mir reiten,
noch Met beim Mahl mir reichen;
muß ich verlieren
4090 dich, die ich liebe,
du lachende Lust meines Auges: –
ein bräutliches Feuer
soll dir nun brennen,
wie nie einer Braut es gebrannt!
4095 Flammende Glut
umglühe den Fels;
mit zehrenden Schrecken
scheuch' es den Zagen,
der Feige fliehe
4100 Brünnhildes Fels: –
denn einer nur freie die Braut,
der freier als ich, der Gott!
BRÜNNHILDE *wirft sich ihm gerührt und entzückt in die Arme*

Der Augen leuchtendes Paar,
das oft ich lächelnd gekost,
4105 wenn Kampfes-Lust
ein Kuß dir lohnte,
wenn kindisch lallend
der Helden Lob
von holden Lippen dir floß: –
4110 dieser Augen strahlendes Paar,
das oft im Sturm mir geglänzt,
wenn Hoffnungs-Sehnen
das Herz mir sengte,
nach Welten-Wonne
4115 mein Wunsch verlangte
aus wild webendem Bangen: –
zum letzten Mal
letz' es mich heut'
mit des Lebewohles
4120 letztem Kuß!
Dem glücklicher'n Manne
glänze sein Stern;
dem unseligen Ew'gen
muß es scheidend sich schließen!
4125 Denn so – kehrt
der Gott sich dir ab:
so küßt er die Gottheit von dir!

Er küßt sie auf beide Augen, die ihr sogleich verschlossen bleiben: sie sinkt sanft ermattend in seinen Armen zurück. Er geleitet sie zart auf einen niedrigen Mooshügel zu liegen, über den sich eine breitästige Tanne ausstreckt. Noch einmal betrachtet er ihre Züge und schließt ihr dann den Helm fest zu; dann verweilt sein Blick nochmals schmerzlich auf ihrer Gestalt, die er endlich mit dem langen Stahlschilde der Walküre zudeckt. – Dann schreitet er mit feierlichem Entschlusse in die Mitte der Bühne und kehrt die Spitze seines Speeres gegen einen mächtigen Felsstein

Loge, hör'!
Lausche hieher!
4130 Wie zuerst ich dich fand
als feurige Glut,
wie dann einst du mir schwandest
als schweifende Lohe:
wie ich dich band,
4135 bann' ich dich heut'!
Herauf, wabernde Lohe,
umlod're mir feurig den Fels!
Loge! Loge! Hieher!

Bei der letzten Anrufung schlägt er mit der Spitze des Speeres dreimal auf den Stein, worauf diesem ein Feuerstrahl entfährt, der schnell zu einem Flammenmeere anschwillt, dem WOTAN mit einem Winke seiner Speerspitze dem Umkreis des Felsens als Strömung zuweist

Wer meines Speeres
4140 Spitze fürchtet,
durchschreite das Feuer nie!

Er verschwindet in der Glut nach dem Hintergrunde zu. Der Vorhang fällt.

ZWEITER TAG:
SIEGFRIED

ERSTER AUFZUG

Wald.
Den Vordergrund bildet ein Teil einer Felsenhöhle, die sich links tiefer nach innen zieht, nach rechts aber gegen drei Vierteile der Bühne einnimmt. Zwei natürlich gebildete Eingänge stehen nach dem Walde zu offen; der eine nach rechts, unmittelbar im Hintergrund, der andere, breitere, ebenda seitwärts. An der Hinterwand, nach links zu, steht ein großer Schmiedeherd, aus Felsstücken natürlich geformt; künstlich ist nur der große Blasebalg: die rohe Esse geht – ebenfalls natürlich – durch das Felsdach hinauf. Ein sehr großer Amboß und andere Schmiedegerätschaften. –

ERSTE SZENE

MIME

sitzt, als der Vorhang nach einem kurzen Orchestervorspiel aufgeht, am Amboß und hämmert mit wachsender Unruhe an einem Schwerte: endlich hält er unmutig ein
Zwangvolle Plage!
Müh' ohne Zweck!
Das beste Schwert,
4145 das je ich geschweißt,
in der Riesen Fäusten
hielte es fest:
doch dem ich's geschmiedet,
der schmähliche Knabe,
4150 er knickt und schmeißt es entzwei,
als schüf' ich Kindergeschmeid! – –
Es gibt ein Schwert,
das er nicht zerschwänge:
Nothungs Trümmer
4155 zertrotzt' er mir nicht,
könnt' ich die starken
Stücken schweißen,
die meine Kunst
nicht zu kitten weiß!
4160 Könnt' ich's dem Kühnen schmieden,
meiner Schmach erlangt' ich da Lohn! –
Er sinkt tiefer zurück und neigt sinnend das Haupt
Fafner, der wilde Wurm,
lagert im finst'ren Wald;
mit des furchtbaren Leibes Wucht
4165 der Niblungen Hort
hütet er dort.
Siegfrieds kindischer Kraft
erläge wohl Fafners Leib:
Des Niblungen Ring
4170 erränge er mir.
Ein Schwert nur taugt zu der Tat;
nur Nothung nützt meinem Neid,
wenn Siegfried sehrend ihn schwingt: –
und ich kann's nicht schweißen,
4175 Nothung, das Schwert! –
Er fährt in höchstem Unmut wieder fort zu hämmern
Zwangvolle Plage!
Müh' ohne Zweck!
Das beste Schwert,
das je ich geschweißt,
4180 nie taugt es je
zu der einzigen Tat!
Ich tapp're und hämm're nur,
weil der Knabe es heischt:
er knickt und schmeißt es entzwei,
4185 und schmäht doch, schmied' ich ihm nicht!

SIEGFRIED, *in wilder Waldkleidung, mit einem silbernen Horn an einer Kette, kommt mit jähem Ungestüm aus dem Walde herein; er hat einen großen Bären mit einem Bastseile gezäumt und treibt diesen mit lustigem Übermute gegen* MIME *an.* MIME *entsinkt vor Schreck das Schwert; er flüchtet hinter den Herd.* SIEGFRIED *treibt ihm den Bären überall nach.*

SIEGFRIED
Hoiho! Hoiho!
Hau ein! Hau ein!
Friß ihn! Friß ihn,
den Fratzenschmied!
4190 Hahahaha!

MIME
Fort mit dem Tier!
Was taugt mir der Bär?

SIEGFRIED
Zu zwei komm' ich,
dich besser zu zwicken:
4195 Brauner, frag' nach dem Schwert!

MIME
He! Laß das Wild!
Dort liegt die Waffe:
fertig fegt' ich sie heut'.

SIEGFRIED
So fährst du heute noch heil!
Er löst dem Bären den Zaum und giebt ihm damit einen Schlag auf den Rücken
4200 Lauf, Brauner:
dich brauch' ich nicht mehr!
Der Bär läuft in den Wald zurück.

MIME
zitternd hinter dem Herde vorkommend
Wohl leid' ich's gern,
erlegst du Bären:
was bringst du lebend
4205 die braunen heim?

SIEGFRIED
setzt sich, um sich vom Lachen zu erholen
Nach bess'rem Gesellen sucht' ich,
als daheim mir einer sitzt;
im tiefen Walde mein Horn
ließ ich hallend da ertönen:
4210 ob sich froh mir gesellte
ein guter Freund?
Das frug' ich mit dem Getön.
Aus dem Busche kam ein Bär,
der hörte mir brummend zu;
4215 er gefiel mir besser als du,
doch bess're fänd' ich wohl noch:
mit dem zähen Baste

zäumt' ich ihn da,
dich, Schelm, nach dem Schwerte zu fragen.
Er springt auf und geht nach dem Schwerte.

MIME
erfaßt das Schwert, es SIEGFRIED *zu reichen*

4220 Ich schuf die Waffe scharf,
ihrer Schneide wirst du dich freun.

SIEGFRIED
nimmt das Schwert

Was frommt seine helle Schneide,
ist der Stahl nicht hart und fest!
Er prüft es mit der Hand
Hei! Was ist das
4225 für müß'ger Tand!
Den schwachen Stift
nennst du ein Schwert?
Er zerschlägt es auf dem Amboß, daß die Stücken ringsum fliegen. MIME *weicht erschrocken aus*
Da hast du die Stücken,
schändlicher Stümper:
4230 hätt' ich am Schädel
dir sie zerschlagen!
Soll mich der Prahler
länger noch prellen?
Schwatzt mir von Riesen
4235 und rüstigen Kämpfen,
von kühnen Taten
und tüchtiger Wehr;
will Waffen mir schmieden,
Schwerte schaffen;
4240 rühmt seine Kunst,
als könnt' er 'was Rechts:
nehm' ich zur Hand nun,
was er gehämmert,
mit einem Griff
4245 zergreif' ich den Quark! –
Wär' mir nicht schier
zu schäbig der Wicht,
ich zerschmiedet' ihn selbst
mit seinem Geschmeid,
4250 den alten albernen Alp!
Des Ärgers dann hätt' ich ein End'!
Er wirft sich wütend auf eine Steinbank, zur Seite rechts.

MIME
der ihm immer vorsichtig ausgewichen

Nun tobst du wieder wie toll:
dein Undank, traun, ist arg.
Mach' ich dem bösen Buben
4255 nicht alles gleich zu best,
was ich ihm Gutes schuf,
vergißt er gar zu schnell!
Willst du denn nie gedenken,
was ich dich lehrt' vom Danke?
4260 Dem sollst du willig gehorchen,
der je sich wohl dir erwies.
SIEGFRIED *wendet sich unmutig um, mit dem Gesicht nach der Wand, so daß er ihm den Rücken kehrt*
Das willst du wieder nicht hören! –
Doch speisen magst du wohl?
Vom Spieße bring' ich den Braten:

4265 versuchtest du gern den Sud?
Für dich sott ich ihn gar.
Er bietet SIEGFRIED *Speise hin. Dieser, ohne sich umzuwenden, schmeißt ihm Topf und Braten aus der Hand.*

SIEGFRIED
Braten briet ich mir selbst:
deinen Sudel sauf' allein!

MIME
stellt sich empfindlich

Das ist nun der Liebe
4270 schlimmer Lohn!
Das der Sorgen
schmählicher Sold! –
Als zullendes Kind
zog ich dich auf,
4275 wärmte mit Kleiden
den kleinen Wurm:
Speise und Trank
trug ich dir zu,
hütete dich
4280 wie die eigne Haut.
Und wie du erwuchsest,
wartet' ich dein;
dein Lager schuf ich,
daß leicht du schliefst.
4285 Dir schmiedet' ich Tand
und ein tönend Horn;
dich zu erfreun,
müht' ich mich froh:
mit klugem Rate
4290 riet ich dir klug,
mit lichtem Wissen
lehrt' ich dich Witz.
Sitz' ich daheim
in Fleiß und Schweiß,
4295 nach Herzenslust
schweifst du umher:
für dich nur in Plage,
in Pein nur für dich
verzehr' ich mich alter,
4300 armer Zwerg!
Und aller Lasten
ist das nun mein Lohn,
daß der hastige Knabe
mich quält und haßt!
Er gerät in Schluchzen.

SIEGFRIED
der sich wieder umgewendet und in MIMES *Blick ruhig geforscht hat*

4305 Vieles lehrtest du, Mime,
und manches lernt' ich von dir;
doch was du am liebsten mich lehrtest,
zu lernen gelang mir nie: –
wie ich dich leiden könnt'. –
4310 Trägst du mir Trank
und Speise herbei –
der Ekel speist mich allein;
schaffst du ein leichtes
Lager zum Schlaf –
4315 der Schlummer wird mir da schwer;

willst du mich weisen,
witzig zu sein –
gern bleib' ich taub und dumm.
4320 Seh' ich dir erst
mit den Augen zu,
zu übel erkenn' ich,
was alles du tust:
seh' ich dich stehn,
4325 gangeln und gehn,
knicken und nicken,
mit den Augen zwicken:
beim Genick möcht' ich
den Nicker packen,
4330 den Garaus geben
dem garst'gen Zwicker! –
So lernt' ich, Mime, dich leiden.
Bist du nun weise,
so hilf mir wissen,
worüber umsonst ich sann: –
4335 in den Wald lauf' ich,
dich zu verlassen, –
wie kommt das, kehr' ich zurück?
Alle Tiere sind
mir teurer als du:
4340 Baum und Vogel,
die Fische im Bach,
lieber mag ich sie
leiden als dich: –
wie kommt das nun, kehr' ich zurück?
4345 Bist du klug, so tu' mir's kund.

         MIME
setzt sich in einiger Entfernung ihm traulich gegenüber

Mein Kind, das lehrt dich kennen,
wie lieb ich am Herzen dir lieg'.

         SIEGFRIED
lacht

Ich kann dich ja nicht leiden, –
vergiß das nicht so leicht!

         MIME

4350 Dess' ist deine Wildheit schuld,
die du Böser bänd'gen sollst. –
Jammernd verlangen Junge
nach ihrer Alten Nest:
Liebe ist das Verlangen;
4355 so lechzest du auch nach mir,
so liebst du auch deinen Mime –
so mußt du ihn lieben!
Was dem Vögelein ist der Vogel,
wenn er im Nest es nährt,
4360 eh' das flügge mag fliegen:
das ist dir kind'schem Sproß
der kundig sorgende Mime –
das muß er dir sein.

         SIEGFRIED

Ei, Mime bist du so witzig,
4365 so laß mich eines noch wissen!
Es sangen die Vöglein
so selig im Lenz,
das eine lockte das and're:
du sagtest selbst –
4370 da ich's wissen wollt' –
das wären Männchen und Weibchen.
Sie kosten so lieblich
und ließen sich nicht;
sie bauten ein Nest
4375 und brüteten drin:
da flatterte junges
Geflügel auf,
und beide pflegten der Brut. –
So ruhten im Busch
4380 auch Rehe gepaart,
selbst wilde Füchse und Wölfe:
Nahrung brachte
zum Neste das Männchen,
das Weibchen säugte die Welpen.
4385 Da lernt' ich wohl,
was Liebe sei;
der Mutter entwandt' ich
die Welpen nie. –
Wo hast du nun, Mime,
4390 dein minniges Weibchen,
daß ich es Mutter nenne?

         MIME
verdrießlich

Was ist dir, Tor?
Ach, bist du dumm!
Bist doch weder Vogel noch Fuchs?

         SIEGFRIED

4395 Das zullende Kind
zogest du auf,
wärmtest mit Kleidern
den kleinen Wurm: –
wie kam dir aber
4400 der kindische Wurm?
Du machtest wohl gar
ohne Mutter mich?

         MIME
in großer Verlegenheit

Glauben sollst du,
was ich dir sage:
4405 ich bin dir Vater
und Mutter zugleich.

         SIEGFRIED

Das lügst du, garstiger Gauch! –
Wie die Jungen den Alten gleichen,
das hab' ich mir glücklich ersehn.
4410 Nun kam ich zum klaren Bach:
da erspäht' ich die Bäum'
und Tier' im Spiegel;
Sonn und Wolken,
wie sie nur sind,
4415 im Glitzer erschienen sie gleich.
Da sah ich denn auch
mein eigen Bild;
ganz anders als du
dünkt' ich mir da:
4420 so glich wohl der Kröte

ein glänzender Fisch;
doch kroch nie ein Fisch aus der Kröte.

MIME
höchst ärgerlich
Gräulichen Unsinn
kramst du da aus!

SIEGFRIED
immer lebendiger
4425 Siehst du, nun fällt
auch selbst mir ein,
was zuvor umsonst ich besann:
wenn zum Wald ich laufe,
dich zu verlassen,
4430 wie das kommt, kehr' ich doch heim?
Er springt auf
Von dir erst muß ich erfahren,
wer Vater und Mutter mir sei!

MIME
weicht ihm aus
Was Vater! Was Mutter!
Müßige Frage!

SIEGFRIED
packt ihn bei der Kehle
4435 So muß ich dich fassen,
um 'was zu wissen:
gutwillig
erfahr' ich doch nichts!
So mußt' ich alles
4440 ab dir trotzen:
kaum das Reden
hätt' ich erraten,
entwand ich's
mit Gewalt nicht dem Schuft!
4445 Heraus damit,
räudiger Kerl!
Wer ist mir Vater und Mutter?

MIME
nachdem er mit dem Kopfe genickt und mit den Händen gewinkt, ist von SIEGFRIED losgelassen worden
Ans Leben gehst du mir schier! –
Nun laß! Was zu wissen dich geizt,
4450 erfahr' es, ganz wie ich' weiß. – –
O undankbares,
arges Kind!
Jetzt hör', wofür du mich hassest!
Nicht bin ich Vater
4455 noch Vetter dir, –
und dennoch verdankst du mir dich!
Ganz fremd bist du mir,
dem einzigen Freund;
aus Erbarmen allein
4460 barg ich dich hier:
nun hab' ich lieblichen Lohn!
Was verhofft' ich Tor mir auch Dank? –
Einst lag wimmernd ein Weib
da draußen im wilden Wald:
4465 zur Höhle half ich ihr her,
am warmen Herd sie zu hüten.

Ein Kind trug sie im Schoße;
traurig gebar sie's hier;
sie wand sich hin und her,
4470 ich half so gut ich konnt':
stark war die Not, sie starb –
doch Siegfried, der genas.

SIEGFRIED
hat sich gesetzt
So starb meine Mutter an mir?

MIME
Meinem Schutz übergab sie dich:
4475 ich schenkt' ihn gern dem Kind.
Was hat sich Mime gemüht!
Was gab sich der Gute für Not!
»Als zullendes Kind
zog ich dich auf«...

SIEGFRIED
4480 Mich dünkt, dess' gedachtest du schon!
Jetzt sag': woher heiß' ich Siegfried?

MIME
So hieß mich die Mutter,
möcht' ich dich heißen:
als Siegfried würdest
4485 du stark und schön. –
»Ich wärmte mit Kleiden
den kleinen Wurm«...

SIEGFRIED
Nun melde, wie hieß meine Mutter?

MIME
Das weiß ich wahrlich kaum. –
4490 »Speise und Trank
trug' ich dir zu«...

SIEGFRIED
Den Namen sollst du mir nennen!

MIME
Entfiel er mir wohl? Doch halt!
Sieglinde mochte sie heißen,
4495 die dich in Sorge mir gab. –
»Ich hütete dich
wie die eigene Haut«...

SIEGFRIED
Dann frag' ich, wie hieß mein Vater?

MIME
barsch
Den hab' ich nie gesehn.

SIEGFRIED
4500 Doch die Mutter nannte den Namen?

MIME
Erschlagen sei er,
das sagte sie nur;
dich Vaterlosen
befahl sie mir da: –
4505 »und wie du erwuchsest,
wartet' ich dein':

dein Lager schuf ich,
daß leicht du schliefst«...

SIEGFRIED

4510 Still mit dem alten
Starenlied! –
Soll ich der Kunde glauben,
hast du mir nichts gelogen,
so laß mich Zeichen sehn!

MIME

Was soll dir's noch bezeugen?

SIEGFRIED

4515 Dir glaub' ich nicht mit dem Ohr,
dir glaub' ich nur mit dem Aug':
welch' Zeichen zeugt für dich?

MIME
holt nach einigem Besinnen die zwei Stücke eines zerschlagenen Schwertes herbei

Das gab mir deine Mutter:
für Mühe, Kost und Pflege
4520 ließ sie's als schwachen Lohn.
Sieh her, ein zerbrochnes Schwert!
Dein Vater, sagte sie, führt' es,
als im letzten Kampf er erlag.

SIEGFRIED

Und diese Stücken
4525 sollst du mir schmieden:
dann schwing' ich mein rechtes Schwert!
Auf! Eile dich, Mime,
mühe dich rasch;
kannst du 'was Rechts,
4530 nun zeig' deine Kunst!
Täusche mich nicht
mit schlechtem Tand:
den Trümmern allein
trau' ich 'was zu.
4535 Find' ich dich faul,
fügst du sie schlecht,
flickst du mit Flausen
den festen Stahl, –
dir Feigem fahr' ich zu Leib,
4540 das Fegen lernst du von mir!
Denn heute noch, schwör' ich,
will ich das Schwert;
die Waffe gewinn' ich noch heut'.

MIME
erschrocken

Was willst du noch heut' mit dem Schwert?

SIEGFRIED

4545 Aus dem Wald fort
in die Welt ziehn:
nimmer kehr' ich zurück.
Wie ich froh bin,
daß ich frei ward,
4550 nichts mich bindet und zwingt!
Mein Vater bist du nicht,
in der Ferne bin ich heim;
dein Herd ist nicht mein Haus,
meine Decke nicht dein Dach.
4555 Wie der Fisch froh
in der Flut schwimmt,
wie der Fink frei
sich davon schwingt:
flieg' ich von hier,
4560 flute davon,
wie der Wind über'n Wald
weh' ich dahin –
dich, Mime, nie wieder zu sehn!
Er stürmt in den Wald fort.

MIME
in höchster Angst

Halte! Halte! Halte! Wohin?
Er ruft mit der größten Anstrengung in den Wald

4565 He! Siegfried!
Siegfried! He!
Da stürmt er hin! –
Nun sitz' ich da: –
zur alten Not
4570 hab' ich die neue!
vernagelt bin ich nun ganz! –
Wie helf' ich mir jetzt?
Wie halt' ich ihn fest?
Wie führ' ich den Huien
4575 zu Fafners Nest? –
Wie füg' ich die Stücken
des tückischen Stahls?
Keines Ofens Glut
glüht mir die echten;
4580 keines Zwergen Hammer
zwingt mir die harten:
des Niblungen Neid,
Not und Schweiß
nietet mir Nothung nicht,
4585 schweißt mir das Schwert nicht zu ganz!
Er knickt verzweifelnd auf dem Schemel hinter dem Amboß zusammen.

ZWEITE SZENE

Der WANDERER (WOTAN) *tritt aus dem Wald an das hintere Tor der Höhle heran. – Er trägt einen dunkelblauen langen Mantel; einen Speer führt er als Stab. Auf dem Haupte hat er einen großen Hut mit breiter runder Krempe, die über das fehlende eine Auge tief hereinhängt.*

WANDERER

Heil dir, weiser Schmied!
Dem wegmüden Gast
gönne hold
des Hauses Herd!

MIME
ist erschrocken aufgefahren

4590 Wer ist's, der im wilden
Walde mich sucht?
Wer verfolgt mich im öden Forst?

WANDERER
Wand'rer heißt mich die Welt:
weit wandert' ich schon,
4595 auf der Erde Rücken
rührt' ich mich viel.

MIME
So rühre dich fort
und raste nicht hier,
nennt dich Wand'rer die Welt.

WANDERER
4600 Gastlich ruht' ich bei Guten,
Gaben gönnten viele mir:
denn Unheil fürchtet,
wer unhold ist.

MIME
Unheil wohnte
4605 immer bei mir:
willst du dem Armen es mehren?

WANDERER
weiter hereintretend
Viel erforscht' ich,
erkannte viel:
Wicht'ges konnt' ich
4610 manchem künden,
manchem wehren,
was ihn mühte,
nagende Herzens-Not.

MIME
Spürtest du klug
4615 und erspähtest du viel,
hier brauch' ich nicht Spürer noch Späher.
Einsam will ich
und einzeln sein,
Lungerern lass' ich den Lauf.

WANDERER
wieder einige Schritte näher schreitend
4620 Mancher wähnte,
weise zu sein,
nur was ihm not tat
wußte er nicht;
was ihm frommte,
4625 ließ ich erfragen:
lohnend lehrt' ihn mein Wort.

MIME
immer ängstlicher, da der WANDERER *sich nähert*
Müß'ges Wissen
wahren manche:
ich weiß mir grade genug;
4630 mir genügt mein Witz,
ich will nicht mehr:
dir Weisem weis' ich den Weg!

WANDERER
setzt sich am Herde nieder
Hier sitz' ich am Herd,
und setze mein Haupt
4635 der Wissens-Wette zum Pfand:

Mein Kopf ist dein,
du hast ihn erkiest,
entfrägst du mir nicht,
was dir frommt,
4640 lös' ich's mit Lehren nicht ein.

MIME
erschrocken und befangen, für sich
Wie werd' ich den Lauernden los?
Verfänglich muß ich ihn fragen. –
laut:
Dein Haupt pfänd' ich
für den Herd:
4645 nun sorg', es sinnig zu lösen!
Drei der Fragen
stell' ich mir frei.

WANDERER
Dreimal muß ich's treffen.

MIME
nach einigem Nachsinnen
Du rührtest dich viel
4650 auf der Erde Rücken,
die Welt durchwandert'st du weit: –
nun sage mir schlau,
welches Geschlecht
tagt in der Erde Tiefe?

WANDERER
4655 In der Erde Tiefe
tagen die Nibelungen:
Nibelheim ist ihr Land.
Schwarzalben sind sie;
Schwarz-Alberich
4660 hüt' als Herrscher sie einst:
eines Zauberringes
zwingende Kraft
zähmt' ihm das fleißige Volk.
Reicher Schätze
4665 schimmernden Hort
häuften sie ihm:
der sollte die Welt ihm gewinnen. –
Zum zweiten was frägst du, Zwerg?

MIME
in tieferes Sinnen geratend
Viel, Wanderer,
4670 weißt du mir
aus der Erde Nabelnest: –
nun sage mir schlicht,
welches Geschlecht
ruht auf der Erde Rücken?

WANDERER
4675 Auf der Erde Rücken
wuchtet der Riesen Geschlecht:
Riesenheim ist ihr Land.
Fasolt und Fafner,
der Rauhen Fürsten,
4680 neideten Nibelungs Macht;
den gewaltigen Hort
gewannen sie sich,
errangen mit ihm den Ring:

um den entbrannte
den Brüdern Streit;
der Fasolt fällte,
als wilder Wurm
hütet nun Fafner den Hort. –
Die dritte Frage nun droht.

MIME
der ganz in Täumerei entrückt ist

Viel, Wanderer,
weißt du mir
von der Erde rauhem Rücken: –
nun sage mir wahr,
welches Geschlecht
wohnt auf wolkigen Höh'n?

WANDERER

Auf wolkigen Höh'n
wohnen die Götter:
Walhall heißt ihr Saal.
Lichtalben sind sie;
Licht-Alberich,
Wotan, waltet der Schar.
Aus der Welt-Esche
weihlichstem Aste
schuf er sich einen Schaft:
dorrt der Stamm,
nie verdirbt doch der Speer;
mit seiner Spitze
sperrt Wotan die Welt.
Heil'ger Verträge
Treue-Runen
schnitt in den Schaft er ein.
Den Haft der Welt
hält in der Hand,
wer den Speer führt,
den Wotans Faust umspannt.
Ihm neigte sich
der Niblungen Heer;
der Riesen Gezücht
zähmte sein Rat:
ewig gehorchen sie alle
des Speeres starkem Herrn.
Er stößt wie unwillkürlich mit dem Speer auf den Boden; ein leiser Donner läßt sich vernehmen, wovon MIME *heftig erschrickt*
Nun rede, weiser Zwerg:
wußt' ich der Fragen Rat?
Behalte mein Haupt ich frei?

MIME
ist aus seiner träumerischen Versunkenheit aufgefahren und gebärdet sich nun ängstlich, indem er den Wanderer nicht anzublicken wagt

Fragen und Haupt
hast du gelöst:
nun, Wand'rer, geh' deines Wegs!

WANDERER

Was zu wissen dir frommt,
solltest du fragen;
Kunde verbürgte mein Kopf: –
daß du nun nicht weißt,
was dir nützt,

dess' fass' ich jetzt deinen als Pfand.
Gastlich nicht
galt mir dein Gruß:
mein Haupt gab ich
in deine Hand,
um mich des Herdes zu freu'n.
Nach Wettens Pflicht
pfänd' ich nun dich,
lösest du drei
der Fragen nicht leicht:
drum frische dir, Mime, den Mut!

MIME
schüchtern und in furchtsamer Ergebung

Lang schon mied ich
mein Heimatland,
lang schon schied ich
aus der Mutter Schoß;
mir leuchtete Wotans Auge
zur Höhle lugt' es herein:
vor ihm magert
mein Mutterwitz.
Doch frommt mir's nun weise zu sein,
Wand'rer, frage denn zu!
Vielleicht glückt mir's, gezwungen
zu lösen des Zwergen Haupt.

WANDERER

Nun, ehrlicher Zwerg,
sag' mir zum ersten:
welches ist das Geschlecht,
dem Wotan schlimm sich zeigte
und das doch das liebste ihm lebt?

MIME

Wenig hört' ich
von Heldensippen:
der Frage doch mach' ich mich frei.
Die Wälsungen sind
das Wunschgeschlecht,
das Wotan zeugte
und zärtlich liebte,
zeigt' er auch Ungunst ihm.
Siegmund und Sieglind'
stammten von Wälse,
ein wild-verzweifeltes
Zwillingspaar:
Siegfried zeugten sie selbst,
den stärksten Wälsungensproß.
Behalt' ich, Wand'rer,
zum ersten mein Haupt?

WANDERER

Wie doch genau
das Geschlecht du mir nennst:
schlau eracht' ich dich Argen!
Der ersten Frage
wardst du frei:
zum zweiten nun sag' mir, Zwerg! –
Ein weiser Niblung
wahret Siegfried:
Fafner'n soll er ihm fällen,
daß den Ring er erränge,

des Hortes Herrscher zu sein.
Welches Schwert
muß Siegfried nun schwingen,
4790 taug' es zu Fafners Tod?

MIME
seine gegenwärtige Lage immer mehr vergessend und von dem Gegenstande lebhaft angezogen

Nothung heißt
ein neidliches Schwert;
in einer Esche Stamm
stieß es Wotan:
4795 dem sollt' es geziemen,
der aus dem Stamm es zög'.
Der stärksten Helden
keiner bestand's:
Siegmund, der Kühne,
4800 konnt's allein;
fechtend führt' er's im Streit,
bis an Wotans Speer es zersprang.
Nun verwahrt die Stücken
ein weiser Schmied;
4805 denn er weiß, daß allein
mit dem Wotansschwert
ein kühnes dummes Kind,
Siegfried, den Wurm versehrt.

Ganz vergnügt

Behalt' ich Zwerg
4810 auch zweitens mein Haupt?

WANDERER
Der witzigste bist du
unter den Weisen:
wer käm' dir an Klugheit gleich?
Doch bist du so klug,
4815 den kindischen Helden
für Zwergen-Zwecke zu nützen:
mit der dritten Frage
droh' ich nun! –
Sag' mir, du weiser
4820 Waffenschmied,
wer wird aus den starken Stücken
Nothung, das Schwert, wohl schweißen?

MIME
fährt im höchsten Schrecken auf

Die Stücken! Das Schwert!
O weh! Mir schwindelt! –
4825 Was fang' ich an?
Was fällt mir ein?
Verfluchter Stahl,
daß ich dich gestohlen!
Er hat mich vernagelt
4830 in Pein und Not;
mir bleibt er hart,
ich kann ihn nicht hämmern:
Niet' und Löte
läßt mich im Stich!
4835 Der weiseste Schmied
weiß sich nicht Rat:
wer schweißt nun das Schwert,
schaff' ich es nicht?
Das Wunder, wie soll ich's wissen?

WANDERER
ist vom Herd aufgestanden

4840 Dreimal solltest du fragen,
dreimal stand ich dir frei:
nach eitlen Fernen
forschtest du;
doch was zunächst dir sich fand,
4845 was dir nützt, fiel dir nicht ein.
Nun ich's errate,
wirst du verrückt:
gewonnen hab' ich
das witzige Haupt. –
4850 Jetzt, Fafners kühner Bezwinger,
hör' verfall'ner Zwerg: –
nur wer das Fürchten
nie erfuhr,
schmiedet Nothung neu.

MIME starrt ihn groß an: er wendet sich zum Fortgange

4855 Dein weises Haupt
wahre von heut':
verfallen – lass' ich es dem,
der das Fürchten nicht gelernt.

Er lacht und geht in den Wald.

DRITTE SZENE

MIME
ist, wie vernichtet, auf den Schemel hinter dem Amboß zurückgesunken: er stiert, grad' vor sich aus, in den sonnig beleuchteten Wald hinein. Nach längerem Schweigen gerät er in heftiges Zittern

Verfluchtes Licht!
4860 Was flammt dort die Luft?
Was flackert und lackert,
was flimmert und schwirrt,
was schwebt dort und webt
und wabert umher?
4865 Da glimmert's und glitzt's
in der Sonne Glut:
was säuselt und summt
und saust nun gar?
Es brummt und braust
4870 und prasselt hierher!
Dort bricht's durch den Wald,
will auf mich zu!
Ein gräßlicher Rachen
reißt sich mir auf!
4875 Der Wurm will mich fangen!
Fafner! Fafner!

Er schreit laut auf und knickt hinter dem breiten Amboß zusammen.

SIEGFRIED
bricht aus dem Waldgesträuch hervor und ruft noch von außen

Heda! Du Fauler!
Bist du nun fertig?
Schnell! Wie steht's mit dem Schwert?

Er ist eingetreten und hält verwundert an

4880 Wo steckt der Schmied?

Stahl er sich fort?
Hehe! Mime! Du Memme!
Wo bist du? Wo birgst du dich?

MIME
mit schwacher Stimme hinter dem Amboß

Bist du es, Kind?
4885 Kommst du allein?

SIEGFRIED

Hinter dem Amboß?
Sag, was schufest du dort?
Schärftest du mir das Schwert?

MIME
höchst verstört und zerstreut

Das Schwert? Das Schwert?
4890 Wie möcht' ich's schweißen?
Halb für sich
»Nur wer das Fürchten
nicht erfuhr,
schmiedet Nothung neu.« –
Zu weise ward ich
4895 für solches Werk!

SIEGFRIED

Wirst du mir reden?
Soll ich dir raten?

MIME
wie zuvor

Wo nähm' ich redlichen Rat? –
Mein weises Haupt
4900 hab' ich verwettet:
verfallen, verlor ich's an den,
»der das Fürchten nicht gelernt.« –

SIEGFRIED
heftig

Sind mir das Flausen?
Willst du mir fliehn?

MIME
allmählich sich etwas fassend

4905 Wohl flöh' ich dem,
der's Fürchten kennt: –
doch das ließ ich dem Kinde zu lehren!
Ich Dummer vergaß,
was einzig gut:
4910 Liebe zu mir
sollt' er lernen; –
das gelang nun leider faul!
Wie bring' ich das Fürchten ihm bei?

SIEGFRIED
packt ihn

He! Muß ich helfen?
4915 Was fegtest du heut'?

MIME

Um dich nur besorgt,
versank ich in Sinnen,
wie ich dich Wichtiges wiese.

SIEGFRIED
lachend

Bis unter den Sitz
4920 warst du versunken:
was Wichtiges fandest du da?

MIME
sich immer mehr erholend

Das Fürchten lernt' ich für dich,
daß ich's dich Dummen lehre.

SIEGFRIED

Was ist's mit dem Fürchten?

MIME

4925 Erfuhrst du's noch nie
und willst aus dem Wald
doch fort in die Welt?
Was frommte das festeste Schwert,
blieb dir das Fürchten fern?

SIEGFRIED
ungeduldig

4930 Faulen Rat
erfindest du wohl?

MIME

Deiner Mutter Rat
redet aus mir:
was ich gelobte,
4935 muß ich nun lösen,
in die listige Welt
dich nicht zu entlassen,
eh' du nicht das Fürchten gelernt.

SIEGFRIED

Ist's eine Kunst,
4940 was kenn' ich sie nicht? –
Heraus! Was ist's mit dem Fürchten?

MIME
immer belebter

Fühltest du nie
im finstren Wald
bei Dämmerschein
4945 am dunklen Ort,
wenn fern es säuselt,
summst und saust,
wildes Brummen
näher braust
4950 wirres Flackern
um dich flimmert,
schwellend Schwirren
zu Leib' dir schwebt, –
fühltest du dann nicht grieselnd
4955 Grausen die Glieder dir fahen?
Glühender Schauer
schüttelt die Glieder,
in der Brust bebend und bang
berstet hämmernd das Herz? –
4960 Fühltest du das noch nicht,
das Fürchten blieb dir dann fremd.

SIEGFRIED
Sonderlich seltsam
muß das sein!
Hart und fest,
4965 fühl' ich, steht mir das Herz.
Das Grieseln und Grausen,
das Glühen und Schauern,
Hitzen und Schwindeln,
Hämmern und Beben –
4970 gern begehr' ich das Bangen,
sehnend verlangt mich's der Lust. –
Doch wie bringst du,
Mime, mir's bei!
Wie wärst du Memme mir Meister?

MIME
4975 Folge mir nur,
ich führe dich wohl:
sinnend fand ich es aus.
Ich weiß einen schlimmen Wurm,
der würgt' und schlang schon viel:
4980 Fafner lehrt dich das Fürchten,
folgst du mir zu seinem Nest.

SIEGFRIED
Wo liegt er im Nest?

MIME
Neid-Höhle
wird es genannt:
4985 im Ost, am Ende des Walds.

SIEGFRIED
Dann wär's nicht weit von der Welt?

MIME
Bei Neidhöhle liegt sie ganz nah'!

SIEGFRIED
Dahin denn sollst du mich führen:
lernt' ich das Fürchten,
4990 dann fort in die Welt!
Drum schnell schaffe das Schwert,
in der Welt will ich es schwingen.

MIME
Das Schwert? O Not!

SIEGFRIED
Rasch in die Schmiede!
4995 Weis' was du schufst.

MIME
Verfluchter Stahl!
Zu flicken versteh' ich ihn nicht!
Den zähen Zauber
bezwingt keines Zwergen Kraft.
5000 Wer das Fürchten nicht kennt,
der fänd' wohl eher die Kunst.

SIEGFRIED
Feine Finten
weiß mir der Faule;
daß er ein Stümper,
5005 sollt' er gestehn:

nun lügt er sich listig heraus. –
Her mit den Stücken!
Fort mit dem Stümper!
Des Vaters Stahl
5010 fügt sich wohl mir:
ich selbst schweiße das Schwert!

Er macht sich rasch an die Arbeit.

MIME
Hättest du fleißig
die Kunst gepflegt,
jetzt käm' dir's wahrlich zu gut;
5015 doch lässig warst du
stets in der Lehr':
was willst du Rechtes nun rüsten?

SIEGFRIED
Was der Meister nicht kann,
vermöcht' es der Knabe,
5020 hätt' er ihm immer gehorcht? –
Jetzt mach' dich fort,
misch' dich nicht d'rein:
sonst fällst du mir mit ins Feuer!

Er hat eine große Menge Kohlen auf dem Herd gehäuft und unterhält in einem fort die Glut, während er die Schwertstücke in den Schraubstock einspannt und sie zu Spänen zerfeilt.

MIME
indem er ihm zusieht
Was machst du denn da?
5025 Nimm doch die Löte:
den Brei braut' ich schon längst.

SIEGFRIED
Fort mit dem Brei!
Ich brauch' ihn nicht:
mit Bappe back' ich kein Schwert!

MIME
5030 Du zerfeilst die Feile,
zerreibst die Raspel:
wie willst du den Stahl zerstampfen?

SIEGFRIED
Zersponnen muß ich
in Späne ihn sehn:
5035 was entzwei ist, zwing ich mir so.

MIME
während SIEGFRIED eifrig fortfeilt
Hier hilft kein Kluger,
das seh' ich klar:
hier hilft dem Dummen
die Dummheit allein!
5040 Wie er sich rührt
und mächtig regt:
ihm schwindet der Stahl,
doch wird ihm nicht schwül! –
Nun ward ich so alt
5045 wie Höhl' und Wald,
und hab' nicht so 'was gesehn! –
Mit dem Schwert gelingt's,
das lern' ich wohl:
furchtlos fegt er's zu ganz, –

5050 der Wand'rer wußt' es gut! –
Wie berg' ich nun
mein banges Haupt?
Dem kühnen Knaben verfiel's,
lehrt' ihn nicht Fafner die Furcht. –
5055 Doch weh' mir Armen!
Wie würgt' er den Wurm,
erführ' er das Fürchten von ihm?
Wie erräng' er mir den Ring?
Verfluchte Klemme!
5060 Da klebt' ich fest,
fänd' ich nicht klugen Rat,
wie den Furchtlosen selbst ich bezwäng'. –

SIEGFRIED
hat nun die Stücken zerfeilt und in einem Schmelztiegel gefangen, den er jetzt in die Herdglut stellt: unter dem Folgenden nährt er die Glut mit dem Blasebalg

He, Mime, geschwind!
Wie heißt das Schwert,
5065 das ich in Späne zersponnen?

MIME
aus seinen Gedanken auffahrend

Nothung nennt sich
das neidliche Schwert:
deine Mutter gab mir die Mär.

SIEGFRIED
zu der Arbeit

Nothung! Nothung!
5070 Neidliches Schwert!
Was mußtest du zerspringen?
Zu Spreu nun schuf ich
die scharfe Pracht,
im Tiegel brat' ich die Späne!
5075 Hoho! Hoho! Hohei!
Hohei! Hoho!
Blase, Balg!

Blase die Glut! –
Wild im Walde
5080 wuchs ein Baum,
den hab' ich im Forst gefällt:
die braune Esche
brannt' ich zur Kohl',
auf dem Herd nun liegt sie gehäuft!
5085 Hoho! Hoho! Hohei!
Hohei! Hoho!
Blase, Balg!
Blase die Glut! –
Des Baumes Kohle,
5090 wie brennt sie kühn,
wie glüht sie hell und hehr!
In springenden Funken
sprühet sie auf,
hohei, Hoho! Hohei!
5095 Zerschmilzt mir des Stahles Spreu.
Hoho! Hoho! Hohei!
Hohei! Hoho!
Blase, Balg!
Blase die Glut!

MIME
immer für sich, entfernt sitzend

5100 Er schmiedet das Schwert,
und Fafner fällt er:
das seh' ich nun sicher voraus;
Hort und Ring
erringt er im Harst:
5105 wie erwerb' ich mir den Gewinn?
Mit Witz und List
erlang' ich beides
und berge heil mein Haupt.

SIEGFRIED
nochmals am Blasebalg

Hoho! Hohei! Hohei!

Mime

5110 Rang er sich müd' mit dem Wurm,
von der Müh' erlab' ihn ein Trank;
aus würz'gen Säften,
die ich gesammelt,
brau' ich den Trank für ihn;
5115 wenig Tropfen nur
braucht er zu trinken,
sinnlos sinkt er in Schlaf:
mit der eignen Waffe,
die er sich gewonnen,
5120 räum' ich ihn leicht aus dem Weg,
erlange mir Ring und Hort.

Siegfried	Mime
5122 Nothung! Nothung!	
5123 Neidliches Schwert!	
5124 Schon schmolz deines Stahles Spreu:	5125 Hei! Weiser Wand'rer,
5126 im eignen Schweiße	5127 dünkt' ich dich dumm,
5128 schwimmst du nun.	5129 wie gefällt dir nun
	5130 mein feiner Witz?
	5131 Fand ich mir wohl
	5132 Rat und Ruh'?

5133 Bald schwing' ich dich als mein Schwert!

Mime springt vergnügt auf, holt Gefäße herbei und schüttet aus ihnen Gewürz in einen Topf.

Siegfried

hat den geschmolzenen Stahl in eine Stangenform gegossen und diese in das Wasser gesteckt; man hört jetzt das laute Gezisch der Kühlung

In das Wasser floß
5135 ein Feuerfluß:
grimmiger Zorn
zischt' ihm da auf.
Wie sehrend er floß,
in des Wassers Flut
5140 fließt er nicht mehr;
starr ward er und steif,
herrisch der harte Stahl:
heißes Blut doch
fließt ihm bald! –
5145 Nun schwitze noch einmal,
daß ich dich schweiße,
Nothung, neidliches Schwert!

Er stößt den Stahl in die Kohlen und glüht ihn. Dann wendet er sich zu Mime, der vom anderen Ende des Herdes her einen Topf an den Rand der Glut setzt

Was schafft der Tölpel
dort mit dem Topf?
5150 Brenn' ich hier Stahl,
braust du dort Sudel?

Mime

Zu Schanden kam ein Schmied,
den Lehrer sein Knabe lehrt;
mit der Kunst nun ist's beim Alten aus,
5155 als Koch dient er dem Kind:
brennt es das Eisen zu Brei,
aus Eiern braut
der Alte ihm Sud.

Er fährt fort zu kochen

SIEGFRIED
immer während der Arbeit

Mime, der Künstler,
5160 lernt jetzt Kochen;
das Schmieden schmeckt ihm nicht mehr:
seine Schwerter alle
hab' ich zerschmissen;
was er kocht, ich kost' es ihm nicht.
5165 Das Fürchten zu lernen,
will er mich führen;
ein Ferner soll es mich lehren:
was am besten er kann,
mir bringt er's nicht bei;
5170 als Stümper besteht er in allem!

Er hat den rotglühenden Stahl hervorgezogen und hämmert ihn nun, während des folgenden Liedes, mit dem großen Schmiedehammer auf dem Amboß

Hoho! Hoho! Hohei!
Schmiede, mein Hammer,
ein hartes Schwert!
Hoho! Hahei!
5175 Hoho! Hahei!
Einst färbte Blut
dein falbes Blau;
sein rotes Rieseln
rötete dich:
5180 kalt lachtest du da,
das warme lecktest du kühl!
Heiaho! Haha!
Haheiaha!
Nun hat die Glut
5185 dich rot geglüht;
deine weiche Härte
dem Hammer weicht:
zornig sprühst du mir Funken,
daß ich dich Spröden gezähmt!
5190 Heiaho-hohohoho!
Hahei! Hahei! Hahei!

MIME

Er schafft sich ein scharfes Schwert,
Fafner zu fällen,
der Zwerge Feind:
5195 ich braut' ein Trug-Getränk,
Siegfried zu fangen,
dem Fafner fiel.
Gelingen muß mir die List;
lachen muß mir der Lohn!

Er beschäftigt sich während des Folgenden damit, den Inhalt des Topfes in eine Flasche zu gießen.

SIEGFRIED

5200 Hoho! Hoho!
Hoho! Hahei!
Schmiede, mein Hammer,
ein hartes Schwert!
Hoho! Hahei!
5205 Hoho! Hahei!
Der frohen Funken
wie freu' ich mich!
Es ziert den Kühnen
des Zornes Kraft:
5210 lustig lachst du mich an,
stellst du auch grimm dich und gram!
Heiaho! Haha!
Haheiaha!
Durch Glut und Hammer
5215 glückt' es mir;
Mit starken Schlägen
streckt' ich dich:
nun schwinde die rote Scham;
werde kalt und hart, wie du kannst.
5220 Heiaho! Heiaho!
Heiaho-hohohoho!

Er taucht mit dem Letzten den Stahl in das Wasser und lacht bei dem starken Gezisch.

MIME
während SIEGFRIED *die geschmiedete Schwertklinge in dem Griffhefte befestigt, wieder im Vordergrunde*

Den der Bruder schuf,
den schimmernden Reif,
in den er gezaubert
5225 zwingende Kraft,
das helle Gold,

           das zum Herrscher macht –
           ihn hab' ich gewonnen,
           ich walte sein'! –
5230 Alberich selbst,
           der einst mich band,
           zur Zwergenfrone
           zwing' ich ihn nun:
           als Niblungenfürst
5235 fahr' ich danieder,
           gehorchen soll mir
           alles Heer! –
           Der verachtete Zwerg,
           wie wird er geehrt!
5240 Zu dem Horte hin drängt sich
           Gott und Held;
           vor meinem Nicken
           neigt sich die Welt,
           vor meinem Zorne
5245 zittert sie hin! –

SIEGFRIED   MIME
glättet mit den letzten Schlägen die Nieten des Griffheftes und
faßt das Schwert nun

5246 Nothung! Nothung!
5247 Neidliches Schwert!
5248 Jetzt haftest du wieder im Heft.

                                                             5249 Dann wahrlich müht sich
                                                             5250 Mime nicht mehr:

5251 Warst du entzwei,
5252 ich zwang dich zu ganz;
5253 kein Schlag soll nun dich mehr zerschlagen.

                                                             5254 ihm schaffen and're
                                                             5255 den ew'gen Schatz

5256 Dem sterbenden Vater
5257 zersprang der Stahl,
5258 der lebende Sohn
5259 schuf ihn neu:
5260 nun lacht ihm sein heller Schein,
5261 seine Schärfe schneidet ihm hart.

                                                             5262 Mime, der Kühne,
                                                            5263 Mime ist König,
                                                            5264 Fürst der Alben,
                                                            5265 Walter des Alls!

5266 Nothung! Nothung!
5267 Neidliches Schwert!
5268 Zum Leben weckt' ich dich wieder.
5269 Tot lagst du
5270 in Trümmern dort,
5271 jetzt leuchtest du trotzig und hehr.

                                                             5272 Hei, Mime! Wie glückte dir das!

5273 Zeige den Schächern
5274 nun deinen Schein!

                                                            5275 Wer hätte wohl das gedacht!

5276 Schlage den Falschen,
5277 fälle den Schelm!
5278 Schau, Mime, du Schmied:
5279 So schneidet Siegfrieds Schwert!

SIEGFRIED hat mit dem Schwert ausgeholt und schlägt nun damit auf den Amboß; dieser zerspaltet in zwei Stücken, von oben bis unten, so daß er unter großem Gepolter auseinander fällt. MIME – in höchster Verzückung – fällt vor Schreck sitzlings zu Boden. SIEGFRIED hält jauchzend das Schwert in die Höhe.
        – *Der Vorhang fällt schnell.*

ZWEITER AUFZUG

Tiefer Wald.
Ganz im Hintergrunde die Öffnung einer Höhle. Der Boden hebt sich bis zur Mitte der Bühne, wo er eine kleine Hochebene bildet; von da senkt er sich nach hinten, der Höhle zu, wieder abwärts, so daß von dieser nur der obere Teil der Öffnung dem Zuschauer sichtbar ist. Links gewahrt man durch Waldbäume eine zerklüftete Felsenwand. – Finstere Nacht, am dichtesten über dem Hintergrunde, wo anfänglich der Blick des Zuschauers gar nichts zu unterscheiden vermag.

ERSTE SZENE

ALBERICH
an der Felsenwand zur Seite gelagert, in düsterem Brüten

5280 In Wald und Nacht
vor Neidhöhl' halt' ich Wacht:
es lauscht mein Ohr,
mühvoll lugt mein Aug'. –
Banger Tag,
5285 bebst du schon auf?
Dämmerst du dort
durch das Dunkel her?
Sturmwind erhebt sich rechts aus dem Walde
Welcher Glanz glitzert dort auf?
Näher schimmert
5290 ein heller Schein;
es rennt wie ein leuchtendes Roß,
bricht durch den Wald
brausend daher.
Naht schon des Wurmes Würger?
5295 Ist's schon, der Fafner fällt?
Der Sturmwind legt sich wieder; der Glanz verlischt
Das Licht erlischt –
der Glanz barg sich dem Blick:
Nacht ist's wieder. –
Wer naht dort schimmernd im Schatten?

DER WANDERER
tritt aus dem Wald auf und hält ALBERICH *gegenüber an*
5300 Zur Neidhöhle
fuhr ich bei Nacht:
wen gewahr' ich im Dunkel dort?
Wie aus einem plötzlich zerreißenden Gewölk bricht Mondschein herein und beleuchtet des WANDERERS *Gestalt.*

ALBERICH
erkennt den WANDERER *und fährt erschrocken zurück*
Du selbst läss'st dich hier sehn?
Er bricht in Wut aus
Was willst du hier?
5305 Fort, aus dem Weg!
Von dannen, schamloser Dieb!

WANDERER
Schwarz-Alberich,
schweifst du hier?
Hütest du Fafners Haus?

ALBERICH
5310 Jagst du auf neue
Neidtat umher?
Weile nicht hier!
Weiche von hinnen!
Genug des Truges
5315 tränkte die Stätte mit Not.
Drum, du Frecher,
laß sie jetzt frei!

WANDERER
Zu schauen kam ich,
nicht zu schaffen:
5320 wer wehrte mir Wand'rers Fahrt?

ALBERICH
lacht tückisch auf
Du Rat wütender Ränke!
Wär' ich dir zu lieb
doch noch dumm wie damals,
als du mich Blöden bandest!
5325 Wie leicht geriet es,
den Ring mir nochmals zu rauben!
Hab' Acht: deine Kunst
kenne ich wohl;
doch wo du schwach bist,
5330 blieb mir auch nicht verschwiegen.
Mit meinen Schätzen
zahltest du Schulden;
mein Ring lohnte
der Riesen Müh',
5335 die deine Burg dir gebaut;
was mit den trotzigen
einst du vertragen,
dess' Runen wahrt noch heut'
deines Speeres herrischer Schaft.
5340 Nicht du darfst,
was als Zoll du gezahlt,
den Riesen wieder entreißen:
du selbst zerspelltest
deines Speeres Schaft;
5345 in deiner Hand
der herrische Stab,
der starke zerstiebte wie Spreu.

WANDERER
Durch Vertrages Treue-Runen
band er dich
5350 Bösen mir nicht:
dich beugt er mir durch seine Kraft:
zum Krieg drum wahr' ich ihn wohl.

ALBERICH
Wie stolz du dräust
in trotziger Stärke,
5355 und wie dir's im Busen doch bangt! –
Verfallen dem Tod
durch meinen Fluch
ist des Hortes Hüter: –
wer – wird ihn beerben?
5360 wird der neidliche Hort
dem Niblungen wieder gehören?
Das sehrt dich mit ew'ger Sorge!

Denn fass' ich ihn wieder
einst in der Faust,
5365 anders als dumme Riesen
üb' ich des Ringes Kraft:
dann zitt're der Helden
heiliger Hüter!
Walhalls Höhen
5370 stürm' ich mit Hellas Heer:
der Welt walte dann ich!

WANDERER
Deinen Sinn kenn' ich;
doch sorgt er mich nicht:
des Ringes waltet,
5375 wer ihn gewinnt.

ALBERICH
Wie dunkel sprichst du,
was ich deutlich doch weiß!
An Heldensöhne
hält sich dein Trotz,
5380 die traut deinem Blute entblüht.
Pflegtest du wohl eines Knaben,
der klug die Frucht dir pflücke,
die du – nicht brechen darfst!

WANDERER
Mit mir nicht,
5385 hadre mit Mime:
dein Bruder bringt dir Gefahr;
einen Knaben führt er daher,
der Fafner ihm fällen soll.
Nichts weiß der von mir;
5390 der Niblung nützt ihn für sich.
Drum sag' ich dir, Gesell:
tue frei wie dir's frommt!
Höre mich wohl,
sei auf der Hut:
5395 nicht kennt der Knabe den Ring,
doch Mime kundet' ihn aus.

ALBERICH
Deine Hand hieltest du vom Hort?

WANDERER
Wen ich liebe,
lass' ich für sich gewähren;
5400 er steh' oder fall',
sein Herr ist er:
Helden nur können mir frommen.

ALBERICH
Mit Mime räng' ich
allein um den Ring?

WANDERER
5405 Außer dir begehrt er
einzig das Gold.

ALBERICH
Und dennoch gewänn' ich ihn nicht?

WANDERER
Ein Helde naht
den Hort zu befrei'n;
5410 zwei Niblungen geizen das Gold:
Fafner fällt,
der den Ring bewacht: –
wer ihn rafft, hat ihn gewonnen. –
Willst du noch mehr?
5415 Dort liegt der Wurm:
warnst du ihn vor dem Tod,
willig wohl ließ er den Tand.
Ich selber weck' ihn dir auf. –
Er wendet sich nach hinten
Fafner! Fafner!
5420 Erwache, Wurm!

ALBERICH
in gespanntem Erstaunen, für sich
Was beginnt der Wilde?
gönnt er mir's wirklich?
Aus der finsteren Tiefe des Hintergrundes hört man

FAFNERS STIMME
Wer stört mir den Schlaf?

WANDERER
Gekommen ist einer,
5425 Not dir zu künden:
er lohnt dir's mit dem Leben,
lohnst du das Leben ihm
mit dem Horte, den du hütest.

FAFNER
Was will er?

ALBERICH
5430 Wache, Fafner!
Wache, du Wurm!
Ein starker Helde naht,
dich heil'gen will er bestehn.

FAFNER
Mich hungert sein'.

WANDERER
5435 Kühn ist des Kindes Kraft,
scharf schneidet sein Schwert.

ALBERICH
Den goldnen Reif
geizt er allein:
laß mir den Ring zum Lohn,
5440 so wend' ich den Streit;
du wahrest den Hort,
und ruhig lebst du lang.

FAFNER
gähnt
Ich lieg' und besitz': –
laßt mich schlafen!

WANDERER
lacht laut
5445 Nun, Alberich, das schlug fehl!
Doch schilt mich nicht mehr Schelm!
Dies eine rat' ich,
achte noch wohl:
Alles ist nach seiner Art;

5450 an ihr wirst du nichts ändern. –
Ich lass' dir die Stätte:
stelle dich fest!
Versuch's mit Mime, dem Bruder:
der Art ja versiehst du dich besser.
5455 Was anders ist,
das lerne nun auch!

Er verschwindet im Walde. Sturmwind erhebt sich und verliert sich schnell wieder

ALBERICH
nachdem er ihm lange grimmig nachgesehen
Da reitet er hin
auf lichtem Roß:
mich läßt er in Sorg' und Spott!
5460 Doch lacht nur zu,
ihr leichtsinniges,
lustgieriges
Göttergelichter:
euch seh' ich
5465 noch alle vergehn!
So lang das Gold
am Lichte glänzt,
hält ein Wissender Wacht: –
trügen wird euch sein Trotz.

Morgendämmerung. ALBERICH *verbirgt sich zur Seite im Geklüft.*

ZWEITE SZENE

MIME *und* SIEGFRIED *treten bei anbrechendem Tage auf.* SIEGFRIED *trägt das Schwert an einem Gehenke.* MIME *erspäht genau die Stätte, forscht endlich dem Hintergrunde zu, der – während die Anhöhe im mittleren Vordergrunde später immer heller von der Sonne beleuchtet wird – in finstern Schatten gehüllt bleibt, und bedeutet dann* SIEGFRIED

MIME
5470 Wir sind zur Stelle:
bleib' hier stehn!

SIEGFRIED
setzt sich unter eine große Linde
Hier soll ich das Fürchten lernen? –
Fern hast du mich geleitet;
eine volle Nacht im Walde
5475 selbander wanderten wir:
nun sollst du, Mime,
mich meiden!
Lern' ich hier nicht,
was ich lernen muß,
5480 allein zieh' ich dann weiter:
dich endlich werd' ich da los!

MIME
setzt sich ihm gegenüber, so daß er die Höhle immer noch im Auge behält
Glaube, Liebster,
lernst du heut'
und hier das Fürchten nicht:
5485 an andrem Ort
zu andrer Zeit
schwerlich erfährst du's je. –
Siehst du dort
den dunklen Höhlenschlund?
5490 Darin wohnt
ein gräulich wilder Wurm:
unmaßen grimmig
ist er und groß;
ein schrecklicher Rachen
5495 reißt sich ihm auf;
mit Haut und Haar
auf einen Happ
verschlingt der Schlimme dich wohl.

SIEGFRIED
Gut ist's, den Schlund ihm zu schließen;
5500 drum biet' ich mich nicht dem Gebiß.

MIME
Giftig gießt sich
ein Geifer ihm aus:
wen mit des Speichels
Schweiß er bespeit,
5505 dem schwinden wohl Fleisch und Gebein.

SIEGFRIED
Daß des Geifers Gift mich nicht sehre,
weich' ich zur Seite dem Wurm.

MIME
Ein Schlangenschweif
schlägt sich ihm auf:
5510 wen er damit umschlingt
und fest umschließt,
dem brechen die Glieder wie Glas.

SIEGFRIED
Vor des Schweifes Schwang mich zu wahren,
halt ich den Argen im Aug'. –
5515 Doch heiße mich das:
hat der Wurm ein Herz?

MIME
Ein grimmiges, hartes Herz!

SIEGFRIED
Das sitzt ihm doch,
wo es jedem schlägt,
5520 trag' es Mann oder Tier?

MIME
Gewiß, Knabe,
da führt's auch der Wurm;
jetzt kommt dir das Fürchten wohl an?

SIEGFRIED
Nothung stoß' ich
5525 dem Stolzen ins Herz!
Soll das etwa Fürchten heißen?
He, du Alter!
Ist das alles,
was deine List
5530 mich lehren kann?
Fahr' deines Weges dann weiter;
das Fürchten lern' ich hier nicht.

MIME

Wart' es nur ab!
Was ich dir sage,
5535 dünke dich tauber Schall:
ihn selber mußt du
hören und sehn,
die Sinne vergehn dir dann schon!
Wenn dein Blick verschwimmt,
5540 der Boden dir schwankt,
im Busen bang
dein Herz erbebt: –
dann dankst du mir, der dich führte,
gedenkst, wie Mime dich liebt.

SIEGFRIED
springt unwillig auf

5545 Du sollst mich nicht lieben!
Sagt' ich dir's nicht?
Fort aus den Augen mir.
Laß mich allein:
sonst halt' ich's hier länger nicht aus,
5550 fängst du von Liebe gar an!
Das eklige Nicken
und Augenzwicken,
wann endlich soll ich's
nicht mehr sehn,
5555 wann werd' ich den Albernen los?

MIME

Ich lass' dich schon:
am Quell dort lagr' ich mich;
steh' du nur hier;
steigt dann die Sonne zur Höh',
5560 merk auf den Wurm;
aus der Höhle wälzt er sich her:
hier vorbei
biegt er dann,
am Brunnen sich zu tränken.

SIEGFRIED
lachend

5565 Mime, weilst du am Quell,
dahin lass' ich den Wurm wohl gehn:
Nothung stoß' ich
ihm erst in die Nieren,
wenn er dich selbst dort
5570 mit weggesoffen!
Darum, hör' meinen Rat,
raste nicht dort am Quell:
kehre dich weg,
so weit du kannst,
5575 und komm nie mehr zu mir!

MIME

Nach freislichem Streit
dich zu erfrischen,
wirst du mir wohl nicht wehren?
Rufe mich auch,
5580 darbst du des Rates –
oder wenn dir das Fürchten gefällt.

SIEGFRIED weist ihn mit einer heftigen Gebärde fort.

MIME
im Abgehen, für sich

Fafner und Siegfried –
Siegfried und Fafner –
oh, brächten beide sich um!

Er geht in den Wald zurück.

SIEGFRIED
allein
Er setzt sich wieder unter die große Linde

5585 Daß der mein Vater nicht ist,
wie fühl' ich mich drob so froh!
Nun erst gefällt mir
der frische Wald;
nun erst lacht mir
5590 der lustige Tag,
da der Garstige von mir schied,
und ich gar nicht ihn wiederseh'!

Sinnendes Schweigen

Wie sah mein Vater wohl aus? –
Ha! – Gewiß, wie ich selbst:
5595 denn wär' wo von Mime ein Sohn,
müßt' er nicht ganz
Mime gleichen?
Grade so garstig,
griesig und grau,
5600 klein und krumm,
höckrig und hinkend,
mit hängenden Ohren,
triefigen Augen – –
fort mit dem Alp!
5605 Ich mag ihn nicht mehr sehn.

Er lehnt sich zurück und blickt durch den Baumwipfel auf. Langes Schweigen. – Waldweben

Aber – wie sah
meine Mutter wohl aus?
Das – kann ich
nun gar nicht mir denken! –
5610 Der Rehhindin gleich
glänzten gewiß
ihr hell schimmernde Augen, –
nur noch viel schöner! – –
Da bang sie mich geboren,
5615 warum aber starb sie da?
Sterben die Menschenmütter
an ihren Söhnen
alle dahin?
Traurig wäre das, traun! – –
5620 Ach, möcht' ich Sohn
meine Mutter sehn! – –
Meine – Mutter! –
ein Menschenweib! –

Er seufzt und streckt sich tiefer zurück. Langes Schweigen. Der Vogelsang fesselt endlich seine Aufmerksamkeit. Er lauscht einem schönen Vogel über ihm

Du holdes Vöglein!
5625 Dich hört' ich noch nie:
bist du im Wald hier daheim? –
Verstünd' ich sein süßes Stammeln!
Gewiß sagt' es mir 'was, –
vielleicht – von der lieben Mutter? –
5630 Ein zankender Zwerg

hat mir erzählt,
der Vöglein Stammeln
gut zu verstehn,
dazu könnte man kommen:
5635 wie das wohl möglich wär'?

Er sinnt nach. Sein Blick fällt auf ein Rohrgebüsch unweit der Linde

Hei! Ich versuch's,
sing ihm nach:
auf dem Rohr tön' ich ihm ähnlich!
Entrat' ich der Worte,
5640 achte der Weise,
sing' ich so seine Sprache,
versteh' ich wohl auch, was es spricht.

Er hat sich mit dem Schwerte ein Rohr abgeschnitten und schnitzt sich eine Pfeife draus

Es schweigt und lauscht: –
so schwatz' ich denn los!

Er versucht auf der Pfeife die Weise des Vogels nachzuahmen; es glückt ihm nicht, verdrießlich schüttelt er oft den Kopf: endlich setzt er ganz ab

5645 Das tönt nicht recht;
auf dem Rohre taugt
die wonnige Weise mir nicht. –
Vöglein, mich dünkt,
ich bleibe dumm:
5650 von dir lernt sich's nicht leicht!
Nun schäm' ich mich gar
vor dem schelmischen Lauscher:
er lugt, und kann nichts erlauschen. –
Heida! So höre
5655 nun auf mein Horn.
Auf dem dummen Rohre
gerät mir nichts. –
Einer Waldweise,
wie ich sie kann,
5660 der lustigen sollst du nun lauschen.
Nach lieben Gesellen
lockt' ich mit ihr:
nichts Beßres kam noch
als Wolf und Bär.
5665 Nun laß mich sehn,
wen jetzt sie mir lockt:
ob das mir ein lieber Gesell?

Er hat die Pfeife fortgeworfen und bläst nun auf seinem kleinen silbernen Horne eine lustige Weise. Im Hintergrunde regt es sich. FAFNER, *in der Gestalt eines ungeheuren eidechsenartigen Schlangenwurmes, hat sich in der Höhle von seinem Lager erhoben; er bricht durch das Gesträuch und wälzt sich aus der Tiefe nach der höheren Stelle vor, so daß er mit dem Vorderleibe bereits auf ihr angelangt ist. Er stößt jetzt einen starken gähnenden Laut aus.*

SIEGFRIED
wendet sich um, gewährt FAFNER, *blickt ihn verwundert an und lacht*

Da hätte mein Lied
mir was Liebes erblasen!
5670 du wärst mir ein saubrer Gesell!

FAFNER
hat bei SIEGFRIEDS *Anblick angehalten*

Was ist da?

SIEGFRIED
Ei, bist du ein Tier,
das zum Sprechen taugt,
wohl ließ' sich von dir 'was lernen?
5675 Hier kennt einer
das Fürchten nicht:
kann er's von dir erfahren?

FAFNER
Hast du Übermut?

SIEGFRIED
Mut oder Übermut –
5680 was weiß ich!
Doch dir fahr' ich zu Leibe,
lehrst du das Fürchten mich nicht!

FAFNER
lacht

Trinken wollt' ich:
nun treff' ich auch Fraß!

Er öffnet seinen Rachen und zeigt die Zähne.

SIEGFRIED
5685 Eine zierliche Fresse
zeigst du mir da:
lachende Zähne
im Leckermaul!
Gut wär' es, den Schlund dir zu schließen;
5690 dein Rachen reckt sich zu weit!

FAFNER
Zu tauben Reden
taugt er schlecht:
dich zu verschlingen,
frommt der Schlund.

Er droht mit dem Schweife.

SIEGFRIED
5695 Hoho! Du grausam
grimmiger Kerl,
von dir verdaut sein,
dünkt mich übel:
rätlich und fromm doch scheint's,
5700 du verrecktest hier ohne Frist.

FAFNER
brüllt

Pruh! Komm,
prahlendes Kind!

SIEGFRIED
faßt das Schwert

Hab' Acht, Brüller,
der Prahler naht!

Er stellt sich FAFNER *entgegen: dieser hebt sich weiter vor auf die Bodenerhöhung und sprüht aus seinen Nüstern nach ihm.* SIEGFRIED *springt zur Seite.* FAFNER *schwingt den Schweif nach vorn, um* SIEGFRIED *zu fassen: dieser weicht ihm aus, indem er mit einem Satze über den Rücken des Wurmes hinwegspringt; als der Schweif sich auch hierhin ihm schnell nachwendet und ihn fast schon packt, verwundet* SIEGFRIED *diesen mit dem Schwerte.* FAFNER *zieht den Schweif hastig zurück, brüllt und bäumt seinen Vorderleib, um mit dessen voller Wucht zur Seite sich auf* SIEGFRIED *zu werfen: so bietet er diesem die Brust;* SIEGFRIED *erspäht schnell die Stelle des Herzens und* stößt sein Schwert bis an das Heft hinein. FAFNER bäumt sich vor Schmerz noch höher und sinkt, als SIEGFRIED das Schwert losgelassen und zur Seite gesprungen ist, auf die Wunde zusammen.

SIEGFRIED
5705 Da lieg', neidischer Kerl!
Nothung trägst du im Herzen.

FAFNER
mit schwächerer Stimme
Wer bist du, kühner Knabe,
der das Herz mir traf?
Wer reizte des Kindes Mut
5710 zu der mordlichen Tat?
Dein Hirn brütete nicht,
was du vollbracht.

SIEGFRIED
Viel weiß ich noch nicht,
noch nicht auch, wer ich bin.
5715 Mit dir mordlich zu ringen,
reiztest du selbst meinen Mut.

FAFNER
Du helläugiger Knabe,
unkund deiner selbst:
wen du gemordet,
5720 meld' ich dir.
Der Riesen ragend Geschlecht,
Fasolt und Fafner,
die Brüder, fielen nun beide.
Um verfluchtes Gold,
5725 von Göttern vergabt,
traf ich Fasolt zu Tod.
Der nun als Wurm
den Hort bewachte,
Fafner, den letzten Riesen,
5730 fällte ein rosiger Held. –
Blicke nun hell,
blühender Knabe:
der dich Blinden reizte zur Tat,
berät nun des Blühenden Tod.
Ersterbend
5735 Merk', wie's endet: –
acht' auf mich!

SIEGFRIED
Woher ich stamme,
rate mir noch;
weise ja scheinst du
5740 Wilder im Sterben;
rat' es nach meinem Namen:
Siegfried bin ich genannt.

FAFNER
Siegfried...!
Er seufzt, hebt sich und stirbt.

SIEGFRIED
Zur Kunde taugt kein Toter. –
5745 So leite mich denn
mein lebendes Schwert!

FAFNER hat sich im Sterben zur Seite gewälzt. SIEGFRIED zieht das Schwert aus seiner Brust: dabei wird seine Hand vom Blute benetzt: er fährt heftig mit der Hand auf
Wie Feuer brennt das Blut!
Er führt unwillkürlich die Finger zum Munde, um das Blut von ihnen abzusaugen. Wie er sinnend vor sich hinblickt, wird plötzlich seine Aufmerksamkeit von dem Gesange der Waldvögel angezogen. Er lauscht mit verhaltenem Atem –
Ist mir doch fast –
als sprächen die Vöglein zu mir.
5750 Nützte mir das
des Blutes Genuß? –
Das seltne Vöglein hier –
horch, was singt es mir?

STIMME EINES WALDVOGELS
in der Linde
Hei! Siegfried gehört
5755 nun der Niblungen Hort:
oh, fänd' in der Höhle
den Hort er jetzt!
Wollt' er den Tarnhelm gewinnen,
der taugt ihm zu wonniger Tat:
5760 doch möcht' er den Ring sich erraten,
der macht ihn zum Walter der Welt!

SIEGFRIED
Dank, liebes Vöglein,
für deinen Rat:
gern folg' ich dem Ruf.
Er geht und steigt in die Höhle hinab, wo er alsbald gänzlich verschwindet.

DRITTE SZENE

MIME schleicht heran, scheu umherblickend, um sich von Fafners Tod zu überzeugen. – Gleichzeitig kommt von der anderen Seite ALBERICH aus dem Geklüft hervor: er beobachtet MIME genau. Als dieser SIEGFRIED nicht mehr gewahrt, und vorsichtig sich nach hinten der Höhle zuwendet, stürzt ALBERICH auf ihn zu, und vertritt ihm den Weg.

ALBERICH
5765 Wohin schleichst du
eilig und schlau,
schlimmer Gesell?

MIME
Verfluchter Bruder,
dich braucht' ich hier!
5770 Was bringt dich her?

ALBERICH
Geizt es dich Schelm
nach meinem Gold?
Verlangst du mein Gut?

MIME
Fort von der Stelle!
5775 Die Stätte ist mein:
was stöberst du hier?

ALBERICH
Stör' ich dich wohl
im stillen Geschäft,
wenn du hier stiehlst?

MIME
5780 Was ich erschwang
mit schwerer Müh',
soll mir nicht schwinden.

ALBERICH
Hast du dem Rhein
das Gold zum Ringe geraubt?
5785 Erzeugtest du gar
den zähen Zauber im Reif?

MIME
Wer schuf den Tarnhelm,
der die Gestalten tauscht?
Der sein' bedurfte,
5790 erdachtest du ihn wohl?

ALBERICH
Was hättest du Stümper
je wohl zu stampfen verstanden?
Der Zauberring
zwang mit den Zwerg erst zur Kunst.

MIME
5795 Wo hast du den Ring?
Dir Zagem entrissen ihn Riesen!
Was du verlorst,
meine List erlangt' es für mich.

ALBERICH
Mit des Knaben Tat
5800 will der Knicker nun knausern?
Dir gehört sie gar nicht,
der Helle ist selbst ihr Herr!

MIME
Ich zog ihn auf;
für die Zucht zahlt er mir nun:
5805 für Müh' und Last
erlauert' ich lang meinen Lohn!

ALBERICH
Für des Knaben Zucht
will der knickrige
schäbige Knecht
5810 keck und kühn
wohl gar König nun sein?
Dem räudigsten Hund
wäre der Ring
geratner als dir:
5815 nimmer erringst
du Rüpel den Herrscherreif!

MIME
Behalt' ihn denn
und hüt' ihn wohl
den hellen Reif!
5820 Sei du Herr:
doch mich heiße auch Bruder!
Um meines Tarnhelms

lustigen Tand
tausch' ich ihn dir:
5825 uns beiden taugt's,
teilen die Beute wir so.

ALBERICH
höhnisch lachend
Teilen mit dir?
Und den Tarnhelm gar?
Wie schlau du bist!
5830 Sicher schlief' ich
niemals vor deinen Schlingen!

MIME
außer sich
Selbst nicht tauschen?
Auch nicht teilen?
Leer soll ich gehn?
5835 Ganz ohne Lohn?
Gar nichts willst du mir lassen?

ALBERICH
Nichts von allem
nicht einen Nagel
sollst du dir nehmen!

MIME
wütend
5840 Weder Ring noch Tarnhelm
soll dir denn taugen!
Nicht teil' ich nun mehr.
Gegen dich doch ruf' ich
Siegfried zu Rat
5845 und des Recken Schwert:
der rasche Held,
der richte, Brüderchen, dich!

ALBERICH
Kehre dich um: –
aus der Höhle kommt er daher –

MIME
5850 Kindischen Tand
erkor er gewiß. –

ALBERICH
Den Tarnhelm hält er! –

MIME
Doch auch den Ring! –

ALBERICH
Verflucht! – Den Ring! –

MIME
lacht hämisch
5855 Laß ihn den Ring dir doch geben! –
Ich will ihn mir schon gewinnen. –
Er schlüpft in den Wald zurück.

ALBERICH
Und doch seinem Herrn
soll er allein noch gehören!
Er verschwindet im Geklüft.

SIEGFRIED ist, mit Tarnhelm und Ring, während des Letzten langsam und sinnend aus der Höhle vorgeschritten: er betrachtet gedankenvoll seine Beute und hält, nahe dem Baume, auf der Höhe wieder an. – Große Stille.

SIEGFRIED

Was ihr mir nützt,
5860 weiß ich nicht:
doch nahm ich euch
aus des Horts gehäuftem Gold,
weil guter Rat mir es riet.
So taug' eure Zier
5865 als des Tages Zeuge:
mich mahne der Tand,
daß ich kämpfend Fafner erlegt,
doch das Fürchten noch nicht gelernt!

Er steckt den Tarnhelm sich in den Gürtel und den Reif an den Finger. – Stillschweigen. Wachsendes Waldweben. – SIEGFRIED achtet unwillkürlich wieder des Vogels und lauscht ihm mit verhaltenem Atem.

STIMME DES WALDVOGELS
in der Linde

Hei! Siegfried gehört
5870 nun der Helm und der Ring!
Oh, traute er Mime
dem Treulosen nicht!
Hörte Siegfried nur scharf
auf des Schelmen Heuchlergered':
5875 wie sein Herz es meint,
kann er Mime verstehn;
so nützt ihm des Blutes Genuß.

SIEGFRIEDS Miene und Gebärde drücken aus, daß er alles wohl vernommen. Er sieht MIME sich nähern und bleibt, ohne sich zu rühren, auf sein Schwert gestützt, beobachtend und in sich geschlossen, in seiner Stellung auf der Anhöhe bis zum Schlusse des folgenden Auftrittes.

MIME
langsam auftretend

Er sinnt und erwägt
der Beute Wert: –
5880 weilte wohl hier
ein weiser Wand'rer,
schweifte umher,
beschwatzte das Kind
mit list'ger Runen Rat?
5885 Zwiefach schlau
sei nun der Zwerg:
die listigste Schlinge
leg' ich jetzt aus,
daß ich mit traulichem
5890 Trug-Gerede
betöre das trotzige Kind!

Er tritt näher an SIEGFRIED heran

Willkommen, Siegfried!
Sag', du Kühner,
hast du das Fürchten gelernt?

SIEGFRIED
5895 Den Lehrer fand ich noch nicht.

MIME

Doch den Schlangenwurm,
du hast ihn erschlagen?
Das war doch ein schlimmer Gesell?

SIEGFRIED

So grimm und tückisch er war,
5900 sein Tod grämt mich doch schier,
da viel üblere Schächer
unerschlagen noch leben.
Der mich ihn morden hieß,
den hass' ich mehr als den Wurm.

MIME

5905 Nur sachte! Nicht lange
siehst du mich mehr:
zum ew'gen Schlaf
schließ' ich dir die Augen bald!
Wozu ich dich brauchte,
5910 hast du vollbracht;
jetzt will ich nur noch
die Beute dir abgewinnen: –
mich dünkt, das soll mir gelingen;
zu betören bist du ja leicht!

SIEGFRIED

5915 So sinnst du auf meinen Schaden?

MIME

Wie, sagt' ich denn das?
Siegfried, hör' doch, mein Söhnchen!
Dich und deine Art
haßt' ich immer von Herzen;
5920 aus Liebe erzog ich
dich Lästigen nicht:
dem Horte in Fafners Hut,
dem Golde galt meine Müh'.
Gibst du mir das
5925 gutwillig nun nicht:
Siegfried, mein Sohn,
das siehst du wohl selbst –
dein Leben mußt du mir lassen!

SIEGFRIED

Daß du mich hassest,
5930 hör' ich gern:
doch auch mein Leben muß ich dir lassen?

MIME

Das sagt' ich doch nicht?
Du verstehst mich ja falsch!

Er gibt sich die ersichtlichste Mühe zur Verstellung

Sieh', du bist müde
5935 von harter Müh';
brünstig wohl brennt dir der Leib:
dich zu erquicken
mit queckem Trank,
säumt' ich Sorgender nicht.
5940 Als dein Schwert du dir branntest,
braut' ich den Sud:
trinkst du nun den,
gewinn' ich dein trautes Schwert,
und mit ihm Helm und Hort.

Er kichert dazu.

SIEGFRIED

5945 So willst du mein Schwert
und was ich erschwungen,
Ring und Beute mir rauben?

MIME

Was du doch falsch mich verstehst!
Stamml' ich, fasl' ich wohl gar?
5950 Die größte Mühe
geb' ich mir doch,
mein heimliches Sinnen
heuchelnd zu bergen,
und du dummer Bube
5955 deutest alles doch falsch!
Öffne die Ohren
und vernimm genau:
höre, was Mime meint! –
Hier nimm und trinke die Labung!
5960 mein Trank labte dich oft:
tatst du wohl unwirsch,
stelltest dich arg:
was ich dir bot –
erbost auch – nahmst du's doch immer.

SIEGFRIED
ohne eine Miene zu verziehen
5965 Einen guten Trank
hätt' ich gern:
wie hast du diesen gebraut?

MIME

Hei! So trink' nur:
trau meiner Kunst!
5970 In Nacht und Nebel
sinken die Sinne dir bald;
ohne Wach' und Wissen
stracks streckst du die Glieder.
Liegst du nun da,
5975 leicht könnt' ich
die Beute nehmen und bergen:
doch erwachtest du je,
nirgends wär' ich
sicher vor dir,
5980 hätt' ich selbst auch den Ring.
Drum mit dem Schwert,
das so scharf du schufst,
hau' ich dem Kind
den Kopf erst ab:
5985 dann hab' ich mir Ruh' und auch den Ring!
Er kichert wieder.

SIEGFRIED

Im Schlafe willst du mich morden?

MIME

Was möcht' ich? Sagt' ich denn das? –
Ich will dem Kind
nur den Kopf abhau'n!
5990 Denn haßte ich dich
auch nicht so sehr
und hätt' ich des Schimpfs
und der schändlichen Mühe
auch nicht so viel zu rächen:

5995 aus dem Wege dich zu räumen,
darf ich doch nicht rasten,
wie käm' ich sonst anders zur Beute,
da Alberich auch nach ihr lugt? – –
Nun, mein Wälsung!
6000 Wolfssohn du!
Sauf' und würg' dich zu Tod:
nie tust du mehr 'nen Schluck!
Er hat sich nahe an SIEGFRIED *herangemacht und reicht ihm jetzt mit widerlicher Zudringlichkeit ein Trinkhorn, in das er zuvor aus einem Gefäß das Getränk gegossen.*

SIEGFRIED
hat bereits das Schwert gefaßt und streckt jetzt, wie in einer Anwandlung heftigen Ekels, MIME *mit einem Streiche tot zu Boden. Man hört* ALBERICH *aus dem Geklüft heraus ein höhnisches Gelächter aufschlagen*

Schmeck' du mein Schwert,
ekliger Schwätzer!
6005 Neides-Zoll
zahlt Nothung:
dazu durft' ich ihn schmieden.
Er packt MIMES *Leichnam auf, schleppt ihn nach der Höhle und wirft ihn dort hinein*
In der Höhle hier
lieg' auf dem Hort!
6010 Mit zäher List
erzieltest du ihn:
jetzt magst du des wonnigen walten!
Einen guten Wächter
geb' ich dir auch,
6015 daß er vor Dieben dich deckt.
Er wälzt die Leiche des Wurmes vor den Eingang der Höhle, so daß er diesen ganz damit verstopft
Da lieg' auch du,
dunkler Wurm!
Den gleißenden Hort
hüte zugleich
6020 mit dem beuterührigen Feind:
so fandet beide ihr nun Ruh'!
Er kommt nach der Arbeit wieder vor. – Es ist Mittag
Heiß ward mir
von der harten Last! –
Brausend jagt
6025 mein brünst'ges Blut;
die Hand brennt mir am Haupt. – –
Hoch steht schon die Sonne:
aus lichtem Blau
blickt ihr Aug'
6030 auf den Scheitel steil mir herab. –
Linde Kühlung
erkies' ich unter der Linde!
Er streckt sich wieder unter der Linde aus. – Große Stille. Waldweben. Nach einem längeren Schweigen
Noch einmal, liebes Vöglein,
da wir so lang
6035 lästig gestört, –
lausch' ich gerne deinem Sange:
auf dem Zweige seh' ich
wohlig dich wiegen;
zwitschernd umschwirren
6040 dich Brüder und Schwestern,

umschweben dich lustig und lieb!
Doch ich – bin so allein,
hab' nicht Bruder noch Schwester:
meine Mutter schwand,
6045 mein Vater fiel:
nie sah sie der Sohn! –
Mein einz'ger Gesell
war ein garstiger Zwerg;
Güte zwang
6050 uns nie zu Liebe;
listige Schlingen
warf mir der Schlaue: –
nun mußt' ich ihn gar erschlagen! –
Freundliches Vöglein,
6055 dich frage ich nun:
gönntest du mir
wohl ein gut Gesell?
Willst du mir das Rechte raten?
Ich lockte so oft,
6060 und erlost' es mir nie:
du, mein Trauter,
träfst es wohl besser!
So recht ja rietest du schon:
nun sing'! Ich lausche dem Gesang.

Schweigen; dann:

STIMME DES WALDVOGELS
6065 Hei! Siegfried erschlug
nun den schlimmen Zwerg!
Jetzt wüßt' ich ihm noch
das herrlichste Weib:
auf hohem Felsen sie schläft,
6070 Feuer umbrennt ihren Saal:
durchschritt' er die Brunst,
weckt' er die Braut,
Brünnhilde wäre dann sein!

SIEGFRIED
fährt mit jäher Heftigkeit vom Sitze auf

O holder Sang!
6075 Süßester Hauch!
Wie brennt sein Sinn
mir sehrend die Brust!
Wie zückt er heftig
zündend mein Herz!
6080 Was jagt mir so jach
durch Herz und Sinne!
Sing' es mir, süßer Freund!

STIMME DES WALDVOGELS
Lustig im Leid
sing' ich von Liebe;
6085 wonnig aus Weh'
web' ich mein Lied:
nur Sehnende kennen den Sinn!

SIEGFRIED
Fort jagt mich's
jauchzend von hinnen,
6090 fort aus dem Wald auf den Fels! –
Noch einmal sage mir,
holder Sänger:
werd' ich das Feuer durchbrechen?
Kann ich erwecken die Braut?

STIMME DES WALDVOGELS
6095 Die Braut gewinnt,
Brünnhild' erweckt
ein Feiger nie:
nur wer das Fürchten nicht kennt!

SIEGFRIED
(lacht auf vor Entzücken)

Der dumme Knab',
6100 der das Fürchten nicht kennt,
mein Vöglein, der bin ja ich!
Noch heute gab ich
vergebens mir Müh',
das Fürchten von Fafner zu lernen.
6105 Nun brenn' ich vor Lust,
es von Brünnhild' zu wissen:
wie find' ich zum Felsen den Weg?

Der Vogel flattert auf, schwebt über SIEGFRIED *und fliegt davon.*

SIEGFRIED
jauchzend

So wird mir der Weg gewiesen!
Wohin du flatterst,
6110 folg' ich dir nach!

Er eilt dem Vogel nach. – Der Vorhang fällt.

DRITTER AUFZUG

Wilde Gegend
am Fuße eines Felsenberges, der nach links hin steil aufsteigt. –

ERSTE SZENE

Nacht, Sturm und Wetter, Blitz und Donner. Vor einem gruftähnlichen Höhlentore im Felsen steht der

WANDERER
Wache, Wala!
Wala! Erwach'!
Aus langem Schlaf
weck' ich dich schlummernde wach.
6115 Ich rufe dich auf:
Herauf! Herauf!
Aus nebliger Gruft,
aus nächtigem Grunde herauf!
Erda! Erda!
6120 Ewiges Weib!
Aus heimischer Tiefe
tauche zur Höh'!
Dein Wecklied sing' ich,
daß du erwachest;
6125 aus sinnendem Schlafe
weck' ich dich auf.
Allwissende!

Urweltweise!
Erda! Erda!
6130 Ewiges Weib!
Wache, erwache, du Wala! Erwache!

Die Höhlengruft hat zu erdämmern begonnen: in bläulichem Lichtscheine steigt ERDA *aus der Tiefe. Sie erscheint wie von Reif bedeckt; Haar und Gewand werfen einen glitzernden Schimmer von sich.*

ERDA

Stark ruft das Lied;
kräftig reizt der Zauber;
ich bin erwacht
6135 aus wissendem Schlaf:
wer scheucht den Schlummer mir?

WANDERER

Der Weckrufer bin ich,
und Weisen üb' ich,
daß weithin wache,
6140 was fester Schlaf verschließt.
Die Welt durchzog ich,
wanderte viel,
Kunde zu werben,
urweisen Rat zu gewinnen.
6145 Kundiger gibt es
keine als dich:
bekannt ist dir,
was die Tiefe birgt,
was Berg und Tal,
6150 Luft und Wasser durchwebt.
Wo Wesen sind,
wehet dein Atem:
wo Hirne sinnen,
haftet dein Sinn:
6155 alles, sagt man,
sei dir bekannt.
Daß ich nun Kunde gewänne,
weckt' ich dich aus dem Schlaf.

ERDA

Mein Schlaf ist Träumen,
6160 mein Träumen Sinnen,
mein Sinnen Walten des Wissens.
Doch wenn ich schlafe,
wachen Nornen:
sie weben das Seil,
6165 und spinnen fromm, was ich weiß: –
was frägst du nicht die Nornen?

WANDERER

Im Zwange der Welt
weben die Nornen:
sie können nichts wenden noch wandeln;
6170 doch deiner Weisheit
dankt' ich den Rat wohl,
wie zu hemmen ein rollendes Rad?

ERDA

Männertaten
umdämmern mir den Mut:
6175 mich Wissende selbst
bezwang ein Waltender einst.
Ein Wunschmädchen
gebar ich Wotan:
der Helden Wal
6180 hieß für sich er sie küren.
Kühn ist sie
und weise auch:
was weckst du mich,
und frägst um Kunde
6185 nicht Erdas und Wotans Kind?

WANDERER

Die Walküre meinst du,
Brünnhild', die Maid?
Sie trotzte dem Stürmebezwinger,
wo er am stärksten selbst sich bezwang:
6190 was den Lenker der Schlacht
zu tun verlangte,
doch dem er wehrte –
– zuwider sich selbst –:
allzu vertraut
6195 wagte die trotzige
das für sich zu vollbringen,
Brünnhild' in brennender Schlacht.
Streitvater
strafte die Maid;
6200 in ihr Auge drückte er Schlaf;
auf dem Felsen schläft sie fest:
erwachen wird
die Weihliche nur,
um einen Mann zu minnen als Weib.
6205 Frommten mir Fragen an sie?

ERDA

ist in Sinnen versunken und beginnt erst nach längerem Schweigen:

Wirr wird mir,
seit ich erwacht:
wild und kraus
kreist die Welt!
6210 Die Walküre,
der Wala Kind,
büßt' in Banden des Schlafs,
als die wissende Mutter schlief?
Der den Trotz lehrte,
6215 straft den Trotz?
Der die Tat entzündet,
zürnt um die Tat?
Der die Rechte wahrt,
der die Eide hütet,
6220 wehret dem Recht,
herrscht durch Meineid? –
Laß mich wieder hinab:
Schlaf verschließe mein Wissen!

WANDERER

Dich Mutter lass' ich nicht ziehn,
6225 da des Zaubers mächtig ich bin. –
Urwissend
stachest du einst
der Sorge Stachel
in Wotans wagendes Herz:
6230 mit Furcht vor schmachvoll
feindlichem Ende
füllt' ihn dein Wissen,

daß Bangen band seinen Mut.
Bist du der Welt
6235 weisestes Weib,
sage mir nun:
wie besiegt die Sorge der Gott?

ERDA

Du bist – nicht,
was du dich nennst!
6240 Was kamst du störrischer Wilder,
zu stören der Wala Schlaf?

WANDERER

Du bist – nicht,
was du dich wähnst!
Urmütter-Weisheit
6245 geht zu Ende:
dein Wissen verweht
vor meinem Willen.
Weißt du, was Wotan – will?
Dir unweisen
6250 ruf' ich in's Ohr
daß sorglos ewig du nun schläfst. –
Um der Götter Ende
grämt mich die Angst nicht,
seit mein Wunsch es – will!
6255 Was in des Zwiespalts wildem Schmerze
verzweifelnd einst ich beschloß,
froh und freudig
führe frei ich nun aus:
weiht' ich in wütendem Ekel
6260 des Niblungen Neid schon die Welt,
dem herrlichsten Wälsung
weis' ich mein Erbe nun an.
Der von mir erkoren,
doch nie mich gekannt,
6265 ein kühnester Knabe,
bar meines Rates,
errang des Niblungen Ring:
liebesfroh,
ledig des Neides,
6270 erlahmt an dem Edlen
Alberichs Fluch;
denn fremd bleibt ihm die Furcht.
Die du mir gebarst,
Brünnhild',
6275 weckt sich hold der Held:
wachend wirkt
dein wissendes Kind
erlösende Weltentat. –
Drum schlafe nun du,
6280 schließe dein Auge;
träumend erschau' mein Ende!
Was jene auch wirken –
dem ewig Jungen
weicht in Wonne der Gott. –
6285 Hinab denn, Erda!
Urmütter-Furcht!
Ur-Sorge!
Hinab! Hinab!
Zu ew'gem Schlaf! –
6290 Dort seh' ich Siegfried nahn. –

ERDA *versinkt. Die Höhle ist wieder ganz finster geworden: an dem Gestein derselben lehnt sich der* WANDERER *an, und erwartet so* SIEGFRIED. –
Monddämmerung erhellt die Bühne etwas. Das Sturmwetter hört ganz auf.

ZWEITE SZENE

SIEGFRIED
von rechts im Vordergrunde auftretend

Mein Vöglein schwebte mir fort; –
mit flatterndem Flug
und süßem Sang
wies es mich wonnig des Wegs:
6295 nun schwand es fern mir davon.
Am besten find' ich
mir selbst nun den Berg:
wohin mein Führer mich wies,
dahin wandr' ich jetzt fort.

Er schreitet weiter nach hinten.

WANDERER
in seiner Stellung an der Höhle verbleibend

6300 Wohin, Knabe,
heißt dich dein Weg?

SIEGFRIED

Da redet's ja:
wohl rät das mir den Weg. –
Einen Felsen such' ich,
6305 von Feuer ist der umwabert:
dort schläft ein Weib,
das ich wecken will.

WANDERER

Wer sagt' es dir,
den Fels zu suchen,
6310 wer, nach der Frau dich zu sehnen?

SIEGFRIED

Mich wies ein singend
Waldvöglein:
das gab mir gute Kunde.

WANDERER

Ein Vöglein schwatzt wohl manches;
6315 kein Mensch doch kann's verstehn:
wie mochtest du Sinn
dem Sang entnehmen?

SIEGFRIED

Das wirkte das Blut
eines wilden Wurms,
6320 der mir vor Neidhöhl' erblaßte:
kaum netzt' es zündend
die Zunge mir,
da verstand ich der Vöglein Gestimm'.

WANDERER

Erschlugst den Riesen du,
6325 wer reizte dich,
den starken Wurm zu bestehn?

SIEGFRIED
Mich führte Mime,
ein falscher Zwerg;
das Fürchten wollt' er mich lehren:
6330 zum Schwertstreich aber,
der ihn erschlug,
reizte der Wurm mich selbst;
seinen Rachen riß er mir auf.

WANDERER
Wer schuf das Schwert
6335 so scharf und hart,
daß der stärkste Feind ihm fiel?

SIEGFRIED
Das schweißt' ich mir selbst,
da's der Schmied nicht konnte:
schwertlos noch wär' ich wohl sonst.

WANDERER
6340 Doch, wer schuf
die starken Stücken,
daraus das Schwert du dir geschweißt?

SIEGFRIED
Was weiß ich davon!
Ich weiß allein,
6345 daß die Stücken nichts mir nützten,
schuf ich das Schwert mir nicht neu.

WANDERER
bricht in ein freudig gemütliches Lachen aus
Das – mein' ich wohl auch!

SIEGFRIED
Was lachst du mich aus?
Alter Frager,
6350 hör' einmal auf:
laß mich nicht länger mehr schwatzen!
Kannst du den Weg
mir weisen, so rede:
vermagst du's nicht,
6355 so halte dein Maul!

WANDERER
Geduld, du Knabe!
Dünk' ich dich alt,
so sollst du Achtung mir bieten.

SIEGFRIED
Das wär' nicht übel!
6360 So lang' ich lebe,
stand mir ein Alter
stets im Wege:
den hab' ich nun fort gefegt.
Stemmst du dort länger
6365 steif dich mir entgegen –
sieh' dich vor, sag' ich,
daß du wie Mime nicht fährst!
Er tritt näher an den Wanderer heran
Wie siehst du denn aus?
Was hast du gar
6370 für 'nen großen Hut?
Warum hängt der dir so ins Gesicht?

WANDERER
Das ist so Wand'rers Weise,
wenn dem Wind entgegen er geht.

SIEGFRIED
Doch darunter fehlt dir ein Auge!
6375 Das schlug dir einer
gewiß schon aus,
dem du zu trotzig
den Weg vertratst?
Mach' dich jetzt fort!
6380 Sonst möchtest du leicht
das andre auch noch verlieren.

WANDERER
Ich seh', mein Sohn,
wo du nichts weißt,
da weißt du dir leicht zu helfen.
6385 Mit dem Auge,
das als andres mir fehlt,
erblickst du selber das eine,
das mir zum Sehen verblieb.

SIEGFRIED
lacht
Zum Lachen bist du mir lustig! –
6390 Doch hör', nun schwatz' ich nicht länger;
geschwind, zeig' mir den Weg,
deines Weges ziehe dann du!
Zu nichts andrem
acht' ich dich nütz':
6395 drum sprich, sonst spreng' ich dich fort!

WANDERER
Kenntest du mich,
kühner Sproß,
den Schimpf – spartest du mir!
Dir so vertraut,
6400 trifft mich schmerzlich dein Dräuen.
Liebt' ich von je
deine lichte Art, –
Grauen auch zeugt' ihr
mein zürnender Grimm.
6405 Dem ich so hold bin,
allzu hehrer,
heut' nicht wecke mir Neid, –
er vernichtete dich und mich!

SIEGFRIED
Bleibst du mir stumm,
6410 störrischer Wicht?
Weich' von der Stelle!
Denn dorthin, ich weiß,
führt es zur schlafenden Frau:
so wies es mein Vöglein,
6415 das hier erst flüchtig entfloh.
Es wird allmählich wieder ganz finster.

WANDERER
in Zorn ausbrechend
Es floh dir zu seinem Heil;
den Herrn der Raben
erriet es hier:
weh' ihm, holen sie's ein! –

Den Weg, den es zeigte,
sollst du nicht ziehn!

SIEGFRIED

Hoho! Du Verbieter!
Wer bist du denn,
daß du mir wehren willst?

WANDERER

6425 Fürchte des Felsens Hüter!
Verschlossen hält
meine Macht die schlafende Maid:
wer sie erweckte,
wer sie gewänne,
6430 machtlos macht' er mich ewig! –
Ein Feuermeer
umflutet die Frau,
glühende Lohe
umleckt den Fels:
6435 wer die Braut begehrt,
dem brennt entgegen die Brunst.

Er winkt mit dem Speere

Blick' nach der Höh'!
Erlugst du das Licht? –
Es wächst der Schein,
6440 es schwillt die Glut;
sengende Wolken,
wabernde Lohe,
wälzen sich brennend
und prasselnd herab.
6445 Ein Licht-Meer
umleuchtet dein Haupt;
bald frißt und zehrt dich
zündendes Feuer: –
zurück denn, rasendes Kind!

SIEGFRIED

6450 Zurück, du Prahler, mit dir!
Dort, wo die Brünste brennen,
zu Brünnhilde muß ich dahin!

Er schreitet darauf zu.

WANDERER

den Speer vorhaltend

Fürchtest das Feuer du nicht,
so sperre mein Speer dir den Weg!
6455 Noch hält mein Hand
der Herrschaft Haft;
das Schwert, das du schwingst,
zerschlug einst dieser Schaft:
noch einmal denn
6460 zerspring' es am ew'gen Speer!

SIEGFRIED

das Schwert ziehend

Meines Vaters Feind!
Find' ich dich hier?
Herrlich zur Rache
geriet mir das!
6465 Schwing' deinen Speer:
in Stücken spalt' ihn mein Schwert!

Er ficht mit dem WANDERER und haut ihm den Speer in Stükken. Furchtbarer Donnerschlag.

WANDERER

zurückweichend

Zieh' hin! Ich kann dich nicht halten!

Er verschwindet

SIEGFRIED

Mit zerfochtner Waffe
wich mir der Feige?

Mit wachsender Helle haben sich Feuerwolken aus der Höhe des Hintergrundes herabgesenkt: die ganze Bühne erfüllt sich wie von einem wogenden Flammenmeere.

SIEGFRIED

6470 Ha, wonnige Glut!
Leuchtender Glanz!
Strahlend nun offen
steht mir die Straße. –
Im Feuer mich baden!
6475 Im Feuer zu finden die Braut!
Hoho! Hahei!
Jetzt lock' ich ein liebes Gesell!

Er setzt sein Horn an und stürzt sich, seine Lockweise blasend, in das Feuer. – Die Lohe ergießt sich nun auch über den ganzen Vordergrund. Man hört Siegfrieds Horn erst näher, dann ferner. – Die Feuerwolken ziehen immer von hinten nach vorn, so daß SIEGFRIED, dessen Horn man wieder näher hört, sich nach hinten zu, die Höhe hinauf, zu wenden scheint.

DRITTE SZENE

Endlich beginnt die Glut zu erbleichen; sie löst sich wie in einen feinen, durchsichtigen Schleier auf, der nun ganz sich auch klärt und den heitersten blauen Himmelsäther, im hellsten Tagesscheine, hervortreten läßt.
Die Szene, von der das Gewölk gänzlich gewichen ist, stellt die Höhe eines Felsengipfels (wie im dritten Aufzuge der »WALKÜRE«) dar: links der Eingang eines natürlichen Felsengemaches; rechts breite Tannen; der Hintergrund ganz frei. – Im Vordergrunde, unter dem Schatten einer breitästigen Tanne, liegt BRÜNNHILDE, in tiefem Schlafe: sie ist in vollständiger, glänzender Panzerrüstung, mit dem Helm auf dem Haupte, den langen Schild über sich gedeckt. –
SIEGFRIED ist soeben im Hintergrunde, am felsigen Saume der Höhe, angelangt. Sein Horn hatte zuletzt wieder ferner geklungen, bis es ganz schwieg. – Er blickt staunend um sich.

SIEGFRIED

Selige Öde
auf sonniger Höh'! –

In den Tann hineinsehend

6480 Was ruht dort schlummernd'
im schattigen Tann? –
Ein Roß ist's,
rastend in tiefem Schlaf!

Er betritt vollends die Höhe und schreitet langsam weiter vor; als er BRÜNNHILDE noch aus einiger Entfernung gewahrt, hält er verwundert an

Was strahlt mir dort entgegen? –
6485 Welch' glänzendes Stahlgeschmeid?
Blendet mir noch
die Lohe den Blick?

Er tritt näher hinzu

Helle Waffen! –
Heb' ich sie auf?

Er hebt den Schild an und erblickt BRÜNNHILDES *Gesicht, das jedoch der Helm noch zum großen Teile verdeckt*

6490 Ha! In Waffen ein Mann: –
wie mahnt mich wonnig sein Bild! –
Das hehre Haupt
drückt wohl der Helm?
leichter würd' ihm,
6495 löst' ich den Schmuck.

Vorsichtig löst er den Helm und hebt ihn der Schlafenden vom Haupte ab: langes, lockiges Haar bricht hervor. – SIEGFRIED *erschrickt*

Ach! – Wie schön! –

Er bleibt in den Anblick versunken

Schimmernde Wolken
säumen in Wellen
den hellen Himmelssee:
6500 leuchtender Sonne
lachendes Bild
strahlt durch das Wogengewölk!

Er lauscht dem Atem

Von schwellendem Atem
schwingt sich die Brust: –
6505 brech' ich die engende Brünne?

Er versucht es mit großer Behutsamkeit – aber vergebens

Komm', mein Schwert,
schneide das Eisen!

Er durchschneidet mit zarter Vorsicht die Panzerringe zu beiden Seiten der ganzen Rüstung und hebt dann die Brünne und die Schienen ab, so daß nun BRÜNNHILDE *in einem weichen weiblichen Gewande vor ihm liegt. – Überrascht und staunend fährt er auf*

Das ist kein Mann! –
Brennender Zauber
6510 zückt mir in's Herz;
feurige Angst
faßt meine Augen:
mir schwankt und schwindelt der Sinn! –
Wen ruf' ich zum Heil,
6515 daß er mir helfe? –

Mutter! Mutter!
Gedenke mein'! –

Er sinkt mit der Stirn an BRÜNNHILDES *Busen. – Langes Schweigen. – Dann fährt er seufzend auf*

Wie weck' ich die Maid,
daß sie ihr Auge mir öffne? –
6520 Das Auge mir öffnen?
Blende mich auch noch der Blick?
Wagt' es mein Trotz? –
Ertrüg' ich das Licht? –
Mir schwebt und schwankt
6525 und schwirrt es umher;
sehrendes Sehnen
zehrt meine Sinne:
am zagenden Herzen
zittert die Hand! –
6530 Wie ist mir Feigem? –
Ist dies das Fürchten? –
O Mutter! Mutter!
Dein mutiges Kind!
Im Schlafe liegt eine Frau: –
6535 die hat ihn das Fürchten gelehrt! –
Wie end' ich die Furcht?
wie fass' ich Mut? –
Daß ich selbst erwache,
muß die Maid ich erwecken! – –
6540 Süß erbebt mir
ihr blühender Mund:
wie mild erzitternd
mich Zagen er reizt! –
Ach, dieses Atems
6545 wonnig warmes Gedüft! –
Erwache! Erwache!
Heiliges Weib! – –
Sie hört mich nicht. –
So saug' ich mir Leben
6550 aus süßesten Lippen –
sollt' ich auch sterbend vergehn!

Er küßt sie lange und inbrünstig. – Erschreckt fährt er dann in die Höhe: – BRÜNNHILDE *hat die Augen aufgeschlagen. – Staunend blickt er sie an. Beide verweilen eine Zeit lang in ihren gegenseitigen Anblick versunken.*

BRÜNNHILDE
langsam und feierlich sich zum Sitze aufrichtend
Heil dir, Sonne!
Heil dir, Licht!
Heil dir, leuchtender Tag!
6555 Lang war mein Schlaf;
ich bin erwacht:
wer ist der Held,
der mich erweckt'?

SIEGFRIED
von ihrem Blicke und ihrer Stimme feierlich ergriffen
Durch das Feuer drang ich,
6560 das den Fels umbrann;
ich erbrach dir den festen Helm:
Siegfried bin ich,
der dich erweckt!

BRÜNNHILDE
hoch aufgerichtet sitzend
Heil euch, Götter!
6565 Heil dir, Welt!
Heil dir, prangende Erde!
Zu End' ist nun mein Schlaf;
erwacht seh' ich:
Siegfried ist es,
6570 der mich erweckt!

SIEGFRIED	BRÜNNHILDE
in erhabenster Entzückung	mit größter Bewegtheit
6571 O Heil der Mutter,	
6572 die mich gebar;	6573 O Heil der Mutter,
	6574 die dich gebar;
6575 Heil der Erde,	
6576 die mich genährt:	
	6577 Heil der Erde,
	6578 die dich genährt:
6579 daß ich das Aug' erschaut,	6580 nur dein Blick durfte mich schaun,
6581 das jetzt mir Seligem lacht!	6582 erwachen durft' ich nur dir! –

BRÜNNHILDE
O Siegfried! Siegfried!
Seliger Held!
6585 Du Wecker des Lebens,
siegendes Licht!
O wüßtest du, Lust der Welt,
wie ich dich je geliebt!
Du warst mein Sinnen,
6590 mein Sorgen du!
Dich zarten nährt' ich
noch eh' du gezeugt;
noch eh' du geboren,
barg dich mein Schild:
6595 so lang' lieb' ich dich, Siegfried!

SIEGFRIED
leise und schüchtern
So starb nicht meine Mutter?
Schlief die minnige nur?

BRÜNNHILDE
lächelnd
Du wonniges Kind,
deine Mutter kehrt dir nicht wieder.
6600 Du selbst bin ich,
wenn du mich Selige liebst.
Was du nicht weißt,
weiß ich für dich:
doch wissend bin ich
6605 nur – weil ich dich liebe. –
O Siegfried! Siegfried!
Siegendes Licht!
dich lieb' ich immer:
denn mir allein
6610 erdünkte Wotans Gedanke.
Der Gedanke, den ich nie
nennen durfte;
den ich nicht dachte,
sondern nur fühlte;
6615 für den ich focht,
kämpfte und stritt;
für den ich trotzte
dem, der ihn dachte;
für den ich büßte,
6620 Strafe mich band,
weil ich nicht ihn dachte
und nur empfand!
Denn der Gedanke –
dürftest du's lösen! –
6625 mir war er nur Liebe zu dir.

SIEGFRIED
Wie Wunder tönt,
was wonnig du singst;
doch dunkel dünkt mich der Sinn.
Deines Auges Leuchten
6630 seh' ich licht;
deines Atems Wehen
fühl' ich warm;
deiner Stimme Singen
hör' ich süß:
6635 doch, was du singend mir sagst,
staunend versteh' ich's nicht.
Nicht kann ich das Ferne
sinnig erfassen,
wenn alle Sinne
6640 dich nur sehen und fühlen.
Mit banger Furcht
fesselst du mich:
du Einz'ge hast
ihre Angst mich gelehrt.
6645 Den du gebunden
in mächtigen Banden,
birg meinen Mut mir nicht mehr!

BRÜNNHILDE
wehrt ihn sanft ab und wendet ihren Blick nach dem Tann
– Dort seh' ich Grane,
mein selig Roß:
6650 wie weidet er munter,
der mit mir schlief!
Mit mir hat ihn Siegfried erweckt.

SIEGFRIED
Auf wonnigem Munde
weidet mein Auge:
6655 in brünstigem Durst
doch brennen die Lippen,
daß der Augen Weide sie labe!

BRÜNNHILDE
ihn mit der Hand bedeutend
Dort seh' ich den Schild,
der Helden schirmte;
6660 dort seh' ich den Helm,
der das Haupt mir barg:
er schirmt, er birgt mich nicht mehr!

SIEGFRIED
Eine selige Maid
versehrte mein Herz;
6665 Wunden dem Haupte
schlug mir ein Weib: –
ich kam ohne Schild und Helm!

BRÜNNHILDE
mit gesteigerter Wehmut
Ich sehe der Brünne
prangenden Stahl:
6670 ein scharfes Schwert
schnitt sie entzwei;
von dem maidlichen Leibe
löst' es die Wehr: –
ich bin ohne Schutz und Schirm
6675 ohne Trutz ein trauriges Weib!

SIEGFRIED
Durch brennendes Feuer
fuhr ich zu dir;
nicht Brünne noch Panzer
barg meinen Leib:
6680 nun brach die Lohe
mir in die Brust;
es braust mein Blut
in blühender Brunst;
ein zehrendes Feuer
6685 ist mir entzündet:
die Glut, die Brünnhilds
Felsen umbrann,
die brennt mir nun in der Brust! –
O Weib, jetzt lösche den Brand!
6690 Schweige die schäumende Glut!
*Er umfaßt sie heftig: sie springt auf, wehrt ihm mit der höchsten
Kraft der Angst und entflieht nach der andern Seite*

BRÜNNHILDE
Kein Gott nahte mir je:
der Jungfrau neigten
scheu sich die Helden:
heilig schied sie aus Walhall! –
6695 Wehe! Wehe!
Wehe der Schmach,
der schmählichen Not!
Verwundet hat mich,
der mich erweckt!

6700 Er erbrach mir Brünne und Helm:
Brünnhilde bin ich nicht mehr!

SIEGFRIED

Noch bist du mir
die träumende Maid:
Brünnhildes Schlaf
6705 brach ich noch nicht.
Erwache! Sei mir ein Weib!

BRÜNNHILDE

Mir schwirren die Sinne!
Mein Wissen schweigt:
soll mir die Weisheit schwinden?

SIEGFRIED

6710 Sangst du mir nicht,
dein Wissen sei
das Leuchten der Liebe zu mir?

BRÜNNHILDE

Trauriges Dunkel
trübt meinen Blick;
6715 mein Auge dämmert,
das Licht verlischt:
Nacht wird's um mich;
aus Nebel und Grau'n
windet sich wütend
6720 ein Angstgewirr!
Schrecken schreitet
und bäumt sich empor!

Sie birgt heftig die Augen mit den Händen.

SIEGFRIED

löst ihr sanft die Hände vom Blicke

Nacht umbangt
gebund'ne Augen;
6725 mit den Fesseln schwindet
das finstre Grau'n;
tauch' aus dem Dunkel und sieh –
sonnenhell leuchtet der Tag!

BRÜNNHILDE

in höchster Ergriffenheit

Sonnenhell
6730 leuchtet der Tag meiner Schmach!
O Siegfried! Siegfried!
Sieh meine Angst!
Ewig war ich,
ewig bin ich,
6735 ewig in süß
sehnender Wonne –
doch ewig zu deinem Heil!
O Siegfried! Herrlicher!
Hort der Welt!
6740 Leben der Erde!
Lachender Held!
Laß, ach laß!
Lasse von mir!
Nahe mir nicht
6745 mit der wütenden Nähe!
Zwinge mich nicht
mit dem brechenden Zwang!
Zertrümm're die Traute dir nicht! –
Sahst du dein Bild
6750 im klaren Bach?
Hat es dich Frohen erfreut?
Rührtest zur Woge
das Wasser du auf;
zerflösse die klare
6755 Fläche des Bachs:
dein Bild sähst du nicht mehr,
nur der Welle schwankend Gewog'.
So berühre mich nicht,
trübe mich nicht:
6760 ewig licht
lachst du selig
dann aus mir dir entgegen,
froh und heiter ein Held! –
O Siegfried!
6765 Leuchtender Sproß!
Liebe – dich,
und lasse von mir:
vernichte dein Eigen nicht!

SIEGFRIED

Dich – lieb' ich:
6770 oh, liebtest mich du!
Nicht hab' ich mehr mich:
oh, hätte ich dich! –
Ein herrlich Gewässer
wogt vor mir;
6775 mit allen Sinnen
seh' ich nur sie,
die wonnig wogende Welle:
brach sie mein Bild,
so brenn' ich nun selbst,
6780 sengende Glut
in der Flut zu kühlen;
ich selbst, wie ich bin,
spring' in den Bach: –
oh, daß seine Wogen
6785 mich selig verschlängen,
mein Sehnen schwänd' in der Flut! –
Erwache, Brünnhilde!
Wache, du Maid!
Lache und lebe,
6790 süßeste Lust!
Sei mein! Sei mein! Sei mein!

BRÜNNHILDE

O Siegfried! Dein –
war ich von je!

SIEGFRIED

Warst du's von je,
6795 so sei es jetzt!

BRÜNNHILDE

Dein werd' ich
ewig sein!

SIEGFRIED

Was du sein wirst,
sei es mir heut'!

6800 Faßt dich mein Arm,
umschling' ich dich fest;
schlägt meine Brust
brünstig die deine;
zünden die Blicke,
6805 zehren die Atem sich;
Aug' in Auge,
Mund an Mund:
dann bist du mir,
was bang du mir warst und wirst!
6810 Dann brach sich die brennende Sorge,
ob jetzt Brünnhilde mein?
Er hat sie umfaßt.

BRÜNNHILDE
Ob jetzt ich dein? –
Göttliche Ruhe
rast mir in Wogen;
6815 keuschestes Licht
lodert in Gluten;
himmlisches Wissen
stürmt mir dahin,
Jauchzen der Liebe
6820 jagt es davon!
Ob jetzt ich dein? –
Siegfried! Siegfried!
Siehst du mich nicht?

Wie mein Blick dich verzehrt,
6825 erblindest du nicht?
Wie mein Arm dich preßt,
entbrennst du mir nicht?
Wie in Strömen mein Blut
entgegen dir stürmt,
6830 das wilde Feuer,
fühlst du es nicht?
Fürchtest du, Siegfried,
fürchtest du nicht
das wild wütende Weib?

SIEGFRIED
6835 Ha! –
Wie des Blutes Ströme sich zünden;
wie der Blicke Strahlen sich zehren;
wie die Arme brünstig sich pressen –
kehrt mir zurück
6840 mein kühner Mut,
und das Fürchten, ach,
das ich nie gelernt –
das Fürchten, das du
mich kaum gelehrt:
6845 das Fürchten – mich dünkt –
ich Dummer vergaß es nun ganz!
Er läßt bei den letzten Worten BRÜNNHILDE unwillkürlich
los.

BRÜNNHILDE
im höchsten Liebesjubel wild auflachend
O kindischer Held!
O herrlicher Knabe!
Du hehrster Taten
6850   törichter Hort!
Lachend muß ich dich lieben;
lachend will ich erblinden;
lachend laß uns verderben –
lachend zu Grunde gehn!

SIEGFRIED		BRÜNNHILDE	
6855	Lachend erwachst		
6856	du wonnige mir		
		6857	Fahr hin, Walhalls
6858	Brünnhilde lebt!	6859	leuchtende Welt!
6860	Brünnhilde lacht! –	6861	Zerfall in Staub
		6862	deine stolze Burg!
6863	Heil dem Tage,		
6864	der uns umleuchtet!	6865	Leb' wohl, prangende
6866	Heil der Sonne,	6867	Götter-Pracht!
6868	die uns bescheint!		
		6869	End' in Wonne,
		6870	du ewig Geschlecht!
6871	Heil dem Licht,		
6872	das der Nacht enttaucht!	6873	Zerreißt, ihr Nornen,
		6874	das Runenseil!
6875	Heil der Welt,	6876	Götter-Dämm'rung
6877	da Brünnhilde lebt!	6878	dunkle herauf!
6879	Sie wacht! Sie lebt!	6880	Nacht der Vernichtung,
6881	Sie lacht mir entgegen!	6882	neble herein! –
6883	Prangend strahlt	6884	Mir strahlt zur Stunde
6885	mir Brünnhildes Stern!	6886	Siegfrieds Stern;
6887	Sie ist mir ewig,		
6888	ist mir immer,		
6889	Erb' und Eigen,		
6890	ein' und all':		
		6891	er ist mir ewig,
		6892	ist mir immer,
		6893	Erb' und Eigen,
		6894	ein' und all':
6895	leuchtende Liebe,	6896	leuchtende Liebe,
6897	lachender Tod!	6898	lachender Tod!

BRÜNNHILDE stürzt sich in SIEGFRIEDS Arme.
Der Vorhang fällt.

DRITTER TAG:
GÖTTERDÄMMERUNG

VORSPIEL

Auf dem Walkürenfelsen.
Die Szene ist dieselbe wie am Schlusse des zweiten Tages. – Nacht. Aus der Tiefe des Hintergrundes leuchtet Feuerschein auf. DIE DREI NORNEN, hohe Frauengestalten in langen, dunklen und schleierartigen Faltengewändern. Die erste (älteste) lagert im Vordergrunde rechts unter der breitästigen Tanne; die zweite (jüngere) ist an einer Steinbank vor dem Felsengemache hingestreckt; die dritte (jüngste) sitzt in der Mitte des Hintergrundes auf einem Felssteine des Höhensaumes. – Eine Zeit lang herrscht düsteres Schweigen.

DIE ERSTE NORN
ohne sich zu bewegen
Welch' Licht leuchtet dort?

DIE ZWEITE NORN
6900 Dämmert der Tag schon auf?

DIE DRITTE NORN
Loges Heer
lodert feurig um den Fels.
Noch ist's Nacht:
was spinnen und singen wir nicht?

DIE ZWEITE NORN
zur ersten
6905 Wollen wir spinnen und singen,
woran spannst du das Seil?

DIE ERSTE NORN
erhebt sich und knüpft während ihres Gesanges ein goldenes Seil mit dem einen Ende an einen Ast der Tanne
So gut und schlimm es geh',
schling' ich das Seil und singe. –
An der Welt-Esche
6910 wob ich einst,
da groß und stark
dem Stamm entgrünte
weihlicher Äste Wald;
im kühlen Schatten
6915 rauscht' ein Quell,
Weisheit raunend
rann sein Gewell:
da sang ich heil'gen Sinn. –
Ein kühner Gott
6920 trat zum Trunk an den Quell;
seiner Augen eines
zahlt' er als ewigen Zoll:
von der Welt-Esche
brach da Wotan einen Ast;
6925 eines Speeres Schaft
entschnitt der Starke dem Stamm. –
In langer Zeiten Lauf
zehrte die Wunde den Wald;
falb fielen die Blätter,
6930 dürr darbte der Baum:
traurig versiegte
des Quelles Trank;
trüben Sinnes
ward mein Gesang.
6935 Doch, web' ich heut'
an der Welt-Esche nicht mehr,
muß mir die Tanne
taugen, zu fesseln das Seil:
singe, Schwester,
6940 – dir werf' ich's zu –
weißt du, wie das wird?

DIE ZWEITE NORN
während sie das zugeworfene Seil um einen hervorspringenden Felsstein am Eingange des Gemaches windet
Treu berat'ner
Verträge Runen
schnitt Wotan
6945 in des Speeres Schaft:
den hielt er als Haft der Welt.
Ein kühner Held
zerhieb im Kampfe den Speer;
in Trümmer sprang
6950 der Verträge heiliger Haft. –
Da hieß Wotan
Walhalls Helden
der Welt-Esche
welkes Geäst
6955 mit dem Stamm in Stücke zu fällen:
die Esche sank;
ewig versiegte der Quell! –
Fessle ich heut'
an den scharfen Fels das Seil:
6960 singe, Schwester,
– dir werf' ich's zu –
weißt du, wie das wird?

DIE DRITTE NORN
das Seil empfangend und dessen Ende hinter sich werfend
Es ragt die Burg,
von Riesen gebaut:
6965 mit der Götter und Helden
heiliger Sippe
sitzt dort Wotan im Saal.
Gehau'ner Scheite
hohe Schicht
6970 ragt zu Hauf'
rings um die Halle:
die Welt-Esche war dies einst!
Brennt das Holz
heilig brünstig und hell,
6975 sengt die Glut
sehrend den glänzenden Saal:
der ewigen Götter Ende
dämmert ewig da auf. –
Wisset ihr noch,
6980 so windet von neuem das Seil;
von Norden wieder
werf' ich's dir nach:
spinne, Schwester, und singe!
Sie hat das Seil der zweiten, diese es wieder der ersten Norn zugeworfen.

DIE ERSTE NORN
löst das Seil vom Zweig und knüpft es während des folgenden Gesanges wieder an einen andern Ast
Dämmert der Tag?
6985 Oder leuchtet die Lohe?
Getrübt trügt sich mein Blick;

nicht hell eracht' ich
das heilig Alte,
da Loge einst
6990 entbrannte in lichter Brunst: –
weißt du, was aus ihm ward?

DIE ZWEITE NORN
das zugeworfene Seil wieder um den Stein windend
Durch des Speeres Zauber
zähmte ihn Wotan;
Räte raunt' er dem Gott:
6995 an des Schaftes Runen
frei sich zu raten,
nagte zehrend sein Zahn.
Da mit des Speeres
zwingender Spitze
7000 bannte ihn Wotan,
Brünnhildes Fels zu umbrennen: –
weißt du, was aus ihm wird?

DIE DRITTE NORN
das zugeschwungene Seil wieder hinter sich werfend
Des zerschlagnen Speeres
stechende Splitter
7005 taucht einst Wotan
dem Brünstigen tief in die Brust:
zehrender Brand
zündet da auf;
den wirft der Gott
7010 in der Welt-Esche
zu Hauf' geschichtete Scheite. –
Wollt ihr wissen,
wann das wird,
schwinget, Schwestern, das Seil!
Sie wirft das Seil der zweiten, diese es wieder der ersten zu.

DIE ERSTE NORN
das Seil von neuem anknüpfend
7015 Die Nacht weicht;
nichts mehr gewahr' ich:
des Seiles Fäden
find' ich nicht mehr;
verflochten ist das Geflecht.
7020 Ein wüstes Gesicht
wirrt mir wütend den Sinn: –
das Rheingold
raubte Alberich einst: –
weißt du, was aus ihm ward?

DIE ZWEITE NORN
mit mühevoller Hast das Seil um den Stein windend
7025 Des Steines Schärfe
schnitt in das Seil;
nicht fest spannt mehr
der Fäden Gespinnst:
verwirrt ist das Geweb'.
7030 Aus Not und Neid
ragt mir das Niblungen Ring: –
ein rächender Fluch
nagt meiner Fäden Geflecht: –
weißt du, was daraus wird?

DIE DRITTE NORN
das zugeworfene Seil hastig fassend
7035 Zu locker das Seil!
Mir langt es nicht:
soll ich nach Norden
neigen das Ende,
straffer sei es gestreckt!
Sie zieht gewaltsam das Seil an: es reißt in der Mitte
7040 Es riß!

DIE ZWEITE NORN
Es riß!

DIE ERSTE NORN
Es riß!
Erschreckt sind die drei Nornen aufgefahren und nach der Mitte der Bühne zusammengetreten: sie fassen die Stücken des zerrissenen Seiles und binden damit ihre Leiber an einander.

DIE DREI NORNEN
Zu End' ewiges Wissen!
Der Welt melden
7045 Weise nichts mehr: –
hinab zur Mutter, hinab!
Sie verschwinden.
Der Tag, der zuletzt immer heller gedämmert, bricht vollends ganz an und dämpft den Feuerschein in der Tiefe.
SIEGFRIED und BRÜNNHILDE treten aus dem Steingemach auf. SIEGFRIED ist in vollen Waffen, BRÜNNHILDE führt ihr Roß beim Zaume

BRÜNNHILDE
Zu neuen Taten,
teurer Helde,
wie liebt' ich dich –
7050 ließ ich dich nicht?
Ein einzig Sorgen
läßt mich säumen:
daß dir zu wenig
mein Wert gewann!
7055 Was Götter mich wiesen,
gab ich dir:
heiliger Runen
reichen Hort;
doch meiner Stärke
7060 magdlichen Stamm
nahm mir der Held,
dem ich nun mich neige.
Des Wissens bar –
doch des Wunsches voll;
7065 an Liebe reich –
doch ledig der Kraft:
mögst du die Arme
nicht verachten,
die dir nur gönnen –
7070 nicht geben mehr kann!

SIEGFRIED
Mehr gabst du, Wunderfrau,
als ich zu wahren weiß:
nicht zürne, wenn dein Lehren
mich unbelehret ließ!
7075 Ein Wissen doch wahr' ich wohl:
daß mir Brünnhilde lebt;

eine Lehre lernt' ich leicht:
Brünnhildes zu gedenken!
        BRÜNNHILDE
Willst du mir Minne schenken,
7080 gedenke deiner nur,
gedenke deiner Taten:
gedenk' des wilden Feuers,
das furchtlos du durchschrittest,
da den Fels es rings umbrann –
        SIEGFRIED
7085 Brünnhilde zu gewinnen!
        BRÜNNHILDE
Gedenk' der beschildeten Frau,
die in tiefem Schlaf zu fandest,
der den festen Helm du erbrachst –
        SIEGFRIED
Brünnhilde zu erwecken!
        BRÜNNHILDE
7090 Gedenk' der Eide,
die uns einen;
gedenk' der Treue,
die wir tragen;
gedenk' der Liebe,
7095 der wir leben:
Brünnhilde brennt dann ewig
heilig dir in der Brust! –
        SIEGFRIED
Lass' ich, Liebste, dich hier
in der Lohe heiliger Hut,
7100 zum Tausche deiner Runen
reich' ich dir diesen Ring.
Was der Taten je ich schuf,
dess' Tugend schließt er ein;
ich erschlug einen wilden Wurm,
7105 der grimmig lang' ihn bewacht.
Nun wahre du seine Kraft
als Weihe-Gruß meiner Treu'!
        BRÜNNHILDE
Ihn geiz' ich als einziges Gut:
für den Ring nimm nun auch mein Roß!
7110 Ging sein Lauf mit mir
einst kühn durch die Lüfte –
mit mir
verlor es die mächt'ge Art;
über Wolken hin
7115 auf blitzenden Wettern
nicht mehr
schwingt es sich mutig des Wegs.
Doch wohin du ihn führst
– sei es durch's Feuer –
7120 grauenlos folgt dir Grane;
denn dir, o Helde,
soll er gehorchen!
Du hüt' ihn wohl;
er hört dein Wort: –
7125 o bringe Grane
oft Brünnhildes Gruß!

        SIEGFRIED
Durch deine Tugend allein
soll so ich Taten noch wirken?
Meine Kämpfe kiesest du,
7130 meine Siege kehren zu dir:
auf deines Rosses Rücken,
in deines Schildes Schirm
nicht Siegfried acht' ich mich mehr:
ich bin nur Brünnhildes Arm!
        BRÜNNHILDE
7135 O wäre Brünnhild' deine Seele!
        SIEGFRIED
Durch sie entbrennt mir der Mut.
        BRÜNNHILDE
So wärst du Siegfried und Brünnhild'!
        SIEGFRIED
Wo ich bin, bergen sich beide.
        BRÜNNHILDE
So verödet mein Felsensaal?
        SIEGFRIED
7140 Vereint faß er uns zwei.
        BRÜNNHILDE
O heilige Götter,
hehre Geschlechter!
Weidet eu'r Aug'
an dem weihvollen Paar!
7145 Getrennt – wer will es scheiden?
Geschieden – trennt es sich nie!
        SIEGFRIED
Heil dir, Brünnhilde,
prangender Stern!
        BRÜNNHILDE
Heil dir, Siegfried,
7150 siegendes Licht!
        SIEGFRIED
Heil, strahlende Liebe!
        BRÜNNHILDE
Heil, strahlendes Leben!
        BEIDE
Heil! Heil! Heil! Heil!
SIEGFRIED leitet das Roß den Felsen hinab; BRÜNNHILDE blickt ihm vom Höhensaume lange entzückt nach. Aus der Tiefe hört man SIEGFRIEDS Horn munter ertönen. – Der Vorhang fällt.

ERSTER AUFZUG

Die Halle der Gibichungen am Rhein.
Sie ist dem Hintergrunde zu ganz offen; diesen nimmt ein freier
Uferraum bis zum Flusse hin ein; felsige Anhöhen umgrenzen
den Raum.

ERSTE SZENE

GUNTHER und GUTRUNE auf dem Hochsitze, vor dem ein
Tisch mit Trinkgerät steht; HAGEN sitzt davor.

GUNTHER
Nun hör', Hagen!
7155 Sage mir, Held:
sitz' ich herrlich am Rhein,
Gunther zu Gibichs Ruhm?

HAGEN
Dich echt genannten
acht' ich zu neiden:
7160 die beid' uns Brüder gebar,
Frau Grimhild' ließ mich's begreifen.

GUNTHER
Dich neide ich:
nicht neide mich du!
Erbt' ich Erstlingsart,
7165 Weisheit ward dir allein:
Halbbrüder-Zwist
bezwang sich nie besser;
deinem Rat nur red' ich Lob,
frag' ich dich nach meinem Ruhm.

HAGEN
7170 So schelt' ich den Rat,
da schlecht noch dein Ruhm:
denn hohe Güter weiß ich,
die der Gibichung noch nicht gewann.

GUNTHER
Verschwiegst du sie,
7175 so schelt' auch ich.

HAGEN
In sommerlich reifer Stärke
seh' ich Gibichs Stamm,
dich, Gunther, unbeweibt,
dich, Gutrun', ohne Mann.

GUNTHER
7180 Wen rätst du nun zu frein,
daß unsrem Ruhm es fromm'?

HAGEN
Ein Weib weiß ich,
das herrlichste der Welt: —
auf Felsen hoch ihr Sitz;
7185 ein Feuer umbrennt ihren Saal:
nur wer durch das Feuer bricht,
darf Brünnhildes Freier sein.

GUNTHER
Vermag das mein Mut zu bestehn?

HAGEN
Einem Stärkren noch ist's nur bestimmt.

GUNTHER
7190 Wer ist der streitlichste Mann?

HAGEN
Siegfried, der Wälsungen Sproß:
der ist der stärkste Held.
Ein Zwillingspaar,
von Liebe bezwungen,
7195 Siegmund und Sieglinde
zeugten den echtesten Sohn:
der im Walde mächtig erwuchs,
den wünsch' ich Gutrun' zum Mann.

GUTRUNE
Welche Tat schuf er so tapfer,
7200 daß als herrlichster Held er genannt?

HAGEN
Vor Neidhöhle
den Niblungenhort
bewachte ein riesiger Wurm:
Siegfried schloß ihm
7205 den freislichen Schlund,
erschlug ihn mit siegendem Schwert.
Solch' ungeheurer Tat
enttagte des Helden Ruhm.

GUNTHER
Vom Niblungenhort vernahm ich:
7210 er birgt den neidlichsten Schatz?

HAGEN
Wer wohl ihn zu nützen wüßt',
dem neigte sich wahrlich die Welt.

GUNTHER
Und Siegfried hat ihn erkämpft?

HAGEN
Knecht sind die Niblungen ihm.

GUNTHER
7215 Und Brünnhild' gewänne nur er?

HAGEN
Keinem andren wiche die Brunst.

GUNTHER
unwillig sich vom Sitze erhebend
Was weckst du Zweifel und Zwist?
Was ich nicht zwingen soll,
danach zu verlangen,
7220 machst du mir Lust?

HAGEN
Brächte Siegfried
die Braut dir heim,
wär' dann nicht Brünnhilde dein?

GUNTHER
bewegt in der Halle auf und ab schreitend
Was zwänge den frohen Mann,
7225 für mich die Braut zu frein?

HAGEN
Ihn zwänge bald deine Bitte,
bänd' ihn Gutrun' zuvor.

GUTRUNE
Du Spötter, böser Hagen!
Wie sollt' ich Siegfried binden?
7230 Ist er der herrlichste
Held der Welt,
der Erde holdeste Frauen
friedeten längst ihn schon.

HAGEN
Gedenk' des Trankes im Schrein;
7235 vertraue mir, der ihn gewann:
den Helden, dess' du verlangst,
bindet er liebend an dich.
Träte nun Siegfried ein,
genöss' er des würzigen Tranks,
7240 daß vor dir ein Weib er ersah,
daß je ein Weib ihm genaht –
vergessen müßt' er dess' ganz. –
Nun redet: –
wie dünkt euch Hagens Rat?

GUNTHER
der wieder an den Tisch getreten und, auf ihn gelehnt, aufmerksam zugehört hat
7245 Gepriesen sei Grimhild',
die uns den Bruder gab!

GUTRUNE
Möcht' ich Siegfried je ersehn!

GUNTHER
Wie suchten wir ihn auf?

HAGEN
Jagt er auf Taten
7250 wonnig umher,
zum engen Tann
wird ihm die Welt:
wohl stürmt er in rastloser Jagd
auch zu Gibichs Strand an den Rhein.

GUNTHER
7255 Willkommen hieß' ich ihn gern.

SIEGFRIEDS *Horn läßt sich von ferne vernehmen. – Sie lauschen*
Vom Rhein her tönt das Horn.

HAGEN
ist an das Ufer gegangen, späht den Fluß hinab und ruft zurück
In einem Nachen Held und Roß:
der bläst so munter das Horn. –
Ein gemächlicher Schlag
7260 wie von müßiger Hand
treibt jach den Kahn
wider den Strom;
so rüstiger Kraft
in des Ruders Schwung
7265 rühmt sich nur der,
der den Wurm erschlug: –
Siegfried ist es, sicher kein andrer!

GUNTHER
Jagt er vorbei?

HAGEN
durch die hohlen Hände nach dem Flusse zu rufend
Hoiho! Wohin,
7270 du heitrer Held?

SIEGFRIEDS STIMME
aus der Ferne, vom Flusse her
Zu Gibichs starkem Sohne.

HAGEN
Zu seiner Halle entbiet' ich dich:
hieher! Hier lege an!
Heil Siegfried! Teurer Held!

ZWEITE SZENE

SIEGFRIED *legt an.*
GUNTHER *ist zu* HAGEN *an das Ufer getreten.* GUTRUNE *erblickt* SIEGFRIED *vom Hochsitze aus, heftet eine Zeit lang in freudiger Überraschung den Blick auf ihn, und als die Männer dann näher zur Halle schreiten, entfernt sie sich, in sichtbarer Verwirrung, nach links durch eine Türe in ihr Gemach.*

SIEGFRIED
der sein Roß an das Land geführt und jetzt ruhig an ihm lehnt
7275 Wer ist Gibichs Sohn?

GUNTHER
Gunther, ich, den du suchst.

SIEGFRIED
Dich hört' ich rühmen
weit am Rhein:
nun ficht mit mir,
7280 oder sei mein Freund!

GUNTHER
Laß den Kampf:
sei willkommen!

SIEGFRIED
Wo berg' ich mein Roß?

HAGEN
Ich biet' ihm Rast.

SIEGFRIED
7285 Du riefst mich Siegfried:
sahst du mich schon?

HAGEN
Ich kannte dich nur
an deiner Kraft.

SIEGFRIED
Wohl hüte mir Grane!
7290 Du hieltest nie
von edlerer Zucht
am Zaume ein Roß.
HAGEN führt das Roß rechts hinter die Halle ab und kehrt bald darauf wieder zurück. GUNTHER schreitet mit SIEGFRIED in die Halle vor.

GUNTHER
Begrüsse froh, o Held,
die Halle meines Vaters;
7295 wohin du schreitest,
was du ersiehst,
das achte nun dein Eigen:
dein ist mein Erbe,
Land und Leut' –
7300 hilf, mein Leib, meinem Eide! –
Mich selbst geb' ich zum Mann.

SIEGFRIED
Nicht Land noch Leute biete ich,
noch Vaters Haus und Hof:
einzig erbt' ich
7305 den eignen Leib;
lebend zehr' ich den auf.
Nur ein Schwert hab' ich,
selbst geschmiedet –
hilf, mein Schwert, meinem Eide! –
7310 Das biet' ich mit mir zum Bund.

HAGEN
hinter ihnen stehend
Doch des Niblungen-Hortes
nennt die Märe dich Herrn?

SIEGFRIED
Des Schatzes vergaß ich fast:
so schätz' ich sein müß'ges Gut!
7315 In einer Höhle ließ ich's liegen,
wo ein Wurm es einst bewacht.

HAGEN
Und nichts entnahmst du ihm?

SIEGFRIED
auf das stählerne Netzgewirk deutend, das er im Gürtel hängen hat
Dies Gewirk, unkund seiner Kraft.

HAGEN
Den Tarnhelm kenn' ich,
7320 der Niblungen künstliches Werk:
er taugt, bedeckt er dein Haupt,
dir zu tauschen jede Gestalt;
verlangt's dich an fernsten Ort,
er entführt flugs dich dahin. –
7325 Sonst nichts entnahmst du dem Hort?

SIEGFRIED
Einen Ring.

HAGEN
Den hütest du wohl?

SIEGFRIED
Den hütet ein hehres Weib.

HAGEN
für sich
Brünnhild'!...

GUNTHER
7330 Nicht, Siegfried, sollst du mir tauschen:
Tand gäb' ich für dein Geschmeid,
nähmst all' mein Gut du dafür!
Ohn' Entgelt dien' ich dir gern.
HAGEN ist zu Gutrunes Türe gegangen und öffnet sie jetzt. GUTRUNE tritt heraus: sie trägt ein gefülltes Trinkhorn und naht damit SIEGFRIED.

GUTRUNE
Willkommen, Gast,
7335 in Gibichs Haus!
Seine Tochter reicht dir den Trank.

SIEGFRIED
neigt sich ihr freundlich und ergreift das Horn; er hält es gedankenvoll vor sich hin und sagt leise:
Vergäß ich alles,
was du mir gabst,
von einer Lehre
7340 laß' ich doch nie: –
den ersten Trunk
zu treuer Minne,
Brünnhilde, bring' ich dir!
Er trinkt und reicht das Horn GUTRUNE zurück, welche, verschämt und verwirrt, ihre Augen vor ihm niederschlägt. SIEGFRIED mit schnell entbrannter Leidenschaft den Blick auf sie heftend:
Die so mit dem Blitz
7345 den Blick du mir sengst,
was senkst du dein Auge vor mir?
GUTRUNE schlägt, errötend, das Auge zu ihm auf.

SIEGFRIED
Ha, schönstes Weib!
Schließe den Blick!
Das Herz in der Brust
7350 brennt mir sein Strahl:
zu feurigen Strömen fühl' ich
ihn zehrend zünden mein Blut! –
Mit bebender Stimme
Gunther – wie heißt deine Schwester?

GUNTHER
Gutrune.

SIEGFRIED
7355 Sind's gute Runen,
die ihrem Aug ich entrate? –
Er faßt GUTRUNE mit feurigem Ungestüm bei der Hand
Deinem Bruder bot ich mich zum Mann;
der Stolze schlug mich aus: –
trügst du, wie er, mir Übermut,
7360 böt' ich mich dir zum Bund?
GUTRUNE neigt demütig das Haupt und mit einer Gebärde, als fühle sie sich seiner nicht wert, verläßt sie wankenden Schrittes wieder die Halle.

SIEGFRIED

blickt ihr, wie fest gezaubert, nach, von HAGEN und GUNTHER aufmerksam beobachtet; dann, ohne sich umzuwenden, frägt er:

Hast du, Gunther, ein Weib?

GUNTHER

Nicht freit' ich noch,
und einer Frau
soll ich mich schwerlich freun!
7365 Auf eine setzt' ich den Sinn,
die kein Rat mir je gewinnt.

SIEGFRIED

lebhaft sich zu ihm wendend

Was wär' dir versagt,
steh' ich zu dir?

GUNTHER

Auf Felsen hoch ihr Sitz ...

SIEGFRIED

verwundert, und wie um eines längst Vergessenen sich zu entsinnen, wiederholt leise:

7370 »Auf Felsen hoch ihr Sitz ...«?

GUNTHER

Ein Feuer umbrennt den Saal ...

SIEGFRIED

»Ein Feuer umbrennt den Saal ...«?

GUNTHER

Nur wer durch das Feuer bricht ...

SIEGFRIED

hastig einfallend und schnell nachlassend

»Nur wer durch das Feuer bricht ...«?

GUNTHER

7375 – darf Brünnhildes Freier sein.

SIEGFRIED drückt durch eine schweigende Gebärde aus, daß bei Nennung von Brünnhildes Namen die Erinnerung ihm vollends ganz schwindet.

GUNTHER

Nun darf ich den Fels nicht erklimmen;
das Feuer verglimmt mir nie!

SIEGFRIED

heftig auffahrend

Ich – fürchte kein Feuer:
für dich frei' ich die Frau;
7380 denn dein Mann bin ich,
und mein Mut ist dein –
gewinn' ich mir Gutrun' zum Weib.

GUNTHER

Gutrune gönn' ich dir gern.

SIEGFRIED

Brünnhilde bringe ich dir.

GUNTHER

7385 Wie willst du sie täuschen?

SIEGFRIED

Durch des Tarnhelms Trug
tausch' ich mir deine Gestalt.

GUNTHER

So stelle Eide zum Schwur!

SIEGFRIED

Blut-Brüderschaft
7390 schwöre ein Eid!

HAGEN füllt ein Trinkhorn mit frischem Wein; SIEGFRIED und GUNTHER ritzen sich mit ihren Schwertern die Arme und halten diese einen Augenblick über das Trinkhorn.

SIEGFRIED

Blühenden Lebens
labendes Blut
träufelt' ich in den Trank.

GUNTHER

Bruder-brünstig
7395 mutig gemischt,
blüh' im Trank unser Blut!

BEIDE

Treue trink' ich dem Freund:
froh und frei
entblühe dem Bund
7400 Blut-Brüderschaft heut'!

GUNTHER

Bricht ein Bruder den Bund,

SIEGFRIED

Trügt den Treuen der Freund:

BEIDE

Was in Tropfen heut'
hold wir tranken,
7405 in Strahlen ström' es dahin,
fromme Sühne dem Freund!

GUNTHER

So – biet' ich den Bund:

SIEGFRIED

So – trink' ich dir Treu'!

Sie trinken nach einander, jeder zur Hälfte; dann zerschlägt HAGEN, der während des Schwures zur Seite gelehnt, mit seinem Schwerte das Horn. SIEGFRIED und GUNTHER reichen sich die Hände.

SIEGFRIED

zu HAGEN

Was nahmst du am Eide nicht Teil?

HAGEN

7410 Mein Blut verdürb' euch den Trank!
Nicht fließt mir's echt
und edel wie euch;
störrisch und kalt
stockt's in mir;
7415 nicht will's die Wange mir röten.
Drum bleib' ich fern
vom feurigen Bund.

GUNTHER
Laß den unfrohen Mann!

SIEGFRIED
Frisch auf die Fahrt!
7420 Dort liegt mein Schiff;
schnell führt es zum Felsen:
eine Nacht am Ufer
harrst du im Nachen:
die Frau fährst du dann heim.

GUNTHER
7425 Rastest du nicht zuvor?

SIEGFRIED
Um die Rückkehr ist's mir jach.
Er geht zum Ufer.

GUNTHER
Du Hagen, bewache die Halle!
Er folgt SIEGFRIED.
GUTRUNE *erscheint an der Türe ihres Gemaches.*

GUTRUNE
Wohin eilen die Schnellen?

HAGEN
Zu Schiff, Brünnhild' zu frein.

GUTRUNE
7430 Siegfried?

HAGEN
Sieh, wie's ihn treibt,
zum Weib dich zu gewinnen!
Er setzt sich mit Speer und Schild vor der Halle nieder. SIEG-
FRIED *und* GUNTHER *fahren ab.*

GUTRUNE
Siegfried – mein!
Sie geht, lebhaft erregt, in ihr Gemach zurück.

HAGEN
nach längerem Stillschweigen
Hier sitz' ich zur Wacht,
7435 wahre den Hof,
wehre die Halle dem Feind: –
Gibichs Sohne
wehet der Wind;
auf Werben fährt er dahin.
7440 Ihm führt das Steuer
ein starker Held,
Gefahr ihm will er bestehn:
die eigne Braut
ihm bringt er zum Rhein;
7445 mir aber bringt er – den Ring. –
Ihr freien Söhne,
frohe Gesellen,
segelt nur lustig dahin!
Dünkt er euch niedrig,
7450 ihr dient ihm doch –
des Niblungen Sohn'.
*Ein Teppich schlägt vor der Szene zusammen und verschließt
die Bühne. Nachdem der Schauplatz verwandelt ist, wird der
Teppich, der zuvor den Vordergrund der Halle einfaßte, gänzlich aufgezogen.*

DRITTE SZENE

*Die Felsenhöhe
wie im Vorspiel.*

BRÜNNHILDE
*sitzt am Eingange des Steingemaches und betrachtet in stum-
mem Sinnen Siegfrieds Ring; von wonniger Erinnerung über-
wältigt, bedeckt sie ihn dann mit Küssen, – als sie plötzlich ein
fernes Geräusch vernimmt: sie lauscht und späht zur Seite in den
Hintergrund*
Altgewohntes Geräusch
raunt meinem Ohr die Ferne: –
ein Luftroß jagt
7455 im Laufe daher;
auf der Wolke fährt es
wetternd zum Fels! –
Wer fand mich Einsame auf?

WALTRAUTES STIMME
aus der Ferne
Brünnhilde! Schwester!
7460 Schläfst oder wachst du?

BRÜNNHILDE
fährt vom Sitze auf
Waltrautes Ruf,
so wonnig mir kund! –
Kommst du, Schwester,
schwingst dich kühn zu mir her?
In die Szene rufend
7465 Dort im Tann
– dir noch vertraut –
steige vom Roß
und stell den Renner zu Rast!
Kommst du zu mir?
7470 Bist du so kühn?
Magst ohne Grauen
Brünnhild' bieten den Gruß?
WALTRAUTE *ist aus dem Tann hastig aufgetreten;* BRÜNN-
HILDE *ist ihr stürmisch entgegengeeilt: diese beachtet in der
Freude nicht die ängstliche Scheu* WALTRAUTES.

WALTRAUTE
Einzig dir nur
galt meine Eil'.

BRÜNNHILDE
in höchster freudiger Aufgeregtheit
7475 So wagtest du, Brünnhild' zu lieb,
Walvaters Bann zu brechen?
Oder wie? O sag!
Wär' wider mich
Wotans Sinn erweicht? –
7480 Als dem Gott entgegen
Siegmund ich schützte,
fehlend – ich weiß es –
erfüllt' ich doch seinen Wunsch:
daß sein Zorn sich verzogen,
7485 weiß ich auch;
denn verschloß er mich gleich in Schlaf,
fesselt' er mich auf den Fels,
wies er dem Mann mich zur Magd,

der am Weg mich fänd' und erweckt' –
7490　meiner bangen Bitte
　　　doch gab er Gunst:
　　　mit zehrendem Feuer
　　　umgab er den Fels,
　　　dem Zagen zu wehren den Weg.
7495　So zur Seligsten
　　　schuf mich die Strafe:
　　　der herrlichste Held
　　　gewann mich zum Weib;
　　　in seiner Liebe
7500　leucht' und lach' ich heut' auf. –
　　　Lockte dich Schwester mein Los?
　　　An meiner Wonne
　　　willst du dich weiden,
　　　teilen, was mich betraf?

　　　　　　　WALTRAUTE
7505　Teilen den Taumel,
　　　der dich Törin erfaßt? –
　　　Ein andres bewog mich in Angst,
　　　zu brechen Wotans Gebot.

　　　　　　　BRÜNNHILDE
　　　Angst und Furcht
7510　fesseln dich Arme?
　　　So verzieh der Strenge noch nicht?
　　　Du zagst vor des Strafenden Zorn?

　　　　　　　WALTRAUTE
　　　Dürft' ich ihn fürchten,
　　　meiner Angst fänd' ich ein End'!

　　　　　　　BRÜNNHILDE
7515　Staunend versteh' ich dich nicht!

　　　　　　　WALTRAUTE
　　　Wehre der Wallung:
　　　achtsam höre mich an!
　　　Nach Walhall wieder
　　　treibt mich die Angst,
7520　die von Walhall hieher mich trieb.

　　　　　　　BRÜNNHILDE
　　　　　　　　erschrocken
　　　Was ist's mit den ewigen Göttern?

　　　　　　　WALTRAUTE
　　　Höre mit Sinn, was ich dir sage! –
　　　Seit er von dir geschieden,
　　　zur Schlacht nicht mehr
7525　schickte uns Wotan;
　　　irr' und ratlos
　　　ritten wir ängstlich zu Heer.
　　　Walhalls mutige Helden
　　　mied Walvater:
7530　einsam zu Roß
　　　ohne Ruh' und Rast
　　　durchschweift' er als Wanderer die Welt.
　　　Jüngst kehrte er heim;
　　　in der Hand hielt er
7535　seines Speeres Splitter:
　　　die hatte ein Held ihm geschlagen.
　　　Mit stummem Wink

　　　Walhalls Edle
　　　wies er zum Forst,
7540　die Welt-Esche zu fällen;
　　　des Stammes Scheite
　　　hieß er sie schichten
　　　zu ragendem Hauf
　　　rings um der Seligen Saal.
7545　Der Götter Rat
　　　ließ er berufen;
　　　den Hochsitz nahm
　　　heilig er ein:
　　　ihm zu Seiten
7550　hieß er die Bangen sich setzen,
　　　in Ring und Reih'
　　　die Hall' erfüllen die Helden.
　　　So – sitzt er,
　　　sagt kein Wort,
7555　auf hehrem Sitze
　　　stumm und ernst,
　　　des Speeres Splitter
　　　fest in der Faust;
　　　Holdas Äpfel
7560　rührt er nicht an:
　　　Staunen und Bangen
　　　binden starr die Götter. –
　　　Seiner Raben beide
　　　sandt' er auf Reise:
7565　kehrten die einst
　　　mit guter Kunde zurück,
　　　dann noch einmal
　　　– zum letzten Mal –
　　　lächelte ewig der Gott. –
7570　Seine Knie' umwindend
　　　liegen wir Walküren:
　　　blind bleibt er
　　　den flehenden Blicken;
　　　uns alle verzehrt
7575　Zagen und endlose Angst.
　　　An seine Brust
　　　preßt' ich mich weinend:
　　　da brach sich sein Blick –
　　　er gedachte, Brünnhilde, dein'!
7580　Tief seufzt' er auf,
　　　schloß das Auge,
　　　und wie im Traume
　　　raunt' er das Wort: –
　　　»Des tiefen Rheines Töchtern
7585　gäbe den Ring sie wieder zurück,
　　　von des Fluches Last
　　　erlöst wär' Gott und Welt!« –
　　　Da sann ich nach:
　　　von seiner Seite
7590　durch stumme Reihen
　　　stahl ich mich fort;
　　　in heimlicher Hast
　　　bestieg ich mein Roß
　　　und ritt im Sturme zu dir.
7595　Dich, o Schwester,
　　　beschwör' ich nun:
　　　was du vermagst,
　　　vollend' es dein Mut!
　　　Ende der Ewigen Qual!

BRÜNNHILDE
Welch' banger Träume Mären
meldest du Traurige mir!
Der Götter heiligem
Himmels-Nebel
bin ich Törin enttaucht:
nicht fass' ich, was ich erfahre.
Wirr und wüst
scheint mir dein Sinn;
in deinem Aug'
– so übermüde –
glänzt flackernde Glut:
mit blasser Wange
du bleiche Schwester,
was willst du Wilde von mir?

WALTRAUTE
mit unheimlicher Hast
An deiner Hand der Ring –
er ist's: hör meinen Rat!
Für Wotan wirf ihn von dir!

BRÜNNHILDE
Den Ring – von mir?

WALTRAUTE
Den Rheintöchtern gib ihn zurück!

BRÜNNHILDE
Den Rheintöchtern – ich – den Ring?
Siegfrieds Liebespfand? –
Bist du von Sinnen?

WALTRAUTE
Hör mich! Hör' meine Angst!
Der Welt Unheil
haftet sicher an ihm: –
wirf ihn von dir
fort in die Welle!
Walhalls Elend zu enden,
den verfluchten wirf in die Flut!

BRÜNNHILDE
Ha! Weißt du, was er mir ist?
Wie kannst du's fassen,
fühllose Maid! –
Mehr als Walhalls Wonne,
mehr als der Ewigen Ruhm –
ist mir der Ring:
ein Blick auf sein helles Gold,
ein Blitz aus dem hehren Glanz –
gilt mir werter
als aller Götter
ewig währendes Glück!
Denn selig aus ihm
leuchtet mir Siegfrieds Liebe:
Siegfrieds Liebe
– o ließ' sich die Wonne dir sagen! –
Sie – wahrt mir der Reif.
Geh hin zu der Götter
heiligem Rat;
von meinem Ringe
raune ihnen zu:
die Liebe ließe ich nie,

mir nähmen nie sie die Liebe –
stürzt' auch in Trümmern
Walhalls strahlende Pracht!

WALTRAUTE
Dies deine Treue?
So in Trauer
entlässest du lieblos die Schwester?

BRÜNNHILDE
Schwinge dich fort;
fliege zu Roß:
den Ring entführst du mir nicht!

WALTRAUTE
Wehe! Wehe!
Weh' dir, Schwester!
Walhalls Göttern Weh'!

Sie stürzt fort; man hört sie schnell – wie zu Roß – vom Tann aus fortbrausen.

BRÜNNHILDE
blickt einer davonjagenden, hell erleuchteten Gewitterwolke nach, die sich bald gänzlich in der Ferne verliert
Blitz und Gewölk,
vom Wind geblasen,
stürme dahin:
zu mir nie steure mehr her! –

Es ist Abend geworden: aus der Tiefe leuchtet der Feuerschein stärker auf

Abendlich Dämmern
deckt den Himmel:
heller leuchtet
die hütende Lohe herauf. –
Was leckt so wütend
die lodernde Welle zum Wall?
Zur Felsenspitze
wälzt sich der feurige Schwall. –

Man hört aus der Tiefe SIEGFRIEDS *Hornruf nahen.* BRÜNNHILDE *lauscht und fährt dann entzückt auf*

Siegfried!
Siegfried zurück?
Seinen Ruf sendet er her!
Auf! – Auf, ihm entgegen!
In meines Gottes Arm!

Sie stürzt in höchstem Entzücken dem Hintergrunde zu. Feuerflammen schlagen über den Höhensaum auf: aus ihnen springt SIEGFRIED *auf einen hoch ragenden Felsstein empor, worauf die Flammen wieder zurückweichen und abermals nur aus der Tiefe des Hintergrundes herauffleuchten. –* SIEGFRIED, *auf dem Haupte den Tarnhelm, der ihm bis zur Hälfte das Gesicht verdeckt und nur die Augen frei läßt, erscheint in* GUNTHERS *Gestalt.*

BRÜNNHILDE
voll Entsetzen zurückweichend
Verrat? – Wer drang zu mir?

Sie flieht bis in den Vordergrund und heftet von da aus in sprachlosem Erstaunen ihren Blick auf SIEGFRIED.

SIEGFRIED
im Hintergrunde auf dem Steine verweilend, betrachtet sie lange, auf seinen Schild gelehnt; dann redet er sie mit verstellter – tieferer – Stimme an
Brünnhild'! Ein Freier kam,
den dein Feuer nicht geschreckt.

Dich werb' ich nun zum Weib:
du folge willig mir!

BRÜNNHILDE
heftig zitternd

Wer ist der Mann,
7685 der das vermochte,
was dem Stärksten nur bestimmt!

SIEGFRIED
immer noch auf dem Steine im Hintergrunde

Ein Helde, der dich zähmt –
bezwingt Gewalt dich nur.

BRÜNNHILDE
von Grausen erfaßt

Ein Unhold schwang sich
7690 auf jenen Stein; –
ein Aar kam gefolgen,
mich zu zerfleischen! –
Wer bist du, Schrecklicher?

SIEGFRIED – *schweigt*

Stammst du von Menschen?
7695 Kommst du von Hellas
nächtlichem Hee-?

SIEGFRIED
nach längerem Schweigen

Ein Gibichung bin ich,
und Gunther heißt der Held,
dem, Frau, du folgen sollst.

BRÜNNHILDE
in Verzweiflung ausbrechend

7700 Wotan, ergrimmter,
grausamer Gott!
Weh'! Nun erseh' ich
der Strafe Sinn:
zu Hohn und Jammer
7705 jagst du mich hin!

SIEGFRIED
springt vom Steine herab und tritt näher

Die Nacht bricht an:
in deinem Gemach
mußt du dich mir vermählen.

BRÜNNHILDE
den Finger, an dem sie SIEGFRIEDS Ring trägt, drohend emporstreckend

Bleib fern! Fürchte dies Zeichen!
7710 Zur Schande zwingst du mich nicht,
so lang der Ring mich beschützt.

SIEGFRIED
Mannesrecht gebe er Gunther:
durch den Ring sei ihm vermählt!

BRÜNNHILDE
Zurück, du Räuber!
7715 Frevelnder Dieb!
Erfreche dich nicht, mir zu nahn!
Stärker als Stahl
  macht mich der Ring:
nie – raubst du ihn mir!

SIEGFRIED
7720 Von dir ihn zu lösen,
lehrst du mich nun.

Er dringt auf sie ein; sie ringen. BRÜNNHILDE windet sich los und flieht. SIEGFRIED setzt ihr nach. Sie ringen von neuem: er erfaßt sie und entzieht ihrem Finger den Ring. Sie schreit laut auf und sinkt, wie zerbrochen, auf der Steinbank vor dem Gemache zusammen.

SIEGFRIED
Jetzt bist du mein! –
Brünnhilde, Gunthers Braut –
gönne mir nun dein Gemach!

BRÜNNHILDE
fast ohnmächtig

7725 Was könntest du wehren,
elendes Weib?

SIEGFRIED treibt sie mit einer gebietenden Bewegung an: zitternd und wankenden Schrittes geht sie in das Gemach.

SIEGFRIED
das Schwert ziehend, – mit seiner natürlichen Stimme

Nun, Nothung, zeuge du,
daß ich in Züchten warb:
die Treue wahrend dem Bruder,
7730 trenne mich von seiner Braut!

*Er folgt BRÜNNHILDE nach.
Der Vorhang fällt.*

ZWEITER AUFZUG

Uferraum

vor der Halle der Gibichungen: rechts der offene Eingang zur Halle; links das Rheinufer; von diesem aus erhebt sich eine, durch verschiedene Bergpfade gespaltene, felsige Anhöhe quer über die Bühne, nach rechts, dem Hintergrunde zu aufsteigend. Dort sieht man einen der FRICKA errichteten Weihstein, welchem höher hinauf ein größerer für WOTAN, sowie seitwärts ein gleicher für DONNER geweihter entspricht. Es ist Nacht.

ERSTE SZENE

HAGEN, den Speer im Arm, den Schild zur Seite, sitzt schlafend an der Halle. Der Mond wirft plötzlich ein grelles Licht auf ihn und seine nächste Umgebung: man gewahrt ALBERICH vor HAGEN, die Arme auf dessen Kniee gelehnt.

ALBERICH
Schläfst du, Hagen, mein Sohn? –
Du schläfst und hörst mich nicht,
den Ruh' und Schlaf verriet?

HAGEN
leise und ohne sich zu rühren, so daß er immer fort zu schlafen scheint, obwohl er die Augen starr offen hält

Ich höre dich, schlimmer Albe:
7735 was hast du meinem Schlaf zu sagen?

ALBERICH
Gemahnt sei die Macht,
der du gebietest,
bist du so mutig
wie die Mutter dich gebar.

HAGEN
7740 Gab mir die Mutter Mut,
nicht mag ich dir doch danken,
daß deiner List sie erlag:
frühalt, fahl und bleich,
hass' ich die Frohen,
7745 freue mich nie!

ALBERICH
Hagen, mein Sohn,
hasse die Frohen!
Mich Lust-freien,
Leid-belasteten,
7750 liebst du so, wie du sollst!
Bist du kräftig,
kühn und klug:
die wir bekämpfen
mit nächtigem Krieg,
7755 schon gibt ihnen Not unser Neid.
Der einst den Ring mir entriß,
Wotan, der wütende Räuber,
vom eignen Geschlechte
ward er geschlagen:
7760 an den Wälsung verlor er
Macht und Gewalt:
mit der Götter ganzer Sippe
in Angst ersieht er sein Ende.
Nicht ihn fürcht' ich mehr:
7765 fallen muß er mit allen! –
Schläfst du, Hagen, mein Sohn?

HAGEN
Der Ewigen Macht,
wer erbte sie?

ALBERICH
Ich – und du:
7770 wir erben die Welt,
trüg' ich mich nicht
in deiner Treu',
teilst du meinen Gram und Grimm. –
Wotans Speer
7775 zerspellte der Wälsung,
der Fafner, den Wurm,
im Kampfe gefällt
und kindisch den Reif sich errang:
jede Gewalt
7780 hat er gewonnen;
Walhall und Nibelheim
neigen sich ihm;
an dem furchtlosen Helden
erlahmt selbst mein Fluch:
7785 denn nicht kennt er
des Ringes Wert,
zu nichts nützt er
die neidlichste Macht;
lachend in liebender Brunst
7790 brennt er lebend dahin.
Ihn zu verderben,
taugt uns nun einzig ...
Hörst du, Hagen, mein Sohn?

HAGEN
Zu seinem Verderben
7795 dient er mir schon.

ALBERICH
Den goldnen Ring,
den Reif gilt's zu erringen!
Ein weises Weib
lebt dem Wälsung zu Lieb':
7800 riet es ihm je,
des Rheines Töchtern
– die in Wassers Tiefen
einst mich betört! –
zurück zu geben den Ring:
7805 verloren ging' mir das Gold,
keine List erlangte es je.
Drum, ohne Zögern
ziel' auf den Reif!
Dich Zaglosen
7810 zeugt' ich mir ja,
daß wider Helden
hart du mir hieltest.
Zwar stark nicht genug,
den Wurm zu bestehn,
7815 – was allein dem Wälsung bestimmt –
zu zähem Haß doch
erzog ich Hagen:
der soll mich nun rächen,
den Ring gewinnen,
7820 dem Wälsung und Wotan zum Hohn.
Schwörst du mir's, Hagen, mein Sohn?

HAGEN
Den Ring soll ich haben:
harre in Ruh'!

ALBERICH
Schwörst du mir's, Hagen, mein Held?

HAGEN
7825 Mir selbst schwör' ich's:
schweige die Sorge!

Ein immer finsterer Schatten bedeckt wieder HAGEN *und* ALBERICH: *vom Rhein her dämmert der Tag.*

ALBERICH
wie er allmählich immer mehr dem Blicke entschwindet, wird auch seine Stimme immer unvernehmbarer
Sei treu, Hagen, mein Sohn!
Trauter Helde, sei treu!
Sei treu! – Treu!

ALBERICH *ist gänzlich verschwunden.* HAGEN, *der unverrückt in seiner Stellung verblieben, blickt regungslos und starren Auges nach dem Rheine hin.*
Die Sonne geht auf und spiegelt sich in der Flut.

ZWEITE SZENE

SIEGFRIED *tritt plötzlich, dicht am Ufer, hinter einem Busche hervor. Er ist in seiner eigenen Gestalt: nur den Tarnhelm hat er auf dem Haupte: er zieht ihn ab und hängt ihn in den Gürtel.*

SIEGFRIED
7830 Hoiho! Hagen!
Müder Mann!
Siehst du mich kommen?

HAGEN
gemächlich sich erhebend
Hei! Siegfried!
Geschwinder Helde!
7835 Wo brausest du her?

SIEGFRIED
Vom Brünnhildenstein;
dort sog ich den Atem ein,
mit dem ich dich rief:
so rasch war meine Fahrt!
7840 Langsamer folgt mir ein Paar:
zu Schiff gelangt das her.

HAGEN
So zwangst du Brünnhild'?

SIEGFRIED
Wacht Gutrune?

HAGEN
Hoiho! Gutrune!
7845 Komm heraus!
Siegfried ist da:
was säumst du drin?

SIEGFRIED
zur Halle sich wendend
Euch beiden meld' ich,
wie ich Brünnhild' band.
GUTRUNE *tritt ihnen unter der Halle entgegen.*

SIEGFRIED
7850 Heiß' mich willkommen,
Gibichskind!
Ein guter Bote bin ich dir.

GUTRUNE
Freia grüße dich
zu aller Frauen Ehre!

SIEGFRIED
7855 Frei und hold
sei nun mir Frohem:
zum Weib gewann ich dich heut'.

GUTRUNE
So folgt Brünnhild' meinem Bruder?

SIEGFRIED
Leicht ward die Frau ihm gefreit.

GUTRUNE
7860 Sengte das Feuer ihn nicht?

SIEGFRIED
Ihn hätt' es auch nicht versehrt;
doch ich durchschritt es für ihn,
da dich ich wollt' erwerben.

GUTRUNE
Und dich hat es verschont?

SIEGFRIED
7865 Mich freute die schwebende Brunst.

GUTRUNE
Hielt Brünnhild' dich für Gunther?

SIEGFRIED
Ihm glich ich auf ein Haar:
der Tarnhelm wirkte das,
wie Hagen tüchtig es wies.

HAGEN
7870 Dir gab ich guten Rat.

GUTRUNE
So zwangst du das kühne Weib?

SIEGFRIED
Sie wich – Gunthers Kraft.

GUTRUNE
Und vermählte sie sich dir?

SIEGFRIED
Ihrem Mann gehorchte Brünnhild'
7875 eine volle bräutliche Nacht.

GUTRUNE
Als ihr Mann doch galtest du?

SIEGFRIED
Bei Gutrune weilte Siegfried.

GUTRUNE
Doch zur Seite war ihm Brünnhild'?

SIEGFRIED
auf sein Schwert deutend
Zwischen Ost und West der Nord:
7880 so nah – war Brünnhild' ihm fern.

GUTRUNE
Wie empfing Gunther sie nun von dir?

SIEGFRIED
Durch des Feuers verlöschende Lohe
im Frühnebel vom Felsen
folgte sie mir zu Tal;
7885 dem Strande nah,
flugs die Stelle
tauschte Gunther mit mir:
durch des Geschmeides Tugend
wünscht' ich mich schnell hieher.
7890 Ein starker Wind nun treibt
die Trauten den Rhein herauf:
drum rüstet jetzt den Empfang!

GUTRUNE
Siegfried, mächtigster Mann:
wie faßt mich Furcht vor dir!

HAGEN
von der Höhe im Hintergrunde den Fluß hinab spähend
7895 In der Ferne seh' ich ein Segel.

SIEGFRIED
So sagt dem Boten Dank!

GUTRUNE
Lasset uns sie hold empfangen,
daß heiter sie und gern hier weile!
Du Hagen! Minnig
7900 rufe die Mannen
nach Gibichs Hof zur Hochzeit!
Frohe Frauen
ruf' ich zum Fest:
der Freudigen folgen sie gern.
Nach der Halle schreitend, zu SIEGFRIED
7905 Rastest du, schlimmer Held?

SIEGFRIED
Dir zu helfen, ruh' ich aus.
Er folgt ihr. Beide gehen in die Halle ab.

DRITTE SZENE

HAGEN
auf der Anhöhe stehend, stößt, der Landseite zugewendet, mit aller Kraft in ein großes Stierhorn
Hoiho! Hoiho! Hoho!
Ihr Gibichs-Mannen,
machet euch auf!
7910 Wehe! Wehe!
Waffen! Waffen!
Waffen durch's Land!
Gute Waffen!
Starke Waffen,
7915 scharf zum Streit!
Not ist da!
Not! Wehe! Wehe!
Hoiho! Hoiho! Hoho!
Er bläst abermals. Aus verschiedenen Gegenden vom Lande her antworten Heerhörner. Von den Höhen und aus dem Tale stürmen in Hast und Eile gewaffnete MANNEN *herbei.*

DIE MANNEN
erst einzelne, dann immer mehrere zusammen
Was tost das Horn?
7920 Was ruft es zu Heer?
Wir kommen mit Wehr,
wir kommen mit Waffen.
Hagen! Hagen!
Hoiho! Hoiho!
7925 Welche Not ist da?
Welcher Feind ist nah?
Wer gibt uns Streit?
Ist Gunther in Not?
Wir kommen mit Waffen,
7930 mit scharfer Wehr.
Hoiho! Ho! Hagen!

HAGEN
von der Anhöhe herab
Rüstet euch wohl
und rastet nicht!
Gunther sollt ihr empfahn:
7935 ein Weib hat der gefreit.

DIE MANNEN
Drohet ihm Not?
Drängt ihn der Feind?

HAGEN
Ein freisliches Weib
führet er heim.

DIE MANNEN
7940 Ihm folgen der Magen
feindliche Mannen?

HAGEN
Einsam fährt er:
keiner folgt.

DIE MANNEN
So bestand er die Not?
7945 So bestand er den Kampf?

HAGEN
Der Wurmtöter
wehrte der Not:
Siegfried, der Held,
der schuf ihm Heil.

DIE MANNEN
7950 Was soll ihm das Heer nun noch helfen?
Was hilft ihm nun das Heer?

HAGEN
Starke Stiere
sollt ihr schlachten:
am Weihstein fließe
7955 Wotan ihr Blut.

DIE MANNEN
Was, Hagen, was heißest du uns dann?
Was heißest du uns dann?

HAGEN
Einen Eber fällen
sollt ihr für Froh;
7960 einen stämmigen Bock
stechen für Donner:
Schafe aber
schlachtet für Fricka,
daß gute Ehe sie gebe!

DIE MANNEN
mit immer mehr ausbrechender Heiterkeit
7965 Schlugen wir Tiere,
was schaffen wir dann?
Schlugen wir Tiere,
was schaffen wir dann?

HAGEN
Das Trinkhorn nehmt
7970 von trauten Fraun,

mit Meth und Wein
wonnig gefüllt.

DIE MANNEN
Das Trinkhorn zur Hand,
wie halten wir es dann?

HAGEN
7975 Rüstig gezecht,
bis der Rausch euch zähmt:
alles den Göttern zu Ehren,
daß gute Ehe sie geben!

DIE MANNEN
in ein schallendes Gelächter ausbrechend
Groß Glück und Heil
7980 lacht nun dem Rhein,
da Hagen, der Grimme,
so lustig mag sein!
Der Hage-Dorn
sticht nun nicht mehr:
7985 zum Hochzeitrufer
ward er bestellt.

HAGEN
der immer sehr ernst geblieben
Nun laßt das Lachen,
mut'ge Mannen!
Empfangt Gunthers Braut:
7990 Brünnhilde naht dort mit ihm.
Er ist herabgestiegen und unter die Mannen getreten
Hold seid der Herrin,
helfet ihr treu:
traf sie ein Leid,
rasch seid zur Rache!

VIERTE SZENE

GUNTHER und BRÜNNHILDE sind im Nachen angekommen. Einige der MANNEN springen in den Fluß und ziehen den Kahn an das Land. Während GUNTHER BRÜNNHILDE an das Ufer geleitet, schlagen die MANNEN jauchzend an die Waffen. HAGEN steht zur Seite im Hintergrunde.

DIE MANNEN
7995 Heil! Heil!
Willkommen! Willkommen!
Willkommen! Gunther!
Heil! Heil!
Heil dir, Gunther!
8000 Heil dir und deiner Braut!

GUNTHER
BRÜNNHILDE an der Hand aus dem Kahn geleitend
Brünnhild', die hehrste Frau,
bring' ich euch her zum Rhein:
ein edleres Weib
ward nie gewonnen!
8005 Der Gibichungen Geschlecht,
gaben die Götter ihm Gunst,

zum höchsten Ruhm
rag es nun auf!

DIE MANNEN
an die Waffen schlagend
Heil! Heil dir,
8010 Glücklicher Gibichung!
BRÜNNHILDE, bleich und mit zu Boden gesenktem Blicke, folgt GUNTHER, der sie zur Halle führt, aus welcher jetzt SIEGFRIED und GUTRUNE, von Frauen begleitet, heraustreten.

GUNTHER
mit BRÜNNHILDE vor der Halle anhaltend
Gegrüßt sei, teurer Held!
Gegrüßt, holde Schwester!
Dich seh' ich froh ihm zur Seite,
der dich zum Weib gewann.
8015 Zwei sel'ge Paare
seh' ich hier prangen:
Brünnhild' – und Gunther,
Gutrun' – und Siegfried!
BRÜNNHILDE *erschrickt, schlägt die Augen auf und erblickt* SIEGFRIED: *sie läßt* GUNTHERS *Hand fahren, geht heftig bewegt einen Schritt auf* SIEGFRIED *zu, weicht entsetzt zurück und heftet starr den Blick auf ihn. – Alle sind sehr betroffen.*

MANNEN und FRAUEN
Was ist ihr? Ist sie entrückt?

SIEGFRIED
geht ruhig einige Schritte auf BRÜNNHILDE *zu*
8020 Was müht Brünnhildes Blick?

BRÜNNHILDE
kaum ihrer mächtig
Siegfried ... hier ...? Gutrune ...?

SIEGFRIED
Gunthers milde Schwester:
mir vermählt,
wie Gunther du.

BRÜNNHILDE
8025 Ich ... Gunther ...? Du lügst! –
Mir schwindet das Licht ...
Sie droht umzusinken: SIEGFRIED, *ihr zunächst, stützt sie*

BRÜNNHILDE
matt und leise in SIEGFRIEDS *Arme*
Siegfried ... kennt mich nicht?

SIEGFRIED
Gunther, deinem Weib ist übel!
GUNTHER *tritt hinzu*
Erwache, Frau!
8030 Hier steht dein Gatte.
Indem SIEGFRIED *auf* GUNTHER *mit dem Finger deutet, erkennt an diesem* BRÜNNHILDE *den Ring.*

BRÜNNHILDE
mit furchtbarer Heftigkeit aufschreckend
Ha! – Der Ring ...
an seiner Hand!
Er ... Siegfried?

MANNEN und FRAUEN
Was ist?

HAGEN
aus dem Hintergrunde unter die MANNEN tretend
8035 Jetzt merket klug,
was die Frau euch klagt!

BRÜNNHILDE
sich ermannend, indem sie die schrecklichste Aufregung gewaltsam zurückhält
Einen Ring sah ich
an deiner Hand: –
nicht dir gehört er,
8040 ihn entriß mir
auf GUNTHER deutend
– dieser Mann!
Wie mochtest von ihm
den Ring du empfahn?

SIEGFRIED
aufmerksam den Ring an seiner Hand betrachtend
Den Ring empfing ich
8045 nicht von ihm.

BRÜNNHILDE
zu GUNTHER
Nahmst du von mir den Ring,
durch den ich dir vermählt;
so melde ihm dein Recht,
fordre zurück das Pfand!

GUNTHER
in großer Verwirrung
8050 Den Ring? – Ich gab ihm keinen: –
doch kennst du ihn auch gut?

BRÜNNHILDE
Wo bärgest du den Ring,
den du von mir erbeutet?
GUNTHER schweigt in höchster Betroffenheit.

BRÜNNHILDE
wütend auffahrend
Ha! – Dieser war es,
8055 der mir den Ring entriß:
Siegfried, der trugvolle Dieb!

SIEGFRIED
der über der Betrachtung des Ringes in fernes Sinnen entrückt war
Von keinem Weib
kam mir der Reif;
noch war's ein Weib,
8060 dem ich ihn abgewann:
genau erkenn' ich
des Kampfes Lohn,
den vor Neidhöhl' einst ich bestand,
als den starken Wurm ich erschlug.

HAGEN
zwischen sie tretend
8065 Brünnhild', kühne Frau!
Kennst du genau den Ring?
Ist's der, den du Gunther gabst,
so ist er sein, –
und Siegfried gewann ihn durch Trug,
8070 den der Treulose büßen sollt'!

BRÜNNHILDE
im furchtbarsten Schmerz aufschreiend
Betrug! Betrug!
Schändlichster Betrug!
Verrat! Verrat –
wie noch nie er gerächt!

GUTRUNE
8075 Verrat? An wem?

MANNEN und FRAUEN
Verrat? An wem?

BRÜNNHILDE
Heilige Götter!
Himmlische Lenker!
Rauntet ihr dies
8080 in eurem Rat?
Lehrt ihr mich Leiden,
wie keiner sie litt?
Schuft ihr mir Schmach,
wie nie sie geschmerzt?
8085 Ratet nun Rache,
wie nie sie gerast!
Zündet mir Zorn,
wie noch nie er gezähmt!
Heißet Brünnhild',
8090 ihr Herz zu zerbrechen,
den zu zertrümmern,
der sie betrog!

GUNTHER
Brünnhild', Gemahlin!
Mäß'ge dich!

BRÜNNHILDE
8095 Weich' fern, Verräter!
Selbst Verratner! –
Wisset denn alle:
nicht – ihm, –
dem Manne dort
8100 bin ich vermählt.

MANNEN und FRAUEN
Siegfried? Gutruns Gemahl?

BRÜNNHILDE
Er zwang mir Lust
und Liebe ab.

SIEGFRIED
Achtest du so
8105 der eignen Ehre?
Die Zunge, die sie lästert,
muß ich der Lüge sie zeihen? –
Hört, ob ich Treue brach!
Blutbrüderschaft
8110 hab' ich Gunther geschworen!
Nothung, das werte Schwert,
wahrte der Treue Eid;

mich trennte seine Schärfe
von diesem traurigen Weib.

BRÜNNHILDE

8115 Du listiger Held!
Sieh, wie du lügst, –
wie auf dein Schwert
du schlecht dich berufst!
Wohl kenn' ich seine Schärfe,
8120 doch kenn' auch die Scheide,
darin so wonnig
ruht' an der Wand
Nothung, der treue Freund,
als die Traute sein Herr sich gefreit.

DIE MANNEN
in lebhafter Entrüstung zusammentretend

8125 Wie? Brach er die Treue?
Trübte er Gunthers Ehre?

GUNTHER

Geschändet wär' ich,
schmählich bewahrt,
gäbst du die Rede
8130 nicht ihr zurück!

GUTRUNE

Treulos, Siegfried,
sannest du Trug?
Bezeuge, daß jene
falsch dich zeiht!

DIE MANNEN

8135 Reinige dich,
bist du im Recht:
schweige die Klage,
schwöre den Eid!

SIEGFRIED

Schweig' ich die Klage,
8140 schwör' ich den Eid:
wer von euch wagt
seine Waffe daran?

HAGEN

Meines Speeres Spitze
wag' ich daran:
8145 sie wahr' in Ehren den Eid.

Die MANNEN schließen einen Ring um SIEGFRIED; HAGEN
hält diesem die Spitze seines Speeres hin: SIEGFRIED legt zwei
Finger seiner rechten Hand darauf.

SIEGFRIED

Helle Wehr!
Heilige Waffe!
Hilf meinem ewigen Eide! –
Bei des Speeres Spitze
8150 sprech' ich den Eid:
Spitze, achte des Spruchs! –
Wo Scharfes mich schneidet,
schneide du mich;
wo der Tod mich soll treffen,
8155 treffe du mich:
klagte das Weib dort wahr,
brach ich dem Bruder die Treu'!

BRÜNNHILDE
tritt wütend in den Ring, reißt SIEGFRIEDS Hand vom Speere
und faßt dafür mit der ihrigen die Spitze

Helle Wehr!
Heilige Waffe!
8160 Hilf meinem ewigen Eide! –
Bei des Speeres Spitze
sprech' ich den Eid:
Spitze, achte des Spruchs! –
Ich weihe deine Wucht,
8165 daß sie ihn werfe;
deine Schärfe segne ich,
daß sie ihn schneide:
denn, brach seine Eide er all',
schwur Meineid jetzt dieser Mann!

DIE MANNEN
im höchsten Aufruhr

8170 Hilf, Donner!
Tose dein Wetter,
zu schweigen die wütende Schmach!

SIEGFRIED

Gunther, wehr deinem Weibe,
das schamlos Schande dir lügt! –
8175 Gönnt ihr Weil' und Ruh',
der wilden Felsen-Frau,
daß ihre freche Wut sich lege,
die eines Unholds
arge List
8180 wider uns alle erregt! –
Ihr Mannen, kehret euch ab,
laßt das Weiber-Gekeif'!
Als Zage weichen wir gern,
gilt es mit Zungen den Streit.

Dicht zu GUNTHER tretend

8185 Glaub, mehr zürnt es mich als dich,
daß ich sie schlecht getäuscht:
der Tarnhelm, dünkt mich fast,
hat halb mich nur gehehlt.
Doch Frauengroll
8190 friedet sich bald:
daß ich dir es gewann,
dankt dir gewiß noch das Weib.

Er wendet sich wieder zu den MANNEN

Munter, ihr Mannen!
folgt mir zum Mahl! –
8195 Froh zur Hochzeit
helfet, ihr Frauen! –
Wonnige Lust
lache nun auf:
in Hof und Hain
8200 heiter vor allen
sollt ihr heute mich sehn.
Wen die Minne freut,
meinem frohen Mute
tu es der Glückliche gleich!

Er schlingt in ausgelassenem Übermute seinen Arm um
GUTRUNE und zieht sie mit sich in die Halle: die MANNEN
und FRAUEN folgen ihm nach.
BRÜNNHILDE, GUNTHER und HAGEN bleiben zurück.
GUNTHER hat sich, in tiefer Scham und furchtbarer Verstim-
mung, mit verhülltem Gesicht abseits niedergesetzt.

FÜNFTE SZENE

BRÜNNHILDE
im Vordergrunde stehend und vor sich hin starrend

8205 Welches Unholds List
liegt hier verhohlen?
Welches Zaubers Rat
regte dies auf?
Wo ist nun mein Wissen
8210 gegen dies Wirrsal?
Wo sind meine Runen
gegen dies Rätsel?
Ach Jammer! Jammer!
Weh'! Ach Wehe!
8215 All mein Wissen
wies ich ihm zu:
in seiner Macht
hält er die Magd;
in seinen Banden
8220 faßt er die Beute,
die, jammernd ob ihrer Schmach,
jauchzend der Reiche verschenkt! –
Wer bietet mir nun das Schwert,
mit dem ich die Bande zerschnitt'?

HAGEN
dicht an sie heran tretend

8225 Vertraue mir,
betrogne Frau!
Wer dich verriet,
das räche ich.

BRÜNNHILDE
An wem?

HAGEN
8230 An Siegfried, der dich betrog.

BRÜNNHILDE
An Siegfried? ... Du?
Sie lacht bitter
Ein einz'ger Blick
seines blitzenden Auges
– das selbst durch die Lügengestalt
8235 leuchtend strahlte zu mir –,
deinen besten Mut
machte er bangen!

HAGEN
Doch meinem Speere
spart ihn sein Meineid?

BRÜNNHILDE
8240 Eid und Meineid –
müßige Acht!
Nach Stärkrem späh,
deinen Speer zu waffnen,
willst du den Stärksten bestehn!

HAGEN
8245 Wohl kenn' ich Siegfrieds
siegende Kraft,
wie schwer im Kampf er zu fällen:
drum raune nun du
mir klugen Rat,
8250 wie doch der Recke mir wich'?

BRÜNNHILDE
O Undank! Schändlicher Lohn!
Nicht eine Kunst
war mir bekannt,
die zum Heil nicht half seinem Leib!
8255 Unwissend zähmt' ihn
mein Zauberspiel,
das ihn vor Wunden nun gewahrt.

HAGEN
So kann keine Wehr ihm schaden?

BRÜNNHILDE
Im Kampfe nicht: – doch –
8260 träfst du im Rücken ihn.
Niemals – das wußt ich –
wich' er dem Feind,
nie reicht' er fliehend ihm den Rücken:
an ihm drum spart' ich den Segen.

HAGEN
8265 Und dort trifft ihn mein Speer!
Er wendet sich rasch zu GUNTHER um
Auf, Gunther,
edler Gibichung!
Hier steht dein starkes Weib:
was hängst du dort in Harm?

GUNTHER
leidenschaftlich auffahrend
8270 O Schmach!
O Schande!
Wehe mir,
dem jammervollsten Manne!

HAGEN
In Schande liegst du –
8275 leugn' ich das?

BRÜNNHILDE
O feiger Mann!
Falscher Genoß!
Hinter dem Helden
hehltest du dich,
8280 daß Preise des Ruhmes
er dir erränge!
Tief wohl sank
das teure Geschlecht,
das solche Zagen erzeugt!

GUNTHER
außer sich
8285 Betrüger ich – und betrogen!
Verräter ich – und verraten! –
Zermalmt mir das Mark,
zerbrecht mir die Brust!
Hilf, Hagen!
8290 Hilf meiner Ehre!
Hilf deiner Mutter,
die mich – auch ja gebar!

HAGEN
Dir hilft kein Hirn,
dir hilft keine Hand:
8295 dir hilft nur – Siegfrieds Tod!

GUNTHER
Siegfrieds Tod!

HAGEN
Nur der sühnt deine Schmach.

GUNTHER
von Grausen gepackt, vor sich hin starrend
Blutbrüderschaft
schwuren wir uns!

HAGEN
8300 Des Bundes Bruch
sühne nun Blut!

GUNTHER
Brach er den Bund?

HAGEN
Da er dich verriet.

GUNTHER
Verriet er mich?

BRÜNNHILDE
8305 Dich verriet er,
und mich verrietet ihr alle!
Wär' ich gerecht,
alles Blut der Welt
büßte mir nicht eure Schuld!
8310 Doch des Einen Tod
taugt mir für alle:
Siegfried falle –
zur Sühne für sich und euch!

HAGEN
nahe zu GUNTHER *gewendet*
Er falle – dir zum Heil!
8315 Ungeheure Macht wird dir,
gewinnst von ihm du den Ring,
den der Tod ihm wohl nur entreißt.

GUNTHER
Brünnhildes Ring?

HAGEN
Des Niblungen Reif.

GUNTHER
schwer seufzend
8320 So wär' es Siegfrieds Ende!

HAGEN
Uns allen frommt sein Tod.

GUNTHER
Doch Gutrune, ach,
der ich ihn gönnte:
straften den Gatten wir so,
8325 wie bestünden wir vor ihr?

BRÜNNHILDE
wild auffahrend
Was riet mir mein Wissen?
Was wiesen mich Runen?
Im hilflosen Elend
achtet mir's hell:
8330 Gutrune heißt der Zauber,
der den Gatten mir entzückt!
Angst treffe sie!

HAGEN
zu GUNTHER
Muß sein Tod sie betrüben,
verhehlt sei ihr die Tat.
8335 Auf muntres Jagen
ziehen wir morgen:
der Edle braust uns voran –
ein Eber bracht' ihn da um.

	GUNTHER		BRÜNNHILDE		HAGEN
8339	So soll es sein!				
8340	Siegfried falle!				
		8341	So soll es sein!		
		8342	Siegfried falle!		
8343	Sühn' er die Schmach,				
8344	die er mir schuf!				
				8345	Sterb' er dahin,
				8347	der strahlende Held!
		8346	Sühn' er die Schmach,		
		8348	die er mir schuf!		
				8349	Mein ist der Hort,
				8352	mir muß er gehören.
8350	Des Eides Treue	8351	Des Eides Treue		
8353	hat er getrogen:	8354	hat er getrogen:		
8355	mit seinem Blut	8356	mit seinem Blut		
8357	büß' er die Schuld!	8358	büß' er die Schuld!		
				8359	Drum sei der Reif
				8360	ihm entrissen.
8361	Allrauner!	8362	Allrauner!	8363	Alben-Vater!
8364	Rächender Gott!	8365	Rächender Gott!	8366	Gefallner Fürst!
8367	Schwurwissender	8368	Schwurwissender	8369	Nacht-Hüter!
8370	Eideshort!	8371	Eideshort!	8372	Niblungen-Herr!
8373	Wotan!	8374	Wotan!	8375	Alberich!
8376	Wende dich her!	8377	Wende dich her!	8378	Achte auf mich!
8379	Weise die schrecklich	8380	Weise die schrecklich	8381	Weise von neuem
8382	heilige Schar,	8383	heilige Schar,	8384	der Niblungen Schar,
8385	hieher zu horchen	8386	hieher zu horchen	8387	dir zu gehorchen,
8388	dem Racheschwur!	8389	dem Racheschwur!	8390	des Ringes Herrn!

Als GUNTHER mit BRÜNNHILDE heftig sich der Halle zuwendet, tritt ihnen der herausschreitende Brautzug entgegen. Knaben und Mädchen, Blumenstäbe schwingend, springen lustig voraus; SIEGFRIED wird auf einem Schilde, GUTRUNE auf einem Sitze von den Männern getragen. – Zugleich führen Knechte und Mägde, auf den verschiedenen Pfaden des felsigen Hintergrundes, Schlachtgeräte und Opfertiere (einen Stier, einen Widder und einen Bock) zu den Weihsteinen, welche die Frauen mit Blumen schmücken, herbei. – SIEGFRIED und die Männer blasen auf ihren Hörnern den Hochzeitsruf. – Die Frauen fordern BRÜNNHILDE auf, sie an GUTRUNES Seite zu geleiten. – BRÜNNHILDE blickt starr zu GUTRUNE auf, welche ihr jetzt freundlich winkt. Als BRÜNNHILDE heftig zurücktreten will, tritt HAGEN rasch dazwischen und drängt sie an GUNTHER, der ihre Hand von neuem erfaßt und sie den Frauen zuführt, worauf er selbst von den Männern sich erheben läßt. Während der Zug, kaum unterbrochen, schnell der Anhöhe zu sich wieder in Bewegung setzt, fällt der Vorhang.

DRITTER AUFZUG

ERSTE SZENE

Wildes Wald- und Felsental
am Rheine, welcher im Hintergrunde an einem steilen Abhange
vorbei fließt.

DIE DREI RHEINTÖCHTER
WOGLINDE, WELLGUNDE und FLOSSHILDE tauchen aus
der Flut auf und schwimmen während des folgenden Gesanges
in einem Kreise umher

    Frau Sonne
sendet lichte Strahlen;
Nacht liegt in der Tiefe:
    einst war sie hell,
8395   da heil und hehr
des Vaters Gold noch in ihr glänzte!
    Rhein-Gold,
    klares Gold!
Wie hell du einstens strahltest,
8400 hehrer Stern der Tiefe!
    Weialala leia,
    wallala leialala.
Frau Sonne,
sende uns den Helden,
8405 der das Gold uns wieder gäbe!
    Ließ' er es uns,
dein lichtes Auge
neideten dann wir nicht länger.
    Rhein-Gold,
8410   klares Gold!
Wie froh du dann strahltest,
freier Stern der Tiefe!
    Man hört SIEGFRIEDS Horn von der Höhe her.

WOGLINDE
Ich höre sein Horn.

WELLGUNDE
Der Helde naht.

FLOSSHILDE
8415 Laßt uns beraten!
    Sie tauchen schnell in die Flut. SIEGFRIED erscheint auf dem
    Abhange in vollen Waffen.

SIEGFRIED
Ein Albe führte mich irr,
daß ich die Fährte verlor: –
He Schelm! In welchem Berg
bargst du schnell mir das Wild?

DIE DREI RHEINTÖCHTER
wieder auftauchend
8420 Siegfried!

FLOSSHILDE
Was schiltst du so in den Grund?

WELLGUNDE
Welchem Alben bist du gram?

WOGLINDE
Hat dich ein Nicker geneckt?

ALLE DREI
Sag es, Siegfried! Sag es uns!

SIEGFRIED
sie lächelnd betrachtend
8425 Entzücket ihr zu euch
den zottigen Gesellen,
der mir verschwand?
Ist's euer Friedel,
euch lustigen Frauen
8430 lass' ich ihn gern.
    Die MÄDCHEN lachen laut auf.

WOGLINDE
Siegfried, was gibst du uns,
wenn wir das Wild dir gönnen?

SIEGFRIED
Noch bin ich beutelos:
so bittet, was ihr begehrt.

WELLGUNDE
8435 Ein goldner Ring
glänzt dir am Finger –

DIE DREI MÄDCHEN
zusammen
Den gib uns!

SIEGFRIED
Einen Riesenwurm
erschlug ich um den Reif:
8440 für eines schlechten Bären Tatzen
böt' ich ihn nun zum Tausch?

WOGLINDE
Bist du so karg?

WELLGUNDE
So geizig beim Kauf?

FLOSSHILDE
Freigebig
8445 solltest Frauen du sein.

SIEGFRIED
Verzehrt' ich an euch mein Gut,
dess' zürnte mir wohl mein Weib.

FLOSSHILDE
Sie ist wohl schlimm?

WELLGUNDE
Sie schlägt dich wohl?

WOGLINDE
8450 Ihre Hand fühlt schon der Held!
    Sie lachen.

SIEGFRIED
Nun lacht nur lustig zu!
In Harm lass' ich euch doch:
denn giert ihr nach dem Ring,
euch Nickern geb' ich ihn nie.

FLOSSHILDE
8455 So schön!
WELLGUNDE
So stark!
WOGLINDE
So gehrenswert!
DIE DREI
zusammen
Wie schade, daß er geizig ist!
Sie lachen und tauchen unter.
SIEGFRIED
tiefer in den Grund hinabsteigend
Wie leid' ich doch
8460 das karge Lob?
Lass' ich so mich schmähn?
Kämen sie wieder
zum Wasserrand,
den Ring könnten sie haben. –
8465 He he! Ihr muntren
Wasserminnen!
Kommt rasch: ich schenk' euch den Ring!
DIE DREI RHEINTÖCHTER
tauchen wieder auf und zeigen sich ernst und feierlich
Behalt ihn, Held,
und wahr' ihn wohl,
8470 bis du das Unheil errätst,
das in dem Ring du hegst.
Froh fühlst du dich dann,
befrein wir dich von dem Fluch.
SIEGFRIED
gelassen den Ring wieder ansteckend
So singet, was ihr wißt!
DIE RHEINTÖCHTER
einzeln und zusammen
8475 Siegfried! Siegfried! Siegfried!
Schlimmes wissen wir dir.
Zu deinem Unheil
wahrst du den Ring!
Aus des Rheines Gold
8480 ist der Reif geglüht:
der ihn listig geschmiedet
und schmählich verlor,
der verfluchte ihn,
in fernster Zeit
8485 zu zeugen den Tod
dem, der ihn trüg'.
Wie den Wurm du fälltest,
so fällst auch du,
und heute noch
8490 – so heißen wir's dir: –
tauschest den Ring du uns nicht,
im tiefen Rhein ihn zu bergen.
Nur seine Flut
sühnet den Fluch.
SIEGFRIED
8495 Ihr listigen Frauen,
laßt das frei!
Traut' ich kaum eurem Schmeicheln,
euer Drohen schreckt mich noch minder.
DIE RHEINTÖCHTER
Siegfried! Siegfried!
8500 Wir weisen dich wahr:
weiche! Weiche dem Fluch!
Ihn flochten nächtlich
webende Nornen
in des Urgesetzes Seil.
SIEGFRIED
8505 Mein Schwert zerschwang einen Speer: –
des Urgesetzes
ewiges Seil,
flochten sie wilde
Flüche hinein,
8510 Nothung zerhaut es den Nornen!
Wohl warnte mich einst
vor dem Fluch ein Wurm,
doch das Fürchten lehrt' er mich nicht; –
der Welt Erbe
8515 gewänne mir der Ring:
für der Minne Gunst
miss' ich ihn gern;
ich geb' ihn euch, gönnt ihr mir Lust.
Doch bedroht ihr mir Leben und Leib:
8520 faßte er nicht
eines Fingers Wert –
den Reif entringt ihr mir nicht!
Denn Leben und Leib
seht! – So
8525 werf' ich sie weit von mir!
Er hat eine Erdscholle vom Boden aufgehoben und mit den letzten Worten sie über sein Haupt hinter sich geworfen.
DIE RHEINTÖCHTER
Kommt, Schwestern!
Schwindet dem Toren!
So weise und stark
verwähnt sich der Held,
8530 als gebunden und blind er doch ist.
Eide schwur er –
und achtet sie nicht;
Runen weiß er –
und rät sie nicht;
8535 ein hehrstes Gut
ward ihm gegönnt –
daß er's verworfen,
weiß er nicht:
nur den Ring, der zum Tod ihm taugt –
8540 den Reif nur will er sich wahren!
Leb wohl, Siegfried!
Ein stolzes Weib
wird noch heut dich Argen beerben:
sie beut uns bessres Gehör.
8545 Zu ihr! Zu ihr! Zu ihr!
Weialala leia,
wallala leialala.
Sie schwimmen singend davon.

SIEGFRIED
sieht ihnen lächelnd nach
Im Wasser wie am Lande
lernte nun ich Weiberart:
8550 wer nicht ihrem Schmeicheln traut,
den schrecken sie mit Drohen;
wer dem nun kühnlich trotzt,
dem kommt dann ihr Keifen dran.
Und doch –
8555 trüg' ich nicht Gutrun' Treu',
der zieren Frauen eine
hätt' ich mir frisch gezähmt!
Jagdhornrufe kommen von der Höhe näher: SIEGFRIED antwortet lustig auf seinem Horne.

ZWEITE SZENE

GUNTHER, HAGEN und MANNEN kommen während des Folgenden von der Höhe herab.

HAGENS STIMME
noch auf der Höhe
Hoiho!

MANNEN
Hoiho! Hoiho!

SIEGFRIED
8560 Hoiho! Hoiho! Hoihe!

HAGEN
Finden wir endlich,
wohin du flogest?

SIEGFRIED
Kommt herab! Hier ist's frisch und kühl.

HAGEN
Hier rasten wir
8565 und rüsten das Mahl.
Laßt ruhn die Beute
und bietet die Schläuche!
Jagdbeute wird zuhauf gelegt; Trinkhörner und Schläuche werden hervorgeholt. Dann lagert sich alles.

HAGEN
Der uns das Wild verscheuchte,
nun sollt ihr Wunder hören,
8570 was Siegfried sich erjagt.

SIEGFRIED
lachend
Schlimm steht es um mein Mahl:
von eurer Beute
bitte ich für mich.

HAGEN
Du beutelos?

SIEGFRIED
8575 Auf Waldjagd zog ich aus,
doch Wasserwild zeigte sich nur:
war ich dazu recht beraten,
drei wilde Wasservögel
hätt' ich euch wohl gefangen,
8580 die dort auf dem Rhein mir sangen,
erschlagen würd' ich noch heut.
GUNTHER erschrickt und blickt düster auf Hagen

HAGEN
Das wäre üble Jagd,
wenn den Beutelosen selbst
ein lauernd Wild erlegte!

SIEGFRIED
8585 Mich dürstet!
Er hat sich zwischen HAGEN und GUNTHER gelagert; gefüllte Trinkhörner werden ihnen gereicht.

HAGEN
Ich hörte sagen, Siegfried,
der Vögel Sanges-Sprache
verstündest du wohl:
so wäre das wahr?

SIEGFRIED
8590 Seit lange acht' ich
des Lallens nicht mehr.
Er trinkt und reicht dann sein Horn GUNTHER
Trink, Gunther, trink!
Dein Bruder bringt es dir.

GUNTHER
gedankenvoll und schwermütig in das Horn blickend
Du mischtest matt und bleich: –
8595 dein Blut allein darin!

SIEGFRIED
lachend
So misch es mit dem deinen!
Er gießt aus GUNTHERS Horn in das seine, so daß es überläuft
Nun floß gemischt es über:
der Mutter Erde
laß das ein Labsal sein!

GUNTHER
seufzend
8600 Du überfroher Held!

SIEGFRIED
leise zu HAGEN
Ihm macht Brünnhilde Müh'?

HAGEN
Verstünd' er sie so gut,
wie du der Vögel Sang!

SIEGFRIED
Seit Frauen ich singen hörte,
8605 vergaß ich der Vöglein ganz.

HAGEN
Doch einst vernahmst du sie?

SIEGFRIED
Hei! Gunther!
Grämlicher Mann!
Dankst du es mir,

8610 so sing' ich dir Mären
aus meinen jungen Tagen.

GUNTHER
Die hör' ich gern.

HAGEN
So singe, Held!
Alle lagern sich nahe um SIEGFRIED, *welcher allein aufrecht
sitzt, während die anderen tiefer gestreckt liegen.*

SIEGFRIED
Mime hieß
8615 ein mürrischer Zweg;
in des Neides Zwang
zog er mich auf,
daß einst das Kind,
wann kühn es erwuchs,
8620 einen Wurm ihm fällt' im Wald,
der faul dort hütet' einen Hort.
Er lehrte mich schmieden
und Erze schmelzen:
doch was der Künstler
8625 selber nicht konnt',
des Lehrling's Mute
mußt' es gelingen –
eines zerschlagnen Stahles Stücke
neu zu schweißen zum Schwert.
8630 Des Vaters Wehr
fügt' ich mir neu;
nagelfest
schuf ich mir Nothung;
tüchtig zum Kampf
8635 dünkt' er dem Zwerg:
der führte mich nun zum Wald;
dort fällt' ich Fafner, den Wurm.
Jetzt aber merkt
wohl auf die Mär:
8640 Wunder muß ich euch melden.
Von des Wurmes Blut
mir brannten die Finger;
sie führt' ich kühlend zum Mund:
kaum netzt' ein wenig
8645 die Zunge das Naß, –
was da die Vöglein sangen,
das konnt' ich flugs verstehn.
Auf den Ästen saß es und sang: –
»Hei, Siegfried gehört nun
8650 der Niblungen Hort:
o fänd' in der Höhle
den Hort er jetzt!
Wollt' er den Tarnhelm gewinnen,
der taugt' ihm zu wonniger Tat:
8655 doch möcht' er den Ring sich erraten,
der macht' ihn zum Walter der Welt!«

HAGEN
Ring und Tarnhelm
trugst du nun fort?

EIN MANNE
Das Vöglein hörtest du wieder?

SIEGFRIED
8660 Ring und Tarnhelm
hatt' ich gerafft;
da lauscht' ich wieder
dem wonnigen Laller;
der saß im Wipfel und sang: –
8665 »Hei, Siegfried gehört nun
der Helm und der Ring:
o traute er Mime,
dem Treulosen, nicht!
Ihm sollt' er den Hort nur erheben;
8670 nun lauert er listig am Weg:
nach dem Leben trachtet er Siegfried –
o traute Siegfried nicht Mime!«

HAGEN
Es mahnte dich gut?

DIE MANNEN
Vergaltest du Mime?

SIEGFRIED
8675 Mit tödlichem Tranke
trat er zu mir;
bang und stotternd
gestand er mir Böses:
Nothung streckte den Strolch.

HAGEN
lachend
8680 Was nicht er geschmiedet,
schmeckte doch Mime!

DIE MANNEN
Was wies das Vöglein dich wieder?

HAGEN
nachdem er den Saft eines Krautes in das Trinkhorn ausgedrückt
Trink erst, Held,
aus meinem Horn:
8685 ich würzte dir holden Trank,
die Erinnerung hell dir zu wecken,
daß Fernes nicht dir entfalle!

SIEGFRIED
nachdem er getrunken
In Leid zu dem Wipfel
lauscht' ich hinauf;
8690 da saß es noch und sang: –
»Hei, Siegfried erschlug nun
den schlimmen Zwerg!
Jetzt wüßt' ich ihm noch
das herrlichste Weib:
8695 auf hohem Felsen sie schläft,
Feuer umbrennt ihren Saal;
durchschritt' er die Brunst,
weckt' er die Braut,
Brünnhilde wäre dann sein!«
GUNTHER *hört mit wachsendem Erstaunen zu.*

HAGEN
8700 Und folgtest du
des Vögleins Rate?

Siegfried

Rasch ohne Zögern
zog ich nun aus,
8705 bis den feurigen Fels ich traf;
die Lohe durchschritt ich
und fand zum Lohn –
schlafend ein wonniges Weib
in lichter Waffen Gewand.
Den Helm löst' ich
8710 der herrlichen Maid;
mein Kuß erweckte sie kühn: –
o wie mich brünstig da umschlang
der schönen Brünnhilde Arm!

Gunther

Was hör' ich!

Zwei Raben fliegen aus einem Busche auf, kreisen über Siegfried *und fliegen davon.*

Hagen

8715 Errätst du auch
dieser Raben Geraun'?

Siegfried *fährt heftig auf und blickt,* Hagen *den Rücken wendend, den Raben nach.*

Hagen

Rache rieten sie mir!

Er stößt seinen Speer in Siegfrieds *Rücken:* Gunther *fällt ihm – zu spät – in den Arm.*

Die Mannen

Hagen, was tust du?
Was tatest du?

Gunther

8720 Hagen, was tatest du?

Siegfried *schwingt mit beiden Händen seinen Schild hoch empor,* Hagen *damit zu zerschmettern: die Kraft verläßt ihn, der Schild entsinkt seiner Hand; er selbst stürzt krachend über ihm zusammen.*

Hagen

Auf den zu Boden Gestreckten deutend

Meineid rächt' ich!

Er wendet sich ruhig zur Seite ab und verliert sich dann einsam über die Höhe, wo man ihn langsam von dannen schreiten sieht. – Gunther *beugt sich schmerzergriffen zu* Siegfrieds *Seite nieder. Die* Mannen *umstehen teilnahmvoll den Sterbenden. Lange Stille der tiefsten Erschütterung. Dämmerung ist bereits mit der Erscheinung der Raben eingebrochen.*

Siegfried

noch einmal die Augen glanzvoll aufschlagend, mit feierlicher Stimme beginnend

Brünnhilde –
heilige Braut –
wach auf! Öffne dein Auge! –
8725 Wer verschloß dich
wieder in Schlaf?
Wer band dich in Schlummer so bang? –
Der Wecker kam;
er küßt dich wach,
8730 und aber der Braut
bricht er die Bande: –
da lacht ihm Brünnhildes Lust! –
Ach, dieses Auge,
ewig nun offen! –
8735 Ach, dieses Atems
wonniges Wehen! –
Süßes Vergehen –
seliges Grauen –
Brünnhild' bietet mir – Gruß!

Er stirbt.
Die Mannen *erheben die Leiche auf den Schild und geleiten sie in feierlichem Zuge über die Felsenhöhe langsam von dannen.* Gunther *folgt der Leiche zunächst. – Der Mond bricht durch Wolken hervor und beleuchtet auf der Höhe den Trauerzug. – Dann steigen Nebel aus dem Rheine auf und erfüllen allmählich die ganze Bühne bis nach vornen. – Sobald sich dann die Nebel wieder zerteilen, ist die Szene verwandelt.*

DRITTE SZENE

Die Halle der Gibichungen
mit dem Uferraume, wie im ersten Aufzuge. – Nacht. Mondschein spiegelt sich im Rhein.
Gutrune *tritt aus ihrem Gemach in die Halle heraus.*

Gutrune

8740 War das sein Horn?

Sie lauscht

Nein! – Noch
kehrt er nicht heim. –
Schlimme Träume
störten mir den Schlaf! –
8745 Wild wieherte sein Roß: –
Lachen Brünnhildes
weckte mich auf. – –
Wer war das Weib,
das ich zum Ufer schreiten sah? –
8750 Ich fürchte Brünnhild'! –
Ist sie daheim?

Sie lauscht an einer Türe rechts und ruft dann leise:

Brünnhild'! Brünnhild'!
Bist du wach?

Sie öffnet schüchtern und blickt hinein

Leer das Gemach! – –
8755 So war es sie,
die ich zum Rheine schreiten sah? –

Sie erschrickt und lauscht nach der Ferne

War das sein Horn? –
Nein! –
Öd' alles! – –
8760 Säh' ich Siegfried nur bald!

Sie will sich wieder ihrem Gemache zuwenden: als sie jedoch Hagens *Stimme vernimmt, hält sie an und bleibt, von Furcht gefesselt, eine Zeit lang unbeweglich stehen.*

Hagens Stimme

von außen sich nähernd

Hoiho! Hoiho!
Wacht auf! Wacht auf!
Lichte! Lichte!
Helle Brände!
8765 Jagdbeute

bringen wir heim.
Hoiho! Hoiho!
Licht und wachsender Feuerschein von außen.

HAGEN
in die Halle tretend

Auf! Gutrun'!
Begrüße Siegfried!
8770 Der starke Held,
er kehret heim.
MANNEN und FRAUEN, mit Lichten und Feuerbränden, begleiten in großer Verwirrung den Zug der mit SIEGFRIEDS Leiche Heimkehrenden, unter denen GUNTHER.

GUTRUNE
in großer Angst

Was geschah, Hagen?
Nicht hört' ich sein Horn!

HAGEN

Der bleiche Held,
8775 nicht bläst er es mehr;
nicht stürmt er zur Jagd,
zum Streite nicht mehr,
noch wirbt er um wonnige Frauen!

GUTRUNE
mit wachsendem Entsetzen

Was bringen die?

HAGEN

8780 Eines wilden Ebers Beute:
Siegfried, deinen toten Mann!
GUTRUNE schreit auf und stürzt über die Leiche hin, welche in der Mitte der Halle niedergesetzt ist. – Allgemeine Erschütterung und Trauer.

GUNTHER
indem er die Ohnmächtige aufzurichten sucht

Gutrun'! Holde Schwester!
Hebe dein Auge!
Schweige mir nicht!

GUTRUNE
wieder zu sich kommend

8785 Siegfried! – Siegfried erschlagen!
Sie stößt GUNTHER heftig zurück
Fort, treuloser Bruder!
Du Mörder meines Mannes!
O Hilfe! Hilfe!
Wehe! Wehe!
8790 Sie haben Siegfried erschlagen!

GUNTHER

Nicht klage wider mich!
Dort klage wider Hagen:
er ist der verfluchte Eber,
der diesen Edlen zerfleischt'.

HAGEN

8795 Bist du mir gram darum?

GUNTHER

Angst und Unheil
greife dich immer!

HAGEN
mit furchtbarem Trotze herantretend

Ja denn! Ich hab' ihn erschlagen:
ich – Hagen –
8800 schlug ihn zu Tod!
Meinem Speer war er gespart,
bei dem er Meineid sprach.
Heiliges Beute-Recht
hab' ich mir nun errungen:
8805 drum fordr' ich hier diesen Ring.

GUNTHER

Zurück! Was mir verfiel,
sollst nimmer du empfahn.

HAGEN

Ihr Mannen, richtet mein Recht!

GUNTHER

Rührst du an Gutrunes Erbe,
8810 schamloser Albensohn?

HAGEN
sein Schwert ziehend

Des Alben Erbe
fordert so – sein Sohn!
Er dringt auf GUNTHER ein; dieser wehrt sich: sie fechten. Die MANNEN werfen sich dazwischen. GUNTHER fällt von einem Streiche HAGENS tot darnieder.

HAGEN

Her den Ring!
Er greift nach SIEGFRIEDS Hand: diese hebt sich drohend empor. Allgemeines Entsetzen. GUTRUNE und die FRAUEN schreien laut auf.
Vom Hintergrunde her schreitet BRÜNNHILDE fest und feierlich dem Vordergrunde zu.

BRÜNNHILDE
noch im Hintergrunde

Schweigt eures Jammers
8815 jauchzenden Schwall!
Das ihr alle verrietet,
zur Rache schreitet sein Weib.
Sie schreitet ruhig weiter vor
Kinder hört' ich
greinen nach der Mutter,
8820 da süße Milch sie verschüttet:
doch nicht erklang mir
würdige Klage,
des hehrsten Helden wert.

GUTRUNE

Brünnhilde! Neid-Erboste!
8825 Du brachtest uns diese Not!
Die du die Männer ihm verhetztest,
weh', daß du dem Haus genaht!

BRÜNNHILDE

Armselige, schweig!
Sein Eheweib warst du nie:
8830 als Buhlerin
bandest du ihn.
Sein Mannes-Gemahl bin ich,
der ewige Eide er schwur,
eh' Siegfried je dich ersah.

GUTRUNE

in heftigster Verzweiflung

8835 Verfluchter Hagen!
Daß du das Gift mir rietest,
das ihr den Gatten entrückt!
Ach, Jammer!
Wie jäh nun weiß ich's,
8840 Brünnhild' war die Traute,
die durch den Trank er vergaß!

Sie wendet sich voll Scheu von Siegfried ab und beugt sich in Schmerz aufgelöst über Gunthers Leiche; so verbleibt sie regungslos bis an das Ende. – Langes Schweigen.
HAGEN steht, auf Speer und Schild gelehnt, in finsteres Sinnen versunken, trotzig auf der äußersten anderen Seite.

BRÜNNHILDE

allein in der Mitte: nachdem sie lange, zuerst mit tiefer Erschütterung, dann mit fast überwältigender Wehmut das Angesicht Siegfrieds betrachtet, wendet sie sich mit feierlicher Erhebung an die Männer und Frauen

Starke Scheite
schichtet mir dort
am Rande des Rheins zu Hauf:
8845 hoch und hell
lodre die Glut,
die den edlen Leib
des hehrsten Helden verzehrt! –
Sein Roß führet daher,
8850 daß mit mir dem Recken es folge:
denn des Helden heiligste
Ehre zu teilen,
verlangt mein eigener Leib. –
Vollbringt Brünnhildes Wort!

Die jüngeren Männer errichten während des Folgenden vor der Halle, nahe am Rheinufer, einen mächtigen Scheithaufen: Frauen schmücken ihn mit Decken, auf die sie Kräuter und Blumen streuen. BRÜNNHILDE, *von neuem in den Anblick der Leiche versunken:*

8855 Wie die Sonne lauter
strahlt mir sein Licht:
der Reinste war er,
der mich verriet!
Die Gattin trügend
8860 – treu dem Freunde –
von der eignen Trauten
– einzig ihm teuer –
schied er sich durch sein Schwert. –
Echter als er
8865 schwur keiner Eide;
treuer als er
hielt keiner Verträge;
lautrer als er
liebte kein andrer:
8870 und doch, alle Eide,
alle Verträge,
die treueste Liebe –
trog keiner wie er! –
Wißt ihr, wie das ward?
8875 O ihr, der Eide
heilige Hüter!
Lenkt euren Blick
auf mein blühendes Leid:
erschaut eure ewige Schuld!
8880 Meine Klage hör,
du hehrster Gott!
Durch seine tapferste Tat,
dir so tauglich erwünscht,
weihtest du den,
8885 der sie gewirkt,
dem Fluche, dem du verfielest:
mich – mußte
der Reinste verraten,
daß wissend würde ein Weib! –
8890 Weiß ich nun, was dir frommt? –
Alles! Alles!
Alles weiß ich:
alles ward mir nun frei!
Auch deine Raben
8895 hör' ich rauschen:
mit bang ersehnter Botschaft
send' ich die beiden nun heim.
Ruhe! Ruhe, du Gott! –

Sie winkt den Mannen, Siegfrieds Leiche aufzuheben und auf das Scheitgerüste zu tragen; zugleich zieht sie von Siegfrieds Finger den Ring, betrachtet ihn während des Folgenden und steckt ihn endlich an ihre Hand

Mein Erbe nun
8900 nehm' ich zu eigen. –
Verfluchter Reif!
Furchtbarer Ring!
Dein Gold faß' ich
und geb' es nun fort.
8905 Der Wassertiefe
weise Schwestern,
des Rheines schwimmende Töchter,
euch dank' ich redlichen Rat!
Was ihr begehrt,
8910 ich geb' es euch:
aus meiner Asche
nehmt es zu eigen!
Das Feuer, das mich verbrennt,
rein'ge vom Fluche den Ring:
8915 ihr in der Flut
löset ihn auf,
und lauter bewahrt
das lichte Gold,
das euch zum Unheil geraubt. –

A1 Daß ewig deine Macht sei,	B1 Nur einer herrsche:	C 1 Selige Sühnung
A2 führ' ich dir diesen zu:	B2 Allvater! Herrlicher du!	C 2 ersah ich den hehren
A3 empfange ihn wohl,	B3 Freue dich des freiesten Helden!	C 3 heilig ewigen
A4 er ist dess' wert!	B4 Siegfried führ' ich dir zu:	C 4 einigen Göttern!
	B5 biet' ihm minnlichen Gruß,	C 5 Freuet euch
	B6 dem Bürgen ewiger Macht!	C 6 des freiesten Helden!
		C 7 Göttlichem Brudergruß
		C 8 führt seine Braut ihn zu!
		C 9 Machtlos scheidet,
		C10 die die Schuld nun meidet.
		C11 Eurer Schuld entsproß der froheste [Held,
		C12 dessen freie Tat sie getilgt:
		C13 erspart ist euch der bange Kampf
		C14 um eure endende Macht:
		C15 Erbleichet in Wonne vor des [Menschen Tat,
		C16 vor dem Helden, den ihr gezeugt!
		C17 Aus eurer bangen Frucht
		C18 verkünd' ich euch selige Todes- [erlösung!

Sie wendet sich nach hinten, wo Siegfrieds Leiche bereits auf dem Gerüste ausgestreckt liegt, und entreißt einem Manne den mächtigen Feuerbrand.

8920 Fliegt heim, ihr Raben!
Raunt es eurem Herrn,
was hier am Rhein ihr gehört!
An Brünnhildes Felsen
fahret vorbei:
8925 der dort noch lodert,
weiset Loge nach Walhall!
Denn der Götter Ende
dämmert nun auf:
so – werf' ich den Brand
8930 in Walhalls prangende Burg.

Sie schleudert den Brand in den Holzstoß, der sich schnell hell entzündet. Zwei Raben sind vom Ufer aufgeflogen und verschwinden nach dem Hintergrunde zu.

D 1 Ihr, blühenden Lebens
bleibend Geschlecht:
was ich nun euch melde,
merket es wohl! –
D 5 Saht ihr vom zündenden Brand
Siegfried und Brünnhild' verzehrt;
saht ihr des Rheines Töchter
zur Tiefe entführen den Ring:
nach Norden dann
D10 blickt durch die Nacht!
Erglänzt dort am Himmel
ein heiliges Glühn,
so wisset all' –
daß ihr Walhalls Ende gewahrt! –
D15 Verging wie Hauch
der Götter Geschlecht,
lass' ohne Walter
die Welt ich zurück:
meines heiligsten Wissens Hort
D20 weis' ich der Welt nun zu. –
Nicht Gut, nicht Gold,
noch göttliche Pracht;
nicht Haus, nicht Hof,
noch herrischer Prunk:
D25 nicht trüber Verträge
trügender Bund,
noch heuchelnder Sitte
hartes Gesetz:
selig in Lust und Leid
D30 läßt – die Liebe nur sein! –

E 1 Führ' ich nun nicht mehr
nach Walhalls Feste,
wißt ihr, wohin ich fahre?
Aus Wunschheim zieh' ich fort,
E 5 Wahnheim flieh' ich auf immer;
des ew'gen Werdens
offne Tore
schließ' ich hinter mir zu:
nach dem wunsch- und wahnlos
E10 heiligsten Wahlland,
der Welt-Wanderung Ziel,
von Wiedergeburt erlöst,
zieht nun die Wissende hin.
Alles Ew'gen
E15 sel'ges Ende,
wißt ihr, wie ich's gewann?
Trauernder Liebe
tiefstes Leiden
schloß die Augen mir auf:
E20 enden sah ich die Welt. –

Junge Männer führen das Roß herein; Brünnhilde faßt es und entzäumt es schnell

Grane, mein Roß,
sei mir gegrüßt!
Weißt du auch, mein Freund,
wohin ich dich führe?
8935 Im Feuer leuchtend
liegt dort dein Herr,
Siegfried, mein seliger Held.
Dem Freunde zu folgen,
wieherst du freudig?
8940 Lockt dich zu ihm
die lachende Lohe? –
Fühl meine Brust auch,
wie sie entbrennt;
helles Feuer
8945 das Herz mir erfaßt:
ihn zu umschlingen,
umschlossen von ihm,
in mächtigster Minne
vermählt ihm zu sein! –
8950 Heiaho! Grane!
Grüß deinen Herren!
Siegfried! Siegfried! Sieh!
Selig grüßt dich dein Weib!

Sie hat sich stürmisch auf das Roß geschwungen und sprengt es mit einem Satze in den brennenden Scheithaufen. Sogleich steigt prasselnd der Brand hoch auf, so daß das Feuer den ganzen Raum vor der Halle erfüllt und diese selbst schon zu ergreifen scheint. Entsetzt drängen sich die Frauen nach den Vordergrunde. Plötzlich bricht das Feuer zusammen, so daß nur noch eine düstre Glutwolke über der Stätte schwebt; diese steigt auf und zerteilt sich ganz: der Rhein ist vom Ufer her mächtig angeschwollen und wälzt seine Flut über die Brandstätte bis an die Schwelle der Halle. Auf den Wogen sind die drei RHEINTÖCHTER herbeigeschwommen. – HAGEN, der seit dem Vorgange mit dem Ringe in wachsender Angst BRÜNNHILDES Benehmen beobachtet hat, gerät beim Anblicke der RHEINTÖCHTER in höchsten Schreck; er wirft hastig Speer, Schild und Helm von sich und stürzt wie wahnsinnig mit dem Rufe:

8954 Zurück vom Ringe!

sich in die Flut. WOGLINDE und WELLGUNDE umschlingen mit ihren Armen seinen Nacken und ziehen ihn so zurückschwimmend mit sich in die Tiefe: FLOSSHILDE, ihnen voran, hält jubelnd den gewonnenen Ring in die Höhe. – Am Himmel bricht zugleich von fern her eine, dem Nordlicht ähnliche, rötliche Glut aus, die sich immer weiter und stärker verbreitet. – Die Männer und Frauen schauen in sprachloser Erschütterung dem Vorgange und der Erscheinung zu.
Der Vorhang fällt.

Richard Wagner

Der Ring des Nibelungen

Kommentar

von

Herbert Huber

Meiner Frau

bei dir ist
Gott verborgen,
der Gott Israels

Jesaja 45, 15

Vorabend:

Das Rheingold

Erste Szene

Vor 1: Im »Nibelungen-Mythus« bezeichnet Wagner die Rheintöchter als »Töchter der Wassertiefe« und als »*Meer*frauen« (GSD II 163), während sie im »Ring« ganz dem Rhein angehören. In der Thidrekssaga ist die Quelle für beides zu finden: »Diese *Meer*frauen waren aus dem *Rhein* in dieses Wasser [einen Teich] gegangen« (Thule XXII 389). Solche »Meerweiber« kennt auch das Nibelungenlied (NL 1533–1548; →8578).

1: Das erste Wort erinnert an gotisch »waian« = wehen (Duden VII 757). Althochdeutsch »wag« besagt »bewegtes Wasser, Fluß, See« (Duden VII 769). Bei Wagner wird hier »Waga« daraus; →215.

2: »Wogen« ist das seit dem 18. Jahrhundert bezeugte Verbum zu der mit »wag« (→1) verwandten »Woge«. Dieses Wort ist durch Luthers Bibelübersetzung in dieser Form schriftsprachlich geworden und heißt ebenfalls »bewegtes Wasser« (Duden VII 769).
»Welle« bedeutet althochdeutsch (wella) »Wasserwoge« (Duden VII 760).

3: »Wallen« ist mit »Welle« (→2) verwandt (Duden VII 760) und besagt »sprudeln, bewegt fließen«. Das Wasser wird hier fließend zur »Wiege«, d.h. zur Woge (womit »Wiege« über »bewegen« verwandt ist: Duden VII 64, 765, 769), auf (→vor 8391) und in welcher die Rheintöchter sich bewegen. »Wiege« ist »das sich Bewegende, Schwingende« (Duden VII 765).

4f: Lautmalende Wiederholung und Abwandlung von Silben und Wörtern aus den Versen 1 bis 3. Für »weiala weia« gibt Gregor-Dellin (386) folgende Erklärung: »eine Lauterinnerung an das altenglische Gedicht ›Sir Tristrem‹ nach Thomas von Erceldoune, in dem es von Ysoulde heißt: ›Sche seyd: wayleway!‹«
Für unsere Ohren klingen die gegenwärtig ungebräuchlichen Worte der Verse 1 bis 3 ebenfalls lautmalerisch. Damit aber kommt dem Gesang der Rheintöchter eine vermittelnde Zwischenstellung zwischen der zu Beginn allein erklingenden Musik und dem erst ab Vers 6 deutlich an den Tag kommenden menschlichen sinnvollen Sprechen zu. Die unbewußte Natur (symbolisiert in der Musik des Vorspiels) wird aber durch das lautmalende Lallen allmählich in die sich sprachlich äußernde Bewußtheit übergeführt.
Die scheinbar sinnlosen Verse gaben bald Anlaß zum Spott (vgl. Petzet 200f). Auch bei Karl May berichtet der Wurzelsepp über seinen weiblichen Schützling Leni: »›Weißt, es ist da ein Kompernist, der heißt Wagner, und Richard auch. Auf den hält der König sehr große Stücke. Er soll ein vielgescheiter Mann sein und eine Musik komperniren, wie noch niemals ein andrer. Der verinteressiert sich sehr für die Leni und kommt oft, um zu hören, was sie indes wieder gelernt hat. Und das letztemal war ich in der andern Stub und konnt durch die Glastüre hineinblicken. Da mußt die Leni ein Laken umtun und dann band er sie mit dem Leib an den Türknauf, daß sie net fallen konnt. Nachher mußt sie den Oberkörper weit vorwerfen und mit den Armen so hinausschlagen, als ob sie schwimmen wollt.‹ – ›Das ist doch verrückt!‹ – ›Nein. Es gibt ein Theaterstück, wo dös vorkommt. Rheingold heißts. Und nachher setzt er sich ans Klavier. Dann rief er laut: Jetzt, Woglinde, jetzt! Und nun sang sie zum Schwimmen.‹ – ›Leni hat er doch gesagt!‹ – ›Nein. In diesem Stück heißt sie alleweil Woglinde, und da hat sie gesungen: Weia! Waga! Woge, du Welle, Walle zur Wiege! Wagalaweia! Wallala weiala weia!‹ – ›Himmelsakra! Das ist doch eine Dummheit, wies gar kei zweite gibt. Das kann doch nur ein ganz verrückter Kerl singen. Das sind doch gar kei richtigen Verse!‹ – ›Na, behüt dich Gott, Anton! Bist du dumm! Wann eine schwimmt, soll sie auch noch richtige Verse singen! Spring doch mal ins Wasser und sing ein Gestanzel mit einem Jodler, wann dir dabei das Wasser ins Maul läuft und zur Nase wieder heraus! Da verstehst du halt nix von! Der Wagner ist ganz toll gewesen vor Freud, daß sies so schön gemacht hat.« (Karl May [1] 200f).
Eine andere, mit liebenswertem Spott gezeichnete Gestalt Mays wird mit Wagner in Beziehung gesetzt: »Also Sie komponieren, Herr Kantor emeritus? – Ja, bei Tag und Nacht. – Was? – Eine große Oper für drei Theaterabende in zwölf Akten, für jeden Abend vier Akte. Wissen Sie, so ein Werk wie der ›Ring des Nibelungen‹ von Richard Wagner, diesmal aber nicht von ihm, sondern von mir, dem Herrn Kantor emeritus Matthäus Aurelius Hampel aus Klotzsche bei Dresden« (Karl May [2] 48).

6: Der Name dieser Rheintochter lautet Woglinde. »Lind(e)« beruht auf einer indogermanischen Wurzel, die »biegsam« besagt (Duden VII 405). In Verbindung mit »Wog(e)« (→2) beschreibt der Name die der Wellenbewegung des Wassers angepaßte Bewegungsart der Rheintochter: »Die wie die Woge Biegsame« (gegen Kellner 27).

7: Wellgunde ist die »Wellenkämpferin« (Kellner 26).

12: Floßhilde ist die »Flußkämpferin« (Kellner 11; →3566).

Vor 20: Der Name des Zwerges ist zusammengesetzt aus »Alb« und »rich«. Ein Alp (Alb) ist einer der unterirdischen niederen Naturgeister »des germanischen Volksglaubens, die unseren Zwergen entsprechen, von der Kirche aber früh als böse Dämonen und Gespenster mit dem Teufel zusammengebracht wurden. ... In der alten Bedeutung erscheint schon althochdeutsch alb nur noch in Namen, von denen der des Zwergenkönigs Alberich am bekanntesten ist« (Duden VII 134). Der Wortbestandteil

»rich« geht auf ein germanisches Wort mit der Bedeutung »Herrscher, Fürst, König« zurück (Duden VII 559), was Alberich aber erst durch seinen Ring werden wird (→253–257; 1011–1018). Damit hängt zusammen, daß bei Wagner Alberich nicht bloß Naturgeist, sondern Darstellung eines ganz bestimmten Typs von Weltintegration sein wird (→253–257; 317f; 5348ff).

20: Nicker sind Wassergeister (Nixen). Das Wort geht auf eine indogermanische Wurzel zurück, die »waschen, baden« besagt (Duden VII 469f).

21: »Niedlich« bedeutet ursprünglich »Verlangen erweckend«, wird seit dem 18. Jahrhundert aber im Sinne von »zierlich, klein« verwendet (Duden VII 468).

22: »Neidlich« heißt »beneidenswert«.

23: →990ff (Nibelheim); →2781f (Nacht).

39: »Niblung« ist eine Kurzform von »Nibelung« und bezeichnet die in Nibelheim (→990) heimischen Zwerge (→2781f), zu denen Alberich gehört.

44f: Nicht nur Alberich, auch Siegfried (→8555ff) und sonst so manchem Mann (→789ff) scheinen die Rheintöchter verlockend.

49: Ein Kauz ist ein etwas seltsamer Mensch. Wellgunde scheint die Lüsternheit Alberichs von Anfang an merkwürdig zu finden – entweder weil sie ihm Verliebtheit und Verlangen nicht zutraut, oder weil sie es schon jetzt, vor näherem Kennenlernen (→50), für kauzig hält, daß irgendwer sich erlaubt, sie zu begehren.

50: »Laßt ihn uns kennen*lernen*«. Sie haben also noch kein genaues Bild von Alberich.

54: »Glimmer« ist eine seit dem 16. Jahrhundert bezeugte Mineralbezeichnung (Duden VII 226). Alberich hat Schwierigkeiten mit der wasserbedingten Ungangbarkeit der Steine und Riffe.

58: »Schleck« meint – wohl ironisch – soviel wie »lecker« (Duden VII 608). »Geschlüpfer« ist die Kollektivbildung von »schlüpfrig«. Der ganze Ausdruck ist so eine Unmutsäußerung über alle die das Gehen so »lecker« und »angenehm« machenden Dinge, aus denen die Umgebung besteht.

64f: Das »Friedel« ist die Geliebte. Wenn Alberich von einem »fräulichen« Kind spricht, so betrachtet er die Rheintochter nicht nur nach ihren äußeren Vorzügen. »Fraulich« bezeichnet die inneren Qualitäten und den Rechtsstatus der Frau (»Hausfrau«), während »weiblich« nur das biologische Geschlecht meint. Die Hausfrau ist eigentlich die Haus*herrin* und entspricht dem Haus*herrn* (so wie dem Haus*mann* das Haus*weib* entspräche). Alberich ist hier

noch zu echter personaler Liebe fähig, erst später (→301f) beschränkt er sich selbst auf bloße Triebhaftigkeit.

71: Die »Wiege« ist das »Schwingende« (→3). Auf der Woge als ihrer »Wiege« schwingt Woglinde zu ihrem Ziel, das sie wegen ihrer »Lindheit« (→6) leicht erreicht, »erschwingt«.

77: Durch ihr Lebenselement und ihre Geschicklichkeit, mit der sie sich darin bewegen, haben die Rheintöchter etwas Fischartiges an sich. Aber auch ihr Äußeres gemahnt in seiner kalten Glätte (→88; 113) und in seinem (schuppenhaften?) Gleißen (→87; 42f) an Fische. Vielleicht ist aber auch eine Erinnerung Wagners an den eddischen Zwerg Andwari im Spiel: »Da schickte Odin den Loki ins Schwarzalbenheim, und der kam zu einem Zwerge namens Andwari, der als Fisch im Wasser lebte, und Loki griff ihn und legte ihm als Lösegeld all das Gold auf, das er in seinem Felsen liegen hatte« (Thule XX 185). »Wer ist der Fisch, der durch die Fluten schießt und sich vor Schaden nicht schützt? Aus Hels Haft dein Haupt nun löse, gibt mir Feuer der Flut!« (Thule I 117/1; →223). Wagner kennt den fischgestaltigen und goldhütenden Zwerg aus der Völsungen-Geschichte (Thule XXI 69ff; →1470; 1490f; 1634ff).

97: »Brunst« bedeutet ursprünglich »Brand, Glut«, gotisch sogar »Brandopfer«. Seit der mittelhochdeutschen Zeit wird es zur Bezeichnung von geistiger (Inbrunst) und sinnlicher Erregung verwendet (Duden VII 85). Bei Alberich ist es hier nicht rein triebhafte Erregung, weil er ein Bedürfnis nach Zärtlichkeit (→96) und, indem er sich ein-»schmeicheln« will, nach innerer Geborgenheit empfindet.

100: Wellgunde faßt Alberichs Annäherung nur nach ihrer triebhaften, »lüsternen« Seite auf. Auf diese einseitige Bedeutung reduziert sie den Begriff »Minne« (→269).

104: »Geck« heißt »Narr« (Duden VII 202).

106: »Gezwerg« ist das Kollektivum zu »Zwerg«: einer aus der Gattung der Zwerge.

115f: »Neckisch« besagt »lustig, schelmisch, verschmitzt« (Duden VII 464). Für »glau« gibt Kellner »glänzend, heiter, hell« (13) an. Bei E. T. A. Hoffmann heißt es: »in der Tat noch jetzt sieht die Alte für ihre Jahre glatt und glau genug aus« (311).

118: »Balg« heißt »Haut« (Duden VII 45; gegen Kellner 9).

119: →vor 20.

124: »Traut« ist nicht mit »trauen« verwandt. Es besagt »innig zugeneigt, geliebt« (Duden VII 717. Floßhilde ist noch nicht Alberichs Geliebte, aber sie verspricht sich ihm als solche: »Früg'st du mich, so schüfe ich dir als deine Geliebte Trost über die Abweisungen durch meine Schwestern«.

125: »Hold« heißt »günstig, gnädig« (Duden VII 270).

130: »Kiesen« heißt »prüfend wählen« (Duden VII 324).

138: »Hold« (→125) kann auch besagen »ergeben, dienstbar, treu« (Duden VII 270).

141: »Hehr« besagt hier »herrlich« (Duden VII 256; →240; 2630–2633).

143f: »Sich zehren« meint »sich verzehren« (in Sehnsucht und Vorfreude). »Zierlich« bedeutet »prächtig« (Duden VII 782).

145: »Anmut« bedeutet heute »Gefälligkeit, Liebreiz«; ursprünglich aber meint es den »an etwas gesetzten Sinn« (Duden VII 26). In dieser ursprünglichen Verwendung verstanden, sagt Floßhilde, daß es sie erfreut zu sehen, wie Alberich sie begehrt.

147: »Milde« meint Zartheit und Feinheit (Duden VII 440).

148: Das germanische Wort »Mut« bezeichnet »ursprünglich die triebhaften Gemütsäußerungen und seelischen Erregungszustände« (Duden VII 458). Bei Wagner wird das Wort oft als Ausdruck für die Gesamtpersönlichkeit verwendet (→1815; 2634; 2768), wofür gewöhnlich »Gemüt« steht, weil dieses Wort (als Kollektivbildung zu »Mut«) »die Gesamtheit der seelischen Empfindungen und Gedanken« (Duden VII 210) benennt.

149: »Selig« besagt in vorchristlicher Zeit im Althochdeutschen »wohlgeartet, gut, glücklich, gesegnet, heilsam« (Duden VII 636f; →1198f).

163: Die Rheintöchter sind böse, weil sie stolz und überheblich Alberich gegenüber sind. Solche Haltung meint das Wort »böse« ursprünglich (Duden VII 78). Die Rheintöchter sind nicht böse, weil sie Alberichs Werben zurückweisen, denn dazu haben sie das Recht: »Nicht ... daß Alberich von den Rheintöchtern abgestoßen wurde – was diesen ganz natürlich war – ist der entscheidende Quell des Unheils« (Dokumente 92). Böse sind die Rheintöchter vielmehr deswegen, weil sie Alberich nicht achten. Damit nehmen sie sich selbst aus der allgemeinen Ordnung hochmütig heraus. So aber verfälschen sie die Ordnung der Wirklichkeit, denn sie sind in ihrem Selbstsein um nichts wichtiger oder wertvoller als Alberich (→294ff). Das Böse hat schon Augustinus als hochmütige Verfehlung und Verfälschung der Ordnung des Universums aufgefaßt (vgl. Pannenberg [1] 83–100; →5348ff).

164: »Billig« bedeutet »angemessen«.

169: »Schmählich« heißt »verächtlich«. Es ist eine verächtliche Schlauheit, mit der die Rheintöchter Alberich zum Narren halten.

170: Setzt man »lüderlich« mit »liederlich« (leichtfertig, oberflächlich [Duden VII 404]) ineins, so ist die Schlechtigkeit der Rheintöchter doch sehr abgeschwächt, weil »oberflächlich schlecht« keine bewußt böse, Alberich verletzen wollende Absicht einschließt. Versteht man das Wort hingegen als Eigenschaftswort zu »Luder« (Köder bei der Jagd, daraus: Aas, daraus: Schimpfwort [Duden VII 411]), so entspricht die darin mitschwingende moralische Verurteilung wohl eher Alberichs Stimmung und der stark beleidigenden Art und Weise der Rheintöchter (→103–106; 153–162).

»Gelichter« meint (heute abschätzig) die zusammen (»ge-« [Duden VII 199f]) zu derselben Gebärmutter (althochdeutsch: lehtar) Gehörigen, daher »die von derselben Art« (Duden VII 208).

173: →4f.

178: Alberich wird ironisch vorgeworfen, er habe aus eigener Scheu (»du Banger«), nicht aber aus der von den Mädchen ausgenützten Unfähigkeit zu behender Bewegung im Wasser, die Rheintöchter nicht festgehalten.

188: Jetzt ist Alberichs Erregung (→97) eher rein triebhaft, bedingt durch die Behandlung, die er von den Rheintöchtern erfahren mußte und die eine Anziehung personaler Art wohl hat verlöschen lassen (→194).

190: →279.

192: →148.

194: Nun ist Alberich nach eigenem Bekunden bloß noch lüstern, was er vorhin nicht ausschließlich war (→64f; 97; 100). Endgültig ist er dies ab Vers 301 und 318.

198: Die »Weckerin« ist die Sonne, deren Licht das Gold, dessen Glanz im Dunkel vor ihrem Aufgang »schläft«, erweckt.

207ff: →4f.

213: »Hehr« heißt »erhaben« (schon mittel- und althochdeutsch [Duden VII 256]; →240; 2630–2633).

214: In der Skaldendichtung glänzt das Gold glühend: »Glut dran [an der Axt] gleißt vom Pfade Gautreksschwans« (Thule XX 184). Der Schwan Gautreks (eines Königs) ist das Schiff; dessen Pfad das Meer. An der Axt glänzt also Meeresglut, d.h. Gold (ebd.). Von einem goldenen Saal heißt es in der Edda: »Ganz gürtet ihn Glut von außen« (Thule I 131/7).

215: »Entgleißt dir« heißt soviel wie »gleißt aus dir«. »Weihlich« heißt »weihevoll«. »Wag« ist das flutende Wasser (→1). Weihevoll zerfließt (→206) der Glanz des Goldes im flutenden Wasser. »Weihen« geht auf ein mittel- und althochdeutsches Wort (wihen) zurück, das eine Bildung aus einem ausgestorbenen Adjektiv (weich) für »heilig« (vgl. Weihnachten) ist (Duden VII 758). »Heilig« aber (von »heil«) besagt ursprünglich »unversehrt« (Duden VII 256). Wenn dem Gold sein Glanz auf *heilige* Weise entströmt, so besagt das, daß das Gold unversehrt und unberührt bleibt. Die Rheintöchter schwimmen ja auch um das Gold, ohne es sich zu irgendeinem Zwecke dienstbar zu machen; sie betrachten es ganz nur in seiner eigenen Wirklichkeit. Was das bedeutet, sei durch Abhebung vom Gegenteil gezeigt.

Das Gold wird nicht in seiner eigenen Wirklichkeit gesehen, wenn man es nur von einer seiner Funktionen her in den Blick nimmt, etwa seiner Funktion als Zahlungsmittel. In dieser Funktion ist Gold durch Silber oder Papier zu ersetzen. Die Zahlungsfunktion zeigt mir nicht, wodurch sich Gold von Silber unterscheidet, sondern worin es von Silber nicht zu unterscheiden, vielmehr mit ihm austauschbar ist. Das Selbstsein des Goldes im Unterschied zum Silber erschließt sich mir aber sehr wohl, wenn ich bei einer Menge von Gold und Silber mit demselben Zahlungswert nicht auf diesen, sondern auf den verschiedenartigen Glanz achte. Dann sehe ich an Gold, was es jenseits der Ersetzbarkeit durch anderes, also was es an sich selbst ist. Zwar übt auch der Glanz eine Funktion aus, indem er das Dunkel erhellt, und in dieser Funktion ist er wiederum ersetzbar. Aber diese Funktion, die der Goldglanz für etwas anderes (für das Dunkel im Wasser) hat, ist den Rheintöchtern an dem Glanz nicht wichtig, sondern die Eigenart dieses Glanzes an ihm selber: Es ist goldener Glanz, und als solcher ist er nicht mehr ersetzbar; denn golden zu sein, ist keine weitere Funktion des Goldes, sondern sein Selbstsein. Etwas in seiner eigenen Wirklichkeit und nicht abgezweckt auf etwas anderes wahrnehmen heißt, es als geheiligt wahrzunehmen, denn dann ist es dem Betrachter in seiner eigenen Wirklichkeit heilig und kommt nicht einseitig bloß unter dem Gesichtspunkt eines Bedürfnisses oder Interesses des Betrachters in den Blick. Keine der ihm begegnenden Sachen hat der Mensch ins Dasein gerufen. Auch das, was der Mensch selber hervorbringt, bringt er nicht dem Dasein nach hervor. Er ist darauf angewiesen, aus schon Daseiendem durch gewisse Umgestaltungen etwas herauszuformen; auch wenn er in seiner Technik hochkomplizert funktionierende Dinge herstellt, kann er nicht mehr tun, als daseiende Dinge und ihre Funktionen zu kombinieren: das Funktionieren selbst liegt schon in den Dingen und wird nicht vom Menschen erst in sie hineingelegt. Selbst die Fähigkeit zu solchem Kombinieren erzeugt sich der Mensch nicht selber, sondern findet sich mit ihr begabt vor. Wenn er nun seine Betrachtung auf diese von ihm und seinem Machen unabhängige (und in seinem Machen immer vorausgesetzte) Eigenwirklichkeit der Dinge dem Daß und dem Wie ihres Seins nach richtet, dann betrachtet er die Dinge als Manifestationen einer im Daß und Wie ihres Daseins wirksamen, ihm unverfügbaren Macht. Das Aufmerken auf diese ihm gegenüber objektive (also nicht ihm selber zugehörige und nicht von ihm verfügbare) Macht ist das Erlebnis des Heiligen. Das Heilige ist nach R. Otto das mysterium tremendum et fascinans (vgl. zusammenfassend HWP III 1035f), und W. Grönbech bestätigt dies speziell für die germanische Kultur: »Der heilige Ort war der Ort, wo ›die Mächte‹ wohnten« (Grönbech II 131). Die Rheintöchter erleben das Gold als »heilig«, weil sie es nicht als Instrument ihres Handelns, sondern als Gegenstand reiner Betrachtung erleben (→294ff).

223: In der Edda heißt das Gold auch »Feuer der Flut« (Thule I 117/1); der goldene Saal ist erbaut »aus Flutfeuer, flammend lichtem« (Thule I 131/7). In diesem Sinne »flammt« der Rheinfluß hier im »Ring« vom Glanz des Goldes. Allgemein vgl. Thule XX 177f.

238f: »Der Wassertiefe wonniger Stern« ist das Gold (→223). Es handelt sich hierbei um eine Kenningbildung, d.h. eine bildhaft verschlüsselnde Umschreibung, wie sie in der Edda und vor allem in der Skaldendichtung üblich ist. Ein Beispiel für eine Kenning für Gold aus der Skaldendichtung findet sich oben (→214). Insgesamt vgl. Heusler 136ff; Schier 344–347.

240: »Hehr« bedeutet »erhaben« (→213) und auch »heilig« (Duden VII 256). Das Gold strahlt heilig, weil sein Strahlen als solches, nicht etwa bloß eine bestimmte Funktion, die es haben könnte, Gegenstand der Betrachtung ist (→215). Die Rheintöchter betrachten das Gold als eine ihnen begegnende Wirklichkeit, die ihr Dasein und Sosein nicht ihnen, sondern einer größeren, nämlich der des ganzen Daseins mächtigen Instanz verdankt (→1676f). Unter diesem Gesichtspunkt betrachtet, ist das Gold die Manifestation einer erhabenen Macht, die ja gerade als eine solche definiert ist, »gegen welche die unsrige in Nichts verschwindet« (Schiller [1] 353).

246: →4f.

247ff: Den rein betrachtenden Standpunkt, die ehrfürchtige Verehrung des Heiligen (→215; 4410–4415) lehnt Alberich ab.

253–257: Die Ringform zerstört die unversehrte Naturgestalt des Goldes und zwingt es zum Insichkreisen in einem Horizont, der so eng ist, daß er nur *eines* Menschen (Zwergen) Finger umschließt. Der Ring hat also sicherlich mit der *Selbstbehauptung* des Einzelwesens zu tun. Diese ist wichtig und unverzichtbar. Würden die Einzelwesen sich nämlich nicht selbst zur Geltung bringen, sondern würde jedes bloß den anderen Raum geben und sich selbst zurücknehmen, so würde das Weltgeschehen bald seine Lebendigkeit, die ja nur kraft der Vielfalt der Wesen und Arten (→5449f) und kraft der unter diesen bestehenden Spannungen und Gegensätze besteht, verlieren und zu einem toten Nichts werden. Aber die individuelle Selbstbehauptung, die, wegen der Gegenstrebigkeit der Einzelwesen und der Knappheit der Daseinsmittel (→2535f), andere Individuen beeinträchtigen muß, ist nicht an den Ring gebunden, sondern bestimmt schon *vor* der Gewinnung desselben das Verhalten der Wesen untereinander (→713). Wenn es daher vom Ring heißt, er verleihe *Macht*, so kann damit nicht nur die Macht gemeint sein, die jedes wirkende Wesen einfach schon in seinem Daseinsvollzug ausübt, die Macht nämlich, etwas zu bewirken und auf anderes bestimmenden Einfluß zu nehmen. Durch den Ring wird die im normalen Daseinsvollzug anwesende Wirkungsmacht eines Wesens verändert. Ist die Wirkungsmacht eines endlichen Wesens nämlich auf enge Bereiche begrenzt, so verleiht der Ring die *Maßlosigkeit* im Gebrauch der Wirkungsmacht des eigenen Daseinsvollzuges. Damit wird die Macht zur Macht über die *ganze Welt*. Was hat es mit dieser Maßlosigkeit des näheren auf sich?

Weil die Einzelwesen in der Richtung ihres Wirkens höchst gegenstrebig sind, wirken sie als verschiedenartige »Mächte« gegeneinander. Ohne untereinander von einer sie alle umfassenden Macht *ausgleichend integriert* zu sein, würden sie sich gegenseitig zerstören und damit das Chaos heraufführen. Die übergeordnete Integration geschieht nun durch die Festsetzung des *Maßes* für jedes Einzelwesen. Schon nach der Auffassung der ältesten griechischen Denker verbürgt das Maß die Geordnetheit des Kosmos (HWP V 807). So beschreibt Heraklit den Weltprozeß als »immer-lebendes Feuer, aufflammend nach Maßen und verlöschend nach Maßen« (Heraklit 30f; →667). Indem durch das Maß jedem Einzelwesen sein Ort im Ganzen, die Eigenart und der Kreis seiner Wirksamkeit bestimmt sind, kann die ungeheure Komplexität der Wirklichkeit zur *sinnvollen* (→6918) Ganzheit des Weltprozesses zusammenspielen (→397ff), statt ins Chaos zu zerfallen. Das Chaos droht aber, sobald ein Einzelwesen sein Maß nicht einhält und damit die Ausgeglichenheit der Gegenstrebigkeit gefährdet.

Nun scheint es, als sei die Welt immer schon integriert zur Ganzheit und Zusammenstimmung; als natürlicher Prozeß ist sie das jedenfalls. Aber mit dem Auftreten von bewußt und frei handelnden Wesen, die nicht einfach schon naturhaft problemlos in den Wirklichkeitsprozeß eingebunden sind, sondern ihr Verhältnis zur Natur und zu sich selbst erst entwerfen und jeden solchen Entwurf auf seine Zusammenstimmung mit der übrigen Weltordnung hin überprüfen müssen (→4410–4415), verändert sich die natürliche Ausgangslage. In seinen Handlungen muß der Mensch die natürliche und soziale Umwelt mit sich als einzelnem (und umgekehrt) integrieren. Darin, daß er solche Integration betreibt, ist er *geschichtliches* Wesen (→6923–6926). Da eine solche Integration aber nicht nur auf Teilbereiche der Wirklichkeit bezogen sein kann, sondern zu ihrem Gelingen das sinnvolle Zusammenspiel mit dem Gesamtzusammenhang von Natur und Geschichte voraussetzt, kann sie nicht die Leistung des Menschen sein, weil der Mensch als Einzelwesen nicht den erforderlichen Überblick besitzt und als Gruppe, Partei oder Gattung nicht handelt. Eine alle Wirklichkeit umfassende Integration ist nur der *göttlichen* Weisheit (→6170) in ihrem Natur (→6911ff) und Geschichte (→8077f) lenkenden Walten (→6159ff) möglich (→6918–3f).

Tritt ein endliches Freiheitssubjekt nun aus seinem Maß heraus, so stört es in seinem eigenen Umkreis das Integrationsgefüge und bedroht, weil es mit allen übrigen Wesen zusammenhängt, die ganze Weltordnung. So ist es zu verstehen, daß ein Einzelwesen über die ganze Welt bestimmen kann (→253). Für den Menschen ist es aber wegen seiner *Beschränktheit* (→2831–2834) gar nicht vermeidbar, immer wieder aus der Weltordnung herauszufallen, indem er in seinen Handlungen dem Selbstsein anderer Wesen abträglich wird, obgleich dies bei größerem Überblick vermeidbar wäre. Der Mensch kann aber in die Weltordnung auch bewußt zerstörerisch eingreifen, nämlich aus *Bosheit* (→5348f). Diese Zerstörung besteht dann in der gewollten lieblosen Mißachtung der anderen Einzelwesen (→317f), denen der Böse ein Maß vorschreibt, das nicht mehr vom Selbstsein der Einzelwesen, sondern vom eigenen Interesse des bösen Subjekts her festgelegt ist (→5371). Die Fähigkeit zu dieser Maßlosigkeit der Selbstbehauptung des Selbstvollzuges eines endlichen Subjektes verkörpert der Ring. Ob der eigene Selbstvollzug maßlos ausgeübt wird, hängt im Falle der endlichen Freiheitssubjekte – als da sind Zwerge (→2781f), Riesen (→4675f) und Menschen (→2605f) – von deren *freier Entscheidung* ab (→273). Den Versuch, sich selbst maßlos auf Kosten aller anderen durchzusetzen, kann jedes menschliche Freiheitssubjekt machen; in der Freiheit des Menschen liegt immer die starke Versuchung, dort, wo er selbst den Geschehensverlauf bestimmen kann, sich um seines eigenen Interesses willen über die Belange der anderen Wesen hinwegzusetzen. Solange freilich alle (oder doch mehrere) um die Herrschaft in diesem Sinne kämpfen, ist keiner wirklich Herrscher. Um Herrscher über alle zu sein und sich in seiner Maßlosigkeit durchgesetzt zu haben, müßte *einer* als Sieger hervorgehen und so die tatsächliche Macht über alle(s) errungen haben. *Diese* Machtfülle, die eine Verkehrung und Zerstörung der ganzen Weltordnung erlauben würde, verkörpert der Ring. Einen solchen Weltdespoten gibt es in der Wirklichkeit nicht; es gibt nur allenthalben das Streben nach Vorherrschaft über andere, das, wenn es nicht irgendwo scheitern würde, in letzter Folge allerdings tatsächlich zu jenem Weltdespotentum führen würde. Der Ring ist daher eine zwar nicht realisierte, aber immer drohende Möglichkeit. Er ist die letzte Konsequenz, die in der menschlichen Freiheit angelegt ist, denn diese wird sich als individuelle Freiheit immer auch gegen die anderen Individuen durchzusetzen versuchen. Als Freiheit muß sie aber die Möglichkeit haben, dies über das rechte Maß hinaus zu tun. Mit dem Ring wäre der Freiheit die Freiheit genommen (→1715). Weil es aber die Weltdespotie nicht als verwirklichten Zustand gibt, kommt auch im »Ring« eine solche Despotie *nicht* vor, sondern der Ring ist nur als letzter Zielpunkt der selbstsüchtigen Bestrebungen der Einzelwesen und als drohende Gefahr gegenwärtig. Der »Ring« geht davon aus, daß die Welt von einer weisen göttlichen Vorsehung, die allen Möglichkeiten schon vorgebeugt hat, so eingerichtet ist, daß eine irgendwo durch maßlose Selbstbehauptung eines einzelnen beginnende Zerstörung an natürlichen Gegebenheiten oder an Handlungen anderer Menschen über kürzer oder länger scheitern wird, wodurch sich insgesamt der Ausgleich immer wieder herstellt (→5449f). Auch Heraklit sah diesen prästabilierten Ausgleich überall maßsichernd am Werk: »Denn die Sonne wird nicht ihre Maße überschreiten – oder die Erinyen, die Schergen der Dike, werden sie finden« (Heraklit B 94).

Im Wirklichkeitsprozeß wechselt so das freie zerstörerische Tun der endlichen Subjekte ab mit dem ordnungsbewahrenden Scheitern dieses Tuns (oder umgekehrt). Beide Komponenten schließen sich aus, denn wo Ordnung herrscht, kann Zerstörung nicht sein, und wo Zerstörung herrscht, besteht keine Ordnung. Nun ist es aber der eine schaffende (→1676f) göttliche Urgrund (→6118), der den Wirklichkeitsprozeß als diese Doppelheit von sich ausschließenden Komponenten hervorgebracht hat und am Dasein erhält. Wenn Gottes schaffendes Wirken sich aber in gegeneinander ausschließenden Komponenten manifestiert, dann manifestiert sich Gottes Wirken als Widerspruch: Es ist die *Liebe* zur endlichen, auch zerstörerischen Freiheit *und* ordnende *Macht*, die die geliebte Freiheit aufhebt, wo sie zerstörerisch wird (→2780). Der »Ring« setzt voraus, daß in der geheimnisvollen (→1692) und für menschliches Denken nicht nachvollziehbaren Tiefe (→6121ff) des göttlichen Urgrunds Macht und Liebe versöhnt sind (→8948).

261: Hier ist nicht vom Ring, sondern vom noch ungeschmiedeten Gold die Rede (→262).

262: »Falscher« ist doppeldeutig. Es kann einmal einen unehrlichen Charakter bedeuten; dann würde der Vers besagen, daß die Rheintöchter darauf achten müssen, das Gold nicht durch eine List zu verlieren. Zum anderen kann der »Falsche« der sein, der das Gold zwar ohne Hinterlist (etwa durch offene Gewalt) gewinnt, dann aber einen »falschen« *Gebrauch,* einen Gebrauch in malam partem, davon macht. Daß hier nur die letztere Bedeutung in Frage kommt, ergibt sich daraus, daß Alberich keine Falschheit im Verhalten an den Tag legt, sondern ganz offen seine Absichten kundgibt (→301f; 312–318). Er kann also nicht im ersteren Sinne »falsch« sein. Es ist den Rheintöchtern aber nicht recht, daß er das Gold an sich nimmt. Demnach ist er doch der »Falsche«. Welchen falschen Gebrauch aber macht er von dem Gold?

Wichtig ist festzuhalten, daß ein Entnehmen des Goldes aus den Rheintiefen nicht eo ipso schlecht ist. Kann das Gold in die falschen Hände geraten, so könnte es auch in die richtigen fallen. Erst wenn es in die falschen Hände kommt und infolgedessen dem falschen Gebrauch ausgesetzt wird, ist es frevelhaft, das Gold entnommen zu haben. *Ein* möglicher Gebrauch des Goldes ist es, den Ring zu schmieden. Gerade dieser Gebrauch aber ist der falsche, d.h. derjenige, der besser unterbliebe (→317f).

265: »Wohl« heißt hier »zu Recht«.

268: Nur das *Schmieden* des Goldes wird einer Bedingung unterworfen, nicht aber schon das Herausnehmen aus dem Rhein. Vers 274 verdeutlicht dahingehend, daß das Schmieden eines *Ringes* (eines »Reifes«) einer Bedingung unterliegt. Andersartige Verarbeitungen des Goldes wären also wohl ohne Liebesfluch (→273; 317f) möglich.

269: »Minne« gehört zur Wortgruppe von »mahnen« und bedeutet ursprünglich »an etwas voll Zuneigung denken« (vgl. Duden VII 442). In diesem ursprünglichen Sinn, nicht in dem schwärmerisch-zärtlichen des »Minnesangs«, ist das Wort bei Wagner zu verstehen: Alberich würde seine Zwerge nicht knechten, wenn er die Minne besäße, er würde deswegen aber nicht etwa »verliebt« sein in sie. Minne meint, etwas in seiner Eigenwirklichkeit zu achten und unverfälscht es selbst sein zu lassen, ohne es bloß zu funktionalisieren (→215): »Wen ich liebe, laß' ich für sich gewähren« (→5398f), sagt Wotan (als Wanderer). Es ist dies ein Gewährenlassen eben nicht aus Gleichgültigkeit, sondern aus Zuneigung zu dem, was da sich selbst vollzieht. Da in der gelungenen Verbindung von Mann und Frau diese gewährenlassende Zuneigung zur Wirklichkeit des anderen am Werk ist, handelt es sich dabei um eine (um die persönlichste) Form von Minne.

270: »Macht versagen« heißt soviel wie »der Macht in sich keinen Raum geben«.

271: →317f.

272: »Lust« meint hier nicht die körperliche Seite der Liebe (denn der wird Alberich gerade nicht abschwören [→302]), sondern die Freude an der Sache, die man ehrfurchts- und liebevoll gewähren läßt. Einstein sah das, was Wagner hier »die Liebe Lust« nennt, »im verzückten Staunen über die Harmonie der Naturgesetzlichkeit« (Einstein 18) gegeben. Aber auch in der staunenden Betrachtung des Baues eines Insektenflügels, eines gotischen Domes, eines Goetheschen Gedichtes oder Mozartscher Musik ereignet sich diese »Lust« an der Eigenwirklichkeit, am Selbstsein des uns Begegnenden, das wir nicht hervorgebracht haben.

273: Der Einsatz der Kraft des endlichen Subjektes (hier: Alberichs) in der Form des Ringes geschieht nicht zwangsläufig, sondern setzt eine *freie Entscheidung* voraus, die Entscheidung gegen die Minne oder Liebe (→269). Nur durch die Abwesenheit der Anerkennung des Selbstseins anderer Wesen außer dem eigenen – also bei Abwesenheit der Liebe – kann das endliche Freiheitssubjekt seine Wirksamkeit in das enge Kreisen um das eigene Selbstsein unter Ausschluß und auf Kosten der Anerkennung anderer Selbstseiender (→317f) zwingen. Damit aber wird die Wirksamkeit jenes Wesens eben in die enge Ringform gezwungen, die alles, was außerhalb ihrer liegt, ausschließt. Da der Ring die *erreichte* Macht über die ganze Welt (→5371) verkörpert, kann nur einer ihn besitzen: eine mit anderen geteilte Macht wäre ja nicht mehr Macht über *alles* (→253–257). Auch derjenige aber, der die Macht zur Weltdespotie, also den Ring, besitzt, muß diese Macht nicht unbedingt einsetzen. Der Besitzer des Ringes kann sich dafür entscheiden, die Ringmacht auszuüben (wie Alberich) oder aber sie ruhen zu lassen (wie Fafner; →5443f).

279–282: Woglinde verwechselt Lüsternheit und Liebe. Für sie reduziert sich Liebe wahrscheinlich auf Lüsternheit. Ihrer natürlichen Umgebung (dem Gold) gegenüber ist Woglinde zu ehrfürchtig-liebender Haltung fähig (→215; 240), sie besitzt diese Fähigkeit aber nicht auf der Ebene personaler Verhältnisse (was ihr ganzes Verhalten Alberich gegenüber erweist). Gleiches gilt wohl für alle Rheintöchter (→310).

291: →4f.

294ff: Das Gold glänzt »heilig« (→215), d.h. sein unversehrtes und nichtfunktionalisiertes Selbstsein kommt zur Geltung. Ist aber in bezug auf das Gold der Gesichtspunkt der Funktionalität weggefallen, dann kann auch das, was auf das Gold bezogen wird, nicht in irgendeiner Funktion, die es für das Gold (oder dieses für jenes) haben könnte, in Erscheinung treten, sondern nur in seinem Selbstsein. Deshalb ist auch Alberich, wenn er von den Rheintöchtern zusammen mit dem Gold (»in des Goldes Scheine«) gesehen wird, von einer Betrachtung ausgenommen, die ihn nur daraufhin ansieht, ob er bestimmten äußeren Gefallskriterien entspricht, d.h. ob er eine Funktion in bezug auf die sinnliche Erregbarkeit besitzt: Galt er den Rheintöchtern vorher als häßlich, ist er jetzt plötzlich schön. In sich selbst betrachtet ist nämlich auch Alberich ein Wesen, dessen Körperteile, Verhaltensweisen und sonstigen Eigentümlichkeiten – unabhängig davon, wie sie auf *andere* Wesen wirken – zu der Ganzheit *seiner* Existenz harmonisch zusammenspielen. In diesem Sinne ist auch eine »häßliche« Spinne (oder welches Beispiel man immer wählen wolle) schön, wenn man sie unter dem Gesichtspunkt ihres Baues und ihrer Verhaltensweisen (etwa ihrer Netzherstellung) betrachtet und die in dieser Kompliziertheit sich herstellende Harmonie und Zweckmäßigkeit staunend zur Kenntnis nimmt. Das Entscheidende ist, daß es sich nicht um eine Zweckmäßigkeit für andere handelt, die hier in den Blick kommt (ob sie gleich besteht). Etwas ohne Abneigung in seinem Dasein zu achten und anzunehmen heißt, es zu lieben (→269; 271). Deshalb ist Alberich, in der Heiligkeit des Goldesglanzes betrachtet, folgerichtig als »Lieblicher« bezeichnet.

Die erläuterte Sicht auf das Selbstsein der Dinge beherrscht ganz Goethes Naturbetrachtung. »Der Hauptbegriff, welcher, wie mich dünkt, bei jeder Betrachtung eines lebendigen Wesens zum Grunde liegen muß, von dem man nicht abweichen darf, ist, daß es in sich selbst beständig, daß seine Teile in einem notwendigen Verhältnis gegen sich selbst stehn« (Goethe [1] 58). Damit ist die einseitige Beziehung eines Wesens auf Zwecke vermieden, die außerhalb dieses Wesens liegen. Nur so aber kann die *wahre* Bedeutung jedes Teils eines Wesens erforscht werden, weil diese in der Bedeutung *für das Wesen selbst* liegt. In diesem Sinn sagt Goethe: »Zweck sein selbst ist jegliches Tier«, denn all seine verschiedenen Organe sind »ganz harmonisch zum Sinne *des Tiers* und *seinem* Bedürfnis«; alle die so mannigfach verschiedenen Glieder wirken doch immer zum Dasein dieses oder jenes bestimmten Tieres in seiner Eigenart zusammen: sie »widersprechen sich nie und wirken alle zum Leben« (Goethe [2] 267f). Der Hinweis auf Goethe kann die Bedeutsamkeit des im »Ring« stillschweigend eingenommenen Betrachtungsstandpunktes sichtbar machen.

297f: →4f.

299–302: Hier findet Alberichs endgültige Entscheidung statt, eine Weltintegration (»Der *Welt* Erbe«) im Sinne des Ringes als Ausschaltung der widerstreitenden Eigenwirklichkeiten der einzelnen Wesen in der Welt zu unternehmen. Auf einen Teilbereich der Wirklichkeit, nämlich auf das Verhalten den Frauen gegenüber, angewandt, besagt Alberichs Haltung, die Frau nicht als eigene Personalität, sondern nur als Funktion seiner eigenen Lust zu sehen und zu behandeln.

303: Seit Vers 197 spotten die Rheintöchter nicht mehr, sondern achten die Wesen in ihrer Umgebung (das Gold und Alberich) nach deren Eigenwirklichkeit (→215; 240; 294ff). Aufgrund seiner Erbitterung über die ihm vorher widerfahrene Mißachtung ist Alberich wohl nicht in der Lage, dies zu erkennen, sondern er fühlt sich immer noch nicht ernstgenommen: Die ehrliche Beteuerung der Verse 294f versteht er im Sinne der Ironie der Verse 133ff.

305–310: Erst jetzt, da Alberich seine Absicht bekundet hat, die Bedingung zu erfüllen, die ihm ermöglicht, den Ring zu schmieden, könnten und müßten die Rheintöchter wissen, daß er der »Falsche« ist, vor dem sie Angst haben (→262; 269–274). Sie nehmen aber Alberichs Worte nicht ernst und versäumen so den Schutz des Goldes. Allerdings ist anzunehmen, daß sie ohnehin unfähig gewesen wären, das Gold auf Dauer wirksam zu schützen, da ihre Behendigkeit letzten Endes gegen Alberichs Kraft nichts nützt. Reine Natur, wie sie die Rheintöchter verkörpern, kann eben das Heraustreten des bewußt handelnden Wesens (das Alberich verkörpert) aus der naturhaften hin zu einer erst kulturell herzustellenden Integration (→4410-4415) nicht verhindern. In diesem Heraustreten der menschlichen Individuen zu freiem Selbstvollzug (→2634f) ist die Gefahr immer gegeben, daß jedes Individuum *nur* noch sich selbst behauptet und die übrigen selbstseienden Wesen (in Natur und menschlicher Umwelt) verfälscht. Da die Einzelwesen gegenstrebig sind (→2535f), bedeutet die Bewahrung des anderen meist oder immer eine Beeinträchtigung seiner selbst. Wegen der Endlichkeit des menschlichen Überblicks (→2831-2834) - und Alberich ist Repräsentant eines bestimmten Typs menschlichen Verhaltens (→2781f) - ist es sehr leicht möglich, daß der einzelne Mensch den Ausgleich zwischen seinem eigenen Selbstvollzug und dem Selbstsein der anderen Menschen und natürlichen Wesen verfehlt. Daß er sich dabei meist zu seinen eigenen Gunsten irrt, hängt damit zusammen, daß er sein eigenes Selbst nicht aufgeben wollen kann (→3260-3265).

Von Minne (→269) kann nach den Versen 299 bis 302 bei Alberich nicht mehr die Rede sein. Die Rheintöchter wissen nicht, was Minne ist (→279-282). Auch aus diesem Grund sind sie eigentlich unfähig, das Gold zu beschützen: Sie können nicht feststellen, wann die Bedingung seiner Gefährdung (die Lieblosigkeit) erfüllt ist.

312: Während das *Licht* die Vielfältigkeit der Einzelwesen in ihrer gegenseitigen Unterschiedenheit sichtbar macht und somit im »Ring« diese Dimension der Vielfalt symbolisiert, verdeckt die *Nacht* oder *Finsternis* die Unterschiede und kann daher den Zusammenhang oder die Einheit der vielen Einzelwesen symbolisieren (→6173f). Der Zusammenhang, den Alberich den Einzelwesen aufzwingen will, ist allerdings nicht mehr ein Zusammenhang von Einzelwesen, deren *Unterschiedlichkeit* geachtet und bewahrt wäre, sondern die Auslöschung von deren mannigfaltigem Selbstsein zugunsten des einzig gelten sollenden Selbstseins Alberichs (→317f).

315: Über das Gold im (Felsen-)Riff →77.

316: Mit dem Ring will Alberich das Selbstsein *aller* Wesen in der Welt (→5371) zerstören. Er sagt im gegenwärtigen Vers, damit weile er sich dafür *rächen,* daß die Rheintöchter sein Selbstsein nicht anerkannt hätten, indem sie ihn nämlich ausgelacht hätten (→163). Das Selbstsein des Ausgelachten erfährt keine Geltung als es selbst, sondern dient nur funktional (→215) der Erheiterung anderer. Für die *ihm* angetane Schmach will Alberich nun die ganze Welt büßen lassen, sich an jedem Selbstsein in ihr rächen. Das wäre nur gerechtfertigt, wenn ihn alle diese Wesen in seinem Selbstsein tatsächlich beeinträchtigt hätten. Nun beeinträchtigen sich in der Tat alle Wesen in der Welt gegenseitig, aber sie fördern sich gerade dadurch auch gegenseitig (→6918-2). Aus diesem weisheitlich geordneten (→6918-3) Gefüge des Maßes eines jeden Einzelwesens tritt nun Alberich, sich maßlos (los vom Maße) machend (→253-257), heraus, indem er keinerlei Beschränkung seiner selbst mehr dulden will. Um jede Beeinträchtigung seiner selbst schon von der Wurzel her zu verhindern, versucht Alberich, das ganze Weltgeschehen allein auf seinen eigenen, alberichschen, Daseinsvollzug zu reduzieren, indem er eben alles andere sich dienstbar macht.

317f: Alberich wendet sich mit seinem Fluch, der ihm die Welt unterwerfen soll (→299f), an die *Flut* des Wassers, die im »Ring« öfter das Bild für den ganzen Wirklichkeitsprozeß darstellt (→4555f; 6773-6786). In diesem ersten (→1482-1519) Fluch bekundet Alberich der Welt, daß er in seinem Betrachten und Handeln der *Liebe* (→269) absagt. Liebe meint das Achten und Gewährenlassen des Selbstseins *aller* Einzelwesen in ihrer ganzen höchst gegenstrebigen (→2535f) Vielfalt (→5398f). Was bedeutet nun das Ablehnen der Liebe?

Kein Einzelwesen hat sein Dasein und Sosein selbst hervorgebracht. Es ist vielmehr die den ganzen Wirklichkeitsprozeß bestimmende Macht Gottes, die das ganze Weltgefüge geschaffen (→1676f) und geordnet (→334) hat. Die Ordnung besteht gerade darin, daß jedem Einzelwesen sein Stellenwert im Ganzen aller Wesen zugeteilt ist. Die universale göttliche Ordnung bestimmt somit das *Maß* jedes einzelnen selbstseienden Wesens. Der Ringträger, insofern er das Selbstsein der anderen Wesen aus Lieblosigkeit nicht achtet und in seinem Handeln nicht berücksichtigt, verletzt das Maß- oder Ordnungsgefüge der Welt; er wird maßlos (→253-257). Das heißt, daß er das ihm zugeteilte Maß seines Selbstseins, das in der Begrenztheit dieses Selbstseins durch die anderen Wesen besteht, nicht anerkennen will. Der Ringträger ist nicht mehr bereit, um den Preis der eigenen Einschränkung dem Selbstsein anderer Wesen Rechnung zu tragen, sondern er wird um der Uneingeschränktheit seines eigenen Selbstseins willen den anderen Selbstseienden überhaupt keine Selbstverwirklichung mehr zugestehen, um so grundsätzlich an seinem Anfang an zu verhindern, daß andere ihn irgendwo in seinem Selbstvollzug behindern könnten. Indem nun der Ringträger über seinen eigenen Stellenwert, und damit automatisch auch über den der mit ihm unauflöslich verbundenen übrigen Einzelwesen *selbst anders bestimmt,* als es das Maß oder die Ordnung Gottes festgelegt hat, maßt er sich die Stelle *Gottes* an (→5371).

Der weitere Fortgang des »Ring« wird nun zeigen, daß Alberich das Selbstsein der Einzelwesen tatsächlich nicht achten, sondern versuchen wird, alle Wesen gegen ihre Natur (→1224-1227) und gegen ihren Willen (→1017f) zu zwingen und zu knechten. Alberichs Welt-»Ordnung« liefe somit darauf hinaus, die diversen und gegensätzlichen Einzelwesen ihrer Eigenwirklichkeit zu berauben und sie der Enge und Armut seines eigenen Daseinsvollzuges gleichzuschalten, der ja als menschlicher (→2781f) und individueller niemals die Fülle des Daseins aller Arten und aller Individuen erschöpfen kann. Damit ist Alberich das Gegenbild zu Gott, der die Weltganzheit so will, daß sie zwar (um das Chaos zu verhindern) *zentral geordnet* ist, dabei aber den vielfältigen Einzelwesen gestattet, ihre *widerstreitenden* Richtungen zu verfolgen (→397ff). Nur dies Letztere ist wirkliche Integration, weil sie (freilich auf eine dem Menschen verborgene Weise) die Ordnungsmacht und die *Liebe* zur gegenstrebigen (und daher immer ordnungsgefährdenden) Selbstseinsvielfalt *vereint* (→2780), statt wie Alberich die Vielfalt zum Verschwinden zu bringen.

Der Zwerg Alberich verkörpert die Möglichkeit der endlichen Freiheit des Menschen zur *Despotie*. Im Kampf der unterworfenen Subjekte gegen die Despotie vollzieht sich der Kampf aller gegen alle, der die Welt letztlich ins Chaos gegenseitiger Zerstörung der Einzelwesen treibt.

Zweite Szene

323: »Wotan«, altisländisch »Odin«, besagt ursprünglich vermutlich »rasender Gott«. Das Wort ist aber sowohl mit der Wurzel für »Wut« verwandt als auch mit der altgermanischen Bezeichnung für die Dichtung sowie mit lateinisch »vates«, Seher oder Wahrsager (Duden VII 773; ausführlicher Schier 341). In Wotan versammelt sich demnach eine unbändige und unberechenbare *Macht*, die *Poesie* und eine *Weisheit*, welche die weiten Zusammenhänge des Weltgeflechtes seherisch überblickt. Wie Odin die Dichtkunst erlangt, erzählt die Edda (Thule II 149f B). Eindrucksvoll bezieht sich auf Odins großzügige Mitteilung der Dichtkunst an manche Menschen Egil Skallagrimsons Gedicht »Der Söhne Verlust« (Schier 269–272; dazu Heusler 144f und vor allem Grönbech I 36–41; 107f; II 199). Im »Ring« spielt dieser Zug keine Rolle. Odins unberechenbare Macht wirkt etwa in den kultischen Kampfverbänden des nordischen Berserkertums (Schier 337–342). Vielleicht spielen hierauf die Verse 2835 bis 2838 und 3763f an. Wichtig ist, daß Wotans Macht im »Ring« ebenso wie die Odins zwiespältig ist (→3015), gespalten zwischen ordnender (→334) und zerstörerischer (→2570f; 2601f; 2927f) Tätigkeit. Von höchster Bedeutung ist Wotans Macht (→326f) insofern, als sie mit seiner Weisheit (→6919f) in engem Zusammenhang steht. Die Weisheit, also der Überblick über die mannigfaltigen Weltwesen (→5449f) in ihrer Gegenstrebigkeit (→2535f), befähigt den Gott erst dazu, die sinnhafte (→6918) Ordnung der geschichtlichen Welt (→6923–6926) zu errichten. Wotan ist eine – allerdings unangemessene (→6141ff; 6238f) – Darstellung des Göttlichen, in der nur ein Moment (→6175f) des wahrhaft göttlichen Waltens (→6159ff) der Erda (→1678) gegenwärtig wird (zu Wotan vgl. Helm 259–269 und Dahn [2] 243–267).

324: »Wonne« bedeutet zunächst »Genuß« (Duden VII 771). Die Burg dient Wotan zum Genuß seiner Göttlichkeit, die in seiner Macht besteht (→326f). »Saal« ist ursprünglich das Haus der Germanen und bedeutet »Gebäude« (Duden VII 581). Hier meint das Wort die gesamte Burganlage (→461).

325: Es ist die göttliche Weltordnungsmacht (→334), die von der Burg »bewacht« werden soll (→324–328). Die Wirksamkeit der göttlichen Weltordnungsmacht wird von Freia verkörpert (→532–546), während die verschiedenen Götter die innere Differenziertheit des göttlichen Waltens darstellen (→6175f).

Wogegen aber muß Wotan (in dem die Götter aus der Burg ihre Einheit haben [→396]) seine Weltordnungsmacht sichern? Gegen die endlichen Einzelwesen, denen, wie etwa den Riesen, die *Freiheit* eingeräumt ist – also das Recht, sich der göttlichen Verfügungsmacht zu verweigern (→353). Jede freie Handlung eines endlichen Wesens wendet sich in dem Sinne gegen die göttliche Macht, daß am Ort seiner Freiheit (deren eine Ausprägung die riesische Freiheit ist [→4675f]) das endliche Wesen für die göttliche Macht unverfügbar ist (anders wäre es nicht frei). Am Orte der menschlichen Freiheit ist die göttliche Verfügungsmacht also suspendiert. Da die göttliche Macht es war, die die endlichen Freiheiten hervorgebracht hat (→2605f), hat sie sich *selbst* suspendiert. Das von göttlicher Verfügungsmacht *nicht* gelenkte Handeln endlicher Freiheitssubjekte führt nun aber, wegen der Beschränktheit des Überblicks endlicher Wesen (→2831–2834), zum *Chaos*, in dem sich alle Wesen gegenseitig zerstören (→716ff). Um dies zu vermeiden, muß Gott auch die Verfügungsmacht über die endlichen Subjekte besitzen: Wenn die Freiheit der endlichen Wesen angesichts der Chaosgefahr erhalten bleiben soll, muß die Freiheit der endlichen Wesen aufgehoben werden. Diesen *Widerspruch* will Wotan dadurch lösen, daß die endlichen Subjekte (die Riesen) *selber freiwillig* der göttlichen Verfügungsmacht ein Dasein und Wirken zugestehen, das vor der Beeinträchtigung durch die endliche Freiheit geschützt ist (→353). Im mythologischen Bilde: Die Riesen bauen als endliche Subjekte selbst und freiwillig eine Burg, welche die Götter vor Angriffen gegen ihre Ratschlüsse (→8079f) schützt und in der diese alle Maßnahmen vorbereiten und mit Unterstützung versehen können, die ihrer weltordnenden Wirksamkeit außerhalb der Burg Durchschlagskraft verleihen, ohne daß irgendwelche endlichen Subjekte dies stören oder verhindern könnten; denn diese haben sich durch die Errichtung der Burgmauern von einer solchen Einflußnahme selber abgeschnitten.

Durch die Burg werden nun nicht nur bestimmte Teile der göttlichen Macht vor einer Beeinträchtigung durch die endlichen Freien bewahrt, sondern die göttliche Macht einschränkungslos in ihrer ganzen Erstreckung. Wenn es aber keinen Bereich mehr gibt, in dem die göttliche Macht suspendiert ist, dann gibt es überhaupt keine endliche (nichtgöttliche [→326f]) Freiheit mehr. Das aber bedeutet, daß Gott mit dem Willen zum Burgbau die ursprünglich von ihm getätigte Entlassung der endlichen Subjekte in die Freiheit je eigener Verfügung (→2634f), und damit in die Unverfügbarkeit für die göttliche Macht, wieder *zurücknimmt*. Damit ist die Burg das Dokument der völligen Unterwerfung der endlichen Freiheit unter die göttliche Macht oder, nach der anderen Seite, das Dokument der Herrschaft Wotans über die endlichen Subjekte (→4720f). So entspricht die Burg dem »blinden Gehorsam«, in den die Menschen sich freiwillig Gott gegenüber begeben (→2831–2834).

326f: Die Ehre ist das Ansehen einer Person, dasjenige, worin sie selbst ganz gegenwärtig, ganz sie selbst ist. Man kann also sagen, daß die Ehre die Identität oder das Selbstsein einer Person ist. Des Mannes – hier des Gottes (→400–405) – Ehre, also sein göttliches Selbstsein, ist die Macht. Beim Gotte handelt es sich dabei um »*ewige* Macht«, das heißt um eine Macht, die sich durch alle Zeiten erstreckt. Eine Instanz, die aller Zeiten mächtig ist, ist nicht auf die jeweilige Gegenwart beschränkt, sondern umfaßt gleichzeitig alle Vergangenheit und alle Zukunft. Das den ganzen Wirklichkeitsprozeß in all seinen nacheinander sich entfaltenden bruchstückhaften Epochen umfassende und ihn deshalb in ewiger Gegenwart als immer schon vollendete Ganzheit schauende Göttliche ist im »Ring« *Erda* (→1672–1675), die für die geschichtliche Welt (→6923–6926) in der Gestalt Wotans auftritt (→6175f). Weil die göttliche Weisheit (→6170) das *ganze* Geflecht der Wirklichkeit überschaut, kann sie alle Einzelwesen so ordnen, daß diese sich trotz ihrer Gegenstrebigkeit (→2535f) nicht gegenseitig zerstören, sondern eher fördern (→6918–2ff). Weil Wotan über Weisheit, also über das zeitüberhobene Schauen des Ganzen alles Wirklichen, verfügt (→6919f), ist seine Macht göttliche Weltordnungsmacht (→334).

Macht, also die Fähigkeit zu bestimmen, was geschehen soll, haben auch die endlichen Freiheitssubjekte. Diese wissen kraft ihrer Weltoffenheit (→4410–4415) vom Ganzen der Wirklichkeit, und insoweit ist in ihnen Gottes Geist selbst am Werk (→2630–2633). Im Unterschied zur ewigen Gegenwart des vollendeten Ganzen im göttlichen Erleben selbst ist den endlichen Subjekten das Ganze nicht in seiner ausgeführten Gestalt gegeben, sondern nur als eine aus bloß bruchstückhaft bekannten vergangenen, gegenwärtigen und möglicherweise zukünftigen Epochen extrapolierte Größe, deren genaue Beschaffenheit immer verborgen bleibt. So kann das endliche Subjekt nicht wie Gott selber über das Ganze bestimmen, sondern nur über den begrenzten Bereich, den es im einzelnen überblicken kann (→2831–2834). Dabei ist auch dieser Überblick kein ganz sicherer, weil die genaue Eigenart jedes Teilbereiches der Wirklichkeit von seinem Zusammenhang mit dem Wirklichkeitsganzen her bestimmt ist, das aber unbekannt bleibt. Wenn das endliche Subjekt nun handelt – also bestimmt, was geschehen soll –, so kann es nie sicherstellen, daß es das von ihm Bestimmte auch tatsächlich erreicht, weil es die Umstände, in die hinein es handelt, ja nicht gründlich genug kennt; das endliche Subjekt weiß im Grunde nicht genau, was es tut, wenn es etwas tut. Was die Ziele des Handelns betrifft, so orientiert sich jedes endliche Subjekt bei einer Handlung an der Interessenlage seines *individuellen Selbstseins* (wozu auch die Achtung vor dem Selbstsein anderer gehören kann [→4385–4388]). Da es *viele* endliche Subjekte gibt, von denen keines die Folgen seines Handelns wirklich übersehen kann und von denen jedes aus einer ganz individuellen, von den anderen mehr oder weniger stark abweichenden Interessenlage heraus handelt, kann es zu keiner *geordneten* Welt kommen, wenn es *nur* die individuellen Subjektzentren sind, die bestimmen, was geschieht. Ordnung kann nämlich nur ein Produkt umfassender Planung, nicht aber des Zufalls sein (→6918–3). Wie aber wäre bei der Beschränktheit des Überblicks und bei der Vielzahl differenter Ausgangspunkte im Handeln endlicher Subjekte eine solche Umfassendheit möglich? Wenn *nur* die gegenstrebigen und wegen ihres beschränkten Überblicks zum umfassenden Ausgleich unfähigen endlichen Subjekte bestimmen, was in der Welt geschieht, wird die Welt in ein zerstörerisches Gegeneinander aller zerfallen.

Nur Gott, weil er außerhalb der Zeit den vollendeten Zeitlauf in seiner ungeheuren Komplexität vollständig überblickt, kann für jeden Zeitpunkt das Weltgeschehen so bestimmen, daß das momentane Scheitern oder Erfolghaben der einzelnen Wesen nicht zu einem Ungleichgewicht und zur gegenseitigen Zerstörung der Selbstseine führt, sondern sich im *Ganzen aller Zeiten* so ausgleicht, daß sich für jedes Selbstsein die Erfüllung seiner Daseinstendenz verwirklicht.

Die göttliche Weisheit als das Ineinander von Erfüllung und Scheitern der Selbstseine ist wegen ihrer Zeitenthobenheit dem irdischen Erleben der Menschen nicht zugänglich. So erlebt das endliche Subjekt das göttliche Wirken als den Wechsel zwischen der Förderung der Selbstseine (Liebe) und der Zerstörung der Selbstseine (Macht), ohne daß ihm sichtbar wäre, wie diese gegensätzlichen Komponenten die Ausprägung der inneren *Einheit* des göttlichen Willens sein könnten (→2780). Diese Einheit kann auch im »Ring« nicht inhaltlich dargestellt werden, sie wird aber als die undurchschaubar geheimnisvoll (→1692ff) bleibende Tiefe (→6121ff) des Waltens der Erda (→6159ff) zur Sprache gebracht. Diese verborgene Einheit des göttlichen Waltens prägt sich in den widerstreitenden Komponenten des Geschichtshandelns Wotans aus, das einmal Liebe (→353), einmal Macht (→1473) ist. Dieser Widerstreit der geschichtsbestimmenden Mächte ist offenbar keine Anzeige für die Selbstaufhebung des Wirklichkeitsprozesses, denn dieser besteht weiter. Von daher ist die Hoffnung des »Ring« auf die verborgene Versöhntheit von Macht und Liebe (→8948) wohl begründet. Die innere Einheit der ewigen Macht Gottes (und ihres weisen Ratschlusses →8079f) begegnet dem endlichen Erleben in den objektiv gegebenen Verflechtungen der Wirklichkeitsabläufe, die jedes einzelne Wesen nach undurchsichtigem Plan bald fördern, bald stören oder gar zerstören: Weil das hochkomplexe Geflecht dieser Abläufe nicht von einem der darin eingebundenen Einzelwesen selber, dabei aber doch unchaotisch oder sinnvoll organisiert ist, ist in ihm nicht der Zufall, sondern die göttliche, weise lenkende Instanz am Werk (→6918–2ff).

Daß das endliche, frei über sich selbst verfügende (→2634f) Subjekt nochmals der Verfügung durch die göttliche Subjektivität (→6120) unterworfen ist – und zwar so gründlich, daß auch seine Freiheit keineswegs Erzeugnis ihrer selbst, sondern von Gott ins Dasein verfügtes Geschöpf ist (→2636) –, kann das endliche Subjekt entweder willig hinnehmen oder aber im Protest dagegen verharren; darin hat ihm Gott wiederum Freiheit gegeben.

334: Die Götterburg dient zum Schutz für die göttliche Macht (→325). Wozu aber dient die göttliche Macht? Wagner sagt im »Ring« nicht ausdrücklich, was er im Prosaentwurf »Der Nibelungen-Mythus« deutlich formuliert (und im »Ring« allenthalben voraussetzt): »Wotan verträgt mit den Riesen, den Göttern die Burg zu bauen, von der aus sie sicher die Welt zu ordnen und zu beherrschen vermögen« (GSD II 157). Die Götter garantieren demnach die *Ordnung der Welt*. Die einzelnen Wesen in der Welt sind von höchster Mannigfaltigkeit und Gegenstrebigkeit (→2535f). Um hieraus kein Chaos, sondern ein geordnetes Sinngefüge (→6918) hervorgehen zu lassen, bedarf es der göttlichen Integration. Keine einzelne innerweltliche Instanz ist ja in der Lage, das sinnvolle Zusammenspiel der Weltwesen insgesamt zu organisieren, weil keine innerweltliche Instanz die ganze Welt überblicken oder gar den Weltlauf lenken kann. Das Weltganze organisiert sich gewissermaßen »von selbst« zu solcher Sinnhaftigkeit. Diese, das eine Ganze der Welt ordnende Kraft, die wir in jedem unserer Erfahrung zugänglichen Ausschnitt der Wirklichkeit am Werk befindlich sehen (ohne allerdings ihre Wirkungsweise und den ganzen Zusammenhang ihrer Absichten zu durchschauen), ist das, was in allen Religionen als die allesbestimmende oder *göttliche* Macht verehrt wird (→1773f). Im »Ring« tritt sie als *Erda* auf, die das *eine* göttliche Walten (→6159ff) verkörpert, das sich als das System der *vielen,* auf je verschiedene Weise wirksamen Götter ausdifferenziert (→6175f).

Die Götterburg (so sagt es der oben angeführte Text) sichert die Ordnung der Welt durch die *Beherrschung* der Welt. Es ist die göttliche Macht, welche herrscht, während die Burg die göttliche Macht davor schützt, von den endlichen Wesen selbst übernommen zu werden, wodurch die göttliche Herrschaft so weit suspendiert wäre, als die endlichen Wesen selbst die Verfügungsmacht ausüben würden. Wenn nun aber auch nur ein endliches Wesen nicht mehr der Verfügung durch das göttliche Zentrum der ganzen Wirklichkeit unterläge, so würde es, da es nicht die ganze Wirklichkeit in all ihrer Komplexität zu überblicken vermag, zwangsläufig durch seine eigenmächtige Verfügung über seine Handlungen die Zusammenstimmung mit dem nicht überblickten Ganzen verfehlen und Störungen hervorrufen, die alle übrigen Wesen betreffen und somit das Ganze in chaotische Unordnung bringen würden. Nur wenn die alles überblickende göttliche Macht als einheitliches Zentrum aller Wirklichkeit selber *jede* einzelne Handlung der endlichen Subjekte verfügt, ist das Chaos vermieden.

Haben die endlichen Wesen aber keine eigene Verfügungsmacht mehr, dann ist ihre *Freiheit* aufgehoben, die Wotan doch will (→2636). So ist Wotan in der Lage, die endliche Freiheit zu wollen, und um der Ordnung der Welt willen die endliche Freiheit aufheben zu müssen. Wie kann er beides vereinen (→353)?

353: Schließt man mit jemandem einen Vertrag, so zwingt man ihn nicht zu etwas, sondern anerkennt ihn als selbständiges Wesen, das aus der Lage seiner eigenen Belange heraus sich selbst bestimmen kann. Zu einem Vertrag kann man nicht gezwungen werden, weil es sich im Falle solchen Zwanges gar nicht wirklich um einen Vertrag handeln würde (→499f).

Indem Wotan, obwohl er als »der Starke« (→6926) die Riesen zwingen könnte, mit ihnen einen Vertrag schließt, anerkennt er sie als freie, selbständige Wesen, die in ihren Selbstvollzügen nicht von ihm bestimmt sind, sondern sich selbst bestimmen. Im Willen zum Vertrag statt zum Zwang bekundet sich die gewährenlassende Liebe Wotans (→5398f). Umso erstaunlicher ist es, daß der Gegenstand des Vertrages mit den Riesen die Errichtung der Burg, also der völlige Aufhebung der riesischen Freiheit ist (→325). Deshalb muß Wotan sagen, er habe die Riesen »gezähmt«, denn dieses Wort bezeichnet die für Alberich typische Vernichtung der Freiheit anderer (→1123f). Die Freiheit der Riesen ist von Wotan zugleich anerkannt (»durch Vertrag«) und nicht anerkannt (»zähmt' ich«). Wotan muß sie unterwerfen, um das Chaos zu vermeiden (→334); er muß sie als Freie achten, um seinen Willen zur endlichen Freiheit nicht zu verfehlen. Wie soll es aber geschehen können, daß die Riesen in der Unterwerfung frei bleiben und in ihrer Feiheit unterworfen sind? Dies scheint – und auf diesen Gedanken kam Wotan – dadurch möglich zu sein, daß sie sich freiwillig zur Aufgabe ihrer eigenen Selbstverfügung (→2634f) zugunsten der allesüberblickenden und seine ordnenden Verfügung Wotans (→326f) verpflichten: Als Vertragspartner sind sie dann nämlich als Freie anerkannt, und sie geben im Vollzug ihrer Freiheit (im freiwilligen Abschluß des Vertrages) doch gerade diese Freiheit auf (→6942f).

Die Riesen müssen sich ihre Freiheit dem Gotte gegenüber nicht erkaufen. Auch wenn Wotan ihre Unterwerfung um der Vermeidung des Chaos, und damit der Vernichtung der Riesen selber, willen wollen muß, so macht er doch nicht den geringsten

Versuch, die Riesen zur Unterwerfung (zum Burgbau) zu zwingen, sondern er bietet freiheitanerkennend einen Vertrag an. Die Riesen sind daher von Anfang an als freie Wesen vorausgesetzt. Die Freiheit der Riesen wird somit im »Ring« von Gott nicht beeinträchtigt, denn gerade hier, wo er sie um der Vermeidung des Chaos willen beeinträchtigen muß, versucht er doch zugleich auch, sie zu retten. Die Riesen sind ein Typ *menschlicher* Freiheit (→4675f).

Wenn »Feuerbach und seine Nachfolger bis hin zu Sartre im Gottesgedanken ein Hindernis menschlicher Freiheit bekämpft« (Pannenberg [4] 37) haben, dann ist im »Ring« die Problemstellung gerade umgekehrt. Daß Gott die ermöglichende Voraussetzung der menschlichen Freiheit ist, weil er die Menschen als freie (→2636) erschaffen hat (→2605f) und ihre Freiheit durch die von ihm gesetzte Ordnung der Welt vor der chaotischen Selbstzerstörung im Kampf aller endlichen Subjekte gegeneinander bewahrt (→6946), ist die durchgängige und unzweifelhafte Voraussetzung des »Ring« (→2630–2633). Gefragt wird im »Ring«, ob nicht die endliche Freiheit das göttliche Ordnen der Welt verunmögliche. Der »Ring« sieht also nicht den Menschen durch Gott bedroht, sondern umgekehrt Gott durch den Menschen. Wenn die menschliche Freiheit aber die göttliche Weltordnung zu zerstören droht, dann bedroht sie sich selbst, weil die endlichen Subjekte, wenn sie sich ohne Gott verstehen und ihr Dasein vollziehen wollen, sich selbst zerstören (→716ff; E17–E20). Aus dieser Einsicht heraus werden die Riesen Freia den Göttern wieder zurückgeben und somit die göttliche weise Weltordnungsmacht vor ihrer Auflösung in lauter gegenstrebige und wegen der Beschränktheit ihres Überblicks (→2831–2834) chaosträchtige Subjekte bewahren (→798–802).

354: »Trotzig« besagt »selbständig«. Wagner sagt von Siegfried, er handle »durch seinen Trotz, seine Selbständigkeit« (GSD II 163).

357: Die »starken« Riesen bauen die Burg. Aber Wotan ist selber »der Starke« (→6926) und hätte demnach die Burg selber bauen können. Das aber hätte bedeutet, daß er von sich aus der endlichen Freiheit die Möglichkeit genommen hätte, sich seiner Integrationsmacht zu entziehen, nicht aber hätte die Freiheit selbst sich diese Möglichkeit versagt. In der Unterwerfung durch Wotan wäre die Freiheit aufgehoben, ohne selbst darin wirksam zu sein. Der die Freien wollende Gott (→2636) darf deren Unterwerfung nicht selbst herbeiführen. Im Unterschied hierzu kann und muß Alberich, der keine andere Freiheit anerkennt, die Herrschaft (in Gestalt des Ringes) selber »schmieden«, ohne auf die Zustimmung der Unterworfenen Rücksicht zu nehmen oder gar angewiesen zu sein. Wotan hingegen *verdankt* den Riesen insofern seine Macht (deren Ausdruck die Burg ist [→325]), als er ihre Freiheit will. Von der freiwilligen Bereitschaft der Riesen, die Burg zu bauen (also Wotans Macht anzuerkennen), hängt die Möglichkeit für den Gott ab, über Wesen, deren Freiheit er will, dennoch Macht zu besitzen (→353). Das aber besagt für die göttliche Macht, daß sie der endlichen Freiheit gegenüber *ohnmächtig* ist, wenn und insofern sie diese nicht aufheben will. Die Ohnmacht des Gottes ist eine von diesem selbst gewollte. Weil er eine Welt von selbstbestimmenden freien Wesen will, verzichtet er insoweit auf die Ausübung seiner bestimmenden Macht.

361f: Wotan meint, durch den Vertrag zum Bau der Burg seine Macht mit seinem Willen zu seiner Macht unverfügbaren (→2921) freien Einzelwesen in Einklang gebracht zu haben (→353). In Wahrheit ist aber dadurch seine Macht nicht mehr die seine, denn sie lebt nur von ihrer Einräumung und Anerkennung durch die Riesen (→357). Deshalb erliegt Wotan einem »Trug«. Fricka teilt Wotans Willen zur endlichen Freiheit nicht (→369). Sie hätte deshalb dem ganzen Handel »gewehrt«. Zwar will auch sie die Burg, also die göttliche Macht (→334), aber sie möchte diese nicht von der Anerkennung durch endliche Freie abhängig machen (→376). Zu Wotans »Trug« →412ff; 2772–2775; 2933–2936.

363f: Zur Gegenüberstellung von »Männern« und »Frauen« →400–405.

368: Wotan »verschenkte« Freia, weil er ja nicht genötigt war, einen Vertrag mit den Riesen zu schließen, statt sie (ohne Lohnzahlung) zu zwingen (→353). Allein Wotans gewährenlassende Liebe (→5398f) ist der Grund für den Vertrag mit den Riesen (→371ff).

369: Die Götter und Göttinnen sind untereinander verwandt oder verheiratet, weil sie differenzierende Ausgestaltungen des *einen* Göttlichen sind, dessen verschiedene Momente sie darstellen (→6175f). Fricka ist der göttliche Wille zur weltordnenden (→2510ff) *Macht*, die, konsequent verstanden, die Liebe zu endlichen Subjekten ausschließt, die nicht der göttlichen Zentralmacht unterworfen sind, sondern in Freiheit über sich selbst verfügen (→2616–2619). Freia ist die Kraft, diesem Willen gemäß tätig zu sein (→532–546); so ist sie ein etwas anderer Aspekt Frickas selber und folglich dieser verschwistert. Wotan muß, um die Geordnetheit der Welt zu gewährleisten, ebenfalls diesen Willen zur göttlichen Macht haben (→334), und deswegen ist er mit Fricka verheiratet (→323). Fricka und Freia sind zwei Komponenten des Machtaspektes Wotans. Insgesamt ist Wotan der Wille zur Einheit von Macht *und* Liebe zur endlichen Freiheitenvielfalt (→2780).

371ff: Fricka wirft Wotan vor, ihm sei Freia nicht heilig, weil er sie für die Anerkennung seiner Macht durch die Riesen hingebe. Da Freia aber gerade das Leben der göttlichen Macht verbürgt (→532–546), gibt Wotan mit Freia seine Macht selbst hin. Wie kann ihm Fricka dann aber vorwerfen, daß er Freia um Macht hingebe? Auch Wotan geht es um Macht, aber um eine andere Art von Macht als diejenige, welche Fricka meint. *Fricka* vertritt die göttliche Macht insofern, als sie sich von der Anerkennung durch die endliche Freiheit nicht abhängig machen, sondern ohne endliche Freiheit aus und für sich allein bestehen will (→369); deshalb will sie Freia, die das Aus-und-für-sich-allein-Bestehen der göttlichen Macht sichert (→532–546), nicht aufgeben. *Wotan* hingegen will die göttliche Macht mit der Selbstverfügungsmacht der endlichen Freiheiten vereinen (→2780). Um das Chaos in einem Aufeinanderprallen der höchst divergenten endlichen Freiheiten zu vermeiden, muß Wotan die *Selbst*verfügung der endlichen Freiheiten *seiner eigenen*, alles überblicken und somit alles harmonisch organisieren könnenden Verfügungsmacht unterwerfen (→334). Trotzdem dabei die endliche Selbstverfügung wahren kann Wotan nur, indem er die Ausübung *seiner* Macht von der endlichen Freiheit selbst *verfügen*, mithin anerkennen läßt. Damit aber ist das Aus-und-für-sich-allein-Bestehen der göttlichen Verfügungsmacht (Freia) vom Gotte selber aufgegeben (→353; 357). Zum Gieren der »Männer« nach Macht →400–405.

376: Fricka bat Wotan um den Bau der Burg. Sie wandte sich nicht (wie Wotan es dann tat) an die Riesen. Dies hat seinen Grund darin, daß Wotan seine Macht von der Anerkennung durch die eigene (burgbauende [→325]) Tat der endlichen Freiheit abhängig machen möchte, während Fricka der endlichen Freiheit durch die burgbauende Tat des Gottes selber vorgreifen will. Eine übergangene Freiheit ist aber eine nicht mehr anerkannte, mithin eine aufgehobene Freiheit. Fricka will, im Unterschied zu Wotan, göttliche Macht ohne endliche Freiheiten (→369).

377–384: Wenn hier von »des Gatten Treue« die Rede ist, so könnte man versucht sein zu glauben, daß menschliche Eheprobleme im Bild eines »Götter«-Verhältnisses dargestellt werden sollen. Warum aber hätte Wagner in einem Werk, das in nicht bildlich verfremdeter Darstellung der menschlichen Ebene breiten Raum gibt (»Walküre« I, »Götterdämmerung«), ein menschliches Problem auf der göttlichen Ebene verschlüsseln sollen? Viel näher liegt es, davon auszugehen, daß von der göttlichen Dimension im eigentlichen und wörtlichen Sinn die Rede ist, so daß vielmehr die der menschlichen analoge Ehe der Götter ein bloßes Bild ausmacht. Dieses Bild, wie auch das menschenähnlicher Verwandtschaftsverhältnisse (→369; 442; 444; 6175f) unter den Göttern, erlaubt es, verschiedene Momente *ein und derselben* göttlichen Dimension als eigene Personen auseinanderzulegen und sie doch in der Einheit des einen Göttlichen verbunden sein zu lassen. Wem oder was ist Wotan aber dann »treu«, wenn es sich nicht um eheliche Treue im menschlichen Sinn handelt? Was bedeutet es, daß es ihn in die Ferne zieht, wenn damit nicht bloß menschliche Untreue dem Ehepartner gegenüber gemeint ist? Welches ist, allgemein gesprochen, der *theologische* Sinn des menschlichen Bildes?

Wotans Treue zu Fricka wäre Treue zur göttlichen Macht, wie Fricka sie versteht, also zur göttlichen Macht, die keine endliche Freiheit kennt (→369). Diese frickasche Göttlichkeit strebt nicht nach dem, was ihr »fern« (→380) liegt, nämlich nach der Unverfügbarkeit endlicher Freiheiten; sie gibt sich nicht selbst um der endlichen Freiheiten willen auf, sondern sie beharrt mit »säumender Rast« (→384) immer nur auf sich selbst (→2616–2619; 2630–2633). Wotan muß daher Fricka untreu werden, wenn er nicht seinen Willen zur endlichen Freiheit (→2636) aufgeben will.

Andererseits kann Wotan die Unabhängigkeit der integrativen Zentralmacht von den vielen endlichen Freiheitszentren (→532–546), also die frickasche Göttlichkeit, auch nicht einfach aufgeben und die Verfügung über die Welt der endlichen Freiheitsvielfalt überlassen, weil es so nur zum Chaos käme; daher bleibt Wotan unlösbar mit Fricka (als ihr Gemahl) *verbunden*. In diesem Zwiespalt (→3015; 6255–6258) bewegt sich der Gott ständig.

385f: →325.

387: →326f.

389: In der Erregung, die für ihn kennzeichnend ist (→323), bewegt sich Wotan stürmisch (→nach 3039). Als atmosphärische Erscheinungen begleiten Sturm und Sturmwind (→3546f; 3634f; 4111; nach 5287; nach 5456), Gewittersturm (→3506f; vor 6111) und Gewitter (→nach 3398; nach 3666; nach 4721) seine Fahrten durch die Welt. Wenn die Burg fertig, mithin Wotans Integrationsmacht von den endlichen Freiheiten anerkannt ist (→353), gelangt Wotan zu einem noch »rastlosern Sturm« des wotanischen Integrationsstrebens durch den Reichtum an einzelnen Wesen, weil die göttliche Ordnungsmacht jede neue Tat der Freiheitssubjekte integrierend begleiten muß, um den Zerfall der Welt ins Chaos zu verhindern (→6918–2ff; 6923–6926; 6946).

Die Burg als Sammelort immer zahlreicherer, »zu Sturm« (→2835) aufgestachelter Krieger kann hier noch nicht gemeint sein, weil Wotan den Entschluß zu diesem Kriegeraufgebot erst nach der Warnung durch Erda faßt (→2809f).

391–396: Wotan wäre, ginge es nach Fricka, vom Bezug auf eine selbstbestimmende (freie) endliche (deswegen nichtgöttliche) Dimension abgeschnitten. So wäre die göttliche Macht, ohne auf etwas von ihr selbst in Unverfügbarkeit hinein Freigegebenes bezogen zu sein, in sich selbst »gefangen« und »gebunden«. Wotan aber ist statt dessen nach »außen«, nämlich auf das von ihm selbst als seiner göttlichen Macht unverfügbar Gewollte hin, orientiert (→2910–2913). Die vielen endlichen Freiheiten bedürfen wegen ihrer Gegenstrebigkeit (→2535f) der *Ordnung* durch eine Macht, die sie untereinander und mit der Naturordnung chaoslos integriert (→6918). Dies ist die göttliche Macht, die den endlichen Freien gegenüber als Wotan auftritt

(→6923–6926). Durch die Ausübung dieser Macht »gewinnt« (→2771) Wotan sich die Welt als geordnete.

397ff: Wotan gibt hier den Grund dafür an (»drum«), warum er die endlichen Freiheitssubjekte will: Weil er »Wandel und Wechsel liebt« (→2780; 5449f). Die Freiheiten in der Vielzahl ihrer von Wotan nicht verfügten unterschiedlichen Taten bringen in ihrem Miteinander- und Gegeneinanderwirken ein sich stets neu verflechtendes und entflechtendes Geschehen hervor, das innerhalb des allgemeinen Rahmenwerkes der wotanischen Weltverträge sich abspielt, aber in seinen Einzelheiten in diesem Rahmen noch nicht festgelegt ist (→6942f). Dieses »*Spiel*«, wie er es selber nennt, will Wotan.

Nun ist ein Spiel immer *Kampf* um etwas und (oder) *Darstellung* von etwas (Huizinga 22ff). Im Falle Gottes verhält es sich so: Gott kämpft um die Ordnung der ganzen Welt gegen die Zerstörung, die durch die unvorstellbare Vielfalt der untereinander gegenstrebigen Einzelwesen der Welt immer droht (→334), und stellt in dem Wesenreichtum der Welt seine eigene Unerschöpflichkeit als schaffender Urgrund (→1676f) aller Dinge dar. Freilich entspringt der Kampf Gottes um die Weltordnung der schöpferischen Tätigkeit Gottes selbst, denn er selbst hat ja die ordnungsbedrohende Gegenstrebigkeit der Weltwesen geschaffen (→2781f). Auch der Kampf Gottes ist so nochmals Selbst*darstellung* Gottes als des Schaffenden und Ordnenden.

Im »Ring« heißt der schaffende göttliche Urgrund (→6118) *Erda* (→1678). Wotan ist eine bestimmte Ausprägung des allesumfassenden göttlichen Waltens (→6159ff) Erdas (→6175f), nämlich das Eröffnen und ordnende Erhalten des Zusammenwirkens endlicher Freiheitssubjekte zur geschichtlichen Welt (→6923–6926). Das Weltspiel ist also in folgendem Sinne Selbstdarstellung des Göttlichen im »Ring«: In der Vielheit des »Wandels und Wechsels« stellt sich Erdas Schaffenskraft dar, in der Natur- und Geschichtsordnung ihre Ordnungsmacht, wobei das Geschichtsordnen als eigene Hypostase Erdas – nämlich als Wotan – vorgestellt wird.

Wotan will die chaosträchtige Freiheitenvielfalt der gegenstrebigen endlichen Subjekte bewahren und sie dennoch mit der Geordnetheit der Welt vereinen (→2780). *Alberich* hingegen will den Einzelwesen eine ganz allein von ihm und für ihn bestimmte Weltgestalt aufzwingen (→5348ff; 5371); so ist er Despot. *Fricka* ihrerseits will eine einmal bestehende Weltgestalt erhalten und sich nicht auf neue Wendungen, welche die freien Einzelwesen im Geschehensverlauf hervorrufen, einlassen (→2616–2619); das aber heißt, daß sie die endliche Freiheit aus der Welt verbannt sehen möchte (→2717ff). In allen dreien ist der auf geheimnisvolle Weise (→1692ff) alles bestimmende göttliche Urgrund Erda am Werk (→6175f).

400–405: Fricka wirft Wotan vor, er sei liebelos, weil er Macht wolle. Liebe besagt das Gewährlassen des Anderen (→5398f) und schließt somit die verfügende Macht über das Andere aus. Im Falle Gottes bedeutet Liebe, daß die endlichen Subjekte (Riesen, Zwerge, Menschen) nicht der göttlichen Macht unterworfen, sondern »liebend« der freien Verfügung über sich selbst überlassen werden. In diesem Sinne ist Wotan aber *nicht* liebelos, denn er enthält sich seiner Verfügungsmacht zugunsten der endlichen Freiheiten, indem er sie als Vertragspartner anerkennt (→353) und sie nicht gegen ihren Willen zwingt (→569). Wotan will zwar Macht, aber eine solche, die selbst Liebe ist (→2780). Um *dieser* »Macht und Herrschaft« willen gibt Wotan die Liebe *Fricka* gegenüber auf. Fricka aber ist die göttliche Macht, die sich nicht zugunsten endlicher Freiheiten selbst suspendieren will (→397ff). Im Falle seiner Liebe zur endlichen Freiheit *muß* Wotan also Fricka gegenüber »liebelos« und »treulos« (→377–384) sein. Andererseits darf sich Gott der mächtigen Verfügung über die endlichen Freiheitssubjekte nicht völlig enthalten, weil die Gegenstrebigkeit der einzelnen Subjekte bei Abwesenheit einer ordnenden Macht zum Chaos führen würde (→6918), in welchem gerade die Freiheit der Freien zugrunde ginge. Daher *muß* Wotan Fricka, seine Macht, auch lieben und ihr treu bleiben.

Die Verwendung des Wortes »Liebe« ist demnach genau zu beachten. Liebe heißt Gewährenlassen. Fricka wendet dieses Wort nun auf Gott so an: Entweder läßt Gott seinen Willen zum freien Gewährenlassen der endlichen Wesen gewähren, oder er läßt seine ordnende Macht gewähren. Um der Liebe zu einer Macht willen, die zugleich Ohnmacht oder Liebe sein soll, gibt Wotan die Liebe zur reinen Macht (Fricka) auf. Liebelos ist Wotan nur der reinen Macht gegenüber, die ganz nur bei sich bleiben und jeden Bezug auf anderes vermeiden will. Das Moment des Bei-sich-Bleibens unter Absehung von jedem Bezug auf anderes wird im »Ring« von *Frauen* verkörpert: von Fricka (→377–384), von Freia (→532–546) und von Brünnhilde (→6645ff). Wotan ist liebelos nur in dem Sinn, daß er das *weibliche* Moment des Bei-sich-Bleibens der reinen Macht ohne Anerkennung der endlichen Freiheiten aufgeben will. Der Wille zur Andersheit, zur Selbstaufgabe der göttlichen Macht, wird im »Ring« als *männlich* angesehen (→6173f). Die Liebe zur Macht *und* Liebe ist nur möglich als Vereinigung von männlichem und weiblichem Prinzip. In der endlichen irdischen Wirklichkeit ist diese Vereinigung von sich Ausschließenden (Macht und Liebe) nicht möglich, wohl aber im verborgenen Walten Gottes (→8948; 8949).

406: Wotan besitzt nur noch ein Auge (→6921f; 6385–6388). Dieses sein »eines« (einziges) Auge hat er bei der Werbung um Fricka Gefahren ausgesetzt, die nicht näher bezeichnet werden.

412ff: Wotan ist sich sehr wohl klar darüber, daß sein Wille zur endlichen Freiheit die göttliche Macht suspendiert und abhängig macht (→357): Er weiß, daß er Freia aufgeben muß (→473–476) und daß er sie nicht aufgeben kann (→371ff; 377–384). Er verläßt sich aber darauf, daß Loge (→585–588) die Vereinbarkeit des sich Ausschließenden, nämlich der göttlichen *All*verfügung und der *Un*verfügbarkeit der endlichen Freiheit, ersinnen wird (→437; 619–624). Daß dies durch Loge geschehen könne, darin »trügt« sich Wotan (→361f; 668).

427: Über die Bosheit des germanischen Loki gibt es reiches Erzählgut. Zusammengefaßt mit Angaben der Quellen ist es vereinigt in Golther 406–428 (→2601f).

429f: Wotans »Mut«, also seine ganze Persönlichkeit (→148), ist »frei«. Das besagt, daß Wotan in seinem Denken und Tun keinen verengenden Bedingungen unterworfen ist. Eine solche Verengung wäre es, wenn Wotan in seinen Handlungen die Eigenwirklichkeit der Dinge und Personen, mit denen er es zu tun hat, nicht achten, sondern verfälschen würde (→1198f). Auch in der härtesten Auseinandersetzung bringt Wotan der ihn umgebenden Wirklichkeit Ehrfurcht (→294ff; 569; 5391f) entgegen. Der »freie Mut« ist ein Gemüt, in welchem und durch welches nichts verfälscht wird. Die Andersheit des anderen unverfälscht sein lassen und sie doch mit der eigenen Interessenlage vereinen will Wotan zwar – denn er will sowohl die endliche ungeordnete Freiheitenvielfalt als auch die zentrale chaoslose Ordnung der Welt; aber Loges Rat, wie dies zu erreichen sei, führt zu keiner echten Lösung (→435f).

431–434: Der *Neid* des Feindes entspringt dessen Eigeninteresse und dient so der Bewahrung und Förderung von dessen eigenem Selbstsein. Tritt ihm ein solcher Feind entgegen, so vernichtet Loge dessen Selbstsein zwar nicht (wie Alberich [→1025–1028]), aber er integriert es mit seinen eigenen Interessen so, daß für den Feind der Anschein besteht, er fördere in seinem Tun sich selbst, während doch alles, was er tut, sich zum Nutzen eines *anderen* (nämlich Loges) »fügt«; damit fördert Loges Feind also in Wahrheit ein fremdes Selbstsein und schädigt das eigene, ja hebt es letztlich auf. Dasselbe geschieht, wenn Loge einen anderen in diesem Sinne berät. Derartige Integrationen bzw. Zusammenschlüsse von Einzelwesen zu ersinnen, die dem einen nützen, indem sie dem anderen zu nützen vorgeben und in Wahrheit schaden, ist Loges Kunst. Sie hängt von der Fähigkeit ab, sich jederzeit in jedermann hinein versetzen zu können, um immer den richtigen und im Moment überzeugenden Ansatzpunkt zu finden. Diese Fähigkeit besitzt Loge zweifellos, da er ja gerade die nie rastende Dynamik des Übergangs von einem Wesen oder Zustand der Wirklichkeit zu einem anderen ist (→6987–6990).

435f: Das Interesse der göttlichen Zentralmacht ist es, das Chaos im Aufeinanderprallen der untereinander höchst gegenstrebigen endlichen Freiheitssubjekte zu vermeiden (→334). Wegen dieser Unabgestimmtheit und Gegenstrebigkeit der vielen einzelnen Freiheitssubjekte untereinander wirkt das endliche Freiheitengeschehen, solange es nicht von einer Instanz höheren Überblicks (als er den einzelnen endlichen Subjekten zu Gebote steht) gesteuert wird, notwendigerweise als »Feind« (→431) einer unchaotischen geordneten Weltganzheit. Wird ein freies Subjekt von einer *anderen* Instanz (als sich selbst) gesteuert, ist es nicht mehr frei, sondern jener Instanz unterworfen; seine Freiheit ist also aufgehoben. Freiheit meint immer *Selbst*verfügung des Freien. Um die Welt vor dem Chaos des ungeordneten Selbstverfügens der endlichen Freiheiten zu bewahren, muß Wotan aber die freie Selbstverfügung gerade aufheben. Andererseits und ineins damit will Wotan aber die endliche Freiheit (→353), die er selbst ins Dasein gebracht hat (→2605f; 2636). Wie kann er die endliche Freiheit zugleich aufheben und sie in ihrer Selbstverfügung bewahren? Hier einen Ausweg zu finden, dazu eignet sich *Loges* Kunst, einen Rat zu ersinnen, der das Selbstsein des Anderen aufzuheben und dabei doch den Eindruck zu erwecken gestattet, es werde vielmehr gefördert (→431–434). Loge rät zu einem *Vertrag*, der, weil er immer eine *freiwillige* Abmachung ist, die Freiheit der Riesen achtet, in dem sie sich aber zum *Aufgeben* ihrer freien Selbstverfügung verpflichten (→325). In ihrer freiwilligen Selbstaufgabe scheint die Freiheit gleichzeitig bewahrt und aufgehoben, damit aber Wotans Macht auf eine seinem Freiheitswillen nicht abträgliche Weise gesichert. In der Tat aber verliert Wotan in der vertraglichen Anerkennung seiner Macht durch die Riesen genau seine Macht, weil eine von der Anerkennung *abhängig* gemachte Macht ihrer selbst nicht mehr mächtig ist: der Macht mächtig sind die, die ihr die Anerkennung leisten oder verweigern können (→357). Deshalb muß Wotan den Riesen *Freia* ausliefern, in der die Macht Leben und Bestehen hat, und die folglich denjenigen zusteht, die tatsächlich über die Macht verfügen (→473–476). Wotan kann *seine* Macht und damit die chaoslose Weltordnung erhalten, wenn er sie nicht von der Anerkennung der Riesen abhängig macht, sondern sie zustimmungslos ausübt, womit er aber der Riesen freie Selbstverfügung aufhebt. *Oder* er kann die Selbstverfügung der *Riesen* erhalten, indem er die Verfügungsmacht (bzw. deren Lebenskraft: Freia) an die Riesen gibt und das Chaos endlich frei Verfügender in Kauf nimmt. Daß Loge hier eine Versöhnung der unvereinbaren, sich gegenseitig ausschließenden, Dimensionen *göttlicher* Verfügungsmacht und freier *Selbst*verfügung endlicher Wesen finden, also Freia (die Kraft zur mächtigen Verfügung) *so* aus den Händen der Riesen »lösen« werde, daß sie gleichzeitig darin bleiben kann, ist die unerfüllbare (→629–632) Hoffnung Wotans.

461: »Saal« (→324) meint hier nur einen Teil des ganzen Schlosses, nämlich den Versammlungssaal, in dem die Götter und (später) die gefallenen Krieger (→3182f) sich zum Mahle und zur Beratung treffen (→2839f; 3781ff; 6965ff; 7545f; 7551f).

464: Die Götterburg heißt in der Edda »die funkelnd goldne Walhall« (Thule II 81/8). Den Namen »Walhall« erhält sie im »Ring« erst später (→1811). Auch die nach der Götterdämmerung neuerbaute Walhall wird in der Edda als glänzend beschrieben: »Einen Saal sah ich, sonnenglänzend, mit Gold gedeckt, zu Gimle stehn« (Thule II 43/51). Der Thule-Kommentator erwägt einen Einfluß der »Geheimen Offenbarung« des Johannes, in der es vom »Himmlischen Jerusalem« heißt: »Ihr [der Stadt] Lichtglanz ist gleich einem überaus kostbaren Stein, wie ein Jaspisstein, leuchtend wie Kristall« (Apk 21,11). Während aber das »Himmlische Jerusalem« die ewige Gegenwart aller Wirklichkeit in vollendeter Ganzheit meint (→6170), ist Walhall der Vollendetheit des göttlichen (Be-)Reiches unangemessen (→2839f). Im »Ring« ist die zeitenthobene ewige Gegenwart des gesamten Wirklichkeitsprozesses vielmehr in Erdas Wissen gegeben (→1672–1675).

473–476: Freia verkörpert die Lebendigkeit und Tüchtigkeit der göttlichen Macht, das heißt deren tatsächliche Ausübung im Unterschied zur Ohnmacht der Götter (→532–546). Wenn Gott *freie* endliche Wesen will, dann hängt dafür, daß er seine ordnende Macht über diese Wesen ausüben kann, ohne ihre Freiheit einfach aufzuheben, alles davon ab, daß die Freien sich aus *eigener freier* Entscheidung der göttlichen Macht unterwerfen (→357). Das aber heißt, daß das Verfügungsrecht *über Freia*, also über die Wirksamkeit der göttlichen Macht, nicht eigentlich die Götter, sondern die von Gott als frei gewollten endlichen Wesen – hier die Riesen – besitzen. Wotan hat durch seinen Willen zur endlichen Freiheit (→353) das Tätigsein der göttlichen Macht – Freia – immer schon von der freien Entscheidung der Riesen abhängig gemacht. Im Burgbau haben die Riesen zwar freiwillig jede Auflehnung der endlichen Freiheit gegen die göttliche Ordnungsmacht verunmöglicht (→325), so daß die göttliche Macht hinfort wieder ohne Rücksicht auf die endliche Freiheit handeln könnte. Täte sie das, wäre aber die endliche Freiheit aus der Welt verschwunden. Sie bliebe nur dann erhalten, wenn die göttliche Macht, der sie unterworfen ist, auf sich selbst Verzicht leisten würde. Da Wotan die endliche Freiheit nicht verschwinden lassen will, läßt er sich auf diesen Selbstverzicht in der Tat ein: die einmal aufgerichtete Selbstunterwerfung der endlichen Freien (die Burg) bleibt »fest« (→602) bestehen, aber das göttliche Ordnungszentrum gibt die Wirksamkeit seiner Macht (Freia) an die endlichen Freien ab. In Freia tragen die Riesen so ihre eigene (schon immer anerkannt gewesene [→529]) Freiheit – »Holda, die freie« – heim.
Damit ist der erste Versuch Wotans, seine göttliche Ordnungsmacht mit der Liebe zu den endlichen Freiheiten durch die freiwillige Selbstunterwerfung der endlichen Freien zu vereinen, gescheitert, weil die Selbstaufhebung der Freiheit zwar Manifestation der Freiheit, aber einer *verschwindenden* Freiheit ist. Um seiner Liebe zur endlichen Freiheit nicht untreu zu werden (→377–384; →1666–1670), muß Wotan die göttliche Macht aufgeben zugunsten der Verfügungsmacht einer divergierenden Vielheit endlicher Freiheitszentren (→326f). So werden in einem nächsten Schritt göttliche *und* endliche Macht nebeneinander bestimmt, was in der Geschichte geschieht (→1715). Wie Gottes Ordnungsmacht und seine Liebe zur endlichen, und daher ordnungs(zer)störenden, Freiheit eine versöhnte Einheit ausmachen können, bleibt freilich verborgen (→2780).

480: →412ff.

486: →6942–6946.

489: →4700.

493f: Da Wotan den Riesen die Freiheit nun einmal eingeräumt hat (→353), kann er das, was er ist, nämlich göttliche Zentralmacht, nicht mehr durch Zwang, sondern nur durch freie, vertraglich vereinbarte Zustimmung der Riesen sein (→357).

495: Die göttliche Macht über die endlichen Freien ist »bedungen«, weil sie unter der Voraussetzung des wotanischen Willens zur endlichen Freiheit (→353) nur unter der Bedingung ausgeübt werden kann, daß die endlichen Freien selber ihr zustimmen (→357).

499f: Wotans Verträge »binden« die Einzelwesen (hier: die Riesen) in das Zusammenspiel mit den anderen Einzelwesen ein (→6942f). Diese Integration entnimmt die Einzelwesen der unabgestimmten und deswegen zerstörerischen Aktivität, die sie als ungebundene besäßen: Die allgemeinen Natur- und Geschichtsstrukturen halten das im einzelnen oft planlose und zufällige Geschehen doch in Bahnen, die eine gegenseitige Zerstörung der einzelnen Wirklichen verhindern. In dieser Bindung sind die Riesen aber weiterhin »Freie«, weil sie zur Einbindung nicht gezwungen werden, sondern sich aus ihrer eigenen Willenslage heraus freiwillig dazu bestimmten. Dies Doppelte beinhaltet der Begriff des Vertrages: Freiheit und Bindung. Im Vertrag mit Wotan sind die Riesen frei. Wenn der Vertrag auch die Aufhebung ihrer Freiheit bewirken soll, so will er dies doch nur unter Anerkennung der Freiheit erreichen (→353). Das Resultat der vertraglichen Bindung ist der *Friede* (→502).

501: Wotans Wissen oder Weisheit gibt ihm den Überblick über die Mannigfaltigkeit der Einzelwesen und die Einsicht, wie es möglich ist, diese Vielfalt so zusammenwirken zu lassen, daß weder die beteiligten Einzelwesen noch das ganze Gefüge ihres Zusammenwirkens zerstört werden (→6919f; 6918–2ff). Wenn Wotan jetzt aber die Freiheit der Riesen durch die Vorenthaltung Freias aufheben würde (→473–476), hätte er ihr Selbstsein zerstört und sein Wissen würde die Riesen eben damit nicht weiter berücksichtigen. Ein göttliches Wissen, das solcherart einzelnen endlichen Wesen nicht gerecht wird, verfluchen die endlichen Wesen (→8882–8886).

502: Das Wort »Friede« geht auf dieselbe Wurzel zurück wie das Wort »frei« und besagt ursprünglich »Schonung« (Duden VII 186), nämlich des Selbstseins derer, die im Frieden stehen. Die Eigenwirklichkeit des in den Frieden eingebundenen Wesens bleibt von zerstörerischer Beeinträchtigung frei. Friede bedeutet so für den Germanen das Zusammenbestehen und Zusammenwirken gegenstrebigster Antriebskräfte, die sich aber nicht behindern oder vernichten, sondern gegenseitig fördern und erhalten. Zwar muß jedes Wesen immer Abstriche an seinem momentanen Selbstsein machen, aber dies geschieht zugunsten eines höheren Selbstseins dieses Wesens und nicht in zerstörerischer Absicht. »Friede...bedeutet in erster Linie gegenseitige Unantastbarkeit. So stark auch die verschiedenen Gesippenwillen aufeinander prallen und miteinander ringen mögen, so hartnäckig die einzelnen Köpfe, je nach dem Maß ihrer Weisheit, sein mögen, nie kann von Streit in anderem Sinne die Rede sein, als daß Gedanken und Gefühle sich zum Gleichgewicht durcharbeiten« (Grönbech I 43; →2535f). Der Friede ist also nichts Statisches und kein Zur-Ruhe-Bringen des einzelnen, sondern eine hochkomplexe Balance zwischen heftig und gegenstrebig Tätigen. Solcher Friede als Raumgeben für die anderen ist für das Einzelwesen zunächst nur in seinem nächsten Umkreis als förderlich bemerkbar. Diese sehr begrenzten Friedensgebiete, d.h. spezifisch in sich organisierte Bereiche der Wirklichkeit wie personale oder sachliche Verflechtungen, sind untereinander aber wiederum gegenstrebig (gegeneinander wirkende Naturkräfte, Sippengegnerschaft). Daß trotzdem nirgendwo in der ganzen Wirklichkeit das Chaos aufbricht, ist darin begründet, daß die Wirklichkeit *insgesamt* zu einem »Friedensgewebe« (Grönbech I 242) verflochten ist (→666; 6918). Die ganze Welt umfassen kann keine begrenzte, sondern nur die *göttliche* Macht, deren Wirken sich daher in der Chaoslosigkeit des Weltlaufs bekundet. So ist jeder partielle Friedensbereich ermöglicht und getragen von der allesintegrierenden Gottheit. In diesem Sinne spricht Fasolt vom Frieden als dem Frieden *des Gottes* (»deinen Frieden«).

Wo ein Wesen das Selbstsein eines anderen stärker, als es selbst die wohlwollendste Integration erforderlich macht, also in zerstörerischer Absicht, verletzt, ist der Friede aufgekündigt und das verletzte Selbstsein kann sich feindlich gegen seinen Beeinträchtiger wenden. So berichtet die Edda, daß König Jörmunrek gegen die ansonsten unverwundbaren Brüder Hamdir und Sörli Steine einsetzen konnte: »Grimmig schrie auf der göttliche Sproß, als brüllte ein Bär, der brünnenbewehrte: ›Steinigt die Streiter, da Stahl nicht beißt, nicht Erz noch Eisen, die Erben Gudruns!‹« (Thule I 58/26; vgl. Thule XXI 135f). Grönbech kommentiert: »Woher hatte Jörmunrek den glücklichen Einfall, bei Steinen Hilfe zu suchen? – Von Odin, sagen die Sagamänner natürlich...; die ursprüngliche Geschichte wird etwas anderes gesagt haben, etwa, daß die beiden Brüder selbst die Steine zu ihren Feinden gemacht hatten« (Grönbech II 130), indem sie das Selbstsein oder Heil (→2190) der Steine auf eine uns unbekannte Weise verletzten (Grönbech II 130).

Im »Ring« ist nun der Friede durch die *Weltverträge* Wotans gesichert, die allerdings die Freiheit der endlichen Subjekte völlig aufheben (→6942f). So ist der *freiheitenwollende* Gott darauf angewiesen, daß die endlichen Subjekte sich gegen die Verträge – das heißt gegen das »Göttergesetz« (→2623) oder den »Rat der Götter« (→2927) – auflehnen. Dazu leitet der Gott selbst seinen Sohn Siegmund an (→2927f).

506: →808–811.

510: Gäbe Wotan Freia nicht heraus, hätte er nur *scheinbar* (»zum Scherz nur«) die Riesen als Freie gewollt; denn ihre Freiheit ist durch den Burgbau wieder verschwunden und bleibt nur durch die Übergabe Freias gewahrt (→473–476).

516–519: *Schön* ist das, was ganz es selbst ist (→294ff). Da die Götter das unzerstörte Selbstsein der vielen Wesen in der Welt durch weise Ordnungstätigkeit (→334) ermöglichen (→1198f), beherrschen oder bestimmen sie den Weltlauf, indem sie ihn am Ziel der Ermöglichung von Schönheit ausrichten. Es ist in der Tat *töricht* von den Göttern, das Selbstsein der freien endlichen Subjekte im Burgbau sich vernichten zu lassen (→325), weil der Reichtum (→5449f) des Weltspiels (→397ff) dadurch verlorengeht. Andererseits kann Wotan die endlichen Selbstseine nicht uneingeschränkt frei gewähren lassen (→5398f), weil er damit das Chaos riskiert (→716ff). Es wäre daher ebenso töricht, die Burg nicht zu bauen und die endlichen Wesen ihrer feindlichen Gegenstrebigkeit (→2535f) ohne übergreifende göttliche Ordnung zu überlassen. Wotan wird schließlich die Burg *und* die freie Selbstverfügung der Riesen – obzwar unversöhnt – nebeneinander bestehen lassen (→1715).

524: Die Liebe zum Weibe symbolisiert die allgemeine Liebe zum freien Gewährenlassen des eigenen und fremden Selbstseins (→679f), weil sie der ausgeprägteste Fall solcher Liebe ist. Freia, um die es im gegenwärtigen Vers geht, ist nun aber nicht einfach nur ein Weib, sie verkörpert vielmehr die göttliche Verfügungsmacht darüber, was in der Wirklichkeit und mit den in ihr lebenden Wesen geschieht (→532–546). Was bedeutet unter diesen Umständen aber Fasolts Liebe zu Freia? Liebe zur Verfügungsmacht über die eigene Selbstsein ist soviel wie Liebe zur *Freiheit der je eigenen Entscheidung* darüber, wie das Selbstsein im Daseinsvollzug des näheren zu gestalten sei. So ist die Liebe zum Selbstsein Liebe zur Selbstbestimmung. In diesem Sinne ist Fasolts Liebe zu Freia Liebe zur Verfügungsmacht über sein Handeln: Fasolt will selbst die Macht in Händen halten, über das, was mit ihm geschieht, zu entscheiden; er will dies nicht der göttlichen Instanz überlassen, weil er damit nur Ausfluß göttlicher Entscheidungen, nicht aber mehr ein sich aus eigener Bestimmung vollziehendes (→2634f) endliches Subjekt wäre (das seine Freiheit freilich nochmals Gottes schöpferischer Kraft [→1676f] verdankt [→2636]). Mit Freia hätte Fasolt die göttliche Verfügungsmacht über den Wirklichkeitsprozeß in seiner Hand (→532–546). Ihr Besitz wäre ihm Garantie dafür, daß seinem eigenen Verfügen über sich selbst keine göttliche Verfügung fremdbestimmend entgegentritt.

529: *Gewinn* ist Freia für die Riesen keiner, weil diese durch sie nur den status quo erhalten wollen, nämlich von Gott als Freie anerkannt worden zu sein (→473–476). Dadurch, daß die tatsächliche Wirksamkeit der göttlichen Macht (verkörpert in Freia [→532–546]) in die Vefügungsgewalt der Riesen kommt, gewinnen diese nicht erst ihre Freiheit. Die vertragliche Vereinbarung der Übergabe Freias hat vielmehr die Anerkennung der riesischen Freiheit durch Wotan schon zur Voraussetzung (→353). Seit Wotan die Riesen als freie Subjekte anerkennt, hat er die lebendige Ausübung (Freia) seiner Macht von der riesischen Entscheidung abhängig gemacht. Mit Freia erhalten die Riesen nur das, was ihnen von Wotan immer schon zugestanden worden war.

530f: Hätten die Riesen Freia, und mit ihr die Verfügungsmacht über das ganze Weltgeschehen (→532–546), auch in ihrer Hand, so könnten sie diese Macht doch nicht zu ihren Gusten ausüben, da es ihnen an der Weisheit (→6170) gebricht, die nötig wäre, um das ganze höchst komplexe Weltgeschehen vor dem Sturz ins Chaos zu bewahren; ja, den Riesen fehlt es sogar an der weit geringeren Weisheit, die sie bräuchten, um in ganz alltäglichen Kleinigkeiten (wie dem »Neidspiel« mit Alberich und anderen Wesen) ihr Interesse zu verwirklichen (→808–811). Die Riesen sind dumm (→506) und hätten, wenn Freia in ihrer Hand wäre, lediglich jedes göttliche Machthandeln verhindert (→532–546), ohne wegen ihrer Dummheit selbst diese Macht im engen Bereich des Riesendaseins oder im weiten Bereich der ordnenden Weltherrschaft erfolgreich ausüben zu können.

532–546: Freia entspricht der germanischen Göttin Idun, von der es in Snorris Edda heißt: »Sie verwahrt in ihrer Truhe die Äpfel, welche die Götter verzehren werden, wenn sie altern, dann werden sie alle wieder jung und bleiben es bis zum Ragnarök« (Thule XX 74; Ragnarök ist die Götterdämmerung [→6876]). Als es dem Riesen Thjazi einmal gelingt, Idun mit Hilfe Lokis zu entführen, berichtet der Erzähler: »Den Asen [Göttern] bekam Iduns Verschwinden schlecht; sie wurden schnell grau und alt« (Thule XX 118; →894).

In Freia ist die »Blüte«, die Stärke (folgt aus Vers 544) und die Tüchtigkeit (→874) der göttlichen, also der alles überblickenden und weise ordnenden Macht (→326f) verkörpert. Freia sichert die *Leidlosigkeit* (→1540) der Götter, das heißt, durch Freia sind die Götter der Passivität enthoben. Passiv wären die Götter dann, wenn sie ihre Macht zugunsten der endlichen Freiheiten suspendieren und den Geschehensverlauf in der Welt von den (wegen ihrer gegenstrebigen Vielheit chaosträchtigen [→2535f]) endlichen Subjekten bestimmen ließen. In diesem Fall wäre Freia als das Wirksamkeitsprinzip der Macht aus der göttlichen Sphäre verschwunden (→473–476). Nur wenn Freia in der göttlichen Sphäre sich befindet, bestimmt diese selbst und aus sich allein – also in Weisheit (→6170) – das Weltgeschehen. Das Weggeben Freias an die Riesen ist dementsprechend das Weggeben der göttlichen Zentralmacht über die Welt an die divergierende Vielheit endlicher Freiheitssubjekte. Da Wotan die endliche Freiheit will (→353), *muß* er Freia weggeben, um die eigene Wirksamkeit der endlichen Verfügungsmächtigkeit (→2634f) über das Geschehen nicht aufzuheben; da das sich selbst überlassene endliche Freiheitsgeschehen aber schließlich zur chaotischen Zerstörung der Welt und der endlichen Subjekte in ihr führen würde (→716ff), darf Wotan Freia auch *nicht* aufgeben (→1715).

551: Der Riese Thrym sagt in der Edda: »hab viele Schätze, Freyja allein fehlt mir noch« (Thule II 14/23).

564f: »Schon oft« hat Donner (der nordische Thor) mit Riesen gekämpft: »Thors ›Ostfahrten‹, die Züge ins Riesenland, waren die ausgiebigste Stoff der Mythendichter. Der gewohnte Schluß dieser Abenteuer war, daß der Gott mit seinem Hammer die Riesen zusammenschmetterte« (Thule II 11 Einleitung). Ein Beispiel: »Mjöllnir schwang er, den mordgierigen, und fällte alle die Felswale« (Thule II 22/37). Felswale sind Riesen; Mjöllnir ist Thors Hammer (vgl. ebd. und Thule XX 70).

Beim Bau der Götterburg geraten die Götter in Streit mit dem riesischen Baumeister: »sie riefen nach Thor, alsbald kam dieser, und schon fuhr der Hammer Mjölnir in die Höhe. Da zahlte er den Arbeitslohn aus, aber nicht Sonne und Mond [wie es vereinbart worden war], vielmehr verwehrte er jenem sogar das Wohnen in Riesenheim und schlug gleich das erstemal so zu, daß der Schädel in ganz kleine Stücke zerbarst und er in die Tiefe fuhr bis unterhalb von Nebelheim« (Thule XX 89). Insgesamt zu Donner bzw. Thor vgl. Peterich 39–42; 64–75 [217ff; 237–247]; Golther 242–283.

569: Im Leben dessen, der einer gewaltsamen Behandlung unterworfen ist, werden nicht die Belange seines eigenen Daseins vollzogen, sondern die Interessen des Daseins eines anderen. Der Gewalttäter anerkennt nicht die Wirklichkeit in ihrer Gesamtheit, denn diese umschließt ihn selbst *und* den anderen, sondern vernichtet einfach die ihm entgegenstehende Wirklichkeit. Auf Gewalt verzichten kann nur der, welcher überzeugt ist, daß die Wirklichkeit so beschaffen ist, daß sich für jede ihrer Ausprägungen Raum finden wird, wenn auch zur Zeit der Auseinandersetzung und selbst auf längste Sicht hinaus verborgen sein kann, auf welche Weise dies geschehen mag. Dies ist auch die einschlußweise gemachte Voraussetzung, die Wotans ausdrücklicher Absage an Gewalt zugrunde liegen muß. Wotan anerkennt selbst hier, wo es für ihn verderblich ist (→532–546), das Recht der Riesen und hofft auf einen Ausgleich, der auch den Göttern das Bestehen ermöglicht (→435f; 619–624).

570f: →6944f.

572: In der Edda wird Thor von Loki in anderem Zusammenhang zurechtgewiesen: »Solche Sprache spare dir, Thor« (Thule II 13/18).

573: Indem er Freia verläßt, die ebenfalls der göttlichen Sphäre angehört, verläßt der Gott *sich selber* (→400–405). Er will also nicht einseitig auf sich beharren. Wotan versetzt sich vielmehr an die Stelle des anderen und vertritt dessen Anspruch sich selbst gegenüber. Der Gott schafft »gegen Gott dem Menschen Recht« (Jb 16,21), da die Riesen dieselbe Sphäre verkörpern, für die später die Menschen stehen, die Sphäre endlicher Freiheit (→4675f).
Die Trennung und Spaltung des Göttlichen von sich selbst ist das *Weh*, das sich in dem Ausruf »Wehe! Wehe!« bekundet. Wegen der Verwandtschaft aller Götter (→369; 6175f) ist das Weh Freias das Weh des Göttlichen überhaupt. Wenn Hildebrand mit seinem Sohne kämpfen muß, so spaltet sich die menschliche Sippe, und Hildebrand sagt daher: »Wêlaga nû, waltant got, wêwurt skihit« (»Weh nun, waltender Gott, Wehgeschick erfüllt sich« [Simrock (1) 366]; vgl. zur Deutung Weber 143ff). Spaltungen und Trennungen liegen im »Ring« dem Weh immer zugrunde: die Trennung der Rheintöchter vom Rheingold (→322), die Spaltung in Siegmunds Selbstsein (→2059f), die Trennung Wotans von Siegmund (→2996; 3936f), die Trennung der Walküren von Brünnhilde (Wehschrei nach Vers 3839), die Trennung Brünnhildes von Siegmund (→3049ff) und von den Walhallgöttern (→7659ff), die Trennung Siegfrieds von Brünnhilde (→7702f), die Trennung zwischen Gunther und Siegfried, die in Hagens Hochzeitsruf schon mitschwingen könnte (→7910).
Das Göttliche ist in sich gespalten um der endlichen Freiheit willen. So ist der Gott hier der um die endliche Freiheit leidende Gott. Auch der eddische Odin leidet, wenn er, an der Weltesche sich selbst zum Opfer hängend, Runenweisheit erwirbt, die ihn zum Herrn über die Welt macht. Die Verbindung zu Christus, der für die Menschen am Kreuz leidet, ist nach Golther 348ff so stark, daß Odins Hängen am Weltenbaum geradezu als christlicher Eintrag in die Gegebenheiten germanischer Mythologie angesehen werden müsse. Ström 117f sieht in »Selbstopfer des Gottes an sich selbst« und in der »Verknüpfung Weltbaum ... und göttliche Weisheit ... indogermanisches Gemeingut«. Der eddische Odin liegt so auf eine anderen Ebene als der leidende Christus, der ja nicht leidet, um Weisheit zu erlangen, sondern um ein erlöstes Dasein der endlichen Freiheiten zu ermöglichen. In diesem Punkt ist Wotan im »Ring« mit der christlichen Aussage zu vergleichen: Auch Wotan leidet um der Möglichkeit des Daseins endlicher Freiheit willen. Christlich gesehen muß diese Möglichkeit aber nicht erst gefunden, sondern nur wiederhergestellt werden.

585–588: Loge bindet sich an keine feste Ordnung (»Haus«) wie Donner und Froh, die als Götter die ruhelose Wirklichkeitsdynamik in Teilbereichen ordnen und stabilisieren (→1773f; 1789). Jede Ordnung ist vorläufig, solange der Wirklichkeitsprozeß weitergeht und nicht in statischer Ruhe erstarrt. Loge ist das Moment des Übergangs, der »Hang« zu Neuem, die Dynamik, die überall (→679) am Werk ist. Loge ist aber nicht die inhaltliche Bestimmung des Neuen, er ist nur die Bereitschaft, Altes zu verlassen (zu zerstören [→1822–1828]), um zu einem neuen Zustand überzugehen, den eine gestaltende Instanz in seiner Eigenart zu bestimmen hat. Loge ist so nur *ein* Moment an dem allesbestimmenden göttlichen Grund (→6118), der die Wirklichkeit ihren je gegenwärtigen Zustand verlassen läßt (worin er Loge ist) *und* verfügt, welcher neue Zustand sich gestalten wird (worin er göttliche Weisheit ist [→667]). Die Einheit des ganzen Prozesses ist in Erda gegeben (→1688).

614–617: Die Götter garantieren die Ordnung der Welt (→334) und scheuen aus Sorge um die Stabilität dieser Ordnungen das Neue (→2616–2619). Daher trauen sie Loge als dem steten Übergang zu Neuem nicht (→6987–6990). Wotan allein macht hiervon eine Ausnahme, da er das je Neue und Unableitbare, das die endliche Freiheit setzt, ebenso will wie die Stabilität der Ordnungen, trotz der zerstörerischen Taten der endlichen Freiheit (→2720ff). An diesem Zwiespalt (→3015) leidet Wotan und an seiner Unlösbarkeit (→2633–2636) geht er zugrunde (→6238f).

629–632: Loge sann darüber nach, wie die endlichen Freiheitssubjekte, ohne dabei unfrei zu werden, ihre Freiheit – das heißt ihr Verfügen über Freia (→532–546) – in die Hand der göttlichen Instanz geben könnten. Wäre dies möglich, dann wäre die Einheit von göttlicher Ordnungs*macht* und göttlicher *Liebe* zur endlichen Freiheit erreicht (→2780). Aber in der Aufgabe ihrer eigenen Verfügungsmacht, das heißt in der Rückgabe des Pfandes (→624) Freia an die Götter und deren Verfügen, höbe sich die endliche Freiheit selbst auf. Deshalb kann im irdischen Bereich (→668) keine Möglichkeit der Vereinigung von göttlicher Macht und endlicher Freiheit gefunden werden. Entweder sind die endlichen Subjekte frei und Gott ist folgerichtig ihnen gegenüber ohnmächtig, oder Gott ist (wie das seiner Göttlichkeit entspräche) über alles mächtig, und folglich sind die endlichen Subjekte ihm gegenüber unfrei. Da weder die göttliche Macht noch die endliche Freiheit aufgehoben werden soll

(→798–802), werden sie schließlich *beide* wirken, wenn auch ohne menschlich sichtbare Versöhntheit untereinander: Freia wird bei den Göttern sein, und die endlichen Freien werden den Ring, also endliche zerstörerische Freiheit (→253–257), besitzen (→1715).

654ff: Loge ist für Wotan, und zwar »im Sturm« (→656), unterwegs. Der Sturm ist die Bewegungsart Wotans (→389). Loge ist in der Tat ein Moment des Gottesgeistes (→6151f) selbst (→667; 885f), der sich in Wotan auf bestimmte Weise ausprägt (→6175f). Daher bewegt sich Loge zu Recht im Wotansmedium des Sturmes.

657: Im »Beowulf« heißt es: »Sofort fühlte der Frevler [Grindel] dabei, Daß ihm noch nie im Erdenkreis, In allen Winkeln der Welt, ein gewaltigerer Mann Mit härterem Handgriff begegnet war« (Beowulf 750–753).

660: →629–632.

662: Der Ring von Welten ist der Gegenpol zu Alberichs Ring, der sich nur um den Finger eines Individuums schließt und das Selbstsein aller anderen Wesen und ihrer welterfüllenden Vielfalt nicht gelten läßt (→253–257).

666: »Weben« besagt ursprünglich »flechten, knüpfen«, aber auch »hin und her bewegen« (Duden VII 755). Das Geflochtene oder Gewobene ist eine Verbindung von mehreren unterschiedenen Einzelwesen. So impliziert es dreierlei, nämlich die *vielen* Verflochtenen und die *einheitsbildende* Verflechtung; drittens aber meint ein Gewebe eine *sinnvolle* Einheit, d. h. eine solche, in der ein Faden die anderen hält und umgekehrt von diesen gehalten wird. Stimmt dieses Zusammenspiel zwischen dem Ganzen des Gewebes und den einzelnen Fäden nicht, so löst sich das Gewebe auf oder verwirrt sich. Um das Gewebe nicht auf solche Weise chaotisch zu zerstören, muß jeder Faden eine ganz bestimmte Verlaufsform haben. Dieses bestimmte *Selbstsein* jedes einzelnen Fadenverlaufs begründet die Eigenart des Gewebeganzen; umgekehrt ist es im Webvorgang das wissend antizipierte *Ganze* des Gewebes, das aus den unendlich vielen Möglichkeiten von Fadenverläufen gerade die tauglichen auswählen läßt. Ein Gewebe (im Unterschied zu einem sinnlosen Fadengewirr oder -nebeneinander) ist somit aber *nicht durch Zufall* zu begründen. Denn Fadenverläufe, die zufällig, d. h. ohne Rücksicht auf die Eigenart des Gewebeganzen, hineinverflochten werden, führen zur chaotischen Zerstörung, weil sie wohl kaum zur Eigenart der schon vorhandenen Fadenverläufe passen und daher Verwirrung stiften. Statt im Zufall ist das Gewebe in der Einsicht in das Selbstsein der einzelnen Fadenverläufe und die Möglichkeiten ihres Zusammenspiels zur gegenseitigen Ergänzung begründet.

Auf die Welt als den einen Zusammenhang aller Einzelwesen, der nicht, vom Zufall beherrscht, in chaotische Zerstörung führt, sondern, von allumfassender (göttlicher) Weisheit (→6170) zu immer höherer Komplexität organisiert, sinnvoll (→6918) funktioniert, läßt sich sehr gut der Begriff des »Gewebes« anwenden. Das Weltgewebe ist nun nicht statisch, sondern dynamisch, insofern es in steter Bewegung ist. Auch gleichbleibende Gestaltungen erhalten sich ja nur durch ständige Prozesse, die in ihnen selbst und mit der sie umgebenden Wirklichkeit ablaufen. Den Weltprozeß als wechselwirkende Bewegung aller Einzelwesen kann man so als ein tätiges »Weben« bezeichnen. »Weben« ist umfänglicher als »Leben«, weil auch der nichtbelebte Bereich des Wirklichen eine komplexe Verflechtung differenter Einzelwesen darstellt. In diesem Sinne spricht auch Goethe vom »Weben«: »Das Geeinte zu entzweien, das Entzweite zu einigen, ist das Leben der Natur; dies ist die ewige Systole und Diastole, die ewige Synkrisis und Diakrisis, das Ein- und Ausatmen der Welt, in der wir leben, weben und sind« (Goethe [3] 199). Die Schlußwendung zitiert die Areopagrede des Apostels Paulus, die stoisch beeinflußt ist (Pohlenz 403f; Kuss 62–65) und deren Schlußsatz Luther so übersetzt: »Denn in ihm [Gott] leben, weben und sind wir« (Apg 17,28). Im »Ring« ist *Erda* der Gottesgeist, in dem alles webt und lebt (→6151f).

Die Vorstellung von der Welt als einem Gewebe ist germanisch. Die Nornen sind die Urheber dieses Gewebes. Im »Ring« hingegen stellen die Nornen das Weltgewebe bloß *abbildlich* dar und gestalten selber nicht an ihm mit (→6164f).

667: Loge durchschweift (→651) »alle Winkel der Welt« (→657). Dies wird hier so ausgedrückt, daß er, der mit dem Feuer als einem der vier Elemente identifiziert wird (→637f), die drei anderen Elemente – Wasser, Luft und Erde – fragend durchdrungen hat. Loge ist also nicht einfach das *empirische* Feuer, denn dieses durchdringt in der Tat nicht alles, sondern bildet nur einen Teilbereich im Kreis der Elemente. Dadurch daß Loge alle Elemente, und somit die *ganze Wirklichkeit*, in sich schließt bzw. durchdringt, entspricht er dem heraklitischen und dem von Heraklit beeinflußten stoischen (Zenon) Verständnis des Feuers als des einen, sich aber stets wandelnden Urelementes, das sich in den verschiedensten Gestaltungen ausprägt (Pohlenz 71). Das empirische Feuer in seinem flackernden Gestaltwandel und in seiner Vernichtung des Bestehenden ist nur eine besonders sinnenfällige Erscheinungsweise jener »feurigen« göttlichen Weltdynamik. Da jedes Wesen, das wir in der Wirklichkeit antreffen, erstens eine einzelne Ausprägung des gesamten Wirklichkeitsprozesses ist und zweitens in seinem Dasein nicht statisch auf einen Zustand fixiert bleibt, sondern zu immer neuen Zuständen fortgeführt wird, ist in jedem Einzelwesen die alles durchwaltende göttliche Dynamik am Werk, welche die antike Naturphilosophie unter dem Bild des Weltfeuers thematisiert hat (Heraklit B 67). Das heraklitische Feuer vernichtet einerseits den bestehenden Zustand der Wirklichkeit immer wieder und entläßt andererseits, die Wirklichkeit umgestaltend, immer wieder einen neuen Zustand aus sich (Heraklit B 30f). Um einen Weltzustand nun aber so zu gestalten, daß er nicht ins Chaos zerfällt, bedarf es eines Überblicks über die verschieden gearteten Einzelwesen und die Möglichkeiten, sie sinnvoll geordnet zusammenwirken zu lassen (→6918). Dieser Überblick ist Weisheit (→6170) oder Vernunft. Deshalb ist das Feuer Heraklits »vernunftbegabt« (Heraklit B 64a). Loges Feuer im »Ring« ist hingegen nur das Medium der Vernichtung des Bestehenden um eines Neuzugestaltenden willen, nicht aber selbst das neugestaltende Prinzip. Die aus Weisheit sinnvoll gestaltende Kraft wird nicht ebenfalls als Feuer vorstellig gemacht, sondern als Handeln Wotans und der endlichen Freiheiten sowie als Erdas verborgenes Walten (→6159ff). Es ist aber wiederum Erda, die verfügt, daß die Wirklichkeit sich logehaft dynamisch und wechselhaft, statt wandellos statisch, vollzieht (→1688). Loge ist somit ein Moment Erdas selbst: Als die Dynamik, die in aller Wirklichkeit am Werk ist (→6151f), ist Erda selber das logehafte Auflösen oder Vernichten des jeweils alten Zustandes (→6987–6990). Das Alte, das sie als Loge vernichtet, bewahrt sie in ihrem göttlichen Wissen auf, das die Gleichzeitigkeit aller vergangenen, gegenwärtigen und zukünftigen Sinngestaltungen, mithin die zeitüberhobene vollendete Ganzheit aller Wirklichkeit ist (→1672–1675). Obgleich Erda den Namen eines der Elemente trägt (»Erde«), verliert sie schließlich diese Vermengung mit empirischen Vorstellungen bis hin zur empirischen Darstellungslosigkeit (→1678).

668: Loges Fragen nach der Möglichkeit, die endliche Freiheit der Riesen und die göttliche Verfügungsmacht so zu vereinen, daß keine der beiden Seiten aufgehoben wird (→629–632), bewegt sich ganz im Bereich *menschlicher Erfahrung,* nämlich in der Dimension von Wasser, Erde, Luft (→667) und natürlichen Keimkräften (→670f). Im irdischen Bereich aber sind endliche zerstörerische Freiheit und göttliche weltordnende Macht nur als widerstreitende Pole, nicht aber als versöhnt zu erleben (→2933–2936). In Loge, da er Moment Wotans ist (→654ff), das Göttliche nicht in seiner geheimnisvollen (→1692ff) Immanenz (→6170; 6175), sondern nur insoweit zur Darstellung kommen, als es in seinem irdischen Wirken sichtbar wird. Diese Art der Gegenwärtigkeit des Göttlichen, die hinter dessen letztem und umfassendsten Begriff zurückbleibt, ist für Wotan charakteristisch (→6141ff).

675: Loge sagt nicht nur, daß er bei »allen« oder »überall« geforscht habe, sondern er zerlegt dieses Universale in Einzelbilder: »so weit Leben und Weben« (→666; 675), »wo Kraft nur sich rührt« (→670), »Keime sich regen« (→671). Derartige Verbildlichung wird in noch weit höherem Maße vom germanischen Urfehdebann geübt (Thule II 188–191). Auch im »Ring« tritt sie nochmals auf (→6155f; 3968).

679f: Die Liebe ist das freie Gewährenlassen des anderen in seinem je eigenen Selbstsein (→269). Diese Liebe ist besonders deutlich und ausgeprägt sichtbar in der gegenseitigen Neigung von Mann und Frau. Jedes Wesen will Liebe für sich, weil es nur so sein eigenes Selbstsein unbehindert vollziehen kann. Die gewährenlassende Liebe (→5398f) der anderen wird aber nur demjenigen zuteil, der, wenn man ihn gewähren läßt, die anderen nicht in deren Selbstsein behindert. Das aber heißt, daß letztendlich nur der Liebe erhält, der seinerseits die anderen – sie gewährenlassend – liebt. Liebe von den anderen und Liebe zu den anderen macht es erst möglich, daß eine Vielzahl von Selbstseienden der verschiedensten Art unzerstört nebeneinander existieren kann; ohne solche Liebe würden die Wesen einander bloß beeinträchtigen und schließlich vernichten. Freilich ist die Liebe immer nur im Zusammenhang mit gegenseitiger Beeinträchtigung und Schädigung der Wesen – also im Zusammenhang mit Lieblosigkeit – gegeben, weil die vielen Wesen untereinander *gegenstrebig* sind (→2535f) und daher im eigenen »Gewähren« das der anderen notwendigerweise einschränken (→716ff). Aber als *ein* Moment am Weltgeschehen ist Liebe in der Tat unaufgebbar, wenn die einzelnen Wesen in ihrem je eigenen Selbstsein sich unzerstört sollen vollziehen können.

681f: →317f.

713: In der *Not* ist das eigene Selbstsein des Notleidenden beeinträchtigt. Alberich verursachte den Riesen solche Beeinträchtigung schon *vor* der Zeit, in der er über den Ring verfügt. Diese Beeinträchtigung kann daher nicht dem Despotiestreben Alberichs (→317f) entsprungen sein, denn dieses wird erst durch den Ring wirksam (→253–257). Zuvor hatte Alberich die anderen Wesen wohl nur deshalb beeinträchtigt, weil in einer Welt, die *viele* Wesen bevölkern und in der die Mittel für deren Daseinsvollzug *knapp* sind, die Wesen um ihrer Selbsterhaltung willen einander beeinträchtigen müssen (→716ff). Diese Beeinträchtigung führt aber nicht zur fortschreitenden Auslöschung von immer mehr Wesen und so zur Verarmung oder gar Zerstörung des Weltgefüges, weil eine weise göttliche Ordnung die gegenseitigen Beeinträchtigungen regelt und so den chaotischen Zerstörungskampf aller gegen alle in eine die Einzelwesen sogar noch fördernde Spannung verwandelt (→6918–2ff). Indem der ringbesitzende Alberich sich die Rolle des göttlichen Weltordners anmaßt, ohne doch seiner Endlichkeit die Komplexität der Welt überblicken zu können (→2831–2834), droht er das Weltgefüge und damit die von diesem Gefüge eröffneten und getragenen Einzelwesen in ihrem mannigfaltigen Selbstsein zu zerstören (→5348ff).

714f: →808–811.

716ff: Weil die Einzelwesen in der Welt vielfältig (→5449f), untereinander daher höchst gegenstrebig

(→2535f) sind und weil die zum Daseinsvollzug der Einzelwesen benötigten Dinge auf dieser Erde in jeder Hinsicht knapp sind, beeinträchtigen sich die Einzelwesen in ihren Daseinsvollzügen gegenseitig. Der *Neid* ist nun die Triebkraft, die ein Wesen danach streben läßt, das zum Vollzug seines eigenen Daseins Nötige nicht einem anderen zu überlassen, und da, wo ein anderer besitzt, was das Wesen selbst bräuchte, dieses Benötigte dem anderen streitig zu machen. So ist der Neid zunächst nichts anderes als der Trieb zur Selbsterhaltung in einer Umwelt knapper Mittel und das Aufeinanderwirken der Einzelwesen im Kampf ums Dasein daher als »Neidspiel« (→810; 397ff) beschreibbar. Durch die Naturordnung (→6911ff) ist aber dieser Kampf aller gegen alle im Bereich der nichtmenschlichen Wesen in einer Weise organisiert, die verhindert, daß das Neidspiel zur völligen gegenseitigen Zerstörung führt. Bei den endlichen Freiheitssubjekten – Riesen (→4675f), Zwergen (→2781f) und Menschen (→2605f) – ist dies anders, weil die Verhaltensweisen dieser vielen Subjekte nicht schon von Natur aus festgelegt und aufeinander abgestimmt sind, sondern durch weltoffene Einsicht (→4410–4415) erst von den Subjekten selber entworfen und so aufeinander abgestimmt werden müssen, daß sie nicht mit der Folge schrankenloser Zerstörung aufeinanderprallen. Hierin liegt nun aber für den einzelnen Handelnden die Möglichkeit beschlossen, seinen Neid dahingehend auszudehnen, daß er versucht, sein eigenes Dasein ohne jede Beeinträchtigung durch andere vollziehen zu können. Das aber bedeutet, daß er – um allen irgend möglichen Beeinträchtigungen vorzubeugen – danach streben muß, alle anderen Wesen in ihrem je eigenen Daseinsvollzug *ganz* auszuschalten und ihn nur noch soweit zuzulassen, als er bloß wiederum *seinem* Daseinsvollzuge dient.

Gegen diese Ausweitung des Neides schützt nur die *Liebe* (→269), die das Selbstsein der anderen Wesen anerkennt und es gewähren lassen will (→5398f) wie das eigene. Dies bedingt nun, daß der Mensch einen Ausgleich zwischen seinen eigenen Interessen und denen der anderen (natürlichen und menschlichen) Wesen, also einen Ausgleich von Neid und Liebe anstreben muß. Er muß in seinem Verhalten das *Maß* einhalten, das ihn selbst und die anderen Wesen so zusammenschließt, daß die gegenseitige Beeinträchtigung die jeweiligen Selbstseine nicht gänzlich aufhebt.*

Allein dasjenige freie Subjekt, das aus dem Selbstseinsvielfalt eröffnenden und bewahrenden Maß heraustritt (→253–257), sagt der Liebe ab (→317f) und bedroht so in seinem uneingeschränkt neidvollen Streben nach alleiniger Geltung das Selbstsein aller anderen Wesen (→2859f). Dagegen steht als Gegengewicht zwar das Selbstbehauptungsstreben der anderen Wesen (→2852ff). Wenn diese anderen Wesen aber (so wie die Riesen) Alberichs Schläue nicht gewachsen sind (→808–811), dann wird er Mittel und Wege finden können, dieses Gegengewicht ränkevoll auszuschalten oder gar für sich zu nützen. Wegen der Verflochtenheit des Menschen in die Naturordnung (→6911ff) müßte Alberich freilich auch die Naturordnung seinen Zwecken dienstbar machen (→1224–1227). Ein verändernder Eingriff in die Komplexität der Natur durch ein Wesen von nur endlichem Überblick würde aber das *Chaos* heraufbeschwören (→2831–2834).

Endet eine Despotie Alberichs im Chaos (→1490f), so droht das Chaos auch für den Fall, daß Alberichs despotisches Bestreben sich im freien Spiel der endlichen Subjekte nicht durchsetzen kann. Die frei handelnden Subjekte in der Welt sind ja samt und sonders endliche Wesen und deshalb von nur beschränktem Überblick über die Weltzusammenhänge (→2831–2834). Daher kann keines von ihnen absehen, was es mit seiner Handlung in weiteren räumlichen und zeitlichen Bereichen des Wirklichkeitsprozesses anrichten wird. Selbst ein endliches Wesen, das in seinen Handlungen auf den Ausgleich mit den (den seinen entgegengesetzten) Interessen anderer Wesen bedacht sein will, *kann* diesen Ausgleich gar nicht herbeiführen, weil es in der Beschränktheit seines Überblicks das Geschehen nicht so organisieren kann, daß wirklich alle im Spiel befindlichen Umstände weltweit berücksichtigt sind. Wenn im ganz ungelenkten Handeln der endlichen Subjekte sich nicht zufällig überall und immer wieder der Ausgleich aller Weltwesen untereinander sozusagen von selbst einstellt, ist das zerstörerische Aufeinanderprallen der handelnden Subjekte untereinander und mit der Naturordnung, mithin das Chaos, unvermeidlich. Da der Zufall aber die Konstanz der Weltordnung nicht zu gewährleisten vermag, können die Einzelwesen den chaosabwehrenden Ausgleich für ihr chaosträchtiges freies, aus beschränktem Überblick geborenes Handeln nur von dem *weisen Walten Gottes* erwarten (→6918–3f).

---

* So darf der Mensch die untermenschlichen Wesen zu seinem eigenen Daseinsvollzug nützen und ihnen sogar aus seinem Daseinsbedürfnis heraus das Leben nehmen, wenn er dabei nicht etwa eine Art – ein Selbstsein – völlig ausrottet oder einzelne Individuen während ihres Daseins gegen dessen eigene Art und Tendenz zwingt (wie es schmerzhafte Tierversuche und artfremde Haltung tun). Der Mensch selbst ist, im Unterschied zum Tier, dessen Daseinszweck nach allem, was wir wissen, bloß in der Erhaltung der Art liegt, auf eine individuelle Erfüllung seines Daseins angelegt, zu der alles, was er tut, beiträgt, deren Vollendung aber von einem irdischen Blickwinkel aus nicht festgestellt werden kann (→7249–7252). Deshalb darf die Entscheidung über das Ende eines menschlichen Lebens nicht bei einer irdischen Instanz (sei sie ein einzelner Mensch oder eine Gruppe, »Partei«) liegen, wenn man das spezifisch menschliche Selbstsein in seiner irdisch unabschließbaren Offenheit anerkennen und gewähren lassen will.

Deshalb werden die Riesen auch bereit sein, die göttliche Macht, verkörpert in Freia (→532–546), den Göttern zurückzugeben, um gegen Alberichs zerstörerische Bestrebung, die entweder in die Despotie oder (bei nicht göttlich gelenkter Gegnerschaft gegen Alberich) in das Chaos führt, die allein geeignete, allesüberblickende Instanz wirken zu lassen (→798–802).

726ff: →253–257.

753: →6942f (Runenzauber).

755ff: →317f.

764ff: Donner ist *Natur*gott (→1773f). Alberich möchte in seinem despotischen Bestreben auch die natürlichen Gegebenheiten gegen ihr eigenes Selbstsein zur Dienstbarkeit für seine Zwecke zwingen (→1224–1227). Die personifizierten Naturmächte – die einzelnen Götter also, die Ausprägungen des *einen* personhaften (→6120) göttlichen Waltens (→6159ff) der Erda sind (→6175f) – haben hiervor Angst. Sie merken, daß die despotische Kraft des einen Individuums, die im Ring verkörpert ist (→253–257), gebrochen werden muß, wenn die Vielfalt und Gegenstrebigkeit der natürlichen und endlich freien (→1191) Selbstseienden nicht an der Beschränktheit und Bosheit (→5348ff) eines endlichen Wesens zugrunde gehen soll, das sich verkehrterweise an Gottes Statt setzt (→5371). Darin sind die einzelnen Naturmächte (Naturgötter), ebenso wie die übrigen Wesen, auf die alles weisheitlich durchwaltende Macht Gottes (→6918-3f) angewiesen (→808–811).

767: Weil nur Gott in seinem weisen Überblick die ganze Welt so ordnen kann, daß die vielen Einzelwesen in ihren untereinander höchst gegenstrebigen Selbstseinen sich nicht gegenseitig zerstören (→6918-3f), muß die »der ganzen Welt waltende« (→5371) Kraft des Ringes (→253–257) in des Gottes eigene Hand gelangen. Die freie Selbstverfügung (→2634f), also das eigene Walten der endlichen Subjekte, geht dabei freilich verloren (→2921). Daher kann die endliche Subjektivität, so wie der freiheitenwollende Wotan selbst (→1666–1670), den Ring nicht in der Hand Gottes lassen wollen (→818f). Die Frage bleibt offen, wie sich die zerstörerische Freiheit vieler und gegenstrebiger endlicher Subjekte mit der Geordnetheit der Welt durch eine zentrale Instanz vereinbaren läßt, ohne eine der beiden Seiten aufzuheben (→1715).

772b: →1473.

773f: Alberich hat sich zum Schaden aller Wesen die despotische Herrschaft über die ganze Welt angemaßt (→5371). Durch die Wegnahme des Ringes, in dem sie verkörpert ist (→253–257), wird diese Despotie zum Nutzen aller (→808–811) in ihrer Anmaßung gebrochen. Alberich verkehrt oder negiert die Weltordnung (→5348ff), während in der Negation dieser alberichschen Negation die Weltordnung bewahrt wird. Diese doppelte Negation schlägt sich in Loges Formulierung nieder: Der Dieb wird seinerseits diebisch behandelt (→1473).

798–802: Die Riesen wollen den Ring dem Alben entrissen wissen, weil sie nur so vor dessen despotischen Absichten (→5348ff) sicher sind. Um Alberich zu überwinden, bedarf es aber einer höheren Klugheit als die der Riesen (→808–811). Letztlich kann es nur die *göttliche Weisheit* sein, die an einer Stelle des Weltgeschehens eingreifen kann, ohne daß in der Folge Verwicklungen entstehen, die das ganze komplexe Zusammenspiel all der vielen Wesen in der Welt ins Chaos zerfallen lassen (→6918-2ff). Die Riesen wollen also um ihrer *eigenen* Freiheit willen, daß Alberichs Despotie von *Gott* gebrochen werde. Die göttliche Macht, deren Wirksamkeit Freia verkörpert (→532–546), wirkt in diesem Punkte also *im Auftrag und mit Willen* der Riesen, von deren Freiheit Gott die Ausübung seiner Macht abhängig gemacht hat (→473–476). Durch den Willen der Riesen zum Tätigwerden der göttlichen Macht erklärt sich auch, daß der Gott trotz der Abwesenheit Freias machtvoll an Alberich handeln kann (→1473).

Bisher war die Frage im Verhältnis der göttlichen Dimension und der Dimension endlicher Freiheitssubjekte, ob die Wirksamkeit (Freia) der geschehensbestimmenden Macht vom allesüberblickenden Gott *oder* von den beschränkten endlichen Subjekten (→326f) kontrolliert werden solle. Dadurch, daß die Riesen jetzt den *Ring,* also die Möglichkeit endlicher Subjekte zur konsequenten freien Selbstverfügung (→253–257), besitzen wollen, soll erreicht werden, daß Gott *und* die endlichen Freiheitssubjekte zugleich Verfügungsmacht über das, was in der Welt geschieht, ausüben können.

Würden die Riesen Freia behalten wollen, so wäre die Wirksamkeit der göttlichen Weltordnungsmacht blockiert. Wegen der Beschränktheit ihres Überblicks (→2831–2834) können endliche Wesen keine *welt*ordnende Macht ausüben. Die in Freia verkörperte Wirksamkeit würde daher bloß die endliche und deshalb *chaos*trächtige Verfügungsmacht der Riesen in Gang setzen. Nun befähigt aber der Ring ebenfalls zur (despotischen oder chaotischen) Zerstörung der Weltordnung (→5371). Somit scheint es aber auf dasselbe hinauszulaufen, ob die Riesen den Ring als Verkörperung der zerstörerischen Möglichkeiten ihrer endlichen Freiheit erhalten oder gleich Freia behalten und damit die göttliche Weltordnung sozusagen lahmlegen. Der Unterschied besteht aber darin, daß im Falle der Rückgabe Freias an die Götter die Weltordnung nicht einfach aufgelöst, sondern als wirksame Kraft neben der zerstörerischen Wirksamkeit der endlichen Freiheit und ihres Ringes im Geschichtsprozeß gegenwärtig bleibt. Die Frage, wie die sich gegenseitig ausschließenden Kräfte – göttliche Ordnung einerseits und endliche Zerstörung andererseits – versöhnt werden können, bleibt damit zwar offen, aber es ist eine einseitige Entscheidung zugunsten einer chaotischen Auflösung der Welt vermieden. Das Chaos droht nämlich, sobald die gegenstrebige Vielfalt endlicher Freiheitssubjekte in ihrem Tun ohne das ordnende Walten (→6159ff) der allesüberblickenden Weisheit Gottes sich selbst überlassen bleibt (→716ff). Da die Riesen aber (wie auch alle anderen Wesen) im Chaos selbst zugrunde gehen würden, liegt es in ihrem eigenen Interesse, Freia zurückzugeben. Freilich ist die Rückgabe Freias, insofern es die Aufgabe der Kontrolle über die das Geschehen bestimmende Macht ist, nur dann keine Selbstaufgabe der Riesen, wenn ihnen *neben* der göttlichen Macht die endliche Verfügungsmacht (mit all ihren bedrohlichen Folgen) eingeräumt, also der Ring übergeben wird. Behielte Wotan den Ring, nachdem er ihn und die durch ihn bestehende despotische Herrschaft Alberich entrissen haben wird, in seiner göttlichen Verfügung, statt ihn und seine Zerstörungskraft weiterhin als eine ihrer Möglichkeiten der endlichen Freiheit zu überlassen, hätte er die von ihm doch gewollte endliche Freiheit aufgehoben (→1666–1670).

Weil Gott daher nicht als Bedrohung der menschlichen Freiheit, sondern durch ihre Erschaffung (→2636) und durch ihre Erhaltung mittels der chaosverhindernden Weltordnung gerade als ihre ermöglichende Bedingung auftritt, ist der »Ring« weit von Feuerbachs Auffassung entfernt, der man ihn doch immer wieder zugesellen will (→353; 2630–2633).

808–811: Alberich strebt lieblos (→317f) nach der Auslöschung aller Selbstseine außer seinem eigenen. Alle übrigen Wesen sollen kraft des Ringes (→253–257) ihm allein dienstbar gemacht, so aber eben ihrer Eigenwirklichkeit beraubt werden (→5348ff). Alberich hat zu diesem Zwecke der Weltunterwerfung schon ganze Teilbereiche der Wirklichkeit, nämlich die Nibelungen (→976f; 926; 1025f) und das Gold der Erde (→1029–1038; 1181–1185), in seine Macht gebracht. Da diese Bereiche ihm dienen, hofft er, offensichtlich auf den Wechselwirkungszusammenhang bauend, in dem alle Wirklichkeitsbereiche untereinander stehen, daß die Teilunterwerfung sich weiterhin zur völligen Unterwerfung der Welt ausdehnen lassen werde. Nun hat nicht jedes endliche Einzelwesen die Befähigung und nicht jedes ist in der Lage, zur Sicherung des eigenen Selbstseins Maßnahmen gegen Alberichs schon recht weitgestreckte Organisation einzufädeln. Solche Maßnahmen müßten sich auf die Alberich noch nicht unterworfenen Bereiche stützen und deren Zusammenspiel untereinander und mit den alberichbeherrschten Bereichen in der passenden Weise ausnützen. Dazu aber wäre ein möglichst weiter, mindestens aber dem alberichschen gewachsener Überblick über das Weltgefüge und seine Komplexität nötig. An diesem Überblick fehlt es den meisten Wesen, vor allem jedoch den Riesen: »ihr schlichter Mutterwitz reicht gegen Alberich's herrschsüchtige Verschlagenheit nicht mehr aus« (GSD II 156). Das sehen sie selbst, belehrt durch lange Erfahrung, sehr

gut ein (→810). Aber auch begabtere endliche Subjekte sind wegen ihrer grundsätzlichen Beschränktheit (→2831–2834) nicht in der Lage, die *gesamte* Weltordnung so zu organisieren, daß einem Despotieversuch wie dem Alberichs wirksam und dauerhaft vorgebeugt wäre; und so fände Alberich oder ein anderer immer wieder Ansatzpunkte, den Kampf der gegenstrebigen Wesen untereinander – das Neidspiel (→716ff) – für Weltunterwerfungsversuche zu nützen. Setzt sich aber der Nibelung mit seiner Herrschaft durch, so wird er aus seiner Endlichkeit und aus seiner Bosheit (→5348ff) heraus die Weltordnung und damit das Selbstsein der Wesen zerstören. Nur eine Instanz von *unbeschränktem* Überblick über die gesamte Wirklichkeit, die zudem von *Liebe* (→269) zu den vielfältigen Selbstseienden erfüllt ist und in diesem Sinne die Weltgeschehnisse insgesamt *lenkt*, kann und wird die Weltordnung so organisieren, daß alberichsche Versuche scheitern und damit ihre Gefährlichkeit verlieren müssen. Nur eine solche Instanz kann *jedes* einzelne Wesen so in ein genau auf es zugeschnittenes *Maß* (→253–257) »festfahen« (→811) oder festlegen, daß die zerstörerischen Tendenzen aller Wesen sich gegenseitig ausgleichen und die Wesen ihr jeweiliges Selbstsein in einer dem Ganzen aller Wesen nicht abträglichen Weise sogar weiterentwickeln können (→6918–2). Die hierzu erforderliche Instanz ist folglich einzig die alles weisheitlich ordnende (→6918–3f) und lenkende (→8077f) liebende (→2780) Gottheit, deren *eines* Walten (→6159ff) in seiner inneren Differenziertheit im »Ring« als Vielzahl von Göttern dargestellt wird (→6175f). So sind die Riesen, wie alle endlichen Wesen, auf das allesbestimmende Walten der Götter angewiesen. Um ihre eigene Freiheit nicht zu verlieren, brauchen die endlichen Wesen die übergreifende göttliche Macht. Deshalb können *um ihrer selbst willen* die Riesen das Leben und Bestehen der göttlichen Macht (in Gestalt der Freia →532–546) *nicht* bei sich behalten, weil dadurch die alles umfassende göttliche Macht in eine Wirksamkeit verendlicht würde, die vom beschränkten Überblick endlicher Wesen gelenkt würde und somit die für das *Ganze* berechnete Sinnhaftigkeit (→6918) des Weltgefüges gerade verfehlen müßte.

812ff: Hier ist unausdrücklich schon mitgesagt, daß Wotan zwar nicht für die Riesen, wohl aber für sich selbst den Ring erringen möchte. Das bedeutet, daß Wotan zwar die alberichsche Anmaßung, als endliches Wesen die ganze Welt ordnen zu können (→5371), brechen und so die von den Göttern schon seit langem errichtete (→334) Weltordnung erhalten möchte. Es bedeutet aber auch, daß er angesichts der Frage, wie die endlichen Freiheiten, deren Gegenstrebigkeit (→2535f) Zerstörung erzeugt, in die Weltordnung eingebunden und doch *als* (eben auch zerstörerische) Freiheiten gewahrt werden sollen, bei seiner Lösung der freiwilligen Selbstaufgabe der Freiheiten verharrt (→353). Die Riesen, die sich durch den Burgbau freiwillig Wotan unterworfen haben (→325), sollen die Fähigkeit zur freien Selbstverfügung (→253–257) – also den Ring – *nicht* erhalten, sondern ihre Freiheit soll ganz in der Hand Wotans bleiben. Das können die Riesen um ihrer Freiheit willen nicht annehmen (→818f). Aber auch für Wotan als den freiheitenwollenden Gott wäre die geplante Einbehaltung des Ringes vernichtend (→1666–1670).

818f: Die Riesen können Freia, das heißt die Verfügungsmacht darüber, was in der Welt geschehen soll (→532–546), nur an die Götter zurückgeben, wenn die Götter ihrerseits den Riesen zugestehen, zu verfügen, was in der Welt geschehen soll. Andernfalls würde die riesische Freiheit aufgehoben. Die Götter (→6175f) müssen in der Welt bestimmen, um die Weltordnung nicht zu gefährden (→334); die endlichen Freiheitssubjekte (hier die Riesen) müssen in der Welt bestimmen, um die – auch gottgewollte (→353) und gottgesetzte (→2605f) – Selbstverfügung der endlichen Subjekte (→2634f) nicht aufzuheben. In der endlichen Freiheit als der Freiheit vieler gegenstrebiger Individuen ist die Möglichkeit des Bösen als der Versuch der Ausschaltung aller anderen für jedes Individuum als Versuchung gegeben (→5348ff). Die letzte Konsequenz aus dem sich ohne göttliche Ordnung selbst überlassenen endlichen Freiheitsgeschehen wäre die tatsächliche Aufhebung aller auf einen. Diesen Weltdespotiezustand symbolisiert der Ring (→253–257). Als anstrebbare Möglichkeit muß der Ring im Weltspiel (→397ff) bleiben, weil sonst die endlichen Subjekte gerade der Freiheit beraubt wären, selbst zu entscheiden, ob und wieweit sie sich um des Bestehens anderer willen einschränken lassen. Die göttliche Ordnung, die eine endliche Selbstbehauptung, die auf Kosten anderer geht, um dieser anderen willen aufheben muß, und die Freiheit zur Selbstbehauptung auf Kosten anderer *schließen einander aus*. Wenn sich aber göttliche Ordnungsmacht und endliche Freiheit ausschließen, so geht es im Weltgeschehen um den Kampf darum, welche der beiden Seiten die andere aus der Verfügung über das, was in der Welt geschieht, verdrängt. Da im Wirklichkeitsprozeß aber offenbar *beide* Komponenten am Werk sind, kann weder die göttliche noch die endliche Seite als eine verschwindende dargestellt werden. So bleibt der Wirklichkeitsprozeß ein Widerstreit zwischen der göttlichen *Liebe* zur endlichen Freiheit (die ja auch Gott geschaffen hat samt ihrer Möglichkeit zum Bösen) und der göttlichen *Macht*, alles wohl zu ordnen (→2780). Dieser Widerstreit wird schließlich auch von Wotan anerkannt werden (→1715), und er ist nicht mehr im Bereich der Einsicht des irdisch denkenden Menschen, sondern nur in der geheimnisvollen (→1692ff) Tiefe (→6121ff) des göttlichen Waltens der Erda (→6159ff) versöhnend gelöst (→8948).

836: Von dem Augenblick, in dem Thor (der dem »Donner« im »Ring« entspricht) hört, daß die Riesen die Göttin Freyja zum Lohn für den Bau der Götterburg erhalten sollen, weiß der eddische Dichter zu berichten: »Nur Thor schlug zu, zorngeschwollen: selten sitzt er, wenn er solches hört; da wankten Vertrag, Wort und Treuschwur, alle Eide, die sie austauschten« (Thule II 37/15; vgl. ebd. die Anmerkungen zu 10–15; →564f).

849: →323.

850: →1198f.

885f: Erda ist das allesdurchwaltende Göttliche (→6151f). Daher ist sie selbst auch die Dynamik des in Loges Feuer erscheinenden Übergangs von einem Einzelwesen oder Zustand der Wirklichkeit zu einem anderen (→1688). In der *Bewegung* des Übergangs ist das Göttliche aber immer nur im Endlichen: nämlich bei dem begrenzten Wesen oder Zustand, das oder den es verläßt oder erreicht. Erst im *vollendeten* Durchlaufen-Haben des ganzen Wirklichkeitsprozesses ist das Göttliche tatsächlich allesdurchdringende, weil wirklich alles durchdrungen habende Kraft. Nun ist das Göttliche zwar in seiner immanenten, zeitüberhobenen *Ewigkeit* immer schon vollendet – indem es der Vergangenheit in bewahrendem Wissen gedenkt und das Zukünftige in vorausschauendem (nicht aber vorausbestimmendem) Wissen schon gegenwärtig, also den für Wesen endlichen Überblicks noch offenen Wirklichkeitsprozeß immer schon durchlaufen hat (→7043ff; 1672–1675) –, im *zeitlichen* Nacheinander seines Verlaufes ist der Wirklichkeitsprozeß jedoch nie als vollendeter Sinn (→6918), sondern immer nur als einzelner *Ausschnitt* des Ganzen aller Zeiten und Räume und als *Übergang* zu anderen solchen Ausschnitten gegeben. Der göttliche Urgrund *verendlicht* sich daher in dem, was er hervorbringt, nämlich in dem Wirklichkeitsprozeß, auf Gestaltungen, die zeitlich und wirkungsmäßig begrenzt sind. Diese Endlichkeit vollzieht sich als Dynamik oder Übergang von einer Gestaltung zur anderen, worin ja gerade sichtbar wird, daß die Gestaltung, die aufgelöst oder verlassen wird, nicht alles zu fassen vermag, was an Gestaltung überhaupt möglich ist. Da nun *Loge* nur der Übergang vom Alten zum Neuen, nicht aber die Gestaltung des Neuen ist (→6987–6990), macht er nur die Hälfte des Göttlichen, nämlich das eine Moment der *zeitlichen Verendlichung* aus, nicht aber das andere der zeitüberhobenen ewigen Gegenwart allen Geschehens. Als das Selbstverendlichungsmoment des Göttlichen ist Loge dem ganz endlichen, weil nur auf sich bezogenen Alberich verwandt (→1149).

894: →532–546.

919: →990ff.

Dritte Szene

966f: Die Nacht läßt alles unterschiedslos und daher unidentifizierbar werden. Alberich löst sich gewissermaßen in den Urgrund auf, der alle Gestaltungen von Wesen der Möglichkeit nach in sich birgt, und anschließend prägt er sich dann wieder in einer dieser Gestalten aus. Der alleseinschließende Urgrund ist Gott, dessen Dimension im »Ring« mit der Nacht (→6118) und dem Nebel (→7602ff) in Verbindung gesetzt wird.

990ff: Die feurigen Funken, wie auch die Schwefelkluft, durch die man nach Nibelheim gelangt (→919), gemahnen eher an das germanische Muspellheim, das dem Nebelheim entgegengesetzt ist (→1676f). Die Zwerge hausen im Nebel; daher heißen sie »Nibelungen« (→2781f). Der Nebel zeigt die göttliche Dimension an (→7602ff). Der Götterhimmel *oben* und »Nebelheim, das ... ganz *unten* in der ... Welt« (Thule XX 51) ist, werden also gleichermaßen vom Göttlichen umfangen. Diese Allumfassendheit gehört zur Gottheit Gottes (→1672–1675).

1017: →1025f.

1018: →2781f.

1025f: Alberich *zwingt* die Zwerge, das heißt er achtet ihr Selbstsein nicht (→1123f). Er zwingt sie nicht dazu, überhaupt in Klüfte zu schlüpfen; das tun sie nämlich auch schon vor Alberichs Ringgewinnung (→2781f). Aber er zwingt sie, dies nun nicht mehr *für sich und ihren Lebenskreis selbst* (→1019ff) zu tun, sondern ihre Mühe (→1024) ausschließlich *für ihn* einzusetzen (→1027f).

1027f: Alberich anerkennt nur mehr sein eigenes Selbstsein und dessen Vollzug. Die Daseinsvollzüge aller anderen Wesen – der Zwerge (→2781f), Riesen (→716ff) und Menschen (→1191), ja die gesamte gottgesetzte Ordnung (→6918–3f) des Weltgeschehens (→5371) – sollen nur noch *»für ihn allein«*, nicht mehr jedoch für sich selbst ablaufen.

1078f: Um einen Bottich zum Bierbrauen zu bekommen, müssen die Götter in einem Liede der Edda große Anstrengungen unternehmen. Tyr sagt da zu Thor: »Leicht, Freund, gelingts, wenn List du brauchst« (Thule II 18/6).

1110f: →2781f.

1123f: Alberich *zähmte* (→353) alle Bestrebungen und Daseinsvollzüge der Nibelungen, die seinem eigenen Interesse zuwiderliefen. Das heißt, daß Alberich die Nibelungen gegen deren eigenes Selbstsein und dessen Antriebe zwingt (→1025f), weil er aus Lieblosigkeit (→317f) kein anderes Selbstsein in der ganzen Welt (→5371) außer seinem eigenen achtet. Dies läßt ihn böse sein (→5348ff).

1128: Nebel und Nacht weisen auf das Göttliche (→6118; 7602ff). Auch Nibelheim und die Zwerge (→2781f) sind Ausprägungen des Göttlichen (→990f).

1134f: →716ff (Neid).

1149: →885f.

1152: →4700.

1180: →1128.

1184f: →5371.

1190: Die goldene Faust ist die Hand Alberichs, weil sie das Gold hält als Anreiz für die nach Gold Gierigen, die durch gehorsamen Vollzug der von Alberich (nicht von ihnen selber) festgesetzten Handlungsziele (→1027f) sich das Gold verdienen wollen. Es wird aber nicht gesagt, daß Alberich die Faust öffnen und das Gold tatsächlich ausbezahlen wird.

1191: Die »Göttlichen« sind nicht nur die Götter selbst, sondern auch die endlichen Freiheitssubjekte, in deren Offenheit auf das Unendliche (→7249–7252) Gottes Geist selbst am Werk ist (→2636). Zwerge (→2781f) und Riesen (→4675ff) sind bestimmte Typen *menschlicher* Freiheit und gehören so ebenfalls zu den Wesen, die Alberich »alle« sich zur bösen (→5348ff) Unterwerfung »fangen« will.

1192: →317f.

1193–1196: Der lieblose (→317f) Eigennutz, der sein Streben auf Goldbesitz beschränkt, führt dazu, daß Alberich diese Wesen zur Verfolgung *seiner eigenen* Zwecke einsetzen kann, indem er sie mit der Aussicht auf Gold, das sie nie erhalten werden (→1190), ködert.

1198f: »Selig« bedeutet im Althochdeutschen »wohlgeartet« (Duden VII 636). Was bedeutet es, daß das »Weben« der Götter »wohlgeartet« ist? Weben ist das verknüpfende, verflechtende Herstellen eines Zusammenhangs oder Zusammenspiels von vielen verschiedenen Elementen. Die Götter nun stellen den Zusammenhang der ganzen Welt als Zusammenspiel der vielen verschiedenen Einzelwesen her (→1773f). Dabei werden diese so aufeinander bezogen, daß ihre Daseinsvollzüge trotz ihrer starken Gegenstrebigkeit untereinander (→2535f) nicht zerstörerisch, sondern unchaotisch, das jeweilige Selbstsein der Wesen erhaltend, also sinnvoll, gegeneinander wirken (→6918–2ff). Dieses ordnungsherstellende Weben der Götter (→334) ist also gerade darauf gerichtet, die *Wohlgeartetheit* der einzelnen Wesen sicherzustellen. Das göttliche Weben ist demnach wohlgeartet oder »selig«, weil es auf Wohlgeartetheit abzielt. Das Weltgefüge wird im »Ring« manchmal als Gewebe aufgefaßt (→666), das in seiner inneren Differenziertheit erhalten und vor dem

Chaos bewahrt wird durch den Gottesgeist (→6151f), der es ganz durchwaltet (→6159ff). Die Einheit des Gottesgeistes prägt sich in verschiedenen Göttern aus (→6175f). Darin, daß die Welt kein statisches Gebilde ist, sondern ihr »Gewebe« sich als ständige Bewegung in sich selbst und über sich selbst hinaus zu anderen, zukünftigen Gestaltungen vollzieht, erweist sich der Gottesgeist als *bewegliche* Kraft. Deshalb werden die Götter als sich »wiegend«, was eben heißt als sich bewegend (→3), gedacht.

1216: Alberich frevelt am *Selbstein* der Wesen, indem er lieblos (→317f) die Ordnung der ganzen Welt (→5371) ausschließlich auf seinen einzelnen Daseinskreis zuschneiden will. Damit könnten die übrigen Wesen nicht mehr den ganzen Umfang ihres jeweiligen Selbstseins vollziehen, sondern würden auf die Vollzüge beschränkt, die dem Selbstsein Alberichs nützen. Damit würde ihr Selbstsein um erhebliche Dimensionen verkürzt. Durch diese Auflösung des gottgesetzten Maß- oder Ordnungsgefüges der Welt (→253–257) erweist sich Alberich als böse (→5348ff).

1224–1227: Alberich würde in seiner Lieblosigkeit (→317f) auch Sonne, Mond und Sterne aus ihren Maßen, das heißt aus ihren Ordnungen reißen, um sie seinem eigenen Interesse ohne Rücksicht auf die Belange irgendwelcher anderer Wesen dienstbar zu machen (→253–257). Davor haben die Naturgötter Angst (→764ff).
Wegen der Unfestgelegtheit des lebenssichernden Verhaltens beim Menschen, die eng mit seiner Weltoffenheit zusammenhängt (→4410–4415), ist der Mensch (den der Zwerg verkörpert [→2781f]) darauf angewiesen, sich die natürlichen Dinge und Zusammenhänge nutzbar zu machen (→5079–5084). Wenn dabei bestimmte Wesen und Abläufe völlig zerstört oder in eine Richtung gelenkt werden, die nicht mehr ihrem eigenen Selbstsein entspricht, wird das Selbstsein der Natur dem menschlichen Nutzen geopfert. Eine Störung oder Zerstörung der Naturordnung (→6911ff) schlägt freilich auf den Menschen zurück, weil er sein eigenes Dasein nur im Zusammenspiel mit der Natur erhalten wissen kann. Ein endliches Subjekt von beschränktem Überblick (→2831–2834) kann aber die Natur nicht im Ganzen so umordnen, daß seine störenden Eingriffe aufgefangen und ausgeglichen würden. Der die Naturordnung verkehrende Eingriff in die Geschehensverläufe bedroht den Menschen mit dem Tod (→1490f).

1245f: Alberich ist in der Lage, sich selbst Schutzmaßnahmen für seine im Ring verkörperte (→253–257) Herrschaftsmacht zu ersinnen. Die dummen Riesen wären dazu nicht in der Lage (→808–811). Auch Siegfried kann sich nicht gegen die Ränke anderer schützen – er weiß mithin den Tarnhelm nicht zu gebrauchen (→7318). Bei Siegfried ist dies allerdings nicht in Dummheit oder Einfallslosigkeit begründet, sondern darin, daß er aus

gedankenloser Selbstüberschätzung (→7367f) heraus nicht wahrnimmt, daß es Dinge und Menschen gibt, vor denen er sich fürchten (→6272) und gegen die er sich schützen müßte (→7071–7074).

1250ff: →966f.

1317f: →1370ff.

Vierte Szene

1322f: →5371.

1333ff: →5371.

1352: Loki sagt zu dem von ihm gefangenen Zwerg Andvari (→1470): »Löse dein Haupt« (Thule XXI 70; vgl. Thule I 117/1).

1354: Loki sagt zu dem von ihm gefangenen Zwerg Andvari (→1470): »hol mir Feuer der Flut« (Thule XXI 70; vgl. Thule I 117/1), das heißt, »all das Gold, das er in seinem Felsen liegen hatte« (Thule XX 185; →223).

1356–1360: Mittels des Ringes hat Alberich die Macht, die Zwerge erneut Gold schürfen zu lassen (→1017f). Snorri berichtet, daß der Zwerg Andvari (→1470), als er Loki Lösegeld zahlen mußte, einen Goldring zurückbehalten wollte: »Der Zwerg bat, ihm den Ring nicht wegzunehmen; er könne sich, wenn er ihn behalte, damit den Schatz wieder mehren« (Thule XX 185).

1370ff: Vom gefangenen Andvari (→1470) heißt es im germanischen Mythos: »da schleppte der Zwerg alles Gold hervor, das er besaß, und das war ein großer Schatz« (Thule XX 185).
Warum setzt Alberich seinen Ring nicht gegen die Götter ein, um sich ohne Lösegeld zu befreien? Der Ring wirkt bisher nur in der Sphäre Alberichs (→1317f). Daher ist er in der von den Göttern beherrschten Welt machtlos. Erst als Wotan selbst den Ring an sich nimmt und ihn den in die göttliche Weltordnung des Vertragsspeeres (→6946) eingebundenen Riesen übergibt (→1715), kann der Besitzer des Ringes auch in der göttergesetzten Weltordnung zerstörerisch wirken.

1374: Als Loki im germanischen Mythos den Zwerg Andvari (→1470) gefangen hatte und dieser Lösegeld zahlen mußte, äußerte Loki ähnlich wie hier Wotan, daß *alles* Gold ausgeliefert werden müsse: »Loki sagte, er solle kein Gran zurückbehalten« (Thule XX 185).

1390: Mit dem Gold, das Loki dem Zwerg Andvari (→1470) abnam, mußten im germanischen Mythos die Götter Odin und Hönir sich selbst und Loki von dem Riesen Hreidmar (Thule I 116) freikaufen, so wie später im »Ring« die Götter Freia von den Riesen loskaufen müssen (→1715). Am Ende des Handels spricht Loki im germanischen Mythos ähnliche Worte wie Alberich im gegenwärtigen Vers: »Das Gold ist gezahlt« (Thule XXI 71/4; vgl. Thule I 118/6).

1395: Im germanischen Mythos nennen die Götter, als sie sich von einem Riesen loskaufen müssen (→1390), das Gold »Großes Bußgeld« (Thule XXI 71/4).

1410–1413: Vom gefangenen Zwerg Andvari (→1470) heißt es in der Völsungen-Geschichte: »als dieser das Gold entrichtet hatte, da hatte er noch einen Ring übrig; auch den nahm ihm Loki fort« (Thule XXI 70; vgl. Thule I 118; →1356–1360).

1428–1438: Dieser Text stammt mit wenigen Veränderungen in den Versen 1433 und 1436f aus dem »Jungen Siegfried« (JS 140).

1464–1469: Alberich frevelt zunächst an sich als einzelnem, wenn er sich der Liebe begibt (→317f). Darin verkürzt er nämlich die Weltoffenheit seines Daseins (→4410–4415) und beschränkt sie auf den engen Horizont seiner selbst. In der Folge dieser Lieblosigkeit handelt er dann freilich zerstörerisch, oder eben frevelnd (→1216), an den übrigen Wesen. Wahrscheinlich frevelt er aber niemals an allen, weil seine Kräfte und seine Lebenszeit solche Umfassendheit nicht zulassen. Würde hingegen der *Gott* den Ring – der die Fähigkeit endlicher Wesen zu freiem Selbstvollzug bis hin zum Bösen als der schrankenlos despotischen Selbstsucht verkörpert (→253–257) – aus der Weltgeschichte heraus und an sich nehmen, so wäre damit bildlich gesagt, daß er die Freiheit der endlichen Subjekte grundsätzlich, und das heißt für alle, eingezogen hätte. Damit würde Wotan nicht an wenigen oder mehreren Einzelwesen, sondern an allen endlichen Subjekten freveln, die er zuerst selber als frei (→2636) geschaffen hätte (→2605f), um sie dann ihrer Freiheit wieder zu berauben. Auch die Natur wäre von diesem Frevel mitbetroffen, weil ihre Einbindung in die geschichtliche Welt (→6923–6926) wieder rückgängig gemacht und ihr kulturell geprägter Zusammenhang umgestürzt würde. Mit all dem frevelte Wotan auch an sich selbst als dem freiheitswollenden Gott (→1666–1670). Aber er ist als Gott kein Einzelwesen, sondern als das alle Wesen tragende Prinzip. Daher ist ein Frevel an sich selbst im Falle Gottes immer ein Frevel an allem.

1470: Der Ring des gefangenen Zwergs Andvari, den die Götter im germanischen Mythos durch Loki gewannen, heißt »Andvaranaut«, was »Eigentum oder Kleinod des Andvari« bedeutet (Thule XXI 71 mit Anmerkung 1). Loki fing den Zwerg, der als Fisch in einem Wasserfall lebte, um von ihm als Lösegeld Gold erhalten zu können, mit dem er wiederum sich selbst und die Götter Odin und Hönir aus der Gewalt des Riesen Hreidmar freikaufen wollte, dessen Sohn Loki in Gesellschaft der beiden Götter mit einem Stein getötet hatte (Thule XXI 69ff; Thule XX 185f; Thule I 116ff; →1715).

Im »Ring« will Wotan dem Alben den Ring entreißen, weil dieser in der Kraft des Geschmeides die ganze Welt (→5371), alle Wesen ihres je eigenen Selbstseins beraubend (→317f), in despotischer Knechtschaft halten will. Um des Selbstseins der Weltwesen willen wird Wotans Macht (→326f) Alberichs Bosheit (→5348ff) brechen (→1473).

1471f: Der Mensch (der von Alberich repräsentiert wird [→2781f]), hat kein *Recht* auf den Ring, denn er verdankt sein ganzes Dasein samt seiner Freiheit und ihren Möglichkeiten, die der Ring verkörpert (→253–257), dem schaffenden (→1676f) Gotte (→2636). Gott schuldete es dem Menschen nicht, ihn mit der Möglichkeit zur Ausübung der Macht des Ringes, also mit der Freiheit (→273f) zur Lieblosigkeit (→317f), auszustatten. Einzig die *Treue Gottes selbst* (→3260–3265) zu seinem Willen, endliche Freiheitssubjekte dasein zu lassen (→353), kann Gott daran hindern, die endliche Freiheit aufzuheben, das heißt deren im Ring verkörperte Möglichkeiten aus dem Geschichtsprozeß (→6923–6926) zu tilgen (→1666–1670).

1473: Wotan tritt dem Alben als brechende oder »zerknickende« göttliche Macht entgegen. Dadurch, daß dem Zwerg der Ring entrissen wird, zerbricht dessen despotische Macht über die anderen Wesen, denn eben diese Macht ist im Ring verkörpert (→253–257). Die göttliche Macht Wotans (→326f) ist darauf aus, vielen untereinander höchst gegenstrebigen Einzelwesen (→5449f) ein unzerstörtes Selbstsein zu ermöglichen (→6918–2ff), während Alberich die endliche Verfügungsmacht seiner Freiheit dazu nützte, die selbstseinerhaltende göttliche Weltordnung (→334) böse zu verkehren, so daß die Einzelwesen ihres jeweiligen Selbstseins gerade beraubt waren (→5348ff). Der böse Weltherrscher ist, wie er im gegenwärtigen Vers selbst bekennen muß, durch Gott zu Fall gebracht worden; Alberich ist der »gefallene Fürst« dieser Welt (→8366).

Da kein endliches Wesen aber seine Handlungsziele ungehindert durchsetzen kann, sondern ganz oder teilweise an den objektiv vorgegebenen Wirklichkeitsverhältnissen scheitert, wird das Zerstörerische an den Handlungen des einzelnen von der Organisation des Wirklichkeitsprozesses selbst, die jene vorgegebenen Wirklichkeitsverhältnisse ja begründet, wieder korrigiert. In der Gesamtorganisation der Wirklichkeit ist aber die allesbestimmende weise Macht *Gottes* am Werk, die das Weltgeschehen letztlich lenkt (→8077f). Die Erhaltung der Geordnetheit der Welt ist der Sinn des Zerknicktwerdens durch Gottes Macht, das dem Menschen oft widerfährt. Ein Wesen kann sein Scheitern und Zerknicktwerden hinnehmen, wenn es auf eine göttliche Weltordnung vertraut, in der das Scheitern eines Wesens immer nur Moment an einer komplexen Erfüllung ist, die jenes Wesen selbst und alle anderen umfaßt, obgleich diese Erfüllung freilich nicht im irdischen Bereich, sondern nur in der zeitenthobenen Schau des Ganzen der Wirklichkeit, also im göttlichen (Be-)Reiche sichtbar sein kann (→1692ff; 3260–3265). Nicht hinnehmen kann sein Zerknicktwerden Alberich, der nicht einmal eine momentane Beeinträchtigung seines Selbstseins durch andere erdulden will, weil er außer seinem eigenen kein anderes Selbstsein anerkennt (→317f). Um das Selbstsein der vielfältigen Wesen in der Welt zu retten, hat Wotan gar keine andere Wahl, als Alberich zu »zerknicken«, indem er ihm die Möglichkeit zur Zerstörung der Wesen, nämlich den Ring, entreißt. Die göttliche Macht schützt die in den Verträgen (→6942f) des Speerschaftes vorausgesetzte Freiheit der endlichen Subjekte mittels der Spitze des Speeres (→6944f), die Wotan hier zwar nicht einsetzt, deren Drohung es aber ist, die jeden Widerstand gegen Wotans Zugriff zum Ring für Alberich aussichtslos macht (→5351f).

An dieser Stelle ist eines der folgenreichsten Selbstmißverständnisse Richard Wagners zu beklagen. Er schreibt im »Nibelungen-Mythus« von den Göttern: »das Unrecht, das sie verfolgen, haftet aber an ihnen selber. Aus den Tiefen Nibelheims grollt ihnen das Bewußtsein ihrer Schuld entgegen« (GSD II 157). Alberich den Ring abgenommen zu haben, soll also eine Schuld oder ein Unrecht des Gottes sein. Dabei sagt Wagner auf derselben Seite seines Nibelungenentwurfes, daß die Götter die Welt *ordnen* wollen, und eine Seite vorher heißt es, daß Alberich mit seinem Ring die Götterordnung, die »der sorgsamsten Pflege des Menschengeschlechtes« (GSD II 157) dient, *auflösen* will, indem er alles sich unterwerfen und nutzbar machen, es aber gerade nicht in seinem je eigenen Selbstsein »pflegen« will. Wotan *muß* daher um der Bewahrung des Selbstseins aller Wesen willen Alberich den Ring entreißen. Dies ist *kein Unrecht*, sondern Ausdruck der *Liebe* (→269) Wotans, die alle Einzelwesen »für sich gewähren« (→5398f) lassen und sie daher vor der Unterjochung unter eine Botmäßigkeit bewahren will, die der eigenen Tendenz des Daseins der Einzelwesen fremd ist. Wagners eigene Deutung der Ringerwerbung durch Wotan verkennt ganz einfach den *göttlichen* Charakter und die göttliche Aufgabe Wotans als des *Weltordners*, wenngleich Wagner eben die Ordnungsaufgabe der Götter auf derselben Seite ausdrücklich betont. Beachtet man die Göttlichkeit und ihre Ordnungstätigkeit nicht, dann freilich geht es in der Ringerwerbung Wotans bloß noch um ein privates Eigentumsdelikt zwischen zwei Wesen, deren Eigenschaften als *endliches* Subjekt und *Gott* gar keine Rolle mehr spielen. Warum der »Ring« überhaupt noch von Göttern spricht, wenn er bloß einen Handel zwischen zwei eigentumsgierigen endlichen Wesen darstellt, ist dann freilich nicht mehr auszumachen.

Zwei Möglichkeiten stehen in dieser Situation offen. Entweder folgt man *Wagners Deutung* und faßt die Göttergeschichte des »Ring« als in sich bedeutungsloses Bild für bloß endliche Verhältnisse auf oder aber man nimmt den *Text des »Ring«* ernst und legt dessen theologischen Gehalt gegen Wagners eigene Deutung wieder frei, rettet gewissermaßen Wagners Dichtung vor Wagners allzu kurz greifenden Interpretationsbemühungen. Das bisherige Schrifttum zum »Ring« beschränkt sich darauf, Wagners Deutung zu wiederholen und die Göttergeschichte des »Ring« gegen ihre theologische Eigenart zu lesen, ohne allerdings auch nur einen Gedanken an die Frage der Legitimität eines solches Vorgehens zu verschwenden (Shaw 42ff; Pfordten 209; Overhoff 8–13; Saitschick 14f; Dahlhaus [1] 108; Rappl; Donington 67ff; Wapnewski 136; Pidde 24f; Winkler 26; Bauer 198; Borchmeyer 245). Der hier vorgelegte Kommentar unternimmt es, die Göttergeschichte des »Ring« als solche zu lesen und damit dem Werk seine konstituierende Dimension, nämlich die theologische, zu erhalten.

Wenn Wotan aus Liebe zur Unzerstörtheit des Selbstseins der Weltwesen, wozu die endlichen freien Subjekte gehören, gerade die Freiheit, die eben auch Freiheit zum Bösen ist, aufheben muß, indem er ihr die Möglichkeit zum Bösen (den Ring) nimmt, dann widerspricht sich sein Wille: Um die Freiheit unzerstört zu erhalten, muß er sie als Freiheit aufheben (→2945f). Von hier aus stellt sich die Frage, wie Gott seine Liebe zur endlichen Freiheit als einer Freiheit zum Guten *und* zum Bösen mit seiner ordnenden Macht vereinen kann, ohne die Freiheit aufzuheben oder die Weltordnung aufzulösen (→2780). Im Augenblick scheint Wotan die Freiheit aufheben, nämlich den Ring einziehen zu wollen. Dies würde das Problem der Vereinbarkeit von endlicher Freiheit und göttlicher Ordnungsmacht nicht lösen, sondern es nur durch Vernachlässigung der einen Seite umgehen (→1475f).

1475f: Zwei Mächte bestimmen darüber, was in der Welt geschieht. Zum einen das einzelne endliche Freiheitssubjekt, das in seinem Bereich selbst festlegt, was geschehen soll; zum anderen legt die allesüberblickende göttliche Macht den Geschehensverlauf fest (→326f). Sie begegnet dem endlichen Subjekt überall da, wo es auf Umstände und Vorgegebenheiten trifft, die ohne das Zutun des endlichen Subjektes oder gar als unbeabsichtigte Folge seines eigenen Tuns zustande gekommen sind. Solche Vorgegebenheiten hängen nicht von der Organisation durch das endliche Subjekt ab, sondern von der Organisation der unüberblickbar komplex ineinandergreifenden Gesamtzusammenhänge der Wirklichkeit durch göttlich weise Lenkung (→6918–2ff). Die Freiheit, die Gott den endlichen Subjekten gegeben hat (→2636), und die göttliche Verfügung schließen sich gegenseitig aus: Da, wo Gott verfügt, geht die Wirklichkeit »eigengesetzlich« über den Menschen und seine Absichten hinweg; da, wo der Mensch aus seinem beschränkten Überblick heraus frei handelt, gefährdet er die Weltordnung (→2831–2834).

Beim gegenwärtig im »Ring« erreichten Stand der mythologischen Darstellung des Verhältnisses von göttlicher und endlicher Verfügungsmacht führt die *Ausschließlichkeit* beider gegeneinander dazu, daß jede Seite die andere zu verdrängen und sich selbst die alleinige Bestimmungsmacht über das Weltgeschehen zu sichern versucht. Deshalb nimmt Wotan den Ring, also die endliche freie Selbstverfügung (→253–257), ganz an sich und deshalb will Alberich ihn behalten. Freilich gibt es einen großen Unterschied: Alberich will die despotische Herrschaft *seines* Daseinsvollzuges über den aller anderen, die er in ihrem Selbstsein nicht anerkennt, sondern vernichtet (→317f). Wotan hingegen will, wenn er den Ring beansprucht, die despotische Macht eines einzelnen endlichen Wesens der göttlichen Macht unterwerfen, damit diese in einer weisen Weltordnung die Selbstseine *aller* Wesen unzerstört *bewahren* kann (→334).

Solange Wotan allerdings den Ring nicht wieder *auflöst*, sondern ihn nur der göttlichen Ordnungsmacht, die der Verfügungskraft der endlichen Subjekte immer überlegen ist, unterwirft, bleibt jedem endlichen Subjekt die Möglichkeit gegeben, in böser (→5348ff) Freiheit sich selbst statt der und gegen die Macht Gottes als die einzige geschehensbestimmende Macht durchzusetzen zu versuchen – oder eben den Ringgewinn anzustreben. Da der Gott den Ring nicht auflösen wird, hat er die Despotie im Falle Alberichs gebrochen; er hebt aber ihre grundsätzliche Möglichkeit nicht auf, sondern läßt sie weiterhin als mögliches Freiheitsziel im Geschichtsprozeß (→6923–6926) im Spiel.

1486: →317f.

1487: Der Inhalt des Fluches wird in den Versen 1490 bis 1513 formuliert. Der Fluch sagt eigentlich nur, was in dem durch den Liebesfluch gewonnenen Ring (→317f), also der menschlichen Freiheit in ihrer äußersten Konsequenz (→253–257), schon eingeschlossen ist. Dieser zweite Fluch Alberichs fügt dem ersten (dem Liebesfluch) somit nichts hinzu, sondern macht nur dessen Einschlüsse ausdrücklich (→1490f).

Vom Niblungenhort heißt es im Lied: »Der Schatz des Königs Niblung, Der ward in alter Zeit Mit einem Fluch belastet« (Engelmann 10).

1488f: →253–257.

1490f: Der Zwerg Andvari (→1470) verflucht seinen Ring im germanischen Mythos auf dieselbe Weise wie Alberich hier: »Der Zwerg ... sagte, daß dieser Goldring jedem, der ihn besitze, den Tod bringen sollte« (Thule XXI 70f); »der Zwerg sprach, dieser Ring solle jedem, der ihn besitze, den Kopf kosten« (Thule XX 186).

Der Tod des Ringbesitzers ist die schwerste Folge aus Alberichs Fluch, der sich zuerst in diesem Todeswunsch ausdrückt. Wie kann dieser Fluch wirken, wenn man nicht einfach Magie am Werk sehen will?

Alberich selbst sagt, es sei *des Ringes eigener* (»sein«), nicht aber ein von außen zum Ring erst hinzutretender Zauber, der den Todesfluch vollzieht. Wenn dem so ist, dann spricht Alberichs Fluch nur aus, was im Ring selber immer schon eingeschlossen ist. Dadurch, daß Alberich den Ring verloren hat (→1473), hat er die Herrschaft über die Welt, die der Ring verkörpert (→253–257), verloren. Das besagt, von seiten der Welt gesehen, daß die vielen natürlichen Wesen (→1224–1227) und endlichen Freiheitssubjekte (→1191) nicht mehr Alberich unterworfen sind. Das aber heißt auch, daß die Vielfalt der je eigenen Daseinsvollzüge dieser Wesen, und vor allem der endlichen Freiheitssubjekte, nun nicht mehr auf die Zielsetzungen Alberichs hin gleichgeschaltet ist, sondern sich wieder in ihrer ganzen *Gegenstrebigkeit* (→2535f) ausbreiten kann. Damit tritt sogleich das Streben eines jeden Einzelwesens wieder in Kraft, sich um seines eigenen Selbstseins willen von der Beeinträchtigung durch die anderen freizuhalten und zu diesem Zwecke den Daseinsvollzug der anderen dem eigenen möglichst weitgehend zu unterwerfen (→716ff). So strebt jedes Subjekt im ungelenkten Spiel der endlichen Freiheiten, um seiner Unterwerfung durch andere zuvorzukommen, selber nach dem Ring als der Verkörperung der Herrschaft des einen über alle anderen (→1500–1503). Wenn nun *ein* Subjekt – so wie einst Alberich – den Ring und die Weltherrschaft gewinnen wird, werden alle anderen Wesen um ihres Selbstseins willen den Despoten seiner Macht zu berauben und ihn an ihrer Wiedergewinnung für immer zu hindern versuchen, indem sie ihn töten. Alberich setzt dabei voraus, daß außer ihm kein anderes Wesen die nötige Schläue besitzt, die Weltherrschaft über alle Wesen gegen deren Selbstseinsbestrebungen auf Dauer zu behaupten (→1512f).

Bis Alberich seine Alleinherrschaft wieder errichtet haben wird (worauf er ja hofft [→1512f]), droht allerdings eine andere Gefahr. Da Gott den Ring, also die zerstörerischen Möglichkeiten der endlichen Freiheitssubjekte, nicht auflöst (→1475f) und somit die gegenstrebigen Freiheitssubjekte untereinander um den Ring der Vorherrschaft kämpfen, werden sie nicht nur den tatsächlichen Besitzer des Ringes, sondern vorbeugend schon jeden, der der Ringerwerbung nahezukommen den Anschein erweckt, auszuschalten versuchen. So wollen etwa Hagen und Gunther einander schon töten, als der Ring noch in Siegfrieds Hand ist (→8803–8813). Bei dem Kampf aller gegen alle, den die *wirklich freien*, das heißt von der göttlichen Ordnungsmacht *ungelenkten*, Subjekte ausfechten, steht am Ende wegen ihrer Unfähigkeit, das komplexe Weltgeschehen so zu ordnen, daß die Gegenstrebigkeit der Wesen nicht zur gegenseitigen Zerstörung aller führt (→2831–2834), das *Chaos*, in dem die Selbstseine einander nicht mehr fördern (→6918–2), sondern zerstören (→7032ff).

Nicht nur weil der (tatsächliche oder mögliche) Ringbesitzer sich vor den anderen – den unterworfenen – Wesen hüten muß, ist aber sein Leben gefährdet, sondern auch deshalb, weil er die *Naturordnung* (→6911ff), von der sein eigenes Dasein abhängt, zerstört (→1224–1227). Ein endliches Wesen kann die Naturkomplexität nicht ordnen (→6918–4). Trennt sich das endliche Subjekt von der göttlichen Macht, trennt es sich von der Instanz, die allein ihm das unzerstörte Leben innerhalb der ganzen Natur und unter den Wesen seinesgleichen verbürgen kann (→6923–6926). Wo der Mensch die objektive Macht des Geschehens, welche letztlich die allesbestimmende Macht Gottes (→6159ff; 8077f) ist, ergeben annimmt, kann die Trennung zwischen ihm und dem göttlichen Urgrund (→6118) aufgehoben werden. Wenn der Mensch aber diese Ergebenheit verweigert (→326f), beansprucht er den Platz Gottes als der Instanz, die zu entscheiden befugt ist, was im Wirklichkeitsprozeß insgesamt herauskommt. In diesem Sinne setzt sich Alberich selbst an die Stelle Gottes (→5371), weil er alles, was ist und geschieht, seinen Interessen unterordnen, sich selbst aber keiner anderen Instanz beugen will (→317f). Den Anspruch, die Welt zu ordnen, kann aber kein endliches Wesen (eben wegen seiner Beschränktheit) erfüllen, sondern wird in der Verfolgung dieses Anspruches die Weltordnung selbstseinszerstörend verkehren (→5348ff) und damit *seinem eigenen* Dasein, das nur innerhalb des komplizierten Weltzusammenhanges, wie er nun einmal ist, bestehen kann, die Grundlage entziehen. Der Mensch (hier der Zwerg [→2781f]) muß *gemäß* der ihm vorgegebenen und weitgehend unverfügbaren Wirklichkeitsordnung leben, nicht gegen sie, wenn er selbst unzerstörtes Bestehen haben will. Die Stoa nannte dies ein Leben in Übereinstimmung mit der Natur (Pohlenz 117; vgl. 111–118). Die Naturordnung oder die Wirklichkeitsordnung ist aber eine Schöpfung Gottes (→1676f). Daher ist es im Letzten die Ferne zu Gott, die sich in der Ferne zur Wirklichkeitsordnung ausdrückt. Und so trennt, biblischem Verständnis zufolge, die Loslösung vom Gottesgeist das endliche Wesen vom Lebensquell der gottgesetzten Ordnung und führt zum Tod (→6151f). Indem Alberich hier den Tod als eine Folge des Ringes ausspricht, bezeichnet er ihn implizit als Folge der Gottferne, denn der Ring verkörpert ja die Loslösung des endlichen Einzelwesens vom gottgesetzten Maß aller Wesen in der Welt (→253–257).

So trägt die endliche Freiheit – sei die Vielheit der freien Subjekte dem einen Despoten unterworfen oder vollziehe sie den despotiefreien Kampf aller gegen alle – den *Fluch der chaotischen Auflösung,* das heißt des *Todes der Selbstseine* in sich, wenn sie nicht ihrer Möglichkeit zur Zerstörung durch Gottes Ordnungsmacht entkleidet, damit aber gerade des vollen Sinnes von Freiheit beraubt wird (→1473). Diesen inneren Fluch der endlichen Freiheit und ihrer Möglichkeiten, also des Ringes, spricht Alberich aus; er bringt ihn aber keineswegs erst hervor. Geschaffen hat die Freiheit in ihrer Offenheit für das Gute *und* das zerstörerische Böse ja Gott *selbst* (→2636; 2781f; 2927f).

1494f: Glücklich kann nicht sein, wer sich vor dem berechtigten Neid anderer Sorgen machen muß (→1496f; 1498f).

Alberich war der sich alle Wesen unterwerfende und sie dadurch ihres reichen gottgeschaffenen Selbstseins (→5449f) beraubende böse (→5348ff) Dämon, der sich selbst, hybrid oder maßlos (→253–257), an die Stelle Gottes setzen wollte (→5371). Er wurde aber von Gott gestürzt (→1473). Seine böse, lieblose (→317f) Macht übte Alberich in der Kraft des *licht glänzenden* Goldringes (→253–257) aus. Die Gestalt des dämonischen »gestürzten Fürsten« (→8366) wird auch in der Bibel mit leuchtendem Glanz in Verbindung gebracht. Er ist das »Glanzgestirn« (Jes 14,12), blitzesgleich (Lk 10,18), ein brennender Stern (Apk 8,10).

1496f: Wer über den Ring verfügt, muß Sorge haben, ihn zu verlieren, weil die von der Ringmacht unterdrückten und ihres Selbstseins beraubten Wesen (→5348ff) im Interesse der Erhaltung oder Wiedergewinnung ihres Selbsteins den Ring dem Despoten neiden (→1498f) und versuchen werden, ihn – wenn schon nicht durch Gewalt, die dem Ring nicht gewachsen wäre – durch Ränke und List in die eigene Verfügung zu bekommen (→1055–1060; 5222–5233).

1498f: Der Neid entspringt unvermeidlich dem Streben nach Bewahrung des eigenen Selbstseins gegenüber den anderen Wesen (→716ff), die es beeinträchtigen. Wenn nun *ein* Wesen in der Kraft des Ringes alle anderen ihres je eigenen Selbstseins beraubt, indem es sie sich allein dienstbar macht (→317f), dann müssen die Wesen, um ihres eigenen Selbstseins willen, *neidisch* sein auf den, dem möglich ist, was er ihnen verwehrt: nämlich der Vollzug des eigenen Selbstseins. Da jedes Wesen um seines eigenen Selbstseins willen die Beeinträchtigung durch andere scheuen muß, ist der Neid eines jeden auf die mögliche Vorherrschaft eines anderen ein *notwendiges Moment* an der Gegenstrebigkeit (→2535f), die die vielen endlichen Freiheitssubjekte einander beeinträchtigen läßt. Es ist nun aber gerade der *Ring,* der das den Neid notwendig machende Despotiestreben, das in jedem endlichen Freien als Möglichkeit angelegt ist, verkörpert (→253–257). Alberichs Fluch spricht daher mit dem Neidwunsch nur aus, was in der endlichen Freiheit immer schon angelegt ist, und zwar von Gott selbst angelegt ist, der die menschliche Freiheit ja geschaffen hat (→2636).

1500–1503: Um sein eigenes Selbstsein zu bewahren, bleibt dem einzelnen endlichen Freiheitssubjekt nichts anderes übrig, als in der Menge untereinander gegenstrebiger und sich deshalb gegenseitig beeinträchtigender Subjekte nach möglichster Ausschaltung der anderen und der von diesen ausgehenden Beeinträchtigung zu streben. Die letzte Konsequenz dieses Strebens ist die völlige Ausschaltung alles dessen am Selbstsein der anderen, was dem eigenen Selbstsein zuwiderläuft. Solche Unterwerfung der übrigen Weltwesen unter die Belange eines einzelnen ist aber im *Ring* verkörpert (→253–257). Weil kein Subjekt auf sein Selbstsein verzichten wollen kann (→3260–3265), strebt im endlichen Freiheitsgeschehen *jedes* Subjekt in höherem oder geringerem Grad nach dem Ring. Das »Gieren« nach dem Ring, von dem Alberichs Fluch hier spricht, ist somit ein Implikat der Gegenstrebigkeit und Vielheit der endlichen Freien. Alberichs Fluch spricht daher nur aus, was im Ring selbst als der Verkörperung der Möglichkeit der endlichen Freiheiten zur lieblosen (→317f) Selbstsucht schon angelegt ist.

Der jeweilige Besitzer des Ringes hat selbstverständlich das Streben nach Selbstsein der von ihm unterworfenen Wesen gegen sich und kann deshalb seine Macht niemals ruhig genießen (→1496f). Der eddische Zwerg Andvari (→1470) verflucht seinen Ring ebenso: »niemandem nütze mein Gut« (Thule I 118/5). Vom Schatz des Königs Niblung sagt man uns: »Es liegt auf diesem Horte Uralter Zauberbann, Daß der, dem er zu eigen, Ihn schwer genießen kann« (Engelmann). Und von Fafnir, der das Gold des Andvari (wie im »Ring« das des Alberich [→4165f]) von den Göttern erhält, heißt es in ähnlicher Formulierung, wie sie die gegenwärtigen Verse gebrauchen, in der Völsungen-Geschichte, daß er »keinem gönnte des Hortes zu genießen außer sich« (Thule XXI 71).

Die im Ring verkörperte Selbstbehauptung gegen alle und auf Kosten aller könnten die endlichen Subjekte nur unterlassen, wenn sie sich in eine Weltordnung einbinden ließen, die sicherstellt, daß jedes Einzelwesen trotz der gegenseitigen Beeinträchtigung aller untereinander in seinem Selbstsein bewahrt bleibt. Da eine solche Ordnung aber die endlichen Subjekte *nicht selbst* herstellen, sondern nur von Gottes Weisheit erwarten können (→6918–2ff), wäre im Eingebundensein in eine solche gottgesetzte Ordnung gerade die *freie Selbstverfügung* (→2634f) der endlichen Subjekte, also ihre Freiheit, aufgehoben. Gottes Ordnungsmacht und sein liebendes Gewährenlassen (→5398f) der freien Selbstverfügung endlicher Subjekte widerstreiten einander, weil da, wo Gott ordnet, die Freiheit aufgehoben ist, und da, wo die endliche Freiheit bestimmt, Gottes Verfügungsmacht suspendiert ist. Für das menschliche Denken ist nicht nachvollziehbar, wie beides in Gottes Weisheit (→6170) die versöhnte Einheit seines Weltwillens ausmacht, wenngleich sich der menschlichen Wirklichkeitserfahrung überall zeigt, daß zweifellos beide Komponenten des göttlichen Wirkens am Werk sind, *ohne* wegen ihrer gegenseitigen Ausschließung den Wirklichkeitsprozeß in die Selbstaufhebung zu treiben; beide Komponenten scheinen daher in einer der menschlichen Einsicht nicht zugänglichen Tiefe (→6121ff) des göttlichen Waltens (→6159ff) doch versöhnt zu sein (→1692ff).

1504f: »Wucher« bedeutet eigentlich »Vermehrung, Zunahme« (Duden VII 771). Den Ring ohne Wucher zu hüten, meint demnach eine Verfügung über den Ring, bei der der Ringbesitzer nichts für sich gewinnt. Der Ringbesitzer könnte die Selbstseine aller anderen Wesen ihrer je eigenen Tendenzen berauben und sie ganz nur für seine individuellen Belange und Interessen einspannen (→253–257). Darin bestünde der Gewinn oder »Wucher« für des Ringbesitzers eigenes Selbstsein. Der wucher*lose* Ringbesitzer verfügt nun zwar über die Macht zur despotischen Weltbeherrschung (→5371), aber er übt sie nicht aus. So verhält sich etwa Fafner (→5443f), aber auch Siegfried (→7787f). Freilich *könnte* der tatenlose Ringbesitzer jederzeit despotisch tätig werden. Deshalb wird das Selbstseinsstreben der ihm, obgleich bloß der Möglichkeit nach, Unterworfenen sich doch vorbeugend gegen ihn richten (→1498f) und sein Leben bedrohen (→1490f).

1506f: Dem Tode verfallen – eine eddische Formulierung (→4857) – sind alle Wesen in der Welt, weil die zerstörerischen Kräfte, die die endliche Freiheit aus Beschränktheit (→2831–2834) und Bosheit (→5348ff) ausübt, dem ganzen komplizierten Weltgewebe (→666) und damit allen Einzelwesen die Vernichtung androhen (→1490f). Die endliche Freiheit samt ihren zerstörerischen Kräften verkörpert der Ring (→253–257). In ihm ist die universale Furcht daher begründet. Überwinden kann die Furcht nur, wer sich des Waltens einer allesüberblickenden göttlichen Instanz sicher ist, die das Zerstörungsgeschehen unter den gegenstrebigen Wesen (→2535f) in Weisheit zur *Sinnhaftigkeit* (→6918) lenkt. Denn Sinn besagt, daß das einzelne beim Zusammenwirken mit anderen, die es beeinträchtigen und in seinem Selbstein beschneiden, sein Selbstsein doch nicht verliert, sondern gerade dessen Erfüllung findet. Solchen Sinn kann der Mensch schon wegen der Komplexheit der Welt und seines Lebens in ihr nicht selbst organisieren. Außerdem wäre ein selbst heraufgeführter Sinn ebenso vorläufig, wie es im irdischen Leben auch der sich schenkende Sinn ist, weil jede Förderung des Selbstseins im Tode letztlich wieder scheitert. Die Furcht, sein Selbstsein in Vernichtung zu verlieren, kann nur durch eine jenseits des Todes liegende endgültige Erfüllung (→8949) gegenstandslos werden.

1512f: Da der Ring eine Herrschaft verkörpert, die das je eigene Selbstsein aller Wesen auflöst, um es auf das zu beschränken, was dem Dasein des Ringbesitzers allein nützt (→253–257), wehren sich die Unterworfenen im Interesse ihres Selbstseins gegen den ringbesitzenden Despoten (→1490f; 1498f). Alberich glaubt, daß der Fluch, der in dem Vorherrschaftsstreben der endlichen Subjekte untereinander, also im Ring selbst begründet ist, nur solange bestehen wird, bis *er selbst* den Ring, also die Weltherrschaft (→5371), wieder besitzt. Er setzt dabei zwangsläufig voraus, daß er allein über die Verschlagenheit verfügt, die nötig ist, sich auf Dauer wirksam gegen das – in Ermangelung von Macht listige [→1056] – Aufbegehren (→1234f) der Unterworfenen zu sichern (→1245f). Im Falle solcher *endgülti-*

gen Unterwerfung der gegenstrebigen Subjekte unter *einen* Willen, der die Gegenstrebigkeit aufhebt, wäre freilich das für alle Wesen zerstörerische Chaos noch nicht vermieden; denn kein endliches Wesen ist in der Lage (→2831–2834), die menschlichen Handlungen, selbst wenn diese ihrer Gegenstrebigkeit entkleidet und dem einen despotischen Willen gleichgeschaltet wären, mit der hochkomplexen Naturordnung (→6911ff) in Einklang zu bringen (→1490f).

1519: Weil die menschliche (auch vom Zwerg verkörperte [→2781f]) Freiheit wegen ihres nur endlichen Überblicks (→2831–2834) zu einer Natur und Kultur (→6923–6926), also alles umfassenden Ordnung der Welt nicht in der Lage ist, endet sie, wenn nicht göttliche Weisheit das Wirklichkeitsgefüge geordnet erhält (→6918–3f), in zerstörerischem *Chaos*, und zwar sowohl, wenn im endlichen Freiheitsgeschehen eines der Subjekte eine Despotie zu errichten vermag, als auch, wenn sich das Freiheitsgeschehen als despotiefreier Kampf aller gegen alle (→716ff) vollzieht; dies ist der selbstseinszerstörende *Fluch*, der in den Möglichkeiten der endlichen Freiheit, das heißt in dem Ring (→253–257), schlummert (→1490f). Dieser Fluch ist nur in dem Sinne *Alberichs* Fluch, als der Zwerg es ist, der ihn deutlich ausspricht; der Nibelung bringt den fluchhaften Charakter der endlichen Freiheit aber nicht erst hervor, weil nicht er die Freiheit geschaffen hat, sondern Gott. So ist der Fluch eigentlich der Fluch Gottes, der Fluch nämlich, mit dem *Gott selbst* die Freiheit, indem er sie als so geartete schuf (→2636), begabt hat.

Die Frage, die Gott (Wotan) beantworten muß, nachdem er dieses Fluches innegeworden ist, geht dahin, ob er der endlichen Freiheit und ihrem inneren Fluch den Lauf lassen soll, womit er die Geordnetheit der Welt und damit das unzerstörte Bestehen der freien Subjekte dem drohenden Chaos ausgeliefert hätte; oder ob er die von ihm erst gewollte (→353; 6942f) endliche Freiheit auflösen soll, um eine geordnete Welt von mannigfaltigen (→5449f), wenn auch nicht mehr frei über sich selbst verfügenden (→2634f) Einzelwesen zu erhalten. Freilich wirkt der zerstörerische Charakter der endlichen Freiheit offenbar in *beiden* Fällen. Läßt nämlich Wotan der Freiheit ihren Lauf, zerstört sie sich selbst; löst er sie aber in Ordnung auf, so ist sie als Freiheit zum Zerstörerischen ebenfalls zerstört. Was immer Wotan tut, er entgeht dem inneren Fluch der endlichen Freiheit nicht: Die endliche Freiheit scheint so geartet, daß sie sich aufheben muß; sie scheint innerlich unmöglich zu sein (→8882–8886).

Wotan wird die Freiheit und ihre zerstörerischen Möglichkeiten, also den Ring, *nicht* auflösen, ja er wird den Ring nicht einmal in seiner übermächtig lenkenden Hand behalten, sondern er wird die endlichen Subjekte in die volle Freiheit zum Guten, wie auch zum Bösen einsetzen, indem er ihnen den Ring wieder übergeben wird; er wird allerdings dabei auch *nicht* auf seine göttliche Ordnungsmacht verzichten, aber einen Weg der Vereinbarkeit von zerstörerischer Freiheit und göttlicher Ordnungsmacht suchen, statt bloß wie bisher einseitig die endliche zerstörerische Freiheit, scharfsinnig (→353) oder gewaltsam (→1473), vom bestimmenden Einfluß auf das Weltgeschehen abzuhalten (→1715).

1538–1541: →532–546.

1563–1566: Dem germanischen Mythos zufolge erschlug einst Loki den ottergestaltigen Sohn des Riesen Hreidmar. Hreidmar und seine beiden anderen Söhne nahmen daraufhin Loki und seine Begleiter Odin und Hönir fest, um ein Lösegeld zu erhalten: Sie »stopften den Otterbalg voll und stellten ihn auf die Füße; da sollten die Asen [Götter] daneben Gold aufschichten und ihn von außen umhüllen« (Thule XXI 71; vgl. Thule XX 185; Thule I 116f). Ähnlich verlangen hier im »Ring« die Riesen, daß Freia von Gold wenn nicht umhüllt, so doch verdeckt werde.

1608: Als im germanischen Mythos einige Götter sich beim Riesen Hreidmar loskaufen mußten, indem sie einen ausgestopften Otterbalg mit Gold umhüllten (→1563–1566), geschah folgendes: »Als das getan war, da ging Hreidmar hinzu und sah noch ein Schnauzhaar hervorstehen« (Thule XXI 71; vgl. Thule XX 186; Thule I 118).

1628f: Als der Riese Hreidmar noch ein Schnauzhaar des von Göttern mit Gold umkleideten Otters erblickte (→1608), da »gebot [er], es zu verhüllen« (Thule XXI 71; vgl. Thule XX 186; Thule I 118).

1656ff Als der von Göttern zur Sühne mit Gold umhüllte Otterbalg, von dem die germanische Mythologie erzählt, sich als nicht ganz verdeckt erwies, forderte der Riese Hreidmar die völlige Verhüllung (→1628f), »sonst sei es mit der Versöhnung aus« (Thule XX 186). Das Gleiche droht, wegen mangelnder Verhüllung der Freia, in den gegenwärtigen Versen des »Ring« der Riese Fasolt an.

1666–1670: Würde Wotan den Ring, der die endliche Freiheit verkörpert (→253–257), nicht den endlichen Subjekten – hier den Riesen (→4675f) – überlassen, hätte er sein eigenen Willen zur endlichen Freiheit (→353; 2636; 5398f; 6942f) *verderben* lassen. Damit hätte er selbst den *Fluch* der endlichen Freiheit, zerstörerisch zu wirken (→1490f), vollzogen (→1519; 8882–8886).

1672–1675: »Wissen« stammt aus einer indogermanischen Wurzel, welche »erblicken, sehen« bedeutet (Duden VII 768). Deshalb kann Erdas Wissen auch als ein Sehen (→1675; 1682) oder Schauen (→6281) bezeichnet werden.

Erda weiß *alles*. Da religionsgeschichtlich immer »der Gottesname ... die Totalität des Seins und des Seienden suggeriert« (Eliade I 170), ist Erda wegen ihres alleseinschließenden Wissens Verkörperung des göttlichen Geistes (→6151f). Erda sieht alles Vergangene, Gegenwärtige und Zukünftige in gleicher

Gegenwart (Präsens in 1672 und 1675). In ihr ist daher der zeitliche Wirklichkeitsverlauf zu allesumfassender *Gleichzeitigkeit*, das aber heißt zur Zeitlosigkeit aufgehoben. So aber ist in Erda der Wirklichkeitsprozeß immer schon *vollendet*, weil in ihrem göttlichen Gesamtüberblick offenbar ist, wie die für den endlichen menschlichen Überblick immer fragmentarisch und widersprüchlich (→2780) bleibenden einzelnen Wirklichkeitsepochen sich gegenseitig zu einem Ganzen ergänzen: zum Ganzen des Sinnes aller Wirklichkeit (→6918). Diese Vollendung der Wirklichkeitsganzheit, die für endlich menschliches Erleben geheimnisvoll bleiben muß (→1692ff), wird als Erdas *Weisheit* (→6170) bezeichnet. Erda weiß nicht etwas von einer anderen Instanz Vorgegebenes, sondern sie selbst setzt erst das ins Dasein, was sie weiß (→1676f), ohne daß in diesem allumfassenden Walten (→6159ff) Erdas die Freiheit der menschlichen Subjekte aufgehoben wäre (→7043ff).

1676f: Diese doppelversige Bezeichnung Erdas faßt Vers 6128 zusammen in »Urweltweise«. »Wala« ist die Weise (→6111). Im Falle Erdas umfaßt ihre Weisheit oder ihr Wissen (→6170) die ganze Welt (→1672–1675). »Ur-« ist eine Weiterbildung aus einer indogermanischen Wurzel, die »aus etwas hinaus« besagt (Duden VII 41; 732). Die Ur-Weise der Welt weiß demnach von dem Grund, aus dem heraus die ganze Welt sich entfaltet und in dem alle Fäden ihrer unüberschaubaren Mannigfaltigkeit zusammenlaufen. Dieser letzte *einende Grund alles Wirklichen* – samt aller aus ihm fließenden Entfaltung (→1672–1675) – ist in Erdas Wissen gegenwärtig (→6118).

Die Welt wird hier als »ewig« bezeichnet. Es ist germanische Vorstellung, daß »grundlose Gähnung« (Ginnungagap) zwischen dem eisigen Nebelheim und dem schon immer (»zu allererst« Thule XX 52) seienden feurigen Muspellheim war. Durch das Zusammentreffen von Eis und Feuer entstanden der Urriese Ymir und eine Kuh, die aus dem Eise den menschengestaltigen Buri herausleckte, dessen Enkel Odin, Vili und Ve den Riesen erschlugen, um aus seinem Körper die Erde zu bilden (Thule XX 52ff). »Aus Ymirs Fleisch ward die Erde geschaffen, aus dem Blute das Brandungsmeer, das Gebirg aus den Knochen, die Bäume aus dem Haar, aus der Hirnschale der Himmel. Aus des Riesen Wimpern schufen Rater [das sind die Götter] hold Mittgart den Menschensöhnen; aus des Riesen Gehirn sind die rauhgesinnten Wolken alle gewirkt« (Thule II 75 E 1f). Mittgart bezeichnet den mittleren, bewohnbaren, von den Wimpern des Riesen eingefriedeten Bezirk der Erde, den eigentlichen Lebensraum des Menschen (Golther 521). Aus dem Leib Ymirs entstehen auf göttliche Veranlassung weiterhin die Zwerge (→2781f), aus Holz und mittels göttlicher Einhauchung (→2636) dann die Menschen (→2605f).

Überblickt man den ganzen Vorstellungskomplex, so ergibt sich folgende Anordnung der einzelnen Teile der mythologischen Vorstellung. Aus einem Urstoff, der aus Material unserer Erfahrung besteht (Feuer und Eis), bildet sich einerseits der Riese Ymir, der als *Stoff* zur folgenden Gestaltungsstufe dient, andererseits bildet sich die *gestaltende Kraft* des Göttlichen heraus, die sich in verschiedenen Aspekten, das heißt verschiedenen Göttern (→6175f), ausprägt. Dies erinnert etwa an die babylonische Kosmogonie, in der der wassergestaltige Urstoff gestaltende Götter hervorbringt, die unter Anführung des Marduk das Wasser (Tiamat) zur Welt gestalten. Im »Ring« ist einfach die »Welt« als ganze der Urstoff, den die Götter gestalten, indem sie ihn ordnen (→334).

Entscheidend an der mythologischen Lehre vom Urstoff ist, daß sein Dasein nicht weiter begründet, sondern als selbstverständlich vorausgesetzt wird. Der Urstoff ist »ewig«, uranfänglich, »zu allererst«. Deshalb wird hinter ihn nicht zurückgefragt. Daß aber auch das als ewig unterstellte Dasein der Welt *nicht selbstverständlich* ist, zeigt sich, wenn man Leibnizens berühmte Frage (vgl. Leibniz Nr. 7) entsprechend anwendet: Warum ist seit Ewigkeit die Welt und nicht vielmehr seit Ewigkeit Nichts? Das Sein der Welt wäre nur selbstverständlich, wenn es die Möglichkeit ihres Nichtseins gar nicht gäbe. Möglich aber ist, was sich nicht widerspricht, und wenn keine Welt wäre, ergäbe das keinen Widerspruch, denn wo nichts ist, kann sich auch nichts widersprechen. Weil das Sein nur eine von zwei Möglichkeiten ist, bedarf es eines Grundes dafür, daß im Falle der Welt die eine, nicht aber die andere Möglichkeit erfüllt ist. Dieser Grund entscheidet (oder hat ewig schon entschieden) zwischen den beiden Möglichkeiten Sein und Nichtsein (Thomas [2] lib. II cap. XV Nr. 927; Jüngel 36–41). Vom Wirken dieses Grundes ist die Welt in jedem Augenblick abhängig. Diese Abhängigkeit ist die *Geschöpflichkeit* der Welt, auch der als ewig gedachten Welt (Gilson 78; 193–207). *Wie* jener Grund es anstellt, die Welt gegen die Möglichkeit des Nichtseins im Sein zu halten, bleibt menschlicher Erfahrung allerdings verborgen, weil »wir nämlich nicht im Stande sind, einen ähnlichen Fall in concreto anzuführen, worin das Entstehen einer Substanz uns vor Augen geleget werden könnte« (Kant [1] 181). Der Mensch weiß nur, *daß*, nicht aber, *wodurch* die Welt seiend und nicht Nichts ist. Die innere Wirkungsweise des ursprünglichen Seinsgrundes liegt jenseits dessen, was im Bereich menschlicher Erfahrung bekannt und vollziehbar ist, seine Wirkung aber liegt vor aller Augen.

Diesen geheimnisvollen Grund, von dem alles Dasein abhängt, bedenkt in seiner Geheimnishaftigkeit die jüdische Überlieferung, die in ausdrücklicher Polemik gegen die Identifizierung des Urgrundes allen Daseins mit irgendeiner Gegebenheit unserer Erfahrung (sei es mit dem Urwasser, dem Urfeuer oder der Welt insgesamt) den Schöpfer Jahwe von der Vermischung mit Empirischem peinlich freihält. So bezeugt das Alte Testament von der schöpferischen Weisheit (→6170) Gottes: »Die Urflut sagt: ›In mir verweilt sie nicht.‹ Das Meer gesteht: ›Sie ist auch nicht bei mir.‹« (Jb 28,14). Diese Unerfahrbarkeit

Gottes (vgl. Dt 4,15–19) kommt andeutungsweise nur noch im indogermanischen Bereich vor, nämlich in der Rigveda (Ström 245). Entweder aus der indogermanischen Urüberlieferung oder durch biblische Einflüsse (Golther 507) gelangt ihre Erkenntnis ins Germanische – vielleicht schon in die Völuspa, in der, folgt man Snorris Lesart, am Anfang »*nichts*« war (Ström 244f). Dies hebt Snorri allerdings selbst wieder auf mit seiner Anschauung, der zufolge das als empirisches *Feuer* vorgestellte Muspellheim »zu allererst« gewesen sei. Jedenfalls aber findet sich das göttliche Geheimnis ausdrücklich im Wessobrunner Gebet angesprochen: »Mir gestand der Sterblichen Staunen als das Größte, Daß Erde nicht war noch oben Himmel, Noch irgend ein Baum noch Berg nicht war, Noch Sonne nicht schien Noch Mond nicht licht war noch die mächtige See. Da dort nirgends nichts war an Enden und Wenden, Da war doch der eine allmächtige Gott« (Peterich 164 [317f]; vgl. Ps 90,2; →5449f).

Der »Ring« spricht über die Abhängigkeit des Daseins der ewigen Welt nicht ausdrücklich. Befragt man ihn aber unter dem Blickwinkel der Frage Leibnizens, die ihm freilich unbekannt ist, so zeigt sich, daß er doch eine Antwort impliziert. Da Erda nämlich die *Allwissende* (→6127) ist, weiß sie eo ipso auch auf Fragen Antwort, die im »Ring« selber keine ausdrückliche Rolle spielen; so zum Beispiel auf die Frage Leibnizens. Erda weiß daher von der »ew'gen Welt« nicht nur, daß, sondern auch wodurch sie ist. Sie weiß, was es heißt, etwas der Möglichkeit des Nichtseins seit ewig entnommen sein zu lassen. Damit aber weiß sie, was es heißt, »nicht aus schon Seiendem« (2 Makk 7,28) etwas anderes zu gestalten, sondern etwas gegen das Nichtsein bzw. »aus Nichtsein« zu schaffen. Ist nicht nur Wissen, sondern »*Walten* des Wissens« (→6161), also selber auch die Verwirklichung des von ihr Gewußten ist, verkörpert sie nicht nur das Wissen vom Schaffen, sondern ineins damit dessen Vollzug (→6159ff). Erda ist nicht nur das *einende* Prinzip der daseienden Welt, sondern auch das *alles Sein begründende* Prinzip. Der Name »Erda« bleibt hinter der von ihm angesprochenen Sache zurück (→1678): Der Sache nach ist unter dem Namen »Erda« vom biblischen Gott die Rede (→6145–6154).

1678: Zu »Mut« →148. »Erda« ist das althochdeutsche Wort für »Erde« (Duden VII 141). Der Name klingt an Nerthus, nach Tacitus die germanische Erdmutter (Eliade I 148), an (Pfordten 216f). Erda wird auch im »Ring« als Mutter bezeichnet (→6213; 6224). Sie ist aber nicht nur das Prinzip der im Gegensatz zum Himmel oder zu den anderen Elementen verstandenen Erde, sondern eine Verkörperung des alle Wirklichkeit schaffenden (→1676f) und bestimmend durchwaltenden Gottesgeistes (→6151f). Die Stofflichkeit, die in ihrem Namen mitschwingt, wird dem nicht gerecht. Das Erdhafte, wie auch sonst jeder »letzt«-bestimmende Gegenstand physikalischer Erfahrung (gegenwärtig zum Beispiel das Energiefeld) ist zwar das Bestimmungsprinzip für viele nachgeordnete Phänomene, bedarf aber für sich selbst wiederum eines Grundes, der ihn bestimmt, weil er weder in seinem Dasein noch in seiner bestimmten Gestalt selbstverständlich ist: Er könnte nämlich anders beschaffen sein, oder er könnte gar nicht sein. Der »letzte« empirische Gegenstand ist somit nicht der letzte, weil er selber eine bestimmte, nicht aber die gesuchte letztbestimmende Wirklichkeit ist. Deshalb ist eine heute weit verbreitete Redeweise, welche »die Natur« (»die Evolution«) als letztes Subjekt allen Geschehens anspricht, nicht korrekt, denn das, was der Mensch, sei es durch mythologische oder naturwissenschaftliche Erfahrung, an der Natur (oder an der »Erde«) kennt, ist gerade nicht das innere Funktionieren derjenigen Dimension, in welcher und durch welche das Dasein und die eigentümliche Strukturiertheit der Natur ursprünglich begründet sind. Es ist vielmehr etwas von allen uns bekannten Zügen der Natur oder Erde *Verschiedenes* (wenn auch freilich in der Natur oder Erde selbst Wirksames). Die Verkürzung der in Erda angesprochenen Dimension durch das in ihrer »Erdhaftigkeit« mitschwingende Empirische wird im »Ring« dadurch aufgehoben, daß Erdas Walten (→6159ff) ohne anschauliche oder menschlich einsehbare Darstellung bleibt (→6206–6209).

1679ff: Die Nornen (→1682f) sind *erschaffen*, das heißt sie sind keine aus sich selbst seienden göttlichen Wesen, sondern Setzungen der einen schöpferischen göttlichen Macht, also Erdas (→6159ff). Aber in ihnen manifestiert sich doch der verborgene Urgrund aller Wirklichkeit selbst: Diese Selbigkeit drückt sich darin aus, daß die Nornen *Töchter* der Erda sind.

In der Edda gibt es Nornen verschiedener Herkunft: »Nicht einer Abkunft sind alle die Nornen; sie sind verschiednen Geschlechts: Die stammen von Asen, die stammen von Alben, doch die von Dwalin [einem Zwerge] ab« (Thule I 124/25); »drei gewaltge Weiber kamen, Töchter der Riesen aus Thursenheim. Urd hieß man eine, die andre Werdandi – man schnitts in ein Scheit –, Skuld die dritte« (Thule II 36/8f; vgl. auch die Anmerkung). Hier sind Vergangenheit (Urd = »wurde«), Gegenwart (Werdandi = »die Werdende«) und Zukunft (Skuld von »skolo«, der Zukunftsform von »werden«; zum ganzen vgl. Weber 149f) auf Nornen verteilt. Sind auch Urd (→6914–6917) und Skuld alte Namen für »Schicksal, Notwendigkeit« (Thule II 36 Anmerkung 9), so ist ihre Zuordnung zu bestimmten Zeitsphären dem germanischen Heidentum nicht eigentümlich, sondern verdankt sich einem Einfluß des mittelmeerischen Mythos von den Parzen; die Bildung des Namens »Werdandi« wurde sogar durch diesen Einfluß erst veranlaßt (Weber 149; Golther 108). Im »Ring« sind die Nornen in ähnlicher Weise auf die Zeit bezogen (→6939ff; 6960ff; 6983).

1682f: Die Herkunft des Wortes »Norn« ist unklar; vielleicht gehört es zur Sippe von »Schnur«. Im Schwedischen besagt das Wort verbal »leise mitteilen, heimlich warnen« (Duden VII 471). Im »Ring« bilden die Nornen die von Erda gewirkten (→6159ff) Zusammenhänge aller Wirklichkeit symbolisch ab im gesprochenen (→1683) oder gesungenen (→6918) *Wort* und als *Seil* (→6164). Die Nornen weben *nächtlich,* weil ihre Gewebe immer auf den einenden Urgrund aller Wirklichkeit bezogen sind. Das Tageslicht unterscheidet die einzelnen Dinge voneinander und verdunkelt dadurch ihre Zusammenhänge; im Bild der Nacht ist die Einheit der Wirklichkeit gegenwärtig (→6118). Im Unterschied zu Erda überblicken die Nornen aber nicht das ganze Weltgefüge, sondern nur *Teilzusammenhänge* desselben (→6939ff; 6960ff; 6983). Ihr Wissen teilen die Nornen den Menschen mit. Zwar sprechen im »Ring« die Nornen tatsächlich nie zu Menschen, aber immer dort, wo Menschen übergreifende Zusammenhänge durchsichtig werden, handelt es sich der Sache nach um Nornenkunde (→2061f).

Da die Nornen über die Zusammenhänge der Wirklichkeit berichten, ist ihr Sprechen zu Menschen keine übernatürliche Eingebung. Die Wirklichkeit liegt schließlich vor jedermanns Augen offen da, und so kann jeder, wenn er sich in entsprechender geistiger Bemühung auf die Wirklichkeit einläßt, Zusammenhänge zwischen ihren einzelnen Teilen erfassen. Die Fähigkeit zu geistiger Tätigkeit freilich erzeugt sich der Mensch nicht selbst, sondern verdankt sie dem göttlichen Urgrund aller Wirklichkeit (→2636). Der Mensch erfaßt zwar die Wirklichkeitszusammenhänge, doch diese selbst sind etwas *Objektives:* Nicht der Mensch erdichtet sie sich willkürlich, sondern im aufmerksamen Umgang mit der Wirklichkeit kann er nur zur Kenntnis nehmen, welche Zusammenhänge die Wirklichkeit *von sich her* ihm zeigt. Durch die Nornen bekundet sich ausschnittweise die von Erda letztbestimmte Wirklichkeit dem Menschen. Nornen sind daher mythologische Bilder für die ausschnittweisen Manifestationen des Wirklichkeitsganzen, mit denen es der Mensch in seiner Wirklichkeitserfahrung ständig zu tun hat, wenn sich ihm plötzlich Einsichten über seinen Lebensgang, über Elementarteilchenstrukturen oder über historische Zusammenhänge erschließen.

Nornenwort und Nornenseil verkörpern somit den Inhalt des *endlichen menschlichen Bewußtseins* (→6162f) mit seinem nur beschränkten Blick auf übergreifende Zusammenhänge. Diese Endlichkeit sei etwas näher charakterisiert. Im Nornenseil bekunden sich dem Menschen (mehr oder weniger deutlich und umfassend) die *Vergangenheit* des Geschehens als fortwährende Verflechtung von Ereignissen und der Ansatz bzw. die Richtung des *zukünftigen* Fortganges. Insofern das Wirklichkeitsgeschehen eindeutig oder statistisch *determiniert* ist, ist in der jeweiligen Gegenwart die Zukunft einschlußweise schon mitgesetzt und die zukünftige Fortsetzung des Seiles ist aus seiner gegenwärtigen Flechtstruktur schon »herauszuspinnen«. Insoweit endliche und göttliche *Freiheit* das Geschehen bestimmen, ist die Zukunft auf viele Möglichkeiten hin offen, wobei in der Gegenwart keine (eindeutig oder statistisch) zwingende Tendenz zu einer von ihnen gegeben ist. Der Zusammenhang des Zukünftigen mit dem Gegenwärtigen ist im Falle der Determiniertheit – die freilich wiederum als Setzung der göttlichen Freiheit gedacht werden kann (→6170) – schon in der Gegenwart selbst gegeben, während er im Falle der Freiheit erst in der Zukunft durch die Entscheidung der Freiheit gestiftet wird. Für das endliche Bewußtsein, dem die Zukunft verborgen ist, bleibt bezüglich der Freiheitstaten anderer die Verbindungslinie zur Zukunft gegenwärtig immer unterbrochen (→7035–7042) und nur rückblickend ersehbar. Weil die Freiheit ihre eigenen gegenwärtigen Setzungen in der Zukunft wieder aufheben kann, bleibt der endlichen Freiheit, der die Zukunft verschlossen ist, gegenwärtig immer auch verborgen, welche Zusammenhänge sie selbst stiften wird. Das endliche Freiheitssubjekt ist sich selbst ein offenes Rätsel. Im göttlichen Urgrund hingegen ist *vorhergewußt,* wie sich die endliche Freiheit zukünftig bestimmen wird (→7043ff); es ist aber nicht der göttliche Urgrund, der die Entscheidung der endlichen Freiheit *bestimmt,* sondern diese selbst (→2921).

1688: Erda weiß, daß alles, was ist, endet. Erda *weiß* aber nicht nur die Abläufe des Wirklichkeitsprozesses, während eine andere Instanz diese Abläufe verfügen und vollziehen würde, sondern, was Erda weiß, hat sie selbst in ihrem göttlichen Walten verfügt und verwirklicht (→6159ff). Ist aber demnach die Vernichtung des jeweils Bestehenden im Vollzug Erdas selber und ist *Loge* das vernichtende Element (→6987–6990), dann ist das zündende Logefeuer (→6448) die Erscheinungsweise der ruhelosen Dynamik des allesumfassenden Waltens Erdas (→667). Dies ist ein Zug des biblischen Gottes: »Zu deinen Boten bestellst du die Winde, zu deinen Dienern das zündende Feuer« (Ps 104,4).

Die schließliche Vernichtung alles in der Wirklichkeit Auftretenden bezieht sich nur auf den zeitlichendlichen Ablauf des Wirklichkeitsprozesses: Um am selben Ort verschiedene Gestaltungen wirklich sein lassen zu können, müssen die Gestaltungen ihren Ort verlassen und anderen Platz machen. In dem zeitüberhobenen göttlichen Wissen Erdas aber ist alles Vergangene, Gegenwärtige und Zukünftige zur *Gleichzeitigkeit* versammelt, wodurch sich die im Zeitverlauf nacheinander auftretenden und wegen ihrer Endlichkeit immer bloß fragmentarischen Sinngestaltungen zur *Ganzheit* des einen Wirklichkeitssinnes vollenden (→1672–1675; 1692ff).

1692ff: Gott wirkt in der Welt, sie schaffend (→1676f) und geordnet erhaltend (→6918–2ff). Insofern ist er aus der Welt erkennbar (vgl. Röm 1,20). Da es nicht selbstverständlich ist, daß der Weltlauf gerade so verläuft, wie es tatsächlich im Fall ist, müssen im göttlichen Urgrund (→6118) Entscheidungen getroffen worden sein, die den allgemeinen Verlauf des Naturprozesses (Heisenberg 278ff) und der Geschichte (→6923–6926) festlegen. Der Mensch kann nun zwar erkennen, *daß* der göttliche

Urgrund im Dasein und im Gerade-so-und-nicht-anders-Sein der Welt wirkt, nicht jedoch, *wie* Gott es anstellt, diese Wirkungen hervorgehen zu lassen, und zu welchem Ende Gott alles gerade so wirkt, wie es tatsächlich der Fall ist. Die Immanenz Gottes, sein inneres Denken (→6120; 6918–4) und Walten (→6159ff), kann in dessen Allumfassendheit der endliche Mensch nicht nachvollziehen. Was hingegen der Gott *Wotan* im »Ring« überlegt und tut, ist für den Menschen einsehbar und nachvollziehbar. Wotan verkörpert daher die Gottheit nur insoweit, als sie sich in der menschlichen Welterfahrung bekundet (→6141ff), nicht jedoch in ihrer Immanenz (→6170). Letztere hält *Erda* gegenwärtig, aber freilich nur als *schweigendes Geheimnis*. Erda ist somit die Tiefendimension derselben Gottheit, deren irdisch sichtbares Wirken Wotan verkörpert (→6175f).

Das Wirken Gottes zeigt sich als der Widerstreit (→2945f) zwischen weltordnender Macht einerseits und Liebe zur endlichen Freiheit des Menschen, die die Geordnetheit der Welt aus Beschränktheit (→2831–2834) und Bosheit (→5348ff) zerstört, andererseits (→2780). Dieser Widerspruch ist für das endliche menschliche Denken nicht versöhnbar, und seine innere Versöhnung kann auch im irdischen Gang der Dinge nirgendwo in Erscheinung treten (→2933–2936). In der Welterfahrung des Menschen bekundet sich Gott nur als jener Widerspruch, weshalb Wotan der in sich unversöhnte *Zwiespältige* ist (→3015). Die Wirklichkeit geht jedoch an diesem Widerspruch offensichtlich nicht zugrunde. Folglich ist der Widerspruch in den verborgenen Tiefen (→6121ff) der Gottheit versöhnt (→8948). Daher verweist der in Wotan sichtbare Widerstreit von Macht und Liebe auf die geheimnisvolle, Macht und Liebe versöhnende göttliche Instanz (→6238f), die im »Ring« Erda heißt (→1678), der Sache nach aber der biblische Gott ist (→1676f; 6145–6154).

Wenn man das göttliche Geheimnis in menschlich endliche Kategorien fassen will, entzieht es sich, weil es sie sprengt.* Deshalb kann Erda nicht bei Wotan »weilen«. Erda – die göttliche Immanenz – versöhnt ja den Widerspruch. Irdisch leben wir in Raum und Zeit. Es kann nun aber nicht am selben Ort und zur selben Zeit etwas *und* sein Gegenteil geschehen. Wären Raum und Zeit aber aufgehoben, dann gäbe es die Zeit- und Raumpunkte nicht mehr, die das Sich-Ausschließende auseinanderhalten. Ordnungs- und Zerstörungszustände schlössen sich sachlich nach wie vor aus, wären dann aber nicht mehr zeitlich und räumlich getrennt, lägen gewissermaßen (freilich auf nicht vorstellbare Weise) ineinander. Diese zeitlos ewige Gegenwart (→1672–1675) und dieses raumüberwindende Allesdurchwalten (→6151f) sind im »Ring« ebenso wie später im »Parsifal« (→8949), für die göttliche Dimension kennzeichnend.

1697: →6227ff; 6230ff; 6236f.

1698: →1697.

1701: →323.

1715: Als im germanischen Mythos der Riese Hreidmar die völlige Verhüllung eines Otterbalges mit Gold forderte und dabei ein Schnauzhaar sichtbar blieb (→1628f), handelte Odin, wie hier im »Ring« Wotan wegen des noch sichtbaren Auges der Freia handelt: »Da zog Odin den Ring Andvaranaut [→1470] von seiner Hand und bedeckte damit das Haar« (Thule XXI 71; vgl. Thule XX 186; Thule I 118).

Um die Tragweite dessen, was durch die Ringübergabe an die Riesen im »Ring« geschieht, zu erfassen, sind die Grundlagen des Verhältnisses von Gott und endlicher Freiheit zu betrachten. Der göttliche Urgrund (→6118) erschafft die ganze Wirklichkeit (→1676f) und in ihr die Vielfalt *endlicher Freiheitssubjekte* (→2605f). Durch ihre vielfaltbedingte Gegenstrebigkeit (→2535f), die die endlichen Freien wegen ihrer Beschränktheit (→2831–2834) und ihrer Möglichkeit zum Bösen (→5348ff) nicht ausgleichen können, müssen die endlichen Freien zerstörerisch aufeinander und auf die Naturordnung (→6911ff) wirken. Deshalb muß die allumfassende Weisheit Gottes (→6918-3f) in die Selbstverfügung (→2634f) der endlichen Freiheiten lenkend eingreifen (→8077f), um das Weltgefüge, und darin die endlichen Freien selbst, nicht im Chaos zugrundegehen zu lassen. Ein solcher Eingriff in die freie Selbstverfügung bedeutet aber die *Aufhebung der Freiheit*. Der göttliche Wille ist daher in sich widersprüchlich. Um seinen Willen zur unzerstörten endlichen Freiheitsvielfalt verwirklicht sehen zu können, muß Gott nämlich das die Freiheit aufhebende Eingreifen in ihren Selbstvollzug wollen. Somit ist Gott die *Liebe* zur endlichen Freiheit und zugleich die die Freiheit um der Weltordnung willen brechende *Macht* (→2780). Die Vereinigung dieser beiden, sich gegenseitig ausschließenden Zielsetzungen der Gottheit schien durch die von Wotan vorgeschlagene *freiwillige Selbstaufgabe* der endlichen Freiheiten – im Bau der Götterburg durch die Riesen (→353) und in der Verpflichtung zu »blindem Gehorsam« seitens der Menschen (→2831–2834) – erreicht (→6942f). In der Tat war aber darin die endliche *Freiheit zerstört* (→325; 6465f). So mußten die Riesen darauf beharren, daß die Macht zur freien Verfügung bei ihnen selbst verbleibe und nicht vom Gotte wieder eingezogen werde (→818f). Damit wäre dann zwar der göttliche Wille zur endlichen Freiheit verwirklicht, aber die göttliche *Weltordnungsmacht zerstört* gewesen, weil diese, von Freia verkörpert (→532–546), dann in der Macht der Riesen geblieben wäre, die wegen ihrer Endlichkeit unfähig zur Organisation einer weltumfassenden Ordnung sind (→808–811).

---

* Auch der die göttliche Dimension darstellende *Lohengrin* muß deshalb entschwinden, wenn »sein Nam' und Art« in irdisch verständlichen Worten ausgesprochen und faßlich gemacht werden sollen (GSD II 75).

Bisher war also die göttliche Bemühung darauf gerichtet, die endliche Freiheit auszuschalten, wobei der Schein ihrer Anerkennung durch die Freiwilligkeit ihrer Selbstaufgabe gewahrt bleiben sollte.

Jetzt aber will Wotan *beide* Seiten unverkürzt gelten und wirken lassen. Er will nicht mehr nur die göttliche weltordnende Macht, also Freia und die Burg (→334), sondern auch die ordnungsstörende freie Selbstverfügungsmacht (→2634f) der endlichen Wesen, die im Ring verkörpert ist (→253–257) und den Riesen von dem Gotte selbst übergeben wird. Wotan *muß* den Riesen den Ring nicht übergeben. Als der »Starke« (→6926) könnte er Freia den Riesen entreißen, ohne dafür eine Gegenleistung zu erbringen. Damit hätte er dann die göttliche Verfügungsmacht aus ihrer Abhängigkeit von den Riesen befreit (→357) und zudem die Selbstverfügungsmacht der Riesen (in Gestalt des Ringes) einbehalten. Indem Wotan aus Treue zum Vertrag (→353), also aus festgehaltener Liebe zur endlichen Freiheit, den Ring den Riesen übergibt und Freia zurückhält, kann er seine weltordnende Macht wieder ausüben, aber die Riesen können in der Kraft des Ringes von sich aus zerstörerisch dazwischenfahren. Erst jetzt können gottgesetzte Weltordnung *und* endliche Freiheit wirksam sein, weil Wotan jetzt die endlichen Freien *wirklich freigegeben* hat, indem er ihnen mit dem Ring die Möglichkeit gegeben hat, eine Zerstörung der göttlichen Weltordnung vorzunehmen. Damit stellt sich der Gott der inneren Widersprüchlichkeit seines Willens. Wotan hat nämlich jetzt durch die Burg, Freia und seinen Speerschaft (→6946) die Herrschaft über die Riesen, gibt aber mit dem Ring gleichzeitig die Macht an die Riesen, die Herrschaft der Gottesordnung jederzeit immer wieder zu brechen. Ordnung und Zerstörung sind jetzt unverkürzt *nebeneinander* wirksam: der Wirklichkeitsprozeß erscheint als stets unentschiedener Kampf zwischen beiden.

In der Vorstellung von *Gott* drückt der Mensch seine Erfahrung mit dem *Ganzen* der Wirklichkeit aus (→1672–1675), das sich in den Wirklichkeitsausschnitten, die der Mensch erfährt, bekundet und aus ihnen annäherungsweise (und steter Korrektur bedürftig bleibend) extrapolieren läßt. Der Wirklichkeitsprozeß, und daher die ihn bestimmende göttliche Macht (→6159ff), wirkt auf *jedes* Wesen in der geschilderten doppelten Weise: als liebende Eröffnung und Förderung des Selbstseins des jeweiligen Wesens (das sich ja dem Dasein und Sosein nach dem Wirklichkeitsprozeß als ganzem, nicht jedoch sich selber, verdankt) *und* als die das Selbstsein schließlich in Tod oder Auflösung brechende Macht. In der Vorstellung vom vertragsschließenden Gott *Wotan* (→6942f) soll nun auf eine dem *menschlichen Denken* einsichtige und nachvollziehbare Weise der Widerstreit von Macht und Liebe zugunsten der inneren Einheit Gottes zu lösen versucht werden. Dieser Versuch scheitert, weil er mit der Idee der Selbstaufgabe der Freiheit die eine der zu verbindenden Seiten bloß zum Verschwinden bringt, statt sie mit der anderen wirklich zu versöhnen. Damit ist die Gottheit Gottes, nämlich die unverkürzte Einheit *aller* Dimensionen der Wirklichkeit, verfehlt. Ist seine Gottheit aber verfehlt, dann muß Wotan sich verändern. Der erste Schritt dieser Veränderung ist die Aufhebung der Verkürzung des göttlichen Willens in Wotan: nunmehr will Wotan seine Macht *und* die der endlichen Wesen. Der weitere Schritt wird sein müssen, den so wieder aufgebrochenen inneren Widerstreit im Willen Gottes auf andere Weise zu versöhnen als es bisher in der freiwilligen Selbstaufhebung der endlichen Freiheit geschah (→2910–2913). Auch dieser und ein weiterer Versuch (→2982–2985), die Einheit von Macht und Liebe auf eine menschlicher Einsicht nachvollziehbare Weise zu erreichen, werden scheitern. Der Grund des Scheiterns ist darin zu erblicken, daß dem Menschen das Walten Gottes nur sozusagen nach außen, also in seinen Wirkungen sichtbar ist. Ins Ganze gerechnet bestimmen den Wirklichkeitsprozeß aber eben die sich gegenseitig ausschließenden Komponenten Liebe zur menschlichen Freiheit und Brechen der menschlichen Freiheit. Wotan ist die Darstellung Gottes von diesen widerstreitenden Wirkungen des göttlichen Waltens, nämlich vom *Weltprozeß* her (→6141ff). In der Selbsterfahrung der endlichen Subjekte ist dieses widerstreitende göttliche Wirken stets gegenwärtig, indem sie sich einerseits als *frei* über sich selbst verfügend, andererseits aber als der göttlichen Schicksalsmacht *unterworfen* erleben. Daher sind die Riesen durch den Ring zu freier Selbstverfügung befreit, gleichzeitig aber bleiben sie der Götterburg, die ja weiterbesteht und mit Freia die lebendige göttliche Macht beherbergt, unterworfen.

Der Widerspruch im Wirklichkeitsprozeß ist aber kein Anzeichen für die Selbstaufhebung der Wirklichkeit, da diese – samt der den Widerspruch bewußt erleidenden Daseinsweise der Menschen – sich vielmehr weiterhin ganz unchaotisch vollzieht (→6918-2). Der Widerstreit der Wirklichkeitskomponenten scheint eher auf eine Grenze der menschlichen Einsicht zu deuten. Dann könnte man davon ausgehen, daß in einer der menschlichen Einsicht verborgenen Tiefe (→6121ff) des Göttlichen dieser für den Menschen unlösbare Widerspruch so aufgelöst ist, daß die beiden Komponenten sich nicht wechselseitig verdrängen, sondern in *versöhnter Einheit* miteinander sind. In der Tiefe des von Burg und Ring widerstreitend bestimmten Weltlaufs wären beide zur Einheit versöhnt. Diese Tiefe des göttlichen Geheimnisses (→1692ff) wäre der innere Selbstvollzug des einheitlichen göttlichen Willens, der nur nach außen als Widerstreit erscheint. Der »Ring« geht in der Tat von einer solchen letzten Versöhntheit von Macht und Liebe aus (→8948), die nicht im irdischen Erleben sichtbar werden kann. Irdisch ist der Wirklichkeitsprozeß ja nur in endlichen Ausschnitten und Bruchstücken gegeben, weil der Mensch nie das Ganze überblickt. Erst eine dem zeitlichen Nacheinander des irdischen Erlebens entnommene Gegebenheitsweise des Wirklichkeitsprozesses würde diesen in *all* seinen Epochen gleichzeitig sichtbar machen (→6918-7). In dieser Sichtweise ewiger Gegenwart alles Wirklichen könnten die göttliche Macht und die göttliche Liebe als nicht widerstreitende, sondern sich ergänzende Ausgestaltungen des einen, in sich versöhnten göttlichen Willens offenbar werden. Eine solche Dimension göttlichen Erlebens kennt der »Ring« in *Erdas Wissen* (→1672-1675). Des weiteren geht der »Ring« davon aus, daß der Mensch im Tode in diese versöhnende Tiefe Gottes eingeht (→8949). So ist Wotan die als Geschichtsprozeß (→6923-6926) sich für das menschliche Erleben vollziehende Ausprägung oder Manifestation Erdas (→6175f), deren innerer Ratschluß (→8079f) dem irdischen Menschen verborgen bleibt.

1731: (→6914-6917).

Nach 1742: In der altnordischen Völsungen-Geschichte heißt es: »Später erschlug Fafnir seinen Vater« (Thule XXI 71), weil er den von Göttern gezahlten Schatz (→1563-1566) mit niemandem teilen wollte (Thule XXI 71).

1743: Das Blinzeln charakterisiert in der altnordischen Völsungen-Geschichte Otrs Geiz: er »aß blinzelnd und einsam, denn er konnte nicht ertragen zu sehen, daß es weniger wurde« (Thule XXI 69).

1756ff: →6227ff; 6230ff; 6236f.

1759ff: →2809f.

1773f: Donner »sammelt« die Wolken und die mit ihnen verbundenen atmosphärischen Gegebenheiten, wie das »Gedünst« (→1769) und die trübe und drückende Luft (→1772), um bei günstiger Konstellation dieser Momente die zwischen ihnen herrschende große Spannung durch einen Schlag seines Hammers (→nach 1787) sich in blitzendem und donnerndem Wetter entladen zu lassen. Warum wird dieser natürliche Vorgang als das Werk eines Gottes dargestellt?
Es ist nicht selbstverständlich, daß Elemente der Natur, die in starker gegenseitiger Spannung stehen, angesichts einer Vielzahl möglicher Weisen des Aufeinanderprallens doch gerade und immer wieder so aufeinander einwirken, daß nicht etwa ihre gegenseitige Spannung sich aufschaukelt und sich über andere, zunächst nicht betroffene Bereiche der Natur immer weiter ausbreitet, bis schließlich alle in ein zerstörerisch chaotisches Gegeneinander verwickelt sind, sondern daß sie ohne gegenseitige Zerstörung hochkomplex zusammenspielen. Im gegenwärtigen Fall führt die Spannung statt zu sich steigernder Zerstörung zu einer die Luft reinigenden (→1775) Entladung. Dieser geordnete Ablauf der Natur, der nicht nur bei diesem Gewitter und auch nicht nur bei Gewittern, sondern in jedem Augenblick überall in der Natur auf verschiedene Weise stattfindet, setzt den ständigen Ausschluß der vielen Möglichkeiten des Geschehensverlaufes voraus, die zum Chaos führen würden. Nur ein *konstant* wirkender derartiger Ausschluß ermöglicht die chaoslose Naturordnung, wie wir sie kennen. Diese Konstanz kann nun aber nicht ursprünglich aus Zufall, der per definitionem Konstanz ausschließt, sondern nur aus einer das Geschehen gewissen Ordnungen unterwerfenden Macht erklärt werden (→6918). Dabei sind in den verschiedenen Naturbereichen verschieden geartete Ordnungsmächte am Werk. Solche Naturordnungen erdenkt und errichtet aber keines der in der Natur begegnenden Wesen, vielmehr verdanken diese Wesen ihr eigenes Dasein der Tatsache, daß solche chaosverhindernden Ordnungen immer schon am Werk waren. Weil die Ordnungsmächte so aber je dem Einzelwesen, es bestimmend und tragend, vorgegeben und von ihm nur sehr wenig oder gar nicht beeinflußbar, seiner eigenen Macht mithin weit überlegen sind, werden sie als *göttlich* bezeichnet. In der Rede von Göttern kommen also die mannigfaltigen Erfahrungen von Mächten, die das Naturgeschehen ordnen und weder vom Menschen noch von einem anderen in der Natur anzutreffenden Wesen hervorgebracht wurden, zur Sprache (→334): »In hoher Thätigkeit ordneten ... die Götter die Welt, banden die Elemente durch weise Gesetze« (GSD II 157). Hier führt Wagner die Götter ausdrücklich als die Garanten der Naturordnung ein. Ihre Gesetze müssen *weise* (→6170) sein, weil sie das Chaos nur verhindern können, wenn sie bei der Regelung des Zusammenspiels der Elemente deren jeweilige Eigenart völlig überschauen, um die passenden Verbindungen zu ermöglichen, die unpassenden auszuschließen. Donner und Froh (→1788f) sind zwar nur von dieser Errichtung und Aufrechterhaltung der elementaren Naturordnung her zu verstehen, diese göttliche Tätigkeit wird aber im »Ring« nicht näher dargestellt. Gleichwohl ist – wie der eben zitierte Text zeigt – die weltordnende Macht das bestimmende Charakteristikum, das Wagner im Auge hat, wenn er von (Natur-)Göttern redet; im Falle des In-Ordnung-Bringens der endlichen *Freiheitstaten* durch Wotan kommt das göttliche Ordnen sogar zur ausdrücklichen Darstellung im »Ring« (→6946). Die einzelnen natürlichen Bereiche hingegen werden im »Ring« nach den tragenden Gründen und Garanten ihrer Ordnungen – eben als jeweils besonders geartete Naturgötter – nicht entfaltet, sondern in ihrer Geordnetheit einfach vorausgesetzt.
Die vielen verschiedenen Naturbereiche – oder Naturgötter – sind aber, je für sich genommen, nur einzelne Ausschnitte der *einen umfassenden* Naturordnung, der sie angehören und in die sie immer schon eingebunden sind. Die ordnende Tätigkeit des einzelnen Naturgottes ist so immer nur die ausschnittweise Manifestation der *einen*, die *ganze* Natur – je nach Bereich verschieden – durchwaltenden *göttlichen Macht*, nämlich Erdas (→6159ff). Alle einzelnen Götter sind daher bloß Ausprägungen oder Teilaspekte Erdas (→6175f).
Die von den Göttern bzw. dem in ihnen sehr differenziert wirksamen einen göttlichen Urgrund geschaffene komplexe Naturordnung ist im »Ring« als

die eine zentrale Achse des *Welteschenstammes*, der sich haltgebend durch die ganze Welt verzweigt, gegenwärtig (→6911ff). Da Wagner in dem vorhin zitierten Text die Götter als Hersteller der Naturordnung bezeichnet, müßte die Weltesche von den Göttern bzw. von der in den mehreren Göttern auf differenzierte Weise erscheinenden einen göttlichen Macht errichtet worden sein, was der »Ring« aber nicht ausdrücklich sagt (wenngleich er es auch nicht ausdrücklich ausschließt).

1788f: Froh ordnet die durch Donner gereinigte Luft, die in ihr befindliche Feuchtigkeit und das sie durchscheinende Licht zum Regenbogen (→nach 1789). Über diese ordnende Tätigkeit der Naturgötter →1773f.

1796f: →464.

1805ff: Die Nacht verbildlicht im »Ring« die Dimension der Einheit des Zusammenhangs der vielfältig differenzierten Bestandteile der Wirklichkeit, also den einenden göttlichen Urgrund (→6118). Da die Nornen immer unter der Perspektive des übergreifenden Zusammenhangs berichten, sind auch sie dem Nachtbereich angehörig (→1682f). Der nächtige göttliche Urgrund entläßt aus seiner Einheit schaffend (→1676f) die Mannigfaltigkeit der Weltwesen, darunter auch Alberich (→2781f), und zwar als zum Guten *und* zum Bösen (→5348ff) fähiges endliches Freiheitssubjekt. Während die göttliche nächtige Einheit die Trennung der Wirklichkeit in eine unüberschaubare Vielfalt (→5449f) von gegenstrebigen (→2535f) Wesen eröffnet und durch weise Ordnung für die Chaoslosigkeit der vielfaltbedingten Komplexität sorgt (→6918-2ff), ist das beschränkte endliche Subjekt zur Errichtung einer solchen Weltordnung unfähig (→2831–2834). Will nun ein endliches Subjekt sich der göttlichen Weltordnung nicht anvertrauen, sondern ausschließlich *selbst* über den Vollzug seines Daseins verfügen (→2634f), dann muß es versuchen, die anderen Wesen, die wegen der Knappheit der Daseinsmittel seinen Daseinsvollzug immer (mindestens potentiell) beeinträchtigen, ihres eigenen Selbstseins insoweit zu berauben, als davon eine Beeinträchtigung für es selbst ausgehen könnte. So ihres eigenen Selbstseins entkleidet, dienen die Wesen nicht mehr ihrem eigenen Daseinskreis, sondern nur noch dem Selbstsein jenes einzelnen Subjektes. Dies ist der zum Äußersten getriebene *Neid* (→716f) des Weltdespoten (→5371), dessen selbstseinszerstörende Macht im Ring verkörpert ist (→253–257). Der Weltdespot will somit die *Einheit* (»Nacht«) der Welt genauso sicherstellen, wie der nächtige göttliche Urgund; aber diese despotische Einheit ist keine in sich in mannigfaltige Wesen ausdifferenzierte mehr, sondern die enge Einheit, welche den Daseinsvollzug des einen *Alberich* nur umschließt. Diese Nacht ist nicht schöpferischer Ursprung und schließliche Vollendung (→6118) der Vielfalt der Weltwesen, sondern das Vergehen der Vielfalt. Vor dieser Auflösung des Reichtums an Weltwesen bietet nur die in der Götterburg (→334) verkörperte göttliche Ordnungsmacht (→326f) Schutz, weil sie allein in Weisheit (→6170) das Weltgefüge selbstseinerhaltend organisieren kann und dies aus Liebe zu den Selbstseienden (→5398f) auch vollbringen will.

1808f: Das »so« bezieht sich auf einen Gedanken, den Wotan gefaßt hat, und der ihm die *zerstörerische* Kraft der endlichen Freiheit (also den Ring [→253–257]) mit der *Unzerstörtheit* der Weltordnung (also der Götterburg [→334]) so zu vereinen können scheint, daß keine dieser beiden sich widersprechenden Komponenten aufgegeben werden muß (→1715). Durch diesen Gedanken soll also die göttliche Ordnungsmacht ebenso »sicher« (→1809) vor der Zerstörung durch die endliche Freiheit bewahrt werden (→325), wie die endliche Freiheit vor der Aufhebung durch Gott. Wotan spricht seinen Gedanken aber erst später deutlich aus (→2910–2913). Den gegenwärtigen Versen schickt Wagner in der Partitur die Bemerkung voraus, daß Wotan, wie »von einem großen Gedanken ergriffen, sehr entschlossen« dastehe (→6623ff).

1811: Walhall ist in der germanischen Mythologie die Halle der in der Schlacht gefallenen Krieger: »wo die funkelnd goldne Walhall sich dehnt; Odin aber kiest alle Tage kampftote Krieger dort« (Thule II 81/8). Die Walhallvorstellung ist uralt, denn sie wird in der Edda mit der alten indogermanischen Zahl 432000 in Verbindung gebracht (Ström 192): »Fünfhundert Tore und vierzig dazu kenn ich in Walhall wohl; achthundert Einherjer [Kämpfer] gehn auf einmal aus jedem, wenns mit Fenrir [→2601f] zu fechten gilt« (Thule II 83/20; 540 mal 800 ergibt 432000). Die Vorstellung einer aus vielen Toren ausziehenden, vielköpfigen Kriegerschar findet sich (worauf Ström 192 hinweist) mit anderen Zahlen auch bei Homer: »Hundert hat sie [die Stadt Theben] der Tor', und es ziehn zweihundert aus jedem Rüstige Männer zum Streit mit Rossen daher und Geschirren« (Ilias IX 383f).

Walhall soll im »Ring« das Problem Wotans lösen, die göttliche Ordnungsmacht und die göttliche Liebe zur ordnungszerstörenden endlichen Freiheit zu vereinen (→2780). Walhall soll gerade die zu ihrer vollen – das heißt eben auch zerstörerischen – Freiheit aufgestachelten Menschen (→2835–2838) aufnehmen (→2839f). Damit wäre die ordnungszerstörende Freiheit *in* der Burg der göttlichen Weltordnung (→334) selbst eingebunden und vollzöge sich im Rahmen der unzerstörten, weil von der Burg bewachten (→325), Weltordnung. Irdisch ist diese Vereinigung von Ordnung und Zerstörung derselben (also die Vereinigung von Burg und Ring [→253–257]) in ihrer Möglichkeit nicht einsehbar, weil sie widersprüchlich ist. Obwohl in der Wirklichkeit dieser Widerspruch überall am Werk ist, geht die Wirklichkeit nicht zugrunde. Dies deutet darauf hin, daß der Widerspruch in einer der irdischen Erfahrung des Menschen bloß nicht zugänglichen göttlichen Tiefendimension (→6121ff) doch versöhnt ist. Weil die Versöhnung von Weltordnung und zerstörerischer Freiheit aber nur jenseits irdischen Erlebens sichtbar werden kann, ist Walhall die Dimension jenseits des Todes, also jenseits des irdisch beschränkten Lebens und Erlebens, nämlich die Halle der Wal (→3173). Da Wotan aber die Darstellung des Göttlichen nicht von dessen »Immanenz« selbst her ist, sondern die Extrapolation der allgemeinsten wirklichkeitsbestimmenden – also göttlichen – Kräfte *von der irdischen Wirklichkeitserfahrung des Menschen her* (→6141ff), kann seine Walhall die Versöhntheit der widerstreitenden Wirklichkeitskomponenten ebenfalls nur auf der Grundlage der menschlichen Wirklichkeitserfahrung zu erdenken versuchen. Auf dieser Grundlage aber muß uneinsehbar bleiben, *wie* die sich gegenseitig ausschließenden Komponenten des göttlichen Waltens (→6159ff) in Gottes Weisheit (→6170) versöhnt sind. Deshalb kann Walhall bloß das Abbild der letzten Unversöhntheit der irdischen Verhältnisse, also die Darstellung des Kampfes zwischen göttlicher Weltordnung und endlich freier Zerstörung derselben sein, wie er allenthalben in der Wirklichkeit geschieht (→2839f; 1692ff).

1814f: Was Wotans Gemüt (→148) erfunden hat, ist die Bereitschaft zur tatsächlichen und unverkürzten Anerkennung der endlichen Freiheit, die er selbst, sogar in ihrer zerstörerischen Tendenz (→2927f), aufstacheln wird (→2835–2838), um sie *als* solche in die göttliche Weltordnung, also in die Götterburg (→334) Walhall, einzugliedern (→1811). Durch die Eröffnung einer Vielfalt von untereinander höchst gegenstrebigen endlichen Freiheitssubjekten braucht Wotan keine Furcht mehr zu haben vor der Despotie Alberichs (→2852ff).

1816: Wotans Wille zur endlichen Freiheit (→1814f) lebt in Siegmund und Siegfried (→3656).

1822–1828: Als leckende Lohe ist Loge die negative oder gegen das bestehende Alte gerichtete zerstörerische Dynamik der Wirklichkeit, die stets zu neuen Zuständen übergeht und die vorigen dabei verlassen, auflösen muß (→6987–6990). Loge strebt nicht das »Vergehen« (→1828), also das Ende des Wirklichkeitsprozesses an. Seine zerstörerische Kraft will nicht um der Zerstörung willen vernichten, sondern um damit positiv Platz zu schaffen für *Neues*. Loge hat aber keinen Gedanken, *welches* Neue entstehen sollte. Er macht nur Platz für das Neue, gestaltet es jedoch nicht selbst (→667). Loge ist das dynamische Moment an dem alle Wirklichkeit bestimmenden Urgrund Erda (→1688).

1857f: →6121ff.

Erster Tag:

Die Walküre

Erster Aufzug

1884: →148.

1917f: »Wunsch« oder »Wunschherr« ist ein Name Odins (Thule II 85/35; Thule XX 69; →2599f), das heißt *Wotans* (→323). Wotan kann »alle Wünsche der Menschen erfüllen: daher heißt er ›Oski‹, der Wunsch, d.h. der Wunsch-Gott, der Wunsch-Erfüller« (Dahn [2] 253f; Golther 356). Siegmund bittet Wotan um Abwendung des Unheils, weil der Gott Heil *und* Unheil verhängt (→2601f).

1945: In der Edda sagt Thor zum Meerriesen Ägir: »Rüste den Ratern reichlichen Trank« (Thule II 17/2).

1947f: In der Edda heißt es von Wölund: »Seine Augen gleichen dem gleißenden Wurm« (Thule I 23/16). In der altnordischen Geschichte von Ragnar Lodbrok wird Sigurd auf die nämliche Weise beschrieben: »Ein Wurm liegt in seinem Auge« (Thule XXI 160/8); und: »Sicher ist bei keinem Knaben wie bei Sigurd In den Brauensteinen Eine Schlange zu sehen. Dieser künftige Krieger hat des wilden Waldes Ring im Liderhofe – Leicht ist er dran kenntlich« (Thule XXI 161/10; Brauensteine sind die Augen; der Ring des wilden Waldes ist die Schlange, der Liderhof ist das Auge). Im »Ring« ist diese Kennzeichnung von Sigurd-Siegfried auf dessen Vater Siegmund übertragen.

1955–1958: Im Sturm ist Wotan unterwegs (→389). Fricka hat also recht, wenn sie in Siegmunds Not Wotans eigenes Werk sieht (→2665).

1979: Friedmund ist der in der Munt, das heißt im Schutz (Brockhaus III 570 »mundtot«) des Friedens (→502), Stehende. Wegen feindlicher Taten gegen andere ist Siegmund vielleicht geächtet (→2007f) – das heißt für friedlos erklärt (Seelow 119) – worden (→1990f). Vgl. Grönbech I 33–70. Der Friedlose ist eo ipso freudlos (→1980).

1980: »Alle Freude ist an Frieden gebunden, außerhalb seiner gibt es nichts und kann es nicht geben, was diesem Namen entspricht. Wenn der [germanische] Genesisdichter die aufrührerischen Engel von Lust, Friede und Freude abfallen läßt, gibt er in dieser Wortzusammenstellung nicht so nebenbei eine Aufzählung der zwei oder drei wichtigsten Güter, die ihnen der Aufruhr kostete, sondern er gibt in einer Formel einen Ausdruck für das Leben selbst, von seinen zwei Seiten gesehen« (Grönbech I 71; vgl. 70ff). Siegmund hat eben den Frieden verloren (→1979), und deshalb ist er freudlos. Der Geächtete (→2007f) ist »im Walde draußen, fern der Freude« (Thule I 158/29; →2009ff). Vom friedenzerstörerischen Grendel heißt es im »Beowulf«: »Der freudlose Mann Bewohnte das Reich des Riesengeschlechts« (Beowulf 104f).

1981: →2059f.

1982: Siegmund wurde nach *seiner* eigenen Identität gefragt (→1971f; 1977f), er antwortet aber mit der Geschichte seiner Familie (→1982–2015; 2027–2040). Das hat seine Berechtigung darin, daß Siegmunds gegenwärtiges Selbstsein durch den größeren Ereigniszusammenhang bedingt ist. Alles, was dem Menschen in irgendeiner Gegenwart begegnet, ist immer Ausschnitt aus größeren Zusammenhängen und in seiner Eigengestalt von diesen her konstituiert. Dieser Abhängigkeit des Einzelnen vom größeren Zusammenhang trägt Siegmund mit dem weiten Ausholen seiner Erzählung Rechnung. Auch dieses Ausholen ist freilich nicht erschöpfend, weil die Geschichte des Wälsungengeschlechtes ihrerseits auf weitere, nämlich zukünftige Zusammenhänge verweist (→2131f).
Zu Wolfe Näheres an anderer Stelle (→1990f); auch der wölfische Charakter von Siegmunds Vater wird später erörtert (→2601f).

1983f: Von Walse-Völsung (→2601f) und seiner Frau heißt es in der altnordischen Geschichte: »Sie zeugten der Söhne zehn und eine Tochter, Sigmund hieß ihr ältester Sohn, Signy hieß die Tochter; sie waren Zwillige« (Thule XXI 42). Wälse nennt sich Wolfe (→2406–2411).

1985–1989: →2001–2004.

1990f: Es ist Wotan, der sich als Wälse (→2601) oder Wolfe (→2406–2411) bei den Menschen aufhält. Von Walse-Völsung heißt es in der altnordischen Völsungen-Geschichte: »er wurde schon früh groß und stark und mutig in allem, worin eine Probe der Mannhaftigkeit und des Heldentums zu liegen schien; er wurde der größte Kriegsmann und war siegreich in allen Schlachten, die er auf seinen Heerfahrten schlug« (Thule XXI 42). Der Sohn Völsungs, nämlich Sigmund, und dessen Sohn »zogen des Sommers weit durch die Wälder und erschlugen Männer, um sie zu berauben« (Thule XXI 51). Dies war kein schändliches Verhalten, denn »waffenfähige Männer anzugreifen oder zu überfallen und zu erschlagen, war jedem Ehrenmann erlaubt, wenn er sich nur in einer festgelegten Form dazu bekannte« (Kuhn 184; zur unehrenhaften Neidingstat →2006). Derartige Taten, durch die man sich sehr wohl Feinde (wenngleich keine Unehre) schuf, werden von Wolfe im »Ring« nicht berichtet. Es wäre aber möglich, daß Wagner an jenen Bericht aus der Völsungen-Geschichte gedacht hat, als er schrieb, daß dem Wolfe viele Feinde entstanden. Wolfe (oder Wälse, oder Wotan [→2406–2411; 2601f]) reizt Siegmund und die übrigen menschlichen Männer zum Bruch der göttlichen Friedensordnung auf (→2835–2838; 2927f). Bei Siegmund sah dieses Aufreizen sicherlich so aus, daß Wolfe, den Sohn erziehend und anleitend, solche Taten zusammen mit ihm beging. Dies ist vermutlich auch der Grund dafür, daß Wolfe geächtet ist (→2007f).

1996: →2015.

1997: →2001–2004; 3355–3359.

1998: →1999f.

1999f: Wolfes oder Wälses (→2406–2411) Saal entspricht vermutlich genau Walse-Völsungs (→2601f) Halle in der altnordischen »Geschichte von den Völsungen«: »So wird erzählt, daß König Völsung eine herrliche Halle herstellen ließ, und zwar in der Weise, daß eine mächtige Eiche in der Mitte stand; die Zweige des Baumes ragten mit ihren schönen Blättern über das Dach der Halle hinaus, der Stamm aber reichte hinab in die Halle« (Thule XXI 42). Der Saal Wolfes wird im »Ring« nicht in dieser Vollständigkeit beschrieben, aber die mit ihm verbrennende Eiche ist ein Hinweis darauf, daß er um sie herum gebaut gewesen sein könnte. Im »Ring« ist vor allem das Haus Hundings genau nach der angeführten Beschreibung in der Völsungen-Geschichte gebaut; wenn man davon absieht, daß es sich in Hundings Saal (→2123) statt einer Eiche um eine Esche handelt (→vor 1861).

2001–2004: Die Mutter Siegmunds ist im »Ring« eine Wölfin (→2607), vermutlich eine Werwölfin (→2015). Es ist entschieden eine Neidingstat (→2006), Frauen und Kinder bei einem Mordbrand als Angriffsziel zu wählen. In der »Geschichte vom weisen Njal« berichtet der germanische Schriftsteller, daß der Anführer der Angreifer ausdrücklich verkündet: »es soll jetzt zum Ende kommen zwischen uns und nicht eher ruhen, als bis sie alle tot sind. Aber freien Abzug will ich erlauben den Weibern und Kindern und Knechten« (Thule IV 278), denn »Frauen und Kinder waren in jedem Fall zu schonen« (Kuhn 184).

2006: »Alles, was ein ehrlicher Mann verabscheut, wird beim Neiding Gewohnheit und Brauch: Eide und Gelöbnisse zu brechen, Frauen und Waffenlose zu töten [→2001–2004], im Dunkeln und in der Finsternis zu morden [→2121], den zu betrügen, der sich als Freund auf einen verläßt, den Frieden zu brechen [→502]. Er ist friedlos. Alle sind seine Feinde« (Grönbech I 336). Die Männer, die Wolfes Haus angegriffen haben, sind nicht wegen dieses Angriffs Neidinge, da der Brandanschlag möglicherweise eine Rache für Taten Wolfes und Siegmunds sein sollte (→1990f). Neidinge sind sie deshalb, weil sie sich an einer Frau und an einem Kind vergreifen (→2001–2004).

»Der Neiding wird mit derselben Mischung von Haß, Verachtung und Entsetzen betrachtet wie die wirklichen Jöten in Utgard, und das aus keinem anderen Grund als dem, daß er zu den Horden der Ungeheuer gehört« (Grönbech I 341). Utgard ist das Jöten- oder Riesenheim und »vielleicht gleichbedeutend mit der Unterwelt« (Peterich 63 [236]). Weil Loki als Utgardloki (Ström 131 Anmerkung 27) selber der König dieser unheilvollen Sphäre (Thule XX 95), andererseits aber ein Moment an Odin selbst (Ström 131) ist, muß man sagen, daß das zerstörerische Neidinghafte, dem der Mensch in seiner Freiheit (→2634f) Raum geben kann, als menschliche Möglichkeit ebenso von Gott selbst eröffnet ist (→2927f), wie es die Sinngefüge in der Wirklichkeit sind (→6918). Auch im »Ring« findet sich dies, da Wotan weltordnende und zerstörerische (wölfische) Macht zugleich in sich schließt (→2601f).

2007f: Wolfe und Siegmund sind wohl wegen (nicht berichteter) Taten Wolfes (→1990f), also aus Rache, geächtet. Die Ächtung wurde auf Island zu germanischer Zeit durch das Althing verhängt (Seelow 118f). Der Geächtete »war aus jeder Gemeinschaft ausgestoßen, selbst seine nächsten Angehörigen mußten ihn fallen lassen, und er durfte straffrei getötet werden. ... Diese strenge Acht darf daher als ein Todesurteil verstanden werden« (Kuhn 137). Einer der berühmtesten Geächteten war Grettir, der Starke, Asmundarson (Thule V; Seelow).

2009ff: Die Acht (→2007f) hieß im alten Norden »Waldgang«, »weil der Geächtete dort in den großen Wäldern unterzutauchen pflegte« (Kuhn 137). Auch Sigmund und Sinfjötli in der Völsungen-Geschichte sind »Waldgänger«: »Nun begaben sie sich in die Wälder« (Thule XXI 52).

2012f: Der Geächtete (→2007f) muß stets sein Leben verteidigen. So zum Beispiel Grettir (Seelow 134–148).

2015: Siegmund ist der Sohn einer Wölfin (→2607) und Wotans (→4769f). Dabei ist Wotan selbst als Wolf aufgetreten (→2601f) und bildete so mit seinem Sohn zusammen ein »Wolfspaar«. Siegmund gehört daher einem wölfischen Geschlechte an (→2105ff).

In der Völsungen-Geschichte hat der Mann Signys (dem im »Ring« Hunding entspricht) eine Werwölfin zur Mutter: »das erzählen einige Leute, daß diese Wölfin König Siggeirs Mutter gewesen sei, und daß sie diese Gestalt angenommen habe durch Hexerei und Zauberkunst« (Thule XXI 48). In dieser nordischen Geschichte nehmen Sigmund und sein Sohn Sinfjötli Werwolfcharakter an (→2037ff). Werwölfe sind Menschen, die ihre Gestalt in die des Tieres verwandeln können und damit auch wichtige Züge des tierischen Charakters übernehmen. Ähnlich hat man sich die altnordischen Berserker zu denken, die in Tierverkleidung kämpften, andererseits aber tatsächlich »etwas Außermenschliches« (Schier 338) an sich haben, indem sie »in einem ekstatischen Zustand (zuweilen auch ohne Panzer) kämpfen und ... zwar nicht unverwundbar, wohl aber unempfindlich gegen Verwundungen sind« (Schier 337). Entscheidend ist, daß die Berserker »als ein kultisch geprägter Kampfverband in einer religiösen Bindung zu Odin standen« (Schier 337; vgl. 337–340), der sich selbst ja auch in Wolfsgestalt offenbarte (→2601f). Über Odin und »seine eignen Mannen«

berichtet Snorri Sturluson: »Solche Macht hatte Odin, daß er in der Schlacht seine Feinde blind oder taub machen konnte oder von Schrecken wie gelähmt, und ihre Waffen schnitten dann nicht mehr als Ruten. Aber seine eignen Mannen gingen ohne Brünnen, und sie waren wild wie Hunde oder Wölfe. Sie bissen in ihre Schilde und waren stark wie Bären oder Stiere. Sie erschlugen das Menschenvolk, und weder Feuer noch Stahl konnte ihnen etwas anhaben. Man nannte dies ›Berserkergang‹« (Thule XIV 32). Der Wolfscharakter drückt im Germanischen ein Doppeltes aus. Zum einen bezeichnet er wolfshafte Stärke und Kampfkraft, zum andern die neidingshafte (→2006) Zerstörungswut (Grönbech I 239f; vgl. 185; 188).

Wenn die Wölfin, mit der Wotan Siegmund und Sieglinde zeugt, menschliche Kinder gebiert, dann ist sie wohl eine Werwölfin. Die wolfshafte Kampfkraft eines Odinsberserkers besitzt Siegmund in hohem Maße: Wunden beeinträchtigen ihn wenig (→1896–1899), sein Arm ist stärker als Eisen (→1900ff), kein Feind (außer in großer Übermacht [→2101]) kann ihm widerstehen (→2033; 2079), weil er stärker ist als alle anderen (→2196; 4797–4800), und er trägt die wotanhafte Wut (→323) in sich (→2150). Siegmund und Wolfe (→1990f) sind aber nicht in dem Sinn Neidinge, daß sie ehrlos und betrügerisch wären. Freilich stehen sie außerhalb der und gegen die Ordnung des »Göttergesetzes« (→2623; 2927), das in der heiligen (→2105ff), weil gottgesetzten Friedensordnung (→502) zwischen den Menschen (→1979) besteht.

2016f: »Wölfing« ist in Vers 2016 der Geschlechtsname, der die wolfshafte (→2015) wilde (→2105ff) Eigenart des Geschlechtes bezeichnet. In Vers 2017 bringt Siegmund durch dieses Wort zum Ausdruck, daß er sich vielen gegenüber entsprechend dieser Eigenart seines Geschlechtes verhalten habe. Das Wölfische ist das Zerstörerische an Siegmunds Handeln, in dem die zerstörerische Seite Gottes (→2601f) am Werk ist: Wotan hat als Wälse selbst seinen Sohn Siegmund zum zerstörerischen Handeln gereizt (→2927f).

In der Edda wird eine ähnliche Szene berichtet, in der Sigmunds Sohn Helgi (zubenannt der »Hundingstöter« [Thule I 153]) sich Hundings Hirten gegenüber als wölfisch gesinnt zu erkennen gibt: »König Sigmund lebte in Fehde mit König Hunding. Einmal zog der junge Helgi unerkannt, unter Hamals Namen, an Hundings Hof auf Kundschaft; dort war er zusammen mit Häming, dem Sohne des Königs. Auf dem Rückwege traf Helgi einen Hirten Hundings und sagte zu ihm: ... Ein grauer Wolf weilte bei euch, wo König Hunding Hamal wähnte« (Thule I 152). An anderer Stelle wird Helgi so beschrieben: »Es flammt sein Blick nach Fürstenart, Freund ist er Wölfen« (Thule I 163/6). Helgi ist der »Ylfingensproß« (Thule I 163/5), weil er dem Geschlechte der Ylfinge, das heißt dem Geschlechte der »Wolf-Männer« (Grönbech I 240), angehört.

2020: →2059f; 2016f.

2023: →1990f.

2024: →2016f.

2026: →2040.

2027f: →2012f; 2006.

2030: Die (Wer-)Wölfe sind Siegmund und sein Vater (→2015).

2033: Es ist die Wotanswut und das von Wotan-Odin stammende Berserkerhafte an Siegmund und Wolfe (→1990f), das den Feind in die Flucht schlägt, weil er dieser übermenschlichen Kraft nicht gewachsen ist (→2015).

2037ff: Werwölfe (→2015) nehmen die Tiergestalt dadurch an, daß sie sich in Wolfsbälge hüllen, und sie kehren in die menschliche Gestalt dadurch zurück, daß sie die Felle wieder ablegen. Dieses Ablegen ist aber nur zu bestimmten Zeiten möglich. Die Völsungen-Geschichte berichtet von zwei Königssöhnen, die Werwölfe waren: »Wolfsbälge hingen über ihnen; jeden fünften Tag vermochten sie aus den Bälgen zu fahren« (Thule XXI 51). Sigmund und sein Sohn Sinfjötli nahmen den Königssöhnen die Felle weg und »fuhren in die Wolfsbälge, vermochten aber nicht herauszukommen; den Wolfsbälgen haftete dieselbe Eigenschaft wie früher an – sie heulten wie Wölfe und verstanden beide ihr Geheul« (Thule XXI 51f). Ebenso haben Siegmund und Wolfe (→1990f) im »Ring« mit Hilfe der Felle von Wölfen den Tiercharakter angenommen.

2040: Siegmunds Vater ist Wotan (→4769f; 2601f), der als Wälse oder Wolfe (→1990f) auftritt. Siegmund weiß dies nicht, denn er unterscheidet ausdrücklich Wälse von Walvater (→3180f; 3186f). Wotan ist nun, nachdem er den Sohn gegen die in des Gottes Weltverträgen (→6942f) niedergelegte Ordnung des menschlichen Lebens aufgestachelt hat (→2927f), nach Walhall (→1811) zurückgekehrt, was Siegmund aber nicht weiß.

2041: Das Herauskommen aus dem Wald meint soviel wie die Befreiung vom »Waldgang« (→2009ff), das heißt von der Ächtung (→2007f). So heißt es in der Edda: »Wir befreiten aus dem Walde, wem wir Frieden wünschten« (Thule I 87/97). Der Geächtete ist friedlos (→1979f).

2042: Es gibt demnach schon viele Menschen vor und neben Siegmund und Sieglinde. Wotan zeugt in dem Geschwisterpaar (→1983f) nicht die ersten Menschen. Diese wurden zwar durch die Götter erschaffen, aber zu einem im »Ring« nicht näher bezeichneten Zeitpunkt durch Einhauchung (→2636) der menschlichen Geistigkeit (→2634f) in den natürlichen Körper (→2605f).

2047: →2007f.

2059f: Siegmund zieht hier (wie schon vorher mit anderen Worten →1923–1926; 1979f) die Summe seiner bisherigen Selbst- und Welterfahrung. Das »Weh« liegt in der Spaltung (→573) zwischen dem, was Siegmund selbst sein will, und dem, was er sein muß (→2045ff; 2049–2052; 2057f). Die göttliche Schicksalsmacht begegnet Siegmund in den Umständen, an denen er scheitert, als das eigentliche Subjekt der Gestaltung seines Lebens, dessen lenkender Herr er in den entscheidenden Wendungen nicht selbst ist (→8077f). Sein »Walten des Wehs« ist kein souveränes Setzen, sondern das Vollziehen eines Schicksals, das eine andere, tatsächlich waltende, Instanz, nämlich Wotan (→2665) und in diesem Erda (→6159ff), gesetzt hat (→8504). Die ungelöste Spannung in Siegmunds Leben läßt dieses keine versöhnte Ganzheit sein. Siegmund selbst kann die Ganzheit nicht herstellen, er muß sie aber, wegen der unaufgebbaren Einheit seines Selbstseins, vom Verlauf der Geschehnisse doch erhoffen (→2146). Siegmunds ganzes bisheriges Leben ruht daher nicht abgeschlossen in sich, sondern verweist auf einen weiteren Horizont, von dem seine versöhnte Ganzheit abhängig ist, nämlich auf den Horizont der *Zukunft* (→2131), der den bisher überblickten Ereigniszusammenhang (→1982) nochmals übersteigt.

2061f: Nach germanischer Vorstellung bestimmen Nornen das Schicksal des Menschen. Bei Nornagest (»Nornengast«) sind es drei, deren erste und zweite Gutes anweisen, deren dritte aber Schlimmes verfügt: ›Ich lag damals in der Wiege, als sie über mein Geschick ihren Spruch abgeben sollten, und über mir brannten zwei Kerzenlichter. Sie sprachen da zu mir, sagten, es sollte mir ein großes Glück zuteil werden, weit mehr, als meinen Eltern und Gesippen und andern Häuptlingssöhnen im Lande und versicherten, es würde mir in jeder Hinsicht gut gehen. Aber die jüngste Norne fühlte sich von den beiden zurückgesetzt, weil sie sich nicht um Rat gefragt hatten bei einer solchen Weissagung, die von so hohem Werte war; auch war da eine Schar gewaltsamer Leute, die sie von ihrem Sitze stießen, daß sie zu Boden fiel. Hierüber ward sie sehr aufgebracht und rief den andern laut und zornig zu, sie sollten mit ihren für mich günstigen Weissagungen aufhören: ›denn ich will ihm das zuteilen, daß er nicht länger leben soll, als die Kerze brennt, die hier bei dem Knaben abgezündet ist.‹ Hierauf ergriff die älteste Völva [soll heißen: Norne; vgl. Thule XXI 217 Anmerkung 2] die Kerze, löschte sie aus und hieß meine Mutter sie verwahren und nicht eher anzünden, als an meinem letzten Lebenstage. ... Als ich erwachsen war, gab mir meine Mutter diese Kerze zur Verwahrung; ich habe sie nun hier bei mir« (Thule XXI 217). Dieser Unterschied zwischen den Nornensprüchen wird allenthalben erfahren: »Da sagte Gangleri: ›Wenn die Nornen das Schicksal der Menschen bestimmen, so verteilen sie es mächtig ungleich, denn manche Menschen haben ein gutes und behagliches Leben, andere wenig zu beißen und zu brechen, und manche haben ein langes Leben, andere ein kurzes.‹ – Hoch sagte: ›Gute Nornen aus vornehmem Geschlecht bescheren gutes Leben; wen aber Unglück heimsucht, der verdankt das den bösen Nornen.‹« (Thule XX 64).

Hunding spricht nun von *einer* böswilligen Norn, ohne die Anwesenheit anderer auszuschließen. Im »Ring« legen allerdings die Nornen das Schicksal nicht fest, sie verkünden es nur (→1682f). Deshalb kann der Ausdruck »ein Los bescheiden«, den Hunding gebraucht, nicht heißen »ein Los verfügen«, sondern nur »über ein (anderswoher bestimmtes) Los Bescheid, also Auskunft, geben«. Die Zusammenhänge eines Lebensschicksales sind, trotz der Freiheit des Menschen, insgesamt nicht etwas beliebig Manipulierbares, sondern abhängig von ihrer Verflechtung in das Ganze aller Wirklichkeit. Diese dem Menschen vorgegebene und nicht seiner Verfügung unterstellte Seite seines Lebensweges begegnet ihm, wenn er ihres Verlaufes (einmal deutlicher, einmal verschwommener) gewahr wird als etwas nicht von ihm Gemachtes, sondern ihm objektiv Gegenübertretendes: als Kunde der Norne.

Siegmunds Los ist wegen seines werwölfischen Charakters (→2015) leidig oder leidvoll, denn dieser Charakter macht ihn zum geächteten (→2007), fried- und freudlosen (→1979f) Außenseiter. Von Werwölfen sagt die altnordische Völsungen-Geschichte: »Sie waren ins Mißgeschick geraten, denn Wolfsbälge hingen über ihnen« (Thule XXI 51).

2063f: →1980.

2073: Ein *Mage* ist »ursprünglich der durch Heirat verwandt Gewordene, im Gegensatz zur Blutsverwandtschaft; dann Verwandter im allgemeinen« (Brockhaus III 402).

2101: →3512; 1955–1958.

2104: →1979.

2105ff: Das Wölfisch-Zerstörerische an Wälse (→2601f) ist in seinem ganzen Geschlecht wirksam und richtet sich gegen die ordnungsstiftenden »Göttergesetze« (→2623; 2927f).

2117: →2016f.

2121: »Tötung bei Nacht wurde als Mord verurteilt« (Grönbech I 246), während die Erschlagung eines Mannes bei Tageslicht als ehrenvoll galt (→1990f). Dies, nicht aber die Gastfreundschaft (→2118), ist der Grund dafür, daß Hunding sich nicht sogleich an Siegmund vergreift.

2128: →2016f.

2131: Siegmunds gegenwärtiges Leben ist von wehvoller Spaltung gekennzeichnet (→2059f). In der *Zukunft* freilich könnte sich die Lösung dieser Spannung ereignen. Siegmund ist aber (wie auch sonst jeder Mensch [→8504]) nicht in der Lage, aus eigener Kraft und Einsicht den inneren Widerstreit seines Lebens zu erfüllter Ganzheit zu führen. Er ist auf die die Geschehnisse im großen Maßstab lenkende göttliche Macht angewiesen, die sich ihm in der väterlichen Verheißung eines die Not wendenden Schwertes (→2434f) zusagt. Siegmunds Vater ist Wotan (→4764–4770), der eine Ausprägung des allumfassenden göttlichen Wirkens Erdas (→6159ff) ist (→6175f).

2145: →2601f.

2146: Siegmund *hofft* darauf, daß der Wirklichkeitsprozeß so eingerichtet ist, daß er ihm im zukünftigen Verlauf des Geschehens das verheißene Schwert und damit die Lösung des Wehes (→2059f) bringen wird. Siegmund sieht nicht ab, wie sich diese Hoffnung auf die Erfüllung der Schwertverheißung (→2131) noch in dieser Nacht vollziehen soll. Er braucht für den am Morgen zu erwartenden Kampf die Waffe (→2119f), von der er nicht einmal weiß, wo sie sich im Augenblick befindet. Weil kein Einzelwesen den Wirklichkeitsprozeß in besonders weiten Zusammenhängen oder gar im Ganzen übersehen und beherrschen kann, ist jedes (und hier eben Siegmund) darauf angewiesen, daß das göttliche Walten (→6159ff) den Wirklichkeitsprozeß in *Liebe* zu den Einzelwesen gestaltet (→2780). Die Schwertverheißung wird sich erfüllen (→2424–2427).

2150: →323 (»wütend«).

Nach 2150: Daß »man« deutlich einen Schwertgriff in der Esche Stamm haften sieht, kann sich nur auf das Publikum beziehen, da Siegmund selbst den Schwertgriff nicht als solchen erkennt, sondern sein Blinken im Schein der Feuerglut für den Augenstrahl (→2409) Sieglindes hält (→2160–2164).

2190: Das Heil meint die unversehrte Lebenskraft eines Menschen, ja jeder Sache in der Welt (Grönbech 135; vgl. 135–182). Alles, was das Heil fördert, ist heilig (→215).

2199ff: In der altnordischen Völsungen-Geschichte ist es König Siggeir, dem König Völsung (→2601f) ein solches Fest ausrichtet, wie es im »Ring« Hunding feiert: »Der König richtete die Hochzeit nach besten Kräften zu. Und als das Gastmahl völlig bereit war, kamen die Gäste König Völsungs und ebenfalls König Siggeirs an dem bestimmten Tage dorthin, und König Siggeir hatte manchen angesehenen Mann bei sich. So wird erzählt, daß da große Feuer angezündet waren die ganze Halle entlang; der stattliche Stamm stand mitten in der Halle, wie zuvor [→1999f] angegeben wurde« (Thule XXI 43).

2207: Von der Hochzeit König Siggeirs (→2199ff) weiß die alte Völsungen-Geschichte folgendes zu berichten: »als die Männer am Abend bei den Feuern saßen, da trat ein Mann herein in die Halle, unbekannt allen von Aussehen« (Thule XXI 43). Und auch am Ende seines Besuches »ging der alte Mann aus der Halle, und niemand wußte, wer er war, oder wohin er ging« (Thule XXI 44). Der Mann war Odin (→2208).

2208: Der unbekannte Gast bei König Siggeirs Hochzeit (→2207) in der Völsungen-Geschichte »war sehr ... alt« (Thule XXI 43). Als Odin, der jener Alte in Wahrheit ist (Thule XXI 43 Anmerkung 2), ein andermal König Olaf besucht, tritt er ebenfalls als Greis auf: »Es heißt nun, daß, während der König auf der Gastung in Ögvaldsnes war, eines Abends dorthin ein alter und sehr redekluger Mann kam. ... Er sagte, dieser Mann wäre kein Mensch gewesen, sondern vielmehr Odin, an den die Heiden lange Zeit geglaubt hätten« (Thule XIV 271f). Das Gewand Odins in der Völsungen-Geschichte besteht aus einem »fleckigen Mantel« (Thule XXI 43); zur Schlacht zwischen König Sigmund und König Eylimi in derselben Geschichte kommt Odin »in blauem Mantel« (Thule XXI 63). So heißt es ursprünglich auch im »Ring«: »ein Greis in blauem Gewand« (GSD VI 14; →vor 4586). Aber auch das *Graue* ist ein Odinszeichen. So wird in der Geschichte von Wikar und Starkadh berichtet: »Grani hiess ein angesehener Mann in dem Heere König Herthiof's; man nannte ihn Hrosshârsgrani« (Ettmüller 395). Der Name bedeutet »Roßhaar-Grauschimmel«, und in einem solchen Pferd hat sich Odin kultisch vergegenwärtigt (Ström 125; →3510f). Später dann in der genannten Geschichte ging Hrosshârsgrani mit Starkadh »in einen Wald, und [sie] fanden da in dem Walde ein Gereute und darauf eine große Anzahl Leute, und es war da eine Versammlung anberaumt. Eilf Männer saßen auf Stühlen, aber der zwölfte war leer; da gieng Hrosshârsgrani hin und setzte sich auf den zwölften Stuhl, und alle begrüßten ihn als Odhin« (Ettmüller 401).

2209: Der Gast, der eigentlich Odin ist, trägt in der Völsungen-Geschichte bei seinem Besuch bei König Siggeir (→2208) »auf dem Haupte ... einen lang herabhängenden Hut« (Thule XXI 43). Desgleichen hat Odin, als er König Olaf aufsucht (→2208), »einen breitkrempigen Hut« (Thule XIV 271) auf.

2210: Da der unbekannte Gast Wotan selbst ist (→2222ff), ist das verdeckte Auge das fehlende Auge. Schon zum Zeitpunkt der Zeugung Siegmunds und Sieglindes (→2605f) hatte Wotan ja eines seiner Augen um der Weisheit willen verpfändet gehabt (→6921f). Auch in den germanischen Erzählungen ist Odin als Gast König Siggeirs, als Teilnehmer an der Schlacht zwischen Sigmund und Eylimi wie auch als Gast König Olafs (→2208) deutlich als einäugig erkennbar gewesen (Thule XXI 43; 63; Thule XIV 271).

2212: Odin verursacht auch in den germanischen Geschichten eine derartige Scheu, wenn diese auch nicht direkt als von seinem Auge ausgehend angesehen wird: »Allen Männern versagte die Stimme dem Greise gegenüber« (Thule XXI 44).

2221: Als Odin König Siggeir unerkannt besuchte (→2207), hatte er ebenfalls ein Schwert dabei: »Dieser Mann hatte ein Schwert in der Hand und ging nach dem Kinderbaume [das ist ein Schutzbaum im Haus (→1999f): Thule XXI 42f Anmerkung 5]; er schwang das Schwert« (Thule XXI 43f).

2222ff: Bei König Siggeir (→2207) verhält sich der Odin der germanischen Mythologie genauso wie hier im »Ring« Wotan: »er schwang das Schwert und stieß es in den Stamm, so daß das Schwert bis an den Griff eindrang« (Thule XXI 44). Daß es hier im »Ring« Wotan selbst war, der das Schwert hinterlassen hat, bezeugt Fricka später (→2670f).

2225f: Bei König Siggeir (→2207) sagt Odin über das von ihm in den Baum gestoßene Schwert (→2222ff): »Wer dieses Schwert aus dem Stamme zieht, der soll es von mir als Geschenk erhalten, und er soll es selbst als wahr beweisen, daß er niemals eine bessere Waffe in der Hand gehalten hat als diese ist« (Thule XXI 44).

2227ff: Vom Odinsschwert im Baume von König Völsungs Haus, in dem König Siggeir (so wie hier im »Ring« Hunding) seine Hochzeit feierte (→2199ff; 2221; 2222ff), heißt es in der altnordischen Völsungen-Geschichte: »Nun standen sie [die Hochzeitsgäste] auf und überließen es nicht einander, das Schwert herauszuziehen, und der glaubte es am besten zu haben, der es zuerst ergreifen durfte. Da gingen die vornehmsten Männer zuerst hinzu, dann der eine nach dem andern. Keiner aber kam hinzu, der es erlangen durfte« (Thule XXI 44).

2233: Vom Odinsschwert im Baume (→2221; 2222ff) des Königs Völsung (→2199ff) wird berichtet: »es rührte sich nicht im geringsten, als sie [die Hochzeitsgäste] danach griffen« (Thule XXI 44). Sie griffen aber danach, weil das Schwert demjenigen gehören sollte, der es aus dem Baume zu ziehen vermöchte (→2225f).

2391ff: →2215–2218.

2397: →2059f.

2401: →1979.

2406: →1990f.

2411: →2601f.

2418: Siegmund ist der in der Munt (→1979) des Sieges Befindliche.

2440: Siegmund allein kann das Schwert Wotans (→2222ff) aus dem Stamme (der hier als »Scheide« bezeichnet wird) herausziehen (→4791–4800). Es ist eine alte germanische Vorstellung, daß das Heil (→2190) eines Schwertes und das seines Trägers übereinstimmen müssen, weil es sonst dazu kommt, daß der Mann das Schwert nicht gebrauchen kann oder, besser gesagt, daß das Schwert sich von dem Manne nicht gebrauchen läßt. So sagt Skeggi, als ihn Kormak um das Schwert Sköfnung bittet: »Ihr seid sehr verschieden geartet. Sköfnung muß behutsam gezückt werden, du aber bist unbesonnen und ungestüm« (Thule IX 164). Als Kormak dann auf ungebührliche Weise versucht, das Schwert aus der Scheide zu ziehen, heißt es: »Das Schwert knarrte gräßlich, aber es ging ... nicht aus der Scheide« (Thule IX 165). Anders in der altnordischen Völsungen-Geschichte: »Da trat Sigmund hinzu, König Völsungs Sohn, packte das Schwert und zog es aus dem Stamme, und es war, wie wenn es da läge vor ihm« (Thule XXI 44). Dies ist das direkte Vorbild für die gegenwärtige Szene im »Ring«.

2453f: Siegmund glaubt offenbar, durch das gewonnene Schwert für den weiteren Verlauf seines Lebens dessen innerem Widerstreit (→2059f) stets wehren zu können. Bei Sieglinde hat er nicht wieder das Gegenteil von dem erreicht, was er selbst wollte, nämlich Haß für Liebe, sondern seine eigene Tendenz ist im Zusammensein mit Sieglinde erfüllt: Er ist nicht mehr ausgestoßen (→2045ff), sondern geliebt (→2398ff; 2417). Da der Wirklichkeitsprozeß aber auf eine unvorhersehbare und von Siegmund nicht beherrschbare Weise weitergehen wird, kann Siegmund es in keinem Augenblick seines Lebens als sicher erachten, daß die erreichte Erfüllung seiner Sehnsucht auch ferner schützen kann. Dieser Schutz gelingt ihm nur, solange die göttliche Macht im Schwert (→2708f) wirksam bleibt.

Daß die im Schwert liegende Verheißung in seinem weiteren Leben Bestand haben wird, kann Siegmund nur *hoffen*. Diese Hoffnung wird ihn trügen (→3245ff). Der Widerstreit zwischen dem unvermeidlichen menschlichen Anspruch auf Selbstsein (→2780) und dem Scheitern desselben wird sich in der irdischen Lebensspanne Siegmunds nicht lösen, sondern Anzeige dafür bleiben, daß die Dynamik des menschlichen Lebens über dessen irdische Frist hinausweist (→3260–3265).

2461ff: In der altnordischen Völsungen-Geschichte empfängt Signy von ihrem Bruder Sigmund einen Sohn, ohne daß aber Sigmund weiß, wer die ihn besuchende Frau ist: Signy hat mit einer Zauberin die Gestalt getauscht (Thule XXI 49ff). Später entdeckt sie Sigmund den ganzen Sachverhalt und erklärt ihm dabei auch den Sinn des Inzestes: »Ich kam zu dir in den Wald, in der Gestalt einer Völva, und Sinfjötli ist unser Sohn. Davon hat er so hohen Heldenmut, daß er beides, Sohnes-Sohn und Tochter-Sohn König Völsungs ist« (Thule XXI 55; →2601f). Durch den Inzest soll also, wie auch im »Ring«, verhindert werden, daß die Kraft des wälsungischen Heldenblutes durch fremdes und schwächeres Blut verdorben wird. Der Ausdruck »Wälsungen-Blut« stammt aus Simrocks »Amelungenlied« (WH 38).

Zweiter Aufzug

2468: »Hild« bedeutet die Schlacht oder den Kampf (→3566). Brünnhilde ist daher »die in der Brünne Kämpfende«. Das Wort »Brünne« bezeichnet den Brustschutz der Kampfrüstung (Duden VII 86 unter »Brust«).

2469: Wotan befiehlt der Walküre, wie sie das Los der Schlacht zu wählen hat (→3173).

2470ff: »Nicht alle Toten kommen zu Odin. Sogar die im Kampf Gefallenen teilt er gerecht mit Freyja und nach ihrem Stand mit Thor« (Ström 121): »Folkwang heißt der neunte [Saal], doch Freyja waltet dort der Sitze im Saal; Tag für Tag kiest sie der Toten Hälfte, doch die andre fällt Odin zu« (Thule II 82/12). »Das Knechtsvolk hat Thor, doch die Könige hat Odin, die da fallen im Feld« (Thule II 66/24). In den gegenwärtigen Versen räumt Wotan Hunding offensichtlich eine Wahlmöglichkeit zwischen diesen Stätten der Toten ein. Schließlich wird Wotan selbst den Hunding zu Fricka (nicht also, wie es dem germanischen Mythos entspräche, zu Freia) schicken (→3389f). Ebenso wie die Walhall sind freilich die anderen germanischen Totenstätten nur Orte des Wartens der kriegerischen Männer auf das Ende in der Götterdämmerung (→6876), nicht aber Orte letzter, alle Menschen umfassender Erfüllung (→3206f).

2480ff: Der Sturm ist das Element Wotans (→389). In dem Sturm, den Fricka bringt, begegnet dem Gotte sein eigener Wille (→369).

2499ff: →2480ff.

2510ff: Fricka, eine Verkörperung des wotanischen Willens (→369), *hütet* die Ordnungen, die das Bestehen der unbeinträchtigten Selbstseine der vielfältigen und höchst gegenstrebigen (→2535f) Einzelwesen in der Welt sichern (→334). Eine dieser Ordnungen ist die Institution der Ehe (→2537f), die im Falle Hundings und Sieglindes gestört wurde und die Fricka durch ihre göttliche Macht (→326f) wiederherstellen will (→2720ff).

2528ff: →2537f.

2535f: Die vielfältigen Wesen in der Welt (→5449f) sind so beschaffen, daß die Richtungen ihrer Antriebe, die eigentümliche Weise ihrer Interessen und die ganze Art ihres Daseinsvollzugs höchst unterschiedlich, ja gegeneinander »kriegerisch« sind. So löscht Wasser das Feuer, das Feuer aber verzehrt Pflanzen, Tiere und Menschen. Tiere fressen Pflanzen und andere Tiere auf, um ihr eigenes Dasein zu sichern, und auch der Mensch nimmt den Wesen, die zu seiner Nahrung dienen, das Dasein, um sein eigenes zu erhalten; er selbst wird seinerseits wieder von anderen Wesen verdrängt, die, wenn sie ihren Daseinsraum ausfüllen, für den Menschen zerstörerisch sind – zum Beispiel andere Menschen oder Lavamassen.

Diese Gegenstrebigkeit der Daseinsvollzüge der einzelnen Wesen wirkt sich vor allem deswegen aus, weil wegen der räumlichen Enge in der Welt und wegen der Knappheit der Mittel, die zum Daseinsvollzug von allen Wesen benötigt werden, die einzelnen Individuen sich gegenseitig den Raum und die Mittel streitig machen müssen, und, um sich je selbst erhalten und vollziehen zu können, den Daseinskreis der anderen beschneiden müssen.

So liegen die gegenstrebigen Kräfte, die innerhalb eines Einzelwesens und zwischen den Einzelwesen (diese antreibend) am Werk sind, untereinander im *Krieg*. Dieser Krieg wirkt aber (wie uns der Weltprozeß lehrt) nicht zerstörend auf die an ihm Beteiligten, sondern für die Spanne der Lebensdauer eines jeden *erhält* gerade die Gegeneinander der einzelnen in ihrem Selbstsein: »Die Flamme verzehrt die Luft; sie wird vom Holze genährt. Die Luft ist die einzige Bedingung für das Wachsen der Bäume; indem das Holz wirkt, die Luft durch das Feuer zu verzehren, kämpft es gegen sich selbst und gegen die eigene Quelle; und dennoch besteht der Sauerstoff in der Luft fort, und die Bäume hören nicht auf zu grünen. So auch, wenn einer ein Haus bauen will, so steht dies in seiner Willkür; die Elemente aber müssen ihm alle dazu helfen. Und doch ist das Haus da, um die Menschen gegen die Elemente zu schützen. Die Elemente werden hier also gegen sich selbst gebraucht; aber das allgemeine Naturgesetz wird dadurch nicht gestört« (VG 83f). Wotan will *diesen* Krieg, der nicht auf die Vernichtung, sondern auf die Ausbildung und starke Ausübung der eigenen Kräfte und Fähigkeiten aller an ihm Beteiligten zielt. Ein so verstandener Krieg ist ein Geschehen, durch dessen innere Spannungen die Welt gerade als komplexes *Friedensgewebe* (→502) zustande kommt.

Die Welt ist von Gott so geordnet, daß gerade in der Freisetzung und Entfesselung von Wesen, die aufeinander zerstörerisch zu wirken die Macht und die Absicht haben, deren Daseinssicherung liegt (→6918-2ff). Dies ist eine alte philosophische Auffassung: »Der Krieg führt zusammen, ... und alles Leben entsteht durch Streit und Notwendigkeit« (Heraklit B 80). »Das Widereinanderstehende zusammenstimmend und aus dem Unstimmigen die schönste Harmonie« (Heraklit B 8). Denn es ist so gefügt, daß »das Unstimmige mit sich übereinstimmt: des Wider-Spännstigen Fügung wie bei Bogen und Leier« (Heraklit B 51; vgl. Heraklit A 22). Die Vorstellung einer auf Selbstseinserhaltung hin geordneten Gegenstrebigkeit der Wesen in der Welt ist grundlegend für den »Ring«.

Das Weltgeschehen läuft daher für unsere irdische Erfahrung so ab, daß die göttliche Ordnungs*macht* den Daseinsvollzug des einzelnen endlichen Wesens (um der Erhaltung aller willen) immer wieder beschneidet; daß aber andererseits die göttliche *Liebe* zu den vielfältigen endlichen Wesen die Welt so ordnet, daß das unzerstörte Selbstsein der Einzelwesen möglich wird. Göttliche Macht und göttliche Liebe (→2780) schließen sich aber für irdische Erfahrung gegenseitig aus, weil das Selbstsein der endlichen Wesen bis hin zur freien Selbstvefügung der Menschen (→2634f) geht, die die Freiheit zur Zerstörung der selbstseinerhaltenden Ordnung einschließt. Wenn Gott aber die machtvolle Durchsetzung der Ordnung *und zugleich* die Freiheit der Menschen zur Zerstörung der Ordnung will, dann umfaßt sein Wille widersprüchliche Komponenten, deren Versöhntheit zwar anzunehmen ist (weil ihr Widerstreit den Weltprozeß offenkundig noch nicht ins Chaos gestürzt hat), aber für irdische Augen in ihrer inneren Möglichkeit, die in der göttlichen Immanenz (→6170; 6175f) verborgen bleibt, nicht einsehbar ist (→2933–2936).

2537f: Der Ehebruch zerstört im persönlichen Erleben der Betroffenen (seien es die Ehepartner oder zudem auch noch die Kinder), aber auch in rechtlichen Zusammenhängen, wie sie aus den Fragen der Versorgung und der Erbfolge erwachsen, Ordnungen, die ein von gegenseitiger Beeinträchtigung weitgehend freies Zusammenleben der einzelnen Menschen untereinander verbürgen. Fricka wirft Wotan nicht vor, daß er den Ehebruch, den Siegmund und Sieglinde begangen haben, dulde, sondern daß er den Ehebruch *ganz allgemein* für »rühmlich« erachte. In der Tat gilt wegen der Gleichheit der Freiheitswürde aller Menschen, daß die Aufhebung einer allgemeinen Pflicht (wie der zu ehelicher Treue) nicht nur für einige Individuen gelten kann, wenn sie nicht willkürlich sein will. Wotan hat dementsprechend auch ganz allgemeingültig das Eheband im Falle, daß es »Unliebende eint« (→2530), für »unheilig« (→2528f) erklärt und die Gültigkeit dieses Satzes nicht etwa auf Siegmund und Sieglinde eingeschränkt.

In jeder menschlichen Gesellschaft, gleich welcher kulturellen Prägung, ist das Zusammenleben von Mann und Frau auf bestimmte Weise geordnet. Mit dem, was der »Ring« unter einer Ehe versteht, mag das oft wenig zu tun haben, es ist aber doch immer eine Ordnung, niemals nur die Willkür der Leidenschaft herrschend. In der Auflösung der Ordnungen liegt die Freisetzung der Leidenschaften. Sind die Individuen bei der Verfolgung ihrer höchst gegenstrebigen Interessen von ungezügelter (ungeordneter) Leidenschaft beherrscht, dann ist ihr Gegeneinanderwirken nicht mehr so geordnet, daß es die Selbstseine der einzelnen unzerstört läßt. Der Bruch der Eheordnung – welcher Art sie immer sei – eröffnet ein Gegeneinander der Leidenschaften, das zur wechselseitigen Störung und schließlichen Zerstörung der einzelnen Individuen führt. Fricka – als Verkörperung (→369) des wotanischen Willens zur Geordnetheit der Welt (→334) – will die Ordnung aufrechterhalten. Um dies zu erreichen, muß sie freilich die ordnungszerstörende endliche Freiheit aufheben wollen (→2720ff).

2540ff: Blutschande wird wohl überall als auf Dauer für das körperliche und geistige Gedeihen der Nachkommen schädlich angesehen. Wenn Wotan nun in *einem* Fall den ansonsten verbotenen Inzest billigt, dann tut er es einschlußweise in *allen* Fällen, genauso wie hinsichtlich des Ehebruches (→2537f). Wenn die endlichen Wesen derartige, ihrem Geschlecht abträgliche Handlungen zu unternehmen die Freiheit haben, dann können sie die am Gedeihen der Nachkommen ausgerichtete Ordnung der Welt zerstören. Da Fricka der wotanische Wille zur Verhinderung dieser Zerstörung ist (→369), muß sie die zerstörerische endliche Freiheit ausschalten wollen (→2720ff).

2551: »Von selbst« meint hier soviel wie »aus *eigener* Entscheidung des endlichen freien Selbstseins der Menschen stammend« (→2634f).

2560–2563: →2603f.

2570f: Wotan hat die untereinander höchst gegenstrebigen und vielfältigen Wesen zur unchaotischen (→6918) Weltordnung (→334) zusammengebunden, die in seinem Speerschaft ihren Halt und Mittelpunkt findet (→6946). Indem der Gott Siegmund zeugte (→4764–4770) und ihn gegen die gottgesetzte Weltordnung zu zerstörerischen Freiheitstaten aufreizte (→2927f), hat er gerade diese Bande gelöst und die Möglichkeit der Zerstörung der Ordnung – und damit der von ihr gegen alle Gegenstrebigkeit (→2535f) verbürgten Selbstseine der Einzelwesen – eröffnet.

Die Vorstellung, daß göttliche Bande es sind, die die Welt trotz deren komplexer Mannigfaltigkeit geordnet erhalten, ist germanisch: »Merkwürdig ist die in nordischen Quellen übliche Bezeichnung ›hopt ok bond‹, Hafte und Bande, für die Götter. Mit Haften und Banden ... können nur Fesseln gemeint sein. Warum aber sind die Götter Fesseln? Vielleicht weil sie allen Übermut [alle Hybris →253–257], der die sittliche und natürliche Weltordnung bedroht, sei es von Seiten der Menschen oder Riesen, in Fesseln schlagen und niederhalten. Aus Ehrfurcht vor dem Allwalter betraten die Semnonen den heiligen Hain nur gefesselt (vinculo ligati). ... Würde die Fessel, die dem Übermut von höheren Mächten angelegt ist, gesprengt, so müßten alle Bande sich lösen, die Welt geht aus den Fugen. Der Teufel ist gefesselt, kommt er los, so geht die Welt unter. So sind die zwingenden, hemmenden Fesseln zugleich die haltenden Bande und Hafte der bestehenden Weltordnung, das Gesetz, das sie erhält« (Golther 196). Es ist der Fenriswolf, der in der germanischen Mythologie das Zerstörerische verkörpert und daher der geordneten Wesensvielfalt der Welt mit chaotischer Auflösung droht. Er ist so gewissermaßen die zusammenfassende Verkörperung alles dessen, was in der Welt irgendwann und irgendwo durch endliche Freiheitssubjekte an Zerstörerischem überhaupt geschieht. Dieser Wolf ist ein Nachkomme Lokis (Thule XX 76) und somit eine Hervorbringung der göttlichen Dimension selber (→2601f). Es sind auch die Götter selbst, die den Wolf aufziehen (Thule XX 77). Damit

ist ausgedrückt, daß das Zerstörerische oder Böse (→5348ff) *von Gott selbst* der endlichen Freiheit als eine ihrer Möglichkeiten eröffnet wurde und wird (→2927f). Um aber die Weltwesen trotz des Zerstörerischen an den Handlungen endlicher Subjekte vor der chaotischen Vernichtung zu bewahren, *fesseln* die Götter den Fenriswolf: »Die [Fessel] war seidenfadendünn und alles, was es nicht gibt, darin miteinander verflochten: der Klang des Katzenschrittes, der Bart der Weiber, die Stimme der Fische und der Speichel der Vögel. Doch Fenrir mißtraute diesem Zauberwerk, und als man ihn damit binden wollte, stellte er eine Bedingung: Tyr sollte ihm seinen Arm ins Maul stecken, damit er ihn abbeiße, wenn er die Fessel nicht zerreißen könne. Tyr willigte ein, der Wolf ließ sich fesseln und verlor seine Freiheit, Tyr aber seinen Arm. Dann banden die Götter Fenrir an einen Felsen im Meer, stießen ihm ein Schwert zwischen die Zähne und sperrten ihm damit den Rachen. Tag und Nacht heult er in seinem Schmerze und in seiner Wut und wird weiterheulen bis zur Götterdämmerung. Einmal aber wird er sich befreien und den Kampf mit den Asen aufnehmen« (Peterich 26/28 [207]; Thule XX 77–80).
Durch die Fesselung des Fenriswolfes ist das zerstörerische Böse insgesamt, welche einzelne Ausprägungen es an verschiedenen Orten und zu verschiedenen Zeiten auch annehmen mag, so in die Weltordnung eingebunden, daß es nicht mehr zerstörerisch wirken kann. Snorri Sturluson stellt in seiner Edda die Frage, warum die Götter den Wolf nicht einfach totgeschlagen und damit alles zerstörerische Unheil gänzlich ausgeschaltet haben. Er antwortet: »In so hohen Ehren hielten die Götter ihre Heiligtümer und Friedensstätten, daß sie sie nicht mit dem Blute des Wolfes besudeln wollten, obgleich die Weissagungen lauten, daß er Odins Töter werden soll« (Thule XX 80). Es stellt sich nicht nur die Frage, warum die Götter nicht die Möglichkeit des Wolfes, den weltordnenden Odin zu vernichten, ausgeschaltet haben, sondern auch, warum sie darauf eingingen, den Wolf nur unter der Bedingung zu fesseln, daß ihm die Möglichkeit blieb, die göttliche Ordnungsmacht wenigstens teilweise, nämlich in Gestalt von Tyrs Arm, zu beeinträchtigen (→325); sie hätten ihn bedingungslos fesseln und damit ebenso vollständig wie mit seiner Erschlagung ausschalten können. Mit der Aufhebung der im Fenriswolf verkörperten Möglichkeit, das Zerstörerische zu tun, wäre jedoch den endlichen Subjekten gerade die Freiheit der Entscheidung für Gut oder Böse genommen. Die Götter wollten aber das Selbstsein der Menschen, das sie als freies schaffend (→1676f) eröffnet haben (→2636), nicht wieder aufheben, weil sie damit ihrem eigenen Willen untreu würden, also sich selbst aufhöben. Die Götter bewahren die *Heiligkeit* oder Unversehrtheit (→215) ihres eigenen Willens zum Selbstsein der endlichen Freiheit samt ihren zerstörerischen Möglichkeiten (»ihre Heiligtümer und Friedensstätten«). Wenn die Götter aber das Selbstsein der Einzelwesen bewahren wollen, dann müssen sie die Zerstörungskraft dennoch unschädlich machen. Sie müssen das Zerstörerische (den Wolf) als gefesselt *und* als frei handelnd wollen. Damit aber muß der göttliche Wille sich *Widersprechendes* wollen (→2945f).

Unsere Wirklichkeitserfahrung belehrt uns nun, daß tatsächlich beide sich widersprechenden Komponenten am Werk sind, der Wirklichkeitsprozeß daran aber dennoch nicht zugrunde geht. Deshalb ist anzunehmen, daß der Widerspruch wohl in der der endlichen Erfahrung nicht zugänglichen Tiefe (→6121ff) des göttlichen Urgrundes (→6118) der Wirklichkeit versöhnt ist. *Wie* diese Versöhnung möglich ist, ist nicht auf irdisch einsehbare Weise darstellbar, und so enthält das mythologische Bild zuletzt nur den Kampf beider Komponenten gegeneinander, nämlich die eschatologische Schlacht, in der sich die ordnenden Götter und die zerstörerischen Kräfte des Fenriswolfheeres *gegenseitig vernichten*, sowie den Ausblick auf eine neue Erde, auf welcher der selbstseinbewahrende (weil Ordnung verbürgende) Gott Balder (→6946) mit Hödur, der ihn – und damit die Weltordnung – unter der Anleitung Lokis (des Vaters des zerstörerischen Fenriswolfes) getötet hatte, *versöhnt* sein wird (Peterich 85 [256]; Thule XX 114f). *Wie* diese Versöhnung von göttlicher Weltordnung und zerstörerischer Freiheit zustandekommen und überhaupt möglich sein kann, ohne eine der widerstreitenden Komponenten einseitig aufzugeben, bleibt in der germanischen Mythologie zu Recht geheimnisvoll.

2576: Zu Wotans Untreue →377–384.

2577ff: Nachdem der Odin der germanischen Mythologie dem Riesen Suttung durch Betörung von dessen Tochter Gunnlöd den Dichtungsmet entwendet hat (→6919f), flieht er nach Walhall. Dort fragen die Verfolger nach dem Gotte, der sich bei Suttung selbst »Bölwerk« (Übeltäter) genannt hatte, »ob er sich berge in Asgard« (Thule II 150/7 mit Anmerkung). Daraufhin schwört Odin einen Eid, »daß er um nichts wisse« (Thule II 150 Anmerkung 7f). Daraufhin aber sagt Odin über sich selbst: »Den Eid auf dem Ring hat Odin geleistet; wer soll seinem Treuschwur traun?« (Thule II 150/8 mit Anmerkung).

Im »Ring« hat Wotan Fricka »der Ehe heiligen Eid« (→2525f) geschworen und ist diesem untreu geworden, indem er die Walküren mit Erda zeugte. Diese Untreue Wotans ist für ein theologisch bedeutsamen Sachverhalt (→377–384): Wotan benötigte um der Erhaltung der endlichen Freiheiten willen die Walküren (als Aufreizerinnen eben der endlichen Freiheit [2835–2838]), konnte sie aber von Fricka als der *Gegnerin* des Gewährenlassens (→5398f) den die göttliche Weltordnung (→334) störenden endlichen Freiheit (→2717–2724) nicht bekommen. Weil der Gott die ordnungsstörende Freiheit *und* die (alle Wesen, auch die Freien, in ihrem Selbstsein unzerstört erhaltende) Geordnetheit der Welt will, ist er immer dann, wenn er das eine dieser beiden sich gegenseitig Ausschließenden will, dem anderen untreu. Im »Ring« ist es vor allem Siegmund, der die Doppeldeutigkeit (→2927f) des göttlichen Waltens (→6159ff) erfahren muß: Der Gott gibt Siegmund Leben und Freiheit (→2651), er entzieht ihm aber beides auch wieder (→3038f; 3245ff; 3260–3265).

2580f: →377–384.

2586: →397ff.

2591ff: →2577ff.

2594–2598: Die Walküren (→3173) sind die Verkörperung des göttlichen Willens (→2757–2760) zur endlichen Freiheitenvielfalt (→2835–2838).
Diese Vielfalt an einzelnen Subjekten impliziert wegen der Gegenstrebigkeit der Subjekte die Gefahr, in gegenseitige Zerstörung zu verfallen, wenn die Gegenstrebigkeit nicht durch eine weise Ordnung ausgeglichen wird, die aber nicht von den endlichen Wesen selbst (→2831–2834), sondern nur von Gott (→6918-3f) hergestellt werden kann. Nur diese Ordnung verbürgt die Erhaltung der endlichen Freiheitssubjekte trotz ihrer Gegenstrebigkeit. Daher, um seinen Willen zur endlichen Freiheitenvielfalt unzerstört verwirklicht zu sehen, muß Wotan diesen Willen dem *Willen zur Geordnetheit* der Welt *unterstellen* (»in Gehorsam geben«). Diesen Ordnungsaspekt des göttlichen Willens verkörpert Fricka (→2511), der gegenüber daher die Aufreizerinnen der endlichen ordnungsstörenden Freiheit in Gehorsam eingebunden werden. In solcher göttlicher Weltgestaltung ist freilich die freie menschliche Selbstverfügung (→2634f) aufgehoben; deswegen muß Wotan die Freiheit auch wieder aus der göttlichen ordnenden Verfügung in ihre freie Selbstverfügung entlassen (→2621ff). Demgemäß wird die Walküre dem Willen Frickas ungehorsam sein (→3926–3929).

2599f: In der Edda sagt Odin von sich selbst: »Grim hieß ich, Gangmatt hieß ich, Herrscher und Helmträger, Walvater, Allvater, Wunschherr und Graubart, Har und Heerblender. Odin heiß ich jetzt, Ygg hieß ich einst, hieß vor Tagen Thund: mit nur einem Namen hieß ich nimmermehr seit ich zu den Völkern fuhr« (Thule II 85/35f). Grim ist der »Verkleidete«, Ygg der »Schreckliche« (Ström 122), Har der »Hohe« (Thule II 171 Anmerkung). Auch Grimnir (Thule II 80, gleichbedeutend mit Grim [Ström 122]), Harbard (»Graubart«, Thule II 62 Anmerkung; →2208), Siegvater (Thule II 199/1), Bölwerk (→2577f), Hangatyr (»Gott der Gehängten«), Rabengott (Thule XX 125; →7563), Waltam (→6198), Wegtam (→4593), Heervater (→3496), Wolfs Feind (Schier 272/24) und viele andere (vgl. Thule XX 69f; 124–131; Ström 115–131; Golther 354–359) sind überlieferte Odinsnamen.
Die Vielzahl der Namen kommt daher, daß sich das göttliche Walten den Menschenvölkern an verschiedenen Orten und zu verschiedenen Zeiten auf verschiedene Weise bekundet. Jede dieser Weisen wird mit einem der Gottesnamen bezeichnet

(→6153f). So wie hier die Verschiedenartigkeit der göttlichen Handlungen als Manifestationsbreite *eines* Gottes aufgefaßt wird, der andere Einzelgötter neben sich hat, muß die Vielfalt der einzelnen Götter im Polytheismus als in sich aufgefächerte Selbstbekundung des *einen allumfassenden* Göttlichen erkannt werden (→6175f).

2601f: Walse, bei Wagner Wälse, bedeutet der »Echte«; möglicherweise besteht auch ein Zusammenhang mit dem Eddalied (Thule II 185ff) über einen »Wölsi« genannten Pferdephallus. Der ursprüngliche Name des Ahnherrn Walse wird in der nordischen Saga im Laufe der Überlieferung durch »Völsung«, das heißt »Nachkomme des Völsi«, verdrängt (Thule XXI Anmerkung 1). In der Saga ist – im Unterschied zum »Ring« – Völsung oder Wälse nicht selber Odin (Wotan), aber er kann von seiner Mutter erst empfangen werden, als diese ein Stück von einem Apfel genießt, den Odin ihrem Mann durch eine in eine Krähe verwandelte Riesentochter überbringen ließ (Thule XXI 41). Die Nachkommen Wälses sind die Wälsungen (→4764–4770).
Wotan-Wälse hat auf der Menschenerde als ein *Wolf* gelebt (→2015). Odin kann sich, der germanischen Mythologie zufolge, in wilde Tiere verwandeln (Thule XIV 32) und sich in deren Gestalt selbst offenbaren: Die beiden Wölfe, die Odin besitzt (Thule II 84/25; Thule XX 84f), sind daher Manifestationen seiner selbst (Ström 123; 125). Andererseits ist Odin der Feind des Fenriswolfes (»Wolfs Feind, kampfgewohnt« [Schier 272; →2599ff]), der ein Nachkomme Lokis ist, und dessen Loskommen aus den göttergesetzten Banden (→2570f) die Götterdämmerung – den Untergang der Walhallgötter (→6876) – einleitet (Thule XX 110). Loki ist allerdings selbst eine Abspaltung Odins (Ström 128–131), und somit entstammt der Fenriswolf (Peterich 26ff [206f]) als Lokis Nachkomme selbst der göttlichen Sphäre. Wie kann Wotan aber »Wolfs Feind« sein und zugleich in seiner eigenen Sphäre das Wölfische selbst hervorgehen lassen? Dadurch, daß der göttliche Urgrund (→6118) die Wirklichkeit nicht als statische Größe, sondern als Prozeß steter Wandlungen hervorgebracht hat und stets weiter hervorbringt, gehört die *Zerstörung* des jeweils Alten um des jeweils Neuen willen zum Göttlichen selber. Für das Zerstörerische aber steht eben das Bild des reißenden Wolfes. Da Gott das Bestehende *und* die Veränderung desselben will, ist er der Feind des zerstörenden Wolfes *und* zugleich der das Alte im Wirklichkeitsprozeß immer wieder aufhebende Wolf der Zerstörung (→2570f).
Im »Ring« ist das zerstörende *Feuer* das Bild für die Dynamik des Wirklichkeitsprozesses, der stets zu neuen Gestaltungen fortschreitet und dabei das jeweils bestehende Alte auflöst (→667). Dieses Feuer ist Hervorbringung (→1144ff) und Element Loges, der somit der Übergang zu dem jeweils Neuen ist (→6987–6990). Da diese Dynamik ständigen Übergangs von Gott gesetzt ist (→6159ff), ist Loge als der Vollzug dieser Dynamik seinerseits Moment des

göttlichen Waltens selber (→1688). So wird Wotans Welt, als eine Ausprägung des göttlichen Wirkens der Erda (→6175f), von Loge zerstört, das heißt von Erda wieder aufgelöst werden, um einer neuen Manifestation des geheimnisvollen göttlichen Waltens Platz zu machen (→8948). Aber auch innerhalb einer bestimmten, von Gott als Sinngefüge (→6918) errichteten Weltgestalt bewirkt derselbe Gott auch Zerstörerisches, indem er etwa das menschliche Handeln als zerstörerisches hervorbringt (→2927f); ein derartig handelnder Mensch hat dann ebenfalls wölfischen Charakter (→2016f).

Gott ist also auch im »Ring« im Widerstreit mit sich selbst, indem er Wirklichkeiten schafft (→1676f) und sie sodann wieder zerstört. Dieser Widerstreit besteht aber nur unter endlich-zeitlichen Bedingungen, weil hier das Neue dem Alten nachfolgt und somit letzteres nicht mehr sein kann, wenn erstere da ist. In der *ewigen Gegenwart* des göttlichen Gedenkens, in der das Alte nicht verschwunden ist, sondern bewahrt bleibt, ergänzen sich die vielen Epochen des Wirklichkeitsprozesses zur vollendeten Ganzheit aller Wirklichkeit (→1672–1675; 1692ff).

2603f: Schmach bedeutet Kränkung (Duden VII 612). Wenn Wotan sich selbst in Schmach begibt, so kränkt er sein eigenes Selbstsein. Fricka ist nun ein Moment des Selbstseins Wotans, nämlich die reine göttliche Ordnungsmacht als solche, das heißt ohne jede Anerkennung der endlichen Freiheiten (→371ff). Für dieses frickahafte Selbstsein des Gottes besteht die Schmach nicht darin, daß Wotan zwei menschliche Individuen gezeugt hat, denn Menschen hat er schon vorher ins Dasein gebracht (→2605f) und Fricka hatte dagegen nichts einzuwenden. Die früheren Menschen waren aber der göttlichen Ordnungsmacht gegenüber zum Gehorsam verpflichtet (→2831–2834). »Jetzt« aber, das heißt nach dem Besuch bei Erda (→2809f), hat Wotan den Gehorsam der endlichen Subjekte aufgelöst (→2835–2838). Damit ist die endliche Freiheit aus ihrer vertraglichen Selbstaufhebung (→6942f) befreit, die göttliche Macht (Fricka) aber ist suspendiert (→2560–2563), und das Chaos droht (→2570f). Somit hat der Gott, der keine chaotische, sondern eine geordnete Welt wollte (→334), durch seinen Willen zur endlichen Freiheit sich in die Schmach gebracht, seinen eigenen Willen zur (machtverbürgten) Geordnetheit der Welt verfehlt, ja gar vereitelt zu haben. Rettet Wotan – Fricka folgend (→2723f) – aber die Geordnetheit der Welt, so hebt er notwendigerweise die ordnungszerstörende endliche Freiheit auf; dann hat er sich aber der anderen Schmach ausgesetzt, seinen eigenen Willen zum freien Gewährenlassen (→5398f) der endlichen Subjekte verfehlt zu haben. Weil Wotans Wille zwei sich gegenseitig ausschließende Dinge will, gerät er notwendigerweise bei der Verwirklichung des einen in die Schmach, das andere zu verfehlen. Dieser Widerspruch im göttlichen Willen (→2927f) ist für den irdischen Menschen nicht auflösbar (→2780) und ist auch in Wotan nicht als versöhnt gegenwärtig (→2914), weil dieser das Göttliche nicht in seiner Immanenz (→6170; 6175f), sondern nur in seiner Wirksamkeit im Weltprozeß darstellt (→6141ff).

2605f: In der germanischen Mythologie bilden sich auf eine nicht näher geschilderte göttliche Veranlassung hin in dem toten Urriesen Ymir die Zwerge (→2781f), die ihrerseits – so jedenfalls läßt es der nicht ganz deutliche Text annehmen (Thule II 75f/E.4 mit Anmerkung; Golther 526) – hölzerne Menschenbilder, vielleicht aus Esche und Ulme (Thule II 76/5 mit Anmerkung), schnitzten, die wiederum von Göttern mit menschlichem Leben begabt werden: »Nicht hatten sie Seele, nicht hatten sie Sinn, nicht Lebenswärme noch lichte Farbe; Seele gab Odin, Sinn gab Hönir, Leben gab Lodur und lichte Farbe« (Thule II 76/6). Lodur ist möglicherweise mit Loki identisch (Ström 125), Hönir hat Vogelcharakter und sein Name hängt etymologisch wohl über eine indogermanische Wurzel mit lateinisch (ci)conia (Storch) zusammen, woraus sich die germanische Vorstellung ergeben mochte, daß der Storch die Kinder bringe (Ström 126ff). Jedenfalls sind beide mit Odin bei der Menschwerdung tätigen Götter Abspaltungen Odins selber (Ström 131). So ergibt sich folgende Ordnung der mythologischen Vorstellungen: Die göttliche Gestaltungskraft läßt aus dem materiellen Urstoff (→1676f) über die zwergenhafte Zwischenstufe die *körperliche* Seite des Menschen sich entwickeln, während nicht dem Naturprozeß entstammendes, sondern ursprünglich göttliches Moment die *Geistigkeit* der menschlichen Daseinsform ausmacht.

Im »Ring« bringt Wotan als Wälse das menschliche Zwillingspaar Siegmund und Sieglinde hervor (→4769f), der er mit einer Wölfin (→2607) zeugt (→2563; 4005; 4766). Die beiden sind nicht die ersten Menschen, da es vor ihnen schon eine zahlreiche Bevölkerung auf der Erde gibt (→2042). Über die Entstehung des menschlichen Körpers ist nichts gesagt. Es ist also wohl anzunehmen, daß diese äußere Gestalt irgendwann vom allgemeinen Naturprozeß hervorgebracht wurde. Die menschliche Geistigkeit hingegen stammt im »Ring« (wie in der germanischen Mythologie) von den Göttern (→2630–2633), oder genauer von Wotan (→2640f), der die Menschen mit *Freiheit* ausstattet (→2636) und sodann das Zusammenspiel der gegenstrebigen endlichen Freien in seinem Speerschaft unchaotisch ordnet (→6923–6926). Da diese (Vertrags-)Ordnung die Freiheit der Menschen aber in »blindem Gehorsam« auflöst (→2831–2834), versucht Wotan, in Siegmund die göttliche Ordnungsmacht und die menschliche Freiheit auf eine andere Weise zu vereinen (→2910–2913). Daß Wotan Siegmund erst *nach* der Gewinnung und Gestaltung seines Speeres gezeugt hat, läßt sich daran ersehen, daß Siegmund während der Ehe mit Fricka gezeugt wurde. Diese Ehe hat nämlich erst begonnen, nachdem Wotan bei der Speergewinnung eines seiner Augen verpfändet hatte (→406ff in Verbindung mit 6921f). Wotan ist ein Moment des Waltens der Erda (→6175f).

2607: →2015.

2614f: Was man nicht erkennen kann, ist das Zukünftige, wenn es im erkennbaren Gegenwärtigen *nicht* schon so angelegt ist, daß es daraus ableitbar ist. Solches Zukünftige entspringt der unableitbaren, weil durch die bekannte Vergangenheit und Gegenwart nicht determinierten *Freiheit* (→7035–7042). Fricka kann die zukünftigen Taten der endlichen Freien nicht »erkennen«, weil die Göttin, ebenso wie Wotan (dessen Gemahlin sie ist [→323]), das Göttliche nur darstellt, insoweit es aus dem begrenzten Geschehensausschnitt, der dem endlichen Bewußtsein des Menschen zugänglich ist (→2831–2834), erschließbar ist (→6141ff). In der zeitenthobenen Ewigkeit der göttlichen Immanenz (→6170; 6175f) Erdas ist das Zukünftige freilich immer schon erkannt (→1672–1675).

2616–2619: Fricka »*mag*« nur »Gewohntes« verstehen. Sie will demnach keine unableitbaren Freiheitstaten geschehen lassen, denn diese wären gerade *anders* (→2919), als es der bisherige gewohnte (und wegen seines inneren Gleichbleibens vorhersehbare) Verlauf vermuten läßt. Fricka verkörpert daher dasjenige Moment des göttlichen Willens, das die endliche Freiheit wegen ihrer zerstörerischen Möglichkeiten um der Erhaltung der Geordnetheit der Welt willen aus dem Geschehen austilgt haben will (→2723f): die göttliche Ordnungs*macht* (→326f) ohne die gewährenlassende Liebe (→5398f) zur zerstörerischen endlichen Freiheit. Wotan hingegen will Macht und Liebe vereinen (→2780); daher will er neben der Ordnung, die in der Götterburg (→334) und dem Speerschaft (→6946) verkörpert ist, auch das ordnungszerstörende Andere (→2919) oder Neue, das menschliche Freiheit aus sich heraus setzt (→2634f), ins Geschehen bringen (→2927f); so ist er nicht nur ordnende Macht, sondern auch Ursprung der endlichen Freiheit, der Menschen (→2636).

2621–2627: Weil Gott eine zwar *geordnete* Welt will, die aber Wesen in sich schließt, die frei auch zur *Zerstörung* dieser Ordnung sind, müssen die Freien selbst die Ordnung errichten, ohne deswegen in ihren zerstörerischen Möglichkeiten (im Ring und seiner Kraft →253–257) einfach aufgehoben zu sein. Würde Gott die Ordnung *gegen* die zerstörerische Freiheit herstellen, wären die Freiheit und ihre Selbsttätigkeit (→2921) übersprungen und so gut wie nicht existent, also aufgehoben. Deshalb müßte ein endliches Subjekt in der Loslösung von der gottgesetzten Ordnung der Welt (also vom »Göttergesetz«) und im *Zerstören* eben dieser Ordnung doch gerade *Ordnung* hervorbringen. Nur in dieser Versöhnung des Widersprüchlichen (→2945f) wäre vom tatsächlichen *freien* Menschen der Wille des *Gottes* getan, ohne daß die Freiheit aufgehoben wäre (→2910–2913). Nach einem solchen Freien strebt Wotan, während Fricka den Widerstreit einfach auflösen will, indem sie eine seiner Seiten – nämlich die endliche Freiheit – aufgibt, somit aber den göttlichen Willen verkürzt (→2701).

2630–2633: »Hehr« bedeutet »ehrwürdig« und ist mit dem altisländischen »harr« verwandt, was »grau« bedeutet (Duden VII 256) und ein Beiname Odins ist; als solcher bedeutet es auch »hoch«, »der Hohe« (Thule II 171 Anmerkung), was mit der Hoheit und Ehrwürdigkeit des grauen Alters zu erklären ist (Duden VII 256). Der Hehre ist wegen seiner Hoheit keiner fremden Verfügung unterworfen, sondern seiner eigenen Verfügung überlassen: Er ist der »Herr«, welches Wort auf den Komparativ des althochdeutschen »her« (hehr) zurückgeht (Duden VII 256; 263).

Genaugenommen fragt Fricka hier also, was die Menschen an herrischer oder *freier Selbstverfügung* (→2634f) vollziehen können, wenn sie doch eigentlich gar nicht selbst wirken. Daß die Menschen nicht selbst wirken, scheint aber im Widerspruch zur menschlichen Selbsterfahrung zu stehen: Wenn ich handle, handle *ich* und nicht Gott. Was hat es mit diesem Widerspruch auf sich? Hat Fricka etwa unrecht?

Sein Selbstsein ist dem Menschen auf der einen Seite in der Tat zu eigen (→2634f), aber er hat auf der anderen Seite weder sein Dasein noch die allgemeinen Grundlinien seines Soseins selbst hervorgebracht (→2605f). Nicht nur in der ihn objektiv umgebenden Wirklichkeit begegnet dem Menschen daher eine überlegene göttliche Macht (→1676f; 1773f), sondern gerade auch in seiner eigenen Subjektivität oder Innerlichkeit. Die Verschiedenartigkeit der einzelnen Komponenten der Subjektivität wird als Setzung verschiedener *Götter* (→2632) aufgefaßt, womit der lediglich die innere Differenziertheit des *einen* göttlichen Waltens zu beschreiben versucht wird (→6175f). Das Wissen um diese Abhängigkeit meines ganzen Daseins von Gott gehört ebenso zu meiner Selbsterfahrung wie die Erfahrung der eigenen Spontaneität. Mein eigenes Handeln weiß ich als von Gott geschaffen; mein von Gott geschaffenes Handeln aber erlebe ich unweigerlich als mein eigenes Handeln. Nur das Zusammenbestehen dieser beiden Komponenten macht die vollständige Beschreibung menschlicher Selbsterfahrung aus. Denkt man von Gott her, so ergibt sich: Der Gottesgeist setzt den Menschen so ins Dasein (→2636), daß der Gesetzte selber setzt. Allein das Zusammenbestehen der beiden einander widerstreitenden Komponenten beschreibt das menschliche Handeln vollständig. Deshalb ist Fricka nur die eine Seite des göttlichen Wirkens, die Wotan sogleich ergänzen wird (→2634f). Im »Jungen Siegfried« drückt Wotan diesen Widerstreit der beiden Komponenten des göttlichen menschenschaffenden Handelns sehr deutlich aus: »Von ihm sprossen die helden, ... *sein* herz [ist] *ihr* muth«; und: »die helden nährt *er* mit ihrem *eigenen* muth« (JS 122f). Der Mut – also das Gemüt oder ganze Selbstsein (→148) – der Helden kommt von Gott und ist doch das je Eigene der Menschen. Diese innere Spannung der menschlichen Selbsterfahrung oder des göttlichen Handelns formuliert auf ähnliche Weise Goethe: »Allah braucht nicht mehr zu schaffen, *Wir* erschaffen *seine* Welt« (Goethe [5] 365, Buch Suleika: Wiederfinden). Es ist also wirklich unsere eigene Tätigkeit, die die Weltgestaltungen hervorbringt, und doch ist diese Tätigkeit *als die unsere* Setzung Gottes (»seine«). Im menschlichen Geist ist das Göttliche nicht nur als die schaffende und erhaltende Kraft am Werk, wie bei den Tieren, sondern diese Wirksamkeit des Göttlichen erlebt der Mensch ganz bewußt als solche in seiner Selbsterfahrung. In seiner Weltoffenheit (→4410–4415) ist der Mensch ja über alles Endliche hinausgewiesen, und zur Verwirklichung seiner ins Unendliche gehenden Antriebe ist er auf eine göttliche Erfüllung angewiesen (→7249–7252). So ist im Menschen das göttliche Unendliche selber wirksam als das ihn anziehende letzte Ziel und die ihn unentwegt weitertreibende Dynamik seines eigentätigen Lebensvollzuges (→3389f).

Eine Bemerkung sei hier noch angeschlossen, die sich der oft unterstellten feuerbachianischen Tendenz des »Ring« (Borchmeyer 241, 138, 319; Dahlhaus [1] 111) entgegenwendet. In den gegenwärtigen Versen wird Gott ausdrücklich *nicht* als eine Projektion des Menschen, wie bei Feuerbach, sondern umgekehrt der Mensch als eine Setzung Gottes aufgefaßt. Es ist demnach nicht der Mensch die einzige wirkliche Realität, deren Derivat ohne eigene Wirklichkeit die Götter wären, sondern die eigentliche, weil gründende Realität sind die Götter. Die Auffassung Wagners, daß sich die Götter selbst vernichten, indem sie den freien Menschen schaffen (GSD II 158), setzt zum einen die Wirklichkeit der göttlichen Dimension als des schaffenden (→1676f) und ordnenden (→334) Urgrunds (→6118) voraus; zum andern begibt sich das Göttliche in der endlichen Freiheit nur seines »*unmittelbaren Einflusses*« (GSD II 158), nicht aber jeden Waltens überhaupt (→D17f; 6252ff). Die feuerbachische Auffassung, derzufolge der Mensch ohne die göttliche Dimension, aus sich selbst heraus also, verstehbar oder wenigstens vollständig beschreibbar sei, teilt der »Ring« nicht (→353).

2634f: Der Mut meint im »Ring« das ganze Selbstsein des Menschen (→148). Dieses ist durch theoretische (→4410–4415) und praktische (→4544) Weltoffenheit und *Freiheit* gekennzeichnet. In der Freiheit gerade zeigt sich, daß das menschliche Selbstsein dem Menschen in der Tat »zu eigen« ist, insofern sich nämlich der Mensch zu eigener Verfügung über sich selbst übergeben ist. Während für das Tier die Natur (und darin die alle Wirklichkeit bestimmende Macht Gottes [→6159ff]) die Eigenart der Daseinsweise und ihres Vollzuges festgelegt hat, kann und muß der Mensch selbst entscheiden, welchen Inhalt und welche Gestalt sein Dasein erhalten und in welchen einzelnen Gesinnungen und Handlungsweisen es sich vollziehen soll. Weil theoretisch und praktisch immer mehrere Möglichkeiten für den Menschen offenstehen, ist er zu der freien Entscheidung

darüber aufgerufen, wie er sein Dasein jeweils vollziehen will. Er kann sich nur deswegen frei entscheiden, weil er kraft seiner Weltoffenheit die Vielzahl der Möglichkeiten wahrzunehmen in der Lage ist; er *muß* sich frei entscheiden, weil die Natur ihn nicht schon festgelegt hat. Zwar sind auch dem Menschen in Natur und Geschichte eigengesetzliche Wirklichkeitszusammenhänge vorgegeben, die ihm einen Rahmen für seinen eigenen Daseinsvollzug vorschreiben; und auch in sich selbst besitzt der Mensch eine Menge sinnlicher und geistiger Antriebe, die seinem Daseinsvollzug eine gewisse allgemeine Richtung vorzeichnen. Aber die Natur hat dem Menschen doch keine fertige Weise der Daseinsbewältigung in Form der tierischen Instinktausstattung erfunden und als angeborene Verhaltensausrüstung mitgegeben, wie etwa der Spinne die Kunst des Netzbaues; seine Strategien des Daseinsvollzugs muß der Mensch sich selbst erfinden oder sie durch Überlieferung von anderen Menschen lernen. Dabei ist er auch nicht eingeengt wie ein Tier, das über seine angeborenen Funktionskreise nicht hinausgelangen kann und auf die Verrichtung weniger, artspezifischer Vollzüge beschränkt ist; der Mensch kann grundsätzlich eine Vielzahl ganz verschiedener Systeme von speziellen Verrichtungen – die sogenannten Berufe – erlernen und ausüben. Noch stärker als in der biologischen Lebensfristung zeigt sich das eigene Verfügenkönnen und Verfügenmüssen des Menschen im kulturellen Bereich: Welche Gestalt der Mensch seinem Leben in der über das bloß biologisch Notwendige hinausgehenden Sphäre gibt, hängt von seiner eigenen Entscheidung ab, die als in jeder Situation neu geforderte Selbstverfügung lebenslang immer wieder getroffen und vollzogen werden muß – ohne daß der Mensch die Einheit seines Lebensganges selbst sicherstellen könnte (→2831–2834).

Am Orte der menschlichen freien Selbstverfügung bestimmt nicht Gott, sondern der Mensch selbst, was geschieht und wie er es geschehen läßt. Die göttliche Macht hat sich in der Erschaffung (→1676f) des Menschen (→2605f) als eines freien Wesens am Orte der menschlichen Freiheit selbst suspendiert. Aus der Endlichkeit des Menschen (→2831–2834) und der Gegenstrebigkeit der vielen menschlichen Subjekte erwächst nun aber die Gefahr, daß diese Subjekte in ihrer Selbstverfügung wegen des geringen Überblicks, den sie über die Komplexität der Welt haben, oder aber aus *Bosheit* (→5348ff), die der göttliche Urgrund selbst dem Menschen als Möglichkeit der Freiheit eröffnet hat (→2927f), untereinander und mit der Naturordnung in ein zerstörerisches Gegeneinander geraten, das zur chaotischen Auflösung der Welt, und damit natürlich auch der endlichen Freiheitssubjekte selbst, führen würde. Soll die Ordnung der Welt aber erhalten werden, dann muß anstelle der beschränkten endlichen Subjekte Gottes allesüberblickende Weisheit (→6170) die Weltgestalt organisieren, wodurch aber eben die freie Selbstverfügung der endlichen Subjekte aufgehoben wird. So widerstreiten sich die göttliche Liebe zur endlichen

Freiheit und die göttliche Ordnungsmacht. Zweifellos aber sind sie in der Wirklichkeit *beide* am Werk, was besagt, daß Gott (der ja den Wirklichkeitsprozeß insgesamt bestimmt) sich als Liebe *und* als Macht verhält. Das kann der Mensch aus seiner Wirklichkeitserfahrung ablesen; für den Menschen bleibt allerdings undurchschaubar, *wie* die widerstreitenden Komponenten in Gott eine versöhnte Einheit bilden können (→2780).

In Wotan stellt sich nun das göttliche Wirken nur so weit dar, wie es für den Menschen einsehbar ist (→6141ff), nämlich eben als Widerstreit von Macht und Liebe (→2945f). *Fricka* ist ein Moment Wotans selber (→369), und zwar das Moment der Unverzichtbarkeit göttlicher Ordnungsmacht (→2511). Es ist deshalb keine Willkür, wenn Fricka der endlichen Freiheiten nicht »achtet«. Sie kann die endlichen Wesen nicht frei sein lassen, weil dies ihrer Entlassung aus der göttlichen Weltorganisation und der folgenden chaotischen Zerstörung der Welt gleichkäme (→2717ff). Diese Abhängigkeit des Menschen von Gott ist das andere Moment seiner Selbsterfahrung (→2630–2633) neben dem Erlebnis des sich selbst Eigenseins.

2636: Den menschlichen »Mut«, das heißt das menschliche Selbstsein (→2634f), hauchten die *Götter* (→2630–2633), und unter diesen vor allem Wotan (→2640f), denjenigen Wesen ein, die Menschen werden sollten. Die biblische (Gn 2,7) Vorstellung von der Einhauchung setzt ja Wesen voraus, denen das Menschsein erst eingehaucht werden soll, die aber ohne diesen Hauch noch nicht menschlich sind (→2605f). Die einzelnen einhauchenden Götter sind die verschiedenartigen Ausprägungen (→6175f) des *einen* göttlichen Waltens der Erda (→6159ff). Der *Hauch*, der das Menschsein ausmacht, weist darauf hin, daß es der *Geist* Gottes ist, der im Menschen wirkt. Der Gottesgeist wirkt aber nicht nur als menschliches Bewußtsein (das vielmehr nur ein sehr spezieller Fall von Geist ist), sondern in *allem* Wirklichen als die das jeweils Vorfindliche und Gegenwärtige übersteigende Dynamik des Wirklichkeitsprozesses (→6151f). In den menschlichen Bewußtseinen gibt sich der Gottesgeist ein *endliches* Wissen von *sich selbst* (→6153f), während in der nichtmenschlichen Wirklichkeit der alles einzelne übersteigende (→6918-6f) Gottesgeist zwar wirksam ist, aber die betreffenden Einzelwesen wissen nichts davon. So steht der Mensch gewissermaßen in der Mitte zwischen dem ganz in die Endlichkeit seines engen Empfindens (→4410–4415) gebannten Tier und Gott (→2637), der in ewiger Gegenwart des vollendeten Wirklichkeitsganzen inne ist (→1672–1675).

Weltoffenheit und (damit eng zusammenhängend) Freiheit sind die spezifischen Charakteristika der menschlichen Daseinsweise (→2634f). Der gegenwärtige Vers sagt, daß der Mensch dieses sein Selbstsein ganz Gott verdankt: Die menschliche Freiheit – und zwar als Freiheit zum Guten *und* zum Bösen – ist also nicht Erzeugnis ihrer selbst, sondern Geschöpf (→1676f) Gottes (→2927f). Dies gilt auch für die Freiheit der Zwerge (→2781f) und Riesen (→4675f), die jeweils eine bestimmte einseitige Ausprägung der menschlichen Freiheit darstellen.

2637: *Blöde,* weil von beschränktem, umweltgebundenem Überblick über die Wirklichkeit, sind die Tiere, weil sie von den Dingen nur das wahrnehmen können, was vom jeweiligen biologischen Bedürfnis des Tieres her interessant ist. Der Mensch hingegen kann sich aufgrund seiner Weltoffenheit auch denjenigen Seiten der Dinge zuwenden, die nicht von seinem Bedürfnis, sondern vom eigenen Selbstsein der Dinge her von Belang sind (→4410–4415). Während das Tier darauf achtet, was an den Dingen ihm gerade nützt oder schadet, nimmt der Mensch darüber hinaus wahr, was die Dinge unabhängig von ihrem Bezug auf den Menschen an ihnen selber sind (→4385–4388). So richtet sich das menschliche Interesse als in sich unbeschränktes grundsätzlich auf die *ganze* Breite *aller* Dinge, mithin auf das Ganze der Wirklichkeit. Freilich ist dem Menschen dieses Wirklichkeitsganze nicht abgeschlossen gegeben. Nur in unbestimmt bleibendem Vorgriff über die ihm tatsächlich jeweils gegebenen Ausschnitte (die er nur deshalb *als* Ausschnitte erfassen kann, weil er immer schon vom je größeren Horizont der Wirklichkeit weiß) hinaus erfaßt er das Ganze als eine inhaltlich leer bleibende Größe. Das Überstiegenhaben des je gegebenen Bestimmten und Begrenzten erhebt den Menschen, der seine körperliche Beschaffenheit mit den höheren Tieren dem Prinzip nach teilt, über die tierische Sphäre: Die Offenheit für das unabschließbare Ganze aller Wirklichkeit gibt dem Menschen die Weite des *göttlichen* Erlebens, denn dieses ist die ewige Gegenwart des vollendeten Ganzen alles Wirklichen (→1672–1675). Der alle Wirklichkeit bestimmende göttliche Urgrund (→6118) hat den Menschen in seiner spezifischen Daseinsweise dadurch hervorgebracht, daß er einer tierischen Körperlichkeit die göttliche Offenheit für das Ganze – im Denken (→4410–4415) und Tun (→4544) – eingehaucht hat (→2636). Der Mensch hat dann dadurch teil an der göttlichen Dimension, daß er das zeitliche Nacheinander seines endlichen Erlebens, die Ganzheit unbestimmt antizipierend, übergreifen kann, ohne freilich im tatsächlichen Erleben (der genauen inhaltlichen Gestalt der Ganzheit) der Zeitlichkeit enthoben zu sein. Als Teilhaber an der tierischen und an der göttlichen Sphäre ist der Mensch »das unselige Mittelding von Vieh und Engel« (Schiller [2] 13; vgl. Heraklit B 82f). Weil er von der alle Wirklichkeit durchwaltenden Dynamik des Gottesgeistes (→6151f) *weiß* (→6153f), statt wie die nichtmenschlichen Wesen bloß deren bewußtlose Manifestation zu sein, ist sein Blick für den großen und ganzen Weltzusammenhang *aufgehellt.* Diese Gelichtetheit des Ganzen findet aber in der Vereinzeltheit der jeweiligen menschlichen Individuen statt; daher können die Einzelsubjekte im »Ring« ebenfalls mit dem Licht in Verbindung gebracht werden (→6173f).

2638f: Wotan schützt die *Verträge* (→6942f), die er mit den endlichen Freiheitssubjekten geschlossen hat; das sagt er selbst (→570f). Weil die Verträge das unchaotische Zusammenwirken der vielen, untereinander höchst gegenstrebigen endlichen Subjekte zur Sinnhaftigkeit (→6918) der Weltganzheit (→6946) sicherstellen, schützt Wotan dadurch auch die endlichen Subjekte in ihrem jeweiligen Selbstsein vor der chaotischen Zerstörung im Krieg aller gegen alle.

2640f: Die Menschen streben ins Unabschließbare, Unendliche, weil ihnen nichts irdisch Gegenwärtiges letztlich genügen kann (→7249–7252). So ist das Unendliche – Gott – selber im endlichen Menschen am Werk als der *Stachel* (→2640; 2836) oder der *Reiz* (→2642; 2837), der über alles Endliche hinaustreibt. Die jeweiligen Inhalte des menschlichen Strebens können dabei dem Sinngefüge (→6918), das die Welt darstellt, dienlich oder aber auch dieser Ordnung gegenüber zerstörerisch sein (→2927f): In beidem ist der schaffende göttliche Geist (→1676f; 6151f) am Werk (→2601f).

2651: Der germanische Odin tritt öfter in ein besonderes Verhältnis zu menschlichen Schützlingen. So wird der Held Starkadh von Odin als Pflegesohn angenommen (Ettmüller 394f) und später mit Segensgaben ausgestattet, die ihm unter anderem langes Leben, die besten Waffen sowie Sieg und Tapferkeit in jedem Kampf verleihen (Ettmüller 401f). Sigmund in der altnordischen Völsungen-Geschichte erhält von Odin ein Schwert (Thule XXI 43f). Im »Ring« ist Siegmund ein solcher Wotansschützling. Zwar wirkt Siegmund frei aus sich, das heißt ungebunden durch die göttergesetzte Weltordnung; aber in dieser Freiheit wirkt doch gerade Wotan selbst, der seinem Sohne das Leben (→2605f), die freie Art der Gesinnung (→2927f) und das Schwert (→2414f; 2656f; 2660ff; 2706f) als Mittel zur Verwirklichung dessen, was Siegmund immer will, gegeben hat.

Wie ist das Verhältnis von allesdurchdringendem göttlichem Walten (→6159ff) und endlicher Freiheit, die als solche für Gott unverfügbar sein muß (→2921), zu denken? Wie kann der »eigene Trotz« des endlichen Freien, also seine Selbstverfügung, die er aus Eigenem bestimmt und nicht von göttlicher Macht vorgesetzt bekommt, mit der göttlichen, ordnenden Weltregierung vereinbart werden (→2910–2913)?

2674ff: Wotans *List* lenkt das Geschehen in der Welt so, daß beim Handeln der endlichen Subjekte (hier: Siegmunds) dasjenige herauskommt, was der Gott will: Das endliche Subjekt verfolgt durchaus seine *eigenen* Zwecke, erreicht in der Verkettung mit den Umständen dann aber anderes – nämlich das Gottgewollte. So hat Siegmund nie beabsichtigt, aus der menschlichen Gemeinschaft ausgestoßen zu werden, dennoch aber hat jede Bemühung, gegen das Ausgestoßensein anzukämpfen, ihn immer tiefer gerade da hineingeführt (→2045ff; 2057f). Umgekehrt hat Siegmund, als er auf seiner aussichtslosen Flucht unterwegs war, keinesfalls beabsichtigt, bei Hunding das rettende Schwert zu finden, das er nicht wissen konnte, daß es dort war; dennoch hat er gerade hier das Schwert gefunden. Hunding seinerseits wollte sicherlich nicht durch seine Kampfansage (→2128ff) Sieglinde veranlassen, Siegmund auf das Schwert aufmerksam zu machen; dennoch hat er gerade hierdurch dem weiteren Gang der Ereignisse die ihm selbst unwillkommene Richtung gewiesen. In diesem Zusammentreffen von Handlungen zu Ergebnissen, die von den Handelnden selbst nicht beabsichtigt waren, zeigt sich die göttliche Lenkung der Geschichte (→8077f), die nicht die einzelnen Handlungen, wohl aber deren *Gesamtzusammenhang* (über alle Räume und Zeiten hinweg) bestimmt. Herder sagt daher von Gott: »du großer Zusammenhang aller Dinge« (Herder [2] Erster Teil, Viertes Buch VI, 129). Es ist Hegel, der dann die göttliche Geschichtslenkung ausdrücklich als »List der Vernunft« (Hegel XI 63) bezeichnet: »Die Vernunft ist ebenso listig als mächtig. Die List besteht überhaupt in der vermittelnden Thätigkeit, welche, indem sie die Objekte ihrer eigenen Natur gemäß aufeinander einwirken und sich aneinander abarbeiten läßt, ohne sich unmittelbar in diesen Proceß einzumischen, gleichwohl nur *ihren* Zweck zur Ausführung bringt. Man kann in diesem Sinne sagen, daß die göttliche Vorsehung, der Welt und ihrem Proceß gegenüber, sich als die absolute List verhält. Gott läßt die Menschen mit ihren besonderen Leidenschaften und Interessen gewähren, und was dadurch zu Stande kömmt, das ist die Vollführung *seiner* Absichten, welche ein Anderes sind, als dasjenige, um was es denjenigen, deren er sich dabei bedient, zunächst zu thun war« (Hegel VIII 420, Enzyklopädie § 209 Zusatz).

Indem mein Handeln *Gottes* Ziele erreicht, scheitern *meine* eigenen Absichten. Dem Menschen wohnt aber unaufgebbar der Anspruch auf (letztliche) Erfüllung seiner Absichten inne. In seinem Handeln vollzieht der Mensch ja sich selbst; daher kann er das Scheitern als letzte und endgültige Konsequenz seines Handelns nicht wollen, weil er so *sich selbst* nicht wollte. Sich selbst als (letztlich) gescheitert wollen hieße aber zu wollen, daß es den gar nicht gäbe, der wollen könnte. Das aber widerspricht sich, weil der Mensch, um sein Nichtsein zu wollen, sich selbst schon in Anspruch nehmen muß. Daher muß der Mensch sich selbst immer als in irgendeiner Weise in seinem Selbstsein gesichert oder erfüllt wollen. Mit dem menschlichen Selbstsein ist also die Unmöglichkeit verbunden, sich selbst (nicht nur in irgendwelchen Teilbereichen, sondern völlig) aufzugeben. Das aber heißt, daß mit dem menschlichen Selbstsein als solchem eo ipso der Anspruch auf Bewahrung und Erfüllung verbunden ist. Da nun aber Gott selbst den Menschen so geschaffen hat (→2605f), wie dieser ist, erhebt *Gott selbst* im Menschen den Anspruch auf erfülltes Selbstsein (→3260–3265).

Nun ist es zweifellos so, daß der Mensch sein irdisches Scheitern (das heißt die im Leben immer anwesende, im Tod umfassend und endgültig gewordene Verfehlung seiner Absicht auf geglückten Selbstvollzug) gerade *nicht* als seine Erfüllung erleben kann. Erlebbar und in der Geschichtsschreibung darstellbar sind für den Menschen nur die Erreichung der göttlichen Zwecke und das Scheitern des einzelnen menschlichen Individuums. Denn auch da, wo der Mensch während seines Lebens seine eigenen Absichten realisieren kann, wirkt er eben dadurch an größeren Zusammenhängen, die, weil sie dem Willen des Handelnden zuwiderlaufen oder für ihn nicht überschaubar sind, gar nicht Gegenstand seines Planens und Beabsichtigens sein können und deren geordnetes Zustandekommen göttlich weise Lenkung voraussetzt (→6918-2ff). Wohin immer menschliche Absichten aber auch gehen und wie weit immer ihre Durchführung von Erfolg begleitet sein mag, so bricht doch im Tode als dem letzten Scheitern der Selbstvollzug des menschlichen Individuums unvollendet ab. Daß Gott im Menschen den Anspruch auf Erfüllung des Selbstseins erhebt und ihn dann im Tode endgültig scheitern läßt, scheint bedeuten zu müssen, daß Gott den Menschen um die Erfüllung des von Gott selbst in ihn gelegten Anspruches betrügen will, daß Gott also seinen eigenen Willen – wankelmütig (Jb 10,8f) – aufhebt. Zweifellos könnte Gott dies tun; wer wollte es ihm verbieten? Wäre es aber nicht möglich und angemessener, mit der jüdischen Apokalyptik davon auszugehen, daß Gott den erhobenen Anspruch auch *treu* erfüllen will? Freilich, *wie* meine Absichten, die scheitern, in Gottes Zielen, die ich verwirkliche, nicht verlorengehen, sondern gerade erfüllt werden sollen, bleibt für die endliche Sichtweise des irdischen Menschen uneinsehbar (→2780). Die Einheit von Scheitern und Erfüllung wäre nur erlebbar, wenn alle Zusammenhänge aller Ereignisse gleichzeitig gegenwärtig wären, weil nur so das gegenwärtige Scheitern selbst schon zusammenfiele mit der durch es vermittelten, im irdischen Nacheinander aber weit entfernten Erfüllung. Eine solche Erlebnisweise ist der göttlichen Dimension vorbehalten (→1672-1675).

Wenn zu Gott auch die Erfüllung des menschlichen Selbstseins und seiner Absichten gehört, dann ist Wotan eine unangemessene Gottesvorstellung, denn in seinem Lenken ist das menschliche Wollen mit dem, was an göttlichen Zielen herauskommt, noch unversöhnt (→2933–2936); er stellt nur das an Gottes Walten dar, was *irdisch* sichtbar ist (→6141ff), und irdisch bleibt jene Versöhnung unerreichbar. Die versöhnende Tiefe (→6121ff) des Urgrundes (→6118) aller Wirklichkeit ist *geheimnisvolles* (→1692ff) göttliches Walten (→6159ff). Weil in Wotan das Göttliche zur Darstellung kommen soll, sich aber im Verlaufe des »Ring« zeigt, daß es in der auf menschliche Einsichtsfähigkeit zugeschnittenen Wotangestalt nicht völlig erschöpft werden kann, hebt die Gottesthematik ihre verkürzte Darstellung als Wotan am Ende auf in das namenlose und szenisch darstellungslose Walten des Göttlichen (→6238f; 6252ff).

2699: Wotan muß der Notwendigkeit ins Auge sehen, die göttliche Macht trotz seiner Liebe zur endlichen Freiheit *nicht* aufgeben zu können, sondern, um den Fortgang zum Chaos zu verhindern, den in seiner freien Selbstverfügung für die Weltordnung zerstörerischen Menschen (im Tode) scheitern lassen zu müssen (→2717ff). Da *Fricka* das Machtmoment Wotans verkörpert (→369), ist sie es, der Wotan hier ins Auge sehen muß.

Weil Wotan zwar eine *geordnete* (chaoslose) Welt (→334), aber eine geordnete Welt von *Freien* will, muß er auch der Suspendierung der göttlichen Ordnungsmacht zugunsten der Selbstverfügung endlicher Freier ins Auge sehen. Die Verkörperung des wotanischen Willens zur endlichen Freiheit ist *Brünnhilde* (→2757–2760), die daher ihrerseits – so wie hier Fricka – verlangen muß, daß Wotan ihr ins Auge sehe (→3850) und somit der ganzen Breite seines Willens in seinen widerstreitenden Momenten von Macht und Liebe (→2780) Rechnung trage.

2701: Die Walküre Brünnhilde ist Wotans Wille (→2757–2760). Der Gegenstand oder Inhalt dieses Willens ist die endliche Freiheit (→2835–2838). Von diesem Gegenstand soll Wotan seinen Willen – eben die Walküre – *abwenden*. Wotan will aber nicht nur die endliche Freiheit, sondern auch die Geordnetheit oder Chaoslosigkeit der Welt, in der je für sich beschränkte (→2831–2834) und gegenstrebige (→2535f) Subjekte handeln. Dieser zweite Gegenstand seines Willens ist im ersten schon miteingeschlossen, weil nur in einer geordneten Welt, die nicht vom zerstörerischen Krieg aller gegen alle beherrscht ist, die einzelnen endlichen Subjekte ihre Freiheit ungehindert ausüben können. Die Geordnetheit der Welt kann aber nur durch die allesüberblickende Weisheit Gottes hergestellt und erhalten werden (→6918-3f). Die göttliche Ordnungsmacht muß dabei aber die menschliche Selbstverfügung (→2634f) dort, wo sie zerstörerisch wird, aufheben.

Den wotanischen Willen zur göttlichen Ordnungsmacht und der darin implizierten Entmachtung der endlichen Selbstverfügung verkörpert *Fricka* (→369; 2990f). Wotans Wille, der sich in Brünnhilde *und* Fricka ausprägt, ist in sich widerstreitend (→2945f), weil er die Liebe zur endlichen Freiheit und die göttliche Ordnungsmacht vereinen will (→2780). Fricka schlägt ihm in dem gegenwärtigen Vers vor, den Widerstreit dadurch zu lösen, daß er eine der widerstreitenden Komponenten, nämlich die endliche Freiheit, einfach fallenläßt. Die Vernachlässigung einer Seite löst aber nicht das Problem der Einheit *beider* Seiten.

2714: Das göttliche Leben ist zeitenthobene *Ewigkeit* (→1672–1675). Die Götter sind untereinander verwandt oder verheiratet (→369), weil sie Ausprägungen *einer* Dimension sind, die im »Ring« durch Erda dargestellt wird (→6175f).

2715: →2723f.

2717ff: Die Götter ordnen mittels ihrer Macht (→326f) und Weisheit (→6170) die Welt so, daß die untereinander höchst gegenstrebigen Einzelwesen sich nicht gegenseitig zerstören, sondern erhalten und fördern (→334; 6918-2ff). Insoweit Gott endliche Freiheitssubjekte ins Dasein ruft (→2605f), suspendiert er seine eigene Verfügungsmacht über das Geschöpf, denn Freiheit bedeutet *Selbst*verfügung (→2634f) des endlichen Wesens (→2921f). Sind es aber die endlichen Freien, die darüber verfügen, was in der Welt geschehen soll, dann können und werden sie aus Bosheit (→5348ff) und wegen der Beschränktheit ihres Überblicks über die Komplexität der Welt (→2831-2834) die selbstseinerhaltende Geordnetheit der Wirklichkeit zerstören und das Chaos heraufführen. Die Götter, die sich in der Erschaffung der endlichen Freien *selbst* ihrer Macht *verlustig* gehen ließen, sind eben darin als Garanten der Ordnung *zugrunde* gegangen. Um das Chaos zu vermeiden und die Weltwesen in ihrer Vielfalt zu erhalten, *muß* die göttliche Weisheit (→6170) die Verfügungsmacht den endlichen Wesen nehmen und selbst über alles Geschehen (ordnend) bestimmen. Darin ist die Freiheit der Freien aufgehoben (→2720ff). Frickas Wille zur göttlichen Ordnungsmacht verkörpert (→369) aber nur *ein* Moment des wotanischen Willens. Der Gott will nämlich Ordnungsmacht *und* Liebe zu endlichen Wesen, die auch die Freiheit haben sollen, die Ordnung zu zerstören (→2780). Dieser innere Widerstreit des göttlichen Willens ist in Wotan nicht als versöhnt dargestellt, weil solche Versöhnung sich der irdischen Einsicht entzieht und ganz den Tiefen (→6121ff) der göttlichen Immanenz (→6170; 6175f) angehört (→2933-2936).

2720ff: Siegmunds Tat ist es, die der Welt das Chaos androht (→2717ff). Wenn nämlich das, was in Siegmunds Tat vollzogen wird – was da ist die Auflösung der Ordnungen des Zusammenlebens der Menschen untereinander (→2537f; 2540ff) –, weiterhin das Weltgeschehen am Orte dieses einen Individuums bestimmt, dann werden die übrigen Menschen sich nicht mehr auf die alle verbindenden Ordnungen verlassen können und folglich ebenfalls, um sich selbst zu behaupten, außer der und gegen die Ordnung der Welt handeln müssen. So kommt es aber über kürzer oder länger zum ungeordneten Krieg aller gegen alle, der in gegenseitiger Vernichtung endet. Deshalb muß alle menschlichen Individuen übergreifende Ordnung – also das Recht (→2721), das wegen der Beschränktheit des menschlichen Überblicks (→2831-2834) nicht der Mensch selbst, sondern nur Gott letztlich organisieren kann (→6918-3f) – *»gerächt«*, das heißt in seiner Geltung behauptet werden. Dies geschieht so, daß das Individuum, das seinen Selbstvollzug (→2634f) gegen jene Ordnung richtete und so die Zerstörung begann, am weiteren Selbstvollzug dieser Art (im Falle Siegmunds durch den Tod [→2723f]) gehindert wird. Durch das Verschwinden des Übertreters erweist sich die Ordnung als gültig, trotz ihrer momentanen Zerstörung durch die Handlung des Übertreters. Denn diejenigen Menschen, die der Ordnung entsprechend handeln und somit einen weiteren geordneten Geschehensverlauf sichern, bestehen weiter.

2723f: Die Ehre Frickas – der Götter – ist die sich über die ganze Welt erstreckende Ordnungsmacht (→326f). Siegmund hat durch seine Taten, die aus freier menschlicher Selbstverfügung (→2634f) geboren sind, die Weltordnung auf den Weg zur chaotischen Zerstörung gebracht (→2720ff). Um die Weltordnung zu retten, muß Siegmund die bedrohliche Freiheit der Selbstverfügung genommen werden: Nur wenn nicht der beschränkte Mensch (→2831-2834), sondern die Weisheit Gottes selbst die Geschehnisse bestimmt, ist die Welt vor der Chaosverwicklung sicher (→6918-3f).

Wotan will zwar nicht nur eine chaoslose, also *geordnete* Welt, sondern er will diese auch als eine Welt von *Freien*. Der Widerstreit zwischen der göttlichen Liebe zur endlichen Freiheit und der göttlichen Ordnungsmacht (→2780) wird hier dadurch sichtbar, daß Wotans Wille zur Ordnung – also Wotans in Fricka verkörperter Wille (→369), dem er Rechnung tragen oder ins Auge sehen (→2699) muß – seinen Willen zur endlichen Freiheit – also seinen in Brünnhilde verkörperten Willen (→2757-2760) – aufheben (→2701) und Siegmund seiner freien Selbstverfügung berauben muß, indem er ihm durch den Tod alle Möglichkeit zu weiterem ordnungsstörendem Daseinsvollzug nimmt.

2725: →6221.

2726: »Heervater« ist ein eddisch überlieferter Odinsname (Thule II 40/30; 87/2; 95/2), Odin ist der altnordische Name Wotans (→323). Der Gott heißt wohl deshalb so, weil er Kämpfern und Heerführern oft günstig gesinnt ist. So geschah es Harald Hilditand (Kampfzahn): »Als Harald sich nun an Weissager wandte, um den Ausgang des Krieges zu erfahren, trat ihm ein einäugiger Greis von ungewöhnlicher Grösse entgegen, der, in einen rauhen Mantel gehüllt, sich als Odhin zu erkennen gab und sich als wohlerfahren im Kriegswesen erwies. Er lehrte ihn nämlich ... das Heer in der Gestalt eines Keiles ... aufstellen (Ettmüller 277). In der Gestalt des Knechtes Bruni (Ettmüller 285 mit Anmerkung) tötet Odin dann aber später Harald, nachdem er zuvor dessen Feind, König Hring, ebenfalls die Keilordnung gelehrt und so die Überlegenheit Haralds wieder von diesem genommen hatte (Ettmüller 293). Ähnlich täuscht Odin den Krieger Starkadh, den er nach Gunsterweisen (→2651) in das Unheil der Landesflucht stürzt (Ettmüller 402f). Odin ist den Heerkämpfern also nicht immer nur väterlich gesinnt, und er heißt solcher Vorkommnisse wegen »der Zwiespältige« (→2927f).

2736f: Wotan will eine von göttlicher Macht *geordnete* Welt, gleichzeitig aber eröffnet er (→2636) liebend bestimmten Wesen in dieser Welt die Freiheit, diese Ordnung zu *zerstören* (→2927f). Wegen der gegenseitigen Ausschließlichkeit dieser Komponenten des göttlichen Willens (→2780) gilt, daß er, das eine verwirklichend, das andere (→2919) aufheben muß (→3890–3894) und umgekehrt (→2945f; 2603f). Weil Wotan im Verfolg der einen Komponente seines Willens notwendigerweise (→3880–3884) daran gehindert ist, die andere – die von der ersten ja ausgeschlossen wird – zu verwirklichen, ist sein Wille *gefesselt:* er kann nicht zur unverkürzten Verwirklichung kommen. Weil es Wotan aber selbst ist, der die beiden sich ausschließenden Komponenten will, ist es die *eigene* Fessel, die er sich – seinem Willen – anlegt.

2741: →2603f.

2743f: →2914.

2757–2760: Brünnhilde verkörpert Wotans Willen. Ihre Tochterschaft Wotan gegenüber verbildlicht diese Einheit beider (→2814ff). Der Inhalt dieser – brünnhildeschen – Seite des göttlichen Willens ist die endliche, von göttlichen Instanzen ungehemmte Freiheit (→2835–2838).

2766ff: Wotans Liebe ist nicht die Liebe zu einzelnen Frauen, sondern die Liebe zur ganzen Welt (→3940) als einem Spiel von Wandel und Wechsel (→397ff). Der Gott liebt also alle die vielfältigen (→5449f) und untereinander gegenstrebigen (→2535f) Wesen, die göttliche Schöpferkraft (→1676f) hervorbringt und gewähren lassen will (→5398f). Weil die Einzelwesen aber nicht von vornherein in friedlichem gegenseitigem Ausgleich befangen, sondern eben gegenstrebig und oft feindlich sind, droht das Chaos, solange die einzelnen Wesen nur aus ihrer je individuellen Lage und Sicht heraus handeln: Kein Einzelnes kann nämlich (selbst bei gutem Willen) die verschiedenen Handlungen seiner selbst und aller anderen Wesen aufeinander und mit der Naturordnung (→6911ff) abstimmen, weil kein Einzelnes das Ganze aller Wesen in seiner räumlichen und zeitlichen Erstreckung und in all den in ihm schlummernden Möglichkeiten überblicken kann. Ohne solchen Überblick ist aber bei keiner Handlung sichergestellt, daß sie sich nicht über kürzer oder länger zerstörerisch auswirkt. Das Chaos gegenseitiger Zerstörung ist nur zu vermeiden, wenn all die vielen endlichen (→2831–2834) Wesen *einer* allesüberblickenden, nämlich *weisen* (→6170) göttlichen *Macht* unterworfen sind, die für den Ausgleich im Ganzen sorgt (→6918-2ff). Nach dieser Macht *muß* Wotan um der einzelnen Wesen willen offenbar verlangen, weil ohne jene Macht die Einzelnen sich in gegenseitige Zerstörung verwickeln würden. Die ordnende Macht muß aber das freie Gewährenlassen – also die Liebe – einschränken. Umgekehrt muß das liebende Gewährenlassen die Ausübung der göttlichen Ordnungsmacht behindern. Die Vereinbarkeit von Liebe und Macht im göttlichen Willen ist das Grundproblem Wotans und des »Ring« (→2780). Der »Mut« ist das ganze Gemüt (→148).

2769ff: Wotans Wünsche sind die einzelnen Äußerungen seiner selbst, denn er ist selber der »Wunsch« (→1917f). Im Wunsch drückt sich die *Liebe* zum Gewünschten aus. Wotans Liebe ist die Liebe zu einer unabsehbaren Vielfalt von immer neuen – wechselnden, sich wandelnden – Wesen (→397ff). Das immer Neue tritt *jäh* auf, weil es jeweils unerwartet anders ist als das Vorherige (→2616–2619). In dieser Mannigfaltigkeit des Weltprozesses ist wenig Ruhe, sondern unruhiges Drängen von Gestaltung zu Gestaltung. Diese wütende und jagende (→3512f) Dynamik in aller Wirklichkeit ist Wotan selbst (→323), in dem (auf beschränkte Weise [→6141ff]) ja eben der Gottesgeist (→6151f) zur Darstellung kommt, den im Vollsinn Erda verkörpert (→6175f). Das Auseinanderjagen der vielen Einzelwesen (→5449f) in höchste Gegenstrebigkeit (→2535f) würde aber zur chaotischen gegenseitigen Zerstörung führen, wenn es nicht durch die göttlich weise *Macht* zur Gesamtordnung der Welt gebändigt würde (→2766ff). Mittels dieser Macht *»gewinnt«* Wotan die zuerst in ungebändigte Freiheit gesetzten Weltwesen *sich,* also der zerstörungsverhindernden Ordnungsmacht der Götter (→334), zurück. Er versucht dies wenigstens, kann aber ordnende Macht und gewährenlassende Liebe (→5398f) nicht vereinbaren (→2780).

2772–2775: →361f.

2777: Loge ist die stets zu Neuem strebende Dynamik (→6987–6990). Wenn das Neue – in diesem Falle die Eröffnung der geschichtlichen Welt (→6923–6926) durch Wotan – heraufgeführt und der Prozeß seines Ins-Dasein-Tretens abgeschlossen ist, *verschwindet* Loge folgerichtig.

2778f: Wotan möchte mit seiner göttlichen Verfügung über die Welt keineswegs die freie Selbstverfügung (→2634f) der endlichen Subjekte aufheben. Wie aber ist göttliches ordnendes Verfügen über die endlichen Wesen mit der gleichzeitigen Entlassung dieser Wesen in die – ebenfalls gottgewollte (→2636) – Unverfügbarkeit ihrer zerstörerischen Freiheit vereinbar (→2780)?

2780: Macht ist die Fähigkeit, über das, dessen man mächtig ist, nach eigenem Willen zu bestimmen oder zu verfügen. Gott ist der gesamten Wirklichkeit und all ihrer Einzelwesen mächtig. Der Wirklichkeitsprozeß verläuft ja insgesamt nicht so, wie es irgendein Einzelwesen, sondern wie es die geheimnisvolle göttliche Zentralinstanz festlegt. Des Näheren wirkt Gott mächtig, indem er die Welt ihrem Dasein nach hervorbringt (→1676f) und ihrem Sosein nach ordnet (→334). Die göttliche Macht begegnet daher unserer alltäglichen Welterfahrung in all den vielen, nicht von irgendeinem Einzelwesen eingesetzten und durch die Zeiten hin bewahrten Ordnungen der natürlichen und geschichtlichen Wirklichkeit. Im »Ring« sind die verschiedenen ordnenden Mächte sämtlich Manifestationen der einen göttlichen Macht Erdas (→6175f). Wotan, von dem hier die Rede ist, ist das Göttliche, insofern es die geschichtliche Welt, also die Einheit von Natur und Kultur, eröffnet und ermöglicht (→6923–6926).

Macht kann nun den, der ihr unterworfen ist, auf zweierlei Weise bestimmen. Entweder unterwirft sie ihn Zwecken, die der Interessenlage, die sich aus dem Selbstsein des Unterworfenen ergibt, ganz fremd und zuwider sind (wie Alberich [→1025–1028]), oder sie bestimmt ihn so, daß seinem eigenen Selbstsein Genüge geleistet wird. Die göttliche Macht verfolgt offenbar das letztere Ziel, nämlich die Eröffnung und Erhaltung des Selbstseins der endlichen Einzelwesen. Die göttliche Macht (nicht jedoch irgendein Einzelwesen selber) begründet ja zum einen ursprünglich das Dasein aller Einzelwesen und stellt zum anderen die Vorbedingung unzerstörten Selbstseins bereit, indem sie den Wirklichkeitsprozeß, also so geordnet hat, daß die Vielfalt der Einzelwesen nicht etwa, kraft ihrer Gegenstrebigkeit (→2535f), sich in sich selbst zerstört, sondern ganz im Gegenteil sich zu immer komplexerem Zusammenspiel immer vielfältigerer Wesen gestaltet. So stellt sich in der Natur ein immer stärker in sich differenziertes Zusammenspiel vieler gegenstrebiger Einzelwesen her: die erste stabile Teilchenverbindung war bedeutend weniger in sich differenziert, als es die erste Zelle war, diese wiederum weniger als ein vielzelliges Gebilde, dieses weniger als eine Pflanze, diese weniger als ein Tier, dieses weniger als der Mensch. Darin, daß die göttliche Macht mit der Herausgestaltung und Erhaltung immer neuer, stets verschiedenartiger Einzelwesen beschäftigt ist, erweist sie sich als *Liebe* zum vielfältigen endlichen Selbstsein (→397ff): »du liebst alles, was da ist, und verabscheust nichts von dem, was du gemacht hast. Hättest du etwas gehaßt, du hättest es nicht geschaffen« (Weish 11, 24). Dies gilt schon für die bloße Natur (→6911ff; 6914–6917). Die alle Wirklichkeit bestimmende göttliche Macht bringt aber darüber hinaus den Menschen hervor (→2605f), der im Unterschied zu den bloß natürlichen Wesen nicht vollständig von den ihm vorgegebenen Verhältnissen festgelegt ist, sondern in einigen begrenzten Bereichen selber über die Gestaltung seiner selbst und des weiteren Verlaufes des Wirklichkeitsprozesses entscheiden muß. Diese freie Selbstverfügung (→2634f) hat sich der Mensch nicht selbst erzeugt. Der Wirklichkeitsprozeß, und damit die diesen insgesamt bestimmende göttliche Macht, hat den Menschen als ein zu freier Selbstverfügung ermächtigtes Subjekt hervorgebracht (→2636). Von Gott her gesehen, bedeutet dies, daß er als die allesbestimmende zentrale Macht sich am Ort der menschlichen Freiheit selbst suspendiert hat zugunsten der Selbstverfügung vieler, von ganz unterschiedlichen Zielsetzungen geleiteter, endlicher Bestimmungszentren. So ist es in der Tat Gott selbst, der nach Liebe, das heißt nach dem Gewährenlassen (→5398f) der menschlichen Subjekte in ihrer Selbstverfügung »verlangt«.

Die göttliche Macht hat aber, ineins mit dem Ausgeführten, noch einen anderen Aspekt. Der Wirklichkeitsprozeß, und damit die ihn ursprünglich hervorgebracht habende und organisiert habende göttliche Macht, tritt den endlichen Einzelwesen in der ungeheueren Komplexität der Weltverhältnisse, in die hinein die nichtmenschlichen Wesen ihr Dasein vollziehen und die Menschen handeln, sehr oft auch als diejenige Macht entgegen, die die einzelnen Vollzüge und die menschlichen Pläne durchkreuzt und die menschlichen Taten zu Zielen führt, die die einzelnen Handelnden nicht beabsichtigt hatten (→2059f; 3245ff; 3260–3265). Darin ist die göttliche Macht dann wieder nicht suspendiert, sondern vielmehr das menschliche freie Selbstsein aufgehoben. Wenn nämlich das menschliche Handeln an der göttlichen (oder Schicksals-)Macht, die ihm in tausenderlei Hindernissen in den Weg tritt, immer wieder scheitert, indem es zu anderen Resultaten geführt wird, als es selber beabsichtigte, dann ist es nicht mehr Ausdruck des menschlichen Selbstseins, sondern der göttlichen Absichten (→2916ff). Im Scheitern seiner Pläne, in denen der Mensch ja seine Identität gestaltet, wird die Bewegung seines Selbstvollzugs abgebrochen und umgelenkt, oft gegen sein Selbstsein, so wie er es selber verstehen will. So ist das menschliche Selbsteinwollen nicht nur dem seine eigene Macht suspendierenden *liebenden* Gott, sondern auch der das endliche Selbstsein *brechenden Macht* (→6746f) Gottes ausgesetzt.

Mit Macht und Liebe sind die Strukturen der Wirklichkeit, wie sie sich unserer Erfahrung darbietet, benannt. Die Doppeltheit von Macht und Liebe ist eine einfache Beschreibung der Wirklichkeit, die am Menschen ganz offenbar bald als freisetzende Liebe, bald als fördernde Macht, bald als zwingende Macht handelt. Die Einwirkungen der Wirklichkeit auf uns erfahren wir stets als Macht *und* Liebe.*

---

* In der Welt- und Selbsterfahrung des Menschen ist unabweisbar beides gemeinsam am Werk, Freiheit *und* Determination durch Mächte, wenn er sich seiner und der Welt Wirklichkeit ohne gewaltsame Umdeutungen oder Vereinfachungen stellt. Selbst der Mensch, welcher von seiner vollständigen Determiniertheit fest überzeugt ist, kann sich nicht in jeder Hinsicht als determiniert *erleben;* deshalb wird er viele seiner Erfahrungen als täuschenden Schein ansehen müssen. Dies bleibt aber eine uneinlösbare Sichtweise, weil er doch nicht erklären kann, warum und auf welche Weise die Determiniertheit dazu kommt (dazu determiniert ist), als etwas anderes, als sie tatsächlich ist, nämlich als Freiheit, erlebt zu werden. Wenn der Mensch derartig haltlose Umdeutungen seiner Selbsterfahrung vermeiden will, wird er davon ausgehen müssen, daß ihm, neben vieler Determiniertheit, doch auch ein Moment freier Selbstbestimmung eignet. Um-

Offensichtlich schließen sich Macht und Liebe aber aus. Es scheint zwar, als gelte dies nur für das Selbstsein der endlichen Wesen gegen deren eigene Tendenz zwingende Macht, nicht aber für die das Selbstsein fördernde Macht. Tatsächlich jedoch führt eine Förderung aller Einzelwesen in ihrem jeweiligen Selbstsein nur zu einer unabsehbaren Steigerung der Gegenstrebigkeit der Einzelwesen untereinander, mithin schließlich zur gegenseitigen chaotischen Zerstörung der Einzelwesen und damit ihres Selbstseins (→1490f; 2535f). Eine Macht, welche die vielen einzelnen Selbstseienden jedes für sich immer nur fördert, erreicht das Gegenteil der Förderung des Selbstseins in seiner Vielfalt. Die göttliche Macht muß, um die chaotische Zerstörung im Kampf aller gegen alle zu verhindern und das Bestehen des unzerstörten Selbstseins gerade im Gegeneinander der Einzelwesen für alle zu gewährleisten, die Einzelwesen, insoweit sie aus mangelndem Überblick oder bösem Willen die Zusammenstimmung zum Ganzen verfehlen, zur Zusammenstimmung *zwingen*. Nur insofern das nicht zum Ganzen aller Welt zusammenstimmende einzelne Selbstsein von der das Ganze überblickenden Macht Gottes auch *gebrochen* wird, ist eine Welt von unzerstört Selbstseienden möglich. Eine die chaosträchtige Gegenstrebigkeit der Einzelwesen bloß fördernde Macht hat sich als welt*ordnende* Macht (→334) aufgegeben und ist im Grunde mit der Ohnmacht gewährenlassender *Liebe* identisch. Die Macht, die wirklich Gegenpol zur Liebe ist, ist nur die das endliche Selbstsein zwingende oder brechende göttliche Macht. Damit aber wird dann das Problem der gegenseitigen Ausschließung von Macht und Liebe ganz deutlich. Wo die endliche freie Selbstverfügung an der (Schicksals-)Macht unverfügbarer Zusammenhänge scheitert, ist ihr das Selbstsein genommen und steht ihre eigene Wirksamkeit unter der Verfügung jener Macht; wo umgekehrt die endliche Freiheit »gewähren« kann und ihre selbstbestimmten Ziele erreicht, wirkt sie meist zerstörerisch auf andere Wesen und deren Zusammenhang, also schließlich auf die göttliche Zentralmacht, deren Wirken sich ja in der Organisation der übergreifenden Zusammenhänge manifestiert (→6918-4). Das Zerstörerische an den freien Handlungen stammt teils aus der *Beschränktheit* des menschlichen Überblicks (→2831–2834), teils aus der menschlichen Freiheit zum *Bösen* (→5348ff). Da Gott selbst es ist, der der menschlichen Freiheit die Möglichkeit des Bösen gegeben und eröffnet hat (→2927f), ist Gottes Liebe zur Freiheit auch *Liebe zur böswilligen Freiheit*.

Erlebt der Mensch sich nun auf diese doppelte Weise, nämlich als von der den Wirklichkeitsprozeß bestimmenden Instanz »liebend« zum Selbstsein geschaffen und ineins damit als von derselben Instanz »mächtig« in seinem endlichen und bösen Selbstsein gebrochen, dann scheint er in einem Widerstreit verloren, aus dem nur eine der beiden Komponenten als Sieger hervorgehen kann: Entweder wird sich das Selbstsein in der es brechenden Schicksalsmacht verlieren, oder die Weltordnung wird im ohnmächtigen Gewährenlassen der gegenstrebigen Selbstseienden chaotisch verlieren. Nun kann der Mensch den Anspruch auf Selbstsein nicht aufgeben, denn eine solche Aufgabe müßte er nochmals als ein Ereignis verstehen und erleben, das *ihm* widerfährt und in dem sich daher sein Selbstsein auf eine bestimmte Weise vollzieht (→3260–3265). Im Anspruch auf Selbstsein ist aber der Anspruch auf Bewahrung der Weltordnung notwendigerweise impliziert, weil nur die Geordnetheit der Welt die Zerstörung des beanspruchten Selbstseins durch chaotisches Gegeneinander aller verhindert. Da der Mensch auf der anderen Seite aber dem Scheitern seines Selbstseins (mindestens im Tod) ebensowenig entgehen kann, wie er die zerstörerischen Taten seiner selbst und anderer gänzlich verhindern kann, kann er sein Selbstsein nur als möglich denken, wenn er den Anspruch erhebt, daß das, was er als sich ausschließend erlebt, doch in Wirklichkeit *eines* sei: daß also am Orte seines Scheiterns sein Selbstsein doch *nicht* gescheitert und am Orte der Zerstörung von Wirklichkeitszusammenhängen durch sein Handeln die Weltordnung doch *nicht* zerstört sei (→6276ff). Die *Erfüllung* der beiden Ansprüche in ihrer unlöslichen Verknüpftheit miteinander müßte offenbar so aussehen, daß das einzelne Selbstseiende um der unchaotischen Weltordnung willen brechende Macht selbst Ausdruck der gewährenlassenden Liebe, und umgekehrt die so manche Ordnungszerstörung gewährenlassende Liebe selber Ausdruck der ordnenden Macht wäre. Da sich Macht und Liebe aber ausschließen, kann sich – jedenfalls unter den Bedingungen des endlichen

---

gekehrt wird derjenige, welcher behauptet, daß aller übergreifende Zusammenhang im menschlichen Zusammenleben und in der Geschichte ausschließlich von einzelnen handelnden menschlichen Subjekten hergestellt werde, aufgrund *erlebten Scheiterns* nicht leugnen können, daß das Zusammenspiel dieser einzelnen Handlungen in der Unübersehbarkeit all seiner weitreichenden und verzweigten Folgen, die sich zu charakteristisch gestalteten geschichtlichen Zusammenhängen verflechten, nicht mehr von den Handelnden selber beherrscht wird, ohne daß dies doch bisher zur Zerstörung der menschlichen Lebensform geführt hätte. Es müssen also (wenn man nicht eine stets durch blinden Zufall sich einstellende Integration disparatester Handlungen annehmen will) doch noch andere strukturierende, ordnende und stabilisierende Faktoren am Werk sein als nur das höchst endliche Planungs- und Ordnungsvermögen der einzelnen menschlichen Subjekte, um die erlebte Integration einzelner Handlungen mit dem Ganzen der natürlichen und der geschichtlichen Wirklichkeit möglich zu machen. Im Zusammenwirken zu dem einen Ganzen der Wirklichkeit sind diese Faktoren ihrerseits verbunden, was einen alles durchwirkenden Zusammenhang voraussetzt.

menschlichen Denkens – nicht am Ort der einen zugleich die andere verwirklichen. Für das menschliche Erleben bleibt es völlig undurchsichtig, *wie* das eigene Scheitern Ausdruck des eigenen Selbstseins und *wie* die zerstörerischen Taten endlicher Freiheitssubjekte Ausdruck einer universal in sich stimmigen Weltordnung sein können. Denkbar wäre allenfalls, daß sich das momentane Scheitern eines Selbstseins und die momentane Zerstörung bestimmter Bereiche der Weltordnung in größeren Zusammenhängen als Förderung von Selbstsein und Ordnung erweisen. Da im weiteren Fortgang des Wirklichkeitsprozesses dasselbe Selbstsein und dieselbe Ordnung doch wieder beeinträchtigt werden, bleibt nur die Hoffnung, daß sich im Rahmen des *Ganzen aller Wirklichkeit* Scheitern und Zerstörung als der äußere Anschein erweisen, in dem sich aber tatsächlich die Bewahrung von Selbstsein und Ordnung vollzieht. Damit wäre dann *in* dem, was das Einzelwesen als sein Selbstsein brechende Macht erlebt, doch das Gegenteil, nämlich die liebende Förderung des Selbstseins, erreicht und in der zerstörerischen Tat doch die Weltordnung unzerstört. Seine endliche Daseinsweise schließt den Menschen aber vom Überblick über das vollendete Ganze der Wirklichkeit aus. Deshalb kann der Mensch auch nicht selber die Einheit von Macht und Liebe planen und herstellen, sondern er kann sie nur als von der die Gesamtwirklichkeit bestimmenden Instanz, also von *Gott,* auf verborgene Weise sichergestellt erhoffen.

Es gibt hier nun zwei Möglichkeiten: Entweder die Einheit von Macht und Liebe ist in dem göttlichen Urgrund aller Wirklichkeit sichergestellt und nur dem menschlichen beschränkten Erleben nicht sichtbar, oder sie ist es nicht, so daß den Wirklichkeitsprozeß nicht jene Einheit, sondern die gegenseitige Ausschließung von Macht und Liebe zuinnerst bestimmt. Im letzteren Falle bleibt der Anspruch auf Selbstsein und durchgängige Weltordnung, den der Mensch unaufgebbar erheben muß, ohne Einlösung. Damit wäre der Wirklichkeitsprozeß freilich im Letzten von einem *Selbstwiderspruch* bestimmt. Es ist ja der Wirklichkeitsprozeß selber, der den Menschen so hervorgebracht hat, daß er den Anspruch auf Selbstsein *und,* damit verbunden, auf unchaotische Weltordnung erheben muß. Löst nun der Wirklichkeitsprozeß (das heißt die ihn bestimmende Instanz) diesen von ihm (ihr) selbst erhobenen Anspruch nicht ein, so widerspricht er (sie) sich selbst, ist mithin absurd. Der »Ring« geht nicht davon aus, daß die alle Wirklichkeit bestimmende Instanz in sich absurd ist. Der göttliche Urgrund bekundet in Wotan, daß er tatsächlich die Einheit von Macht und Liebe sein will. Wotan verlangt nämlich »*in der Macht*« selbst nach Liebe. Das aber besagt gerade, daß sich in der Ausübung der ordnenden Macht eo ipso Liebe vollziehen oder, anders gesagt, daß die Macht selbst Ausdruck und Vollzug der gewährenlassenden Liebe sein soll. Diese innere Selbigkeit von Macht und Liebe hat nun Wotan keineswegs erreicht, denn er »*verlangt*« erst nach derjenigen Macht, die »*in*« sich selbst Liebe ist. Bisher konnte Wotan diese Einheit von Macht und Liebe weder in seinen *Verträgen* (→6942f) noch in der bloß scheinbaren Freiheit Siegmunds (→2993) erreichen. Es wird sich zeigen, daß Wotan diese letzte Einheit *überhaupt nicht* herstellen kann (→2910–2913). Dies hat seinen Grund darin, daß in Wotan zwar die göttliche Thematik des einen Sinnes aller Wirklichkeit (→6918) anwesend ist, aber nur insofern sie dem *endlichen menschlichen Denken* sich entschlüsselt (→6141ff). Da Gott sich im Wirklichkeitsprozeß (den er ja bestimmt) in zwei einander *ausschließenden* Erscheinungsweisen (als Macht und Liebe) *zugleich,* nämlich in ein und demselben menschlichen Selbstsein, manifestiert, erscheint er als *Widerspruch* (→2945f). Da sich der Wirklichkeitsprozeß trotz des Widerspruchs der ihn konstituierenden Momente Macht und Liebe nicht auflöst, ist der Widerspruch nicht Anzeichen für die Unmöglichkeit der Wirklichkeit, sondern Erscheinungsweise einer dem Menschen *geheimnisvoll* (→1692ff) bleibenden Einheit. Diese Dimension des Geheimnisses bleibt in Wotan ausgespart. Er ist insofern die in der menschlichen Selbst- und Welterfahrung als unauflösbare Widersprüchlichkeit *erscheinende* Gottheit, die letztlich aufgeht in der die menschliche Erfahrung übersteigenden Dimension des göttlichen Geheimnisses, das im »Ring« als Erda (→1678) – dem menschlichen Denken unzugänglich (→6206–6209) – wirksam ist und die innere Einheit von Macht und Liebe verbürgt (→8948). Dies kann sie deswegen, weil in ihr als dem göttlichen Urgrund (→6118) der gesamte Wirklichkeitsprozeß mit all seinen starken inneren Gegenstrebigkeiten zeitlos als eine vollendete Ganzheit gegenwärtig ist (→1672–1675). Für den Menschen im endlichen Medium der Zeit hingegen ist dieses Ganze immer nur in räumlichen und zeitlichen Ausschnitten (also unvollendet) gegenwärtig. Deswegen ist für den Menschen der innere Widerstreit des Wirklichkeitsprozesses entweder in seiner noch zukünftigen Versöhnung nicht erfahrbar, oder aber es wird die tatsächlich erlebte Versöhnung immer nur einen Teilbereich umfassen und bald wieder vergehen. Der Mensch hat zwar »eine Vorstellung vom gesamten Zeitablauf ..., doch ohne daß der Mensch das Werk, das Gott vollbringt von Anfang bis Ende erfassen könnte« (Pred 3,11). Das Ganze bleibt für den Menschen nur als unbestimmter Vorgriff denkbar, nicht aber ist es für ihn in seiner genauen inneren Verflechtung enträtselbar. Solcher Auffassung entsprechend, hofft der Mensch im »Ring« darauf, daß die Einheit von Macht und Liebe in der Beschränktheit seines endlichen Erlebens, in der er sie nicht findet, bloß noch verborgen ist, um sich ihm in einer *Zukunft* (→3659f) *jenseits* seines endlichen Daseins als von Gott verbürgte zu offenbaren (→8949).

2781f: Der nächtige göttliche Urgrund, aus dem, den gegenwärtigen Versen zufolge, Alberich geboren wurde, ist im »Ring« *Erda* (→6118). Diese Entstehungsgeschichte gilt nicht nur von Alberich, sondern von allen Zwergen: »Nebel zeugte sie, nacht gebar sie, nebelnächtiges volk« (JS 120). Der *Nebel* weist auf die Göttlichkeit der Ursprungssphäre (→7602ff). Wenn der göttliche Urgrund im »Jungen Siegfried« einfach als Erde vorgestellt wird, so schwingt diese unangemessene (→1676f) Vermischung des schaffenden Gottes mit einer Größe unserer menschlichen Erfahrung in der Bezeichnung »Erda« im »Ring« zwar noch mit, wird aber deutlich korrigiert in Richtung auf die bleibende Geheimnishaftigkeit und folgliche Unanschaulichkeit Gottes für die menschliche Einsicht (→1678; 1692ff).

In der germanischen Mythologie entstehen die Zwerge zunächst als eine niedere Form von Leben in der Erde, die der Körper des erschlagenen Urriesen Ymir ist (→1676f): Sie waren vor Zeiten »tiefer in der Erde lebendig geworden ... wie Maden im Fleisch. Die Zwerge hatten sich zuerst gebildet und Leben gewonnen im Fleisch des Ymir und waren dazumal wirklich Maden, aber durch den Spruch der Götter bekamen sie Verstand und menschliche Gestalt, hausen aber noch in der Erde und in Felsen« (Thule XX 61; vgl. Thule II 75 E 3f; insgesamt vgl. Golther 525f; Peterich 60ff [234ff]).

Im Entwurf »Der Nibelungen-Mythus« von 1848 schreibt Wagner: »Dem Schooße der Nacht und des Todes entkeimte ein Geschlecht, welches in Nibelheim (Nebelheim), d.i. in unterirdischen düsteren Klüften und Höhlen wohnt: sie heißen Nibelungen [→4655ff]; in unsteter, rastloser Regsamkeit durchwühlen sie (gleich Würmern im todten Körper [Ymirs]) die Eingeweide der Erde« (GSD II 156); und im »Jungen Siegfried« heißt es: »rastlos schaffend regen die erde sie auf« (JS 120; →1025–1038). Wagner übernimmt also die wichtigsten Züge des germanischen Mythos. Die Zwerge entstehen zwar bei ihm nicht aus der Erde, sondern aus Erda als dem nächtigen, Tod und Leben umfassenden (→6117) Urgrund, wie er dann vor allem im »Tristan« beschrieben wird (→6118); aber die Beteiligung der *Götter* – das heißt des in ihrer Vielzahl sich differenzierend ausprägenden *einen* Göttlichen (→6175f) – an der Zwergenentstehung wird dadurch sogar zum allein entscheidenden Vorgang. Weiterhin wirken die Zwerge dann in der Erde maden- oder würmergleich. Die Zwerge sind auch im »Ring« *menschengestaltig,* haben weltoffenen Verstand (→5265) und Freiheit (→273f). Die Zwerge verkörpern im »Ring«, wenigstens was ihre beiden namhaft gemachten Vertreter Alberich und Mime (→5242f) betrifft, einen bestimmten Typ *menschlicher* Freiheit, nämlich diejenige, die nach der liebelosen (→317f) despotischen Verkehrung (→5348ff) der Weltordnung (→5371) streben will. Der gegenwärtige Vers sagt daher, daß auch die Freiheit zum Bösen eine Schöpfung Gottes ist.

2784: →317f.

2785ff: →253–257.

2788f: →1078f; 1296–1318; 1470; 1473.

2792f: →1715.

2794f: →334.

2796f: →1672–1675.

2798f: →1676f.

2800f: →1666–1670.

2804: →1692ff.

2806: Wotan, der nicht den Vollsinn des Göttlichen erschöpft (→6141ff), wird von diesem Mangel zu weiterer Entfaltung des in ihm Dargestellten, mithin zur Überwindung seiner selbst als unangemessener Gottesvorstellung, bewegt (→2809f; 6238f).

2807: Der *Schoß* der Welt ist der Urgrund (→6118) oder schöpferische Ursprung (→1676f) der ganzen Welt, also Erda (→1678) mit ihrem sinnsetzenden und sinnverbürgenden (»sinnenden«) Walten (→6159ff).

2809f: Was besagt es, daß Wotan, also ein Teilmoment des göttlichen Wirkens, die Wala (→6111f) Erda, die die Ganzheit des Göttlichen darstellt (→6175f), in Liebe gezwungen oder bezwungen hat? In Wotan offenbart sich der Widerstreit der beiden Komponenten, die der göttliche Urgrund in die *Geschichte* (→6923–6926) gelegt hat: Die endlichen Subjekte stehen in selbstverfügender Freiheit und sind zugleich unverfügbaren Mächten unterworfen. Daß die innere Einheit dieser beiden sich ausschließenden Komponenten im göttlichen Urgrund verbürgt ist, wird im »Ring« vorausgesetzt (→2780). Außerdem bemüht sich der »Ring« zu zeigen, *wie* Gott diese Einheit zustande bringt. Das göttliche Vereinen von Freiheit und Verfügtheit der endlichen Subjekte wird ebenfalls in Wotan dargestellt, allerdings nur insoweit, als es für das menschliche Denken einsichtig werden kann (→6141ff). Da die innere Einheit von Sich-Widersprechenden für endliches Denken uneinsehbar ist, kann Wotan den Widerspruch nicht als Manifestation einer tieferen Einheit sichtbar werden lassen, sondern ihn nur dadurch beseitigen, daß er abwechselnd je eine der beiden sich ausschließenden Komponenten vernachlässigt, entweder die endliche Freiheit (→334; 2674ff) oder die göttliche Verfügungsmacht (→6947–6950). Damit ist aber die widersprüchliche Geschichtserfahrung des Menschen bloß verkürzt, nicht aber versöhnt. Wenn das Göttliche in der *vollen* Breite seines Wirkens erfaßt werden soll, dann muß seine Darstellung, das heißt eben Wotan, es unverkürzt hinnehmen, daß die *eine* geschichtliche Wirklichkeit sich in widersprechenden Komponenten vollzieht. Es ist die *Liebe* zur unverkürzt erfaßten Göttlichkeit, die die vorläufigen und unvollständigen Erfassungen derselben, wie sie Wotan darstellt, immer wieder dahin treibt, die bisher verschwiegenen Dimensionen in sich aufzunehmen. Damit wird die göttliche

Sache, um die es geht, gleichsam zu immer weiterer Enthüllung *gezwungen*.

Was Wotan in der liebenden Begegnung mit Erda sich »erzwingt«, ist die Erkenntnis der unverkürzten Doppelseitigkeit des göttlichen Wirkens. In Erda findet er *einerseits* die Warnung vor der Rücknahme der endlichen Freiheiten. Solche Rücknahme wäre »ein schmähliches Ende« (→2823; 1666–1670) des Göttlichen, weil es sein eigenes Wirken, das die Freiheiten hervorgebracht hat (→2605f), aufheben würde. So gewinnt Wotan von Erda den ausdrücklichen Willen zur Förderung der endlichen Freiheiten, nämlich die Walküre, die ja gerade Wotans Wille ist (→2757–2760), aus der Vereinigung mit Erda entsteht (→2814ff) und die Aufgabe hat, die endlichen Subjekte zur freien Selbstverfügung zu reizen (→2835–2838). In Erda findet Wotan aber *andererseits* auch die Warnung vor dem Verzicht auf die Ausübung der göttlichen Ordnungsmacht (→2845–2869), weil im ungeordneten Gegeneinander aller endlichen Subjekte gerade die Freiheit des einzelnen im Chaos (→7030f) oder in der Despotie (→5371) zugrunde gehen würde. So gewinnt Wotan von Erda den Willen, die endliche Freiheit (das heißt den Ring [→253–257]) seiner ordnenden Macht zu unterwerfen (→2870f). Ordnende Verfügungsmacht über die endlichen Subjekte und *ineins damit* unbeeinträchtigte freie Selbstverfügung der endlichen Subjekte will Wotan dadurch erreichen, daß er eine Freiheit hervorruft, die aus *freiem eigenen* Entschluß im ordnenden Sinne *Wotans* tätig ist (→2910–2913). Eine solche Freiheit kann Wotan allerdings nicht hervorbringen (→2921f; 2933–2936; 2979).

2811: Das Wissen Erdas ist ihre göttliche Weisheit (→6170).

2812f: →2821ff; 2845–2849; 2964–2967.

2814ff: Als »Wotans Wille«, wie Brünnhilde ausdrücklich heißt (→2757), kann sie nicht wie ein Kind gezeugt worden und zur Welt gekommen sein. Ihr Kindsein ist ein biologisches *Bild* für den theologischen Sachverhalt, daß sie ein inneres Moment des Göttlichen (Erdas und Wotans [→6175f]) selber ist (→6733–6737) – nämlich der Wille zur endlichen Freiheit und damit zur geschichtlichen Welt (→6923–6926).

2817f: →2594–2598.

2819: →3173.

2820–2823: →2809f.

2824f: Der Feind ist Alberich (→2848f), und der Streit geht um das Schicksal der ganzen Welt und Menschheit (→2839f).

2826: →2835–2838.

2827–2830: Den Menschen den *Mut* zu wehren heißt, ihr Selbstsein (→148), das im freien selbstbestimmenden Vollzug des eigenen Daseins besteht (→2634f), zu behindern. Wird der *ganze* Mut – also das ganze Selbstsein – am Vollzug gehindert, gibt es kein menschliches Dasein mehr (→2831–2834).

2831–2834: Der Mensch ist weltoffen, was besagt, daß ihm prinzipiell die ganze Breite der Wirklichkeit zugänglich ist und er nicht wie das Tier nur wenige (auf ganz spezielle angeborene Verhaltensweisen passende) Ausschnitte der Wirklichkeit – also nur eine Umwelt statt der Welt – wahrnehmen kann (→4410–4415). Aber das Ganze der Wirklichkeit ist dem Menschen doch nur als unbestimmter Vorgriff, nicht aber in allen Einzelheiten der Dinge und Verläufe gegeben, da sich für die menschliche zeitgebundene Erfahrung – der nur jeweils Verlaufsausschnitte, nicht aber (wie dem göttlichen Erleben [→1672–1675]) das vollendete Ganze aller Verläufe gegenwärtig sind – alle Teile der Wirklichkeit stets in weiterer Entfaltung und Umformung befinden und daher in ihrem letzten Zusammenhang nicht einsichtig sind. Daher gilt, »daß der Mensch, selbst wenn er seinen Augen bei Tag und Nacht keinen Schlaf gönnt, das Tun ... in seiner Ganzheit nicht wiederfinden [ergründen] kann, ... das unter der Sonne getan wurde« (Pred 8,16f Einheitsübersetzung; die eckige Klammer notiert die Übersetzung des Verses in der Jerusalemer Bibel). Weil der Mensch das Ganze nicht völlig überblickt, andererseits aber sein Handeln in diesem Ganzen sich vollzieht und daher in Ablauf, Zielsetzung, Erfolg und Scheitern von diesem Ganzen abhängig ist, kann der Mensch nur *blind* (→2833) handeln, das heißt in Unkenntnis der Bedingungen, von denen sein Handeln letztlich abhängig ist. Auch die kleinste menschliche Handlung ist ja abhängig von der Richtigkeit der Einschätzungen und Einstellungen des *Handelnden*, von der Abstimmung mit früheren, gleichzeitigen und zukünftigen Handlungen des *Handelnden* selbst und *anderer* und schließlich von bestimmten Gegebenheiten in der *natürlichen* Welt. All diese Voraussetzungen kann der Mensch nicht (oder nur in höchst eingeschränktem Maße) sicherstellen. Blind in bezug auf die tragenden Voraussetzungen seines Handelns muß der Mensch daher handeln, ohne genau wissen zu können, welche Wirkungen tatsächlich ausgelöst werden, mithin ohne genau zu wissen, was er eigentlich tut. Folglich ist das eigentliche Subjekt, das bestimmt, was bei menschlichen Handlungen (auf kürzere und vor allem auf längere Sicht) herauskommt, nicht der handelnde Mensch selber.

Dieses nichtmenschliche (übermenschliche) Subjekt allen Handlungsgeschehens ist in unserer alltäglichen und in der weiterräumigen geschichtlichen Erfahrung immer schon dadurch sichtbar am Werk, daß menschliche Handlungen nur teilweise das erreichen, was sie erreichen wollen, und immer auch ungeplante und ungewollte Auswirkungen haben, wodurch sie sich als ohne ihr eigenes Zutun, mithin also von einer übergeordneten Instanz, in umfassendere Verläufe eingebunden erweisen. Da diese Verläufe in sich selbst und in ihrem Zusammenwirken untereinander das ganze Weltgeflecht nicht zum Chaos führen (→6918-2), sondern zu immer neuen Sinngestaltungen (→6918-6f), ist in ihnen eine allesumfassende ordnende Kraft, also die göttliche Weisheit (→6170), am Werk (→6918-3f). Weil Gott die Macht ist, die wirklich über alles, sogar auch noch über den Ausgang der eigenen Handlungen des Menschen, verfügt, nennt die Bibel den ganzen Wirklichkeitsprozeß »Tun Gottes« (Pred 8,16f). Der »Ring« sagt dementsprechend, daß der Mensch dem *Gehorsam* (→2833) der göttlichen Verfügung gegenüber unterworfen ist. Der göttlichen Verfügung gegenüber kann der Mensch in der Tat nur gehorsam sein, weil er wegen seiner Blindheit ihr gegenüber keinen eigenen Willen durchsetzen könnte. Der Mensch hat schlechterdings keinen bestimmenden eigenen Willen hinsichtlich der tatsächlichen Ergebnisse seines Handelns in der Welt. Eben diese Unterworfenheit des menschlichen Handelns unter die göttliche weise Macht ist es allein, die verhindert, daß die Endlichkeit oder Begrenztheit des Überblickes, aus dem heraus die (untereinander zudem höchst gegenstrebigen) menschlichen Subjekte handeln, oder auch ihr böser Wille, das in seiner komplizierten Ordnung sehr empfindliche Weltgeflecht über kürzer oder länger ins Chaos stürzt (→334).

Kann der Mensch aber der Unterworfenheit unter die göttliche Schicksalsmacht gar nicht entgehen, wie kommt dann der »Ring« dazu, von einer *vertraglichen* (→2831) Vereinbarung der Unterwerfung zwischen Mensch und Gott zu sprechen und damit zu verstehen zu geben, daß der Mensch – weil ein Vertrag schließlich etwas Freiwilliges ist (→6942f) – den Gehorsam der göttlichen Schicksalsfügung gegenüber auch verweigern könne? Der Mensch kann zwar der Unterworfenheit unter die Schicksalsmacht nicht entgehen, aber er kann sich dieser Unterworfenheit willig ergeben oder sie nur unter Protest ertragen. Im letzteren Fall hebt die göttliche Schicksalsmacht die freie menschliche Selbstverfügung einfach auf, indem sie gerade das umstößt, was der Mensch über sich verfügen möchte, nämlich die Verschonung vor dem Schicksal. Anders scheint es zu sein, wenn der Mensch sich freiwillig dem doch unterwirft, was er eigentlich nicht ertragen möchte (dem Schicksal). In der Möglichkeit zur freiwilligen (»vertraglichen«) Übernahme des Widrigen scheint die den Menschen hervorgebracht habende göttliche Instanz dem Menschen das Angebot zu machen, um den Preis der freiwilligen Aufgabe der freien Selbstverfügung eben diese freie Selbstverfügung zu gewinnen. Denn, indem der Mensch sich freiwillig zur Aufgabe der Selbstbestimmung selbst bestimmt, scheint die Selbstbestimmung eben in ihrer Aufgabe nochmals affirmiert, weil in Anspruch genommen. Wo der Mensch aber alles, was er sein will und kann, in letzter Folgerichtigkeit aufgegeben hat (→2827-2830), ist er gar kein identifizierbares Selbstsein mehr (→3260-3265): er hat dann gar keine Bestrebungen, Neigungen und Anlagen mehr, über deren Verwirklichung und Ausgestaltung verfügend, er über sich selbst bestimmte. Der Vertrag, der mich bindet, meine Selbstverfügung aufzugeben, und mir darin aber den Gewinn meines Selbstseins verspricht, ist daher ein *trügendes* Band (→2832). Was der Vertrag verspricht, kann er nicht leisten: seine Erfüllung bleibt dunkel und *trüb* (→2831).

Der Sinn der Verträge liegt also darin, daß sie die göttliche Ordnungsmacht und die göttliche Liebe zur endlichen Freiheit gleichermaßen zur Geltung bringen sollen, obgleich sich beide ausschließen (→2780). Gott bindet die endlichen Freiheitssubjekte in den Gehorsam ein, um durch seine Ordnungsmacht das zerstörerische Chaos zu verhindern; Gott bindet aber aus Liebe zur endlichen Freiheit die endlichen Subjekte »vertraglich«, das heißt aufgrund ihrer *freien* Entscheidung, in den Gehorsam ein, um auf diese Weise die Freiheit trotz der Notwendigkeit ihrer Bevormundung – und damit Aufhebung – durch die göttliche Ordnungsmacht zu bewahren (→6942f). Diese Lösung des Problems der Vereinigung von Macht und Liebe scheitert daran, daß sie im Letzten doch die freie Selbstverfügung endlicher Subjekte verfehlt. Außerdem bewirkt eine Selbstverfügung, in der der Mensch die Aufgabe aller seiner eigenen Bestrebungen verfügt, daß ein Despotieversuch Alberichs auf keinen Widerstand mehr stoßen kann, denn wenn ein Individuum kein eigenes Interesse an bestimmten Inhalten mehr hat, kann seine Handlungskraft ohne weiteres von einem *anderen* Individuum und dessen Interessenlage fremdbestimmt werden. Um der freien Selbstverfügung über den breit differenzierten *Inhalt* des individuellen Lebens willen und um ein Gegengewicht zum *Despotiewillen* Alberichs zu besitzen, muß Wotan die vertraglich vereinbarte Selbstaufhebung der endlichen Freiheit auflösen und letztere zur Wahrnehmung ihrer Selbstverfügung in allen Bereichen des Lebensinhaltes reizen (→2835-2838). Damit ist die göttliche Ordnungsmacht zugunsten der endlichen Freiheit suspendiert. Nur da, wo der Mensch will, und so, wie der Mensch will, herrscht übergreifende Ordnung: Gottes Weisheit kann nur da wirken, wo der Mensch es zuläßt, und so hat sie sich dann umgekehrt ihrerseits in den Gehorsam dem Menschen gegenüber begeben (→3822f). Auch dies ist keine Lösung, denn nun droht wieder das Chaos (→2852ff).

Die beiden geschilderten Lösungen, die Wotan verfolgt, beruhen darauf, daß eine der zu vereinigenden Komponenten vernachlässigt wird. Entweder gibt sich die endliche Freiheit um der Weltordnung willen auf, oder die göttliche Ordnungsmacht gibt sich um der endlichen Selbstverfügung willen auf; verloren geht dabei entweder die endliche Freiheit oder die Chaoslosigkeit der Welt. Eine tatsächliche Lösung des Problems einer *zentral* und *übergreifend* geordneten Welt von *vielen* gegenstrebigen und *beschränkten* Freiheitssubjekten wäre nur dann gegeben, wenn der in allem Wirklichen waltende Welturgrund (→6118) so beschaffen wäre, daß im Scheitern der endlichen Selbstverfügung an der Schicksalsmacht doch die auf erfülltes Selbstsein gerichtete

Intenion der Selbstverfügung als *nicht* gescheitert gelten könnte und in der Zerstörung der Weltordnung durch freie Handlungen endlicher und böswilliger Subjekte die Weltordnung doch als *nicht* zerstört gewußt werden könnte. Im Augenblick und im Bereich des Konfliktes zwischen Freiheit und Ordnungsmacht kann nicht sichtbar sein, ob der Welturgrund im Letzten diese Versöhnung vollbringt (vollbracht hat). Nur vom Zusammenspiel *aller* Verläufe und Zusammenhänge des Wirklichkeitsprozesses her könnte sichtbar werden, ob das Wirklichkeitsganze in der Versöhntheit oder in der endgültigen gegenseitigen Ausschließung von Macht und Liebe zur Freiheit besteht. Der Überblick über das abgeschlossene Wirklichkeitsganze ist aber der zeitüberhobenen Sichtweise Gottes vorbehalten. Der Mensch kann nur *sowohl* seine Selbstverfügung mit aller Kraft und bezüglich aller Lebensinhalte betreiben *als auch* das letztliche Scheitern seines Selbstseins willig hinnehmen – und dabei *hoffen*, daß dieser Widerstreit in einer der irdischen jenseitigen Daseinsweise gelöst, sein Selbstsein also im Scheitern doch erfüllt sein werde. Dieses ist die Hoffnung Brünnhildes am Ende (→8949). *Wie* Gott diese letzte Versöhnung des Widerstreits und der Gebrochenheit allen irdischen Daseins vollbringt (vollbracht hat), bleibt für die menschliche Einsicht verborgen und ist folglich für die menschliche Kunst (wie auch den »Ring«) nicht darstellbar (→8948).

2835–2838: So wie Wotan den Riesen den Ring übergibt und damit deren endliche Freiheit anerkennt (→1715), entläßt er die Menschen in ihre freie Selbstverfügung (→2634f) und löst so ihre freiwillige Selbstunterwerfung (→6942f) auf. Diese gottgewollte Freisetzung der endlichen Subjekte wird als Aufreizung durch Wotanstöchter, nämlich die Walküren samt Brünnhilde, die in dem, was sie tut, eben Wotans Willen verkörpert (→2757–2760), bildlich dargestellt.

Diese Aufreizung der endlichen Freiheit bedeutet nicht, daß Wotan seine weltordnende Macht aus Liebe zur endlichen Freiheit (→2780) schon aufgegeben hätte; dies tut er erst später (→2982–2985). Die jetzige Aufreizung geschieht *neben* der weiteren Wirksamkeit der ordnungsverbürgenden Burg (→334) und des Speeres (→6946) und bedeutet daher nur, daß der Gott die *beiden* widerstreitenden Komponenten des göttlichen Weltwillens jetzt *unverkürzt* sich auswirken läßt. Gott will eine Welt von freien Einzelwesen, die wegen ihrer Gegenstrebigkeit (→2535f) und Bosheit (→5348ff) aufeinander und auf die Naturordnung (→6911ff) zerstörerisch wirken und zudem ihre zerstörerische Tendenz wegen der Beschränktheit ihres Überblicks (→2831–2834) nicht ausgleichen können. So bedarf es, um Gottes Willen zur endlichen Freiheitenvielfalt unzerstört verwirklicht sehen zu können, der anderen Komponente des göttlichen Waltens (→6159ff): Gott muß *selbst* – anstatt der zerstörerisch wirkenden endlichen Subjekte – aus seiner allumfassenden Weisheit heraus die Welt so ordnen (→6918-3f), daß die endlichen Wesen in ihrer Gegenstrebigkeit ausgeglichen werden. Wenn aber Gott der Selbstverfügung der endlichen Freien nicht ihren Lauf läßt, sondern lenkend (→8077f) eingreift, dann hebt er die (von ihm selbst aber doch gewollte) Freiheit auf. Wotan will nun seine weltordnende Macht ausüben, indem er die endlichen Freien im göttlichen Sinne lenkt (→2651; 2910–2913); aber er will das göttliche Ziel einer geordneten Welt dadurch erreichen, daß er den endlichen Freien zur Befreiung von der göttlichen Weltordnung reizt (→2927f). Darin hat Wotan offensichtlich einerseits seine Weltordnungsmacht suspendiert, weil der Freie ja gegen ihre Ordnungen handelt (→2717ff); andererseits aber hat Wotan auch die endliche Freiheit aufgehoben, weil in ihr ja nur seine göttliche List (→2674ff) am Werk ist (→2933–2936).

Die beiden Komponenten des göttlichen Waltens heben sich gegenseitig auf. Der von ihnen seit eh und je bestimmte Wirklichkeitsprozeß müßte demzufolge schon längst in Selbstaufhebung zugrunde gegangen sein. Dies ist aber nicht der Fall. Überall in der Wirklichkeit sehen wir zwar die beiden göttlichen Wirkungsweisen als uns (und alle Wesen) liebevoll *förderndes* und als machtvoll *brechendes* Schicksal (also als göttliche Schickung) widerstreitend am Werk, aber der Wirklichkeitsprozeß hebt sich dennoch nicht auf, sondern bringt immer reicher differenzierte Daseinsformen hervor. Das aber bedeutet, daß jener Widerstreit nur scheinbar besteht, daß aber in der Tiefe der Wirklichkeit das uns als Gegeneinander erscheinende zwiespältige Wirken (→3015) Gottes *in sich versöhnt* sein muß. Deshalb ist die jetzt im »Ring« sichtbare innere Widersprüchlichkeit des wotanischen Willens eine noch unangemessene (weil zu wenig tiefe) Erfassung des Göttlichen. Es darf, um Gott angemessen zu erfassen, nicht nur festgestellt werden, daß Gottes Wirken zwei einander auszuschließen scheinende Komponenten umfaßt, sondern es ist vor allem zu zeigen, *wie* diese beiden Komponenten in der Einheit des göttlichen Willens versöhnt sind. Der erste Versuch, dieses Wie darzustellen, war die freiwillige Selbstaufhebung der riesischen Freiheit im Burgbau (→353) und der menschlichen Freiheit im blinden Gehorsam (→2831–2834). Durch die Freiwilligkeit der Selbstaufhebung schien die Freiheit im Verlust ihrer selbst bewahrt. Dies aber ist tatsächlich nicht der Fall (→325; 6465f). Statt mit der göttlichen Ordnungsmacht wirklich versöhnt zu sein, ist die endliche Freiheit in dieser Vorstellung vom verträgeschließenden Gott (→6942f) bloß zum Verschwinden gebracht. Deshalb wird Wotan, nachdem er jetzt die verschwundene Freiheit von Riesen und Menschen wieder zur Geltung gebracht und anerkannt hat, einen neuen Versuch machen, endliche Freiheit und göttliche Ordnungsmacht ineinszusetzen (→2910–2913), der ebenfalls scheitern wird (→2921). Nach einem weiteren Versuch (→2982–2985) wird sich zeigen, daß im Bereich des für die menschliche Einsicht Zugänglichen die innere Einheit des göttlichen Wirkens nicht erfaßt werden kann; der Mensch muß sich mit der nach außen sichtbaren Widersprüchlichkeit der den Wirklichkeitsprozeß bestimmenden göttlichen Wirkungsweisen (Macht und Liebe) zufriedengeben: Wotan stellt das Göttliche nur dar, insoweit es sich im Bereich der irdisch menschlichen Erfahrung, und damit eben als für menschliches Denken unauflösbarer Widerstreit von Macht und Liebe bekundet (→6141ff). Die unaufgelöste Widersprüchlichkeit der Wotangestalt weist daher auf eine in Wotan selbst noch nicht zur Darstellung kommende *Geheimnishaftigkeit* Gottes, die in der Tiefe (→6121ff) des schlafenden (→6206–6209) Waltens (→6159ff) der Erda (→1678) verborgen ist (→1692ff).

2839f: Warum sind die von Wotan in ihre eigene Freiheit eingesetzten (→2835–2838) endlichen Subjekte (die »kühnen Kämpfer«) nicht nur innerhalb des Geschichtsprozesses, sondern auch nach ihrem Tod im Jenseits, nämlich in Walhall (→1811), von Bedeutung? Das menschliche Dasein hat seine letzte Erfüllung nicht im irdischen Erleben (→8949), sondern in der Teilhabe am göttlichen Überblick über das vollendete Weltganze (→1672–1675). Diese Teilhabe wird nur erreicht durch das Verlassen der irdischen Erlebensweise im Tod. Der Kampf der freien Menschen gegen Alberichs Despotieversuche (→2852ff), der sich auf Erden vollzieht, entscheidet über das *endgültige* Schicksal der Menschheit: So wie der Kampf ausgeht, ist der Mensch aller Zeiten in der zeitüberhobenen göttlichen Ewigkeit beschaffen. Der irdische Kampf entscheidet darüber, ob die Menschennatur, an der alle Individuen endgültig erst im zeitüberhobenen Reiche Gottes teilhaben, sich in viele freie Individuen ausprägt oder in viele Knechte, deren je eigenes Selbstsein zugunsten des Dienstes für den Despoten ausgelöscht ist. Diese Entscheidung ist freilich nur für den irdischen Blick, der nicht das vollendete Ganze aller Wirklichkeit schon zu überblicken vermag, noch offen. Für das göttliche Schauen ist der ganze vollendete Geschichtsverlauf in ewiger Gegenwart gegeben. Das göttliche Vorauswissen hebt die Freiheit der einzelnen handelnden Subjekte nicht auf, weil Gott dessen Handlungen zwar voraus*weiß*, nicht aber voraus*bestimmt* (→7043ff). Allerdings kann Gott durch sein Vorauswissen, das heißt durch seine Weisheit (→6170), die einzelnen gänzlich freien Handlungen *im Ganzen* so zusammenspielen lassen, daß das von ihm gewollte Endergebnis sich einstellt. So ist das Resultat der endlichen Handlungen meist auch verschieden von dem, was die Handelnden beabsichtigten (→2831–2834). Darin erweist sich Gottes Geschichtslenkung (→8077f).
Die Vorstellung vom göttlichen Bereich als dem Jenseits des irdischen Erlebens von Ausschnitten und Bruchstücken der Wirklichkeit soll ausdrücken, was überall in der Wirklichkeit allesbestimmend, also göttlich, am Werk ist. Wotan ist nun nicht die Darstellung des Göttlichen in seiner »immanenten« Schau des *vollendeten* Ganzen des Wirklichkeitsprozesses, sondern die Darstellung des göttlichen Wirkens, soweit es im Geschichtsprozeß irdisch sichtbar ist oder erschlossen (aus bruchstückhaften Erfahrungen extrapoliert oder ins Ganze gerechnet) werden kann (→6141ff). Der wotanisch-göttliche Bereich ist daher ein Jenseits, in dem die allgemeinsten Züge, die sich durch alles Wirkliche hindurchziehen und es bestimmen, in ihrer noch *unaufgelösten* Gegensätzlichkeit vorstellig gemacht werden. Vom »laufenden« Geschichtsprozeß her gesehen, ist als die alles treibende Kraft nur der *unentschiedene Kampf* der endlichen Subjekte untereinander und mit der Naturordnung (→6911ff) feststellbar. Walhall ist so aber nicht die angemessene Vorstellung vom (Be-)Reiche Gottes, weil die Entscheidung des Kampfes, mithin die vollendete Gestalt der Welt, nicht zur Darstellung kommt. Außerdem bleiben mit der Vorstellung des Kämpferischen doch wichtige Züge der Wirklichkeit unberücksichtigt, so daß Walhall auch aus diesem Grunde das Göttliche nicht zutreffend darstellt (→3206f). Auch im germanischen Mythos sind es nicht die Götter und Helden Walhalls, die den Endkampf zur guten Entscheidung führen, sondern es ist eine von ihnen verschiedene, ungenannte göttliche Macht, die die versöhnte Welt heraufführt (Thule II 42ff; 46f). Im »Ring« verschwindet Walhall am Ende, ohne daß die Walhallkämpfer und Walhallgötter über die endgültigen Charakter der Welt – über ihre Vollendungsgestalt – entschieden hätten (→nach 8954). Die angemessene Gestalt des göttlichen Bereichs ist nicht die aus irdischen Verhältnissen extrapolierte Walhall, sondern die verborgene Tiefe (→6121ff) der irdischen Geschehnisse, nämlich das *geheimnisvolle* (→1692ff) Walten Gottes (→6159ff), das in der Weisheit Erdas (→6170) begründet und in der zeitüberhobenen ewigen Gegenwart ihres göttlichen Erlebens (→1672–1675) immer schon als vollendet gegenwärtig ist. *Diese* Dimension ist es daher, in welche hinein sich Walhall am Ende des »Ring« auflöst (→8948).

2841: →3182–3185.

2842: →3450.

2845ff: Die Wala (→6111f) Erda (→1678) warnt Wotan vor dem Ende einer Welt mannigfaltiger selbstseiender Wesen (→2848f).

2848f: Das Wort »uns« bezieht sich auf die weltordnenden Götter (→334). Göttlich weise Ordnung allein ermöglicht die chaoslose Vielfalt (→5449f) gegenstrebiger Wesen (→6918-2ff). Durch die Zerstörung der göttlichen Weltordnung wären diese Wesen gegenseitiger Vernichtung anheimgegeben (→1490f). In den gegenwärtigen Versen nennt Wotan zusammenfassend den Inhalt der Warnung Erdas (→2845ff), hernach erläutert er diese näher (→2850–2869).

2850f: Die Macht von Alberichs liebeloser (→317f) Selbstsucht wurde von Wotan zugunsten des Selbstseins der übrigen Wesen in der Welt gebrochen (→1473). Da Wotan aber die endliche Freiheit nicht aufgehoben hat (→1715), womit deren Fähigkeit zum Bösen (→5348ff) weiterhin als eine Möglichkeit im Weltverlauf gegenwärtig bleibt, kann Alberich immer wieder erneut versuchen, die im Ring verkörperte (→253–257) Macht zur despotischen Unterwerfung der ganzen Welt zurückzugewinnen, indem er Ränke spinnt und so immer mehr Wesen unter seine Botmäßigkeit bringt, die er dann in seinem Sinne wirken lassen und auf diese Weise seine begrenzte individuelle Macht vervielfältigen kann. Diese Tätigkeit richtet sich gegen Gott (→5371), der die Welt in umfassender Weisheit so geordnet hat (→6918-3f), daß eine unübersehbare Vielfalt höchst gegenstrebiger Wesen bestehen und sich zu immer höher differenzierter Gegenstrebigkeit entwickeln kann. Diese Ordnung muß Alberich verkehren, um die Einzelwesen ihres eigenen Selbstseins zu berauben und sie auf die Nützlichkeit für seinen eigenen Daseinsvollzug beschränken zu können. Im »Ring« ist das allumfassende weise Göttliche in Erda (→1678) dargestellt, deren Walten (→6159ff) sich in der geschichtlichen Welt (→6923–6926) unter der Gestalt Wotans ausprägt (→6175f). Daher ist es *Wotan*, dem der Nibelung »grollt«, das heißt gegen dessen Weltordnung er aufzubegehren versucht, weil er von ihr in seinem maßlosen (→253–257) Streben behindert wird.

2852ff: Alberich droht, alle Wesen in der Welt ihres eigenen Selbstseins zu berauben und ihre Daseinsvollzüge auf das einzuschränken, was *seinen* Zwecken dienstbar ist (→317f). Einen ersten Versuch Alberichs, in der Kraft des Ringes (→253–257) eine solche Despotie zu errichten, hat Wotan vereitelt (→1473). Der Gott hat aber die endliche Freiheit samt ihrer Fähigkeit, jene böse (→5348ff) Despotie anzustreben, nicht aufgehoben (→1715). Wegen der Gegenstrebigkeit (→2535f) der einzelnen endlichen Subjekte kann sich jedes nur unter gewisser Beeinträchtigung anderer vollziehen. Um sein eigenes Selbstsein möglichst zu bewahren, ist daher jedes endliche Subjekt immer in der Versuchung, nach einem Selbstvollzug (→2634f) zu streben, der von den Belangen und Vollzügen anderer möglichst unbeeinträchtigt ist: so ist das einzelne Subjekt in letzter Konsequenz auf *Alleinherrschaft* aus. Warum braucht Wotan dann aber angesichts einer solchen Menge von Despotieanwärtern trotzdem die alberichsche (oder eine andere) Despotie nicht zu fürchten? Abgesehen davon, daß bei vielen Wesen der zur Despotie führende Neid durch anerkennende Liebe zu den übrigen Wesen gemildert ist (→716ff), erwachsen im ungezwungen freien Spiel (→397ff) der vielfaltbedingt gegenstrebigen endlichen Subjekte der despotischen Bestrebung des einen immer viele hindernde Gegenkräfte in den Bestrebungen der anderen. So ist die Despotiegefahr gerade dadurch gebannt, daß die endlichen Subjekte – die »Helden« – zur Verfolgung ihres je eigenen Selbstseins aufgereizt worden sind (→2835–2838). Vorausgesetzt, Alberich gewinnt nicht durch Ränke und Gewalt Einfluß auf eine Übermacht innerhalb der freien Subjekte (→2855ff), liegt der »Sieg« im Kampf um die grundsätzliche Beschaffenheit der Menschheit (→2839f) nicht bei der Despotie Alberichs, sondern beim Willen Wotans zur endlichen Freiheitenvielfalt. Freilich werden die Handlungen der Helden auch ohne despotische Absicht, und zwar wegen der Beschränktheit des menschlichen Überblicks (→2831–2834), gegeneinander und gegen die Naturordnung (→6911ff) zerstörerisch wirken. Gegen das im Kampf aller gegen alle drohende Chaos (→716ff) schützt aber Wotans listige Lenkung des Zusammenspiels der endlichen Freiheitstaten (→2674ff) und führt hin zur selbstseinbewahrenden weisen Weltordnung (→6918-2ff).

2855ff: Wenn es Alberich, dem Wotan die Freiheit dazu nicht genommen hat (→1715), gelingt, im freien Spiel der endlichen Freiheitssubjekte (→2852ff) durch Ränke und Gewalt die Mittel zur despotischen Herrschaft über alle Wesen zu finden, wenn es ihm, bildlich gesprochen also gelingt, über den Ring, der die Macht zu solcher Herrschaft verkörpert (→253–257), wieder zu verfügen, dann ist das freie Spiel (→397ff) der endlichen Subjekte, in dem die Vormachtbestrebung eines Einzelwesens immer ihr Gegengewicht in derselben Bestrebung anderer hat, aufgelöst zugunsten der einen, aus Lieblosigkeit (→317f) despotisch die ganze Welt beherrschenden (→5371), bösen Subjektivität (→5348ff). In der Ringrückgewinnung durch Alberich wäre die Geordnetheit der Welt verloren, die in der höchst komplexen Gegenstrebigkeit aller Wesen einem jeden sein je eigenes Selbstsein eröffnet, es bewahrt und es weiter auszudifferenzieren erlaubt. Die selbstseineröffnende Ordnung würde durch Alberichs despotische Zerstörung der Selbstseine in ihr Gegenteil verkehrt. Die Weltordnung aber ist ja gerade in der *Götterburg Walhall* verkörpert (→334). Die Rückgewinnung des Ringes durch Alberich wäre daher gleichbedeutend mit dem Verlust Walhalls.

2858: →317f.

2859f: Neid ist jedem Wesen notwendig, um sich nicht selbst zu verlieren oder aufzugeben; durch die liebende (→269) Anerkennung des Selbstseins der anderen Wesen wird der Neid vor zerstörerischer Ausuferung bewahrt (→716ff). Wenn aber der Neid die *einzig* beherrschende Antriebskraft im Daseinsvollzug eines Wesens wird, dann strebt dieses Wesen unter liebloser Mißachtung aller anderen Wesen nach der despotischen Alleinherrschaft über alle (→5371). Alberich ist das einzige Wesen, das bisher im »Ring« der Liebe völlig abgeschworen hat (→317f) und daher nur vom Neid und dem Trieb beherrscht wird, alle Wesen in der Welt nur *seinen* Daseinszwecken dienstbar zu machen (→5348ff). Deshalb wird nur derjenige, der wie Alberich der Liebe flucht, aus neidischer Gesinnung heraus die Kraft des Ringes, die zum Heraustreten aus der den einzelnen um der anderen Einzelwesen willen auch beschränkenden Weltordnung befähigt (→253–257), auch ausüben, wenn er die Gelegenheit dazu hat.

2861: Runen sind germanische Schriftzeichen, die zugleich den in ihnen niedergelegten Inhalt – hier also die maßlose Macht, die der Ring verleiht (→253–257) – wirksam machen (→6942f).

2862f: Schmach bedeutet Kränkung (Duden VII 612). Durch Alberich wird das Selbstsein der anderen Wesen gekränkt, weil es aus Lieblosigkeit (→317f) mißachtet, ja zerstört wird (→5348ff).

2864f: Der »Mut« meint das ganze Selbstsein (→148) der endlichen Freiheitssubjekte, das heißt der Helden. Dieses Selbstsein »entwendet« Alberich der *weltordnenden* göttlichen Instanz (→334), die für die geschichtliche Welt (→6923–6926) durch Wotan verkörpert wird (→6175f). Diese »Entwendung« geschieht, weil Alberich die Mannigfaltigkeit der Daseinsvollzüge der Einzelwesen auf das reduzieren will, was *ihm selbst* nützt (→5348ff). Denn nur wenn ein Wesen aus den tragenden und erhaltenden Banden (→2570f) der göttlichen Weisheitsordnung (→6918-3f), die die Selbstseine in all ihrer Vielfalt (→5449f) und Gegenstrebigkeit (→2535f) bewahren will, herausgelöst ist, kann sein Selbstsein in einem ihm selbst fremden Sinne beeinflußt werden.

2869: Indem Alberich Wotan bekämpft, führt er zerstörenden Krieg gegen die Weltordnung, die Gott in Weisheit (→6170) so gestaltet hat (→334), daß viele gegenstrebige Selbstseine sich in ihrem Gegeneinander nicht nur nicht zerstören, sondern sogar gegenseitig fördern (→6918-2ff). Kraft des Ringes (→253–257) könnte und würde Alberich die einzelnen Wesen aus dieser Ordnung herauslösen, sie damit ihres je eigenen Selbstseins berauben und sie nur noch seinen Daseinsvollzügen dienstbar sein lassen (→317f).

2870f: Der *ordnungs*wollende Gott (→334) müßte den ordnungs*zerstörenden* Ring (→253–257) in seiner eigenen Verfügungsmacht (→326f) haben, um der Geordnetheit der Welt sicher sein zu können, weil endliche Subjekte aus ihrer Beschränktheit (→2831–2834) und aus ihrer Bosheit (→5348ff) heraus die Selbstseinsvielfalt-eröffnende Weltordnung nicht sicherstellen können und wollen.

2872: →4675f.

2874: →1490f.

2875: →1715.

2876: →3624f; 4162–4166.

2877: →1742ff.

2879: →1715.

2882f: Wotans »Mut« ist sein ganzes Selbstsein (→148). Das göttliche Selbstsein aber ist *Liebe* zur endlichen Freiheit und ordnende *Macht* (→2780).

Wenn Wotan die Zusicherung der Ringüberlassung (→1715) rückgängig machen würde, indem er den Riesen den Ring wieder abnähme (→2870f), *zwänge* er die Riesen zu etwas, was sie nicht wollen. Im Zwang wäre aber die Freiheit der Freien aufgehoben. Damit hätte Wotan das göttliche Selbstsein, insofern es die Einheit von Macht *und* Liebe zur Freiheit ist, zerstört. »Machtlos«, das heißt ohne Aussicht, verwirklicht zu werden, wäre nicht die ordnende Macht des Gottes, sondern sein Macht *und* Liebe umfassender Wille. Die reine Ordnungsmacht wäre ohne die Freien gar nicht »machtlos«, sondern sogar noch mächtiger, weil es keinen Bereich mehr gäbe, in dem sie sich – zugunsten der Selbstverfügung (→2634f) der nichtgöttlichen Subjekte – selbst suspendiert hätte.

2884f: Die göttliche Ordnungsmacht muß die zerstörerischen Tendenzen der endlichen Freiheiten in *Bande* schlagen (→2570f). Umgekehrt ist die göttliche Macht selber gebunden: Sie hat sich selbst Bande auferlegt, als sie die freien endlichen Subjekte schuf (→2636), weil sie, um die Freien frei sein zu lassen, sich der Verfügung selbst enthalten und die endlichen Subjekte in deren eigener Selbstverfügung (→2634f) gewähren lassen (→5398f) muß.

2886f: →353; 6942f.

2888–2895: →2910–2913.

2896: Das endliche Freiheitsgeschehen ist ein Neidspiel (→810), in dem einer dem anderen *Not* (→713) bereitet (→716ff). Aus dieser das Selbstsein des Einzelwesens *bedrohenden* Not selbst heraus muß die selbstsein*erhaltende* Ordnung entstehen, wenn sie den Taten der endlichen Freiheiten nicht von außen (durch göttliche Fremdbestimmung) aufgezwungen werden, sondern aus der freien Selbstverfügung (→2634f) der Freien, die eben zu gegenseitiger Notzufügung führt, kommen soll. Von selbst aber kann aus der gegenseitigen Beeinträchtigung keine wechselseitige Förderung resultieren. Dazu bedarf es vielmehr göttlicher Ordnung des Beeinträchtigungsgeschehens (→6918-2ff). Dann aber ist die selbsteinerhaltende Ordnung nicht mehr Ergebnis *freien* menschlichen, sondern göttlich gelenkten menschlichen Handelns. Wie aber soll Gott die Freien lenken, ohne damit ihre Freiheit aufzuheben (→2674ff)?

2897: Diese dem freien Helden eigene Wehr sollte das Schwert sein, das Wotan Siegmund zukommen ließ (→2651). Das Wotansschwert ist nun aber nicht wirklich Siegmunds *eigenes* Schwert, weil in ihm nicht Siegmunds eigener Selbstvollzug (→2634f), also die Kraft seiner Freiheit, sondern nur Wotans lenkende Kraft wirksam ist. Anders ist es bei Siegfried (→5011).

2898f: →2882f.

2900f: →2910–2913.

2902–2909: →2910–2913. Trotz (→2908) bedeutet die Selbständigkeit (→354), also den freien Selbstvollzug (→2634f) des endlichen Subjektes, der aus dessen Eigenem, nicht aus Gottes Verfügung, stammt.

2910–2913: Gott ist die zentrale Macht, die alles in Weisheit (→6170) so ordnet, daß jedes einzelne Wesen sein Selbstsein trotz der – und sogar gerade durch die – gegenseitige(n) Beeinträchtigung der untereinander höchst gegenstrebigen Einzelwesen bewahren und vollziehen kann (→6918-2ff; 334). Der oder das »Andere« (→2919) dieser selbstseinseröffnenden Macht Gottes gegenüber (→326f) ist die endliche Freiheit des Menschen, der alle Selbstseine außer seinem eigenen mißachten und durch entsprechendes Handeln zerstören kann. Wotan will, daß die endliche Freiheit diese zerstörerischen Möglichkeiten, die der Ring Alberichs verkörpert (→253–257), aufgibt, um so die komplexe Mannigfaltigkeit der Welt in der chaosverhindernden göttlichen Ordnnung sicher bewahrt wissen zu können. Wotan kann der endlichen Freiheit aber nicht selbst den Ring einfach abnehmen (→2870), weil er damit die Freiheit der Freien aufhöbe, die er ja gerade will (→353). Dieser Widerstreit (→2945f) zwischen der Bewahrung der Ordnung und der Bewahrung der ordnungsstörenden endlichen Freiheiten könnte, ohne bloße Aufhebung der beiden Seiten zu sein, nur dadurch aufgelöst werden, daß die *endliche Freiheit selbst* ihre Zerstörungskraft, also den Ring, aus ihrer eigenen Verfügung entließe und in die Verfügung der göttlichen Ordnungsmacht übergäbe. Damit würden die endlichen Subjekte frei und selbstverfügend (→2634f) handeln, und das, was bei ihrem eigenen Handeln herauskäme, wäre doch genau das, was Gott will. Wie aber soll Gott die Freien dazu bringen, in seinem Sinne zu wollen? Jede an die Freien gerichtete Veranlassung von seiten Gottes hebt ja die Freiheit der Freien sogleich auf (→2921).

Unsere Wirklichkeitserfahrung zeigt uns nun, daß der Mensch störend und zerstörend in die gottgesetzte Ordnung der Welt (→334) eingreifen kann, indem er aus Neid (→716ff) alle Selbstseine außer seinem eigenen mißachtet. Andererseits ging die Welt bisher darüber nicht zugrunde. Es ist also neben dem Zerstörerischen auch die ordnende Kraft am Werk: die von uns beabsichtigte und in Gang gesetzte Zerstörung nimmt ihren eigenen Verlauf, der mit unseren Absichten meist nicht übereinkommt. An dieser überall und immer zu machenden Erfahrung zeigt sich, daß nicht der handelnde Mensch, sondern *Gott* den Gang der Geschichte bestimmt (→8077f). Täuscht uns dann aber nicht unsere Selbsterfahrung, wenn wir uns als frei und selbst über uns verfügend (→2634f) erleben? Oder täuscht uns die Wirklichkeit ihre Geordnetheit nur vor, so daß sie doch schließlich in Zerstörung sich auflösen wird? Nimmt man eine dieser Täuschungen an, um zu erklären, wie Freiheit und Ordnung, die sich gegenseitig ausschließen, doch zusammen bestehen können, so hat man – methodisch betrachtet – die beiden Widerstreitenden nicht zur Einheit versöhnt, sondern nur eines von beiden geleugnet, da man der Freiheit oder der Ordnung die Wirklichkeit bestreitet, wenn man sie als Täuschung abtut. In diesem Falle stellt sich aber die Frage, warum und vor allem wie es geschehen kann, daß die Wirklichkeit als das Gegenteil dessen, was sie wirklich ist, auftritt, indem die tatsächliche Unfreiheit sich uns als Freiheit oder die tatsächliche Unordnung als Ordnung vortäuscht. Diese Frage dürfte wohl unbeantwortbar sein. Daher gehen wir besser davon aus, daß uns die Wirklichkeit nicht täuscht, sondern daß in ihr tatsächlich Ordnung *und* zerstörerische Freiheit am Werk sind. Gott als der allesbestimmende Urgrund (→6118) aller Wirklichkeit läßt also Ordnung *und* Zerstörung geschehen, oder anders gesagt, er wirkt als ordnende Macht *und* als freiheitseröffnende Liebe (→2780). Die Frage bleibt mithin genau die, die Wotan sich stellt: wie nämlich Ordnung und zerstörerische endliche Freiheit so vereint werden können, daß sie sich nicht gegenseitig aufheben. Anders gefragt: Wie kann Gott der Zerstörung *freien* Lauf lassen und *gerade dadurch* die göttliche *Geordnetheit* der Welt hervorgehen lassen? Wenn ihm das gelänge, dann würde der zerstörerisch handelnde Freie »aus sich« genau das bewirken, was der ordnungsetzende Gott (»ich nur«) selber will. Diese Einheit seines Ordnungswillens mit dem (auch von ihm gewollten [→2927f]) zerstörerischen Willen der endlichen Freiheit, kann Wotan nicht sicherstellen (→2933–2936; 2982–2985).

2914: Um die göttliche Not, also die *Not des Gottes* zu verstehen, müssen wir zunächst von der menschlichen Selbst- und Welterfahrung ausgehen. Der Mensch erlebt sich so, daß er *selber* handelt und genau darin doch der Verfügung einer überlegenen Macht *unterworfen* ist. Der Mensch erfährt sich mithin als *frei verfügend* und zugleich von fremder Instanz *verfügt*, also als unfrei (→2634f; 2674ff; 8077f). Die Not besteht nun darin, daß dies beides sich ausschließt und doch die *eine* Selbsterfahrung den *einen* Lebensvollzug des Menschen ausmacht. Wie kann der Mensch eine ungebrochene Identität erreichen, wenn er von diesen sich gegenseitig ausschließenden Komponenten bestimmt und darin zerrissen wird (→3260–3265)? Inwiefern – das ist die im gegenwärtigen Zusammenhang entscheidende Frage – ist diese menschliche Not aber *göttliche* Not? Es ist der Wirklichkeitsprozeß, und damit die ihn ins Dasein setzende und sein Sosein bestimmende *göttliche Macht* (→6159ff), die dies beides, das sich ausschließt, hervorbringt: die menschliche Freiheit *und* die Gebrochenheit dieser Freiheit durch die göttliche Ordnungsmacht (→334). Und damit ist die Frage nach der Vereinbarkeit beider sich ausschließender Komponenten die Frage nach der *inneren Einheit des göttlichen Willens*. Wie kann Gott seinen Willen zu einer geordneten Welt, in der viele gegenstrebige Selbstseine sich nicht gegenseitig zerstören, sondern fördern, verwirklichen, wenn er gleichzeitig die endliche Freiheit als eine solche, die gerade auch zur Zerstörung der selbstseinerhaltenden Ordnung frei ist, will? Wie kann er die zerstörerische Freiheit als Freiheit bewahren und sie doch zur Aufgabe ihres Zerstörerischen bringen (→2910–2913)? Dem Entschluß der Freiheit kann Gott nicht vorgreifen, ohne die Freiheit selbst aufzuheben (→2921). Mit der Anerkennung eines dem Gotte unverfügbaren Bereiches nichtgöttlicher Freiheit scheint somit aber die Göttlichkeit Gottes, eben seine alles befassende Allverfügung, selbst zerstört. Die nächstliegende Lösung dieser Schwierigkeit läge darin, die Freiheit der nichtgöttlichen Subjekte aufzugeben und somit deren Unverfügbarkeit für den Gott zu beseitigen. Damit wären die endlichen Subjekte aber nur noch Ausfluß göttlicher Bestimmung ohne selbstverfügte Wirklichkeit. Diesen Weg schlagen alle *reinen Monotheismen* schließlich ein, welche, weil sie Gott differenzlos einfach denken wollen, nicht in der Lage sind, die Göttlichkeit Gottes – seine Allverfügung – unter der Bedingung eines Gott gegenüber selbständigen endlichen Subjektes sicherzustellen, und so geraten sie dahin, nur noch die göttliche Wirklichkeit anzuerkennen und alles endliche Freie als nichtigen Schein deuten zu müssen. An diesem Punkt muß die rein monotheistische Gottesvorstellung durch die Idee des *trinitarischen* Gottes abgelöst werden. Diese Idee denkt die Einheit Gottes mit dem Anderen (→2919): der Sohn ist nicht Gott (qua Vater) und als Sohn des Vaters doch selber Gott. Der Sohn ist das Urbild und der Inbegriff auch der endlichen freien Subjekte, wie überhaupt alles Geschaffenen (→6170; 6175f; 6733–6737). Damit ist in der Trinität die Allverfügung Gottes und *ineins damit* die freie, für Gott unverfügbare Selbständigkeit der endlichen Subjekte gedacht. Diese innertrinitarische Einheit ist für das endliche Denken des Menschen nicht widerspruchsfrei denkbar. *Daß* sie aber tatsächlich besteht und dem Wirklichkeitsprozeß als göttliche Tiefe (→6121ff) oder als göttlicher Urgrund (→6118) zugrunde liegt, zeigt sich daran, daß der Wirklichkeitsprozeß sowohl die endliche Freiheit hervorbringt und sie fördert, als auch sie behindert und zum Scheitern führt; darin bekundet sich Gott sowohl als verfügende Macht über die endliche Freiheit, als auch als derjenige, der sich selbst seiner Allverfügung – aus Liebe zur endlichen Freiheit – streckenweise begibt. Weil der Wirklichkeitsprozeß trotz dieser seiner einander widerstreitenden Grundkomponenten sich noch nicht aufgehoben hat, muß dieser Widerstreit in den Tiefen des göttlichen Urgrundes versöhnt sein. *Wotan* freilich ist nicht die Darstellung Gottes in seiner Immanenz, denn diese bleibt dem endlichen Menschen verschlossen (→6170; 6175f). Wotan stellt Gott nur dar, insoweit er dem irdischen Blick des Menschen sich bekundet (→6141ff), und das heißt eben als unaufgelöster Widerstreit von Macht und Liebe (→2780). Wotans Not ist die Not, daß das göttliche Geheimnis sich für das menschliche Denken nicht schlüssig auflösen läßt. Aus der Erkenntnis, daß das Göttliche in ihm nicht angemessen dargestellt ist, erwächst für Wotan das seine Not wendende Erfordernis, sich selbst aufzuheben und der Anerkennung des Göttlichen als des Geheimnisses Platz zu machen (→6238f; 6252ff). Dieses Geheimnis verkörpert im »Ring« Erda (→1692ff).

2915: →2603f.

2916ff: Gott will die Freiheit der endlichen Subjekte (→6942f; 2636) und die selbstseinverbürgende Geordnetheit der Welt (→334). Wotans Problem ist, wie er die Freiheit veranlassen könne, freiwillig – also ohne seine Veranlassung – sich ihrer zerstörerischen Möglichkeiten zu begeben (→2910–2913). Das neuzeitliche *anthropologische* Problem, wie menschliche Freiheit angesichts der Macht Gottes möglich sei, formuliert der »Ring« hier nicht als anthropologisches, sondern als *theologisches* Problem: Wie muß die Macht Gottes beschaffen sein, daß sie menschliche Freiheit eröffnet (statt sie aufzuheben)? Die Macht Gottes wird keineswegs feuerbachianisch geleugnet, um die menschliche Freiheit zu retten, sondern Gott ist der die Freiheit ermöglichende und eröffnende Urgrund (→2630–2633), wenn auch dem Menschen undurchsichtig bleibt, wie sich dies vollzieht.

2919: Das »Andere« Gottes ist ein zwar von Gott geschaffenes (→1676f) endliches Wesen, das aber über seinen Daseinsvollzug selbst entscheidet. Der seiner eigenen freien Selbstverfügung (→2634f) überlassene Mensch ist Schöpfung Gottes (→2605f), aber so, daß Gott am Orte der menschlichen Freiheit sich seiner Verfügung enthält. Die *alle* Wirklichkeit umfassende Macht Gottes (die auch der endlichen Freiheit mächtig ist, da letztere nur durch die Selbstsuspendierung der göttlichen Macht konstituiert ist) und die auf enge Bereiche *beschränkte* eigene Verfügungsmacht des Menschen (der Zwerge [→2781f], der Riesen [→4675f]) sind die beiden Mächte, die den Fortgang des Wirklichkeitsprozesses bestimmen (→326f). Die Einheit der göttlichen Macht mit ihrem Anderen – also der menschlichen Macht – ist für den irdischen Menschen nicht widerspruchsfrei denkbar (→2914).

2921: Nicht sein Dasein, wohl aber dessen Vollzüge muß der Freie aus sich selbst heraus bestimmen, weil sich sonst nicht *sein* Dasein, sondern das dessen, der ihm die Vollzüge vorschreibt, vollzöge. Insoweit Gott bestimmt, was der Freie tut, ist letzterer nicht mehr frei, das heißt aus sich selbst heraus bestimmend. Wo Gott verfügt, was wir tun, sind »wir ja eo ipso nicht selbst ... die Urheber unserer Handlungen« (Kant [1] 201). Freiheit ist Selbstverfügung, Bestimmung über sich selbst aus Eigenem (→2634f).

2925f: Vor (→1990f; 1992f) und nach (→2009ff) dem Überfall auf seine Mutter und seine Schwester (→2001–2004) war Siegmund mit Wotan, der damals den Namen »Wälse« trug (→2601f), in den Wäldern unterwegs.

2927f: Der Rat der Götter (→8079f) ist es, der die Weltgeschehnisse lenkt (→8077f). Die Vorstellung ist, daß die verschiedenen Götter, das heißt die verschiedenen Seiten des *einen* göttlichen Wirkens (→6175f), untereinander zu einem Beschluß kommen, welche genaue Gestalt das Weltgeschehen – angesichts der vielen Möglichkeiten, die es aufgrund seiner Komplexität in sich birgt – annehmen soll. Das Weltgeschehen ist offenkundig von göttlicher Weisheit als ein unchaotisch oder sinnvoll sich vollziehendes Gewebe (→666) angelegt (→6918). Dennoch gibt es innerhalb der Sinnzusammenhänge auch zerstörerische Ereignisse, von denen ein Teil in menschlichen Handlungen, wie denen Siegmunds (→2016f; 2053f; 2105ff; 2537f; 2540ff), besteht. Siegmund handelt nun nicht aus Willkür zerstörerisch, sondern (so sagen uns die gegenwärtigen Verse) es ist Wotan, also *Gott selbst*, der das zerstörerische Handeln des Menschen »aufreizt«. Dabei kann das Auftreten der göttlichen Instanz in Gestalt eines menschlichen Individuums (als Wälse [→2601f]) durchaus als Bild für einen ganz anders, wenn auch »personal« (→6120) sich vollziehenden göttlichen Einfluß aufgefaßt werden. Was Siegmund zum Widerstand gegen den Weltlauf und seine Ordnungen »aufreizt«, sind ja wohl seine unbefriedigenden Erfahrungen mit diesem Weltlauf einerseits und ist die Art seines Charakters andererseits. Die Umstände, in denen er sich vorfindet, und die Anlagen, mit denen er ausgestattet ist, sind nun aber nicht Siegmunds eigene Hervorbringungen, sondern Setzungen der den Wirklichkeitsprozeß insgesamt bestimmenden Macht *Gottes*. Deshalb ist in den aufreizenden objektiven Umständen und subjektiven Anlagen letztlich Gott selbst als das Reizende oder Stachelnde (→2640f; 2835f) am Werk. Diese göttliche Einwirkung auf den Menschen hebt aber die *freie* menschliche Selbstverfügung (→2634f) nicht auf, denn der Mensch kann der göttlichen Aufreizung aus eigenem Entschluß nachgeben oder sich ihr verweigern. Seine Entscheidung zwischen beiden Möglichkeiten trifft Siegmund (wie jeder Mensch) aus der *Endlichkeit* seines Überblicks (→2831–2834) und aus seiner Freiheit zum *Guten oder Bösen* (→5348ff) heraus. Verfehlt der Mensch wegen seiner Endlichkeit den Weltsinn und wirkt damit zerstörerisch, so ist diese Zerstörung letztlich von Gott selbst verursacht, der den Menschen als endlichen geschaffen hat. Handelt der Mensch aus seiner Freiheit zum Bösen heraus zerstörerisch, so scheint Gott mit der Zerstörung nicht ursächlich verknüpft zu sein. In der Tat ist es aber Gott selber, der mit der Freiheit die Möglichkeit des Bösen allererst eröffnet hat. Daher vollzieht auch das Böse den Willen Gottes. Das kann freilich nicht so mißverstanden werden, als könnte man das Gute leichthin unterlassen, wenn man bedenkt, daß erst im *Kampf* zwischen Gut und Böse sich der ganze Wille Gottes vollzieht. Deshalb darf nicht eine der beiden Seiten vernachlässigt werden. Weil das Böse, Zerstörerische, aber dem Menschen immer näherliegt, leichter zu vollbringen ist und daher öfter geschieht als das Aufbauende, Gute, bleibt der Aufruf zum Guten immer dringend. Wir sollen das Böse nicht tun, aber da, wo es bei uns selbst oder anderen trotz härtester Anstrengungen nicht zu verhindern ist, überzeugt sein, daß es ein in den göttlichen Weltplan einbezogenes Moment ist.

Welche Bedeutung aber hat es für den Weltplan, daß Gott das dem Sinn (→6918) dienliche *und* das zerstörerische Tun eröffnet? Das eine von beiden hebt das jeweils andere ja auf. Ist in diesem Widerspruch zwischen den beiden den Wirklichkeitsprozeß bestimmenden Grundrichtungen die Welt zum chaotischen Scheitern verurteilt, oder drückt sich darin nur die Unfähigkeit des Menschen aus, die letzte Tiefe des Wirklichkeitsprozesses in ihrer verborgen bleibenden Versöhntheit zu erfassen? Es bleibt im »Ring« zwar dunkel, *wie* Gut und Böse im Willen Gottes zur vollendeten Einheit des Weltganzen versöhnt sind; der »Ring« setzt aber ganz entschieden voraus, *daß* sie es sind: Wotan bekundet selbst, daß der göttliche Urgrund (→6118) nicht die aus dem bösen Neidspiel (→810) resultierende chaotische Zerstörung der Welt, sondern deren *Erlösung* will (→6276ff), die durch ein geheimnisvolles Walten (→6159ff) heraufgeführt werden soll, in dem die *Einheit* von ordnender göttlicher *Macht* und göttlicher *Liebe* zur freien – auch im bösen Sinne freien – endlichen Subjektivität (→2780) sichergestellt ist (→8948). Dahinter steht die Gesinnung, daß »Sünde selbst und Verbrechen nicht als Hindernisse, sondern als Fördernisse des Heiligen zu verehren und liebzugewinnen« (Goethe [6] 172) seien. Das Heil(ig)e ist das in seinem Selbstsein unversehrte, unzerstörte (→215) Sinngefüge der ganzen Welt. Das göttliche Walten besteht darin, auch in der zerstörenden Tat das Sinngefüge unzerstört zu bewahren, ja es gefördert sein zu lassen. Eine Zerstörung, die nicht zerstört, ist aber ein Widerspruch. Das göttliche Walten erscheint als widersprüchlich.

Wotan stellt das göttliche Walten insoweit dar, als es für den endlichen Einblick des Menschen sichtbar ist (→6141ff), also *nicht* in seiner geheimnisvollen Tiefe (→6121ff), die den Widerspruch versöhnt, sondern in der unaufgelöst widersprüchlichen Weise, in der es sich der menschlichen Welterfahrung als Widerstreit von Gut und Böse zeigt. Wotan verkörpert das in sich widersprüchliche Walten Gottes (→2945f) auf der als endlicher Weltprozeß, also sozusagen nach *außen* sich zeigenden Ebene, nicht jedoch in der Tiefe des *immanenten* Waltens der göttlichen Weisheit (→6170), die dem irdischen Menschen unzugänglich ist (→1692ff). Darin entspricht der Wotan des »Ring« dem eddischen Odin, der als Weltgestalter (→1676f) die Sinngefüge setzt, andererseits aber auch selbst das Zerstörerische (Wölfische) ist (→2601f, vgl. Jes 54,16). So nennt sich Odin selbst »Bölwerk«, das heißt Übeltäter (Thule II 150/7 mit Anmerkung), und bezichtigt sich, der Urheber des Streites zwischen den Menschen zu sein: »ich ... schuf Fürsten Fehde, doch Frieden nie« (Thule II 66/24). Dem ganz entsprechend kann ein Mensch in der Edda sagen: »Alles Unheil ist Odins Werk« (Thule I 158/30). Auch das zerstörerische

Böse ist von Gott selbst eröffnet (vgl. Ström 121ff; 131). Als Urgrund, der Gutes *und* Böses hervorruft, heißt Odin »Tveggi« (Schier 272/25), der *Zwiespältige* (Ström 122; →3015). Auch der germanische Mythos hofft – wie die jüdische und christliche Überlieferung – darauf, daß am Ende dieser Weltzeit eine neue Gestalt der Welt erstehen wird, in der dann gelten soll: »böses wird besser« (Thule II 43/49). Der zwiespältige Odin kehrt nach der Götterdämmerung (→6876) in der neuen Welt nicht wieder, wenn auch eine Erinnerung an seine »alten Runen« (Thule II 42/47), die einmal »Schuldrunen« (Thule I 158/30) genannt werden, weiterbesteht. An der Versöhnung des Bösen und Guten in der neuen Welt nehmen aber nicht alle Menschen teil (→3206f).

2931f: →2651.

2933–2936: Wotan *trog* (→2936) sich darin, daß er glaubte, in seiner listigen Lenkung des endlichen Freien (→2674ff) die sich widersprechenden Komponenten seines Willens – Wotan will eine *geordnete* Welt von Subjekten, die zur *Zerstörung* der Ordnung frei sind (→2927f) – versöhnt zu haben. Da sich der Wirklichkeitsprozeß trotz dieser beiden in ihm nach Ausweis unserer Erfahrung (→2780) am Werk befindlichen widerstreitenden Komponenten nicht aufhebt, müssen die Widerstreitenden in einer irdisch nicht sichtbaren Weise dennoch versöhnt sein. Irdisch gesehen, liegen die Förderung der menschlichen Freiheit durch Gott und ihre Behinderung (um der Weltordnung willen) durch Gott zeitlich nacheinander: Wo das eine ist, kann nicht das andere (→2919) sein. In der zeitlosen, ewigen Gegenwart Erdas (→1672–1675) hingegen wären beide widerstreitenden Komponenten *ineins gegenwärtig,* so daß sichtbar würde, daß da, wo sich Förderung der (zerstörerischen) Freiheit ereignet, eo ipso Erhaltung der Weltordnung stattfindet und daß da, wo die Freiheit um der Weltordnung willen zum Scheitern geführt wird, sich eo ipso Erhaltung der Freiheit vollzieht. In den Tiefen (→6121ff) des göttlichen Urgrundes (→6118) ist der Widerstreit von ordnender Macht und Liebe zur zerstörerischen Freiheit so in der Tat versöhnt (→8948), und zwar auf eine geheimnisvolle Weise (→1692ff). Diese Immanenz des Göttlichen (→6170; 6175f) kommt allerdings *nicht in Wotan* zur Darstellung (→6238f). Unter der Voraussetzung irdischen Erlebens – und nur von diesem her kommt in Wotan das göttliche Wirken zur Darstellung (→6141ff) – kann der Widerspruch nicht gelöst, sondern nur um eine seiner Seiten verkürzt werden (→2910–2913). Die Verkürzung des Widerspruchs um eine seiner Seiten mit der Versöhnung *beider* Seiten in unverkürzter Geltung einer jeden zu verwechseln, ist der *Trug,* dem Wotan zu erliegen drohte, ehe ihm Fricka – die Ordnungskomponente seines Willens (→369) – ihre einseitige Übergehung bewußt machte. Aber auch die endliche Freiheit darf Wotan nicht aufgeben (→3850; 2699).

2943f: Der Fluch der endlichen Freiheit ist das in ihr mitgesetzte Zerstörerische, das sie anderen Selbstseinen und sich selber antut (→1490). Indem Wotan die endliche Freiheit will (→2636), läßt er sie die Geordnetheit der Welt zerstören (→2927f). Wenn er umgekehrt die Geordnetheit der Welt erhalten will, muß er mittels seiner Macht die von ihm geliebte endliche Freiheit zerstören, weil sie als zerstörerische mit der Ordnung nicht verträglich ist (→2945f). Das ist die Fessel, die Wotans Willen bindet (→2736f).

2945f: Weil Wotan den Freien liebt, muß er ihn in seiner Freiheit zum Zerstörerischen aufheben, denn die Zulassung der Zerstörung hätte wegen der Gegenstrebigkeit der vielen Freiheitssubjekte gerade deren gegenseitige Vernichtung zur Folge. So muß Wotan um der die Selbstseine vor dem Chaos bewahrenden Geordnetheit der Welt willen – also um Frickas willen, die die Verkörperung des göttlichen Ordnungswillens ist (→369) – den zerstörerisch handelnden (→2537f; 2540ff) Helden Siegmund töten, um die Zerstörung des endlichen Freiheitsgeschehens der Menschen untereinander zu verhindern (→2720f). Wotan *tötet* den Freien, weil er die Freien *erhalten* will. Wotan setzt also eine Tat, um deren Gegenteil zu erreichen. Darin *widerspricht* er sich. Es ist dies Folge des inneren Widerspruches im göttlichen Willen: Wotan will Ordnungsmacht ausüben *und* die Freien liebend gewähren lassen (→2780). Der Wille zur Ordnung schließt aber den Willen zur ordnungszerstörenden Freiheit aus und umgekehrt. Daß Gott beides will, erleben wir in unserer Welterfahrung, die uns ineins als Freie *und* als dem Schicksal Unterworfene zeigt. In der geheimnisvollen (→6121ff) Tiefe (→6121ff) des göttlichen Urgrundes (→6118) ist dieser Widerspruch versöhnt. Diese Tiefe kommt aber nicht in Wotan zur Darstellung (→2933–2936), sondern in Erda (→1678), die am Ende namenlos als Einheit von Macht und Liebe (→8948) wirksam bleibt.

2947f: →3260–3265; 3302f.

2949f: Die »herrische« Pracht ist diejenige (→335) der göttergesetzten und in der Götterburg verkörperten Weltordnung (→334), die Wotan um der endlichen Freiheit willen aufgibt (→2982–2985).

2951f: Es ist hier die Rede vom Prangen (→336) der die göttergesetzte Weltordnung verkörpernden Burg (→334), deren (und damit Wotans als des Bauherren) Schmach darin besteht, die widerstreitenden Komponenten des göttlichen Willens, nämlich die Geordnetheit der Welt und die Freiheit der endlichen Subjekte zur Zerstörung dieser Ordnung, nicht versöhnen zu können und so immer eines von beiden (damit aber den göttlichen Willen insgesamt, der eben ineins beides will) verfehlt zu haben (→2603f).

2953f: →2982–2985.

2955: →2982–2985.

2956ff: Vom Ende der von göttlicher Macht geordneten Welt ist hier die Rede (→2982–2985). Dabei sorgt sich der Gott aber immer noch darum, ob in der ungeordneten Welt die Einzelwesen sich gegenseitig vernichten werden (→6230ff). Es wird ein weiterer Schritt sein für Wotan, das Ende seiner Macht in der Hoffnung auf Erlösung – das heißt auf Rettung des Selbstseins der Einzelwesen *trotz* ihrer ungeordneten, und deshalb zerstörerischen, Gegenstrebigkeit (→2535f) – zu wollen (→6255ff).

2959f: →2845–2869.

2963: →6111f.

2964–2967: Der Feind der Liebe ist Alberich, der ihr abgeschworen hat (→317f). Die Seligen sind die Götter (→1198f). Ihre weltordnende Macht (→326f) gibt Wotan jetzt auf (→2982–2985), wodurch die spezifische Göttertätigkeit (→334) an ihr Ende kommt. Da Wotan sich hinfort der weltordnenden Machtausübung enthalten wird, kann der Sohn des Nibelungen (→2781f), Hagen (→7451; 7731), auch das jetzt noch bestehende Resultat der göttlichen Tätigkeit – nämlich die selbstseinerhaltende Weltordnung – zerstören, indem er sie ihres mannigfaltigen Selbstseins beraubt und (im Sinne seines Vaters) nur dem engen Kreis seines eigenen Daseinsvollzuges dienstbar macht (→253–257). Der Sohn des Nibelungen führt nicht unmittelbar das Ende der Götter herauf, aber das Ende des von den Göttern Gewollten, eben der Weltordnung, kann er bewirken; darin trifft er dann doch die Götter selbst.

2977: Der Liebelose ist Alberich (→317f).

2979: Wotan kann Freiheit zur Zerstörung und Geordnetheit der Welt nicht versöhnen. Wenn er den Freien an sich, also an die gottgesetzte Weltordnung (→334) bindet, hebt er darin eben die Freiheit des Freien auf. Er »erlangt« daher durch nichts, was *er* verfügen könnte, einen Freien, der ihm und seiner Ordnung ergeben wäre. Nur aus sich selbst heraus (→2921) könnte der Freie sich seiner zerstörerischen Kräfte begeben (→2910–2913). Weil Wotan den Freien will, ist er der Entscheidung desselben ohnmächtig ausgeliefert. Diese Ohnmacht auferlegt sich der Gott selbst, solange und soweit er den endlichen Freien will (→357).

Ordnung und ordnungszerstörende Freiheit sind unvereinbar. Da sie aber offenbar doch *beide* den Wirklichkeitsprozeß bestimmen (→2910–2913), ist dieser in sich widersprüchlich (→2945f) und scheint sich aufheben zu müssen (wogegen allerdings spricht, daß dies nicht schon lange geschehen ist und auch kein Anzeichen für eine Selbstaufhebung des Wirklichkeitsprozesses sichtbar ist). Der »Ring« geht nicht davon aus, daß der Wirklichkeitsprozeß sich selbst aufheben wird. Vielmehr setzt das Werk einen der irdischen Erfahrung des Menschen verborgenen göttlichen Urgrund voraus, der auf geheimnisvolle (→1692ff) Weise die Versöhnung der inneren Widersprüchlichkeit des Wirklichkeitsprozesses verbürgt. Diese Verbürgung der letztlichen Sinnhaftigkeit (→6918) der Wirklichkeit kann sich freilich durch eine gewaltige Zerstörung hindurch vollziehen. Darüber sagt der »Ring« nichts, wohl aber geht er davon aus, daß nicht die Vernichtung, sondern die letzte Erfüllung des Selbstseins aller Wesen am Ende aller Geschehnisse stehen wird (→8949). Der sinnverbürgende göttliche Urgrund (→6118) ist Erda (→1678), die jenseits dessen, was Menschen einsehen können (also im »Schlafe« [→6206–6209]), waltet (→6159ff). In Wotan stellt sich der göttliche Urgrund nur insoweit dar, als die inneren Komponenten des göttlichen Wirkens und ihr Zusammenspiel (→2780) dem endlichen Denken des Menschen einsichtig werden können (→6141ff). Daß Gott im Letzten ein Geheimnis ist, stellt sich in Wotan nicht dar. Das Geheimnis entzieht sich ja gerade jeder Darstellung seiner inneren Beschaffenheit und Wirksamkeit. Deshalb hebt sich Wotan am Ende auf, und das göttliche Geheimnis bleibt szenisch darstellungslos (→6238f; 6252ff; 8948).

2982–2985: Das Walten (→6159ff) der *Gottheit* bringt die weise *Ordnung* der Welt hervor (→334). Inwiefern gibt Wotan diese ordnende Gottheit aber auf (wie es die gegenwärtigen Verse ja sagen), wenn er doch kurz darauf an Siegmund gerade die Ordnung wiederherstellen lassen wird (→2988f)? Wotan hat eingesehen, daß er den Freien nicht lenken darf, wenn er nicht die Freiheit aufheben will (→2979). Die schon geschehene »listige« (→2674ff) Lenkung Siegmunds durch Wotan macht Siegmunds ordnungszerstörende Taten zu Setzungen Wotans, nicht der Freiheit des Helden selber. Indem Wotan an Siegmund die Ordnung wiederherstellen wird (→3391f), wird der Ausgangszustand der Welt als einer geordneten wieder erreicht sein. Aber da Wotan die Freiheit in ihren zerstörerischen Möglichkeiten, nämlich den Ring (→253–257), ebenfalls *nicht aufhebt,* ist der Zustand der Welt wieder erreicht, in dem der Ordnung die ganz von »listiger« göttlicher Lenkung *freie* endliche Subjektivität gegenübersteht. Will Wotan dann aber die endliche Freiheit wirklich bewahren, muß er sich jedes ordnenden Eingreifens – auch des verborgenen, »listigen« – enthalten, mithin die göttliche Geordnetheit der Welt den zerstörerischen Möglichkeiten der endlichen Freiheit, also dem zum Ringbesitz fähigen Zwergen (→2850f) und dessen Neid (→2859f), ausliefern (»zum Erbe geben«). So wird Wotan jetzt zwar Frickas Willen (der ja ein Moment seines eigenen ist [→369]) zur Geordnetheit der Welt folgen, indem er seine Ordnungsmacht (→2780) an Siegmund ausüben wird (→3529); aber Wotan ist auch entschlossen, der endlichen Freiheit in einem erneuten Fall von zerstörerischem Handeln zukünftig nicht mehr machtausübend entgegenzutreten (→5318f). Weil er den Freien, den er doch liebt (→2998; 4758ff; 4764–4768), um der Weltordnung willen töten muß (→2723f), wird er hinfort lieber die Weltordnung – also sein »Werk« (→2955) – der zerstörerischen Kraft der endlichen

Freiheiten überlassen als diese aufheben. Wotan ist also hier schon bereit, die Götterburg Walhall (→1811) – die er »gebaut hat« (→2953f) und die die Weltordnung verkörpert (→334) – zusammenbrechen zu lassen; am Ende des »Ring« vollzieht er dies, indem er selbst die Scheite der Weltesche in Brand steckt (→7007–7011) und so die Götterburg den Flammen anheimgibt (→6975–6978). Auch den Speer und die in ihm runisch niedergelegte (→6942f) Weltordnung (→6946) bewahrt Wotan nicht länger, sondern überläßt ihn ganz, das heißt bis hin zur Zerstörung, der Verfügung der endlichen Freiheit (→6465f). Darin hebt sich allerdings nur die unangemessen verstandene Göttlichkeit, nicht jedoch das wahrhaft göttliche, geheimnisvolle Walten der Erda (→6159ff) auf (→6252ff).

2988f: Wotans Wille – Brünnhilde (→2757–2760) – soll die Geordnetheit der Welt am Zerstörer derselben (→2720ff) wiederherstellen (→2723f). Dieser Auftrag läuft auf eine Zurücknahme des in Brünnhilde verkörperten Willensmomentes Wotans hinaus, denn Brünnhilde sollte ursprünglich dem Wälsung gerade liebend (→3010f) beistehen (→3861–3865).

2990f: In Fricka verkörpert sich – das wird hier deutlich gesagt – der Wille *Wotans,* genauer: die eine Komponente des göttlichen Willens, die um des unzerstörten Bestehens der einzelnen selbstseienden Wesen willen *ordnende Macht* sein will (→369). Die andere Komponente des göttlichen Willens – die *Liebe* zur endlichen Freiheit (→2780; 3924f) – verkörpert sich in Brünnhilde (→2757–2760).

2992: Der »eigene« Wille Wotans wäre der Wille, der dem göttlichen Willen zur Weltordnung – also Fricka (→369) – gegenüber »eigen« ist, also der Wille zur endlichen Freiheit, die frei zur Zerstörung der Ordnung ist, dabei aber mit dem göttlichen Ordnungswillen versöhnt bleibt. Diese Übereinstimmung von potentieller Unordnung mit der Ordnung kann Wotan nicht selber wollen, wenn er nicht die freie *Selbst*verfügung (→2634f) der endlichen Subjekte aufheben will (→2910–2913).

2993: →2979.

3001f: →2723f.

3015: Hier wird Wotan ein Odinsname in der Form eines Eigenschaftswortes beigelegt: der »Zwiespältige« (Tveggi [→2927f]). Wotans Zwiespalt ist, daß er die *liebende* Förderung der endlichen Freiheit auch in ihren zerstörerischen Möglichkeiten, ineins damit aber auch die *macht*volle Zerbrechung dieser selben zerstörerischen Freiheit (um der selbstseinerhaltenden Ordnung der Welt willen) will (→2780). Von solch widersprüchlichem Verhalten Odins wird öfters berichtet (→2577ff; 2726).

3023: Der Schöpfungsbegriff wird anderswo erörtert (→1676f).

3031f: Die Welt mit dem Spiel ihrer vielfältigen Einzelwesen ist es, die Wotan liebt (→397ff) und durch deren Dasein er folglich Lust gewinnt.

3041: »Siegvater« ist ein eddischer Odinsname (Thule II 41/41; →2599f).

3077ff: Zwischen Ehre und Leben besteht im Germanischen eine enge Verbindung. »Die Ehre ist dasselbe wie Menschentum. Ohne Ehre kann man kein lebendes Wesen sein; verliert man die Ehre, so verliert man das lebendige Element« (Grönbech I 133). Weil die Ehre also gewissermaßen das Selbstsein selber *ist,* wird ihre Kränkung als so bedrohlich erlebt: »Die Kränkung ist ein Schnitt in den Mann selbst, sie reißt ein Stück aus seiner Seele, seinem Gehirn, und hinterläßt ein Loch, das nach und nach mit Wahnvorstellungen gefüllt wird. Durch eine Kränkung wird im Stück Seele mit den anhaftenden Gedanken und Gefühlen herausgerissen. Und die Wunde ruft dasselbe Schwindelgefühl hervor, das eine Mutter empfindet, wenn ihr durch den Tod ihres Kindes ein Teil ihrer Seele geraubt wird: eine ganze Menge ihrer Gedanken und Gefühle wird überflüssig, ihre Instinktbewegungen werden unnütz; sie streckt die Arme nachts ins Dunkle, greift nach etwas, und ihre Hände bleiben leer« (Grönbech I 131). Deshalb *muß,* wenn die Ehre verletzt wurde, *Rache* genommen werden – weder aus Gerechtigkeitssinn noch aus Vergeltungsstreben noch aus Lust am Untergang der Feinde (Grönbech I 78f), sondern um der Integrität der Lebenskraft des eigenen Selbstseins willen: »Durch die Kränkung ist dem leidenden Teil ein Verlust zugefügt worden. Er hat etwas von seiner Ehre verloren. Aber diese Ehre ist nicht etwas, was er zur Not entbehren kann, etwas, was er nur als Luxus braucht, und ohne das genügsamere Charaktere schließlich auskommen können. Er kann sich nicht einmal mit dem Teil, der ihm bleibt, vertrösten; denn die erlittene Kränkung ist mit einer Wunde zu vergleichen, die sich von selber nicht schließen will und die unaufhörlich weiterbluten wird, bis all sein Leben ausgeronnen ist« (Grönbech I 81f). Es ist also urtümlich germanisch gedacht, wenn Sieglinde in der Verletzung ihrer *Ehre* (durch das Geraubt- [→2003f] und an Hunding Verheiratetwerden [→2202ff]) den *Leib* schwinden und gar zur *Leiche* werden sieht. Germanisch gedacht, ist sogar zu sagen: »weil die Frau sozusagen den allerinnersten Platz im Frieden inne hatte, war die Gefahr des Unheils beim Verfall ihrer Ehre um so größer« (Grönbech I 113). Gemeint ist hier der Friede (→502) der Sippe. Der Inhalt dieses Friedens ist die Ehre der Sippe (Grönbech I 133), also die Lebenskraft der Sippe, die sich in ihren Mitgliedern und deren Geschichte, aber auch in dem Besitz an Land, Vieh, Waffen und Kleinoden ausprägt (Grönbech I 130ff). Der Ehrverlust des einzelnen betrifft somit die ganze Verwandtschaft. So klagt Egil beim Tod seines Sohnes, der ertrank: »meiner Sippe Band zerriß das Meer, den festen Strang von mir selbst« (Schier 269/7). Die Verletzung des anderen trifft

Egils eigenes Selbstsein – das, was ihm Festigkeit gab –, weil *eine* Ehre, *ein* Band in allen Mitgliedern der Sippe lebt. Daher soll Siegmund die »Leiche« seiner entehrten Schwester fliehen, denn ihre Schande ist seine eigene Lebenswunde. Allerdings ist die Flucht für den Germanen nicht die geeignete Art, die Ehre wiederherzustellen; Flucht ließe den Ehrverlust unausgeglichen (→3112ff).

3107f: →3112ff.

3112ff: Sieglindes Ehre ist verletzt und damit eo ipso auch die ihres Bruders und Sippengenossen Siegmund (→3077ff). »Wie das Leben im Blute wohnt, so wohnt das Leben wirklich in der Ehre: läßt man die Wunde offen, so daß die Ehre unaufhörlich zur Erde sickert, so folgt Ermattung, Dahinsiechen, eine Störung, die sich zu Angst, Verzweiflung, Atemnot, Todeskampf steigert« (Grönbech I 114). Deshalb *muß* Siegmund die Ehre – die Lebenskraft – wiederherstellen, und dies kann nur durch Rache geschehen, in der er sich das ihm geraubte Stück Ehre wieder holt (Grönbech I 79; 81). Da die Lebenskraft aber, der alten Auffassung zufolge, im Blute liegt (Grönbech I 128), gab es »für alles nur eine Rache, die Rache in Blut« (Grönbech I 85; vgl. hierzu 88ff).

3141f: Es ist eine Eigenschaft Odins, also Wotans (→323), daß sich kein Hund an ihn wagt. Dies zeigte sich etwa, als Odin König Geirröd besuchte (Thule II 80). Daß Wotan sich von Siegmund abgewandt hat, zeigt sich deutlich daran, daß die hundeverscheuchende Kraft so vollständig von ihm gewichen ist, daß nicht einmal mehr ein Schwert ihm die Hunde fernhält.

3155f: Es kann nicht die Esche in Hundings Haus (→vor 1861) gemeint sein, denn dort wird der Kampf nicht stattfinden. Sollte Sieglinde im Tod ihres Bruders die Götterdämmerung erblicken, von der es ja heißt: »Yggdrasils Stamm steht erzitternd, es rauscht der Baumgreis« (Thule II 40/34)? Yggdrasil aber ist die Weltesche (→6909f). Das Ende Wotans in der Götterdämmerung hängt in der Tat mit Siegmunds Tod zusammen. Gerade weil der Gott der von ihm samt ihren zerstörerischen Möglichkeiten liebend gewollte menschliche Freiheit (→2636) nicht mit seinem machtvollen Willen zur unzerstörten Geordnetheit der Welt (→2780) versöhnen kann (→2910–2913), erweist er sich vorläufige, zu überwindende Darstellung des Göttlichen (→6238f; 6252ff). So ist Siegmunds Tod tatsächlich Anzeige des Scheiterns Wotans.

3166–3169: Den für Walhall (→1811) bestimmten, also todgeweihten Kriegern König Hakons des Guten werden Walküren sichtbar, die ihnen ihr Schicksal verkünden (Thule II 201/10–13). Fylgien und Disen stellen in der germanischen Mythologie die personifizierte Macht – sozusagen das Selbstsein – des Mannes dar und erscheinen ihm, wenn er zum Tode bestimmt ist (Ström 167; 178f; Golther 319f).

3170: Die Walstatt ist die Stätte, wo sich Wal (→3173) findet.

3173: »Wal« bedeutet »Toter auf dem Kampfplatz« (Duden VII 752). Die Halle, in der diese Gefallenen sich versammeln, ist Odins Walhall (→1811). Es sind die Walküren, die von Odin ausgesandt werden, bei den Schlachten diejenigen Kämpfer auszuwählen (zu küren), die fallen sollen: »Siegvater sandte Skögul und Göndul [das sind Walküren], Könige zu kiesen, wer von Yngwis Enkeln zu Odin fahren und in Walhall weilen sollte« (Thule II 199/1). Die Walküren verhängen in der germanischen Mythologie (im Gegensatz zu den webenden Nornen im »Ring« [→1682f]) von sich aus, wer in der Schlacht fällt (Thule II 50 Anmerkung zu 9). Zwar sind sie, nach dem angeführten Zeugnis des Hakon-Liedes, von Odin gesandt, aber die Entscheidung, welche Helden sie nach Walhall rufen (indem sie sie fallen lassen), treffen sie selbst (Thule II 199/1; 201/12). Von einer anderen Walküre wird allerdings berichtet, daß ihr Odin selbst vorgeschrieben habe, wen sie töten solle (Thule I 141); diese Walküre ist das Vorbild für Brünnhilde im »Ring« (→3289f). Die Walküren verknüpfen also gemäß eigener oder göttlicher Maßgabe die Geschicke der einzelnen Kämpfer in der Schlacht zum Sieg für die einen und zur Niederlage für die anderen. Das heißt, in einem auch im »Ring« geläufigen Bild gesprochen, sie *weben* (→666) das Schlachtlos (→3318). In der Geschichte vom weisen Njal wird der Ablauf der Schlacht vom Karfreitag des Jahres 1014 vor Dublin als ein Webevorgang aufgefaßt, den zwölf Walküren vollziehen: »Gespannt ist mächtig zum Männerfall Webstuhls Wolke [das Gewebe]; ... An Geren hat sich grau erhoben Volksgewebe ... Geflochten ist es aus Fechterdärmen und stark gestrafft mit Streiterschädeln; Kampfspeere sind die Querstangen, der Webebaum Stahl, das Stäbchen ein Pfeil; mit Schwertern schlägt man Schlachtgewebe. Hild geht weben und Hjörthrimul, Sangrid, Swipul [lauter Walküren] mit Siegesschwertern. ... Webet, webet Gewebe des Speers« (Thule IV 375f; mit leicht verändertem Text abgedruckt in Thule II 49). Über die Weiblichkeit der Walküren wird andernorts einiges bemerkt (→3275f).

3176: »Odin ... heißt auch *Walvater*, denn alle, die auf der Walstatt fallen, sind seine Adoptivsöhne« (Thule XX 69; →3173; vgl. Thule II 93/51).

3179f: →1811.

3181: →3176.

3182f: Den Gefallenen weist Odin Wohnung in Walhall an »und sie heißen dann Einherier« (Thule XX 69). Diese Kämpfer sollen bei der Götterdämmerung (→6876) an der Seite der Götter fechten (Peterich 29; 32 [208f; 211]; →2839f).

3184f: Als der eddische Odin den gefallenen König Eirik Blutaxt erwartet, befiehlt er zweien seiner Helden in Walhall (→1811): »Sigmund und Sinfjötli, vom Sitz erhebt euch! Geht zu des Fürsten Empfang« (Thule II 197/5). Und Sigmund tritt Eirik mit den Worten entgegen: »Heil dir, Eirik! Sei hier willkommen, tritt in die Halle, Held« (Thule II 198/8; →3781ff).

3186: →1811.

3187: →2601f.

3188f: Der Wälsung ist der Nachkomme Wälses (→2601f).

3190f: →3206f.

3192: Für die germanische Mythologie gilt: »es muß ... die Vorstellung geherrscht haben, daß Odin die Schaar der Walküren [→3173] durch Wunschtöchter, durch Aufnahme waffenkundiger [menschlicher] Schildmädchen vermehrte« (Golther 320f). Die berühmteste Wunschmaid war Brünnhild (→3754).

3194: Die Wotanstochter ist Brünnhilde selber (→3754).

3195: →3781ff.

3198: Wotan ist der »Wunsch« (→1917f); das »Wotanskind« ist daher das »Wunschkind« oder die »Wunschmaid« (→3754).

3200f: Siegmund fragt, ob Sieglinde ihn schon auf seinem Weg nach Walhall begleiten werde. Brünnhilde antwortet hierauf mit den Versen 3204f.

3202f: Auf Siegmunds Frage, ob er seine Schwester – wenn vielleicht auch nicht von Anfang an (→3200f) – überhaupt einmal in Walhall treffen wird, antwortet Brünnhilde mit den Versen 3206f.

3206f: Siegmund wird Sieglinde überhaupt nicht in Walhall antreffen, denn Walhall ist der Ort der gefallenen (→3182) Krieger (→2839f), und Menschenfrauen sind daher dort nicht zu finden. Die Walküren sind nach männlichem Muster vorgestellt (→3275f). Außer den Frauen werden im Rahmen der Walhallvorstellung auch sonst nicht alle menschlichen Individuen über ihren Tod hinaus bei Gott gegenwärtig sein, sondern nur die Helden (→3182; 7551f).

Auch in der germanischen Mythologie spielen Menschenfrauen für Walhall keine Rolle. Wer nicht im Kampf fällt, kommt nach dem Tod zur Hel (→3260–3265): »die zu ihr geschickt werden, das sind die Menschen, die an Krankheiten oder Alters sterben« (Thule XX 77). Die freudlose Hel (Golther 472) dürfte daher der endgültige Aufenthalt der allermeisten Frauen sein, während in Walhall die kämpferischen Männer gesammelt werden (Thule XX 69; 73). Dort konzentriert sich alles auf den Endkampf »ragna rök« (→6876), den Götter und gefallene menschliche Männer Seite an Seite führen werden.

Die Ausblendung des Weiblichen bedeutet nichts anderes, als daß nach germanischer Vorstellung eben nicht das *ganze* Selbstsein des Menschen, sondern allenfalls das Heldenhafte und Kämpferische bewahrt bleibt. Die Wirklichkeit des Menschen umfaßt aber mehr; dieses geht verloren. Damit hängt eng zusammen, daß auch die Individualität des Menschen letztlich verlorengeht. Die Hoffnung auf eine individuelle Unsterblichkeit ist der germanischen Religion grundsätzlich fremd und kommt erst spät, nämlich in der Wikingerzeit, ins Gespräch (Grönbech I 319–330). Nicht der ganze Umfang des individuellen Selbstseins, sondern allgemeine Charakteristika, die ein ganzes Geschlecht auszeichnen, gelten zuvor als das, was vom Menschen bewahrt bleibt. In welchem Individuum sich diese allgemeinen Züge verkörpern, ist von geringerem Belang. Alle Individuen gehen endgültig in der Götterdämmerung der Germanen zugrunde. In der danach entstehenden neuen Welt sind nicht die vorherigen, sondern ganze andere Individuen (→3659f) die Teilnehmer an den besser gewordenen Zuständen (Dahn [2] 428f; Dahn [1] 317f). In dieser Partialität, mit der die Dynamik des menschlichen Lebens sich hier nur realisieren wissen kann, und in dem endgültigen Abbruch des Selbstseins in der Vernichtung ist dem unaufgebbaren Anspruch des Menschen auf volle Erfüllung und Vollendung seines Selbstseins (→3260–3265) nicht Genüge getan. Daher bleibt die Walhallvorstellung unbefriedigend (→3285f).

3213: →3192.

3214: →3285.

3215ff: →3166–3169.

3235: →3173.

3240: →3001f; 3038f.

3241ff: →2659–2662; 2706f.

3245ff: In dieser Entscheidung Wotans (→3001) begegnet Siegmund die sein Selbstsein brechende göttliche Macht. Der göttliche Urgrund hat in gewährenlassender Liebe Siegmund hervorgebracht und zur freien Selbstverfügung bestimmt (→2605f); derselbe göttliche Urgrund hebt diese Freiheit nun auf, um durch diese Machttat die Ordnung der Welt zu bewahren (→2717ff). Wie göttliche Liebe und göttliche Macht einssein können, bleibt für das menschliche Denken uneinsichtig (→2780).

3250: Das Weh ist die Trennung (→573) Siegmunds von Sieglinde.

3260–3265: Siegmunds Selbstsein, so wie er es selbst als Zusammensein mit Sieglinde will, scheitert an der göttlichen Macht, die ihm den Tod (→3245ff) und damit die Trennung von Sieglinde (→3251–3259) verhängt hat. Dieses muß Siegmund zwar erleiden, weil es nicht in seiner Macht steht, es zu verhindern, aber er kann den *Anspruch* auf Erfüllung seines Selbstseins, der sein Dasein (wie das eines jeden Wesens in der Welt) bestimmt (→6918-1), nicht aufgeben. Wollte ein Mensch diesen Anspruch aufgeben, so wäre das gleichbedeutend mit der Verneinung alles dessen, was jener Mensch selbst ist und sein will. Aber dabei wäre es der Mensch *selbst*, der seinen Selbstseinsanspruch aufgäbe. Tatsächlich gar nicht mehr er selbst zu sein, kann er daher auch nicht wollen, weil mindestens für den Augenblick seines Aufgabewillens er sich selbst als Wollenden voraussetzen muß. Der Stoiker ist es, der glaubt, daß diese Unaufgebbarkeit des Selbst dessen Scheitern überwinden könne: Indem ich *selbst* meinen Anspruch auf Selbstsein aufgebe, habe ich mich ja *selbst* immer schon tatsächlich in Anspruch genommen. Aber in dieser Reduktion auf den Willen, nichts mehr von dem, was ich selbst war, sein zu wollen, wird mein Selbst ein völlig inhaltsleeres, mithin ein gar nicht mehr identifizierbares Selbst. Und sogar als diese Leere ist es nur für den Augenblick der Selbstaufgabe affirmiert, während es bei vollendeter Aufhebung nicht einmal mehr als sich aufhebendes Selbst gegeben sein kann. So verfehlt der Stoiker sein Ziel, wenn er aus der Tatsache der Unaufgebbarkeit des menschlichen Anspruches auf erfülltes Selbstsein schon gleich die Erfüllung machen will. Es bleibt die Tatsache, daß der Mensch die künftige Vernichtung durch den Tod als etwas auffassen muß, das *ihm selbst* begegnet. Die Inhalte und Tendenzen des Selbstseins werden daher durch das Wissen von der drohenden Vernichtung nicht gegenstandslos. Das könnten sie nur werden, wenn der Mensch sich von seinem Selbstsein befreien könnte. In diesem Falle gäbe es aber derjenigen gar nicht, der davon wissen könnte, daß er selbst von der Vernichtung bedroht ist. So bleibt dem Menschen nur das Doppelte, einerseits das Scheitern seines Selbstseins im Tode zu erleiden und andererseits den Anspruch auf Erfüllung seines Selbstseins nicht aufgeben zu können.

Da Gott sowohl den Menschen mit seinem Anspruch auf Selbstsein hervorgebracht (→2605f) als auch dessen letztliches Scheitern im Tod verfügt (→3001; 3038) hat, gibt es zwei Möglichkeiten. *Entweder* ist bei Gott der Widerstreit zwischen Selbstsein und Scheitern aufgelöst und das Scheitern in Wahrheit, wenn auch auf jetzt noch undurchsichtige Weise, doch eben die Erfüllung des Selbstseins, das zu scheitern nur scheint; dies könnte für den Menschen freilich erst einsichtig werden von einer göttlichen Sichtweise der Wirklichkeit her, weil nur die Gesamtüberblick über den Wirklichkeitsprozeß (→1672-1675) erweisen kann, was ein einzelnes Ereignis – wie der Tod – im Ganzen bedeutet; diese Sichtweise ist offenkundig nicht mehr irdisch endlich (→6170) und kann infolgedessen erst in einer Daseinsform jenseits des Todes vom Menschen eingenommen werden. *Oder* aber der Widerstreit zwischen dem Anspruch auf Selbstsein und dem Scheitern desselben ist bei Gott nicht gelöst. Dann höbe sich Gott (der ja schöpferischer Urgrund *beider* Seiten des Widerstreits ist [→6118]) selbst in einem Widerspruch auf und der Urgrund aller Wirklichkeit wäre nicht Verbürger von Sinn (→6918), sondern Absurdität. In jedem Falle liegt die Antwort auf die in der Spannung zwischen Selbstseinsanspruch und Scheitern des Selbstseins beschlossene Lebensfrage des Menschen nicht im irdischen Leben selbst, sondern jenseits desselben. Weil das menschliche Leben unweigerlich für jeden diese unlösbare Frage ist, treibt die Dynamik *jedes* menschlichen Lebens ebenso unvermeidlich – in Hoffnung oder Verzweiflung – über den Tod hinaus. Diese Hoffnung ist als Hoffnung auf Erfüllung des individuellen Selbstseins zugleich Hoffnung auf die Bewahrung der *Geordnetheit der Welt*, weil nur in einer geordneten Welt die Zerstörung der Selbstseienden durch das Chaos ausgeschlossen ist (→6918-3). Da endliche Selbstseiende aber die Weltordnung nicht organisieren können, sondern im Gegenteil aus Kurzsichtigkeit oder Böswilligkeit in die Weltordnung immer wieder zerstörerisch eingreifen, kann der Mensch die Bewahrung seines Selbstseins nur von der Bewahrung der Weltordnung durch Gott erhoffen (→6918-4).

Die Dynamik über den Tod hinaus finden wir nun auch bei Siegmund, allerdings nicht als Hoffnung auf endgültige Erfüllung. Die den Wirklichkeitsprozeß bestimmende göttliche Macht handelt an Siegmund derart, daß sie ihn einerseits mit seinem unaufgebbaren Anspruch auf Selbstsein hervorbringt und andererseits diesen Anspruch nicht erfüllt. Siegmund erfährt den Gesinnungswandel des Gottes wie Harald Hildetand (→2726), und so könnte er zu Gott mit Hiob sagen: »Mich formten und erschufen deine Hände; nun willst du – andern Sinnes – mich vernichten« (Jb 10,8; vgl. Rad I 420–430, besonders 425). Siegmund hofft nun aber nicht auf die Scheinbarkeit seines Scheiterns, die in der Zukunft Gottes jenseits des Todes offenbar werden möchte, sondern er *muß* – bedingt durch die Eigenart der germanischen Götter und Walhalls (→3206f) – der Meinung sein, die letzte Sinnerfüllung sei bei Gott nicht gewährleistet. In den Augen Siegmunds verfehlt Gott sich selbst, indem er den göttlich gesetzten Anspruch auf Selbstsein ins Leere laufen läßt. Siegmund muß Gott daher anklagen, *schändlich*, das heißt nicht so zu handeln, wie er – von seiner Setzung des menschlichen Selbstseinsanspruches her geurteilt – sollte. Ist Gott dem, was er hervorgebracht hat, nämlich dem menschlichen Selbstseinsanspruch gegenüber, *untreu* (→2947f), so bleibt Siegmund seinem Selbstsein (das heißt der Vereinigung mit Sieglinde) treu (→3302f).

Es ist ein germanisches Motiv, daß der Mann treu an seiner Verpflichtung festhält, auch wenn der gottbestimmte Wirklichkeitsprozeß ihn dadurch sein lebendiges Selbstsein im Tod verlieren läßt. So bietet im Nibelungenlied Kriemhild ihren Brüdern freien Abzug, wenn sie nur Hagen ausliefern wollten: »Doch haltet ihr den Hagen Als Geisel mir bereit, So hoff ich es zu fügen, daß Etzel euch verzeiht! Denn meine Brüder seid ihr Und einer Mutter Kind, Und gerne wär wie vormals Ich freundlich euch gesinnt!‹ – ›Nicht doch, bei Gott im Himmel!‹ Entschied es Gerenot, ›Wenn unser Tausend wären, Wir wollten alle tot Vor deinen Augen liegen, Eh' wir den einen Mann Als Geisel hier dir geben, Das wird niemals gethan!‹ – ›Wir müssen ja doch sterben,‹ Sprach drauf Herr Geiselher, ›Und niemand soll uns scheiden Von ritterlicher Wehr; Ich brach an einem Freunde Die Treu mein Leben nie«« (NL XXXVI 2104ff; Engelmann 177; vgl. Thule XXII 411).

Siegmund sieht in Walhall (zu Recht) das menschliche Selbstsein nicht erfüllt, und deshalb besteht zwischen Walhall und *Hella* für ihn kein Unterschied. Hel ist in der germanischen Mythologie das Bild dafür, daß die Tendenzen des menschlichen Daseins endgültig gerade nicht erfüllt werden. Es heißt bei Hel nämlich: »Hunger ihre Schüssel, Verschmachtung ihr Messer, ... Blinkendes Unheil ihr Wandbehang« (Thule XX 77). Die elementaren Triebe des Menschen bleiben also nach dem Tod – das heißt für immer – unbefriedigt, und Unheil statt Erfüllung erwartet ihn insgesamt in oder bei (Golther 472) Hel. Aber auch die erfüllende Wonne (→3285f) in Walhall endet im endgültigen Untergang der Helden. Der dort sitzende Krieger (→7551f) fällt der Vernichtung seines Selbstseins anheim und erleidet so ebenfalls die endgültige Unerfülltheit seines menschlichen Strebens. Insoweit unterscheidet sich Walhall in letzter Konsequenz nicht von Hel: »In Wirklichkeit sind eben Hel und Walhall eins, das große, allumfassende Seelenreich, Walhall ist nur ein Versuch, für Bevorzugte ein eigenes Heim zu schaffen, aber immer bricht der alte Glaube von der Hel durch« (Golther 475). Siegmund durchschaut den Trug der bloß vorläufigen Erfüllung, die der Walhallglaube verspricht, und wendet sich gleich der Wahrheit Walhalls, nämlich Hella zu.

Die treulose Abwendung Wotans von Siegmund, wodurch ihn der Gott dem endgültigen Verlust des Selbstseins überläßt, erschöpft im »Ring« nicht das ganze göttliche Verhalten. Wotan (und in ihm der göttliche Urgrund Erda →6175ff) nimmt in der Gesinnung *Frickas* (→2616–2619) der endlichen Freiheit die Selbstverfügung, aber gleichzeitig besteht sein Wille zur endlichen Freiheit in *Brünnhilde* (→2835–2838) weiter. Somit bleibt Wotan seinem Freiheitswillen auch *treu*, was freilich dem von Fricka verkörperten Moment von Wotans Willen gegenüber wiederum ein Untreuwerden darstellt (→377–384).

Da aber in Wotan das Göttliche nur insoweit dargestellt ist, als es menschlichem Denken einsichtig werden kann (→6141ff), muß bei diesem Widerstreit stehengeblieben werden: Es ist kein Zweifel, daß die alle Wirklichkeit bestimmende Instanz dem Menschen sowohl als ihn *liebend* fördernde, als auch als ihn *mächtig* zerbrechende Gewalt begegnet. Die versöhnte Einheit beider Komponenten menschlicher Selbst- und Wirklichkeitserfahrung ist dem Menschen in ihrer inneren Möglichkeit nicht einsichtig (→2780). Jenseits seiner Einsicht und seiner germanisch geprägten Jenseitsvorstellung erhofft Siegmund nichts, sondern geht einfach dem Unheilsort entgegen. Sieglinde hingegen wird auf eine Erfüllung für die ihr nachfolgende Generation, also ebenfalls nicht für sich selbst, hoffen (→3659f); erst Brünnhilde wird auf eine universale Erfüllung durch Gottes Walten hoffen (→8946f; 8949). Dieses sinnverbürgende (→6918) göttliche Walten thematisiert der »Ring« in der Gestalt der Erda (→6159ff).

3275f: Die Walküren (→3173) sind Kämpfer, die zwar weibliche Gestalt besitzen, deren Weiblichkeit aber eigentlich nur äußerer Anschein ist. So soll sich die Walküre Sigdrifa gerade zum Zeichen dessen, daß sie durch Mitleidszugänglichkeit ihren Walkürencharakter verloren hat (→3289f), vermählen: »Odin ... erklärte, sie solle niemals mehr Sieg in der Schlacht erkämpfen und solle sich vermählen« (Thule I 141; vgl. 107/7ff). Die Haupteigenschaften einer Walküre sind Klugheit, Kälte und Kampfesfreude: »Klug war die Kampfmaid – kalt war gegen Männer die vorwärts stürmende« (Thule II 192/2; vgl. 201/11). Die Walküren im »Ring« haben die Aufgabe, Kampf und Streit unter den Menschen zu erregen und zu pflegen (→2468; 2492f; 2590f; 2835–2838); und mindestens Brünnhilde ist kühn (→6181), weise (→6182) und kalt (→3275; 3279).

3279: »Fridthjof schilt die Ran ein grausames, fühlloses Weib (sidlaus kona)« (Golther 479). Ran ist die tödliche Macht des Wassers: »In Seesturm und Wogenprall schien den Skalden die Ran selber thätig zu sein« (Golther 478; →1773). Auch Brünnhilde erscheint hier ja als die den Helden aus dem Leben geleitende (→3179) Instanz.

3281: →3250.

3285f: Dadurch, daß in der Folge der Bindung an die Walhallvorstellung (→3206f) Sieglinde aus der jenseitigen Wonne ausgeschlossen bleibt, geht ihr eigenes Selbstsein der Erfüllung verlustig, weil sie letztliche Unerfülltheit in Hella (→3260–3265) erwartet. Außerdem geht durch den Ausschluß Sieglindes aus Walhall auch die entscheidende Dimension des Selbstseins von Siegmund, nämlich das endgültige Beisammensein mit Sieglinde, verloren. Wonne meint die in ruhigem Genuß bestehende Erfülltheit des Strebens. Der Walhall als dem nachtodlichen letzten Zielort des ganzen menschlichen Daseins wäre nur eine Wonne angemessen, die im Genuß der Erfülltheit der gesamten Lebensdynamik des Menschen bestünde. Walhall aber schließt die Frauen und alle, die nicht im Kampf gefallen sind, aus der jenseitigen Wonne oder Erfüllung aus; zudem ist Walhall selbst für die gefallenen Krieger keine endgültige Erfüllung, weil sie alle im »ragna rök«-Kampf (→6876) vielmehr endgültig in Vernichtung versinken. Die germanische Jenseitsvorstellung von der Walhall bietet daher weder universale noch endgültige, sondern nur eine höchst partielle Erfüllung, die damit eigentlich keine Erfüllung mehr ist. Für den, der Walhalls Wonne kennt oder an ihr schon teilnimmt, ist die Wonne sehr leicht zerbrechlich (was eben heißt *spröde*), weil eine bloß teilweise Erfüllung sogleich in Unzufriedenheit umschlägt, wenn man nur der unerfüllten Teile seines Strebens gewahr wird. So ist innerhalb der germanischen Mythologie dem Menschen in der Tat keine letzte Hoffnung, sondern nur der Weg der Verzweiflung in die letzte Unerfülltheit eröffnet, die als mythologischer Ort, nämlich Hel oder Hella, wie der »Ring« sagt, vorgestellt wird. Sieglinde hofft nicht mehr auf Walhall, aber auch nicht auf wirklich endgültige Erfüllung (→3659f). Erst Brünnhilde ergreift diese Hoffnung (→8949).

3289f: Indem Brünnhilde mit der Not des sterben Sollenden mitfühlt, wendet sie sich schon vom Walkürencharakter (→3275f) ab. Auch die eddische Walküre Sigdrifa will einen ihr von Odin bezeichneten König aus Mitleid nicht töten, weil er nämlich ganz allein steht und ihm »keiner zu Hilfe kommen wollte« (Thule I 141).

3302f: Siegmund ist treu gegenüber Sieglinde, Wotan – der Schwertgeber (→2651) – handelt jedoch untreu an Siegmund, das heißt an der endlichen Freiheit, die er erst ins Dasein rief (→2636) und zur zerstörerischen Tätigkeit aufstachelte (→2927f; 2835–2838), um sie dann, als sie wirklich zerstörerisch handelte (→2720ff), töten zu lassen (→2723f; 3260–3265).

3318ff: Brünnhilde handelt hier gegen Wotans Befehl, Siegmund zu töten (→3038f). Auch in der Edda verleiht Brünnhild einem König den Sieg, den Odin dem Untergang geweiht wissen wollte: »Da ließ ich den Greis im Gotenvolk, Helmgunnar, bald zur Hel ziehen. Gab Agnar Sieg, Audas Bruder, ingrimmig ward mir Odin drum« (Thule I 107/9; vgl. Thule XXI 82). In der eddischen Geschichte handelt es sich nur um die Entscheidung zwischen dem Leben zweier Könige. Im »Ring« hingegen geht es um die Entscheidung, ob die endliche Subjekte in ihrer Freiheit – auch da, wo diese zerstörerisch wirkt – gewähren (→5398f) dürfen oder nicht. Damit geht es aber um die theologische Frage, ob Gott bzw. die gottgesetzte Weltordnung (→334), die das unzerstörte Bestehen vieler gegenstrebiger (→2535f) selbstseiender Wesen ermöglicht (→6918), mit der Freiheit einiger dieser Wesen zur Zerstörung vereinbar ist. Der »Ring« beschäftigt sich also mit den in der Wirklichkeit überall am Werk befindlichen allgemeinsten Grundkräften und ihrer Einheit untereinander: mit der Einheit oder Vereinbarkeit von göttlicher Ordnungs*macht* und göttlicher *Liebe* zur endlichen zerstörerischen Freiheit (→2780).

3326: Was Siegmund hier versprochen wird, dann aber nicht gehalten werden kann (→3386f), gewähren die walkürenähnlichen (Spa)disen (→3166–3169) dem Helden Sigmund in der altnordischen Völsungen-Geschichte tatsächlich: »so schützten ihn seine Spadisen, daß er nicht verwundet wurde« (Thule XXI 63).

3341ff: Auch in der altnordischen Völsungen-Geschichte will König Sigmund seine Frau vom Anblick des Kampfes fernhalten. Er bringt sie in einen Wald, und »dort blieb sie, während gekämpft wurde« (Thule XXI 63).

3344: Die Hornrufe (→vor 3330; vor 3344) läßt in der altnordischen Völsungen-Geschichte der König Sigmund ertönen: »Sigmund ließ sein Horn ertönen, das sein Vater gehabt hatte« (Thule XXI 63).

3349–3361: Sieglinde träumt von ihrer Kindheit (→1992–2004).

3363: →2059f.

3365: →3141f.

3384f: Über den Ungehorsam der Walküre vergleiche die Erklärung zu den Versen 3318ff.

3386f: Diese Verse und die folgende szenische Anweisung gestalten ein Motiv aus der altnordischen Völsungen-Geschichte, die von der Schlacht zwischen den Königen Sigmund und Lyngvi Hundingssohn berichtet: »Und als der Kampf eine Weile gewährt hatte, da kam ein Mann in die Schlacht, mit langherabhängendem Hut und blauem Mantel, er hatte nur ein Auge und trug einen Speer in der Hand. Dieser Mann [der Odin selbst ist] trat König Sigmund entgegen und hob den Speer gegen ihn empor; und als König Sigmund kräftig zuhieb, traf das Schwert auf den Speer und zersprang in zwei Stücke. Da wandte sich die Niederlage auf Sigmunds Seite, König Sigmunds Glück war gewichen, und er verlor viel Volk. ... In dieser Schlacht fiel König Sigmund« (Thule XXI 63f).

In der szenischen Anweisung nach Vers 3387 heißt es, daß mit Siegmunds Fall dichte Finsternis anbricht. Dies hängt damit zusammen, daß im »Ring« die endliche Freiheit mit dem Licht in Verbindung gebracht wird (→6173f) und daher beim Fall des freien Subjektes das Licht verlischt. Siegmund wird nunmehr eingehen in den nächtigen göttlichen Urgrund der Welt (→6118).

3389f: Der Verfasser dieser Erklärungen bedauert, daß er aus Mangel an genauerer Kenntnis des Alten Testamentes vor Jahren die freiheitstötende Despotie Frickas (→2616–2619) und Alberichs (→253–257) mit dem alttestamentlichen Jahwe gleichgesetzt hat (Huber [2] 286f; vgl. Huber [1] 73f; 77). Der Gott Israels ist nicht despotisch, sondern er eröffnet jedem einzelnen der mannigfaltigen Wesen in der Welt das eigenständige Dasein, in das er sie alle ruft und in dem er sie alle erhält: »Hast du mich nicht mit Haut und Fleisch umkleidet, mit Knochen und mit Sehnen mich durchwoben?« (Jb 10,11); »Deine Treue waltet von Geschlecht zu Geschlecht; du hast die Erde gegründet, und sie besteht« (Ps 119,90; →1676f; 6918). Der Mensch ist *Knecht* Gottes insofern, als er über den Erfolg seiner Unternehmungen nicht aus eigener Kraft entscheiden kann. Darüber entscheidet vielmehr die den Wirklichkeitsprozeß insgesamt in all seinen inneren Zusammenhängen ordnende Macht Gottes (→8077f). Das Verhältnis von Mensch und göttlicher Lenkung drückt die Heilige Schrift so aus: »Das Roß wird gerüstet für den Tag der Schlacht, doch der Sieg steht beim Herrn« (Spr 21,31 Einheitsübersetzung). Ob der Mensch, auch bei bester Vorbereitung, das erreicht, was er erreichen will, ist eine Frage, die der Mensch selbst nicht mehr entscheiden kann. Wer allerdings sein Roß gar nicht rüstet, der ist selber schuld, wenn er den Kampf verliert. Die Selbsttätigkeit der endlichen Subjekte (→2634f) ist durch Jahwe *nicht aufgehoben*, sondern *überboten*, weil Gott das eigene Tun der endlichen Wesen (durch dessen Einbindung in den Wirklichkeitsprozeß und seine größeren Zusammenhänge) zu Zielen führt, deren Planung und Erreichung nicht in der Macht des Menschen selbst steht (→2630–2633).

3391f: →2720ff; 2982–2985.

Dritter Aufzug

3401: *Helmwige* ist »die im Helm Kämpfende« (Kellner 26).

3405: Im Althochdeutschen nennt man die Spitze einer Waffe »Ort« (Duden VII 484). In Verbindung mit »lind« (→6) ergibt sich, daß *Ortlindes* Name auf eine Kämpferin weist, die die Spitze ihrer Waffe wendig einzusetzen in der Lage ist.

3424: *Siegrune* ist die Rune (→6942f) des Sieges, also die Trägerin der den Sieg bewirkenden Rune.

3431: *Grimgerde* bedeutet »die durch Verkleidung Geschützte«: »Grim« ist ein Odinsname und bezeichnet den Gott als den Verkleideten (→2599f); »Gerda« hängt mit dem eingehegten, geschützten »Garten« zusammen (Brockhaus II 344). *Roßweiße* ist »die Weiße des Rosses«.

3433: Reisige sind schwerbewaffnete Reiter. Der Ausdruck hängt mit der mittelhochdeutschen Bedeutung von »Reise«, nämlich »Kriegszug«, zusammen (Brockhaus IV 318).

3450f: Die Walküren bringen die Kampftoten, das ist die Wal (→3173), nach Walhall (→1811). Dies ist eine dem »Ring« eigentümliche Vorstellung, denn in der germanischen Mythologie melden die Walküren Odin die Ankunft der Gefallenen nur: »Dass die Walküren die Erschlagenen selber nach Walhall geleiteten oder auf ihren Rossen deren Leiber hinauftrugen, ist nirgends angedeutet« (Golther 319). Es heißt nur: »›Nun laß uns reiten‹, sprach die reiche Skögul [eine Walküre], ›nach grünen Götterheimen, Odin zu künden, daß ein Allwalter [übertriebene Bezeichnung für König Hakon, den Guten] kommt, ihn selber zu sehn‹« (Thule II 201/13).

3469: Grane bedeutet soviel wie »Hängelippe« oder »Grauer« (Thule XXI 68 Anmerkung 2). Die letztere Bedeutung weist auf den Wotansbereich, da Odin-Wotan (→323) selbst unter dem Namen Grani auftritt und sich kultisch in Pferdegestalt vergegenwärtigt (→2208).

3496: →2726.

3499: →2726.

3503: →3514.

3504: →3176.

3506: Im Sturm ist Wotan unterwegs (→389).

3507: →3514.

3510f: Heervaters (→2726) graues (→2208) Roß heißt »Sleipnir«, was »der Schlüpfrige, rasch Gleitende« (Ström 124) bedeutet. Snorri Sturluson, berichtet, wie das Pferd zustande kam. Als der riesische Baumeister, der den Göttern eine Burg bauen sollte, dank der Hilfe seines kräftigen Rosses Swadilfari zum vereinbarten Zeitpunkt mit dem Bauwerk fertig zu werden drohte, und also die Götter den Lohn (Freyja, Sonne und Mond) ausbezahlen zu müssen fürchteten, wurde Loki gezwungen, sich etwas einfallen zu lassen, wie der Riese dazu gebracht werden könnte, seinen Anspruch auf Lohn durch eine Bauverzögerung zu verlieren (Thule XX 88f): »Und als am selben Abend der Baumeister mit dem Hengste Swadilfari ausfuhr, um Steine zu holen, da galoppierte aus einem Walde eine Stute an den Hengst heran und wieherte dazu. Als der Hengst merkte, was für ein Roß das war, wurde er wild, zerriß die Seile und galoppierte auf die Stute los, die aber floh zum Walde, der Baumeister hinterher und wollte den Hengst greifen, aber die Pferde rannten die ganze Nacht, und so ruhte die Arbeit diese Nacht über, und es wurde daher auch am folgenden Tage nicht so viel geschafft wie sonst. ... Es war aber Loki gewesen, der auf Swadilfari zugelaufen kam, und er gebar nach einiger Zeit ein Fohlen, das war grau und hatte acht Beine, und es ist das beste Roß bei Göttern und Menschen« (Thule XX 89; vgl. das Bild in: Peterich 113).

3512f: Der (meist in Begleitung seiner Genossen, dem »Wilden Heere«) durch die Luft hetzende »Wilde Jäger« ist Wotan. In diesem Zug prägt sich deutlich die für den Gott charakteristische Wut (→323) aus. Heute noch weit verbreitet sind Sagen »vom wilden Jäger, der wilden Jagd und dem wilden Heer, in denen die Erinnerung an Wodan sich die Jahrhunderte des Mittelalters hindurch bis in die Gegenwart lebendig erhalten hat. Nach den neuesten Forschungen des jungen Wiener Germanisten Otto Höfler handelt es sich hier mindestens stark überwiegend um Spiegelungen wirklicher Kultaufzüge, wenn diesen auch natürlich religiöser Glaube an den höchsten Germanengott und dessen Walten zugrunde liegt« (Neckel 9; vgl. Neckel 21–56). So ist etwa in der französischen Harlequin-Gestalt die »Wilde Jagd« dargestellt, denn der Name »Har(Her)-le(i)k-in« bedeutet »das Heer (Wodans) im Spiel (begriffen)« (Ström 84).

3514: Der Norden erscheint öfters im »Ring« als mit der göttlichen Dimension verbunden (→6981f).

3520: →2461ff.

3522: →3028–3031.

3523ff: →3038f.

3526f: →3318ff; 3326; vor 3384.

3528: →3926–3929.

3529: Wotans Speer berührte zwar nur Siegmunds Schwert (→3386f), da aber nur aufgrund dieses Vorgangs Hundings Schwert den Wehrlosen erreichen kann, trifft durch Hundings Schwert gewissermaßen der Speer Wotans selbst Siegmund.

3531ff: →3388.

3539: Der göttliche Wille ist *gespalten* in Brünnhilde und Fricka (→3890–3894). Durch ihren Trotz gegen das von Fricka erwirkte Gebot, Siegmund zu töten (→3926–3929), vollzieht Brünnhilde eben diese Spaltung. Spaltungen werden aber im »Ring« als *Weh* aufgefaßt (→573).

3543: →2726.

3544: Weil er eine Ausprägung des Göttlichen ist (→6175f), gehört Wotan der nächtigen Dimension des Urgrundes aller Wirklichkeit (→6118) an.

3545: →3514.

3546: Die Wut kennzeichnet Wotan (→323).

3547: Im Sturm bewegt sich Wotan (→389).

3548f: Walvater (→3176) ist der Wilde Jäger Wotan, dessen Roß (→3510f) entsprechend wild wiehert.

3550: Einer der Odins- oder Wotansnamen ist »der Schreckliche« (→2599f). Nicht nur Wotan tobt schrecklich, sondern sogar sein Pferd schnaubt auf diese Weise, wie der gegenwärtige Vers lehrt. Allerdings wird Odin (Wotan [→323]) selbst als »Roßhaar-Grauschimmel« oder »Wallach« bezeichnet, und kultisch vergegenwärtigt er sich als Pferd (Ström 125; →2208).

3559: Trotz ist die Selbständigkeit (→354); und Brünnhilde trotzt mit ihrer Liebe zu den Wälsungen dem von Fricka erwirkten Gebot, Siegmund zu töten (→3926–3929). Fricka und Brünnhilde verkörpern aber die gegensätzlichen Momente des *einen und selben* göttlichen Willens (→3890–3894). Daher ist im Trotze gegen das Wotansgebot, Siegmund zu töten (→3038f), der »*rasende Gott*« Wotan (→323) selbst am Werk. Der Trotz Brünnhildes ist (und der der Walküren wäre) in der Tat »rasend«, das heißt wotanisch.

3562: →3176.

3563: →7110f.

3565: Vater der Walküren ist Wotan, ihre Mutter Erda (→2815–2819).

3566: Der Name der *Gerhilde* setzt sich auf folgende Weise zusammen: »›Hild‹ bedeutet Schlacht, nämlich den Lärm der Waffen, die brandende Menge von kämpfenden Männern, und außerdem bedeutet es Schlacht-Mädchen« (Grönbech I 227); der Ger ist der Speer. Gerhilde ist also »die mit dem Speer Kämpfende«.

3568: Die indogermanische Wurzel »leit(h)« entläßt aus sich unser Verb »leiden« und dazu das Veranlassungswort »leiten« im Sinne von »gehen oder fahren machen« (Duden VII 387; 399). *Schwertleite* ist daher »die das Schwert sich bewegende Machende«, das heißt die die kämpfende Schwertbewegung Bestimmende und Vollziehende. Siegrunes Name wird anderswo erklärt (→3424).

3576: Der Harst ist im späten Mittelhochdeutschen die »Kriegsschar« (Brockhaus II 491) und meint hier wohl die durch das Kampfgeschehen zwischen Hunding und Siegmund heraufgeführte bedrohliche Lage, die Brünnhilde veranlaßte, Sieglinde wegzubringen (→3388).

3577: Der Sturm ist Wotans Daseinsweise (→389). Als Sturm bezeichnet man auch den Kampf. Das Göttliche – Wotan – wirkt im Sturm des Kampfes zwischen Hunding und Siegmund, da der Gott zuerst Siegmund aufgereizt hat, Taten zu tun, die die Ordnungen zwischen den Menschen zerstören (→2927f) – unter anderem wohl auch die Tat, die Hunding nach Rache rufen ließ, nämlich den Ehebruch mit Sieglinde (→2537f); Wotan wirkt also selbst in Siegmunds Wirken (→2651). Andererseits ist es ebenfalls Wotan, der dann Hunding gegen Siegmund unterstützt (→3529). So ist Wotan zwiespältig: Er tritt den endlichen Freien als die sie fördernde göttliche *Liebe*, ebenso aber auch als die sie brechende *Schicksalsmacht* entgegen (→2780). Dieser Zwiespalt (→3015) des göttlichen Willens ist in den Tiefen (→6121ff) der göttlichen Immanenz (→6170; 6175f) versöhnt, diese Versöhnung kann aber in Wotan nicht zur Darstellung gelangen (→2933–2936).

3579f: Diese Waffe ist Hundings Schwert (→nach 3387) oder gewissermaßen Wotans Speer (→3529).

3583–3586: Sieglindes Lebensziel, ihr Selbstsein – nämlich die Einheit mit Siegmund – scheitert hier (→3659f).

3595: →2601f; 3646ff.

3600: Der Sturm ist das Element Wotans (→389).

3604: →3173.

3614: Wotan ist der »rasende Gott« (→323).

3622f: Der Wurm, das heißt der Lindwurm oder Drache, symbolisiert die träge Virtualität, in der alle Möglichkeiten beschlossen sind, von denen aber keine verwirklicht ist. Mythologisch ist der Drache in der indoeuropäischen Religion immer das Symbol solcher schlafenden Virtualität (Eliade I 193f). Der völlig entschlußlosen Freiheit des schlafenden Riesen (→5443f) entspricht daher genau die Wurmesgestalt. In der altnordischen Völsungen-Geschichte heißt es von Fafnir: »Er wurde so bösartig, daß er sich in die Wildnis zurückzog ...; er ward dann zu einem ganz wilden Wurme« (Thule XXI 71). In der Edda heißt es: »Fafnir aber stieg auf die Gnitaheide, verwandelte sich in einen Lindwurm« (Thule I 120).

3624f: Fafner hütet Alberichs Ring (→253–257) in einer Höhle, so wie auch im germanischen Mythos Fafnir; der nämlich »grub sich eine Höhle« (Thule I 120).

3628: →323.

3646ff: Der Mutter Sigurds (der dem Siegfried des »Ring« entspricht) sagt ihr sterbender Mann in der altnordischen Völsungen-Geschichte: »Du gehst mit einem Kinde, pflege dessen wohl und sorgfältig, dieser Knabe wird der berühmteste und vortrefflichste von unserm Geschlechte werden« (Thule XXI 64).

3649f: In der altnordischen Völsungen-Geschichte sagt Sigmund zur Mutter Sigurds, als er im Sterben liegt, über sein zerbrochenes Schwert (→3386f): »Verwahre ihm die Schwertesstücke wohl« (Thule XXI 64).

3653ff: Über die Stücke seines zerbrochenen Schwertes (→3386f) sagt Sigmund in der altnordischen Völsungen-Geschichte: »daraus kann ein gutes Schwert geschmiedet werden, das Gram heißen soll. Unser Sohn soll es tragen und damit manche Heldentat vollbringen, die nimmer wird vergessen werden, und sein Name wird im Gedächtnis fortleben, solange die Welt besteht« (Thule XXI 64).

Die Edda berichtet, daß dem namenlosen Sohne Hjörwards und Siglinds von der Walküre Swawa der Name Helgi verliehen wurde. Da, wer den Namen gab, ein Geschenk beizufügen hatte, redete Helgi die Walküre so an: »Was nehm ich noch zum Namen Helgi, den du mir schenkst, schimmernde Maid?« (Thule I 173/7); die Walküre weist ihn auf ein Schwert hin, das von hoher Güte ist.

3656: Siegfried ist der durch Sieg Frieden Erringende (GSD II 159). Friede als Unantastbarkeit (→502) ist die Dimension des unzerstörten Bestehens der Selbstseine. Weil ihm alles zum Siege – zum Gelingen – ausschlagen wird, wird Siegfried in seinem Selbstsein unangetastet, unbehindert sein. Weil er keine despotischen Neigungen haben, sondern die übrigen Wesen unbehelligt gewähren lassen wird (→7787f; 5398f), wird sein Handeln den Wesen keinen Unfrieden bringen. Freilich kann Siegfrieds Handeln den Frieden, die Unzerstörtheit des Selbstseins seiner selbst und der Weltwesen nicht sicherstellen. Indem er nämlich alle Wesen gewähren läßt, liefert er sie ohne jedes ordnende Eingreifen ihrer feindlichen Gegenstrebigkeit (→2535f) – ihrem Neid (→716ff) – aus, was nur durch eine ordnende Macht so ausgeglichen werden könnte, daß sie nicht zum zerstörerischen Kampf aller gegen alle werden. Siegfried beeinträchtigt die übrigen Wesen zwar nicht despotisch, er trägt aber auch keine Vorsorge für die Unzerstörtheit ihres Selbstseins; er kümmert sich gar nicht um sie. Auch sein eigenes Selbstsein kann er nicht dauerhaft im sieghaften Gelingen halten, weil er aus Gedankenlosigkeit seine Kraft überschätzen (→7367f) und es daher versäumen wird, auf ihm nachteilige Ränke der anderen Menschen zu achten und sein Handeln an ihnen vorsorglich auszurichten (→7071–7074).

3659f: Der Trost Sieglindes besteht darin, daß ihr in dem von Gott gesetzten *Scheitern* ihres Selbstseins (→3583–3586) jetzt durch Brünnhildes Ankündigung der Schwangerschaft (→3595) plötzlich eine neue *Eröffnung* von Selbstsein sichtbar wird, die ebenfalls im Letzten von Gott verfügt ist, weil nicht der Mensch, sondern das den ganzen Wirklichkeitsprozeß steuernde Walten Gottes (→6159ff) über das Eintreten einer Schwangerschaft entscheidet. In der Eröffnung und Förderung (→3608–3614) dieser Schwangerschaft ist das Göttliche, nämlich Brünnhilde als der Wille Wotans selber (→2757–2760), dem menschlichen Selbstsein wieder *treu* (»Dir Treuen«), während es im Falle Siegmunds untreu war (→3260–3265). Sogleich gelten Sieglinde nun die Brüche und Unerfülltheiten ihres Selbstseins nur mehr als Momente an der tatsächlichen *Erfüllung* von Selbstsein, weil jene Beeinträchtigungen ihres Selbstseins ja dazu dienen, ein anderes Selbstsein, nämlich das Siegfrieds, zu ermöglichen. Allerdings ist das Selbstsein, in dem Sieglinde die Erfüllung ihres eigenen Daseins erblickt, ein *anderes* Selbstsein als ihr eigenes. In der Ergebenheit der weitergehenden Generationenfolge gegenüber findet Sieglinde erfüllenden Trost. Das geht so weit, daß sie, wenn Siegfrieds Geburt ihr eigenes Leben zerstören wird (→4471f), ohne jeden Versuch, sich des Kindes um ihrer selbst willen zu entledigen, ihren Tod willig in Kauf nehmen wird.

Manche weltanschaulichen Strömungen versprechen dem Menschen, daß er in der freiwilligen Übernahme des eigenen Scheiterns (Todes) um des größeren gesellschaftlichen (Marxismus) oder natürlichen (Dahn [1] 325ff) Zusammenhangs willen die Bewahrung des eigenen Lebenssinnes (→6918) finden werde. Auch die hier und da durch kurzsichtige oder böswillige Taten der menschlichen Subjekte gestörte Weltordnung rettet man in diesen Auffassungen dadurch, daß die gegenwärtige teilweise Zerstörung als Vorbedingung künftiger umfassender Ordnung aufgefaßt wird. Grundsätzlich laufen diese Überlegungen (und somit auch der Trost der Sieglinde) darauf hinaus, Selbstsein und Weltordnung dadurch zu retten, daß sie auf *andere* Selbstseiende und *andere* Weltepochen als die jeweils gegenwärtigen verlagert werden. Die gescheiterten Selbstseienden und die zerstörten Ordnungsbereiche erleben also die behauptete Versöhnung von ordnender göttlicher Macht und selbstseineröffnender göttlicher Liebe (→2780) nicht selber, denn wenn jene Versöhntheit wirklich geworden sein wird, werden sie vergangen sein. Die Versöhnung ist nur für die späteren Generationen und den späteren Zustand der Wirklichkeit. Das frühere Selbstsein und die frühere Wirklichkeitsepoche haben keinen Teil an der Versöhnung, die in Folge dessen niemals wirklich vollendet ist. An der vollständigen Versöhnung von göttlicher Ordnungsmacht und selbstseineröffnender Liebe müßte die *ganze* Wirklichkeit, das aber heißt auch alle Vergangenheit, teilhaben. Blieben die vergangenen Individuen und Zustände erloschen und verschwunden, so wäre es nicht die Erfüllung *ihrer* Dynamik, und bezüglich dieser Vergangenheit blieben Macht und Liebe für immer getrennt. Der durch Gott im Menschen gesetzte Anspruch auf Selbstsein und Weltordnung würde mindestens für jene Zeiten und Individuen von Gott nicht erfüllt werden, und Gott wäre somit doch selbstwidersprüchlich.

Sieglindes Hoffnung auf eine Versöhnung in der Zukunft, die aber nur für die Zukunft wirksam wäre und Sieglinde selbst also ausschlösse, entspricht nicht dem ihr zugrundeliegenden menschlichen Anspruch auf die *eigene* Erfüllung. Dazu müßte die zukünftige (weil in der Gegenwart ja nicht vorfindliche) Versöhnung auch die Gegenwart einschließende gedacht werden. Es ist Brünnhilde, die die zukünftige Versöhnung als Erfüllung der Dynamik ihres eigenen gegenwärtigen Lebens erhoffen wird (→8946f; 8949). Solche Versöhnung kann kein innerhistorischer Zustand verbürgen, weil ein solcher immer die Vergangenheit und die Zukunft – und daher deren Teilhabe an der gegenwärtigen Versöhnung – ausschließt. Die Teilhabe aller Zeiten an der Versöhnung kann nur in der Dimension des zeitüberhobenen allumfassenden Gedenkens Gottes (→1672–1675) geschehen, weil nur dort alles Wirkliche zur vollendeten gleichzeitigen Ganzheit versammelt ist. In dieser Ganzheit wird sich dann die Einheit und Selbigkeit von weltordnender Macht und selbstseineröffnender Liebe erweisen (→8948), die für das irdische endliche Erleben sich unauflöslich widerstreiten, weil ein der Macht unterworfenes Selbstsein nicht mehr es selbst, sondern Ausdruck jener Macht ist und weil im Selbstsein der endlichen Wesen ihre Unterworfenheit unter die göttliche Macht suspendiert ist (→2780). Die göttliche Dimension der Zeitüberhobenheit wird erst im Verlassen der Zeitlichkeit, also im Tode erreicht (→8946f).

3681f: →323.

3692: →323.

3712f: →2835–2838.

3714f: →3275f.

3717: →3815.

3726f: →2757–2760.

3730f: →3815; 3926–3929.

3735: »Wotans Wunsch« ist ein pleonastischer Ausdruck, da Wotan selbst der Wunsch ist (→1917f).

3754: Die Wunschmaid ist die von Wotan als Kampfgenossin gewünschte menschliche Maid, die mit den Waffen umzugehen weiß (→3192). Da »Wunsch« ein Beiname Wotans (oder Odins [→323]) ist (→1917f), kann Wunschmaid einfach als »Odinsmädchen« oder »Wotansmädchen« gelesen werden. In der Edda wird vom (irdischen) Vater einer Schildmaid (→3757) berichtet: »Doch Brünhild hieß er den Helm nehmen, Wunschmaid wollt er sie werden lassen« (Thule I 111/15). Im »Ring« ist Wotan selbst der Vater Brünnhildes (→2815f), der Wunsch selbst also Vater des Wunschmädchens (→6177f). Die Maid hat hier auch keine menschliche Mutter, sondern wird ganz innerhalb der göttlichen Sphäre gezeugt und geboren: ihr Vater Wotan ist selbst eine Ausprägung des Göttlichen, das ihre Mutter ist, nämlich Erdas (→6175f).

3756: → 3926–3929.

3757: »Das Schildmädchen ist eine Lieblingsgestalt der nordischen Sage« (Golther 317). »Da sie Töchter irdischer Könige sind, aber auch Walküren [→3173] genannt und mit übermenschlichen Zügen ausgestattet werden, darf man wol auch sie als solche Wunschtöchter Odins auffassen, wie es Brynhild [→3754] war, obschon nirgends mehr eine Beziehung zu Odin und Walhall [→1811] verlautet« (Golther 321). Neben diesen Sagengestalten melden aber auch »geschichtliche Zeugnisse ... von germanischen Frauen, welche gewappnet in den Reihen der Männer mitkämpften« (Golther 323; vgl. ebd. 323f).

3759: →vor 3384; 3926–3929.

3760: Das Schlachtlos ist gemeint (→3318), das Brünnhilde als Walküre im Auftrage Wotans zu bestimmen hatte (→3173).

3762: →3318; 3926–3929.

3763: →2835–2838.

3765: →3926–3929.

3770: →3754.

3771: →3173.

3772f: Brünnhilde ist fortan ein endliches menschliches Weib (→3822f; 4125ff).

3776: →1811.

3777f: →3173.

3779f: In der altnordischen Völsungen-Geschichte berichtet Brynhild nach ihrer Erweckung: »Odin ... sagte, daß ich nimmer fortan Sieg im Kriege erkämpfen sollte« (Thule XXI 82). Zwar ist in den gegenwärtigen Versen nur von der Geleitung des Siegers nach Walhall (→3450), nicht von der Erringung des Sieges selbst durch die Walküre (→3173) die Rede, dennoch aber ist die Vorstellung die, daß Brünnhilde den Sieg herbeiführt (→2469).

3781ff: Götter und Helden sitzen tagtäglich beim Mahle, nachdem die Helden zur Übung für den Tag der Götterdämmerung (→6876) miteinander gekämpft haben. So berichtet es die germanische mythologische Überlieferung (Thule II 92/41; Peterich 29f [208f]). Dabei trinken sie Met, den die Geiß Heidrun hervorbringt (Thule II 83/22). Die Walküren sind es, die den Trank kredenzen. Von zwei Walküren sagt Odin: »sie sollen das Horn mir bringen«; dann nennt er einige andere und befiehlt: »die bringen den Einherjern Äl« (Thule II 83/23; die Einherjer sind die gefallenen Helden [→3182f]). Manchmal heißt Odin beim Empfang gefallener Kämpfer in Walhall (→3184f) »die Walküren Wein holen« (Thule II 196/1). Vor allem für Odin selbst hat der so gereichte Trank hohe Bedeutung, denn »von Wein nur lebt der waffenstrahlende Odin immerdar« (Thule II 84/25; Thule XX 84f).

3785: »Kindisch« ist veraltet für »kindlich«.

3792: Mit Brünnhildes Ausstoßung spaltet Wotan einen Teil seines eigenen Willens (→3890–3894) von sich ab. Spaltungen werden im »Ring« als »Weh« beschrieben (→573).

3801f: In der altnordischen Völsungen-Geschichte berichtet Brynhild nach ihrer Erweckung: »Odin ... gebot, daß ich mich vermählen sollte« (Thule XXI 82) – zur Strafe für ihren Ungehorsam (→3318ff; 3275f).

3808: Einer der Odins- oder Wotansnamen ist »der Schreckliche« (→2599f; 3550).

3815: Treulos war Brünnhilde dem anderen Moment des göttlichen Willens – Fricka (→369) – gegenüber, indem sie dem Gebot, Siegmund zu töten, trotzte (→3926–3929). Die endliche Freiheit samt ihren zerstörerischen Möglichkeiten eröffnend (→2636), war Wotan Fricka und seinem in ihr verkörperten Willen zur unzerstörten Geordnetheit der Welt (→2616–2619) untreu; diese Untreue aufhebend und die Ordnung der Welt gegen Siegmunds zerstörerisches Handeln wiederherstellend (→2723f), war Wotan der endlichen Freiheit – und damit Brünnhilde als deren Aufreizerin (→2835–2838) – untreu. Wegen der unversöhnten Zwiespältigkeit seines Willens (→2945f; 3015), ist Wotan sich selbst nach der einen oder nach der anderen Seite immer untreu (→2577ff).

3816f: →7110f.

3818f: →3801f.

3822f: Die göttliche Weisheit, über die Brünnhilde verfügt (→7055–7058), wird damit dem endlichen Freiheitssubjekt gehorsam, während vordem die endlichen Freien der Gottheit in blindem Gehorsam unterworfen waren (→2831–2834). Die Strafe Brünnhildes besteht darin, daß sie die Konsequenz des in ihr verkörperten Willens des Gottes zur endlichen Freiheit (→3924f) – den sie in der Rettung Sieglindes und Siegfrieds (und schon im Versuch der Rettung Siegmunds) vollzogen hat – auf sich nehmen muß. Und diese Konsequenz ist eben, daß, wenn die endliche Freiheit bestehen soll, nicht der Gott, sondern nur der Freie selbst über das, was geschehen soll, verfügen darf (→2921).

3850: In Brünnhilde, die selbst ein Moment Wotans ist (→3985), verkörpert sich Wotans Wille (→2757–2760) zur endlichen Freiheit und ihrer Selbstverfügung (→2634f). Wo die endlichen Subjekte sich selbst verfügen, hat sich die göttliche Macht selbst suspendiert. Wegen ihrer Endlichkeit aber können die menschlichen Subjekte nur aus beschränktem Überblick über die Weltkomplexität heraus handeln (→2831–2834) und gefährden damit die Weltordnung, wie das etwa Siegmund getan hat (→2720ff). Dieser Chaosdrohung als der Folge seines Willens zu einer Welt von Freien muß Wotan hier ins Auge blicken.

Da Wotan zwar eine Welt von *Freien*, aber eine unchaotische, also *geordnete* Welt von Freien will (→334), muß er nicht nur Brünnhilde, sondern auch *Fricka*, die als Verkörperung der göttlichen Ordnungsmacht (→2510ff) die endlichen Subjekte der freien Selbstverfügung zugunsten universaler göttlicher Ordnungstätigkeit entkleidet wissen möchte (→2616–2619; 2723f), ins Auge sehen (→2699).

3880–3884: Weil Gott die Welt als eine *geordnete* (→334), zugleich aber auch als zur Zerstörung der Ordnung *freie* (→2927f) will, ist er zwiespältig und *muß* daher abwechselnd das eine oder das andere – seine Ordnungsmacht oder seine Liebe zur Zerstörungsfreiheit (→2780) – vergessen und verraten (→6221). Brünnhilde sagt hier ausdrücklich, daß sie um diesen Zwiespalt oder Widerspruch weiß (→6621f).

3885ff: Was Wotan so sehr schmerzte, daß er den endlichen Freien aufgab, war die Tatsache, daß der Freie aus Bosheit (→5348ff) und Endlichkeit (→2831–2834) die höchst komplexe Welt in ihrer Geordnetheit zerstört (→2720ff), so daß das Gegeneinanderwirken der Einzelwesen nicht mehr zur wechselseitigen Erhaltung und Förderung organisiert ist (→6918-2ff), sondern aus Mangel an weiser Organisation (→6170) in den zerstörerischen Kampf aller gegen alle zerfällt. Diese Entwicklung vorausschauend, entschloß sich Wotan aus Liebe zur Vielfalt (→5449f) der Weltwesen, die Freiheit aufzugeben (→3940ff). Dies war aber nur die eine Seite. Der Wille Wotans zur Erhaltung der endlichen Freiheit blieb in Brünnhilde – dem verkörperten Willen des Gottes (→2757–2760) – wirksam, indem sie Siegmund zu schützen versuchte (→3384f) und seinen Sohn sowie das Schwert der Freiheit rettete (→3608–3614; 3649–3652). Darin vollzieht sich in der Tat auch Wotans Wille, denn die Walküre (→3173) Brünnhilde ist nach dieser Tat immer noch der »heiligste Stolz« des wotanischen Herzens (→4081).

3890–3894: Brünnhilde verkörpert Wotans Willen zur endlichen Freiheit (→2757–2760) in deren ganzer Breite, das heißt gerade auch in deren Möglichkeit zur Zerstörung der Weltordnung aus Bosheit (→5348ff) und Endlichkeit (→2831–2834). Dies ist aber nur die *eine* Seite des göttlichen Willens. Der Gott will auch die weise Geordnetheit der Welt (→6918-3), weil nur darin die Vielfalt (→5449f) ihrer einzelnen Wesen unzerstört bewahrt bleibt. Dieser Aspekt der göttlichen Macht ist in Fricka verkörpert (→369). Diese beiden schließen sich aber offensichtlich gegenseitig aus, ohne dadurch freilich den Wirklichkeitsprozeß, der ja Zerstörung *und* Geordnetheit enthält, in die Unmöglichkeit hinein aufgelöst zu haben. In der Tiefe der Wirklichkeit (→6121ff) ist also der innere Widerstreit des göttlichen Willens wohl *versöhnt*. *Wie* nun allerdings die göttliche Ordnungsmacht (hier das »andere«) und die göttliche Liebe zur Zerstörungsfreiheit endlicher Wesen (hier das »eine«) versöhnt sein könnten (→2780), vermag in Wotan nicht zur Darstellung zu kommen (→2933–2936). Daher ist er der unversöhnte Widerspruch zwischen beiden Komponenten des göttlichen Wollens und Wirkens: Wenn er das eine verfolgt, ist er *ratlos* darüber, wie das andere zu bewahren sei. Weil Gott aber *beides* will, ist er *gezwungen*, eines verfolgend, diesem sogleich den Rücken zuzukehren, um das andere nicht aus dem Auge zu verlieren. Hat er sich aber umgewandt, so beginnt der Zwang sofort von der anderen Seite her. Da die beiden Seiten in Fricka und Brünnhilde verkörpert sind, muß man sagen, daß Wotan zwischen Fricka und Brünnhilde hin- und hergerissen, ja zerrissen ist.

3897f: →3890–3894.

3899–3911: →3160–3312.

3912–3923: →3924f.

3924f: Brünnhildes Liebe (→269) zur endlichen Freiheit Wotans eigene Liebe, die das endliche Subjekt frei gewähren lassen will (→5398f). Diese Liebe anerkennt Siegmund – ganz gleichgültig, was er an zerstörerischen Taten vollbracht hat (→2720ff).

3926–3929: Der göttliche Wille zur endlichen ordnungszerstörenden Freiheit des Wälsungs (→2720ff) – verkörpert in Brünnhilde (→2757–2760) – *trotzt* dem anderen Moment desselben göttlichen, wotanischen, Willens, nämlich dem Willen, der hinter dem *Gebot* zur *Aufhebung* der endlichen Freiheit um der Geordnetheit der Welt willen (→3940ff) steht. Dieser Ordnungswille Wotans ist in Fricka verkörpert (→369), die Wotan ja zu jenem Gebot veranlaßte (→2723f; 3890–3894).

3933: Es ist zum einen die Not des *Gottes,* der seinen Willen zur Wesenvielfalt in der Welt (→5449f) durch die zerstörerischen Taten Siegmunds vereitelt sieht (→2720ff). Zum andern ist es die Not der von der Zerstörungstat des Freien betroffenen *endlichen Einzelwesen* in der Welt, die durch die von Siegmund begonnene und sich immer weiter ausbreitende (→2720ff) Zerstörung der Weltordnung in einen gegenseitigen Vernichtungskampf geführt werden.

3939: →3028–3031.

3940ff: Die Weltordnung, die den so unabsehbar vielfältigen Wesen (→5449f) es ermöglicht, trotz der zum gegenseitigen Vernichtungskampf reizenden Gegenstrebigkeit ihrer Daseinsvollzüge (→2535f) ihr Selbstsein zu bewahren und zu fördern (→6918-2ff), ist durch die ordnungszerstörenden Taten des endlichen freien Helden Siegmund von der Zerstörung bedroht (→2720ff). Wotan sagt nun ausdrücklich, daß es die *Liebe* zu der ganzen vielfältigen Welt ist, die ihn veranlaßte, seine Liebe zur endlichen Freiheit Siegmunds zu hemmen, indem er diese durch *macht*volles Eingreifen ausschaltete (→3386f). Dieser innere Widerstreit des göttlichen Willens zwischen Liebe und Macht (→2780) bleibt in Wotan unversöhnt und verweist auf eine angemessenere Erfassung des Göttlichen, als sie Wotan darstellt (→2933–2936).

3943f: Indem Wotan Siegmunds Tod befahl (und um der Geordnetheit der Welt willen befehlen mußte [→2723f]), wandte er sich gegen sich selbst als den Gott, der die endliche Freiheit will. Darin verletzte (»[ver]sehrte«) er seinen eigenen göttlichen Willen (→3890–3894).

3945f: Insofern er die Freien will, ist der Gott *ohnmächtig* (→357), weil der Freie über sich selbst verfügen muß (→2634f; 2921). Diese Ohmacht *schmerzt* Wotan (→3885ff), weil er sieht, daß bei göttlicher Ohnmacht und menschlicher Macht chaotische Weltzerstörung die Folge sein wird, da die endlichen Subjekte aus Bosheit (→5348ff) und Beschränktheit des Überblicks (→2831–2834) die Welt in Unordnung, damit aber die Einzelwesen in der Welt um ihre Daseinsgrundlage bringen. Der gegenseitige Vernichtungskampf droht, wenn Siegmunds zerstörerische Gesinnung bestehen bleibt und in weiteren Kreisen Wirksamkeit zeigt (→2720ff). Aus dem Schmerz darüber »schoß« Wotan auf, weil er die Welt in der unzerstörten Vielfalt ihrer Wesen liebt (→3940ff). Allerdings liebt Wotan nach wie vor auch die zerstörerische Freiheit, die er selbst aufstachelt (→2927f); diese Liebe blieb in Brünnhilde wirksam (→3890–3894).

3968: Das heißt soviel wie »überall« (→675).

3985: Brünnhilde ist der Wille Gottes zur Welt freier endlicher Wesen (→2757–2760). Als solcher ist sie ihrem irdischen Leben gegenüber präexistent (→6733–6737). In der jetzigen Situation hält Brünnhilde gegenüber Wotans Versuch, die Geordnetheit der Welt durch Aufhebung der zerstörerischen endlichen Freiheit wiederherzustellen (→2988f), gerade die endliche Freiheit gegenwärtig (→3890–3894) und bewahrt damit die Vollständigkeit des göttlichen Willens, der zwar einerseits Macht zur Ordnung der Welt, andererseits aber auch Liebe zur endlichen Freiheit samt ihren zerstörerischen Fähigkeiten ist (→2780). Der Wille zur endlichen zerstörerischen Freiheit ist in der göttlichen zeitenthobenen *ewigen* Gegenwart (→1672–1675) ein für alle Mal gegeben, und daher hält auch Wotan trotz seiner momentanen Aufgabe desselben weiterhin neben dem Willen zur Geordnetheit der Welt am Willen zur endlichen Freiheit fest. Das aber heißt eben, daß er Brünnhilde nach wie vor als »*sein* Teil« anerkennt (→4081; 4089f).

3989f: Wollte Wotan den in Brünnhilde verkörperten göttlichen Willen zur endlichen Freiheit (→2757–2760) aufgeben, ließe er eben den freiheitenwollenden Gott – also sich selber – sinken (→1666–1670).

3991f: Die Macht der Liebe zu den endlichen Freiheitssubjekten führt dazu, daß diese auch in ihren zerstörerischen Tendenzen ungehindert gewähren dürfen (→5398f). Damit ist aber die göttliche *Ordnungsmacht*, die die Weltwesen unzerstört erhalten will und deshalb die zerstörerische Freiheit brechen muß, in Ohnmacht verkehrt (→3945f). Die Liebe Brünnhildes (und damit Wotans [→2757–2760]) ist noch Macht *gegen* die Ordnungsmacht. Da göttliche Ordnungsmacht *und* göttliche Liebe zur endlichen zerstörerischen Freiheit den Wirklichkeitsprozeß bestimmen (→2780) und letzterer in der Widersprüchlichkeit dieser beiden Komponenten des göttlichen Willens *nicht* zugrunde geht, ist in der verborgenen Tiefe der Wirklichkeit wohl eine Macht am Werk, die selber Liebe ist, oder umgekehrt, eine *gewährenlassende* Liebe, die selber bosheits*brechende* Ordnungsmacht ist (→8948). In Brünnhilde als einem Moment Wotans kann die Einheit der sich gegenseitig ausschließenden Größen Macht und Liebe nicht dargestellt werden, weil Wotan das Göttliche nur darstellt, insoweit es dem endlichen Denken des Menschen sich bekundet (→6141ff). Für den irdischen Menschen aber zeigt sich Gottes Walten (→6159ff) als die unaufgelöste Widersprüchlichkeit von Macht und Liebe, es zeigt sich *nicht* als deren Versöhntheit.

4005f: Das von Wotan gezeugte Wälsungengeschlecht (→4764ff) ist auch in der altnordischen Völsungen-Geschichte hervorragend: »alle Söhne König Sigmunds ... übertrafen alle andern Männer an Stärke und Wuchs« (Thule XXI 204).

4043f: In der altnordischen Völsungen-Geschichte erzählt Brynhild von der Folge ihres Ungehorsams (→3318ff): »Odin aber stach mich mit dem Schlafdorn zur Strafe dafür« (Thule XXI 82; vgl. Thule I 141; →3275f; 3801f).

4045f: →3801f.

4055–4058: In der germanischen Mythologie sagt Brynhild in bezug auf das Odinsgebot, sie solle sich verheiraten (→3801f): »Ich aber tat ein Gelübde dagegen, mich keinem solchen zu vermählen, der sich fürchten könnte« (Thule XXI 82; vgl. Thule I 141).

4081: Auch die Wotan ungehorsame Brünnhilde (→3318ff) ist noch der heiligste Stolz des wotanischen Herzens, weil der Gott sowohl die Aufhebung der zerstörerischen Freiheit Siegmunds (→2723f) als auch deren Erhaltung will (→3890–3894; 3985).

4088: →3781ff.

4089f: Wotan liebt auch noch die ungehorsame Brünnhilde (→3318ff), weil sie in ihrem Ungehorsam gegen das eine (von Fricka verkörperte) Moment seines göttlichen Willens das andere, dem ersten widersprechende, Moment eben dieses seines Willens verwirklicht (→3890–3894).

4095f: Von Odin wird in der Edda berichtet, daß er Brünhild nach ihrem Ungehorsam und zur Strafe für diesen in Schlaf versenkte (→4043f) und mit Feuer einschloß: »Den Holzverheerer [das Feuer] ließ er hoch lodern um meinen Saal am Südhange« (Thule I 108/11).

4097–4100: Auch die eddische Brynhild ist dem furchtlosen Helden bestimmt (→4055–4058). Ihr Schlaf (→4043f) kann nur von diesem unterbrochen werden: »Es durfte vom Schlaf der nur mich wecken, dem Furcht immer fremd geblieben« (Thule I 108/10). In der Edda ist es also nicht allein und vor allem das Feuer, das den Feigen abhalten soll, sondern auch auf dem Schlafe selber liegt noch ein sichernder Zauber. Vielleicht hängt das damit zusammen, daß nach einem eddischen Liede gar kein Feuer brannte, sondern nur ein Schildzaun vorhanden war, der in der Sonne »ein großes Licht, als ob ein Feuer brenne« (Thule I 140; →6437–6440), von sich gab; hier war der Schlafzauber wichtig, um den Feigen abzuhalten, dem ja kein gefährliches Feuer entgegenlohte. Feuerwall und Schildzaun finden sich in der Edda aber auch vereint (Thule I 107/10; 108/11).

4125ff: In Brünnhilde ist Gottes Weltwille verkörpert (→6733–6737), das vollendete Urbild der Gesamtgestalt der Welt (→6170). Dieser Wille schläft jetzt, das heißt er verwirklicht sich nicht einfach von sich selbst her. Gott gibt seine Macht auf, die eben darin besteht, seinen Willen zu verwirklichen. Damit gibt er aber sich selbst auf (→326f). Gott entäußert sich seiner Gottheit. Die Verfügungsmacht darüber, welche Gestalt das Weltgeschehen annimmt, erhält nunmehr der *endliche Mensch*, der die göttliche Fähigkeit, weite Zusammenänge zu überblicken und (daran sich ausrichtend) weltgestaltend zu handeln, selber immer schon als Anlage besitzt und ihrer jetzt völlig inne wird (→7055–7058). Gottes Weltwille macht sich somit abhängig vom Menschen: Frei handelnd »erweckt« der Mensch so jeweils den göttlichen Weltwillen, der von sich selbst her – das heißt ohne den Menschen – nichts vollziehen will, was die endliche Freiheit selber vollziehen kann.

Die Selbstaufgabe der göttlichen Wirksamkeit hat Wotan schon früher beschlossen (→2982–2985). Er vollzieht sie, damit die endlichen Subjekte als wirklich *freie* bestehen können. In der Selbstaufgabe Gottes ist allerdings nicht Gottes Wirken überhaupt aufgehoben. Das zeigt sich daran, daß trotz der nicht göttlich gelenkten Tätigkeit der Menschen kein Chaos ausbricht. Ganz ohne göttliche Ordnungstätigkeit wäre aber das Chaos unvermeidlich, weil die Menschen wegen der Beschränktheit ihres Überblicks (→2831–2834; 7071–7074) ihre Handlungen untereinander und mit der Naturordnung (→6911ff) nicht so abstimmen können, daß die ungeheure Komplexität dieser Bereiche nicht in Unordnung geriete. Es ist ja auch nicht Erda, die ihr sinnverbürgendes (→6918) Walten (→6159ff) aufgibt, sondern nur Wotan entäußert sich – in Gestalt seiner Tochter Brünnhilde (→2814ff) – seiner Gottheit. Die Wotangestalt verkörpert aber das Göttliche nur, soweit es für den Menschen in seiner irdischen Welterfahrung unmittelbar sichtbar ist (→6141ff), etwa in Gestalt von Orakeln und wunderhaften göttlichen Erscheinungen. Für menschliche Einsicht kann aber das versöhnte Zusammenbestehen von unzerstörter Weltordnung *und* endlicher Freiheit zur Zerstörung derselben nicht möglich erscheinen (→2780). Wie Gott diese letzte Versöhnung bewirkt, kann nicht mehr menschlich durchschaut werden. Das menschlich verstehbare Götterwirken – wie das Wotans – verschwindet daher aus der Welt zu einem bestimmten Zeitpunkt der Religionsgeschichte (→6252ff), nämlich sobald der Mensch eingesehen hat, daß in dem, was er am Wirklichkeitsprozeß verstehen kann, nicht das letzte, alles versöhnt umfassende und daher göttliche Einheit der Wirklichkeit gegeben ist. Gott kann dem Menschen von da an ohnmächtig und tatenlos scheinen, weil er im menschlich Nachvollziehbaren nicht mehr gefunden wird (wo man ihn früher fälschlicherweise zu finden glaubte). Gott ist tatenlos, wie hier Brünnhilde, das heißt Wotan. Der »Ring« geht aber davon aus, daß auch in der Ohnmacht des Gottes – also da, wo allein menschliche Irrtümer und menschliche Bosheit (→5348ff) zerstörerisch zu handeln scheinen – die Weltordnung unzerstört bleibt, und zwar durch das Walten der Erda, die göttliche Ordnungs*macht* und göttliche *Liebe* zur zerstörerischen endlichen Freiheit auf geheimnisvolle Weise (→1692ff; 6206–6209) versöhnt (→8948).

4132: →2777.

Nach 4138: →6998–7001.

4139ff: Wer sich vor etwas fürchtet, läßt sein Handeln von dem Gefürchteten beeinflussen. Nur der ist ganz frei, der nichts fürchtet und seinem eigenen, von nichts anderem bestimmten Entschluß folgt. Wotan will, daß nur in diesem Sinne ganz freier Mensch sich das in Brünnhilde schlummernde göttliche Wissen von den Weltzusammenhängen (→7055–7058) erweckt und damit dann in eigenem Verfügen den weiteren Verlauf der Geschichte (→6923–6926) bestimmt.

Zweiter Tag:

Siegfried

Erster Aufzug

4150f: →4226f.

4162f: →3622f.

4164ff: →3624f.

4220f: Von Sigurds Schwert heißt es: »Regin schmiedete für Sigurd das Schwert, das Gram hieß; es war so scharfschneidig, daß es, als er es in den Rheinstrom hielt und eine Wollflocke dagegen von dem Strome treiben ließ, die Wollflocke so wie das Wasser durchschnitt« (Thule XXI 205; vgl. Thule XX 187; Thule XXII 131f). Allerdings handelt es sich bei Gram um das gute Schwert, das Sigurd nicht mehr zerbrechen wird. Gram entspricht also Nothung (→nach 5279).

4226f: »Regin schmiedete ein Schwert und gab es Sigurd in die Hand. Der nahm das Schwert und sprach: ›Das ist schlechte Schmiedearbeit, Regin!‹ Er hieb auf den Amboß, und das Schwert zersprang. Er warf die Klinge weg und hieß ihn ein anderes, besseres schmieden. Regin schmiedete ein anderes Schwert und gab es Sigurd; der blickte es an. ›Dieses wird dir gefallen,‹ sagte Regin, ›aber schwierig ist es, für dich zu schmieden.‹ Sigurd versuchte dieses Schwert und zerbrach es wie das vorige« (Thule XXI 72).

4275f: In der Thidreks-Saga wird berichtet, daß Mime Sigurd zu sich nahm, »setzte ihn auf seinen Schoß und hüllte ihn in Kleider; denn er war nackt« (Thule XXII 218).

4305f: Regin, der Mime entspricht, lehrte Sigurd (Siegfried) »Fertigkeiten, Brettspiel und Runen und in mancherlei Sprachen zu reden, wie es damals geziemend war für Königssöhne, und mancherlei andere Dinge« (Thule XXI 67).

4366–4384: Siegfried nimmt hier die allein dem Menschen mögliche theoretische Haltung ein, indem er das Selbstsein der Wesen als solches beschreibt (→4410–4415).

4385–4388: Siegfried benutzt hier die Tiere nicht für sich, weder als Beute noch als »Gesellen« (→4206–4214), sondern er läßt sie einfach in ihrem Selbstsein gewähren (→4410–4415). Dies ist ebenso Liebe (→5398f), wie es die Haltung der Füchsin und der Wölfin ist, die ihren Welpen durch die Brutpflege das Selbstsein ermöglichen. In seinem das Selbstsein der Tiere bewahrenden Handeln nimmt Siegfried sich nicht sein eigenes Selbstsein und dessen Bedürfnisse, sondern eben das Selbstsein der Tiere zum Ziel des Handelns. Dies kann er aufgrund seiner menschlichen Geistigkeit, die es ihm erlaubt, andere Wesen nicht nur unter dem Gesichtspunkt ihres Nutzens für ihn, sondern in ihren eigenen Bedürfnissen wahrzunehmen (→4410–4415), das heißt sich in das Selbstsein anderer Wesen zu versetzen.

4410–4415: Das Wort »spähen« geht auf die indogermanische Wurzel zurück, der auch das lateinische »specere« entstammt, was »nach einem Gegenstande sehen« bedeutet; mit diesem lateinischen Wort ist wiederum »Spiegel« verwandt (Duden VII 653; 658). Siegfried betrachtet die Abbilder der ihm umgebenden Naturdinge unter dem Gesichtspunkt ihrer Übereinstimmung mit den Urbildern. Die Dinge interessieren ihn also nicht hinsichtlich irgendeines Nutzens, den sie für ihn haben könnten (→4385–4388), sondern in ihrem *Selbstsein*, nämlich so »wie sie nur sind« (→4414). Auf dieselbe betrachtete – das heißt auf griechisch: theoretische – Weise, die nicht fragt, was man mit den Dingen machen kann, sondern was die Dinge an ihnen selber sind, verhält sich Siegfried auch an anderer Stelle (→4364–4386).

In dieser vom unmittelbaren Druck eines Triebinteresses abgekoppelten Sachlichkeit besteht die allem menschlichen Verhalten zugrundeliegende Haltung. Die Sachen, die als Werkzeuge zur Beschaffung des Triebzieles dienen, sind wohl auch für die Tiere von Interesse. Dabei tritt aber eine charakteristische Grenze des tierischen Interesses an den Dingen zutage: Eigenschaften der verwendeten Dinge, die mit dem Triebziel nicht direkt optisch, akustisch oder sensorisch in Verbindung stehen, unterzieht das Tier keiner näheren Erforschung. Was es mit einem Ding der Umgebung und dessen Eigenschaften unabhängig vom Triebziel, das heißt mit dem Ding als solchem auf sich hat, gelangt gar nicht in den Aufmerksamkeitsbereich des Tieres (Gehlen 149–157). Das Tier ist vielmehr dazu eingerichtet, auf ganz wenige Reize aus der umgebenden Wirklichkeit mittels angeborener Verhaltensweisen zu reagieren (Eibl-Eibesfeldt 12f; 39–43; 112–149). Weil des Tieres angeborene Ausstattung und die ihm begegnenden Reize von selbst, das heißt von Natur aus, aufeinander abgestimmt sind, oder doch mit einem sehr geringen Aufwand an Einsicht jeweils aufeinander abgestimmt werden können, bedarf das Tier, um überleben zu können, nicht der Fähigkeit, mehr als den ihm zugänglichen engen Ausschnitt der Welt wahrzunehmen. Diesen Ausschnitt nennt man Umwelt; im Unterschied zur Welt als der ganzen Breite und Tiefe des Wirklichen (Pannenberg [1] 29–39). Das Tier ist *umweltgebunden*. Der Mensch hingegen besitzt zwar eine Vielzahl von Fertigkeiten, die aber nicht in angeborenen Verhaltensmustern in ihrem Zusammenspiel und Ablauf so organisiert sind, daß sie bei bestimmten auftretenden Außenreizen (und nur bei diesen) automatisch die umgebende Wirklichkeit in einer für den Menschen zuträglichen Weise bewältigen könnten. So ist das Überleben des Menschen in der Welt nicht von Natur aus schon gesichert. Dieser Ausfall der Angeborenheit der jeweils nützlichen Reaktion ist zweifellos ein entscheidender Mangel (Herder [1] 564–567), aber er ist dadurch ausgeglichen, daß der Mensch nicht auf eine enge Umwelt begrenzt, sondern *weltoffen* ist; er nimmt die ganze Vielfalt der Eigenschaften der ihn umgebenden Weltdinge wahr, und nichts ist prinzipiell aus seiner Aufmerksamkeit ausgeblendet (Herder [1] 568–572; Gehlen 73–85). So kann der Mensch ohne angeborene Verhaltensweisen auskommen und statt dessen sein Verhalten den Dingen kraft der Kenntnis der ganzen Breite derselben auf *verschiedenste* Weise so anpassen, daß seine Bedürfnisse auch in Situationen befriedigt werden können, in denen einem Tier kein Weg mehr sichtbar sein kann. Vor allem ist der Mensch in seinem Erleben nicht nur an gegenwärtige Reize gebunden. Das heißt, er kann sich die durch einen Gegenstand verursachte Reizlage in ganz anderen als der je gegenwärtigen Situation vorstellen und Möglichkeiten des Umgangs damit schon im voraus erwägen. Ohne diese Eröffnetheit der Zukunft wäre der Mensch bei seinem Mangel an festen reizabhängigen Verhaltensweisen den meisten Situationen ohne Reaktionsmöglichkeit ausgeliefert, während er so vorsorgend und planend sich selbst mit Reaktionsweisen ausstatten und Verfahren *erdenken* kann, die an wechselnden Seiten der Dinge mit wechselnden Vorgehensweisen ansetzen. Auf diese Weise verwirklicht der Mensch seine geschichtlichen (→6923–6926) Ziele, die nicht nur die des biologischen Überlebens sind (→4544) – menschliches Verhalten ist kulturell bestimmt (→5079–5084).

Die Offenheit des Menschen für die ganze Welt muß noch etwas näher charakterisiert werden. Alles, was dem Menschen an Welt begegnet, ist einerseits immer nur ein räumlich und zeitlich begrenzter Ausschnitt der ganzen Wirklichkeit. Andererseits *weiß* der Mensch, daß der Ausschnitt bloß ein Ausschnitt ist. Einen Ausschnitt *als* Ausschnitt zu erleben, heißt aber, ihn von einem umfassenderen Horizont her zu sehen. Deswegen ist der Mensch über den bestimmten Ausschnitt, den er – ihn als solchen wissend – gerade erfährt, immer schon hinaus bei einem momentan unbestimmt bleibenden größeren Horizont. Gerade dies, daß ihm immer schon ein weiterer Horizont gegenwärtig ist, als ihn das gegenwärtige Erleben mit Einzelheiten ausfüllt, läßt den Menschen das Begrenzte der Umwelt überstiegen haben. Diese Offenheit ist sich sozusagen immer selbst voraus. Schreitet der Mensch nämlich den zunächst unbestimmten weiteren Horizont aus, indem er über eine gegenwärtige Erfahrung hinausgeht und ihre Zusammenhänge mit näher und ferner benachbarten Gegebenheiten betrachtet (→1982), so ist dieser neue Horizont sogleich wieder in einem noch umfassenderen lokalisiert. Ein diese Reihe je umfassenderer Horizonte abschließender letztumfassender Horizont kann nicht mehr als irgendwie umschreibbar gedacht werden, weil solche Umschreibung nur wieder in einem umfassenderen Horizont geschehen könnte, der im Falle des *letzt*umfassenden Horizontes per definitionem nicht mehr gegeben sein kann. Jeder noch so eng gefaßte Ausschnitt der Wirklichkeit ist somit im Letzten ein Ausschnitt aus dem nur als *unbegrenzt* denkbaren *Ganzen* aller Wirklichkeit. Diese Totalität aller Räume und Zeiten ist dem Menschen nur in der Weise des Vorgriffs auf einen unbestimmt bleibenden Horizont möglich. Dies ist der Horizont Gottes, in dem alle Räume und Zeiten zu ewiger Gegenwart versammelt sind (→1672–1675). Da Gott die ganze Wirklichkeit ihrem Dasein (→1676f) und ihrem Sosein (→6159ff) nach setzt, bekundet sich in den menschlich erfahrbaren Ausschnitten der Wirklichkeit das Walten Gottes. Die vom Menschen aus den ausschnittweisen Erfahrungen abgeleiteten Vorstellungen von der näheren Beschaffenheit Gottes und seines Waltens im Ganzen, also die vielfältigen Gottesbegriffe der Religionsgeschichte (→6153f), sind immer nur vorläufig und von der sich wandelnden Wirklichkeitserfahrung abhängig. Der »Ring« thematisiert ausdrücklich die göttliche Dimension, indem er zeigt, wie eine der menschlichen Erfassungen des Göttlichen, nämlich Wotan, verschiedene vorläufige Stadien durchmacht, um schließlich in die Anerkennung der uneinholbaren Geheimnishaftigkeit Gottes zu münden (→2809f; 6141ff; 6238f).

4423: Die Adjektivform »greulich« verwendet auch Goethe, Faust II 7096; 8278.

4468: Der Trost, den Sieglinde in der Aufgabe ihres eigenen Lebens um des Sohnes willen empfand (→3659f), ist – wie sich hier zeigt – kein vollkommener, weil er die Bewahrung des Selbstseins nur der zukünftigen Generation, nicht aber der trostbedürftigen Sieglinde selber bietet. Der Mensch muß unweigerlich auf die Bewahrung und letzte Erfüllung des *eigenen* Selbstseins – wenn auch erst jenseits des Todes (→8949) – hoffen (→3260–3265). Deshalb schlägt Sieglindes Trost hier in Trauer um.

4518ff: Mime hat das Schwert (→4521ff) in Wahrheit gestohlen (→4827f). Es ist aber im Sinne Brünnhildes und Sieglindes, daß Siegfried in den Besitz der Waffe kommt (→3649–3656). Da Mime sie ihm in die Hand spielen muß, um Fafner aus dem Weg zu räumen (→4171ff), erfüllt Mimes Diebstahl den Willen der Walküre und Sieglindes.

4521ff: In der Völsungen-Geschichte erhält Sigurd (Siegfried) das zerbrochene Schwert seines Vaters, das dort »Gram« heißt (→5066f), von seiner Mutter selbst: »Er ging zu seiner Mutter, sie empfing ihn freundlich; sie redeten miteinander und tranken. Da sprach Sigurd: ›Habe ich recht verstanden, daß König Sigmund dir das Schwert Gram in zwei Stücken übergab?‹ Sie antwortete: ›Wahr ist das.‹ Sigurd sprach: ›Gib es mir in die Hand! Ich will es haben.‹ Sie sagte, von ihm könne man Heldentaten erwarten, und gab ihm das Schwert« (Thule XXI 72).

4524f: In der Völsungen-Geschichte heißt es: »Sigurd ging zu Regin [dem Mime im »Ring« entspricht] und bat ihn, daraus [aus den Schwertstücken (→4521ff)] ein Schwert zu schaffen dem ausgezeichneten Stoff entsprechend« (Thule XXI 72).

4537: Flausen sind lose Fäden (Duden VII 172). Hier als Bild für eine unstabile Verbindung der beiden Schwertstücke gebraucht.

4540: →5049.

4544: Es gibt neben der Einbindung der natürlichen Einzelwesen in das Gesamtgefüge der Welt die ganz anders geartete Einbindung des *Menschen* in die Welt. Im ersten Falle ist es nicht das einzelne pflanzliche oder tierische Individuum, welches seine Einbeziehung organisiert, sondern es ist der Gesamtzusammenhang der Wirklichkeit selber, der diese Einbeziehung besorgt bzw. immer schon besorgt hat. Im Falle des Menschen aber bleibt neben der auch bei ihm immer schon vorhandenen Einbezogenheit ein *Freiraum* ausgespart, den der Mensch durch eigenes, von ihm selbst erst zu entwerfendes Handeln zu gestalten hat (→2634f). Überleben zu wollen, ist ein natürlicher Drang im Menschen, aber es ist ihm schon nicht mehr vorgegeben, auf welche Weise er sein Überleben sichert, sondern hier muß er selber seinen Weg finden, indem er sein Bedürfnis und die Natur mittels seiner erst zu erfindenden Werkzeuge (seiner Technik) seinen Zwecken entsprechend zusammenschließt oder integriert. In der Überlebenssicherung erschöpfen sich aber menschliche Ziele nicht. Ihm stellt sich nämlich die Frage, was mit dem biologisch gesicherten Leben anzufangen ist, welchen Sinn sein Leben hat, das heißt worauf er den »Überschuß« seiner Antriebskraft, der ihn nicht beim Biologischen stehenbleiben läßt und doch von sich her noch nicht auf bestimmte Ziele festgelegt ist, richten soll. So wie der Mensch in erkennender (theoretischer) Hinsicht nicht auf einen bestimmten Ausschnitt der Welt eingeengt, sondern (prinzipiell) für die ganze Breite und Tiefe der Wirklichkeit offen ist (→4410-4415), ist er in handelnder (praktischer) Hinsicht nicht von Natur aus auf bestimmte Verrichtungen festgelegt, in deren Vollzug seine Antriebskraft erschöpft wäre; vielmehr ist ihm jede Art von Tätigkeit Anlaß, in irgendeiner Weise darüber hinauszugehen, seine Tätigkeit also in der Güte ihres Zieles und ihres Ablaufes zu steigern. Dies könnte man die praktische Weltoffenheit des Menschen nennen, die letztlich ins Unendliche zielt (→7249-7252).

Weil die Taten des Menschen nicht von der Natur vorgeschrieben, sondern von seiner eigenen Entscheidung abhängig sind, fragt Mime nach Siegfrieds Entscheidung für bestimmte Absichten. Siegfried aber legt sich nicht fest (→4545f).

4545f: Siegfried antwortet auf die Frage Mimes, was er mit dem Schwert wolle (→4544), daß er mit ihm nicht bestimmtes Einzelnes wolle (→4561f). Vielmehr sagt er ohne jede nähere Bestimmung, daß er sich der *ganzen Welt* stellen möchte, um in ihr und an ihr sein Selbstsein zu verwirklichen (→6773-6786). In der Waffe sieht er also das universal einsetzbare Werkzeug, das ihm nicht nur eine von begrenzten Merkmalen charakterisierte Umwelt, sondern eben die ganze Welt (→4991f) erschließt, weil das Schwert keine natürliche Ausstattung ist, die auf wenige spezielle Verrichtungen festgelegt, in davon abweichenden Situationen aber untauglich ist (wie die tierische Organausstattung), sondern in unabsehbar vielen Situationen, geleitet von der menschlichen weltoffenen Einsicht (→4410-4415), immer wieder auf neue Weise einsetzbar ist. Entsprechend seiner Weltoffenheit ist das menschliche Streben letztlich ins Unendliche gerichtet, weil es kein endlicher, in der Welterfahrung vorkommender Gegenstand restlos befriedigt (→4561f). Das Schwert verkörpert ganz allgemein die Kraft der menschlichen Freiheit (→5011).

4555f: Die Flut als Bild für die Wirklichkeit, in der Siegfried die Erfüllung seines ins Unendliche gehenden Strebens (→4561f) sucht, kehrt später wieder (→6773-6786).

4560: Das nicht stillstehende, flutende Wasser ist ein treffendes Bild für das über jeden gegebenen Inhalt der Welterfahrung hinausdrängende menschliche Streben (→7249-7252). War vorhin (→4555f) die Flut Bild für die wechselnden Inhalte im Menschenleben (der Mensch als der Fisch in der ihn umgebenden, nie stillstehenden Wirklichkeit, eben der Flut), so ist sie jetzt Bild für die durch die Welt der Inhalte flutende innere Dynamik der menschlichen Daseinsweise (Siegfried selbst »flutet« durch die Welt).

4561f: Was Siegfried im einzelnen will (→4544), weiß er nicht. Er spürt den Drang, ins Offene sich hineinzuwagen. Wie den Wind, der viele Orte berührt, aber nirgendwo stehenbleibt, sieht Siegfried sein eigenes Streben geartet. Darin zeigt sich die eigentümlich offene Unbestimmtheit der menschlichen Daseinsweise. Ohne in eine fest begrenzte Umwelt eingebunden zu sein (→4410-4415) und ohne bei irgendwelchen Verrichtungen letzte Befriedigung zu finden, ist der Mensch sein Leben lang zu einem Ziel unterwegs, das er nicht kennt und innerhalb seiner irdischen Zeitspanne nicht erreicht (→3260-3265), weil es, um den Menschen wirklich zu befriedigen, alle innerweltlichen Inhalte übersteigen müßte (→7249-7252). Dieser ins Unendliche strebende »Windhauch«, der die menschliche Daseinsweise charakterisiert, ist der im Menschen – wie in aller Wirklichkeit – wirksame Gottesgeist (→6151f).

4586: Der eddische Odin kommt eines Tages zu einem Riesen und begrüßt diesen mit den Worten: »Heil dir, Wafthrudnir! ... Wissen will ich, ob du weise bist« (Thule II 88/6).

4587ff: Beim Riesen Wafthrudnir sagt Odin, als er vor dessen Haus steht: »Gagnrad heiß ich; gegangen komm ich hungrig zur Halle dein. Zutritt Riese, – bin gezogen weit – und Gastgruß begehre ich« (Thule II 88/8). Gagnrad bedeutet »mit Erfolg ratend, durch Räselraten oder im Rätselraten siegend, oder auch Sieger« (Simrock [2] I 37 Anmerkung 2).

4590f: In der Edda fragt der Riese Wafthrudnir den Odin, als dieser unerkannt zu ihm tritt: »Wer ist der Mann, der in meinem Saal sein Wort auf mich wirft?« (Thule II 88/7).

4593f: In der Edda nennt sich Odin »Wegtam«, das ist »der Weggewohnte« (Thule II 25/6 mit Anmerkung; vgl. insgesamt Helm 361).

4597ff: Im großen Prosa-Entwurf zum »Jungen Siegfried« gibt Wagner den Grund für Mimes abweisendes Verhalten an: »Mime ist sehr beunruhigt, einen fremden wissenden mann bei sich zu bergen, der möglicher weise mit Siegfried zusammen treffen und ihn belehren könnte« (JS 74).

4607f: Genau dasselbe sagt der eddische Odin von sich: »viel erforschte ich« (Thule II 87/3).

4633ff: In der Edda ist es nicht Odin, das heißt Wotan (→323), sondern der Riese Wafthrudnir, der dem Gotte eine Wissenswette anbietet: »Komm auf des Riesen Bank! Sprich auf dem Sitz im Saal! Laß uns Haupt uns in der Halle wetten, Fremdling, auf Vielkunde« (Thule II 89/19). Odin hat den Riesen aber nur zu dem Zweck aufgesucht, sein Wissen mit ihm zu messen (Thule II 87/1; 88/5f). Odin liebt und betreibt öfters Wissenswetten (Thule II 80–86; 87–94; 155–165).

4643f: Der eddische Riese Wafthrudnir sagt anläßlich einer Wissenswette zu Odin: »Nimmer kehrst du, bist du der klügere nicht, aus meiner Halle heim« (Thule II 88/7).

4649ff: →6141ff.

4655ff: Die Zwerge stammen aus dem nächtigen Urgrund aller Wirklichkeit (→2781f). Diese göttliche Dimension wird als *neblig* vorgestellt (→7602ff). Der Urgrund der Wirklichkeit ist »tief«, weil er verborgen ist (→6121ff) und weil er noch die tiefsten Dimensionen der Erde trägt, in denen die Zwerge leben. Der Nebel durchzieht diese Tiefe, die deshalb »Nibelheim (Nebelheim)« (GSD II 156) heißt (→990ff). Die Zwerge heißen, ebenfalls nach dem Nebel, »Nibelungen«.

Daß die Nibelungen in der nächtigen (→1128; 1180) Tiefe »*tagen*«, hängt damit zusammen, daß sie nicht eine ebenso unterscheidungslose Dimension bilden wie die schwarze Nacht, sondern einzelne unterscheidbare, bestimmte Handlungen verrichten, um – so Alberich und Mime – die ganze Welt (→5371) einer zerstörerischen Despotie zu unterwerfen (→5348ff). Unterscheidbares, Bestimmtes, Einzelnes wird im »Ring« aber mit dem *Tageslicht* in Verbindung gebracht (→6173f).

4661ff: →253–257.

4667: →5371.

4675f: Von der Entstehung der Riesen heißt es im »Jungen Siegfried«: »frost zeugte sie hitze gebar sie, rauhragendes Volk« (JS 121). Dies geht auf germanische Vorstellungen zurück. Am Uranfang (→1676f) der Welt gab es, der germanischen Mythologie zufolge, zwei große, durch eine riesige Leere (Ginnungagap) getrennte Bereiche: Muspellheim und Nebelheim. Letzteres entläßt Eis und Reif, Kälte und lauter Widriges aus sich, während ersteres loht und brennt (Thule XX 52f). Im Ginnungagap treffen beide Bereiche aufeinander: »Und als der heiße Luftstrom auf den Reif stieß, so daß dieser schmolz und herniederträufelte, da wurden durch die Kraft dessen, der die Hitze sandte, diese Tropfen lebendig, und es entstand eine Menschengestalt, das ist Ymir« (Thule XX 53). Ymir ist der Urriese, von dem alle übrigen Riesen abstammen (Thule XX 53). Die Riesen sind im »Ring« dumm (→506). Sie stellen hier nicht wie in der Mythologie die elementaren Naturkräfte (Golther 159f) dar, sondern eine Vorstufe oder ein Moment der menschlichen Freiheit: Sie verkörpern die reine Freiheit in ihrer Unbestimmtheit, die weder für das eine noch das andere sich entschieden hat (→5443f). Dieser Ausgangszustand ist aber nicht die wahre Freiheit, die sich erst in der Entscheidung und in der treuen Durchführung des Beschlossenen völlig verwirklicht.

4687f: →3622f; 3624f.

4697: →1773; 6175f.

4698: →1811.

4699: Die Götter sind Ausprägungen des nächtigen göttlichen Urgrundes (→6118) aller Wirklichkeit, nämlich Erdas (→6175f). Sie sind lichtvoll, weil sie die Ordnung (→334; 6918-2ff) der vielfältigen Einzelwesen in Natur (→1773) und Geschichte (→6923–6926) zustandebringen. Die Götter sind daher keine in sich unterscheidungslose Einheitsdimension, sondern die in sich mannigfaltig differenzierte Einheit des Wirklichen. Diese differenzierte Einheit wird unter dem Bild des Gewebes im »Ring« angesprochen (→1198f; 666) und mit dem *Licht* in Verbindung gebracht (→6173f), das die in sich unterscheidungslose Dunkelheit der Nacht differenzierend erhellt.

4700: Wotan ist eine Ausprägung Erdas (→6175f), und dies ist auch der Nibelung Alberich (→2781f). Wotan will allerdings eine Welt, die so geordnet ist (→334), daß viele (→5449f) untereinander gegenstrebige (→2535f) Einzelwesen ohne gegenseitige Zerstörung in ihr leben (→6918), während der Nibelungen-Alberich die Vielfalt dieses Weltspiels (→397ff) auflösen will, indem er sich die eigenen Selbstseine der Wesen lieblos (→317f) zerstören will, so daß kein Wesen mehr andere Daseinsvollzüge hätte als solche, die Alberich nützen (→5371). Das Verschwinden der differenzierten Selbstseinsvielfalt läßt die Mannigfaltigkeit ebenso verschwinden, wie es die Nacht tut, in der man die Dinge nicht unterscheiden kann. Die Nacht des göttlichen Urgrundes (→6118) enthält aber alle Dinge in sich und entläßt sie schöpferisch (→1676f) ins Dasein, während die Nacht Alberichs der Tod der Selbstseine ist.

4702ff: →6923–6926.

4705: →6927–6930.

4706: Von selber verdirbt der Speerschaft, der die göttliche weise Ordnung der geschichtlichen Welt trägt (→6923–6926), nicht, weil die göttliche Weisheit allen Störungen vorbeugt. Wohl aber kann die göttliche Weltordnung – und damit der Speerschaft – von der endlichen Freiheit zerstört werden (→6465f), deren zerstörerische Kraft der Gott selbst setzt (→2636) und aufreizt (→2927f).

4707f: →6944f.

4709f: →6942f.

4711: →6944f.

4712–4715: →6946.

4719: →353.

4720: Die Ewigkeit ist die göttliche Zeitenthobenheit, in der alles Geschehen in Gleichzeitigkeit versammelt und so vollendet ist (→6918). Diese göttliche Dimension verkörpert Erda (→1672–1675), deren zeitlose Immanenz (→1670) den Menschen nicht einsichtig ist. Das irdisch sichtbare Wirken der Gottheit in seinem unaufgelösten Widerstreit von fördernder Liebe und brechender Schicksalsmacht (→2780) wird in der Wotangestalt extrapoliert (→6141ff), die somit das Wirken Erdas in der geschichtlichen Welt (→6923–6926) auf eine letztlich unangemessene Weise (→6238f) darstellt. Das ganze Weltgeschehen gehorcht so in der Tat Erdas waltender Verfügung (→6159ff), die aber zweitweise in Wotans Speer dargestellt wird. Wotan hebt sich schließlich in Erda auf (→6252ff).

4721: Hier gibt sich Wotan selbst einen Odinsnamen. Wotan ist ja nur der deutsch bezeichnete Odin (→323). In dem großen Gedicht des Skalden Egil Skallagrimson »Der Söhne Verlust« heißt es: »Gut stand ich mit Speeres Herrn« (Schier 271/22).

4728–4733: In der Edda sagt Odin zu Grimnir: »Ich wies dir vieles, doch wenig verstandest du« (Thule II 86/38).

4748f: Das Auge Wotans (→6385–6388) ist die *Sonne* (Golther 347f), was Wagner im »Jungen Siegfried« Wotan ausdrücklich sagen läßt: »nur ein auge leuchtet an seinem haupt, weil am himmel das andre als sonne den helden schon glänzt« (JS 123). Mimes Ausspruch in den gegenwärtigen Versen wird da-

durch doppeldeutig, daß Wotan selbst ihm unerkannt gegenübersteht: Die Sonne leuchtete ihm in die Höhle, aber auch Wotans anderes, im Kopfe verbliebenes (→6921f) Auge.

4750f: Das »ihm« bezieht sich auf Wotans Auge, womit die Sonne gemeint ist (→4748f). Dadurch, daß die Sonne in die Höhle scheint und ihr Strahl auf Mime trifft, schwindet die Kraft seines Wissens (»magert sein Mutterwitz«). Diese Lähmung des Wissens ist eine schwächere Art von Beeinträchtigung, als sie die Sonne, der germanischen Mythologie zufolge, bei den Zwergen bewirkt, indem sie diese nämlich versteinert. So sagt in der Edda Thor zum Zwerg Alwis, den er durch Fragen bis Sonnenaufgang hinhält: »Mit viel List hab ich gefesselt dich; nun trifft dich das Tageslicht: die Sonne scheint in den Saal« (Thule II 105/36; zum letzten Vers nach dem Doppelpunkt →4749). Weil Wotan selbst unerkannt vor Mime sitzt, ist in den gegenwärtigen Versen das »vor ihm« doppeldeutig: es kann auf Wotans Auge als die Sonne, aber auch auf das in Wotans Haupt verbliebene (→6921f) Auge bezogen werden.

4757: Odin redet zu Wafthrudnir in der Edda mit den nämlichen Worten: »Sage mir zum ersten« (Thule II 89/20).

4767f: Liebe und Ungunst zugleich enthält Wotans Gesinnung. Dies ist die innere Zwiespältigkeit des göttlichen Willens (→2927f; 3015).

4815: »Kindisch« ist veraltet für »kindlich«.

4817f: Die dritte Frage ist *drohend*, weil sie im Falle ihrer Nichtbeantwortung den Tod Mimes zur Folge hat, wie es für die Wissenswette vereinbart wurde (→4739–4742 im Verein mit 4643f und 4754f).

4821f: Wotan stellt eine Frage, die nur er selber beantworten kann, denn er hat das Schwert »zauberstark« (→2660) ersonnen, es ist *sein* Schwert (→2707). Auch der eddische Odin beendet seine Wissenswetten mit einer Frage, deren Antwort nur er allein wissen kann: »Viel fuhr ich, viel erforschte ich, viel befragt ich Erfahrene: was sagte Odin dem Sohn ins Ohr, eh man auf den Holzstoß ihn hob? – Nicht einer weiß, was in alten Tagen deinem Sohn du gesagt! Verfallen dem Tod, erzählte ich Vorzeitkunde und von der Asen Untergang! Mit Odin maß ich mans Allwissen: du bleibst der Wesen Weisester« (Thule II 93/52–94/53). Und so wie hier dem Riesen Wafthrudnir geht es auch dem König Heidrek: »Noch eins sage, das allerletzte, bist der Könige klügster du! Was sagte Odin ins Ohr dem Balder, eh man auf den Holzstoß ihn hob? – Da erkannte Heidrek den Fremden und antwortete: Schimpf und Schande und alles Schlimme! Keiner weiß deine Worte, außer dir allein, arger Wicht, elendiger« (Thule II 165/36). Allerdings hatte Odin mit König Heidrek nicht um dessen Leben gewettet, sondern nur darum, daß der verklagte Gestumblindi, in dessen Gestalt Odin hilfreich sich verwandelt, sein Leben behalte. Freilich war das Ende des Königs doch besiegelt: »Damit zog König Heidrek sein Schwert und hieb nach dem Gotte. Odin aber flog als Falke davon, so daß das Schwert noch seine Schwanzfedern stutzte. Den König aber ermordeten bald darauf seine ungetreuen Knechte« (Thule II 165).

4857: »Verfallen dem Tod« (Thule II 94/53) ist auch der Riese Wafthrudnir am Ende seiner Wissenswette mit Odin (→4821f).

5011: Das Schwert verkörpert Siegfrieds Macht, auf menschliche beschränkte Weise (→2831–2834) über das Geschehen in der Welt zu bestimmen, also eigenständig freies (→2634f) Handlungssubjekt zu sein. Eben mit dem Schwerte kann er nämlich seine Ziele in der Welt verwirklichen. Das Schwert verkörpert daher die Kraft der endlichen Freiheit (→4545f). Siegfried erhält das Schwert aber nicht wie einst sein Vater Siegmund fertig von Wotan (→2651). Wenn Siegmund das *fertige* Schwert vom Gotte übernimmt, so besagt das, daß in der endlichen Freiheit nichts von deren eigener, sondern allein Gottes Kraft wirksam ist. Siegfried hingegen stellt das Schwert selber erst her: In seiner Freiheit ist nicht nur eine fremde (göttliche) Kraft, sondern wirklich auch seine eigene am Werk (→2921). Freilich ist auch Siegfrieds Freiheit nicht in dem Sinne sein eigenes Erzeugnis, daß er sie sich ex nihilo selbst geschaffen (→1676f) hätte. Vielmehr ist die Anlage zur Freiheit – das zerbrochene Schwert und die Fähigkeit, ein wiederherstellendes Mittel zu ersinnen – in die menschliche Biographie ohne Zutun des Menschen selber gekommen; auch die natürlichen Voraussetzungen, deren es zur Aktualisierung der Schwerteskraft bedarf – zum Beispiel Holz (→5079–5084), Feuer (→5089ff) und Luft (→5087f) –, sind Siegfried von der weltschaffenden Tätigkeit Gottes vorgegeben. Entscheidend aber ist, daß Siegfried von Gott lediglich diese Voraussetzungen erhält, die ganz seiner Eigentätigkeit überlassen bleiben, während in das Schwert Siegmunds nichts von dessen Eigentätigkeit einging; gleichsam als deus ex machina trat es ihm vielmehr in den Weg. Mit der Kraft seiner Freiheit wird Siegfried den Wotansspeer zerschlagen. Mit dieser Tat beginnt er, mit dem Schwert erworbene Freiheit in der geschichtlichen Wirklichkeit (→6923–6926) menschlichen Handelns, die bis dahin der Speer beherrschte (→6946), tatsächlich auszuüben (→6465f). So wie Siegfried bildet jeder Mensch seine Freiheit mittels eigener Tätigkeit heraus, die aber ihrerseits auf göttlich begründeten Voraussetzungen aufruht.

5033ff: Wieland (Welent), der Schmied, war es, der das Schwert Mimung dadurch so hervorragend machte, daß er es zweimal wieder zerfeilte. »Da ging Welent in die Schmiede, setzte sich an die Arbeit und machte in sieben Tagen ein Schwert. Am siebenten Tag kam der König selbst zu ihm. Das Schwert war schon ganz fertig, und Nidung meinte, nie ein schärferes und schöneres gesehen zu haben. ... Der König sagte: ›Das Schwert ist gut‹, und wollte es selbst haben. Welent entgegnete: ›Das ist noch nicht sonderlich gut. Es soll noch viel besser werden, ehe ich aufhöre.‹ Der König kehrte gutgelaunt in seine Halle zurück. Welent setzte sich wieder in seine Schmiede, nahm eine Feile, zerteilte das Schwert zu ganz kleinen Spänen und mischte Mehl darunter. Dann ließ er zahme Vögel drei Tage hungern und gab ihnen hinterher die Mischung zu fressen. Den Vogelkot tat er in die Esse, schmelzte und glühte aus dem Eisen alles, was noch an Schlacken darin war, und daraus schmiedete er dann wieder ein Schwert; das war kleiner als das erste. Als es ganz fertig war, kam der König zu ihm. Sobald er das Schwert sah, wollte er es für sich behalten. ›Nie habe ich eine größere Kostbarkeit empfangen oder gesehen als dieses Schwert.‹ Welent entgegnete: ›Herr, dies Schwert ist gut, aber es soll noch besser werden.‹ ... Welent ging wieder in seine Schmiede, zerteilte das ganze Schwert und verfuhr wie das erste Mal. Als drei Wochen um waren, hatte er ein Schwert gemacht, das war blank, mit Gold eingelegt und hatte einen schönen Knauf. Dazu war es sehr handlich« (Thule XXII 131f; →5011).

5049: Fegen heißt »reinigen, glänzend machen« (Duden VII 160). Der Schwertfeger ist demnach eigentlich der, der das Schwert blank macht. Tatsächlich aber nennt man Schwertfeger den Waffenschmied (Brockhaus IV 576), also den, der das Schwert herstellt oder auch bei Bruch erneuert. In diesem Sinne heißt es hier im »Ring«, daß das Schwert »zu ganz gefegt«, also aus den Bruchstücken wieder zu einer ganzen Waffe gemacht wird (→5011).

5066f: Das Schwert Siegfrieds trägt je nach Überlieferung die Namen »Gram« (Thule XX 187; Thule XXI 72; Thule XXII 233) oder »Balmung« (NL XXIX 1798). Den letzteren Namen verwendet Wagner noch in »Siegfrieds Tod« (GSD II 202) und im »Jungen Siegfried« (JS 132).

5079–5084: Siegfried nahm hier Verrichtungen vor, die so in der außermenschlichen Natur nicht vorkommen, weil kein Baum sich selbst fällt und zu Brennholz macht und weil kein Feuer an dem Ort und zu der Zeit entstanden wäre, als Siegfried es entfachte (sonst hätte er das Entfachen nicht nötig gehabt). Bäume, der Verkohlungsprozeß und das Feuer sind natürliche Erscheinungen. Ihre Verbindung oder Integration aber ist hier durch eine menschliche Absicht veranlaßt, die den bloßen Naturprozeß übersteigt. Sich ein Werkzeug (eine Waffe) zu ersinnen, mit dem nicht etwa bloß eine momentan gegebene Situation bewältigt werden kann, sondern das zur Verwendung in vielen verschiedenen zukünftigen Lagen geeignet ist, ist dem Tier nicht möglich. Desgleichen erfaßt das Tier nicht, daß man Feuer, Baum und Verkohlungsprozeß anders zusammenwirken lassen kann, als es in der Natur von selbst geschähe, weil es diese natürlichen Erscheinungen nicht in der ganzen Breite ihrer Eigenschaften wahrnimmt und damit die Fälle ihrer Kombinations- und Verwendungsmöglichkeiten gar nicht sehen kann. So wird ein Tier am Feuer nur dessen Bedrohlichkeit wahrnehmen, nicht jedoch dies, daß dieselbe heiße Glut, die für den direkten Zugriff des Tieres bedrohlich ist, anderen Wesen (wie zum Beispiel den Steinen) nichts anhaben kann oder gar von ihnen (wie vom Wasser) zum Verlöschen gebracht wird. Daß man im Schutze solcher Wesen den direkten Zugriff zum Feuer vermeiden, sich seine erwärmende Wirkung aber indirekt zunutze machen kann, gelangt nicht in die Wahrnehmung des Tieres, weil es dazu erst in der Lage sein müßte, das Feuer und dessen Eigenschaften in Situationen, die nicht die des Tieres selber (sondern eben die des Wassers, des Steines) sind, zu betrachten. Eben dies aber kann das Tier nicht, weil seiner Wahrnehmung nicht die ganze Welt, sondern eine ganz eng nur auf seine jeweils eigene Situation zugeschnittene Umwelt offensteht (→4410–4415).

5171: Hier beginnen Siegfrieds Schmiedelieder (→5171–5191; 5200–5221). Ein einziges derartiges Arbeitslied ist uns von einem Kämpfer und Schmied des alten Nordens überliefert (Heusler 102). Mit solchen Liedern singt man »eine bestimmte Natur in seine Waffe hinein« (Grönbech I 241), wie die Germanen glaubten.

5176f: In der altnordischen Völsungen-Geschichte sagt Brynhild: »meine Waffen waren gefärbt in Männerblut« (Thule XXI 100), und von König Erik Blutaxt sagt Odin selbst: »Viele Reiche hat gerötet sein Schwert, das er färbte in Feindesblut« (Thule II 197/6).

5265: Auch die Zwerge sind also fähig, den Gedanken des *ganzen Alls* zu fassen, ebenso wie die Menschen. Daher haben auch die Zwerge einen weltoffenen, keinen umweltbegrenzten Verstand (→4410–4415). Dem entspricht, daß sie eine bestimmte (allerdings mangelhafte) Art *menschlicher* Freiheit verkörpern (→2781f).

Nach 5279: In der Thidreks-Saga wird berichtet, daß Sigurd mit einem Hammer so gewaltig auf das glühende Eisen schlug, »daß der Amboßstein zersprang und von der Oberfläche in den Boden hineinfuhr« (Thule XXII 219). »Sigurd durchhieb den Amboß und spaltete ihn bis zum Grund, aber das Schwert barst weder noch zersprang es« (Thule XXI 72; vgl. 205); »darauf spaltete Sigurd mit dem Schwerte Regins Amboß bis in den Holzfuß hinunter« (Thule XX 187).

Zweiter Aufzug

5307: →4700.

5310f: Alberich spielt darauf an, daß Wotan ihm seinen Ring abgenommen hat. Darin ist aber – entgegen Wagners und der sogenannten Wagnerforschung Ansicht – keine ungerechtfertigte »Neidtat« zu erblicken, sondern eine Notwendigkeit, weil nur so das Selbstsein aller übrigen Weltwesen vor der Zerstörung bewahrt werden konnte (→1473; 5326).

5318f: Wotan hat um der endlichen Freiheit willen auf die Ausübung seiner göttlichen Ordnungsmacht verzichtet (→2982–2985). So ist er als das bestimmende Zentrum allen Geschehens – als Herr der Geschichte (→6946) – nicht länger *tätig*, sondern er überläßt die Verfügung darüber, was in der Geschichte geschehen soll, den endlichen Freiheitssubjekten und verhält sich selbst demgegenüber ganz nur betrachtend, eben »schauend« (→5389f).

5320: Odin nennt sich »Wegtam«, das heißt »der Weggewohnte« (Thule II 25/6).

5321: Odin, das heißt Wotan (→323), wird in der Edda als »Raterfürst« (Thule II 43/47) bezeichnet. Die Götter sind die »Rater«, weil es ihr Ratschluß (→8079f) ist, der die ganze Geschichte lenkt (→8077f). Wotan ist der »wütende« Gott (→323), und so ist für seinen Ratschluß das Wütende charakteristisch.

5326: Wotan hat den Ring dem Alben *nicht* geraubt (→1473). Der Zwerg stellt es aber aus der Absicht heraus, Wotan unter moralischen Druck zu setzen, unzutreffenderweise so dar, worin ihm Wagner selbst und die sogenannte Wagnerforschung gefolgt sind.

5331–5335: →1715.

5338f: →6942f; 6944f.

5340ff: →2878–2881.

5343f: Wotan hat die endlichen Wesen in ihrer Freiheit geachtet, indem er, statt sie einfach zu unterwerfen, sie zu freiwilliger Einbindung in die von seiner Speerschaft verkörperte (→6946) Weltordnung gebracht hat (→353). Der *Schaft* des Speeres (→6944f) bedeutet, insofern er die Vertragsrunen trägt, die Anerkennung der endlichen Freiheit (→6942f). Die Aufhebung der riesischen Freiheit, die dann geschähe, wenn Wotan den Riesen gegen ihren Willen den Ring abnähme, wäre somit gleichbedeutend mit der Zerstörung des Speerschaftes. Darin zerstörte der Gott sich selbst als den freiheitenwollenden Gott (→2882f).

5348ff: Ein Vertrag setzt voraus, daß die ihn schließenden Parteien sich gegenseitig in ihrem jeweiligen *Selbstsein*, aus dem ihnen im Vertrag gegenseitig gesicherten Interessen erwachsen, *anerkennen*. Ohne solche Anerkennung handelt es sich nicht um einen Vertrag, der den in ihm Verbundenen ehrlich ihre Rechte verbürgt, sondern um einen Betrug, den der, der des anderen Selbstsein nicht anerkennt, an diesem anderen vollzieht.

Alberich anerkennt nun das Selbstsein der anderen Wesen gerade *nicht,* weil er der *Liebe* abgeschworen hat (→317f). Das aber heißt, daß er die göttliche Weltordnung nicht anerkennt, die die Vielfältigkeit des Selbstseins der Einzelwesen bewahrt, indem sie jedem Einzelwesen sein je eigenes *Maß* (→253–257) zuteilt und es durch diese Bändigung seiner zerstörerischen Tendenzen in ein unchaotisches Zusammenspiel mit allen übrigen Wesen einbindet (→6918-2). Die Verweigerung der Anerkennung der göttlichen Weltordnung durch Alberich beruht ebenso auf einer freien Entscheidung (→273f) wie die Anerkennung der Weltordnung durch die Riesen (→6942f). Alberich tritt aus dem Maßgefüge der Weltordnung heraus und wird statt dessen maß*los* (→253–257), indem er versucht, das jedem natürlichen Wesen (→1224–1227) und jedem endlichen Freiheitssubjekt (→1191) zugemessene Selbstsein nicht mehr dessen eigenen Daseinszwecken folgen zu lassen, sondern alle Wesen nur mehr den *alberichschen* Zwecken dienstbar zu machen. Damit macht er sich selbst zu dem Zentrum, das die ganze Welt ordnet (→5371), mithin zu *Gott.* Wenn sich aber ein endliches Subjekt zum Mittelpunkt der ganzen Wirklichkeit macht, muß es, weil es ja *nicht* wirklich Gott ist, die *Zerstörung* der anderen Wesen bewirken, selbst wenn es das (im Unterschied zu Alberich) gar nicht möchte. Denn die Erhaltung der Vielfalt der Wesen erfordert wegen der Gegenstrebigkeit der Wesen eine derart komplexe Organisation des Weltgefüges, daß eine endliche Subjektivität in der Beschränktheit ihres Überblicks (→2831–2834) sie schlechterdings nicht ersinnen könnte. Nur *Gottes* allumfassende Weisheit (→6170) allein kann die Weltordnung erstellen (→6918-3f). Der Wille zum Weltzentrumsein oder *Gott*sein eines *endlichen* Wesens ist deshalb gleichbedeutend mit dem Willen zur *Verkehrung* der gottgesetzten Weltordnung. In dieser zerstörerischen Verkehrung der Ordnung des Universums besteht, Aurelius Augustinus zufolge, das Wesen der Sünde oder des *Bösen* (Pannenberg [1] 93; vgl. 83–100). Das *Gute* besteht umgekehrt in einer Haltung, die beim eigenen Handeln das Selbstsein der anderen Wesen, und damit ihre gottgesetzte Verknüpftheit oder den Teil der Weltordnung, berücksichtigt. Der Gute »tut überall, was sich gebührt gegen Götter und Menschen« (Gorgias 507a), dasjenige also, was vom Selbstsein der Dinge und ihrer Gesamtordnung her gefordert ist, um die Dinge nicht zu zerstören. Freilich wird aber *auch der gute* Mensch wegen seines beschränkten Überblicks nicht wirklich überall das Gebührliche entdecken und somit immer wieder anderes Selbstsein beeinträchtigen. Aber er wird, wenn er mit seiner beeinträchtigenden Handlung scheitert, dieses Scheitern willig hinnehmen als eine Korrektur, die der Wirklichkeitsprozeß, und damit die diesen durchwaltende göttliche Macht (→6159ff), um der Gesamtheit aller Wesen willen an ihm vornimmt.

Vor der Zerstörung ihres Selbstseins durch Alberichs bösen Willen müssen die übrigen Einzelwesen, wie etwa die Riesen (→716ff) oder auch die Naturdinge (→764ff), Angst haben. Zur Erhaltung ihres Selbstseins sind sie auf die göttliche weise Macht angewiesen (→808–811). Es ist die göttliche Macht aber selbst, die in die endliche Subjektivität die Möglickeit zum Bösen gelegt hat. Erda hat Alberich hervorgebracht (→2781f); sie wirkt folglich in all seinen Eigenschaften. Erda wirkt in ihrer Ausprägung als Herr der Geschichte (→6923–6926), das heißt als Wotan (→6175f), als eine (auch) das Zerstörerische aufstachelnde Kraft (→2927f).

5351f: Die den anderen zwingende Kraft liegt in der *Spitze* des Speeres (→6944f). Diese göttliche Kraft oder Macht (→326f) dient der Einrichtung und Erhaltung einer *Weltordnung* (→334), in der die vielen, untereinander höchst gegenstrebigen Einzelwesen (→5449f) sich in ihrem Gegeneinanderwirken nicht zerstören, sondern sogar noch fördern (→6918-2ff). Sollte Alberich in seiner Lieblosigkeit, die andere Selbstseine außer seinem eigenen nicht anerkennen will (→317f), die Herrschaft über die Welt erringen (→5371), so würde Wotan – das versichert der Gott in den gegenwärtigen Versen – seinen Speer einsetzen, um diese böse Anmaßung eines endlichen Wesens, das sich, maßlos geworden (→253–257), an die weltordnende Stelle Gottes setzt (→5348ff), zu brechen, wie er es schon einmal tat (→1473). Wotan weiß allerdings nicht, wie in dieser Ausübung göttlicher Macht die göttliche gewährenlassende Liebe (→5398f) zur zerstörerischen endlichen Freiheit bewahrt bleiben kann (→6276ff). Die Versöhnung von Macht und Liebe (→2780) ist auf geheimnisvolle Weise (→1692ff) in Erda gegeben (→8948).

5362: →6236f.

5371: Alberich will die Ordnung der Welt, die jedem Einzelwesen sein je eigenes Selbstsein eröffnet und erhält (→6918-2f), aufheben, um *alle* Selbstseine in der ganzen Welt des Reichtums ihrer je eigenen Interessen und Daseinsvollzüge zu beraugen und sie nur mehr in der Richtung *seines* eigenen Selbstseins (das als einzelnes ja nie die ganze Fülle aller Wesen umfassen kann) wirken zu lassen (→317f). Dies geschieht in der Kraft des Ringes (→253–257), mittels deren »Alberich nach der Herrschaft über die Welt und Alles in ihr Enthaltene« (GSD II 156) strebt, wie Wagner schon im Entwurf »Nibelungen-Mythus« vom 1848 formuliert. So maßt sich Alberich an, die im *göttlichen* Walten (→6159ff) begründete (→6918-4) Weltordnung aufzuheben und als *endliches* Subjekt selbst die zentrale Organisation der Welt in ihrer natürlichen (→1224–1227) Dimension und im Bereich der Freiheitssubjekte (→1191) zu übernehmen. Alberich setzt sich damit selbst an die Stelle Gottes. Diese Maßlosigkeit (→253–257) oder Hybris (HWP V 807) ist es, die ihn zum Bösen macht (→5348ff; 8366).

5389f: Siegfried *weiß nichts* von Wotan, also von der die Welt ordnenden Macht Gottes (→334). Der Gott hat seine ordnende Tätigkeit ja aufgegeben, um die

Freiheit der endlichen Freien nicht aufzuheben (→2982–2985). Das bedeutet nicht, daß die Welt jetzt ohne göttliche Lenkung wäre. Wohl aber bedeutet es, daß die Zeit vorbei ist, in der die Menschen glaubten, Gottes Wirken mittels der Orakel oder gar in Gestalt direkter göttlicher Eingriffe in den normalen Gang der Dinge offen erblicken und in seinen Absichten unmittelbar durchschauen zu können. Der »Ring« bekennt die *verborgen* waltende Gottheit (→6159ff), die aber in der aus menschlicher Erfahrung extrapolierten Wotanvorstellung (→6141ff) nicht angemessen zur Sprache kommt (→6238f). Gott hat den Menschen im Lauf der Religionsgeschichte die Erfahrung machen lassen (→6252ff; 7055–7058), daß Gott nicht auf direkte und durchschaubare Weise in einzelnen Begebenheiten des Weltlaufs wirkt. Wenn der Mensch aber in den einzelnen Ereignissen, die ihm begegnen, keine göttlichen Taten mehr sehen kann, sondern bloß noch menschliche Handlungen, dann liegt es nahe, die göttliche Lenkung überhaupt für nicht vorhanden zu halten. Es ist ein längerer Erkenntnisprozeß, bis der Mensch den komplexen Zusammenhang alles einzelnen (wenn auch nur nach den Hauptbereichen, nicht wirklich vollständig) im *Ganzen* überschaut und auf einer höheren Ebene als der einzelner Ereignisse begreift, daß die *Geordnetheit* des Zusammenspiels der Einzelheiten zum Ganzen gerade *nicht* aus dem ungeordnet-gegenstrebigen Handeln der einzelnen Wesen erklärt werden kann, sondern auf eine göttliche Ordnungsinstanz verweist, die im Unterschied zur menschlichen Begrenztheit (→2831–2834) *alles* Einzelgeschehen in Weisheit (→6170) überblickt und in allesdurchziehende sinnverbürgende Prinzipien eingebunden hat (→6918).

Siegfried ist nun der Mensch, der seiner eigenen und selbständigen Tätigkeit (→2634f), also seiner Freiheit, ganz innegeworden ist. Er wird sich selbst als Freien ergreifen (→6465f) und sich von allen außer ihm liegenden Zusammenhängen – und damit von der in diesen verborgen wirkenden göttlichen Macht – unabhängig wähnen (→7071–7074). Dem entsprechend scheint ihm die Welt ohne göttliche Lenkung zu sein, im Grunde nur von ihm selbst als der stärksten Individualität (→7367f) bestimmt. Daß im Nibelungen Mime mit seinem Versuch, Siegfried »für Zwergen-Zwecke zu nützen« (→4816), ebenso wie in allem, was ihm sonst noch begegnet, *auch Gott* am Werk ist, kann Siegfried nicht sehen. Gott ist nicht direkt und in einzelnen Ereignissen am Werk: etwa dadurch, daß er Mime mit besonderen Aufträgen durch Orakel oder dergleichen versehen würde. Wohl aber ist es der göttliche Urgrund, der Mime – indem er diesen geschaffen hat (→1676f) – überhaupt erst ins Dasein gesetzt hat (→2781f). Außerdem ist das Zusammentreffen Mimes mit Siegfried und die Tatache, daß Siegfried durch Mime zu seinem Schwert und (über Fafner) zum Ring kommt, weder von Siegfried noch von Mime oder einem anderen endlichen Wesen geplant worden, sondern es ergibt sich im Ganzen, gewissermaßen »von selber«, so. Die Geschehnisse, die hier alle zusammentreffen, hätten an jedem Punkte ihres Verlaufs anders weitergehen *können,* als sie es tatsächlich taten. Daß sie es *nicht* taten, sondern daß es von den vielen Möglichkeiten, wie sich der Wirklichkeitsprozeß hätte gestalten können, gerade zu *dieser* Gestalt kommt, setzt eine planvolle Ausrichtung des ganzen Wirklichkeitsprozesses auf diesen Endzustand hin voraus. Betrachtet man nur die einzelnen Wesen und ihre Handlungen, so scheint jedes immer – wie es in den gegenwärtigen Versen von Mime heißt – nur »*für sich*« und gerade nicht für jenen Gesamtendzustand zu handeln. Was der einzelne tut, ist immer aus dessen Zielsetzungen heraus erklärbar, die *nicht* auf den tatsächlich sich ergebenden Gesamtzustand gehen, denn dieser ist eine unvorhersehbare Größe. Wenn aber *alle* Einzelstränge des Geschehens aus der Ausrichtung auf das ihnen je eigene Ziel hin lückenlos erklärbar sind, dann scheint es keiner übergreifenden Ordnungsinstanz zu bedürfen. Vielmehr wird man sagen müssen, daß die einzelnen Handelnden je für sich Ziele gewählt haben, die *aus Zufall* zu jenem Gesamtendresultat geführt haben; letzteres selbst braucht nicht mehr durch einen über den einzelnen Handelnden stehenden göttlichen Wollenden erklärt zu werden. Gegen diese Zufallsannahme aber spricht, daß es höchst unwahrscheinlich ist, daß bei der kriegerischen Gegenstrebigkeit (→2535f) der vielen endlichen Handlungssubjekte keine chaotische Zerstörung herauskommt, sondern immer wieder Gesamtresultate sich ergeben, die die Zielsetzungen der Einzelwesen zwar teils zerstören, teils aber auch vollenden und sie teils sogar Beginn ganz neuer, weittragender Entwicklungen sein lassen, deren Verlauf wiederum in jedem Moment so kompliziert mit dem übrigen Weltgeschehen verflochten ist, daß sein unchaotisches Fortdauern nicht aus permanentem Zufall erklärt werden kann. Weil es in der Geschichte nicht nur einmal (was allenfalls Zufall sein könnte), sondern immer wieder unchaotisch zugeht (wenn man aufs Ganze sieht), muß eine allesbestimmende göttliche Lenkung (→8077f) in ihr am Werk sein. Brünnhilde ist es, die am Scheitern des vermeintlich ganz selbständig und unabhängig handelnden Siegfried lernen wird, daß eine umfassendere Gestaltungsmacht, als sie dem einzelnen Menschen zur Verfügung steht, und eine sinnhaftere Gestaltungsmacht, als sie der Zufall darstellt, über das Leben des Menschen und seine Erfüllung bestimmt (→8949).

5398f: Liebe läßt das Geliebte in dessen eigenem Selbstsein gewähren, statt es der verfügenden Macht eines anderen zu unterwerfen. Nur was sich aus sich selbst vollzieht, vollzieht seine *eigene* (→2634f) Wirklichkeit; wer hingegen das vollzieht, was andere ihm vorschreiben, der vollzieht, was der Wirklichkeit dieser anderen angehört. Liebe ist somit aber *ohnmächtig,* weil der Liebende seine eigene Verfügungsmacht gerade suspendiert zugunsten eines freien Gewährenkönnens des Geliebten. Auch Wotan läßt das, was er liebt, in dessen eigener Tendenz gewähren, ohne sich einzumischen. Als Gott liebt

Wotan die *ganze Welt* (→3940) und alle Wesen in ihr. Da diese Wesen aber untereinander höchst gegenstrebig sind (→2535f), droht das Gewährenlassen ihres ungehemmten Aufeinanderprallens zum Chaos zu führen. Um die Vielfalt gegenstrebiger Wesen unzerstört zu erhalten, müßte ihre Gegenstrebigkeit sich nicht einschränkungslos ausüben dürfen, sondern so beschnitten werden, daß sie statt zu gegenseitiger Zerstörung zu gegenseitiger Förderung zusammenwirken. Eine solche Ordnung des Weltgeschehens kann aber von den endlichen Wesen selbst her nicht zustandekommen, weil ein Einzelnes oder auch mehrere Einzelne wegen ihrer Beschränktheit (→2831–2834) den erforderlichen *weltumspannenden* Überblick nicht haben können. Aber auch durch planlosen Zufall kann sich eine so hochkomplexe Gestaltung, wie es die Weltordnung ist, nicht ergeben. Daher ist eine den endlichen Wesen überlegene, weise gestaltende göttliche Instanz als die Macht am Werk, die die endlichen Wesen in eine Ordnung der Wirklichkeit einbindet (→6918). Damit ist freilich die Selbstverfügung der endlichen Wesen eingeschränkt und insgesamt aufgehoben. Um göttliche Weltordnung *und* freie Selbstverfügung der ordnungsstörenden endlichen Wesen zu erhalten, müßte Gottes Ordnungsmacht selber schon ohnmächtig gewährenlassende Liebe sein, und diese Liebe müßte selber machtvolle Ordnungstätigkeit sein. Für die irdische Erfahrung schließen sich Macht und Liebe nun aber aus; gleichwohl sind sie beide im Wirklichkeitsprozeß am Werk (→2780). So ist das göttliche Wirken irdisch nur als der unaufgelöste Widerspruch von Macht und Liebe erlebbar, und nur als solcher Widerspruch wird aus der irdischen Erfahrung heraus das göttliche Wirken extrapoliert und als Wotan dargestellt (→6141ff). Da sich der Wirklichkeitsprozeß trotz des Widerstreites der ihn beherrschenden Komponenten *nicht* auflöst, sind Macht und Liebe in der Tiefe (→6121ff) des göttlichen Urgrundes (→6118) auf geheimnisvolle Weise (→1692ff) vereint (→8948).

5400ff: Ein Held ist derjenige Mensch, der im Gelingen (»er steh'«) und im Scheitern (»oder fall'«) über sich selbst verfügt (→2630–2633; 2634f).

5405f: Wotan selbst begehrt nicht mehr das Gold, das heißt die Einziehung und Aufhebung der im Ring verkörperten zerstörerischen Möglichkeiten der endlichen Freiheit (→253–257) durch die göttliche Ordnungsmacht (→326f), sondern ihr freies Gewähren (→5398f) – sogar insofern es sich gegen die gottgesetzte Weltordnung richtet (→2982–2985).

5443f: Fafner besitzt den Ring, und das heißt die endliche Freiheit in ihren höchsten, auch zerstörerischsten Möglichkeiten (→253–257). Diese Freiheit nützt der Riese aber nicht aus, sondern er besitzt sie, ohne sie auszuüben. Im Schlafe des Drachen (→3622f) schläft die Freiheit entscheidungslos. So verkörpert der Riese die menschliche Freiheit in einer einseitigen Ausprägung: Die riesische Freiheit will sich für gar nichts entscheiden, weil jede Entscheidung für eines unfrei macht, das andere zu wollen. Die Bindung an einen bestimmten Inhalt legt die Freiheit fest und zerstört sie darin als Freiheit, die für *alles* frei ist. Eine sich jeder Entscheidung enthaltende, ganz reine Freiheit gibt es im menschlichen Leben nicht, weil sich dieses Leben nicht als ständiger Schlaf vollziehen kann und deswegen immer irgendetwas Bestimmtes gewollt, damit aber anderes ausgeschlossen werden muß. Im germanischen Mythos heißt es: »Fafnir ... legte sich auf das Gold« (Thule I 120) »und liegt nun auf dem Horte« (Thule XXI 71).

5449f: Die Wirklichkeit besteht aus unzähligen, je für sich eigentümlich gearteten Einzelwesen mit ganz verschiedenen Anlagen, Fähigkeiten, Antriebsrichtungen und Zielsetzungen. Die spezielle Weise des Daseinsvollzuges ist unter den verschiedenen Einzelwesen bis zur gegenseitigen Unvereinbarkeit ausdifferenziert (→2535f). Das Wirklichkeitsgeschehen ist wegen dieser Differenziertheit der Arten ein überaus reiches Dasein. Die unterschiedlichsten Wesen stehen weder unverbunden nebeneinander, noch findet zwischen ihnen eine gegenseitige Lähmung und Zerstörung statt, sondern sie spielen so zusammen, daß eines das andere gerade in dessen Eigenart ergänzt, ja daß die Arten im Laufe der Zeit ihr Selbstsein auf immer eigentümlichere Weise ausprägen können. Darin erweist sich, daß die differenten Arten und Einzelwesen nicht einem zufälligen Aufeinanderstoßen überlassen sind, aus dem wegen der Gegenstrebigkeit der Wesen nur das Chaos sich ergeben könnte, sondern durch die allumfassend weise göttliche Instanz zu einer Sinnordnung (→6918) integriert sind. Eine besondere Art von Wesen sind die endlichen Freiheitssubjekte – Riesen (→4675f), Zwerge (→2781f) und Menschen (→2605f). Sie sind in gewissen Grenzen nicht festgelegt, sondern ihrer eigenen Selbstverfügung übergeben (→2634f).

Die Eigenarten der Wesen sind der Verfügung anderer Wesen entnommen: man kann ein anderes Wesen bekämpfen, man kann aber seine Eigenart, in die es sich bei seinem Auftreten in der Wirklichkeit nicht eingesetzt vorfindet, nicht beliebig in eine andere verwandeln. Wotan verheißt sogar, daß Alberichs Tätigkeiten auch in der Zukunft die einzelnen Arten nicht verändern, und das heißt in ihrem Selbstsein zerstören können (»an ihr wirst du nichts ändern«). Da Alberich unabsehbar vieles tun oder andere (wie Hagen) zu unabsehbar mannigfaltigen zerstörerischen Handlungen veranlassen kann, setzt Wotan in seiner Verheißung offenbar voraus, daß in der Weltordnung alle diese Möglichkeiten Alberichs schon im voraus berücksichtigt sind und die Weltordnung gegen jede Art von Zerstörung ausgleichende Vorsorge getroffen hat. Solche sozusagen prästabilierte Harmonie kann nur im Walten (→6159ff) der zeitüberhoben allumfassenden (→1672–1675) göttlichen Weisheit (→6170) begründet sein (→6918-3f). Dieser göttliche Urgrund (→6118) ist im »Ring« unter der Gestalt *Erdas* (→1678) gegenwärtig. Erda ist der Inbegriff der göttlichen Macht (→6175f), die den Wirklichkeitsprozeß insgesamt ursprünglich ins Dasein setzt (→1676f) und ihn so ordnet (→334), daß alle Einzelwesen nach ihrer je eigenen Art hervortreten und unchaotisch zusammenspielen. So ist Erda mit dem biblischen Gott der Sache nach gleichgesetzt, von dem es im »Beowulf« heißt: »blühendes Leben auch schuf er Jeder Art wirkenden Wesens, das sich bewegt voll Lust« (Beowulf 97f; vgl. Anmerkung zu 90b–98).

Warum bringt Gott diese Vielzahl von Wesenarten hervor und begnügt sich nicht mit weniger? Der »Ring« antwortet, weil er »Wandel und Wechsel liebt« (→397f). Auch die moderne Biologie betont, daß die natürliche Vielfalt nicht allein aus der Notwendigkeit, Überlebensstrategien zu entwickeln, verstanden werden kann, denn dann wäre bei einmal gefundener Überlebenssicherung ein erneuter – nicht verbesserter, sondern bloß veränderter – Versuch nicht als erforderlich zu begreifen. Die vielen Phänomene, die keinen Selektionsvorteil bilden, sind nur von einem Gesichtspunkt aus wirklich zu verstehen, »das ist eben der des *Darstellungswertes* der Gestalt« (Portmann 23). Es geht demnach der den Wirklichkeitsprozeß insgesamt bestimmenden Macht darum vorzuführen, was alles an »Wandel und Wechsel« möglich ist.

5457f: Über Odins oder Wotans (→323) Ritt auf seinem grauen Rosse (→3510f; 2208) stellt in der Edda Odin selbst ein Rätsel, als er in der Gestalt des von König Heidrek angeklagten Gestumblindi durch eine Wissenswette des letzteren Hals retten wollte: »Wer sind die zwei mit zehn Füßen, drei Augen und einem Schwanz? König Heidrek, kannst du es raten? – Gut ist dein Rätsel, Gestumblindi, gleich ists erraten: das ist der einäugige Odin, wenn er den achtbeinigen Sleipnir reitet« (Thule II 165/35; →4821f).

5501f: Vom Drachen Fafnir berichtet die altnordische Völsungen-Geschichte: »Er schnob den ganzen Weg Gift vor sich her« (Thule XXI 77).

5540: Das Wanken des Bodens kann sich auf die Wucht (→4164) der Bewegungen Fafners beziehen: »Und als der Wurm nach dem Wasser kroch, ward ein so starkes Erdbeben, daß die ganze Erde in der Nähe bebte« (Thule XXI 76f). Mime kündigt Siegfried hier an, daß er beim Beben des Bodens Angst haben werde. Tatsächlich überfällt Siegfried die Angst, als er Brünnhilde erblickt (→6534f). Der gegenwärtige Vers könnte eine Anspielung darauf sein, weil in der Edda der Boden wankt, auf dem Brünnhilde, vom Feuer eingeschlossen, liegt: »Der Brand raste, der Boden wankte; hohe Lohe zum Himmel stieg« (Thule I 39/1).

5610–5613: Sigurd (Siegfried) wurde, bevor er von Mime gefunden wurde, von einer Hindin gesäugt (Thule XXII 217). So berichtet die Thidreks-Saga. Im »Ring« wird Siegfried zwar gleich nach seiner Geburt von Mime gepflegt (→4473ff), die gegenwärtigen Verse könnten aber eine Anspielung auf jene germanische Überlieferung enthalten.

5707f: »Gesell, Gesell! Wem bist, Gesell, du entstammt, welcher Sippe Sohn? Der in Fafnir du färbtest dein funkelndes Schwert, das zum Heft mir im Herzen steht?« (Thule I 121/13; vgl. Thule XXI 77).

5709f: »Wer riet dir die Tat? Was reizte dich, zu trachten nach meinem Tod?« (Thule I 122/17; vgl. Thule XXI 77).

5715f: Im Unterschied zu den gegenwärtigen Versen sagt Sigurd in der Edda: »Mich reizte mein Mut« (Thule I 122/18; vgl. Thule XXI 77).

5717: »Du helläugiger Knabe hattest einen tapfern Vater« (Thule XXI 77; vgl. Thule I 122/17).

5721: →4675f.

5722f: Fasolt und Fafner fielen um des Ringes Alberichs willen. Wegen des Ringes erschlug Fafner seinen Bruder (→1742ff), und wegen des Ringes ließ jetzt Mime Fafner töten (→4167–4170). Der Zwerg Andvari (→1470) verfluchte im germanischen Mythos seinen Ring, den ihm Loki abnahm, so: »Das Gold soll ... Brüdern zwein bringen den Tod« (Thule I 118/5).

5724: →317f.

5725: →1715.

5733ff: Auch in der altnordischen Völsungen-Geschichte weiß Fafnir, daß Regin (Mime) Sigurd (Siegfried) nach dem Leben trachtet: »Regin, mein Bruder, riet mir den Tod, und das freut mich, daß er auch dir den Tod rät« (Thule XXI 78).

5735f: Fafner warnt Siegfried vor dem Fluch des Ringes (→1490f). Siegfried versteht dies sehr wohl (→8511f). In der Edda spricht Fafnir die Warnung deutlich aus: »Das gleißende Gold und der glutrote Schatz – es bringt der Hort dich zur Hel« (Thule I 123/21; vgl. Thule XXI 79).

5745f: Siegfried will sich nur von seinem Schwert, das heißt von seiner eigenen Freiheit (→4545f), leiten lassen. Genau genommen will sich Siegfried also gar nicht leiten *lassen*, sondern selbst seine Geschicke leiten. Das aber kann der Mensch nur in sehr begrenztem Maße, keineswegs in der Schlechthinnigkeit, die Siegfried unterstellt (→7367f). Siegfried versäumt es, seine Fähigkeit, über die eigenen Grenzen sich klar zu werden, auszubilden (→7071–7074).

5748–5751: »Er verbrannte sich und steckte den Finger in seinen Mund; und als das Herzblut des Wurms ihm an die Zunge kam, da verstand er die Vogelsprache« (Thule XXI 80; vgl. Thule I 128; 130).

5760: In der Edda sagen die Vögel zu Sigurd: »Raff die roten Ringe zusammen« (Thule I 131/5; vgl. Thule XXI 80).

5761: →7787f.

5796: Wenn auch der Kommentator in JS 121 meint, hier sei ein Bruch in der »Ring«-Konzeption zu vermelden, weil es schließlich Götter und nicht Riesen waren, die Alberich den Ring entrissen haben, so taten die Götter dies doch eben auf Veranlassung der Riesen (→798–802).

5871f: »Die zweite Meise sang: ›Da liegt Regin [Mime] und will den betrügen, der ihm traut [Siegfried].‹ Die dritte sang: ›Er haue das Haupt ihm ab, dann mag er allein mit den vielen Schätzen schalten‹« (Thule XXI 80; vgl. Thule I 129; 130f). Im »Ring« ist es nur *ein* Waldvogel, der Siegried belehrt.

Vor 6003: »Er zückte das Schwert Gram und hieb Regin das Haupt ab« (Thule XXI 80; vgl. Thule I 131).

6067f: »Weiß eine Maid, gewönnest du sie, die allerschönste, geschmückt mit Gold« (Thule I 131/5; vgl. Thule XXI 80). So singt der Vogel in der Edda.

6069f: »Hoch steht ein Saal auf Hindarfjall; ... Es schläft auf dem Berg die Schlachtjungfrau; um sie lodert der Linde Feind« (Thule I 131/7f; der Feind der Linde ist das Feuer). So singt der eddische Vogel. »Hindarfjall« ist der »Berg der Hindin« (Thule XXI 80 Anmerkung 2). Siegfried vergleicht seine Mutter einer Hindin (→5610–5613). Vielleicht hält er deshalb das auf dem Berg der Hindin schlafende Weib für seine Mutter (→6596f).

Dritter Aufzug

6111f: »Wala« nennt Wagner das, was altnordisch »völva« heißt. Dieses Wort bedeutet »Trägerin des Zauberstabes« und wird auf weissagende Seherinnen angewandt (Thule XXI 59 Anmerkung 1; Ström 259f), die größere Zusammenhänge, möglicherweise sogar alles Geschehen vom Anfang bis zum Ende der Welt (Thule II 34–44; Thule II 45ff), überlicken und folglich weise (→6170) sind. Solche Seherin kann eddisch eine Riesin sein, die – wie die Erda des »Ring« – in einer Höhle (→vor 6111) wohnt: »Wache nun, Maid! Wache, Freundin, Schwester Hyndla, die in der Höhle wohnt!« (Thule II 95/1; vgl. Thule I 106ff); aber auch die tote Menschenmutter kann beschworen werden: »Wache, Groa! Wache, du Gute!« (Thule II 178/1). Das direkte Vorbild für die mit den gegenwärtigen Versen beginnende Szene ist das Edda-Lied »Balders Träume«, in dem Odin, besorgt durch Balders böse Träume, eine wissende Wölwa aufruft, die ihm Balders Tod und den damit zusammenhängenden Beginn der Götterdämmerung (→6876; 6946) vorhersagt. Auch Wotan ist um sein Ende besorgt, das ihn Erda schon früher zu fürchten gelehrt hat (→6230ff).

6113f: →6206–6209.

6117: Die Wala (→6111f) hat ihren Aufenthalt in einer Gruft, also im *Reich der Toten*. Dies ist ein eddischer Zug. So heißt es bei der Beschwörung der Groa: »Ich weck dich vor Totenreichs Tor« (Thule II 178/1); und als Odin eine Riesin beschwört, ist die Vorstellung ähnlich: »Da ritt Odin ostwärts vors Tor, dort wo er wußte der Wölwa Hügel [-grab]«, die sogleich »Totenwort« zu ihm spricht (Thule II 25/4; →nach 6131). Erda ist nun nicht irgendeine Wala, sondern der Erdgöttin Nerthus verwandt (→1678), die ursprünglich wohl mit der Unterwelt- und Totengöttin Hel (→3260–3265) identisch war (Dahn [2] 318–325). Da Erda darüber hinaus der allen Wesen Dasein und Leben verleihende (→1676f) Gottesgeist ist (→6151f), hat es eine besondere Bedeutung, daß sie zugleich dem Totenreich angehört. Da sie Urgrund ist (→6118), begründet sie durch ihre Zugehörigkeit zur Dimension des Lebens *und* der Todes beides, Leben und Tod. Über beide verfügt oder waltet sie (→6159ff). Da es *dieselbe* Erda ist, die im Leben wie auch im Tode wirkt, trennt der Eingang in den Tod nicht eigentlich vom Leben, sondern führt zu der Dimension, in der das Leben selber gründet, eben zu Erda (→6151f). Daß in der Todesnacht das wahre Leben, nämlich die von keiner Endlichkeit mehr gebrochene Identität des Einzelwesens erreicht wird, führt der »Tristan« aus (→6118), während es im »Ring« unausdrücklich vorausgesetzt wird (→8949). Erdas Gruft ist *neblig*, wie auch der Götterhimmel neblig ist (→7602ff), weil auch die Walhallgötter Ausprägungen der schlechthin allesdurchwaltenden Erda sind (→6175f).

6118: In Wagners Aufsatz »Die Wibelungen. Weltgeschichte aus der Sage« (1848) heißt es: »Ging dem Menschen nun alles Erfreuende und Belebende vom Lichte aus, so konnte es ihm auch als der *Grund des Daseins selbst* gelten« (GSD II 131). Gleich anschließend spricht Wagner aber vom »Hervorbrechen des Tages aus der Nacht«. Letzterem zufolge ist also die Nacht ursprünglicher als das Licht, und somit kann nicht das Licht, sondern muß die Nacht als der eigentliche *Urgrund* vor allem, selbst vom Lichte, angesehen werden (→6871f). Die gegenwärtigen Verse sagen nun, daß Erda in »nächtigem Grunde« haust. Da sie aber allen Wesen Dasein und Leben gibt (→6151f), *ist* sie selber dieser Urgrund von allem. Als solcher Urgrund wird sie als »nächtig« vorgestellt, weil im letzten Urgrund, gewissermaßen wie in der dunklen Nacht, alles unterscheidungslos zusammen beschlossen liegt. Die Nacht als Bild für den Urgrund aller Wirklichkeit stellt ausführlich der »Tristan« dar. Da der »Ring« von der Sache her das im »Tristan« Dargelegte unausdrücklich in Anspruch nimmt, sei kurz die Nacht-Philosophie des

»Tristan« umrissen (wobei die Ziffern ohne Pfeil in Klammern auf GSD VII weisen).

Tristan verfolgt die Frage: »zu welchem Loos erkoren, ich damals wohl geboren?« (66). Es ist also das Rätsel seiner ganzen Existenz, das ihn quält. Dabei findet er nirgendwo in der ganzen Welt das Zentrum, in dem seine Existenz Ruhe finden könnte: »Nirgends, ach nirgends find' ich Ruh'« (67). Nirgendwo Ruhe zu finden, heißt, in nichts einzelnem von dem, was in der Welt so mannigfaltig begegnet, sich zentriert und orientiert sehen zu können. Tristan bleibt stattdessen verwiesen auf das unübersehbare und nicht wirklich faßbare Ganze der Wirklichkeit. So ist seine Frage die nach dem Stellenwert seiner selbst als eines Einzelwesens im Ganzen der Wirklichkeit. Auch Isolde löst ihm das Problem seines wahren Selbstseins nicht, solange sie ein einzelnes Wesen neben anderen ist. Nur insofern sie sich (zusammen mit Tristan) in das Ganze aller Wirklichkeit, nämlich in die »Welten-Nacht« (61), die »alle Welt umspannt« (56), auflöst, ist sie der Horizont, von dem her Tristan »ganz [sich] selbst gegeben« (48) ist. Diese Nacht ist »des Todes Nacht« (43); aus dieser Todesnacht aber wird das Leben geboren (55). Die Nacht ist daher nicht der Verlust, sondern der Gewinn des Selbstseins, weil in ihr der einzelne als er selbst *Liebe* findet: so sehnt sich jedes Wesen »hin zur heil'gen Nacht, wo ur-ewig, einzig wahr Liebes-Wonne ihm lacht« (44). Die Nacht ist somit der Urgrund alles Wirklichen. In diesem selbstseinverbürgenden nächtigen Wirklichkeitsganzen ist die Gebrochenheit des Selbstseins, nämlich das Leid (19), gerade dadurch überwunden, daß das Einzelwesen seine Eingebundenheit in die es selbst und alle Wirklichkeit übergreifende Einheit des »Welt-Athems« (81) ganz innig erlebt (»Eines Athems einiger Bund« [45]). So ist es das nächtige Wirklichkeitsganze, welches dem Einzelwesen Bestand und Selbstsein verleiht. In diesem Sinn spricht Wagner von der »Macht«, mit der die ganzheitliche Nacht sich im Einzelwesen als selbstseinermöglichende Liebe zur Geltung bringt: »da erdämmerte mild erhab'ner Macht im Busen mir die Nacht« (42). Freilich ist diese letzte Eingebundenheit des Einzelwesens in das Wirklichkeitsganze für das Einzelwesen selbst nicht überschaubar. Vielmehr ist das Einzelwesen in seiner *endlichen* Selbsterfahrung von dem klaren und durchsichtigen Erleben des Ganzen, von dem es konstituiert ist, abgeschnitten. Daher erlebt es sein Selbstsein nicht als vollendetes, sondern als im Leid gebrochenes und als ein solches, das nur durch den Neid auf andere Selbstseiende erhalten werden kann. Dies ist so, bis es im Tod schließlich von dem Ganzen selber aus der Getrenntheit von ihm zurückgeholt wird. In allen Momenten des Wirklichkeitsgeschehens – Geburt, Lust, Leid, Tod – vollzieht sich daher das *macht*volle Walten des *liebenden* (weil selbstseineröffnenden) Urgrundes aller Wirklichkeit: »des Welten-Werdens Walterin, Leben und Tod sind ihr unterthan, die sie webt aus Lust und Leid, in Liebe wandelnd den Neid« (34). In dieser Wandlung des in sich isolierten Einzelwesens zum wahren und versöhnten Selbstsein in der Einheit mit dem nächtigen Urgrund von allem ist das Einzelwesen »ewig heim« (50), weil in zeitenthobener Gegenwart zu sich selbst gekommen (→6121ff).

Wie aber ist die Einheit des Wirklichkeitsurgrundes in sich beschaffen? Hierüber gibt es zweierlei Auskünfte im »Tristan«. Zum *einen* wird die Einheit des Weltengrundes dadurch erreicht, daß die Einzelwesen sich gänzlich auflösen. Das Einzelwesen vergißt sich selbst und seinen ganzen Daseinskreis (26; 44) und wird vom Weltengrund vergessen. Dieser ist daher »göttlich ew'ges Ur-Vergessen« (61). Folglich ist er gänzlich »ohne Nennen« (51), weil, wo nichts mehr ist, nichts mehr benannt werden kann. Der Weltatem ist somit »ohne Wehen« (50), weil er eine reine, in sich unterschiedslose Leere ist, die sich nicht als »wehende« Bewegung durch viele unterschiedene Einzelwesen hindurch vollzieht. So zerbricht im Tod – dem Eingehen in den Welturgrund – das Selbstsein des Einzelwesens gänzlich. Zum *andern* aber beschreibt der »Tristan« den Eingang in den Urgrund alles Wirklichen als das Gegenteil vom Vergessen und Zerbrechen des Einzelwesens, nämlich als den Gewinn des wahren Selbstseins des Einzelwesens, das erst dort »ganz [sich] selbst gegeben« (48) ist. Die Einheit mit dem Urgrund schließt das Einzelwesen nämlich mit der »Welt« zusammen (»selbst – dann bin ich die Welt«), die ja gerade nicht die Leere der Vernichtetheit aller Einzelwesen, sondern die in sich hochkomplex differenzierte »Leben« und »Weben« (→666) der Einzelwesen ist (45). Folgerichtig wird das Eingehen in den Urgrund dieses Reichtums als »neu Erkennen« (51) beschrieben, weil im Urgrund ja die Einzelwesen in ihrem Selbstsein allererst eröffnet sind und also gerade von daher – ganz wie in die Todesnacht aufgenommene Tristan durch Isolde (79f) – beschreibbar und benennbar sind. Als dergestalt in sich differenziert, ist der einende Weltatem nicht mehr »ohne Wehen«, sondern gerade umgekehrt ein »wehende[s] All« (81). Diese innere Bewegtheit der in ihrer Differenziertheit bewahrten Welteinheit wird als »neu Entbrennen« (51) des inneren Lebens und Webens beschrieben. Ganz genau dem entsprechend entbrennt Tristan »Stern-umstrahlet« (79) und »entweht« ihm »süßer Athem« (80), sobald er sich in der Todesnacht befindet (→E4 – E13).

Die beiden kurz dargelegten Auffassungen von der Einheit des Urgrundes aller Wirklichkeit scheinen sich gegenseitig auszuschließen. Das Verschwinden aller Einzelwesen in völliger Leere steht dem Bewahrtbleiben aller Einzelwesen in ihrer gegenseitigen Differenziertheit schroff entgegen. Wie kann beides zugleich gelten? Die Lösung liegt in der Formulierung »*neu* Erkennen, *neu* Entbrennen« (51). Dies besagt, daß die Einzelwesen sowohl in völliger Leere erlöschen, als auch zu erneutem Bestehen berufen sind. In ihrer Auflösung verlieren die Einzelwesen (wie Tristan) ihr leidvolles gebrochenes oder unwahres Selbstsein, so wie wir es irdisch-empirisch kennen, und gewinnen eben darin ihr (gegenwärtig verborgenes, dann aber offenbar werdendes) wahres

Selbstsein. Das wahre ist allerdings kein anderes als das alte gebrochene Selbstsein, denn es sind *dieselben* Wesen, die, aufgelöst, »neu entbrennen«. Das Neue ist nicht das Selbstsein, sondern dessen Durchsichtigkeit auf seine versöhnte oder wahre Gestalt hin. In der Einheit mit dem Weltatem wird sich die Frage Tristans (»zu welchem Loos erkoren, ich damals wohl geboren?« [66]), wie die Frage König Markes (»warum – mir diese Schmach?« [55]) lösen, die beide wissen wollen, ob und wie in der Erfahrung des leidvoll gebrochenen Selbstseins doch das wahre und integre Selbstsein verborgen anwesend sein kann.

Weil jedes Einzelwesen vom Urgrund aller Wirklichkeit her sein Dasein und seine Eigenart hat, kann nur dieser Urgrund selbst die Anwesendheit des wahren Selbstseins in der Tiefe des gebrochenen herstellen und verbürgen. Daß er dies tut, ist die zuversichtliche Hoffnung des »Tristan«. *Wie* freilich der Urgrund das leistet, wie er also die *Liebe* zu den Selbstseienden gerade *in* seiner *mächtigen* Verfügung auch widriger Schicksale verwirklicht, das bleibt dem menschlichen Auge verborgen: »Den unerforschlich furchtbar tief geheimnißvollen Grund, wer macht der Welt ihn kund?« (55). Wenn Isolde »unbewußt« (81) im Weltatem versinkt, so verliert sie darin nicht ihr Selbstsein, weil der Weltatem ja (wie gezeigt) in sich differenziert bleibt, sondern sie gewinnt es – freilich auf eine für das endliche menschliche Bewußtsein nicht mehr erfahrbare und darstellbare Weise.

Vergleicht man das im »Tristan« von der Nacht Gesagte mit den Beschreibungen, die der »Ring« von Erda gibt, so wird deutlich, daß Erda nicht zufällig, sondern wegen ihrer sachlichen Identität mit der Nacht des »Tristan« als »nächtiger Grund« bezeichnet wird. Erda ist der nächtige Urgrund, der als allesumfassender Gottesgeist (→6151f) mächtig waltet (→6159ff), indem er aus gewährenlassender Liebe heraus (→5398f) den selbstseienden Einzelwesen Leben und auch Tod verfügt (→6117), dabei aber das im Tod sich selbst verlierende und vergessende Einzelwesen in seinem göttlichen, zeitüberhoben ewigen Wissen als vollendet gegenwärtig bewahrt (→1672–1675). Wie die Einheit der Liebe zum Selbstsein der Einzelwesen mit der die Einzelwesen brechenden (Schicksals-)Macht vereint sein kann, bleibt in Erda geheimnisvoll und schließlich namenlos und nicht mehr darstellbar (→8948), wenn auch die Tatsache dieser versöhnten Einheit musikalisch bekannt und verkündet wird (→nach 8954). Der »Ring« insgesamt zeigt gerade das Scheitern des Versuchs, diese göttliche Einheit von Macht und Liebe mit endlichen Denkbestimmungen auszudenken (→2780; 2933–2936).

6119: →1678.

6120: Erda ist *ewig*, weil sie in der zeitüberhobenen Gegenwart des göttlichen Allwissens lebt (→1672–1675). Sie ist der allesdurchwaltende Gottesgeist (→6151f) und wird als solcher als »Weib«, das heißt als *Person* dargestellt. Mit »Person« bezeichnen wir gewöhnlich die spezifisch menschliche Weise der Selbstgegebenheit und des Selbstvollzuges. Der Mensch erfährt sich als ein Zentrum, das die verschiedensten Gegebenheiten und Widerfahrnisse, die aus seiner eigenen Wirklichkeit sowie aus deren menschlicher, natürlicher und geschichtlicher Umwelt fließen, *sinnhaft*, das heißt so *integriert*, daß das komplexe Gefüge all dieser Momente möglichst ohne Zerstörung des Ganzen oder einiger seiner Teile sich weiterhin vollziehen kann (→6918). Um solche Sinnhaftigkeit auf Dauer sicherstellen zu können, ist ein möglichst weitreichender Überblick über die zukünftige Entwicklung aller von der Integration erfaßten Momente erforderlich. Dies ist Weisheit (→6170). Der integrierenden Instanz muß also das Ganze des von der Integration getragenen Sinnes in jedem Augenblick ihrer Tätigkeit gegenwärtig sein, um ihr die richtige Orientierung zu geben. Dem Menschen ist das Ganze des von ihm jeweils zu integrierenden Sinngefüges in seinem Bewußtsein gegenwärtig. Die Fähigkeit zu solcher sinnhaften Integration ist es, die den Menschen Person sein läßt. Wird dann aber Gott nicht vermenschlicht, wenn er als Person aufgefaßt wird, wie das J.G. Fichte (187) behauptet hat? Die menschliche Person ist aber integrierende Instanz bloß bezüglich sehr beschränkter Ausschnitte des Ganzen aller Wirklichkeit. Diese begrenzte Integrationstätigkeit des Menschen ist von der sinnhaften Integriertheit des Wirklichkeitsganzen abhängig, weil ohne Sinnhaftigkeit des Ganzen jede partielle Sinnbemühung sogleich gestört und zerstört würde. Damit aber kann man nicht sagen, daß der Mensch im vollen Sinne Integrationszentrum wäre, weil er nicht nur integriert, sondern selbst nocheinmal der Integration durch die das Wirklichkeitsganze integrierende Instanz – eben Gott – unterworfen ist. Nur Gott ist damit aber in uneingeschränkter Weise Integrationszentrum, weil nur er als *alles*bestimmende Macht per definitionem keine verfügende Instanz mehr außer sich haben kann. Außerdem ist allein für Gott das unbegrenzte Ganze des alle Wirklichkeit umfassenden Sinnes präsent, freilich auf eine dem Menschen nicht zugängliche (weil zeitüberhobene oder »ewige«) Weise. Das aber heißt, daß von Personalität (als der Fähigkeit zu sinnhafter Integration) bezüglich des Menschen nur in *abgeleiteter* Bedeutung die Rede sein kann. Person im vollen Sinn ist nur Gott. Wenn wir die göttliche allesbestimmende Macht »Person« nennen, dann übertragen wir auf sie nicht eine spezifisch menschliche Eigenschaft, sondern umgekehrt: wenn wir den Menschen als »Person« bezeichnen, tun wir dies deshalb, weil wir an ihm den sehr eingeschränkten Abglanz einer Integrationsfähigkeit feststellen, die im vollen Sinne nur jener Macht zukommt, die alles und jedes mit allem und jedem zur großen Einheit der Gesamtwirklichkeit integriert.

6121ff: In der Edda heißt es von Odin: »Ein Wecklied sang er der Weisen da, bis auf sie tauchte« (Thule II 25/4). Die Weise ist die Wala (→6111f). Dem in seiner zeitlichen Daseinsfrist immer fragmentarisch bleibenden Einzelwesen wird sein wahres Selbstsein nur durchsichtig von der das Ganze aller Wirklichkeit – und damit auch das einzelne Selbstsein – hervorbringenden und tragenden Macht, welche Erda ist (→1676f; 6151f). Erst in der Einheit mit Erda ist das Einzelwesen ganz bei sich oder, wie Wagner hier in Aufnahme einer Formulierung des »Tristan« (→6118) sagt, »heimisch«. Erda als letzter Urgrund aller Wirklichkeit ist die Tiefe, in der die in ihrer alltäglichen Erfahrung sich als fragmentarisch und gebrochen erlebenden Einzelwesen erst heimisch sind (→1858). Diese Tiefe ist nicht die empirische »Tiefe der Erde« (→4655), in die man räumlich hinabsteigen kann, sondern Erdas Tiefe ist der den empirischen Bereich erst begründende göttliche Urgrund. Dieser Urgrund bleibt in seinem innersten Wirken letztlich unerforschlich. Seine Verborgenheit wird durch das Bild von seiner »Tiefe« ausgedrückt.

6125: →6206–6209.

6127: Die Allwissendheit ist eine Eigenschaft des biblischen Gottes: »Meerestiefe und Herz erforscht er, und all ihre Berechnung ist ihm bekannt. Denn der Allerhöchste hat Kenntnis von allem« (Sir 42, 18). Erdas Allwissen ist zeitüberhoben (→1672–1675), schöpferisch (→1676f) und der menschlichen Einsicht verschlossen (→6206–6209).

6128: →1676f.

6129: →1678.

6130: →6120.

6131: →6111f.

Nach 6131: Daß Erda von Reif bedeckt ist und glitzernden Schimmer, wohl durch das Zusammenspiel von Licht und Nässe verursacht, um sich verbreitet, geht auf die Edda zurück, in der die von Odin beschworene Wölwa (→6111f) sagt: »Regen schlug mich, bereift war ich und taubeträuft: tot war ich lange« (Thule II 25/5; →6117). Und vom toten Helgi sagt Sigrun: »Mit Reif ist, Helgi, dein Haar bedeckt« (Thule I 159/39).

6135: →6206–6209.

6136: Auch die in der Edda von Odin beschworene Wölwa (→6111f) fragt als erstes danach, wer ihr Erwecker sei, der ihr den Weg aus der Ruhe des Grabhügels (→6117) zumute: »Wer ist der Mann, mir unbekannt, der mir vermehrt mühvollen Weg?« (Thule II 25/5).

6141ff: Wotan versucht, die innere Einheit der beiden sich gegenseitig ausschließenden Komponenten des göttlichen Wirkens, nämlich die innere Einheit von ordnender *Macht* und gewährenlassender *Liebe*, zu erreichen (→2780). Um den Widerstreit von Macht und Liebe zu beenden, hat Wotan seine Macht suspendiert (→5318f). Durch diese einseitige Aufgabe der ordnenden Macht ist freilich nicht die innere Einheit von Macht *und* Liebe sichergestellt, so daß die Macht selber als Liebe und die Liebe selber als ordnende Macht tätig wäre, sondern es ist lediglich der Wirklichkeitsprozeß ausschließlich der ungeordneten Gegenstrebigkeit der Einzelwesen überlassen. In dieser Situation versucht nun Wotan, »Kunde« darüber zu erlangen, wie das Chaos aufzuhalten sein könnte, ohne daß die göttliche Macht ordnend eingreift und insoweit die endliche Freiheit aufhebt. Zu diesem Zweck betrachtete Wotan bisher den *Weltprozeß* (so sagen die gegenwärtigen Verse), um zu sehen, ob aus dem ungeordneten Gegeneinander nicht von selbst eine Ordnung sich herstellen und so den Zerfall ins Chaos verhindern möchte. Einen derartigen Weg zur Ordnung findet er aber in der Welt der Gottesohnmacht nicht, weil eine universale Ordnung nur Gott verbürgen könnte und eine Welt ohne göttliche Ordnungsmacht dem Zufall überlassen wäre, der sie zwangsläufig dem Chaos zuführen würde; denn die ungeheure Komplexität der Welt kann sich nicht aus Zufall ordnen oder gar geordnet erhalten (→6918-3f).

Nun betrachtete Wotan die Welt der freien Selbstverfügenden ohnmächtig, weil er sie zuvor mächtig zu ordnen versuchte und dabei die Freiheit der Freien aufhob (→2831–2834). So geht bei Machtausübung Gottes die Freiheit in der Welt verloren, und bei Machtsuspendierung zerfällt die Welt (und damit auch die Freiheit in ihr) ins Chaos. Die Macht scheint mit der Liebe zur Freiheit in keinem denkbaren Fall vereinbar. Wäre aber nicht eine ganz andere Art von Macht möglich, die in sich selbst Eröffnung (statt Aufhebung) der Freiheit, und das heißt eben Liebe zur Freiheit, wäre? Unter den uns allein zugänglichen endlichen Bedingungen unseres Denkens und Erlebens sicher nicht, denn da ist Macht als Verfügung über anderes, und das andere daher unweigerlich als *nicht*selbstverfügend, also als nichtfrei definiert. Von welcher Macht ist nun bei Wotan die Rede? Bisher ist es nur die die Liebe ausschließende Macht, die er ausübt (→2916ff; und nur diese wird er weiterhin ausüben (→6455–6460). Weil Wotan der Wanderer durch die *Welt der endlichen Freiheitssubjekte* (der Zwerge, Riesen und Menschen [→4649ff]) ist, bleibt er auf den Bereich des endlichen Erlebens und Denkens beschränkt, in dem keine Art von Macht denkbar ist, die da, wo sie herrscht, nicht die gewährenlassende Liebe ausschlösse. In Wotan ist folglich die göttliche Macht nur so dargestellt, wie sich endliches menschliches Denken Macht vorstellen kann, die es im Falle Gottes als von möglichst umfassender Erstreckung ausgezeichnet ansieht, ohne sie freilich mit der Freiheit ineinsdenken zu können. Da Wotan aber Gott im Vollsinn darstellen soll, muß in ihm neben der Macht *auch* die von ihr ausgeschlossene Liebe zu frei gewährenden endlichen Subjekten gegenwärtig bleiben. So ist in Wotan die unverkürzte Ganzheit des göttlichen Wirkens dargestellt, aber aus endlicher menschlicher Sicht, das heißt als unauflöslicher Widerstreit von Macht und Liebe (→2945f).

Als Gott, der im Medium endlichen Denkens erfaßt wird, charakterisiert Wagner schon im Wibelungenaufsatz von 1848 den Gott Wotan (damals noch »Wuotan«). Wagner geht davon aus, daß sich der Mensch in Wotan als dem »Inbegriff dieser ewigen Bewegung« »von Leben zu Tod, von Sieg zu Niederlage, von Freude zu Leid ... das ewige Wesen des Menschen und der Natur ... zum Bewußtsein bringt« (GSD II 132). Was besagt dieser Text? Die Wirklichkeit bekundet sich dem Menschen auf doppelte Weise: Leben, Sieg und Freude fördern das Selbstsein dessen, der sie erlebt, während Tod, Niederlage und Leid es einer fremden Tendenz unterwerfen. Diese beiden widerstreitenden Komponenten werden als die allgemeinsten Charakteristika der *gesamten* Wirklichkeit erfaßt, nämlich als Wesen von Mensch und Natur. Das aber besagt, daß die den Wirklichkeitsprozeß insgesamt bestimmende göttliche Instanz sich dem Menschen als die Doppeltheit von selbstseinfördernder *Liebe* und selbstseinbeeinträchtigender *Macht* – so wird es dann im »Ring« heißen – bekundet. So entsteht die Vorstellung von Wotan im menschlichen Bewußtsein (GSD II 132); sie ist aber keineswegs ein sachleeres Phantasieprodukt, sondern in dieser Vorstellung wird der Mensch mittels seines Bewußtseins der *objektiven Wirksamkeit* der das Wirklichkeitsganze bestimmenden göttlichen Instanz und ihrer Beschaffenheit inne. Aber diese Innewerdung geschieht im *endlichen* Medium des menschlichen Bewußtseins, so daß der Widerstreit zwischen die die Wirklichkeit im Ganzen bestimmenden Komponenten – Macht und Liebe – sich im menschlichen Wissen von Gott nicht auflöst. Ähnlich dem eben besprochenen Text, äußert sich Wagner über Wotan in seinem Brief an August Röckel vom 25. Januar 1854: »sieh Dir ihn recht an! er gleicht uns auf's Haar; er ist die Summe der Intelligenz der Gegenwart« (Dokumente 93). Wotan ist demnach nicht ein einzelner Inhalt unseres Bewußtseins (unserer Intelligenz), sondern das *Ganze* (die Summe) dessen, was wir gegenwärtig an Erfahrung besitzen. In Wotan ist also die Beschaffenheit derjenigen Instanz thematisch, die für die *Gesamtgestalt* des Wirklichkeitsprozesses, so wie er bis zur Gegenwart verlaufen ist, verantwortlich ist. Mithin ist in Wotan *Gott* thematisch. Aber mittels der Wotanvorstellung ist von Gott auf die Weise *unserer* endlichen menschlichen Intelligenz die Rede.

Für die endliche Intelligenz ist, wie schon ausgeführt, der Widerstreit der beiden Bekundungsweisen Gottes, also der Widerstreit zwischen Macht und Liebe, nicht auflösbar. Dieser Widerstreit zwischen dem Freisein und dem Unterworfensein des einen menschlichen Selbstseins, als welcher sich der Widerstreit von göttlicher Liebe und göttlicher Macht in jedem menschlichen Individuum zur Geltung bringt, ist aber kein Anzeichen dafür, daß menschliche Existenz unmöglich (weil in sich widersprüchlich) ist, denn menschliche Existenz vollzieht sich ja tatsächlich, wenn auch als jener Widerstreit.

Der Widerstreit scheint so, statt Anzeige der Selbstaufhebung menschlichen Daseins, vielmehr Anzeige dessen zu sein, daß die innere Einheit des menschlichen Daseins *anderswo* als in der irdisch endlichen Welt des Menschen verbürgt ist und offenbar werden wird. Die innere Widersprüchlichkeit des unter den Bedingungen endlichen Denkens erfaßten Gottes hebt keineswegs den Gottesgedanken, sondern nur dessen endliche Erfassung auf und verweist auf eine dem irdischen Menschen verborgen bleibende *Tiefen*dimension (→6121ff) des Göttlichen, mithin darauf, daß Gott letztlich ein *Geheimnis* bleibt (→1692ff). Diese innere Dynamik des endlichen Begriffs von Gott treibt Wotan, der eben endliche Begriff von Gott ist, über seine unlösbare Widersprüchlichkeit hinaus in die für endliches Denken nur mehr als undurchsichtig und geheimnisvoll wirksames »Walten« (→6159ff) vorstellbare Dimension der »schlafenden« (→6206–6209) Erda (→1678).

6144: Auch Wotan besitzt Weisheit (→6919f), aber seine Weisheit ist nur eine partielle Ausprägung der allumfassenden göttlichen Weisheit Erdas (→6175f). Die Weisheit (→6170), aus der heraus alle begrenzteren Weisheiten sich ausfächern, ist die *Ur*weisheit (→1676f).

6145f: →6127.

6147f: Die Tiefe der Erde (→4655) und die Tiefe des keiner menschlichen Erfahrung zugänglichen göttlichen Urgrundes (→6121ff) sind in Erdas Wissen gegenwärtig. Damit kommt in Erda ein Zug des biblischen Gottes zur Sprache, der ebenfalls die Tiefen der Erde überblickt: »Gepriesen, der du niederschaust in der Abgründe Tiefen« (Dn 3,55 Septuaginta); genauso aber weiß der biblische Gott das im bildlichen Sinne Tiefe, nämlich das Verborgene überhaupt: »Er ist's, der offenbart das Tiefe und Verborgene« (Dn 2,22).

6149: →6155f.

6150: Bekannt (→6147) ist Erda, was Luft und Wasser durchwebt. Sie weiß aber nicht nur etwas von anderswoher Vorgegebenes, sondern sie bringt das selbst ins Dasein, was sie dann weiß (→6159ff). Somit ist Erda selbst die »webende« Kraft, die sich in allen Wesen und Zeiten manifestiert, sich aber in keinem einzelnen Wesen und in keiner einzelnen Epoche erschöpft; sie ist der allesdurchwaltende Gottesgeist (→6151f), von dem die Bibel, im Anklang an die griechische Philosophie, sagt: Er »erstreckt sich, kraftvoll wirkend, von einem Ende (der Welt) zum andern und durchwaltet vortrefflich das All« (Weish 8,1). Als »Gewebe« wird die Wirklichkeit wegen ihrer inneren Differenziertheit bezeichnet (→666).

6151f: Erda ist der alle Wesen durchziehende, mithin allesdurchdringende Atem. Seit alters ist der

Atem ein Bild für den *Geist*. So sagt auch Wagner von Wotan: »sein hauch ist geist« (JS 123), womit er ausdrücklich Atem und Geist gleichsetzt. Im Hebräischen, Griechischen und Lateinischen ist es bekanntlich jeweils dasselbe Wort, welches den Atemhauch und den Geist ausdrückt: ruach, pneuma, spiritus. Sowohl in der stoischen Philosophie als auch in der jüdischen und christlichen Bibel wird das alle Wirklichkeit hervorbringende, umfassende und durchwaltende Göttliche als Geist bezeichnet: »Der Geist des Herrn erfüllt ja den Erdkreis« (Weish 1,7), indem er nämlich allen Wesen Dasein und Leben gibt. Dies bezeugt das Alte Testament: »In seiner [Gottes] Hand ruht aller Lebensodem« (Jb 12, 10; vgl. Ps 104, 30); ebenso aber auch das Neue Testament: »gibt er [Gott] doch selber allem Leben und Odem und alles« (Apg 17,25). Wo der Gottesgeist sich aber aus einem Wesen zurückzieht, geht dieses zugrunde: »nimmst du ihnen den Odem, so schwinden sie hin und sinken zurück in den Staub« (Ps 104,29; vgl. Pred 12,7). Dasselbe gilt für Erda. Wenn nämlich überall da, wo Wesen sind, Erdas allesdurchdringender, deswegen göttlicher (→1672–1675), Atem oder Geist weht, dann können umgekehrt dort, wo Erda ihren Atem zurücknimmt, keine Wesen sein: ohne den Gottesgeist gehen die Einzelwesen zugrunde. Wenn der biblische Gott die Erschlagenen andererseits durch Einhauchung seines Geistes wieder lebendig macht (Ez 37,1–14), so wird derartiges von Erda zwar nicht ausdrücklich gesagt, sie ist aber der über Leben *und* Tod verfügende (→6117) Urgrund (→6118). Wenn Brünnhilde eine geheimnisvoll wirkende Macht voraussetzt, die jenseits des Todes wiederum Leben verbürgt (→8949), nimmt sie dasjenige in Anspruch, was hier noch mit empirischer Konnotation »Erda« genannt (→1678), am Ende aber in seiner Verborgenheit anerkannt wird und deshalb empirisch darstellungslos bleibt (→8948). So ist festzustellen, daß in der Beschreibung, welche die gegenwärtigen Verse geben, Erda als das angesprochen wird, was in der theologischen und philosophischen Überlieferung des Abendlandes *Gottesgeist* genannt wird.

Nun stellt aber *alles*, was ist (alle Wesen), nach Auskunft unserer Verse eine Manifestation des Geistes dar. Damit soll nicht gesagt sein, daß alles, was ist, ein (wenn auch verborgenes) Bewußtsein habe. Das Bewußtsein ist nur *eine* Manifestation des Geistes (als dem Prinzip aller Wirklichkeit), und man muß sich sorgsam hüten, den Geist ausschließlich (oder auch nur vorzüglich) mit dem Phänomen des Bewußtseins in Verbindung zu bringen. Was meint der Geistbegriff dann aber?

In jedem Einzelwesen oder (viele Einzelwesen umfassenden) Teilbereich der Wirklichkeit sind physikalische, chemische, biologische und dergleichen Abläufe wirksam, die zur selben Zeit auch in anderen Einzelwesen oder Teilbereichen der Wirklichkeit wirken und die auch weiterwirken, wenn das Einzelwesen oder der Teilbereich schon zugrunde gegangen sind. Die Wirksamkeit dieser Abläufe übersteigt also das, was am betreffenden Einzelwesen oder Wirklichkeitsteilbereich raumzeitlich vorfindlich ist. Damit hängt eng zusammen, daß die Wirklichkeit, wegen ihres zeitlichen Sukzessionscharakters, in jedem Augenblick auf ein eindeutig oder statistisch bestimmtes Fortschreiten angelegt ist, sei es zu anderen als den gegenwärtigen Zuständen, sei es zur Konstanz der gegenwärtigen Zustände. So ist jede Gegenwart und jeder räumliche Ausschnitt der Wirklichkeit beherrscht und bestimmt von Kräften, die mehr als nur die Gegenwart oder den betreffenden räumlichen Ausschnitt der Wirklichkeit durchwalten. Das einzelne Wesen und die jeweilige Gegenwart sind nur wechselnde Ausprägungen der jeweiligen Kraft. Die übergreifenden Kräfte sind dabei von verschiedenster Art. Sie hängen aber untereinander zusammen und bedingen sich gegenseitig. So sind in jeder Kraft gewissermaßen alle übrigen wirksam, weil die eine nur unter Voraussetzung aller übrigen und im Zusammenspiel mit ihnen wirken kann. Damit aber ist jede einzelne Kraft in ihrer Eigenart von dem Zusammenspiel aller Kräfte konstituiert. Verschiedenartige Kräfte können aber nur zusammenspielen, wenn in jeder von ihnen *dieselbe einheitliche Macht* wirksam ist. Das aber besagt, daß in der einzelnen Kraft eine bestimmte Ausprägung der einen, alle Kräfte durchwaltenden Macht vorliegt. Weil nun die übergreifenden Kräfte Ausprägungen dieser einen Macht, Einzelwesen, Teilbereiche und Zustände der Wirklichkeit ihrerseits aber Ausprägungen der übergreifenden Kräfte sind, sind auch die einzelnen Bereiche, wechselnden Wesen und Zustände der Wirklichkeit bestimmte Ausprägungen, die sich die das Wirklichkeitsganze bestimmende *eine* Macht gibt (und auch wieder, sie auflösend [→1688], zurücknimmt, wobei das Zerstörte im göttlichen Wissen unversehrt gegenwärtig erhalten wird [→1672–1675]). Diese Dynamik, welche die ganze Wirklichkeit durchwaltet, indem sie alles Wirkliche sich aus vorhergehendem Anderen und im Zusammenspiel mit Anderem gestalten und in nachfolgendes Anderes und neues Zusammenspiel mit Anderem sich umgestalten läßt, die sich dabei aber in keiner dieser Gestaltungen erschöpft und deswegen nie ganz faßbar und vorfindlich ist, heißt »Geist«. Der göttliche Geist (das heißt hier: Erda) ist somit nicht nur das die übergreifenden und letzten Zusammenhänge *Wissende*, sondern gerade auch das in allem Wirklichen Aktive oder *Waltende* (→6159ff): er ist das schlechthin sich als Wirklichkeit in all ihrer Breite und Tiefe Vollziehende. Das Wissen oder Bewußtsein ist offenkundig nur *eine* Form, in der sich das Übersteigen gegenwärtig vorfindlicher Gestaltungen vollzieht.

6153f: Erda ist die den Wirklichkeitsprozeß insgesamt bestimmende göttliche Macht (→6159ff) und somit der letzte Urgrund (→6118), der alles, was ist, hervorgebracht hat (→1676f) – also auch die menschlichen Gehirne und deren Wissen. Im Sinnen und Wissen der menschlichen Gehirne ist daher Erdas eigenes Sinnen und Wissen am Werk. Dies ist ein Sachverhalt, der auch in der Bibel angesprochen wird: »Doch nur der Geist, der sich im Menschen aufhält, der Odem von Schaddai, der macht ihn klug« (Jb 32,8). Im germanischen Mythos ist es Odin, der »den Met, den man nur zu trinken braucht, um Skalde [Dichter] oder Gelehrter zu werden« (Thule XX 120f), sich erringt (→6919f) und die Menschen daran teilhaben läßt (Thule XX 123). Daher ist für den Germanen die »Dichtkunst ... ihrem eigentlichen Wesen nach göttlicher Art« (Schier 340).

Die Menschen wissen und dichten vieles. Wenn sie nun auch von *Gott* wissen und dichten, Gott aber selbst der Ursprung des menschlichen Gehirnes und des damit vollzogenen Wissens und Dichtens ist, dann hat *Gott selbst* das Wissen des Menschen von Gott ins Dasein gesetzt. Im menschlichen Wissen von Gott hat sich daher der Gottesgeist – also Erda (→6151f) – selber im Wissen von sich geschaffen. In meinem Wissen von Gott weiß Gott selbst von sich. Er ist sich darin aber nicht auf göttliche Weise gegenwärtig, nämlich nicht in der Ganzheit seines alle Zeiten umfassenden Wirkens (→6170). Der Mensch weiß nämlich immer nur von einem kleinen räumlichen und zeitlichen Ausschnitt der Wirksamkeit Gottes, nämlich der Wirklichkeit, deren Ganzheit für ihn nur als inhaltlich unbestimmter Ausgriff und Vorgriff gegeben ist (vgl. Pred 3,11). In dem kleinsten Wirklichkeitsausschnitt bekundet sich so zwar Gott selbst, weil er der Urgrund von allem ist, aber er tut es im Ausschnitt nur fragmenthaft. Aus diesem Fragmentarischen versucht nun der Mensch das Ganze, das heißt die tatsächliche Beschaffenheit der das Ganze bestimmenden Macht Gottes, zu erschließen. Nur aus dieser aus Fragmenten seines Wirkens erschlossenen Beschaffenheit seiner selbst weiß Gott im menschlichen Wissen von Gott. Sein ewig vollendetes göttliches Selbstbewußtsein zerstreut Gott durch die Schöpfung des wissenden Menschen daher in eine Vielzahl von fragmentarischen Selbstbewußtseinen. Diese Selbstbewußtseine sind überdies nicht alle deckungsgleich, da es in verschiedenen Räumen und zu verschiedenen Zeiten zu ganz verschiedenen Erfahrungen des Menschen mit der Wirklichkeit, und das heißt mit dem Wirken Gottes, kommt. Außerdem kann der Mensch bei der Erschließung der Beschaffenheit Gottes irren, indem er nebensächliche Züge seiner Wirklichkeitserfahrung für zentral hält (und umgekehrt) oder indem er wegen der Endlichkeit seiner Erkenntniskraft und seiner Lebenszeit wichtige Züge der Wirklichkeit gar nicht wahrnimmt. Diese Irrtumsmöglichkeit ist freilich von Gott selbst in der Endlichkeit des Menschen mitgesetzt worden. Nicht nur für die private Erfahrung manifestiert sich aber in dem einzelnen Widerfahrnis das Wirken der alles bestimmenden Macht Gottes. Vielmehr überliefern die religiösen Urkunden der Menschheit Erfahrungen mit der den Wirklichkeitsprozeß insgesamt bestimmenden Macht Gottes, die jeweils für viele Individuen und lange Jahrhunderte verbindlich waren und sind. Freilich ist die Verbindlichkeit einer einzelnen überlieferten Religion nicht universal, weil die verschiedenen Religionen nur in ihrem eigenen Bekennerkreis verbindlich sind. Untereinander stimmen die Religionen nur sehr eingeschränkt überein, teilweise ergänzen sie sich, teilweise aber widersprechen sie sich. So hat die göttliche Wirklichkeit, indem sie sich im menschlichen »Sinnen« gegenwärtig gemacht hat, sich selbst in Strittigkeit verschlüsselt. In seiner Zeit und an seinem Ort muß der Mensch den Komplex religiöser Überlieferungen einerseits und die sich ihm aus seinen eigenen und seiner Mitmenschen Erfahrungen nahelegende Sicht der göttlichen Wirklichkeit andererseits miteinander ins Gespräch bringen und so entweder die religiösen Überlieferungen von seiner neu gefundenen Sicht her oder umgekehrt seine eigene Sicht von den religiösen Überlieferungen her korrigieren. Weil Erdas »Sinn« am menschlichen Sinnen »haftet«, also im menschlichen Sinnen selbst anwesend ist, ist die gesamte Religionsgeschichte in all ihrer Strittigkeit die Geschichte des Geistes Erdas selbst. Dies gilt auch für den »Ring«, der als ein Beitrag zur Religionsgeschichte selber ein Moment am Selbstvollzug des Gottesgeistes im endlichen Menschengeist darstellt. Der »Ring« ist eine Synthese aus dem germanischen und dem christlich-jüdischen Überlieferungsstrang; eine Synthese, die sich für Richard Wagner dadurch hergestellt hat, daß er die Überlieferungen von und seine eigenen Erfahrungen mit der die ganze Wirklichkeit bestimmenden Macht Gottes ineinsgearbeitet hat. In unseren Erklärungen zum »Ring« versuchen wir, diese Synthese zu verstehen und untersuchen sie dann auf ihre Tragfähigkeit, indem wir sie mit den Überlieferungen, aus denen sie selber lebt, und mit unserer gegenwärtigen Wirklichkeitserfahrung ins Gespräch bringen.

Die Verse 6145–6154 sind ein Hymnus an den allwissenden und allesdurchwaltenden Gottesgeist, der im »Ring« in weiblicher Gestalt vorstellig gemacht wird, der sich aber auch in seiner biblischen Selbstbekundung einer Mutter (→6224) vergleicht (Jes 49,15; 66,13).

6155f: Das »alles«, das Erda weiß (→6127), wurde in den Versen 6148 bis 6150 in große Bereiche aufgegliedert, die, zusammengenommen, die Wirklichkeit insgesamt erschöpfen. Erdas Wissen wird nämlich dargestellt als das Wissen von den *Elementen* Erde (»Tiefe«, »Berg und Tal«), Luft und Wasser; auch das vierte der Elemente, nämlich Loges Feuer, umfaßt Erda (→1688). Die Verse 6153f vervollständigen diese Rubrizierung der Wirklichkeit, indem sie das menschliche Denken hinzusetzen. Die Verbildlichung des Begriffs »alles« findet sich im »Ring« auch an anderer Stelle (→675).

6157: →6141ff.

6158: →6206–6209.

6159ff: Erdas Schlaf ist nicht inhaltsleere Bewußtlosigkeit, sondern er hat Inhalt, der aber anders als in der Weise der alltäglichen Welterfahrung des Menschen, nämlich in Träumen, gegeben ist. Dieses Träumen ist seinerseits aber nicht einfaches Träumen, wie es aus der menschlichen Selbsterfahrung bekannt ist, sondern wird als »Sinnen«, das heißt als *Herstellen von Sinn* bezeichnet. Dieses Sinnen vollzieht sich als »Walten des Wissens«. Diese Genitivwendung hat eine doppelte Bedeutung.

Als genitivus *subiectivus* verstanden (»Das Wissen waltet«), ist das Wissen der schlafenden Erda das Subjekt, welches, sozusagen ohne Erdas Zutun, »waltet«. Das Wort »Walten« kommt aus einem indogermanischen Verb, das »stark sein, beherrschen« meint (Duden VII 753). Walten heißt demnach soviel wie souverän *bestimmen*, was geschehen soll, und zudem das so Bestimmte machtvoll *vollziehen*. Nur ein aus Wissen geborenes Walten kann sinnhafte, also unchaotische Gefüge hervorbringen, weil ohne den wissenden Überblick über die Eigenarten der in einem Gefüge integrierten Wesen deren Gegenstrebigkeit nicht so abgestimmt werden kann, daß eine chaotische Zerstörung im Aufeinanderprallen aller untereinander ausgeschlossen bleibt (→6918). *Was* aber waltet, also verfügt und vollzieht Erdas Wissen? Da es alles umfaßt (→6127), verfügt und vollzieht es schlechthin alles, was in der Wirklichkeit geschieht. Daß Erdas Wissen allen Geschehens waltet, heißt soviel, als daß alles, was auf der irdischen Ebene sich sukzessive als Weltgeschehen vollzieht, in ihrem zeitüberhobenen göttlichen Wissen (→1672–1675) immer schon festgelegt ist. Hinsichtlich der endlichen Freiheiten ist nur festgelegt, daß ihre Selbstbestimmung von einer Festlegung ausgenommen ist; freilich wird die im göttlichen Wissen nicht vorherbestimmte Entscheidung der endlichen Freiheit vorhergewußt (→7043ff).

So als genitivus subiectivus verstanden, besagt »Walten des Wissens« aber nur, daß das göttliche Wissen gemäß dem, was nun einmal in ihm liegt, das Weltgeschehen bestimmt, nicht aber, woher dem göttlichen Wissen selber dieser sein bestimmter Inhalt kommt. Liest Erda bloß die Bestimmungen einer anderen Instanz ab (wodurch sie sie dann weiß), um sie in die Wirklichkeit umzusetzen? Oder entscheidet sie selbst, welchen bestimmten Inhalt ihr Wissen (und infolgedessen der Wirklichkeitsprozeß) hat? Wenn unter Erda wirklich Gott gedacht sein soll (→6151f), dann muß sie selbst das bestimmen, was ihr Wissen an Inhalt hat. Dann darf nicht nur ihr, gewissermaßen ohne ihr Zutun »fertiges«, Wissen die Welt bestimmen, sondern sie muß allererst selbst den Inhalt ihres Wissens festlegen. Denn wenn Gott die inhaltliche Bestimmtheit des Wirlichkeitsprozesses nur wissen (statt sie selber verfügen) könnte, wäre er von einer ihm unverfügbaren anderen Entscheidungsinstanz nocheinmal abhängig und folglich nicht der wirklich *letzte* Bestimmungsgrund, also nicht wirklich Gott.

Daß in der Tat Erda den Inhalt ihres Wissens selber festlegt (und nicht bloß die Entscheidungen einer anderen Instanz abliest), zeigt die zweite Bedeutung des Ausdrucks »Walten des Wissens«. Als genitivus *obiectivus* verstanden (»Walten über das Wissen«), ist nämlich das Wissen das Objekt, über welches ein anderes Subjekt waltet. Dieses andere Subjekt ist die schlafend sinnende Erda. Daß Erda schlafend über ihr Wissen waltet, heißt, daß sie dessen Inhalt festlegt. In diesem Sinne spricht Wagner selbst in der ursprünglichen Fassung des Textes von Erda als der »mutter des wissen's« (JS 168). So ist Erda selbst die *Urheberin* ihres Wissens, und es liegt in der sachlichen Konsequenz der Mutterschaft Erdas bezüglich ihres Wissens, daß Wagner die ursprüngliche Formel, Erdas Sinnen sei bloß »pflege des wissens« (JS 169) in das bestimmende »Walten des Wissens« geändert hat.

Entscheidet Erda aber somit darüber, *was* sie weiß, und verwirklicht sich dieses Wissen dann als sukzessive ablaufender Wirklichkeitsprozeß, dann ist es Erda die entscheidet, was in der Wirklichkeit geschieht und was nicht geschieht. Sie *weiß* nicht nur den Weltprozeß, sie ist vielmehr selbst auch die waltende *Macht*, die über sein Dasein (→1676f) und seine inhaltliche Eigenart bestimmend verfügt. Zwar tritt Erda nicht unmittelbar selber handelnd auf, aber in allen handelnden Subjekten im »Ring« – in Göttern (→6175f), Riesen (→4675f), Zwergen (→2781f) und Menschen (→2605f) – ist sie am Werk, weil sie sie alle hervorgebracht hat. Damit nimmt Erda die Stelle der zentralen Schicksalsmacht »Wyrd« ein, die man aus der germanischen Mythologie kennt. Allerdings ist die Vorstellung von einer solchen Macht kaum spezifisch germanisch, sondern verdankt sich der »Weiterentwicklung der letztlich stoischen Vorstellung des ›fatalis ordo‹ als eines komplizierten Gewebes« (Weber 120; →666); diese Vorstellung erweitert über die christlich-mittelalterliche Weltsicht das Wort »wyrd«, welches »Geschehen schlechthin« bedeutet (Weber 148), zur schicksalsmäßigen Bedeutung, so daß es jetzt auch meint ein »Geschehen, das der Mensch als ohne sein Zutun sich vollziehend erfährt« (Weber 148; über einen weiteren stoischen Begriff, der in Erdas Charakterisierung mitschwingt →6151f).

In folgenden Teilaspekten ihres universalen Waltens manifestiert sich Erda im »Ring«. In den *Natur-göttern* (→1773f), in der Übergangs*dynamik* zu immer neuen Gestaltungen (Loge [→1688]), in *Wotans* Eröffnung und unchaotischer Erhaltung der Natur-Kultur-Einheit endlicher Freiheit (→6923-6926) und in der Selbstbestimmung endlicher *Freiheitssubjekte* (→2636). Dabei versucht der »Ring« immer, das universale Walten dem menschlichen Denken durchsichtig zu machen. Damit verkürzt er notwendigerweise die in Erda angesprochene Sache, weil sich das Rätsel des inneren Funktionierens der Steuerung des ganzen Wirklichkeitsgefüges der Endlichkeit menschlichen Denkens nicht erschließen kann. Die Vereinigung der chaotischen *Freiheit* von göttlicher Ordnungsherrschaft mit der geordneten *Unterworfenheit* unter die göttliche Herrschaft kann unter den Bedingungen menschlichen Denkens wegen der gegenseitigen Ausschließung der zu Vereinigenden nur als *Widerspruch* gedacht werden. Eine sich widersprechende Einheit hebt sich aber auf und kann deswegen nicht als möglich einsichtig gemacht werden. Will man den Widerspruch vermeiden, um die Einsichtigkeit zu retten, kann dies nur durch die Vernachlässigung einer der beiden sich ausschließenden Seiten – also durch einseitige göttliche Dominanz (→334) oder durch einseitige Dominanz der endlichen Freiheit (→6947–6950) – geschehen, wie es der »Ring« vorführt. Da es sich dabei dann aber nicht mehr um die Einheit oder Integration der *beiden* Seiten (deren eine ja aufgegeben wurde) handelt, bleibt, um die Einheit zu retten, nur die Möglichkeit, den Widerspruch einer Einheit von sich Ausschließenden stehenzulassen, und damit freilich die innere Möglichkeit solcher Einheit nicht mehr einsehen zu können. Erst in der Anerkennung der Unauflöslichkeit des inneren Rätsels des universalen göttlichen Integrationshandelns für das menschliche Denken (→1692ff) wird Erda dann unverkürzt gedacht. Mit der Anerkennung der unauflöslichen Widersprüchlichkeit der inneren Momente des göttlichen Integrationshandelns – Macht und Liebe (→2780) – wird auch die Nichtdarstellbarkeit des inneren Ablaufs dieses Handelns unter den Bedingungen menschlich-endlichen Denkens deutlich (→8948). Mit der Überhobenheit Erdas als des Gottesgeistes (→6151f) über die Endlichkeit menschlichen Bewußtseins hängt auch zusammen, daß Erdas Weisheit (→6170) und Sinnen dem menschlich *wachen* Bewußtsein nicht zugänglich ist. Dies rückt die göttliche Weisheit für den Menschen (und auch der Verfasser des »Ring« ist ja ein Mensch) in die Dimension jenseits menschlicher Wachheit, nämlich in die Dimension des Schlafes und des Traumes (→6206–6209), die freilich vom menschlichen Schlafen und Träumen wiederum sehr verschieden, weil im Unterschied zu diesen mit weltgestaltender Mächtigkeit ausgestattet sind.

Erda ist, zusammenfassend gesagt, die eine alle Wirklichkeit bestimmende göttliche Macht, deren Walten in allen Bereichen der Wirklichkeit auf je verschiedene Weise, aber immer als Gewähr dafür anzutreffen ist, daß die Welt geordnet und sinnvoll ist, statt ins Chaos zu zerfallen. Dieses »Sinnen« oder Sinnstiften und Sinnerhalten hinsichtlich der ganzen Wirklichkeit ist nur in der Kraft allesumfassender, also göttlicher Weisheit möglich.

6162f: In Erdas Schlaf ist ihr Wissen wirksam, mittels welchem sie den Wirklichkeitsprozeß ins Dasein setzt (→1676f) und ihn immer schon in zeitlos vollendeter Ganzheit (nicht als Nacheinander je für sich unvollendeter endlicher Zeitabschnitte) weiß (→1672–1675). Der Schlaf verbildlicht die Unzulänglichkeit dieser göttlichen Dimension für das menschliche Bewußtsein (→6206–6209), das, wenn es tätig ist, nicht schläft, sondern wach ist. Im Unterschied zu Erda *wachen* die Nornen. Das besagt, daß sie nur dasjenige von Erdas Walten (→6159ff) kundgeben, was sich dem tätig-wachen endlichen menschlichen Bewußtsein zeigt und erschließt. Der menschlichen Erfahrung zeigen sich endliche Ausschnitte aus dem von Erda gesetzten Wirklichkeitsprozeß.

Dies ist die Nornenkunde (→1682f). Da für den Menschen dergestalt die von Erda hervorgebrachten Wirkungen (teilweise) erfahrbar sind, kann er weiterhin auf das Vorhandensein des Waltens eines schöpferischen Urgrundes (eben Erdas [→6118]) schließen, wobei ihm freilich die innere Vorgehensweise des göttlichen Schaffens geheimnisvoll (→1692ff) verschwiegen bleibt.

6164f: Die Nornen weben ein Seil als symbolische Vergegenwärtigung des ganzen Weltgewebes (→666). Sie begründen und bestimmen die Gewebezusammenhänge nicht, sondern bilden nur ab (→1682f; 6167ff), was Erda an Weltgeschehen verfügt (→6159ff). Deshalb ist ihr Spinnen »fromm«, das heißt ohne Einmischung und Verfälschung allein den Setzungen Erdas verpflichtet und ergeben.

In der Edda sind es Nornen, die das Schicksal des Menschen verfügen. So heißt es von den drei Nornen in der Völuspa: »Lose lenkten sie, Leben koren sie Menschenkindern, Männergeschick« (Thule II 36/9); etwas anders überträgt Ström: »sie koren Leben(sart) und teilten den Menschenkindern Geschikke [»Urgesetze« (→8504)] mit« (251). Snorri berichtet von diesen drei Nornen und fährt dann fort: »Es gibt noch andere Nornen, die zu jedem Kinde kommen, das geboren wird, um ihm das Leben zu bescheren« (Thule XX 64). Hier ist der Lebensverlauf, nicht die Lebendigkeit selbst gemeint, die ja eddisch und im »Ring« von den Göttern stammt (→2605f). So lautet eine genauere Übersetzung: Nornen haben die Aufgabe, »zu jedem geborenen Kindchen zu kommen, um dessen Alter ... und das Geschick festzustellen« (Ström 252). Davon berichtet Nornagest, der seinen Namen (Nornengast) solchem Vorkommnis verdankt: »Ich lag damals in der Wiege, als sie über mein Geschick ihren Spruch abgeben sollten« (Thule XXI 217). Im Gegensatz zum »Ring« bilden die Nornen nicht von anderswoher bestimmte und begründete Zusammenhänge bloß ab, sondern sie sind es selber, die mit der Art ihres Gespinstes den Schicksalslauf bestimmen: »Nacht war's im Hof, Nornen kamen, sie schufen das Schicksal dem Schatzspender« (Thule I 162/2; der »Schatzspender« ist das später freigebige Kind). Diese Nornensetzungen für das einzelne Individuum sind nach eddischer Vorstellung in das Wirklichkeitsganze integriert: »Sie schnürten mächtig Schicksalsfäden dem Burgenbrecher in Bralunds Schloß; goldnes Gespinst spannten sie aus, festend es mitten im Mondessaal« (Thule I 162/3; der »Burgenbrecher« ist das später kriegerische Kind, »Bralund« ein Eigenname). Der Mondessaal ist der Himmel, dessen Mitte wiederum das Zentrum der von ihm überwölbten Welt bildet. In dieses Weltzentrum wird das Gespinst des individuellen Schicksals verflochten. Im »Ring« ist es das eine »Seil«, in welches die Einzelschicksale verflochten oder hineingewebt sind und das seinerseits im Zentrum der Wirklichkeit festgeknüpft ist (→6905f). Die Vorstellung des Webens, das die gegenwärtigen Verse von den Nornen aussagen, ist germanischer Mythologie geläufig (→3173). Demgemäß kann die ganze Welt als »Gewebe« aufgefaßt werden (→666). Über die Schicksalsbestimmtheit des Menschen durch die Nornen ist anderswo gesprochen worden (→2061f).

6167ff: Die Nornen bilden endliche Ausschnitte (→6162f) des Geschehensverlaufes im Wort und als Seil (→1682f) ab, sie bestimmen den Verlauf aber nicht. Erda ist die allesbestimmende göttliche Instanz (→6159ff), die allerdings den Menschen zu freier Selbstbestimmung bestimmt hat, was bedeutet, daß sie die Entscheidungen der menschlichen Freiheit nicht vorherbestimmt. Wohl aber weiß sie diese vorher (→7043ff).

Aus jedem Ausschnitt des Nornenseils läßt sich der vorhergehende und der nachfolgende Zustand erschließen, weil die Geflechtteile untereinander kontinuierlich zusammenhängen: Jedes Ereignis in der Welt ist im Vorhergehenden angelegt und trägt selbst in sich den Keim des Nachfolgenden. Diesen (statistischen oder determinierten) »Zwangs«-Zusammenhang bildet das Nornenseil ab. Sobald aber die endliche Freiheit im vollen Sinne auftritt, *reißt das Seil*, weil eine Freiheitstat eben dadurch charakterisiert ist, aus dem Vorhergehenden *nicht* in festgelegter Weise zu resultieren (→7035–7042).

6170: Weisheit besagt in der philosophischen Tradition (so etwa, im Anschluß an Aristoteles, bei Thomas von Aquin [1] II-II 45, 1 corpus) die Kenntnis der letzten und umfassendsten Ursachen, die den Ablauf allen Geschehens regeln. Im vollen Umfang besitzt diese Weisheit nur Gott, der kraft dieses universalen Überblickes in der Lage ist, die gesamte Wirklichkeit, in all ihrer Komplexität und für alle Zeiten, sinnvoll, also unchaotisch zu ordnen (→6918-2ff). Im »Ring« tritt die allesumfassende (→6127) göttliche Weisheit als Erda (→1678) auf, die sich in den einzelnen Göttern für die verschiedenen Teilbereiche der Wirklichkeit (wie in Wotan für die Geschichte [→6923–6926]) ausprägt (→6175f). Die Vorstellung einer über das Weltgeschehen lenkenden umfassenden Weisheit ist im Germanischen als webende Schicksalsmacht »Wyrd« (»Urd«) aufgetaucht. Damit bediente sich aber die germanische Literatur einer stoischen und christlichen Vorstellung (Weber 115–158) zur Artikulation ihrer eigenen Weltsicht. Der letzte Hintergrund für die im »Ring« so wichtige germanische Lehre von der göttlichen Weisheit ist somit die (griechisch beeinflußte) biblische Form dieser Lehre.

Im Alten Testament wird die Weisheit als die ursprüngliche immanente Hervorbringung Gottes angesehen (Spr 8,22; Sir 24,3), welche die ganze Schöpfung (Weish 8,1) »kunstvoll gestaltet« (Weish 7,21; vgl. Weish 7,27; Spr 8,27ff; Sir 24,5f) hat. Das Kunstvolle besteht darin, daß die Schöpfung dauerhaft (Ps 119,90f) als unchaotisches Gefüge von gegenstrebigen Selbstseienden geordnet ist (→6918-2 mit dem Hinweis auf Sir 42,25). Durch die Zeiten und ihre Veränderungen hindurch kann die Welt aber nur geordnet bleiben, wenn Gott, indem er die Welt schafft, schon die fernste Zukunft überblickt, weil nur so die Ordnung so angelegt werden kann, daß sie jede zukünftig auftretende zerstörerische Tendenz zu integrieren vermag. Die göttliche Weisheit verbürgt auch in der Tat die Weltordnung dadurch, daß sie »alles überschauend« (Weish 7,23) ist. Daraus folgt, daß in der göttlichen Weisheit die Schöpfung nicht nur in ihrer ganzen räumlichen, sondern auch in ihrer ganzen zeitlichen Ausdehnung gegenwärtig ist. Somit ist die Weisheit das für Gott zeitüberhoben als immer schon vollendet gegenwärtige Urbild der Schöpfung, das für die menschliche Erfahrung freilich immer nur als Abfolge von je für sich unvollendeten Ausschnitten oder Bruchstücken gegenwärtig sein kann. In der Apokalyptik wird diese Vorstellung von der Weisheit als der vollendeten Gegenwart der ganzen Schöpfung in den Augen Gottes die »alles tragende Voraussetzung« (Rad II 318). Das Neue Testament erblickt im ungeschaffenen, aber »gezeugten« Sohne Gottes diese selbe Weisheit (Jerusalemer Bibel, Anmerkungen zu Jb 28,1–28; Spr 8,22–31; Weish 7,22–8,1; Sir 24,1–22): »Er ist das Bild des unsichtbaren Gottes, der Erstgeborene vor aller Schöpfung. Denn in ihm ward alles erschaffen, im Himmel und auf Erden, ... alles ist erschaffen durch ihn und auf ihn hin. Und er ist vor allem, und alles hat in ihm Bestand« (Kol 1,15ff; vgl. Joh 1,1ff). Der Sohn ist also die schöpferische Kraft Gottes (»durch ihn«), und im Sohne (als dem »Bild« Gottes) ist Gott »die ganze Fülle« (Kol 1,19) seines Wirkens gegenwärtig. Der Sohn Gottes – Gottes Weisheit – ist somit der Inbegriff der ganzen Schöpfung. Nun ist aber der Gottessohn selber göttlich, die Schöpfung hingegen ist endlich und daher ungöttlich. Wie kann dann beides ineinsgesetzt werden? Vom Sohne heißt es, er sei »das Alpha und das Omega, der Anfang und das Ende« (Apk 21,6; vgl. 1,8) von allem. Im Sohne ist Gott daher die gesamte Schöpfung in ihrer alle Zeiten umfassenden und somit immer schon vollendeten Ganzheit gegenwärtig, während sie im endlichen menschlichen Erleben immer nur in je für sich unvollendeten bruchstückhaften Ausschnitten gegeben ist. Der göttliche Sohn bleibt, insofern er vollendetes Urbild ist, der göttlichen Zeitlosigkeit immanent. Daher ist er nicht geschaffen, sondern »gezeugt«. Schöpfung ist es, wenn Gott eine Dimension außerhalb der göttlichen Zeitlosigkeit, nämlich die als endliches Nacheinander verlaufende Zeit, und in dieser Dimension das im Sohn schon Vollendete ins Dasein setzt.

Erda im »Ring« weiß mittels ihrer Weisheit nicht nur etwas von anderswoher Vorgegebenes, sondern sie setzt selbst erst den Inhalt ihres Wissens oder ihrer Weisheit (→6159ff). Erda ist der eine Urgrund (→6118), der die in sich mannigfaltig differenzierte Wirklichkeit in ihrer sinnvollen Geordnetheit hervorbringt und erhält; daher ist sie der Sache nach mit dem schöpferischen Gott der Bibel identisch (→1676f). Auch für Erdas Weisheit ist der Wirklichkeitsprozeß zeitüberhoben, immer schon als vollendete Ganzheit gegenwärtig – vom Alpha dessen, was war, bis zum Omega dessen, was sein wird

(→1672–1675). Diese in zeitloser Gegenwart immer schon vollendete Ganzheit des Wirklichkeitsprozesses ist Erda gegenwärtig als immanentes Göttliches (→6733–6737), nämlich als das System der Götter, die, wie der biblische Sohn Gottes, »gezeugt« sind (→6175f), während die Wirklichkeit für den Menschen immer nur als Abfolge endlicher, also nichtgöttlicher Bruchstücke gegeben ist und ihre Ganzheit immer nur im Vorgriff auf eine unerfahrbar bleibende Erfüllung antizipiert werden kann. So wie biblisch alles Vereinzelte, und daher Endliche, nur »Bestand« hat im Bezug auf den Sohn, das heißt auf die alles Bruchstückhafte im Ganzen vollendet habende Weisheit Gottes, hat auch im »Ring« alles Einzelne sein eigenes vollendetes Selbstsein einzig in der ewigen Gegenwart des Ganzen in Erdas Weisheit (→6918–7).

6171f: Das »rollende Rad« ist das »rad der zukunft« (JS 88), wie es im sogenannten »Großen Prosaentwurf« zum »Jungen Siegfried« noch heißt. Die Zukunft, soweit sie aus der Gegenwart extrapolierbar ist, wird den weiteren Widerstreit von ordnender Macht und gewährenlassender Liebe (→2780) bringen. In Wotan ist die göttliche Instanz nur auf die endlich menschliche Weise gegenwärtig (→6141ff); deshalb ist ihm die Versöhntheit von Macht und Liebe in der Tiefe (→6121ff) des göttlichen Urgrundes (→6118) verborgen. So ist Wotans Frage dahingehend zu verstehen, *wie* der auch für die Zukunft unlösbar erscheinende Konflikt von Macht und Liebe in Versöhntheit beider gewandelt, ihre gegenseitige Aufhebung und die darin beschlossene Vernichtung der Welt freier Wesen im ordnungslosen Chaos der gegenstrebigen Freiheiten oder in der freiheitslosen völligen Geordnetheit der Wesen »gehemmt« werden könne. Die Antwort auf diese Frage bleibt im geheimnisvollen (→1692ff), sinnhaft waltenden Schlaf Erdas (→6159ff) verborgen.

6173f: Es ist der Wille zur Selbstsuspendierung der göttlichen Verfügungsmacht zugunsten freier Selbstverfügung endlicher Subjekte, die im »Ring« als *Männer*tat angesehen wird. Die *innere Differenziertheit* des Göttlichen – sein Setzen eines anderen (→6175f) – wird im »Ring« als männlich dargestellt, die *Einheit* des Göttlichen – sein Beisichbleiben (→6175f) – als weiblich (→400–405). Erdas Wille zur geschichtlichen Welt nichtgöttlicher (endlicher) Freier prägt sich nun gerade in Wotan aus (→6923–6926), von dessen Tat hier also die Rede ist.

Warum aber »umdämmert« Wotans Tat Erda? Das in sich differenzierte Leben wird im »Ring« auch mit dem *Licht* in Verbindung gebracht (→6585f), während die Einheit des alles in sich schließenden Urgrundes mittels der unterscheidungslos machenden *Nacht* verbildlicht wird (→6118); deshalb ist die mit den vielen freien Subjekten sich vollziehende Ausdifferenzierung ein lichtvolles »*Umdämmern*« der Einheit des göttlichen Urgrundes, das heißt des »Mutes« (→148) der Erda, der als waltend sinnender (→6159ff) Gottesgeist (→6151f) die innere Einheit der Vielfalt der Einzelwesen des Wirklichkeitsprozesses ist. Als Siegfried seine Freiheit durch Zerschlagung des Wotansspeeres sich selbst wirklich aneignet (→6465f), herrscht *Nacht* (→nach 6415), während danach die endliche Freiheit Siegfrieds sogleich »im hellsten Tagesscheine« (→nach 6477) steht. Desgleichen *dämmert* der Tag und wird ganz hell, wenn Siegfried und Brünnhilde – die endlichen Freien also – aus der Düsternis der Nacht treten (→7015f; nach 7046), in der die an der Einheit oder dem Zusammenhang allen Geschehens orientierten Nornen (→1682f) singen und künden.

6175f: Die Götter heißen in der Edda die »Waltenden« (Thule II 171/1). In einer Art Apotheose wird auch der König Erich Blutaxt (gefallen nach 950) in dem uns überlieferten Preislied so genannt (Thule II 196/1).

Im gegenwärtigen Vers ist Wotan der Gott, welcher es »gewaltet«, das heißt bestimmt und eingerichtet hat, daß der bis dahin bloß natürliche Wirklichkeitsprozeß sich hinfort als Einheit von Natur und Kultur, als Geschichte vollzieht (→6923–6926). Nun heißt es von Erda einschränkungslos, *sie* sei das »Walten« (→6159ff). Wenn es aber mehrere Waltende gibt – Wotan ist schließlich nur »*ein*« Waltender –, dann müssen die anderen Waltenden *Manifestationen Erdas* selber sein: der Geschichtsgott Wotan, die Naturgötter (→1773f), Loge als die innere Dynamik des ganzen Wirklichkeitsprozesses (→1688), aber auch die nichtgöttlichen Handelnden (und damit »Waltenden«), also die Zwerge (→2781f), die Riesen (→4675f) und die Menschen (→2605f). Daß die vielen Götter bloß Manifestationen oder Ausprägungen des einen allesdurchdringenden Göttlichen, also Erdas, sind, sagt der »Ring« nicht explizit, wohl aber steht es im »Jungen Siegfried« noch so geschrieben, wo es von den Göttern heißt: »der erde hirn hat sie gezeugt, licht und luft sie geboren« (JS 122). Diese »Zeugung« der Götter durch den die Erde insgesamt bestimmenden Gottesgeist (»hirn«) weist auf den innertrinitarischen Hervorgang des Sohnes aus dem Vater in der christlichen Lehre von der göttlichen Dreifaltigkeit. In der Tat ist Erda trinitarisch gedacht.

Erda ist der *eine* Urgrund aller Wirklichkeit (→6118), dessen empirische Gestalt (»Erde«) freilich der gemeinten Sache unangemessen ist (→1678), weil der Urgrund alles Empirischen selbst nicht wiederum ein Empirisches sein kann, sondern der mit nichts Empirischem identische, wohl aber in allem Empirischen wirksame Gottesgeist (→6151f) ist. Als Urgrund bringt Erda eine Welt endlicher Wesen hervor (→1676f), die etwas anderes als Erda sind. Sie sind nämlich nicht selber Urgrund, sondern Begründete. Daß sie Urgrund für etwas anderes ist, heißt, daß Erda einer *von ihr selbst unterschiedenen* Dimension Raum und Dasein gibt. Wenn Gott aber ein von ihm Unterschiedenes schaffen kann, dann muß schon sein eigenes Selbstsein eine Selbstunterscheidung beinhalten. Wäre nämlich Gott in sich *nur* er selbst, könnte er nicht *selber* in dem von ihm Unterschiedenen wirken. Wäre das Andere Gottes *nur* Anderes, so könnte es nicht im Selbstsein Gottes begründet sein. Gott ist daher die *Einheit* seiner *selbst* und seines *Anderen*. Wenn man zählt, so sind dies drei Momente. Da das Göttliche nur in dieser Dreiheit vollständig beschrieben ist, ist es trinitarisch (→2914; 6733–6737).

Erda wird in diesem Sinn als in sich differenziert gedacht. Sie ist in sich nicht bloß einfach, sondern zu ihrem Selbstsein gehört eine Dimension, in die hinein sie ein von ihr Unterschiedenes setzen kann. Diese Dimension ist Erdas *waltende Weisheit* (→6159ff), das heißt die Fähigkeit, alles, was immer sie will, ins Dasein zu rufen. Der bestimmte Inhalt, den sie dieser Weisheit dann gibt, sind die einzelnen Götter, die sie »zeugt«. Die Götter ordnen, jeder auf seine spezifische Weise, die verschiedenen Wirklichkeitsbereiche, die in ihrer Verschiedenartigkeit gerade durch die unterschiedlich gearteten Tätigkeiten der jeweiligen Götter konstituiert sind (→1773f). Diese Ordnungen sind nur kraft *weisen Überblicks* über den Wirklichkeitsbereich, für den der jeweilige Gott »zuständig« ist, möglich (→6918-3). Diese Weisheiten der einzelnen Götter passen untereinander zum Welt*ganzen* zusammen. Jeder Gott ist daher ein *Ausschnitt* aus der die Welt insgesamt bestimmenden Weisheit, das heißt aus der allwissenden (→6127) *Ur*weisheit (→6144) Erdas. Im Insgesamt der einzelnen Götter und ihrer Weisheiten ist dann die *ganze* Weltordnung gegeben. Was Erda »zeugt«, ist daher die (von den Göttern verkörperte) Ordnung einer Welt von endlichen Wesen. Allerdings ist das Göttersystem nicht die Welt in der Endlichkeit der Wesen und Zustände: In seiner Endlichkeit oder Vereinzelung vollzieht sich der Wirklichkeitsprozeß ja als zeitliches Nacheinander der einzelnen Wesen und Zustände. Die aufeinander Folgenden hängen zwar zusammen und ergänzen sich gegenseitig, aber die Ganzheit dieses aus der Vergangenheit stammenden und in die Zukunft sich fortsetzenden Zusammenhangs ist niemals gegenwärtig, sondern immer nur der Ausschnitt, den die momentane Gegenwart darstellt; auch das räumliche Nebeneinander ist Anzeige der Endlichkeit, weil sich im Einzelwesen und im Teilzusammenhang immer nur ein Teil der von Gott begründeten Wirklichkeit ausprägt (→6918-6f). In Erdas göttlichem Wissen ist diese Endlichkeit des Wirklichkeitsprozesses in zeitüberhobener, allesumschließender Gegenwart vollendet (→1672–1675). Nur dieses *allumfassende Ganze* ist Gott. Es ist das Gott selber immanente Urbild dessen, was Gott an »Anderem« begründet (→6170). Alles irgendwie Beschränkte hingegen ist nicht göttlich, sondern endlich.

Nun sind aber auch die einzelnen Götter offensichtlich endlich und beschränkt. Etwa die atmosphärische Ordnung, welche »Gewitter« heißt und dem Gott Donner zugeschrieben wird (→1773f), ist ja keineswegs das letzte und umfassendste Prinzip aller Wirklichkeit, sondern ein sehr begrenzter Ausschnitt derselben. Sind aber damit die einzelnen Götter nicht sämtlich aus der göttlichen Sphäre der Allgegenwart herausgefallen und gerade nicht dem göttlichen Selbstsein Erdas selber zugehörig? Kann man dann überhaupt noch von Göttern sprechen, oder hat man nicht vielmehr nur Endliches vor sich? Nun bedeutet die Rede von »einem bestimmten« Gott aber soviel wie »ein Gott unter allen übrigen Göttern« und verweist somit von sich her immer schon auf die *ganze* Dimension des Göttlichen. Im »Ring« (wie in vielen Religionen) wird dies dadurch sichtbar, daß die Götter und Göttinnen als untereinander *verwandt* und *verheiratet* dargestellt werden. Damit sind sie nicht isoliert für sich, sondern als Repräsentanten einer sie alle durchziehenden Einheit aufgefaßt, die man Geschlecht, Familie oder Sippe nennen kann (→369). Das einzelne Mitglied erschöpft nicht die ganze Fülle dessen, was eine Familie oder ein Geschlecht ausmacht, sondern stellt nur eine bestimmte und besondere Ausprägung des sie alle »durchwaltenden« Geschlechtscharakters dar. Ebenso ist der einzelne Gott im Verwandtschaftszusammenhang der Götter nur eine besondere Ausprägung des in allen Göttern wirksamen einen Göttlichen. Den einzelnen Gott ausdrücklich als Verwandten anderer Götter anzusehen, verweist von sich her schon auf die anderen Götter und damit auf die Ganzheit des Göttlichen. Der einzelne Gott des Polytheismus kann daher niemals als eine das Gottsein erschöpfende Größe, sondern immer nur als ein *Moment* des einen allumfassenden Göttlichen aufgefaßt werden. Daß es sich etwa beim Gewitter um das Werk »eines bestimmten« Gottes handelt, besagt, so verstanden, nichts anderes, als daß es sich um eine Manifestation des *einen* allumfassenden göttlichen Wirkens handelt, das sich in *vielen* höchst verschiedenartigen Hervorbringungen gefällt.

So wird sichtbar, wie das im göttlichen Urgrund Begründete innergöttlich und nichtgöttlich zumal ist. Insofern das von Gott Begründete im endlichen räumlichen und zeitlichen Auseinander gegeben ist, ist es zerstreute und unvollendete, mithin ungöttliche Vielheit. Räumliche und zeitliche Zerstreutheit ist die Art, wie das Endliche sich in den menschlichen Bewußtseinen (die ja selber endlich sind) selbst erfaßt. Da Gott das von ihm Begründete in ewiger Gegenwart erfaßt, ist ihm niemals nur ein endlicher Ausschnitt, sondern immer das Ganze der Wirklichkeit gegeben. Deshalb sind für Gott die einzelnen Seiten seines Wirkens (die einzelnen Götter) niemals isoliert gegeben, sondern immer die Ganzheit seines Wirkens (also das ganze »Göttersystem«). Die ewige Gegenwart ist die Erfahrungsweise Gottes selber, die der Mensch in seinem irdischen Leben nicht nachvollziehen kann, die er aber als Idee antizipieren kann, indem er das Endliche nicht nur in seiner zerstreuten Vielheit, sondern als Manifestation des einen allesumfassenden Göttlichen begreift, in dessen Weisheit alles einzelne (auf eine dem Menschen im Letzten eben undurchsichtige Weise) eingebunden ist. Dies kann aber nicht für wirklich alles einzelne und nicht für alles auf einmal geschehen. Vielmehr muß vieles einzelne nacheinander durchlaufen und auf die unabschließbare Ganzheit hin überschritten werden, um es dann jeweils als Ausprägung des umfassendsten Ganzen zu verstehen, nämlich als Werk des einen Göttlichen, das auf verschiedenartige Weise, das heißt als je verschieden »bestimmter Gott«, am Werk ist. Auch diese Götter oder diese verschiedenen inneren Momente des Wirkens Gottes muß der Mensch nacheinander je für sich thematisieren und durchschreiten. Das zeitüberhobene Insgesamt all der göttlichen Momente ist nur Erda präsent. Diesen Unterschied in der Gegebenheitsweise der Götter drückt Wagners Text als die Differenz von »Zeugung« und »Geburt« der Götter aus. Die *Zeugung* der Götter weist darauf, daß das von Erda Begründete dieser selbst und ihrer zeitlosen Gegenwart angehört. Die *Geburt* der Götter hingegen ist ihr Eintritt in die Dimension der Endlichkeit: Sie werden durch »Licht und Luft« geboren, und diese beiden sind Gegebenheiten der endlichen menschlichen Erfahrung, während sich das für die (als solche auch dem menschlichen Bereich angehörige) Zeugung verantwortliche »Hirn der Erde« in menschlicher Erfahrung nicht findet. Die »Zeugung« der Götter ist also nur ein Bild für einen Bereich, der der endlichen Empirie überhoben ist, der allerdings im Empirischen (in der »Erde«) wirksam ist. Auch in der christlichen Überlieferung tritt Gott in eine endliche Daseinsweise durch Geburt – freilich nicht aus Luft und Licht, sondern aus der eigenen Souveränität des Gottesgeistes selbst und aus einem endlichen Menschen, nämlich der Jungfrau Maria. Den Eintritt des Göttlichen in eine endliche Weise der Selbstgegebenheit durch einen Menschen sich vollziehen zu lassen, ist sehr viel treffender, als Luft und Licht zu bemühen, die zwar endliche Medien, aber ohne jede Selbstgegebenheit (ohne Bewußtsein) sind.

Darüber, warum es dem Göttlichen gefällt, seine eigene ewige Gegenwart in der bloß fragmentarischen Gegenwart menschlicher Bewußtseine (in empirischen »Hirnen«) zu brechen (→6153f), gibt der »Ring« keine Auskunft. Ohne daß dies weiter begründet würde, wird nur festgestellt, daß Gott den endlichen »Wandel und Wechsel« eben liebe (→397ff).

Was es besagt, daß Wotan Erda »bezwungen« habe, wird an anderer Stelle erörtert. (→2809f).

6177f: →3754.

6179f: →3173.

6182: →7055–7058.

6185: →3754.

6186: →3173.

6187: →3754.

6188: Der Sturm ist das Element Wotans (→389), in dem er sich ausdrückt. An ihm ist es aber auch, die stürmische Art seines Wesens zu bändigen. Als er vom Zwiespalt seines Willens (→3015) stürmisch zerrissen wurde, bändigte er die eine Seite dieses Willens, nämlich den Willen zur endlichen Freiheit, und befahl deren Tötung (→3038f im Verein mit 2723f). Trotzdem setzte sich diese Komponente seines Willens durch (→3926–3929).

6189: →3943f.

6190: Wotan lenkt die Schlacht mittels der von ihm ausgesandten Walküre, jedenfalls in dem Edda-Bericht, der das Vorbild der Brünnhilde des »Ring« enthält (→3173). Odin oder Wotan (→323) lenkt Sieg und Niederlage nach der einen oder anderen Seite aber auch durch persönliches Eingreifen in die Schlacht (Thule XXI 63f; Ettmüller 293f). Egil Skallagrimson nennt Odin »Siegs Entscheider« (Schier 271/22).

6192f: →3943f.

6195f: Trotz bedeutet Selbständigkeit (→354), und Brünnhilde, die *ein* Moment des wotanischen Willens verkörpert (→3850), brachte dieses Moment als ein »für sich« selbständig gültiges zur Geltung (→3926–3929).

6198: Streitvater ist Odin oder Wotan (→323), weil er Urheber des Streitens zwischen den Menschen ist (→2927f). In der Edda heißt er »Waltams [des Schlachtgewohnten] Sohn« (Thule II 25/6).

6200: →3797–3800; 4043f; nach 4127. In der altnordischen Völsungen-Geschichte berichtet Brynhild nach ihrer Erweckung: »Odin aber stach mich mit dem Schlafdorn« (Thule XXI 82). Vielleicht rührt von daher die Wendung »*drückte* er Schlaf«, denn im »Ring« *küßt* Wotan Brünnhilde in Schlaf (→4127).

6202ff: →3801f; 4045f; 4121f.

6205: Da Brünnhilde nur die eine Seite des wotanischen Willens verkörpert (→3926–3929), er aber gerade die Versöhnbarkeit *beider* Seiten erfragen will (→6141ff), kann Brünnhilde ihm die umfassende Auskunft nicht geben, die er sucht.

6206–6209: Nur im Schlaf kann Erda »sinnen«, das heißt Sinn (→6918) verbürgen (→6159ff). Sowenig Erda als der allesdurchdringende Atem oder Geist (→6151f) mit unserem Atem und unserem endlichen Bewußtsein identisch ist, sowenig ist ihr Schlaf mit dem Schlaf unserer Erfahrung identisch. Vielmehr ist er ein Bild dafür, daß unserem »wachen« endlichen Denken und Erfahren *verborgen* bleibt, *wie* der sinnstiftende und sinnerhaltende Urgrund (→6118) allen Daseins letztlich wirkt oder waltet. Der göttliche Urgrund bekundet sich dem Menschen als das endlicher Erfahrung unzugängliche und insofern schweigende Geheimnis, dessen Setzungen (alles Wirkliche), nicht aber dessen innere Wirkungsweise menschlichem Denken zugänglich sind. Dies entspricht dem, was vom biblischen Gott gesagt wird: »bewundernswert sind die Werke des Herrn, doch verborgen ist den Menschen sein Walten« (Sir 11,4; vgl. Pred 11,5). Übersteigt Erdas Weisheit (→6170) das menschliche Denken, so besagt das, daß die im menschlichen Sinne »wache« und sprechende Erda über die geheimnisvolle Tiefe ihres Waltens sich gar nicht auf eine dem Menschen verständliche Weise aussprechen könnte. Sie kann nur das dem menschlichen Denken zugängliche an ihrer Gottheit in Worte fassen, und das ist die *Unüberblickbarkeit* der letzten Zusammenhänge alles Wirklichen. Deshalb ist für die wache und zu unserem wachen Bewußtsein sprechende Erda die Welt genauso wie für jeden Menschen »wirr, wild und kraus«, widerspruchsvoll, weil zerrissen zwischen der göttlichen *Liebe*, die die Einzelwesen samt ihrer zerstörerischen Freiheit fördert, und der göttlichen *Macht*, die die Einzelwesen (sie der Geordnetheit der Welt opfernd) schicksalshaft zerbricht (→2780; 2910–2913). Was Erda über die versöhnende Tiefe (→6121ff) ihres Wirkens in und in der Welt zu sagen hätte, geht über menschliche Fassungskraft und kann von uns nicht gehört werden, sondern wirkt als schlafendes Schweigen. Erda stellt aber nicht nur den inneren Widerstreit in der Erfahrungswirklichkeit – und damit in dem diese letztlich und insgesamt bestimmenden göttlichen Willen – fest, sondern sie sagt zu Wotan auch noch, daß man in der Ebene der endlichen widerspruchsvollen Erfahrung nicht stehenbleiben darf, sondern sie überwinden muß hin zur Anerkennung des schweigend waltenden oder schlafend sinnenden göttlichen Geheimnisses (→6222f; 1692ff).

6210: →3173.

6211: Die Wala (→6111ff) ist Erda. Ihr und Wotans Kind ist Brünnhilde (→2814ff), die acht Schwestern hat – alles Töchter Wotans und wohl auch der Erda, da sie sonst zu Brünnhilde nur Halbschwestern wären (→2817f).

6212f: Wie kann die allwissende (→6127) Erda nicht gewußt haben, daß Brünnhilde in Schlaf versenkt wurde? Hätte sie es nämlich gewußt, so bräuchte sie jetzt nicht fragen. Erdas Wissen – und damit ihr Allwissen – ist aber nur in ihrem *Schlafe* wirksam (→6159ff). Wachend sind ihr (wie jedem endlichen Bewußtsein) nur Ausschnitte des ganzen Geschehenszusammenhangs gegenwärtig (→6206–6209), da sie in *einem* Zeitpunkt (im Jetzt der Gegenwart) nicht die ganze Fülle allen Geschehens überblicken kann: dies ist nur der zeitlosen Ewigkeit (→1672–1675) ihres Schlafes möglich.

6214f: Gemeint ist Brünnhildes Trotz gegen Wotans Gebot, Siegmund zu töten (→3926–3929). Dieser Bezug auf Brünnhilde wird von Erda in dem großen Prosa-Entwurf zum »Jungen Siegfried« noch deutlich ausgesprochen: »Der den trotz ihr lehrt, der strafte sie drob« (JS 88). In Brünnhildes Tat, durch die sie Siegmund schützen (→3384f) und seinen Sohn samt dem Schwert der Freiheit retten wollte (→3608–3614; 3649–3652), ist Wotans eigener Wille zur endlichen Freiheit am Werk: Brünnhilde ist Wotans Wille (→2757–2760), und auch nach ihrem Trotz heißt Wotan sie seines »Herzens heiligsten Stolz« (→4081).

In der Formulierung der gegenwärtigen Verse ist aber vom Trotz *überhaupt* die Rede, und somit ist auch der Trotz Siegmunds gegen die Eheordnung (→2537f) und das Blutschandeverbot (→2540ff) eingeschlossen. Auch dieser Trotz gegen die gottgesetzte Ordnung der Welt (→334; 6946) wurde von Wotan selbst aufgereizt (→2927f), ebenso wie die Strafe dem in Fricka verkörperten eigenen Willen Wotans (→369) entsprang. Zum Zwiespalt des Gottes (→3015) wird anderswo Verschiedenes ausgeführt (→3880–3884; 3890–3894).

6216f: Es geht um die *trotzigen* Taten Brünnhildes und Siegmunds, welche Wotan sowohl selber »entzündet«, als auch mit Zorn (→3024) strafend verfolgt (→6214f).

6218: Wotan wahrt die Rechte aller Einzelwesen in seinen Welt*verträgen* (→6942f). Das Recht des endlichen Freien (Siegmund) auf seine zerstörerische Freiheit, das der Gott selbst eingeräumt hat (→2636) nimmt er ihm aber, indem er ihn tötet (→3529). So gewährt Wotan das Recht *und* er wehrt ihm (→6220). Beides *muß* er wegen der Zwiespältigkeit des göttlichen Willens tun (→3880–3884).

6219: Eide und Verpflichtungen – auch die der Götter (→569; 570f) – bewahrt Wotan (→8370f).

6220: →6218.

6221: Wotan hat seinem in Fricka verkörperten (→369) Willen zur selbstseinerhaltenden Geordnetheit der Welt den *Eid* geleistet, daß er diesem Willen treu bleiben – das heißt Fricka in der Ehe verbunden bleiben (→2577ff) – und die ordnungszerstörende endliche Freiheit Sigmunds (→2720ff) auslöschen wird (→2725). Wotan setzte nun aber außerhalb der Fricka-Ordnung die Walküren als Aufreizerinnen der endlichen zerstörerischen Freiheit (→2835–2838) ins Dasein (→2594–2598), womit er die Ehe mit Fricka brach; und Wotan fällte schließlich zwar *den* Wälsung (→3386f), aber er selbst rettete dann in der Gestalt der Brünnhilde, die ja Wotans eigenen Willen nur verkörpert (→2757–2760), *die* Wälsungen Siegfried und Sieglinde (→3636–3656). So hat Wotan seine eigenen Eide gebrochen, er ist *meineidig* geworden. Der Gott hat aber nicht nur seinen eigenen Ordnungswillen (Fricka) verraten, sondern auch seinen Willen zur endlichen Freiheit. Wotan lehrte Brünnhilde zuerst die Liebe zu dem Wälsung (→3010f; 3924f) und befahl ihr, Siegmund zu schützen (→3859–3864; 3926f), doch dann nahm er den Befehl wieder zurück (→3865f). Der Charakter des gebrochenen Versprechens – also gewissermaßen eines Meineides – tritt deutlich in Siegmunds Klage über Wotan hervor: Wotan habe seinem Sohn (der ihn freilich nicht als Wotan, sondern als Wälse [→2601f] kennt) den Sieg versprochen (→3241ff), doch dieses Versprechen nicht gehalten (→3245ff); weshalb Siegmund über ihn Schande ausruft (→3260-3265) und ihn des Betruges bezichtigt (→3302f).

Durch diesen doppelten Meineid – gegenüber Fricka und gegenüber der endlichen Freiheit (Brünnhilde und Siegmund) – will Wotan, wie der gegenwärtige Vers sagt, *herrschen*, das heißt seinen Willen verwirklichen. Dieser Wille, als Wille zur Ordnung *und* zur Zerstörung der Ordnung durch die endliche Freiheit (→2780; 2927f), ist in sich aber widersprüchlich. Wotan kann daher immer nur das eine durchsetzen, wenn er das andere zurücknimmt oder aufhebt. Um beides zu realisieren, muß er beides auch aufheben, denn das Brechen des Eides, der an das eine bindet, ist die Vorbedingung für die Erfüllung des Eides, der an das andere bindet. Da Wotan keines von beiden vernachlässigen darf, ohne seinen göttlichen Willen in seiner Ganzheit zu verfehlen, *muß* er beide Eide auch brechen. Dieser Widerstreit ist unvermeidlich (→3880-3884).

6222f: →6206-6209.

6226: →1676f.

6227ff: →6230ff.

6230ff: Wotan hat seine weltordnende Macht (→334) aufgegeben, weil sie mit der Freiheit der endlichen Subjekte zu zerstörerischen Taten, die aus Bosheit (→5348ff) und Beschränktheit (→2831-2834) folgen, nicht vereinbar war (→2982-2985). Nun hat der Gott Furcht davor, daß ohne machtvolle göttliche Lenkung das Gegeneinanderwirken der gegenstrebigen (→2535f) endlichen Freien zur gegenseitigen Vernichtung (→1490f) der einzelnen Subjekte führen wird. Gerade der Versuch, die Freien durch Aufgabe der göttlichen Verfügungsmacht (und Freisetzung der endlichen Selbstverfügung [→2634f]) zu retten, droht sie zu vernichten (→2945f). Vor der Aufgabe der göttlichen Ordnungsmacht (→2845-2869) wie auch vor der Aufgabe der endlichen zerstörerischen Freiheit (→1666-1670) hatte ihn Erda gewarnt (→2809f). In den gegenwärtigen Versen bezieht sich Wotan, da er die Macht ja schon aufgegeben hat, wohl nur auf die Warnung hiervor.

6233: Wotans »Mut« ist sein ganzes Gemüt (→148). Wotans Bangen hat denselben Grund wie seine Furcht (→6230ff).

6234f: →6170.

6236f: Die Sorge oder Furcht Wotans (→6230ff) wäre nur besiegt, wenn ihm die Vereinigung der widersprüchlichen Momente des göttlichen Willens, also die Versöhnung des Willens zur selbstseinerhaltend *geordneten* Welt und des Willens zur endlichen Freiheit zur *Zerstörung* der Ordnung, gelänge. Wie diese Versöhnung geschehen könne, will Wotan von Erda wissen. Im irdischen Bereich, der dem wachen menschlichen Bewußtsein offensteht, kann diese Versöhnung aber nicht erschaut werden. Es ist die zeitlose Dimension (→1672-1675) des Waltens der Erda (→6159ff), die die Versöhnung in sich birgt (→2933-2936). Dieses Walten der Erda ist dem menschlichen zeithaftten Schauen verborgen (→1692ff), es vollzieht sich außerhalb der wachen bewußten Einsicht des Menschen, also *schlafend* (→6206-6209).

Das göttliche Walten Erdas wird nun in den menschlichen Vorstellungen von Gott bewußt (→6153f). Auch in der Wotan-Vorstellung gibt sich Gott eine Gewußtheit im menschlichen Geist. Da aber die Wotan-Vorstellung auf die Reichweite menschlicher Einsichtsfähigkeit *begrenzt* ist (→6141ff), kann das Wissen von der Tiefe (→6121ff) des göttlichen Urgrundes (→6118) in Wotan gar nicht zur Darstellung kommen (→6238f). Erda kann Wotans Frage daher nur mit Schweigen beantworten, weil alles, was sie über die göttliche Tiefe sagen könnte, jenseits irdischer Verständlichkeit (in der sich Wotan mit uns gemeinsam bewegt) liegt und hienieden daher nicht gehört werden kann.

6238f: Weil in Wotan wegen seines Zuschnitts auf die Grenzen irdischer menschlicher Einsichtsfähigkeit (→6141ff) die innere Versöhntheit des göttlichen Willens, die sich in die widersprüchlichen Momente Ordnungsmacht und Liebe zur zerstörerischen endlichen Freiheit ausprägt (→2780), nicht dargestellt werden kann (→2933-2936), ist er nicht *Gott im Vollsinn*. Da er sich aber einschränkungslos »Gott« genannt hat (→6237), sagt ihm Erda – die den vollen Sinn des Göttlichen, nämlich seine für den Menschen undurchdringliche Geheimnishaftigkeit (→1692ff), im »Ring« gegenwärtig hält – zurecht, daß er nicht wirklich ist, was er sich nennt.

Der innere Widerspruch zwischen Erhaltung der Weltordnung und Eröffnung zerstörerischer endlicher Freiheit im göttlichen Willen, der über den Wirklichkeitsprozeß insgesamt bestimmt, verunmöglicht diesen Wirklichkeitsprozeß offensichtlich nicht, denn letzterer ist trotz seiner widerstreitenden Antriebskräfte keineswegs ins Chaos zerfallen. Dies erfahren wir überall und immer in unserer Wirklichkeitserfahrung. So aber zeigt sich uns in der Wirklichkeitserfahrung selbst, daß die letzte Tiefe (→6121ff) des den Wirklichkeitsprozeß tragenden und bestimmenden Urgrundes (→6118) nicht der sichtbare Widerstreit, sondern dessen uns unsichtbar bleibende *Versöhntheit* ausmacht (ohne daß Versöhnung die Auflösung und Beseitigung eines der beiden widerstreitenden Seiten bedeuten würde: dies wäre keine Versöhnung, sondern Entschärfung des Widerstreites). So zeigt nun aber *gerade* der in Wotan zur Darstellung kommende unversöhnte Widerspruch (→2945f; 6221) der den Weltprozeß bestimmenden Kräfte (Macht und Liebe), daß die Wotansgestalt nicht die letzte Auskunft über den göttlichen Urgrund ist. Wir erfahren an der unchaotischen Wirklichkeit, daß Tieferes als die in Wotan extrapolierte Unversöhntheit von freisetzender Liebe und ordnender Macht am Werk ist. Zwar wissen wir nicht (und können es nicht wissen), *wie* diese Versöhnung möglich ist, aber *daß* sie am Werk ist, bezeugt uns der Wirklichkeitsprozeß selber. Wotan soll und will aber Gott sein. Deshalb gibt er seine dem Vollsinn des Göttlichen gegenüber unangemessene Gestalt schließlich auf (→6252ff). Weil so in Wotan selbst die Dynamik auf den Vollsinn des Göttlichen hin am Werk ist, können wir ihn zurecht auch »Gott« nennen. Er erfüllt nicht dessen Vollsinn, aber dieser ist in ihm doch als über Wotan hinaustreibende Kraft gegenwärtig.

In den gegenwärtigen Versen bringt sich das angemessener erfaßte Göttliche dem unangemessener erfaßten gegenüber selber zur Geltung: Erda gegenüber Wotan. Indem der menschliche Geist zu der Erkenntnis gelangt, daß er bezüglich des göttlichen Wirklichkeitsgrundes mehr darstellen müßte, als er auf endlich einsichtige – eben wotanische – Weise darstellen kann, hat sich ihm die göttliche Sache in ihrem größeren Horizont bekundet, da er *von* Gott nur *durch* Gott (der ja das Wissen erschaffen hat) wissen kann (→6153f). Im Auftreten des Wissens des Menschen von den Grenzen der unangemessen (wotanisch) erfaßten Göttlichkeit, hat sich ihm das jenseits dieser Grenzen Liegende zwar nicht in seiner Immanenz (→6170; 6175f), wohl aber in der Tatsache seines Daseins bekundet. In dieser Situation treten sich im menschlichen Wissen von Gott beide Angemessenheitsstufen als je eigene Gottesvorstellung gegenüber: die (an ihrer unversöhnten Widersprüchlichkeit als solche erkannte) unangemessenere Gestalt des Göttlichen (Wotan) und die angemessene Gottesvorstellung (Erda), die freilich ganz nur Verweis auf ein für die menschliche Einsicht und Darstellung unbestimmt bleibendes Geheimnis ist (→1678).

6240f: Wotan will Erdas allesbestimmendes Walten (→6159ff), das jenseits der Einsichtsfähigkeit des wachen endlichen Bewußtseins (eben im Schlaf der Erda) verborgen am Werk ist, reduzieren auf das, was menschlicher Einsicht zugänglich ist, denn nur insoweit kommt in Wotan das Göttliche zur Darstellung (→6141ff). Hält man irgend etwas in der »Welt« (→6141) unserer Erfahrung für das den Wirklichkeitsprozeß im Letzten Bestimmende, dann liegt der Schluß der Ideologien nahe, aus solcher Kenntnis heraus könne der *Mensch selber* den Geschichtsverlauf planen und handhaben. Damit aber *stört* er nur die Weltordnung, die von nichts Endlichem, der Verfügung durch den Menschen Zugänglichem, abhängt, sondern sich allein Gottes weiser Lenkung verdankt (→8077f). Alles, was der Mensch an für ihn einsehbaren »letzten Beweggründen« der Geschichte annimmt, sind Gegebenheiten, die ihrerseits nocheinmal eines sie ins Dasein setzenden und ihrem Sosein die Richtung gebenden Grundes be-

dürfen. Nichts Empirisches kann dieser letzte Grund sein (→1676f), sondern nur das göttliche Geheimnis. Zu beachten ist, daß Wotan zwar versucht, das göttliche schlafende Geheimnis der irdischen Einsicht (die dann im »Ring« für uns alle darstellbar wäre) zugänglich zu machen, daß er aber sein Scheitern anerkennen wird (→6252ff) statt, wie es die Ideologen des Marxismus und Nationalsozialismus (mit denen man gerade den »Ring« in Verbindung bringt: so Shaw, Wessling) getan haben, irgendein »weltliches« Prinzip (sei es die Ökonomie oder die Rasse) anzusetzen und sodann im Glauben an jenes Prinzip den Weltlauf – ihn störend und teilweise zerstörend – dem Prinzip entsprechend umzustürzen.

6242f: Erda wähnt, eine Wala (→6111f) zu sein (→6241), also eine Seherin. Das Vorhersehen des zukünftigen Verlaufs des Wirklichkeitsprozesses war unter den Bedingungen der freiheitslosen Determiniertheit allen Geschehens möglich (→6167ff). Jetzt aber wird mit dem Auftreten Siegfrieds, der von göttlicher Lenkung freien endlichen Subjektivität, der im Nornenseil verkörperte (→6164f) Determinationszusammenhang abreißen (→7035–7042). Innerhalb des *Zeitverlaufs* ist ein Erschließen des zukünftigen Geschehens aus der Gegenwart nicht mehr möglich, weil die Gegenwart nicht mehr die Zukunft determiniert, sondern die Freiheit sie unableitbar aus eigenen Entschlüssen heraus gestaltet. Sofern Erda *wacht* und in einer den Menschen verständlichen Sprache sich äußert, stellt sie (ebenso wie Wotan [→6141ff]) das Göttliche nur insoweit dar, als es für den Menschen sichtbar ist. Deshalb kann Erda wachend sowenig wie ein Mensch beanspruchen, aus der Gegenwart nach Art einer Wala die Zukunft zu überschauen. In der *ewigen* Gegenwart, in der alles Geschehen in Erdas *zeitenthobenem* Schlaf (→6206–6209) ihr gleichzeitig sichtbar ist (→1672–1675), sieht Erda freilich immer schon alles, was die endliche Freiheit unableitbar und aus eigenem Selbstvollzug (→2634f) heraus tun wird. Die göttliche Immanenz (→6170; 6175f), die das tiefste (→6121ff) Rätsel der Welt und der Geschichte auflöst oder erlöst (→6276ff), läßt sich im Rahmen des beschränkten endlichen Überblicks (→2831–2834) irdisch nicht auf einsichtige Weise darstellen (→6240f), sondern nur als geheimnisvoll (→1692ff) anerkennen.

6244f: Die göttliche Weisheit (→6170) endet nicht für Erda selbst, sondern nur für die endlichen Bewußtseine. Für die irdische Erfahrung ist der weisheitliche Überblick über die Weltzusammenhänge immer begrenzt. Selbst wenn bezüglich der Vergangenheit und der Gegenwart ein endliches Bewußtsein alles Geschehen überblicken könnte (was faktisch nicht möglich ist), so kann es doch das, was in der Zukunft geschehen wird, grundsätzlich nur insoweit überblicken, als es (statistisch oder determiniert) in den gegenwärtigen Ereignissen schon angelegt ist. Die im je vorhergehenden Geschehen *nicht* festgelegten Taten der endlichen *Freiheits*subjekte sind aus der jeweiligen Gegenwart nicht ableitbar und können daher von einem Bewußtsein, das der Zeit unterworfen (dem also die Zukunft verschlossen) ist, nicht überblickt werden (→7035–7042). Da das Göttliche (also Erda [→1678]) in Gestalt Wotans (→6175f) nun aber die göttliche Verfügungsmacht über das weitere Geschehen aufgibt (→6252ff) und alle Verfügung über das Weltgeschehen ganz nur den endlichen Freiheitssubjekten überläßt (→6282ff), kann für die irdische, zeitunterworfene Erfahrung aus dem je gegenwärtigen Wirklichkeitsausschnitt keine allesüberschauende Weisheit mehr extrapoliert werden. Das Zeitalter der Walas (→6111f) ist zu Ende (→6242f).

6246f: Erdas Wissen, daß Wotan nicht den Vollsinn des Göttlichen darstellt (→6238f), »verweht« in seinem mahnenden (→1671) Anspruch an Wotan, weil Wotan selbst dies nun einsieht und sich dementsprechend selbst um der angemesseneren Erfassung des Göttlichen als eines nicht nur aus irdischem Horizont extrapolierten (→6141ff) Geheimnisses willen aufhebt (→6252ff).

6248: →6252ff.

6249: Unweise ist Erda nur in ihrem Wachen, das sie auf die Grenzen menschlicher Einsichtsfähigkeit beschränkt (→6242f; 6244f).

6251: Wenn Erda schläft, waltet ihr »Sinnen« (→6159ff), das heißt ihr Sinnverbürgen (→6918-5). Deshalb ist der Schlaf Erdas das Aufhören aller Sorge um die Erhaltung einer Welt, die zwar *geordnet*, darin aber doch von *zerstörerisch* handelnden endlichen Freien bevölkert ist (→6227ff; 6230ff). Erda versöhnt diese Gegensätzlichkeiten, ohne sie ihres Gegensatzes zu berauben (→6276ff), wenn sie schläft (→6279).

6252ff: Das Ende der Götter (→2956ff) ist das Ende der göttlichen Macht (→326f), die die selbstseinserhaltende (→6918-2ff) Ordnung der Welt verbürgt (→334). Wenn *Wotan* eine Macht aufgibt, so ist es die *für die menschliche Einsicht* nachvollziehbare Weltordnungsmacht; denn Wotan stellt das Göttliche nur dar, insoweit es aus dem endlichen Bewußtsein auf einsichtige Weise erfaßbar ist (→6141ff). *Wie* die Welt insgesamt geordnet ist, bleibt dem Menschen aber verborgen (→8077f), wenn er auch aus dem unchaotischen Verlauf des Wirklichkeitsprozesses ersieht, *daß* die Welt geordnet ist. Die Gottesvorstellung »Wotan« scheitert wegen ihrer Begrenztheit auf die menschlich-irdische Einsichtigkeit an der Aufgabe, die Weltordnung insgesamt (als Einheit von Liebe und Macht [→2780] in ihrer innersten Beschaffenheit darzustellen (→6238f). Daher hebt sich jetzt Wotan selbst auf in die *Geheimnishaftigkeit* (→1692ff) Gottes, die in der am Ende namenlos wirksamen (→8948) Erda gegenwärtig ist.

Religionsgeschichtlich betrachtet nimmt der Mensch zuerst seine *völlige Abhängigkeit* von der alle Wirklichkeit bestimmenden Macht des Göttlichen (Numinosen) wahr. Weil er aber glaubt, diese Macht aus seiner endlichen menschlichen Sicht der Wirklichkeit heraus dennoch in ihren Absichten verstehen und sie durch bestimmte Praktiken sich verfügbar machen zu können, bedient er sich der Orakel und Vorzeichen und treibt Magie. Auch wenn in solcher geistiger Atmosphäre dann der Mensch selbst handelt, ist für die tatsächlich eingeschlagene Richtung seiner Handlung nicht er selbst, sondern die göttliche Macht kraft ihres orakelnden Befehlens das Bestimmende. Vor allem bei den Griechen (Hegel XVIII 96f) und Römern (Pleticha 373f), aber grundsätzlich auch – obzwar weniger stark: »nur als Berater«, nicht als Lenker und Richter« (Golther 630; vgl. Ettmüller 94 Anmerkung 16) wurde der orakelkündende Priester angesehen – bei den Germanen herrschte in der abendländischen Antike diese Unterworfenheit des Menschen unter die göttliche Macht, die das *eigene* (→2634f) Beschließen des Menschen nicht als den entscheidenden Bestimmungsgrund seines Handelns sein ließ. Dies spiegelt die germanische Wotangestalt implizit wider. Das skizzierte Gottesverständnis verschwand, und die menschliche Freiheit trat neben einer immer noch umfassend waltenden, aber von der menschlichen Einsicht nicht mehr mittels Orakel und Vorzeichen enträtselbaren, geheimnisvollen göttlichen Macht als Bestimmungsgrund der eigenen, freien Taten des Menschen in die Wirksamkeit (→7055–7058). Es ist in der Tat das Göttliche *selbst*, das die alte unangemessene Vorstellung von der Macht Gottes (also hier: die Wotanvorstellung) aufhebt, weil es die Geschichte der Erfahrungen des Menschen mit Gott, also die Religionsgeschichte, selbst war, die das neue Gottesverständnis erforderlich machte: Gott selbst hat sich im Verlauf dieser Geschichte als derjenige bekundet, dem der alte Begriff, den die Menschen von ihm hatten, nicht gerecht wurde.

Wenn man das Ende der Götter im »Ring« mit Feuerbachs »Aufhebung der Theologie« (Borchmeyer 238; vgl. ebd. 241) gleichsetzt, so übersah man dabei, daß die Götter hier im »Ring« durch ihr Ende nicht zu Projektionen des Menschen ohne eigenes wirkliches Walten herabgesetzt (vielmehr: aufgelöst) werden sollen, sondern daß die göttliche Wirklichkeit als solche anerkannt und bestehen bleibt. Erda, das göttliche Walten (→6159ff), verschwindet ja nicht, worauf der Verfasser dieser Erklärungen schon im Jahre 1981 (Huber [2] 295) und dann auch Kurt Hübner im Jahre 1985 (388) hingewiesen haben. Die unangemessene Darstellung, die Erdas Wirken in Wotan hat (→6175f), hebt sich auf, nicht aber das Göttliche selber. Hinfort wirkt der göttliche Urgrund (→6118) chaosverhindernd und die Erfüllung der Selbstseine verbürgend (→8949) auf eine Weise, die nicht mehr darzustellen versucht wird, geheimnisvoll *in* den Taten der endlichen Freiheitssubjekte (Siegfried, Hagen, Gunther) selbst: wirksam (denn die Welt zerfällt auch am Ende des »Ring« nicht ins Chaos), aber ohne daß das göttliche Walten als »unmittelbarer Einfluß« (vgl. GSD II 158) eindeutig und durchschaubar dargestellt werden könnte. Der »Ring« ist feuerbachianisch nicht deutbar (→353; 2630–2633).

6255–6258: Am Zwiespalt (→3015) des göttlichen Willens, der Liebe zur zerstörerischen Freiheit *und* Macht zur Erhaltung der unzerstörten Geordnetheit der Welt ist (→2780), verzweifelte Wotan einst, weil die gegenseitige Ausschließung beider Komponenten es notwendig zu machen schien, eine davon aufzugeben (→2945f). Da er die endliche zerstörerische Freiheit unbedingt erhalten wollte, beschloß Wotan damals, die göttliche Weltordnung zu opfern (→2955; 2982–2985). Jetzt glaubt Wotan an die Möglichkeit, beide Komponenten trotz ihrer gegenseitigen Ausschließung unverkürzt sich verwirklichen lassen zu können, ohne daß sie sich gegenseitig aufheben. Wotan kann dies nur deshalb glauben, weil er auf die schließliche Versöhnung beider Komponenten im geheimnisvollen Walten Erdas hofft (→6276ff). Und so führt er nun wiederum aus, daß er seine Verfügungsmacht darüber, was in der Wirklichkeit geschehen solle, der endlichen Freiheit *und* – was hier freilich stillschweigend nur vorausgesetzt wird – dem Walten Erdas (→6279) übergibt.

6259f: →2982–2985.

6261f: Im Unterschied zu →2982–2985.

6263: In Brünnhildes Entscheidung für Siegmund (→3317–3320) stellt sie sich gegen Wotans Befehl (→3038f), erfüllt damit aber doch den Willen Wotans (→3926–3929). Auch Brünnhildes Fluchthilfe für Sieglinde und die damit zusammenhängende Rettung des Lebens Siegfrieds (→3636f; 3661f) entsprechen ganz dem Willen Wotans, der treu an der Liebe zum Geschlechte der Wälsungen festhält (→4760 in Verbindung mit 4764–4767). Insofern kann Wotan tatsächlich sagen, er selbst habe Siegfried »erkoren«.

6264: →2892.

6265: →5435.

6266: →2900.

6267: →vor 5859.

6268–6271: Siegfrieds Verhalten ist von Liebe bestimmt, weil er alle Wesen frei gewähren läßt (→5398f), ohne sie gegen ihr Selbstsein despotisch zwingen zu wollen (→7787f). Die Gegenstrebigkeit der Wesen macht sie untereinander zu Feinden (→2535f). Die Gegenstrebigkeit einfach gewähren zu lassen, liefert daher das Weltgeschehen dem zerstörerischen Kampf aller gegen alle aus. Vor allem Siegfried selbst wird Schaden nehmen, wenn er die anderen Wesen – und das heißt auch die Wesen, die ihn verderben wollen (→7794f) – gewähren läßt, ohne den Versuch zu machen, das von ihnen ausgehende Schädliche zu verhindern oder wenigstens von sich abzuwenden. Der *Neid* ist es, der ein Wesen veranlaßt, anderen Wesen die Mittel zum Vollzug ihres Selbstseins zu verweigern, auch wenn keine Bedrohung von diesen anderen für jenes Wesen ausgeht (→716ff). Der Neid versucht vorbeugend jede irgend mögliche Beeinträchtigung, die von einem anderen einmal ausgehen könnte, dadurch zu verhindern, daß er den anderen gleich insgesamt auszuschalten unternimmt. Zum Neid besteht für den Menschen immer eine Versuchung, weil sein Selbstsein ja in der Tat immer von der Beschneidung und Zerstörung durch andere bedroht ist (→1498ff). Siegfried ist nun *neidlos*, weil er keine Beeinträchtigung durch andere fürchten zu müssen glaubt (→6272). Daher wird er die weltbeherrschende Macht des Ringes (→253–257) nicht zur möglichst weitgehenden Ausschaltung bzw. Unterwerfung des Selbstseins der Weltwesen ausnützen: Die zerstörerische Kraft des Ringes – also sein *Fluch* (→1490f) – wird von Siegfried nicht wirksam gemacht. Wohl aber wirkt der Fluch des Ringes durch die anderen Menschen, die ihrerseits nach der neidvollen Unterwerfung aller Welt unter ihr persönliches Interesse streben (wie etwa Hagen). Wenn der Fluch der endlichen Freiheit darin besteht, aus Bosheit (→5348ff) und Beschränktheit (→2831–2834) zerstörerisch zu wirken, so kann der Mensch höchstens den Fluch der Bosheit aufheben, aber die Aufhebung der Endlichkeit und ihrer zerstörerischen Folgen ist seiner Macht entzogen. Daher kann man auch im Falle Siegfrieds nur sagen, daß er, weil er keine bösen Absichten hat, den Fluch nicht bewußt in Kraft setzt. In Siegfrieds endlichkeitsbedingter Beschränktheit ist es aber begründet, daß er unbewußt und ohne Absicht dennoch zerstörerisch – etwa an Brünnhilde – handelt (→7347–7352).

6272: Siegfrieds Furchtlosigkeit entspringt seiner Blindheit (→8528ff). Er ist blind für die Wirklichkeit außer ihm und glaubt deshalb, daß ihm niemand schaden will; und er ist blind für die Grenzen seiner selbst, weshalb er glaubt, ihm könne niemand schaden und alles müsse ihm gelingen (→7367f). Siegfried ist unfähig zur Furcht, weil er die dem Menschen anlagemäßig zugehörige Fähigkeit zur Wahrnehmung der tatsächlichen Verhältnisse in der Welt und seiner tatsächlichen Stellung in ihr nicht entwickelt und einsetzt (→7071–7074). In dieser Furchtlosigkeit ist es begründet, daß Siegfried weder im erforderlichen noch in einem neidisch zur Despotie gesteigerten Maß sich vorbeugend gegen andere sichern will (→6268–6271). Resultiert aber die der Neidlosigkeit Siegfrieds zugrundeliegende Furchtlosigkeit aus gedankenloser Blindheit über sich selbst und die Welt, dann ist sie (wie auch die Neidlosigkeit) kein sehr großes Verdienst Siegfrieds, sondern Anzeichen eines Mangels. In diesem Sinne wird im »Jungen Siegfried« die Furchlosigkeit noch ausdrücklich geschildert: »Wem die furcht die sinne neu nicht schuf, in der welt erblindet dem der blick: Wo du nichts siehst wirst du versehrt: wo du nichts hörst trifft es dein herz. Nicht schneidet der stahl eh die gluth ihn nicht schmolz: wem die furcht die sinne nicht scharf gefegt – blind und taub in der welt schlingt ihn die welle hinab« (JS 115; zur Welle →6773–6786). *Begründete* (statt gedankenlose) Furchtlosigkeit wäre nur für den möglich, der in der Lage wäre, die von der feindlichen Gegenstrebigkeit der Einzelwesen untereinander (→2535f) ausgehenden zerstörerischen Kräfte so zu lenken, daß sie sich nicht zerstörerisch auf ihn auswirkten. Der Mensch kann dies aber nur in höchst begrenztem Umfang, und bei aller menschlich geplanten Sicherung des eigenen Selbstseins können und werden immer Dinge dazwischentreten, die nicht vorhersehbar waren und dann doch die Zerstörung herbeiführen, die sorgsam vermieden werden sollte. Begründete Furchtlosigkeit ist daher für den Menschen nur möglich, wenn er darauf vertrauen kann, daß die allesdurchwaltende Instanz die im gegenstrebigen Weltspiel (→397ff) liegenden zerstörerischen Kräfte selbstseinerhaltend – sinnhaft (→6918) – lenkt. Auf Gott als den sinnverbürgenden Urgrund (→6118) aller Wirklichkeit kann aber Siegfried nicht vertrauen, weil er von Gott gar nichts weiß (→5389f). Siegfrieds Furchtlosigkeit ist daher Torheit.

6276ff: Die *Erlösung* der Welt ist die Versöhnung ihrer widerstreitenden Komponenten, also die Versöhnung von endlicher zerstörerischer Freiheit (→2831–2834) und selbstseinerhaltender Weltordnung (→5449f). Von Gott her gesehen, der diese beiden Komponenten schaffend (→1676f) ins Dasein ruft, handelt es sich um die Versöhnung der *Liebe* Gottes zur endlichen Freiheit mit der *Macht* Gottes zur Einbindung dieser Freiheit in die Weltordnung (→2780). Wotan weiß nun seit längerem, daß es eine für den Menschen einsehbare Möglichkeit, Ordnungsmacht und allesgewährenlassende (→5398f) Liebe zur zerstörerischen Freiheit zu versöhnen, nicht gibt (→2982–2985; 2933–2936). Da Wotan das Göttliche nur insoweit darstellt, als es dem Menschen erfahrbar wird und in seinem Wirken begreifbar ist (→6141ff), bleibt er im unversöhnten Widerstreit von Macht und Liebe befangen (→2945f); Wotan selbst, oder vielmehr das Göttliche, soweit es sich bloß als Wotan im menschlichen Bewußtsein gegenwärtig macht (→6153f), kann die vom Widerspruch erlösende, den Gegensatz versöhnende Vereinigung des zur Zerstörung freien endlichen Subjektes mit der Geordnetheit der Welt nicht herstellen, weil eben im Rahmen der Weltanvorstellung schon die Möglichkeit einer solchen Versöhnung gar nicht eingesehen werden kann (→2910–2913). Deshalb hat Wotan, da er die endlichen Freiheiten samt ihrer zerstörerischen Möglichkeiten (die der Ring verkörpert [→253–257]) keinesfalls aufheben will, die Welt der zerstörerischen Ordnungslosigkeit überlassen (→2982–2985), die aus dem Aufeinanderwirken der in ihrer Freiheit unbehinderten endlichen Subjekte sich ergeben muß (→716ff). Hatte Wotan über dieses drohende Chaos damals noch Sorge (→2956ff), so glaubt er jetzt, daß Erlösung als Versöhnung von Weltordnung und zerstörerischer endlicher Freiheit stattfinden wird. Eine Tat *Brünnhildes* ist es, die die Welt erlösen soll. Weil diese Tat eine Tat der endlichen Freiheit sein wird, ist sie im gegenwärtig für Menschen überblickbaren Wirklichkeitsausschnitt nicht schon fest angelegt, so daß ihr Eintreten vorhersehbar wäre (→7035–7042). Auch Wotan kann, da er das Göttliche nur darstellt, soweit es aus der je gegenwärtigen menschlichen Erfahrung extrapolierbar ist, auf jene Tat nur hoffen. Welches ist nun die Tat Brünnhildes?

In Brünnhilde ist der Gott selbst ein endliches Wesen, ein Mensch geworden (→4125ff). Als endliches Freiheitssubjekt begibt sich Brünnhilde des Ringes, der die zerstörerischen Möglichkeiten der endlichen Freiheit verkörpert. Damit hat sie die Welt zunächst einmal von der Zerstörung befreit, ohne darin die endliche Freiheit zu vernichten, denn da sie selbst endliches Freiheitssubjekt ist, ist ihre Weggabe des zerstörerischen Ringes Selbstvollzug der endlichen Freiheit selber. Diese von Brünnhilde geleistete Erlösung oder Vereinigung von endlicher Freiheit und unzerstörter Weltordnung ist aber *nicht endgültig,* denn der Ring wird weiterhin im Weltgeschehen bleiben und er (oder das Gold, aus dem er geschmiedet ward und wieder würde geschmiedet werden können) muß vor der List des schlauen (→714f) Alberich oder anderer böser (→5348ff) endlicher Subjekte, die ihn wiedergewinnen wollen, für die Zukunft bewahrt werden (→7805f).

Wie kann Wotan angesichts dieses Sachverhaltes Brünnhildes Tat der Ringentsagung *einschränkungslos* (→6282ff) als »erlösend« bezeichnen? Offenbar nur unter der Voraussetzung, daß die Erlösung *fernerhin* durch eine *andere* Instanz als Brünnhilde sichergestellt wird (→7584–7587). Diese Instanz müßte in der Lage sein, Alberichs (oder eines anderen) zerstörerische Bestrebungen (das heißt Bestrebungen, zum Ringe als der völligen Zerstörung aller Selbstseine zu kommen) – ohne sie ihres zerstörerischen Charakters zu entkleiden oder die Freiheit bloß aufzuheben – für alle Zukunft so ins Weltgeschehen zu integrieren, daß sie, obgleich zerstörerisch bleibend, doch aufs Ganze selbstseinerhaltend sich auswirkten. Nur wenn die gewährenlassende Liebe zur endlichen zerstörerischen Freiheit selber schon ohne weiteres (das heißt, ohne die Freiheit in ihrem Streben nach dem Ring beeinflussen und sie damit als Freiheit aufheben zu müssen) die ordnungsverbürgende Macht ist und wenn umgekehrt die weltordnende Macht in ihrer freiheitsbrechenden Gewalt selbst gewährenlassende, damit aber ohnmächtige, Liebe ist, kann wirklich von *Erlösung,* also davon gesprochen werden, daß Macht *und* Liebe, Ordnung *und* Zerstörung ohne einseitige Vernichtung einer der widerstreitenden Komponenten zu ihrer vollen Erfüllung und Verwirklichung kommen. Nur durch eine dergestalt und über alles und alle Zeiten waltende Instanz wäre der in Brünnhildes Tat für einen geschichtlichen Moment erreichte Erlösungszustand endgültig gesichert. Brünnhilde selbst wird daher auf eine Dimension der Einheit von Macht und Liebe – von »mächtigster Minne«

(→8948) – verweisen, die jenseits ihres eigenen irdischen Lebens liegt und nur im Tode erreichbar ist (→8949). Diese Dimension ist *Erdas* geheimnisvolles Walten (→6159ff); es verbürgt die umfassende und endgültige Erlösung (→6279).

6279: Auf den ersten Blick könnte es scheinen, als besage dieser Vers, Erda könne nun untätig schlafen, da Brünnhilde die Erlösung (→6276ff) wirken werde. Dem ist aber nicht so. Zum einen ist Erdas Schlaf nicht als Untätigkeit anzusehen, denn er ist gerade das tätige Walten oder Wirken der göttlichen Weisheit (→6159ff); Erdas Schlaf ist nicht als Schläfrigkeit aufzufassen, sondern als bildlicher Ausdruck dafür, daß das Walten der Gottheit auch dem wachsten menschlichen Bewußtsein verborgen ist und folglich nur in einer Dimension jenseits dieser Wachheit – also im Schlafe, und zwar im Schlaf des Todes (→8949) – dem Menschen zugänglich ist (→6206-6209). Zum andern kann Erda die erlösende Tätigkeit nicht Brünnhilde überlassen, da letztere gar nicht wirklich die Erlösung als endgültige Vereinigung von Macht und Liebe wirkt (→6276ff). Wenn die wahrhaft erlösende Tätigkeit Erdas Schlaf und sein »Sinnen« – das heißt eben Sinnverbürgen (→6918) – ist, dann will Wotan, indem er Erda in den Schlaf zurückschickt, gerade ihr Walten aktivieren. Und er will es aktivieren, weil Erlösung geschehen soll, Brünnhilde diese aber nicht wirken kann. Das »Drum« im gegenwärtigen Verse kann daher nur bedeuten: Schlafe, Erda, *zu dem Zwecke*, daß in der Kraft deines schlafenden Sinnens wahrhaft universale und endgültige Erlösung über Brünnhildes Tat hinaus geschehe! Die Art und Weise, wie Erlösung als Versöhnung der unverkürzt gegensätzlichen Komponenten des göttlichen Willens, nämlich der Weltordnung und der zerstörerischen endlichen Freiheit (→2780), sich vollzieht, bleibt für den Menschen geheimnisvoll (→1692ff) und ist daher nicht auf eine irdisch einsichtige Weise darstellbar. Deshalb wird Erda hinfort nicht mehr sichtbar oder auch nur namentlich – denn in ihrem Namen schwingt die empirisch sichtbare Erde mit (→1678) – in Erscheinung treten; wohl aber wird die Tatsache ihres sinnverbürgenden (→6918) Wirkens daran sichtbar, daß das Weltgeschehen im weiteren Verlauf des »Ring« nicht zum Chaos führt, trotz der sich ganz nach ihren eigenen (nicht nach göttlich vorgegebenen und untereinander deswegen harmonisierten) Absichten verhaltenden endlichen Subjekte.

6280: Erdas Auge sieht alles in ewiger, dem zeitlichen Nacheinander enthobener Gegenwart (→1672-1675).

6281: Erdas Träumen ist ihre Tätigkeit, in der sie das, was sie will, »ersinnt« und es in die Wirklichkeit setzt (→6159ff). Im gegenwärtigen Vers wird gesagt, daß sie Wotans Ende träumt, also *selber wirkt* (→1688). Wotan ist eine Ausprägung des Göttlichen (→6175f), das in Wotan aber nur auf beschränkte Weise – nämlich nicht in seiner Immanenz selber, sondern nur nach der Seite der irdisch sichtbaren Äußerungen seines Wirkens (→6170) – dargestellt ist (→6141ff). Diese unangemessene Vorstellung vom Göttlichen, die im menschlichen Bewußtsein als »Wotan« vorhanden ist, wird vom Vollsinn des Göttlichen selbst (der in Erda vergegenwärtigt ist [→1678]) an ihr Ende geführt, indem sich Gott dem Menschen (im Verlauf der Religionsgeschichte) als eine Macht in Erfahrung bringt, die größer ist, als es die Wotansgestalt zu zeigen vermag (→6238f; 6252ff). Im menschlichen Bewußtsein von Gott und in den religionsgeschichtlichen Wandlungen dieses Bewußtseins ist Gottes Geist (→6151f) selbst am Werk (→6153f).

6282ff: Das »jene« bezieht sich auf Siegfried und Brünnhilde, aber auch auf Alberich, von dem ja ebenfalls in den vorangegangenen Versen die Rede war und der, wenn Siegfried und Brünnhilde schon tot sein werden, immer noch »wirken« wird (→nach 8954). Wotan sagt hier, daß er die Verfügung über das, was in der Welt an Taten geschieht, ganz den endlichen Freiheitssubjekten überläßt. Diese Aufgabe seiner Macht hat er schon früher vollzogen (→2982-2985). Geschah dies aber damals in Sorge und Furcht (→6230ff), so geschieht es jetzt *in Wonne*. Wotan empfindet beim Enden seiner Macht aber nicht etwa deswegen Wonne, weil er die Zerstörung der Weltordnung, und damit der vielfältigen Wesen (→5449f), jetzt plötzlich wünschbar fände. Vielmehr geht er davon aus, daß die auch in ihren zerstörerischen Möglichkeiten *ungehindert* freie endliche Subjektivität (»*was immer jene auch wirken ...*«) dennoch nicht das zerstörerische Chaos heraufführen, sondern die Welt und ihre Wesen immer unzerstört, nämlich »ewig jung« sein lassen wird. Dabei meint die Ewigkeit keinen endlosen Zeitverlauf, sondern die zeitlose Gegenwart der unzerstörten Selbstseine (→6918-7): Für das zeitliche Auge ist die volle Unzerstörtheit eben eine »immer dauernde« und »nie unterbrochene« Unzerstörtheit. Da Wotan bei seiner ersten Machtentsagung als deren Folge die chaotische Auflösung der Weltordnung befürchtete (→2956ff), muß er, wenn er jetzt diese Sorge nicht mehr hat, offenbar der Überzeugung sein, daß auch ohne seine machtvolle Ordnungstätigkeit die Weltordnung nicht verloren gehen wird. Da aber die in der Beschränktheit (→2831-2834) und Bosheit (→5348ff) der endlichen Subjekte begründete Chaosträchtigkeit des Freiheitsgeschehens nicht verschwindet – im Gegenteil wird etwa Hagen zukünftig gerade im Sinne des Ringes (→253-257) versuchen, sich alle Weltwesen zu unterwerfen (→7446-7451) und so deren eigenes freies Selbstsein zu zerstören –, kann das Aufhören der wotanischen Ordnungstätigkeit die Geordnetheit der Welt nicht retten. Wenn Wotan daher in Wonne den Erhalt der Selbstseine in der Welt ohne seine Macht erwartet, muß er voraussetzen, daß eine *andere göttliche Instanz*, als er zu sein vermag, die selbstseinerhaltende Weltordnung (→6918-2ff) sicherstellt. Wotan ist ja eine begrenzte, weil nur aus der irdischen Sicht extrapolierte Darstellung des göttlichen Waltens (→6141ff), innerhalb deren nicht sichtbar werden kann, wie die göttliche *Liebe* zur zerstörerischen endlichen Freiheit mit der göttlichen *Macht* zur Weltordnung (→2780) widerspruchsfrei versöhnt werden kann (→2982–2985; 2933–2936). Da, ausweislich unserer alltäglichen Erfahrung, brechende Macht *und* fördernde Liebe im Wirklichkeitsprozeß auf die Einzelwesen wirken, ohne daß der Wirklichkeitsprozeß an diesem Widerstreit zugrunde ginge, muß auf eine dem Menschen geheimnisvoll bleibende Weise, deren innerer Vollzug nicht mehr irdisch (das heißt als »Wotan«) sichtbar gemacht werden kann, in der verborgenen Tiefe (→6121ff) des Wirklichkeitsprozesses jene Versöhnung sichergestellt sein. Die angemessenere, weil dieser Geheimnishaftigkeit des göttlichen Waltens (→6159ff) Rechnung tragende Vergegenwärtigung des Göttlichen ist *Erda* (→6252ff), die ihre anfängliche Vermengung mit der empirischen Erde am Ende völlig verliert (→1678). Erda versöhnt Liebe und Macht (→8948) auf geheimnisvolle (→1692ff) Weise und erweist sich so als Vergegenwärtigung der göttlichen *erlösenden* Instanz (→6276ff). Daß Wotan auf diese Erlösung hofft und damit an der endgültigen Sinnhaftigkeit (→6918) der Welt festhält, keineswegs aber das Chaos als gleichermaßen seinem Weltwillen entsprechende Möglichkeit ansieht, hat der Verfasser dieser Erklärungen in einer früheren Arbeit nicht erkannt. Seine damalige Auffassung, daß das Göttliche durch Wotans Machtverzicht das von sich her ganz Passive sei und die Welt in Alberichs selbstseinzerstörende Hände fallen lassen würde, wenn es die endlichen Freiheiten so wollten (Huber [2] 293ff), ist nicht haltbar (→D17f; 8948).

6285: →6279.

6286f: →6227ff; 6230ff; 6251.

6288f: →6279.

6343: Siegfried hat sich nie die Frage nach den größeren Zusammenhängen gestellt, von denen her seine jeweilige Gegenwart bestimmt ist (→7071–7074). So weiß er auch nichts über die Ursprünge seines eigenen Schwertes, das heißt seiner eigenen Freiheit (→5033ff).

6364–6367: Obgleich Siegfried den zur Despotie ermächtigenden Ring (→253–257) besitzt, ist ihm jede despotische Neigung fremd. Nur da, wo er sich beeinträchtigt glaubt, tritt er dem anderen mit Zwang (→1025f) entgegen (→7787f).

6375–6381: →6364–6367; 6385–6388.

6385–6388: Das fehlende Auge Wotans ist, wenn man dem »Jungen Siegfried« folgt, die *Sonne* (→4748f). Demnach ist der Sinn der gegenwärtigen Verse, daß Siegfried mittels des Lichtes der Sonne, also des einen Wotansauges, das andere, in Wotans Haupt verbliebene Auge erblicken kann. Es ist aber eigentlich nicht die Sonne selbst, »*mit*« (→6385) der Siegfried etwas erblickt: die Sonne ist ja nicht das Sehorgan Siegfrieds. Kann man Wotans verlorenes Auge in eine engere Verbindung zu Siegfrieds Auge bringen? Die Idee des freien Helden Siegmund entsprang Wotans Willen, die Unverkürztheit der Wirklichkeit zu bewahren: weder die göttliche Ordnungsmacht noch die Liebe zur selbstbestimmenden endlichen Freiheit sollte aufgegeben werden (→2809f). Diese *universale* Anerkennung der Wirklichkeit ist Ausdruck der *Weisheit* (→6170). Wotan hat die Weisheit nun aber gerade durch den Verlust seines Auges gewonnen (→6921f). Siegfrieds ganzes Dasein, und somit auch Siegfrieds Auge, ist daher (über Siegmund und Brünnhilde) hervorgegangen aus Wotans verlorenem Auge oder seiner Weisheit. Wotans verlorenes Auge (die Weisheit) ist im Dasein des freien Helden, und damit auch in seinem Auge, selbst wirksam.

6401–6404: Es ist Wotans zwiespältige (→3015) Haltung, die sich hier ausdrückt. Gerade Siegmund durfte die fördernde Liebe Wotans (→2651), mußte aber auch seine brechende Macht (→3260–3265) erleben. Dieser Zwiespalt des göttlichen Willens kommt in Wotan zu keiner Versöhnung (→2780).

6407f: Wenn Wotan die endliche Freiheit in der Person Siegfrieds vernichten würde, dann wäre damit Wotan selbst als der die Freiheit wollende Gott (→353; 2757–2760; 6942f) vernichtet (→1666–1670).

6417f: Von Odin berichtet Snorri: »Zwei Raben sitzen ihm auf den Schultern und sagen ihm alles ins Ohr, was sie sehen oder hören; sie heißen Hugin und Munin. Im Morgengrauen schickt er sie aus zum Flug über die ganze Welt, und zum Frühstück sind sie zurück; auf diese Weise kommt ihm vielerlei Kunde zu. Man nennt ihn deshalb den Rabengott« (Thule XX 85). Wotan, der deutsch bezeichnete Odin (→323), ist der Gott oder Herr der Raben.

6431–6434: In der Edda heißt es: »Es schläft auf dem Berg die Schlachtjungfrau; um sie lodert der Linde Feind« (Thule I 131/8; →6069f).

6437–6440: In der altnordischen Völsungen-Geschichte heißt es: »Auf dem Berge sah er vor sich ein großes Licht, wie wenn ein Feuer brannte, und der Schein ging davon bis zum Himmel empor« (Thule XXI 81). Allerdings handelt es sich dabei nicht um ein echtes Feuer, sondern um eine glänzende Schildburg (→4097–4100).

6442: Von Brynhild heißt es in der Edda des Snorri: »Sie saß auf dem Hindaberg, um ihre Halle lag die Waberlohe« (Thule XX 189).

6445f: Das Grandiose des Feuers, das Brünhilds Felsen umtost, betont auch die Edda: »Der Brand raste, der Boden wankte; hohe Lohe zum Himmel stieg« (Thule I 39/1).

6456: →6946.

6457f: →3386f.

6461–6464: In der Edda wird von Sigurds Vaterrache berichtet (Thule I 133–137), ebenso in der Völsungen-Geschichte (Thule XXI 73–76). Sigurd rächt sich allerdings an Hundings Söhnen, nicht an Odin selber. Wagner hatte im »Nibelungen-Mythus« noch die Absicht, Siegfried eine derartige Vaterrache auch vollziehen zu lassen: »er zieht aus, überfällt und tötet Hunding« (GSD II 159).

6465f: Siegfried, also ein endliches Freiheitssubjekt, zerschlägt den Speer, durch dessen Runen die endlichen Freiheiten zu blindem Gehorsam gebunden waren (→2831–2834). Da die endlichen Subjekte ihre Freiheit *frei*willig aufgaben, schien in dieser *Selbst*vernichtung der endlichen Freiheit die Freiheit gerade selber tätig und also unvernichtet zu sein. Tatsächlich aber bliebe die Freiheit nur solange erhalten, als sie sich der Unterwerfung auch wieder entziehen könnte. Denn nur solange sie dies kann, verharrt sie wirklich freiwillig in der Unterwerfung. Die Entscheidung zu einschränkungslosem – eben blindem – Gehorsam hebt aber die Entscheidungsfreiheit völlig auf. Blinder Gehorsam verpflichtet ja dazu, gerade nicht mehr frei*willig*, sondern *ohne eigenen Willen* – also eben ohne Freiheit – gehorsam zu sein. Im Augenblick der freiwilligen Selbstaufgabe betätigt die Freiheit sich *letzt*malig und vernichtet sich somit, statt sich zu gewinnen. Dies gilt für Menschen und Riesen (→325; 353; 1715). Daher ist auch die Aufreizung der endlichen Freiheiten durch Wotans Walküren (→2835–2838) nur eine scheinbare Restituierung der Freiheit. Die endlichen Subjekte müßten *selbst* sich aufreizen, statt *ihre* Tätigkeit bloß kraft *wotanischer* Aufreizung zu vollziehen (→2921). Erst in den gegenwärtigen Versen erringt sich die Freiheit selber, weil sie nicht von Wotan aufgereizt wird (sei es direkt, wie Siegmund [→2927f], sei es indirekt durch die Walküren), sondern sich aus *eigenen* Belangen heraus – nämlich aus Rache für den Vater (→6461–6464) und aus dem Willen zur Selbstbehauptung, wenn einem einer den Weg versperrt (→6364–6367; 6375–6381) – gegen die Herrschaft einer übergeordneten Macht stellt. Siegfried trennt sich so von der göttlichen Macht, ohne ihr allerdings grundsätzlich feindlich zu sein. Er kümmert sich weder fördernd noch zerstörend um größere Zusammenhänge (→7071–7074). Das bestimmende Prinzip des menschlichen Handelns ist nun nicht mehr Wotans listige Lenkung (→2674ff), sondern der Wille der einzelnen menschlichen Subjekte selbst. Da diese wegen der Beschränktheit ihres Überblicks (→2831–2834) und der Bosheit ihres Wollens (→5348ff) gegeneinander zerstörerisch handeln, droht die Welt sich ins Chaos zu verwickeln (→E17–E20). Die Selbstherringung der Freiheit in Siegfrieds Person ist nur möglich, weil Wotan *selber* den Willen zur ordnenden göttlichen Macht, die im Speer verkörpert ist (→6946), aufgegeben hat (→2982–2985). Ohne diese Freilassung der Eigentätigkeit der endlichen Freiheit – also ohne Aufhebung des wotanischen Willens zum Speer – könnte Siegfried den Speer sowenig zertrümmern wie einst Siegmund.

6485ff: Die stählerne Schildburg der Edda (→4097–4100) und das lohende Feuer verbinden sich hier beim Anblick der Rüstung Brünnhildes.

6506f: Sigurd »zog das Schwert und schnitt ihr die Brünne vom Leibe« (Thule XX 188; vgl. Thule I 140).

6508: Auch in der Edda erkennt Sigurd erst nach Entfernung der Brünne, daß er eine Frau vor sich hat (Thule I 140; vgl. Thule XXI 81: hier ist es der Helm, der zunächst den fraulichen Charakter Brynhilds verdeckt).

6554: Die eddische Walküre sagt nach ihrer Erweckung: »Heil Tag! Heil Tagsöhne« (Thule I 141/3).

6555: Die eddische Walküre sagt: »Lange schlief ich, lange schlummert' ich« (Thule I 140/2; vgl. Thule XXI 81).

6557f: Die eddische Walküre fragt: »Wer schnitt die Brünne? Wie brach mein Schlaf? Aus fahlen Fesseln wer befreite mich?« (Thule I 140/1; vgl. Thule XX 81).

6561ff: In der Edda sagt Sigurd: »Der Sohn Sigmunds: Sigurds Klinge löste des Raben Leichenzweige« (Thule I 140/1; »des Raben Leichenzweige« ist »eine ungewöhnliche Umschreibung für die menschlichen Glieder oder für die Panzerringe« [Thule I 140 Anmerkung]; vgl. Thule XXI 81).

6564ff: Die eddische Walküre betet: »Heil Asen! Heil Asinnen! Heil fruchtschwere Flur« (Thule I 141/4).

6585f: Siegfried als Verkörperung der endlichen Freiheit setzt einzelne, unterscheidbare Taten. Deshalb wird er mit dem Licht – im Gegensatz zur unterscheidungslos machenden Nacht – verglichen (→6173f). Siegfried ist aber nicht der Ursprung des Lichtes, sondern nur derjenige, der es aktualisieren kann. Ursprung des Lichtes ist der schöpferische (→1676f) göttliche Urgrund, die Nacht (→6118).

6593ff: Brünnhilde spielt auf ihren Schutz für Sieglinde an (→3608–3611). In der Edda sagt Sigrun zu Helgi, »eh sie Sigmunds Sohn noch gesehn habe, habe sie ihn schon einzig geliebt« (Thule I 155 C/13).

6596f: →6069f.

6609f: →6623ff.

6613f: →6621f

6617f: →3890–3894; 3926–3929.

6621f: Zwischen Denken und Empfinden besteht keine grundsätzliche Differenz. In der Empfindung – oder, wie wir hier ohne nähere Unterscheidung auch sagen wollen, im *Gefühl* – ist die Totalität des eigenen Lebens, und damit der das Leben tragenden Wirklichkeitsganzheit, dem Menschen in einem Vorgriff gegenwärtig, der freilich im einzelnen unausfüllbar bleibt. Das *Denken* beschäftigt sich mit den einzelnen Momenten dieser Totalität, unterscheidet sie und vollzieht ihre Verbindungen nach. So schreitet das Denken nur in einzelnen, möglichst deutlichen Schritten dasjenige aus, was das Gefühl oder die Empfindung insgesamt und weniger deutlich in einem umschließt.

Hätte Brünnhilde den göttlichen Weltgedanken – denn um den geht es hier (→6623ff) – in seinen einzelnen Momenten *gedacht*, dann hätte sie dessen innere Widersprüchlichkeit deutlich gesehen. Die Welt ist ja zugleich von der göttlichen Macht, die die Weltordnung *unzerstört* erhält, *und* von der göttlichen Liebe zur endlichen Freiheit samt ihren *zerstörerischen* Möglichkeiten bestimmt (→2780). Brünnhilde sollte im Auftrag Wotans diesen Widerspruch durch Ausschaltung der endlichen Freiheit (nämlich Siegmunds) beseitigen (→2723f; 2988f; 3038f). Damit freilich wäre der Widerspruch nicht in sich versöhnt, sondern nur um eine seiner Seiten verkürzt worden. Brünnhilde zerstörte jedoch die endliche Freiheit nicht, sondern bewahrte sie vielmehr, indem sie Sieglinde zur Flucht und damit Siegfried zum Leben verhalf (→3608–3614; 4013f). Damit erhielt Brünnhilde den Widerspruch in seinen beiden Seiten: Ordnung und Zerstörung wirken beide auch weiterhin in der Welt.

In den gegenwärtigen Versen scheint Brünnhilde nun zu sagen: Wenn ich den Widerspruch gedacht und somit klar erkannt hätte, wäre ich der Strafe entgangen, weil ich dem Widerspruch, ihn einfach um das Moment der endlichen Freiheit verkürzend, ausgewichen wäre. In Wahrheit aber wußte Brünnhilde sehr wohl um den Widerspruch und hat sich ganz bewußt in ihn eingelassen (→3880–3884).

6623ff: Wotans Gedanke, den ganz allein sein innerster Wille Brünnhilde (→2757–2760) wußte (→6609f), bestand darin, die endliche zerstörerische Freiheit *und* die Unzerstörtheit der Weltordnung gleichzeitig denken (und verwirklichen) zu wollen (→1808f). Als Wotan, die Unvereinbarkeit der beiden Momente dieses Gedankens einsehend (→2933–2936), die endliche Freiheit auflösen wollte, hielt Brünnhilde an der endlichen Freiheit fest (→3890–3894). Brünnhilde dachte den Gedanken »Siegfried«, als Wotan »Wiederherstellung der Weltordnung« (→2988f) dachte. Der Siegfried-Gedanke Brünnhildes schließt allerdings nicht nur Siegfried allein ein, sondern die ganze Welt mannigfaltiger (→5449f) und höchst gegenstrebiger (→2535f) endlicher Freiheitssubjekte (→6738ff). Dieses vielfältig sich verflechtende (→666) Spiel ist es, das Wotan will (→397ff). Brünnhilde sieht, ganz dem entsprechend, in Siegfried ausdrücklich die *ganze Welt* symbolisch versammelt (→6738ff). Ihr Gedanke »Liebe zu Siegfried« ist daher der Gedanke »Liebe zur ganzen Welt«. Die Welt zu lieben, heißt, sie unzerstört erhalten sehen zu wollen. Um die Welt aber erhalten zu können, muß sie angesichts ihrer Komplexität *weise* geordnet werden (→6918–2ff). Diese Weisheit ist Brünnhildes Siegfried- bzw. Weltliebe-Gedanke. Brünnhilde ist der präexistente weltbildliche (→6170) göttliche Logos (→6733–6737), der jetzt allerdings nicht in seiner göttlichen zeitlosen Ewigkeit (→6175f), sondern nur insoweit sichtbar ist, als die göttliche Weisheit aus der irdischen Welterfahrung des Menschen erschlossen werden kann (→7055–7058).

6645ff: Das Weib »birgt« oder bindet im »Ring« den Mut, das heißt das Selbstsein (→148) des Mannes (→400–405). Die Frau beharrt darauf, daß der Mann sich nicht zerstreue in die Vielfalt der Inhalte des Weltspiels (→397ff), wozu er neigt. Für die menschliche Identität ist beides wichtig. Ohne Sicheinlassen auf die Welt bleibt menschliches Dasein inhaltsleer (→6752–6757); und ohne Beisichbleiben verliert der Mensch die Einheit seiner Identität und zerfällt in verwirrte Zerstreuung. Mann und Weib sind im »Ring« daher Bilder für unlösbar verbundene Momente der Ganzheit des menschlichen Lebens.

6718ff: Das »Grau'n«, welches Brünnhilde erfaßt, ist der Schrecken (→6721) vor dem angstmachenden Gewirr (→6720) der Welt. Ihrer göttlichen Wirkungsmacht entkleidet (→4125ff) und samt ihrem göttlichen weisen Überblick in die Verfügungsmacht des Menschen gegeben (→7055–7058), muß Brünnhilde Angst davor haben, daß durch die Beschränktheit des endlichen Menschen (→2831–2834; 7071–7074) zerstörerische Verwicklungen handelnd heraufgeführt werden. Aber in der Auslieferung der Verfügungsmacht über das Weltgeschehen durch Gott an den Menschen vollzieht sich *Gottes eigener* Wille (→2982–2985; 4125ff; 7757–7761). Daher ist das Grauen, das Brünnhilde überfällt, gottgewollt, und deswegen ist es von *Nebel* begleitet, denn dieser zeigt im »Ring« die göttliche Sphäre an (→7602ff).

6725: →6557f (»Fesseln«).

6733–6737: Brünnhilde gehört selbst der göttlichen Dimension an, in der kein Zeitfluß herrscht, sondern alles in ewiger Gegenwart steht (→1672–1675), weil sie die Verkörperung des *wotanischen* Willens zur geschichtlichen Welt (→6923–6926) freier Menschen ist (→2757–2760). Auch als Brünnhilde die göttliche Sphäre um der Liebe zur endlichen Freiheit willen verlassen muß, bleibt sie darin doch Ausdruck des Willens Wotans (→4081; 4089f). Brünnhilde ist aber zu einem irdisch bestimmbaren Zeitpunkt von Wotan gezeugt und in die irdische Zeitlichkeit hinein von Erda geboren worden (→2814ff). Wenn sie in den gegenwärtigen Versen sagt, daß sie trotzdem zeitlos ewig ist, bedeutet das, daß sie, von ihrem irdischen Leben aus gesehen, *präexistent* war. Als Präexistente ist Brünnhilde der in *ewiger Gegenwart* stehende Wille Gottes zur Welt endlicher freier Subjekte. Wenn Brünnhilde auch als Wotans Wille bezeichnet ist, so ist sie damit doch eo ipso der Weltwille *Erdas*, weil Wotan eine Manifestation des göttlichen Urgrundes (→6118) Erda ist (→6175f).

Der göttliche Wille zur Welt ist zugleich *Weisheit*, weil nur eine weise eingerichtete Welt unzerstört bestehen kann (→6918–2ff). Die *präexistente* Brünnhilde ist die zeitlose Weisheit der göttlichen Immanenz Erdas (→6182): sie ist der Gedanke, den Gott denkt, wenn er die Welt errichten will (→7055–7058), also der göttliche Logos (→6623ff). Es ist genau zu unterscheiden zwischen dem präexistenten Logos und der irdisch auftretenden Walküre. Letztere ist zwar der Logos, aber sie verkörpert die göttliche Weisheit nur insoweit, als sie der irdischen Welterfahrung des Menschen erschlossen werden kann, nicht jedoch in der göttlichen Immanenz, weil das göttliche »Sinnen« (→6159ff) dem Menschen verschlossen und unnachvollziehbar bleibt: »Denn wer hat die Gedanken des Herrn erkannt?« (Röm 11,34; vgl. Ps 139,17; →6206–6209; 6918–4). Insofern die göttliche Weisheit dem Menschen erschließbar ist, zeigt sich in ihr entsprechend Gott nur insoweit, als er irdisch erfaßbar ist. In Brünnhilde als der *irdisch* sichtbaren Gestalt zeigt sich daher nur der Wille Gottes, sofern er nicht in seiner Immanenz, sondern nur in seinem Wirken nach außen (also für die Welterfahrung des zeitlichen, endlichen Menschen [→6175f]) dargestellt wird: es zeigt sich der Wille Wotans (→6141ff), nicht jedoch unmittelbar der Wille Erdas, der sich dem Menschen vielmehr als schweigendes Geheimnis entzieht (→1692ff).

Als Gedanke oder Logos, der Liebe zur Welt (→6623ff) zum Inhalt hat, will Brünnhilde die Welt unzerstört erhalten sehen. Daher ist sie zum *Heile* (→2190) Siegfrieds da, in dem sich ihr die ganze Welt versammelt (→6738ff). Allerdings ist es jetzt *der endlichen Freiheit selber* anheimgestellt, das aus der Welterfahrung extrapolierbare göttliche Wissen von größeren Zusammenhängen zum »Heil«, also zur Erhaltung der Welt einzusetzen (→7055–7058). Daran wird Siegfried aber scheitern, ja scheitern müssen (→7071–7074). Nach leidvoller Erfahrung wird Brünnhilde, die jetzt selber endliches Subjekt geworden ist (→4125ff), dem göttlichen Walten Erdas willig Raum geben (→8913f).

Ist biblisch der *Sohn Gottes* – immanent gesehen – das ewig vollendete Urbild des von Gott Geschaffenen (→6170), so ist dieses immanente Urbild im »Ring« die *Tochter der Göttin*. Im germanischen Gewande wird hier ein biblischer Sachverhalt aufgenommen. Genauer gesagt, macht der »Ring« die trinitarischen Implikationen sichtbar, die im Germanentum und dessen Erdgöttin nicht ausdrücklich werden. Indem die Gottheit die Welt hervorbringt, hat sie in sich selbst die Differenz von Urgrund und Begründetem gesetzt (→6175f). Wer Gott als Urgrund der Welt denkt, muß ihn als dergestalt in sich differenziert denken. Eine Differenz, die in der göttlichen Einheit selbst stattfindet, ist aber genau die trinitarische Struktur, weil sich, wenn man die gedanklichen Momente zählt, eine Dreiheit ergibt: Gott ist *Differenz* zu sich und *Einheit* mit sich, und er ist dies beides *zugleich*. Dies nannte Hegel die »Identität der Identität und der Nichtidentität« (Huber [3] 29; vgl. ebd. 27–30). Auch der Germane muß diese trinitarische Figur in Anspruch nehmen, wenn er Nerthus als die *Mutter*, also als das begründende Prinzip der Welt, denkt (→1678).

6738ff: Brünnhilde ist der Wille der Gottheit – nämlich Wotans (→2757–2760), in dem sich der göttliche Urgrund (→6118) Erda manifestiert (→6175f) – zur geschichtlichen Welt freier endlicher Wesen (→6923–6926). Daher ist ihr die Liebe zu Siegfried Liebe zur *ganzen Welt*: In Siegfried versammelt sich ihr symbolisch der Reichtum (»Hort«) und die Lebendigkeit der ganzen Welt, deren Logos oder Gedanke sie ist (→6623ff; 6733–6737).

6746f: Der Zwang bricht immer den eigenen Willen dessen, der gezwungen wird, und drängt ihn in eine Richtung, die letzterer selbst nicht will. Solchen Zwang droht hier Siegfried gegen Brünnhilde auszuüben. In Siegfrieds Handeln handelt Gott selbst, der dieses Handeln ja allererst ermöglicht und zuläßt. Während dies Siegfried nicht bewußt ist (→5389f), sieht Brünnhilde sehr wohl, daß der Gesamtzusammenhang allen Geschehens nicht von den endlichen Subjekten selber, sondern von Gott bestimmt ist (→7700–7705; 8077f). So begegnet Brünnhilde in der ihr Selbstsein brechenden Macht Siegfrieds die Schicksalsmacht Gottes (→2780).

6752–6757: Flut und Welle sind Bilder für das Leben in der Welt (→6773–6786). Das »Bild« des Menschen ist das Bild seiner selbst, das er in der Weltwirklichkeit realisieren möchte. Das Bild ist also sein Selbstsein. Nur der unerfahrene Mensch kann glauben, daß bei der Berührung mit der Lebensflut und ihren Wellen sich ein ruhig vollendetes Selbstsein aus all den Lebensinhalten herausbilden werde (→4416f; 6749ff). Vielmehr bleibt das Gesamtbild des menschlichen Lebens – die Gesamtgestalt, die seine Antriebe, sein ganzes Sehnen (→6784ff), erstreben – eigentümlich gebrochen, weil der Mensch nie alle ihm einmal begegnenden Ereignisse und seine eigenen Wandlungen vorausschauend überblicken und rückschauend erinnern kann, daß er eine in sich abgeschlossene Ganzheit darstellen würde. Menschliches Leben vollzieht sich in Entwurf und Korrektur eines Selbstbildes. Der Mensch ist sich selbst immer nur sozusagen als Bruchstück gegeben und findet in keiner Gegenwart die volle Erfüllung, die den Drang nach weiteren Erlebnissen und Taten beseitigen würde (→7249-7252). Auf der anderen Seite kann der Mensch nicht, um die Bruchstückhaftigkeit zu vermeiden, den Kontakt mit der Welt meiden und, statt sich dem mühsamen Prozeß einer wirklich zu vollziehenden Heraus-Bildung seines Selbstseins zu überlassen, einem lebensfernen Phantasiebild seiner selbst huldigen, wie Brünnhilde das vorschlagen wird (→6758-6763), weil sie um die Zerstörungsträchtigkeit des endlichen (→2831-2834) menschlichen Selbstvollzugs (→2634f) weiß und dieses Zerstörerische fürchtet (→6718ff). Aber das Handeln kann der Mensch nicht vermeiden, auch wenn er kurzsichtiges und damit zerstörerisches Tun dabei riskieren muß. Daß bei aller Zerstörungsträchtigkeit menschlichen Tuns der Lauf der Geschichte nicht die Richtung zum Chaos nimmt, kann der Mensch zwar anzustreben sich bemühen, er kann es aber nicht durch eigene Planung sicherstellen (→E17-E20), sondern muß es von der göttlichen Lenkung (→8077f), die in Weisheit alles einrichtet (→6918-2ff), erhoffen.

6773-6786: Flut (→6781) oder deren Welle (→6777) dienen im »Jungen Siegfried« als Bild für den Weltlauf, in dem sich das individuelle Streben ja vollzieht: »wem die furcht die sinne nicht scharf gefegt – blind und taub in der welt schlingt ihn die welle hinab« (JS 115). Auch in den gegenwärtigen Versen ist die Flut der Weltlauf, weil sie das Element ist, in dem Siegfried sein ganzes Sehnen stillen (→6786), also sein Selbstsein verwirklichen will. Diese Verwirklichung aber kann man nur in der Welt zu erreichen versuchen, wenn man sie auch in den dort begegnenden Endlichkeiten nie völlig wird erreichen können (→7249-7252). Hier verkörpert nun Brünnhilde für Siegfried diese Flut des ganzen Lebens. Brünnhilde ist in der Tat das göttliche Wissen von den großen Weltzusammenhängen (→6623ff), das dem Menschen von Gott anlagemäßig mitgegeben ist; Siegfried aber wird es aus Gedankenlosigkeit nicht einüben und einsetzen (→7071-7074), weil er in maßloser Selbstüberschätzung (→7367f) glaubt, sein Leben aus der Kraft seiner eigenen, eben errungenen Freiheit (→6465f) heraus ohne göttliche Lenkung (→5389f) führen zu können.

6876: Altisländisch »ragnarökkr« heißt »Götterverfinsterung« und wurde mit »Götterdämmerung« übersetzt (Duden VII 229). In der Edda ist vom »ragnarök« – das ist das Schicksal der Götter, ihr Untergang – die Rede (Thule II 40/31; 41/36; 42/45). Daß dieses Schicksal (rök) mit jener Verfinsterung (rökkr), die als solche nicht schon den Untergang meine, erst sekundär ineinsgesetzt oder gar verwechselt (Duden VII 229) worden sei, ist zweifelhaft, wenn man bedenkt, daß »rökkr« (Verfinsterung) auch mit dem griechischen Wort »erebos« verwandt ist, das den Totengrund – also ebenfalls das Reich des Unterganges – bezeichnet (Ström 190, Anmerkung 100).

In der Schlacht der Götterdämmerung gehen die weltordnenden (→334) Götter zugrunde (Thule II 41/40-42/43; Thule XX 111f), und die ganze Welt fällt in »grauenvolle Verwüstung« (Peterich 84 [255]; Thule II 42/44f; Thule XX 110f). Der im göttlichen Willen selbst gegebene Widerstreit (→2570f; 2601f; 2927f) von Weltordnungsmacht und Liebe zur zerstörerischen endlichen Freiheit (→2780) kann in der zeitunterworfenen irdischen Wirklichkeit nicht als versöhnt sichtbar werden (→1692ff; 2933-2936), sondern führt zunächst zum Sieg der Zerstörung. Dieser Sieg ist aber nicht endgültig. Aus der Zerstörung selbst heraus erhebt sich eine neue Welt. Die Zerstörung ist also nicht nur und nicht in Wahrheit Zerstörung, sondern der Keim von Ordnung und Unzerstörtheit: »Wieder werden die wundersamen goldnen Tafeln im Gras sich finden, die vor Urtagen ihr eigen waren. Unbesät werden Äcker tragen; böses wird besser: Balder kehrt heim; Hödur und Balder hausen in Walhall« (Thule II 43/48f). Die Heimkehr Balders zeigt an, daß die Selbstseine der Weltwesen nicht mehr zerstört, sondern vielmehr bewahrt werden (→6946). Der Baldertöter(-zerstörer) Hödur und der getötete (zerstörte) Balder wohnen versöhnt beisammen. Die neue Welt ist also nicht mehr vom unversöhnten Zwiespalt (→3015) zwischen selbstseinerhaltender Ordnung und zerstörerischer Freiheit bestimmt, sondern sie stellt die vollendete Versöhnung beider dar. Auch das im irdischen Leben immer unerfüllt bleibende (→7249-7252) menschliche Streben wird völlig erfüllt sein, denn ohne weitere Anstrengung bieten die Äcker Nahrung und »die Toten wandeln von Hügel zu Hügel hinan zu den himmlischen Höhen und den heiligen Wohnungen des Weltenvaters« (Peterich 85 [256]; →3260-3265). Freilich ist diese Vollendung in der Zerstörung auf geheimnisvolle Weise verborgen, weil menschlicher Einsicht ja nicht zugänglich ist, *wie* aus der Vernichtung das Neue, ja die Vollendung folgen könnte. Die Nichtendgültigkeit der Zerstörung ist unsere alltägliche Erfahrung, in der aus jeder Vernichtung neues Entstehen wächst. Diese Erfahrung extrapoliert der Germane gewissermaßen auf das Ganze des Weltprozesses und nimmt an, daß die endgültige Entscheidung zwischen Zerstörung und Bewahrung zeigen wird, daß die Zerstörung selber ein verdecktes Erhaltungsmoment ist. Welche Macht aber ist es, die die Versöhnung von Zerstörung und Erhaltung verbürgt? Diese Frage bleibt im Germanischen unbeantwortet, außer man ist bereit, den Hinweis der Völuspa auf »inn riki« nicht als ungermanischen christlichen Einschub anzusehen (Thule II 43 Anmerkung 51), sondern ihn als Bekenntnis zu einem indogermanischen Hochgott zu lesen (Ström 161ff), dessen verborgene Wirksamkeit über die der anderen Götter hinausgeht. Die Walhallgötter, die das Göttliche nur insoweit darstellen, als es sich in der irdischen Wirklichkeit (eben als unversöhnter Widerspruch) bekundet (→6141ff), müssen jenem Hochgott gegenüber als unvollständige Gottesvorstellungen aufgehoben werden (→6238f; 6252ff). Diese Aufhebung geschieht innerhalb des Geschichtsprozesses dahingehend, daß die in den Göttern *einer* Epoche oder *eines* Kulturraumes angesprochenen göttlichen Taten überschritten werden auf die Anerkennung der Götter anderer Zeiten und Völker hin, in denen sich ebenfalls Gott, aber in anderen Taten, bekundet. Vom zeitenthobenen Standpunkt Gottes (→1672–1675) außerhalb der Geschichte aus gesehen, heben sich die *räumliche und zeitliche Trennung* dieser Götter und ihr *Widerstreit* auf in die zeit- und raumlose Einheit der göttlichen Immanenz (→6170; 6175f). Das *Pantheon* aller Götter beinhaltet die *Götterdämmerung* für jeden einzelnen Gott, weil bei keinem stehengeblieben werden kann, wenn wirklich Gottes *alles*umfassendes Walten dargelegt werden soll; diesem Inbegriff der Götter dämmert selber die Aufhebung seiner irdischen Gestalt und Zeitlichkeit in die geheimnisvollen Tiefen (→6121ff) der Ewigkeit Gottes (vgl. Huber [3] 133–139). Sollte der in der Völuspa angesprochene Hochgott, der auf nicht näher bezeichnete (also verborgene) Weise da wirkt, wo die Wirksamkeit der vielen Götter endet, tatsächlich vorchristlich sein, dann bliebe die Frage, ob die dieser *Gottesvorstellung* zugeschriebene Erlösungsabsicht der Welt gegenüber *Gott* selber tatsächlich hat oder ob eine menschliche illusorische Wunschvorstellung am Werk ist. Über die göttlichen Absichten kann nur Gott selber den Menschen unterrrichten. Wenn im Christentum die von ihm behauptete Selbstbekundung des göttlichen Erlösungswillens tatsächlich gegeben ist, dann begründet und bestätigt das Christentum die hoffende Ahnung des Heidentums, die sich in jenem Hochgott Ausdruck verschafft (→8879; 8949).

6880–6882–6884–6886: Brünnhilde identifiziert sich ganz mit Siegfried, also der endlichen Freiheit, die aus Beschränktheit (→2831–2834) oder Bosheit (→5348ff) zerstörerisch handelt (→7071–7074) und so über kürzer oder länger die Welt in die Vernichtung führen kann (→1490f). Da Gott selbst die endliche Freiheit geschaffen hat (→2605f; 2636) und auch selber die Liebe Brünnhildes zur endlichen Freiheit will (→3985), ist die von der Freiheit bewirkte Vernichtung letztlich selber göttlichen Ursprungs und »nebelt« deshalb herein (→7602ff). Insofern in der göttlichen *Nacht* aber nicht nur die zur Versöhnung von unzerstörter Weltordnung und zerstörerischer endlicher Freiheit unfähigen Walhallgötter (→2933–2936) anzutreffen sind, sondern vor allem das göttliche Geheimnis (→1692ff) der Erda (→1678) waltet (→6159ff), wird die »Nacht der Vernichtung« der Anbruch ewiger Erhaltung und Erfüllung sein (→6118).

Dritter Tag:

Götterdämmerung

Vorspiel

6901f: Loges Heer ist das Feuer mit seinen sich weit ausbreitenden Flammen. Möglicherweise ist bei Wagner eine Erinnerung daran mit im Spiel, daß bei der germanischen Götterdämmerung Loki das Heer der Leute aus Muspellheim (das ist das uranfängliche Feuerreich [→990]) anführt: »Ein Kiel fährt von Osten, Es kommen Muspells Leute übers Meer, Und Loki steuert« (Thule XX 112); außerdem sind die bei der Götterdämmerung gegen die Götter kämpfenden Ungeheuer, Fenriswolf und Midgardschlange, Kinder Lokis (Thule XX 76). Bei Wagner ist es ebenfalls Loge, der die Götter in der Götterdämmerung vernichtet, aber seine »Streitmacht« ist nur das Feuer, also er selbst (→1822ff), mit all seinen Flammen. Loge wird hier als der Herr des Feuers von der feurigen Lohe selbst unterschieden. Sonst wird er mit dem Feuer identifiziert (→4130–4137; 6989f; 6998–7001).

6903f: Die Nornen weben ihr Geflecht, das die Weltzusammenhänge abbildet (→1682f), im Element der Nacht, weil dieses die Einheit der Wirklichkeit, das heißt das Zusammenhängen der differenten Einzelwesen untereinander, repräsentiert (→6118).

6905f: Nach eddischer Vorstellung wird das Nornengewebe oder -gespinst vom Mittelpunkt der Welt her ausgespannt, ohne daß dieser Mittelpunkt näher bezeichnet würde: »goldnes Gespinst spannten sie aus, festend es mitten im Mondessaal« (Thule I 162/3), das heißt in der Mitte der Welt (→6164f). An anderer Stelle überliefert die Edda, daß der Mittelpunkt der Welt die Weltesche sei, an welcher drei Nornen erscheinen (→6909–6913). Diese Nornen haben allerdings weder Seil noch Gespinst. Der »Ring« verbindet beide eddischen Nachrichten so, daß die Nornen ihr Seil an der Weltesche festknüpfen (→6909), bis diese verdorrt (→6927–6930). Da das im Nornenseil abgebildete Weltgewebe (→1682f) eines Zentrums bedarf, um nicht ins Chaos zu zerfallen (→6918), die Weltesche als haltgebende Achse aber jetzt ausfällt, erhebt sich für die Nornen die Frage, an welcher zentralen Instanz das Weltganze nunmehr seinen Halt finden kann (→6935–6938; 6958f).

Vor 6907: Wie in der Edda das Nornengespinst golden ist (→6905f), so ist das Nornenseil im »Ring« golden. Darüber, daß das Seil an einer Tanne festgeknüpft wird →6935–6938.

6909f: Die Weltesche ist der Weltbaum (Golther 527–531), der die verschiedenen Bereiche der Welt untereinander verbindet (→6911ff) und so der ganzen Welt tragenden Halt gibt (Peterich 22f [203f]). An diesem Zentrum der Welt namens Yggdrasil (das heißt »Yggs = Odins Pferd« [Ström 117]) »sollen die Götter jeden Tag Gericht halten« (Thule XX 62f), wohl weil das, was für jedes Einzelwesen das Rechte ist, sich von dessen Ort im Ganzen her ergibt, welcher Ort aber eben einzig vom Zentrum des Ganzen aus überblickt werden kann (→6914–6917). Ohne ein solches Zentrum würden die gegenstrebigen Einzelwesen sich gegenseitig vernichten. Das Weltzentrum verbürgt die sinnvolle, das heißt unchaotische, Ordnung der Wirklichkeit (→6918).

Im »Ring« ist die Weltesche nur bis zum Auftreten des menschlichen Geschichtshandelns Weltzentrum. Das aber besagt, daß sie für das, was mit dem Geschichtshandeln *neu* in die Wirklichkeit kommt, keine Zentralität besitzt. Das Neue am Geschichtshandeln ist seine *kulturelle* statt einer bloß natürlichen Bestimmtheit (→6923–6926). Da die Weltesche ihre Zentralität mit dem Auftauchen der menschlichen Kulturfähigkeit verliert (→6927–6930), ist sie Zentrum *bloß der Natur*, nicht aber auch der kulturellen Welt endlicher Freiheit. Daher hatten die das Weltgewebe abbildenden Nornengewebe ihren Mittelpunkt (→6164f) »*einst*« – also vor dem Auftreten der endlichen Freiheit – in der Weltesche. Jetzt – nach dem Auftreten menschlicher Freiheit – bedarf es eines neuen, Naturordnung *und* menschliche Kulturfähigkeit je in sich und untereinander integrierenden Zentrums aller Wirklichkeit (→6946). Daß die Nornen an der Weltesche zu finden sind, ist eddische Überlieferung: »Von dort kommen Frauen, drei, aus dem Saal unter den Ästen, allwissende« (Thule II 76/8). Bei Snorri heißt es: »Am Fuß der Esche beim Brunnen [→6914–6917] steht ein schöner Saalbau, aus dem kommen die drei Mädchen, deren Namen sind Urd, Werdandi und Skuld [→1679ff]. Diese Mädchen bescheren den Menschen das Leben [→6164f]; wir nennen sie Nornen« (Thule XX 64).

6911ff: Bei Snorri Sturluson lesen wir über die Weltesche: »Die Esche ist der größte und schönste aller Bäume, ihre Zweige breiten sich aus über die ganze Welt und ragen über den Himmel hinauf; sie hat drei Wurzeln, die sie tragen und sich weit in die Breite erstrecken: die eine liegt im Asen- [Götter-], die zweite im Reiffriesenlande – da, wo einst das Ginnungagap [→1676f] war –, die dritte liegt über Nebelheim« (Thule XX 63). Dieser Text bezeugt den Reichtum an Zweigen oder Ästen der Weltesche und ihre weltumspannende Weite. Mittels der sich durch die ganze Welt erstreckenden Zweige und Wurzeln sind alle Bereiche der Wirklichkeit an den Stamm der Esche als *zentrale Achse der ganzen Wirklichkeit* rückgebunden. Diese Rückbindung läßt die diversen Wirklichkeitsbereiche in sich und untereinander sinnvoll geordnet statt chaotisch zerstörerisch (→6918) sein.

Der Eschencharakter der Weltachse insinuiert, daß das Zentrum, aus dem heraus sich alle Verflechtungen der Wirklichkeit (oder auch nur der Natur [→6909f]) überblicken lassen, sich unserer Empirie erschließe, da wir ja empirisch wissen, was eine Esche ist. Daß sich das Zentrum der Wirklichkeit unserer Erfahrung aber tatsächlich nicht (→8077f) im Letzten erschließt, sondern verborgen bleibt, drückt der germanische Mythos dadurch aus, daß er die Weltesche den Baum nennt, »da jedem fremd, aus welcher Wurzel er wächst« (Thule II 172/2, vgl. Anmerkungen und Ström 116f; eine ähnliche Formulierung über einen anderen Baum findet sich Thule II 108/14, vgl. Anmerkung und Ström 254). So ist der letzte Urgrund, aus dem das Wirklichkeitszentrum sich entfaltet, unserer Erfahrung entzogen. Wir sehen zwar, daß die Natur und ihre Ordnung, weil das Dasein von beidem nicht selbstverständlich ist (→1676f), von einem Urgrund oder Wurzelgrund abhängig sind, der begründet, daß es überhaupt Natur gibt, und der bestimmt, daß sie so beschaffen ist, wie sie es ist (und nicht anders). So sehr wir aber die *Wirkung* jenes Urgrundes als Naturordnung anschaulich vor uns haben, so verborgen ist unserer Erfahrung das innere Funktionieren der *Ursächlichkeit,* die derselbe besitzt: Wir erfahren und schauen an die Wirkung des Wurzelgrundes, nicht aber die »Handlungsart« (Kant [2] 410), mittels derer er Ursache ist, also die Art und Weise, wie er die Wirkung hervorgebracht hat und hervorbringt. Im »Ring« ist von der Wurzel der Weltesche nicht dir Rede (→6951–6956). Der letzte Urgrund bleibt so ohne Darstellung durch ein Element unserer Naturerfahrung. Der letzte Urgrund aller Wirklichkeit ist im »Ring« Erda (→6118), deren stofflich empirische Dimension (»Erde«) bis zur empirischen Darstellungslosigkeit aufgehoben wird (→1678).

6914–6917: Im Schatten der Äste der Weltesche sieht Wagner den Quell liegen, der nach eddischer Vorstellung unter einer der Wurzeln der Esche (→6911ff) entspringt: »Unter jener Wurzel aber, die zu den Reiffriesen hinüberliegt, ist der Mimirbrunnen, in dem Scharfsinn und Verstand verborgen sind. Mimir ist der Name seines Besitzers, und dieser ist voll Weisheit, weil er aus dem Brunnen trinkt« (Thule XX 63). Der Quell im »Ring« führt ebenfalls Weisheit in seinem Wasser. Weisheit ist das Wissen von der Gesamtwirklichkeit und ihren inneren Zusammenhängen (→6170). Der Weisheitsquell verkörpert daher das *Wirklichkeitsganze.* Die innere Ordnung dieses Ganzen, die in einer das Chaos verhindernden Bezogenheit mannigfaltigster differenter Wesen und Bereiche auf ein Zentrum besteht, ist schon in der Weltesche mit ihrem Astgefüge symbolisiert (→6911ff). Das Fließen oder *Rinnen* des Quells ist es, worauf es jetzt ankommt. Dieses drückt aus, daß die Wirklichkeit keine statische Ordnung, sondern ein geordnet ablaufendes *Geschehen* ist; es ist ruhig »rinnend«, also ohne große innere Unterschiede, in sich *gleichförmig:* Die eine Naturordnung, nämlich das Astwerk der Weltesche, vollzieht sich in den verschiedenen Abschnitten der verrinnenden Zeit immer wieder auf dieselbe Weise. Das »Gewell« bildet die Schwankungen im Naturverlauf ab, die aber doch immer dieselben Grundordnungen ausgestalten. So ist das »Gewell« Abbild der nicht ganz eindeutig, sondern (modern gesprochen) bloß statistisch determinierten Abweichungen und Variationen im Naturverlauf. Wie die Weltesche stellt auch der Quell nur die Ordnung der *Natur,* nicht aber der geschichtlichen Welt, als der Einheit von Natur und *Kultur* (→6923–6926), dar (→6909f), weil er nach dem Auftreten der endlichen Freiheiten versiegt (→6931f).

Nach eddischer Überlieferung befinden sich unter der Weltesche noch weitere Brunnen. Hwergelmir, »das Wasser des Urwerdens« (Peterich 22 [203]), hat für Wagner keine Bedeutung. Anders ist es mit folgendem Brunnen: »Die dritte Wurzel der Esche liegt im Himmel, und unter dieser Wurzel ist ein besonders heiliger Brunnen, der Urdbrunnen. Dort haben die Götter ihre Gerichtsstätte« (Thule XX 63). Dieser Urdbrunnen ist wohl mit dem Mimirquell identisch (Ström 254). Im »Ring« findet sich nun zwar die Weisheit des Mimirquells, vergeblich aber suchen wir das Göttergericht am Urdbrunnen (→1731). Wenn man jedoch davon ausgeht, daß ein Gericht das *für einen jeden Rechte* zuteilen soll, dann ist freilich in Wotans vertraglichem Zusammenschluß der endlichen Freiheiten (→6942f) ein solches Zuteilen des Rechten gegeben, weil das Vertragssystem das Chaos verhindern und jedes endliche Freiheitssubjekt *es selbst sein,* also das *für es Rechte* finden und erhalten lassen will (→6918). Selbst in der Zerstörung eines Einzelwesens oder eines Gefüges von Einzelwesen verlieren diese ihr Selbstsein nicht, weil dieses im göttlichen Urgrund (Erda) zeitüberhoben gegenwärtig bleibt (→1672–1675).

6918: Das »da« meint entweder die *Zeit,* als der Quell noch nicht versiegt (→6931f) und die Weltesche noch nicht verdorrt (→6930) war, oder den *Ort,* an dem die Norn sang, also den Welteschequell. Im Quell ist die Weisheit verkörpert, das heißt das Wissen über die inneren Zusammenhänge der ganzen natürlichen Welt (→6914–6917). Diese inneren Zusammenhänge gibt die Norn singend kund als »heil'gen Sinn«. Der Weltzusammenhang wird als *heiliger* verkündet, weil die Norn ihn nicht tätig verändert (→6167ff), sondern unversehrt in seinem Eigenablauf zur Kenntnis gibt. Die Wirklichkeit ist *sinnvoll* geordnet, weil sie nicht chaotisch zerfällt. Diese Sinnhaftigkeit setzt der »Ring« hinsichtlich der Natur stets voraus, und hinsichtlich der endlichen Freiheitsvielfalt ist die Frage, wie sie sinnvoll geordnet (und dabei doch als Freiheit bewahrt) werden könne, das zentrale Thema Wotans. Da, wo der Begriff sonst im »Ring« vorkommt (→1817; 2565; 2962; 3775; 6076; 6087; 6316), bezeichnet er nicht (wie im gegenwärtigen Vers) den Weltzusammenhang als ganzen, sondern Teilzusammenhänge. Der Sinn als Weltzusammenhang, das heißt als Zusammenhang aller Teilzusammenhänge, wird von Erda – dem göttlichen Urgrund (→6118) – geschaffen und erhalten (→6159ff). Da in unserem Kommentar der Sinnbegriff öfter in Anspruch genommen werden muß, um das von der Dichtung bildlich Dargestellte verständlich zu machen, soll hier, wo der Begriff im Text Wagners selber ausdrücklich in dieser umfassenden Bedeutung vorkommt, in Grundzügen angegeben werden, was mit dem »Sinn« als der inneren Struktur der Wirklichkeit gemeint ist.

(1) *Selbstsein*: Vom Sinn einer Sache oder eines Wesens sprechen wir in zweifacher Hinsicht. Etwas ist erstens sinnvoll, wenn es eine Bedeutung oder Funktion *für ein anderes* hat. Der Sinn liegt dabei nicht in dem bedeutsamen Wesen selber, sondern in dem, wofür es bedeutsam ist. Daß ein Wesen auf diese Weise sinnvoll ist, besagt, daß es ist und sein soll, aber nicht um seiner selbst, sondern um eines anderen willen. Etwas ist zweitens sinnvoll, wenn es nicht um eines anderen, sondern um *seiner selbst* willen sein soll. Jedes Wesen, das uns in der Wirklichkeit begegnet, ist in beiden Hinsichten sinnvoll. In seinen Daseinsvollzügen verfolgt jedes Wesen sich selbst als Zweck. So fressen Tiere etwa, um selbst zu leben, nicht aber, um, gutgenährt, anderen Tieren und Menschen als Speise dienen zu können. Auf der anderen Seite dient jedes Wesen, wenn es selber von anderen benützt wird, als Mittel für den Zweck dieses anderen Wesens. Beim Sinn geht es also immer um *Selbstsein*: um das des betreffenden Wesens selber oder um das eines anderen. Dieses Selbstsein *soll* sein, und das dem Seinsollenden Förderliche ist *sinnvoll*. Wer setzt nun aber fest, welches Selbstsein sinnvoll ist, also sein soll, und welches nicht? Im Daseinskampf gehen die Einzelwesen davon aus, daß eher sie selbst als die anderen sein sollen. Dieses Seinsollen schreibt sich jedes Wesen selber zu, der Mensch bewußt, die übrigen Wesen unbewußt, indem ihre Daseinsäußerungen immer auf die Sicherung und den Vollzug ihres je eigenen Daseins zielen. Alles, was ist, ist dadurch, daß es überhaupt ins Dasein gekommen ist und von der Dynamik beseelt wird, sich selbst zu vollziehen (vom zerfallenden Elementarteilchen, das darin seine Eigenheit realisiert, bis hin zum menschlichen Selbstvollzug [→2634f]), für die Zeit, die es da ist, seinsollend und also Sinnträger. Welche Wesen aber überhaupt ins Dasein treten und wie lange sie auf diese Weise am Seinsollen oder Sinn teilhaben, entscheiden nicht die einzelnen Wesen selber, sondern entscheidet die den Wirklichkeitsprozeß insgesamt bestimmende Macht Gottes (→5449f) dadurch, daß sie den Wirklichkeitsprozeß gerade diese Wesen gerade für diese Zeitspanne hervorbringen läßt.

(2) *Chaoslosigkeit*: Die die Welt erfüllenden Einzelwesen sind von untereinander höchst gegenstrebigen Antriebs- und Wirkungsrichtungen (→5449f). So behindern und stören die einzelnen Wesen sich in Ausübung ihrer Daseinsvollzüge gegenseitig (→2535f). Die gegenseitigen Behinderungen wachsen aber nicht so stark an, daß sich die speziellen Daseinsvollzüge der einzelnen Wesen gegenseitig aufhöben und so die Wesen sich untereinander zerstören würden. Anders gesagt: Die Gegenstrebigkeit der Einzelwesen führt *nicht in chaotische Zerstörung*, sondern das Gegeneinander ist vielmehr so organisiert, daß es die Einzelwesen gerade in der Differenziertheit ihres jeweiligen Selbstseins, jedenfalls für eine längere oder kürzere Zeitspanne, fördert. Wenn auch die einzelnen Wesen und viele Arten nach gewisser Zeit zugrunde gehen, so entstehen doch im evolutiven »Kampf (aller gegen alle) ums Dasein« immer komplizierter funktionierende Gestaltungen, statt daß die durcheinander und gegeneinander laufenden Entwicklungslinien sich gegenseitig am Funktionieren immer mehr und schließlich völlig hindern würden. Diese Sinnhaftigkeit der Wirklichkeit ist nicht nur Gegenstand des Gesanges der Norn, sondern auch der biblischen Weisheitsliteratur: »Das eine bestärkt die Vortrefflichkeit des anderen, und wer kann sich ersättigen am Anblick ihrer Schönheit?« (Sir 42, 25; über die Schönheit eines Wesens →294ff).

(3) *Ordnung kraft Weisheit*: Das unchaotische Zusammenspiel der Einzelwesen untereinander ist nicht selbstverständlich, sondern unwahrscheinlich und erstaunlich. Es gibt nämlich, wegen der Vielheit und Verschiedenheit der Einzelwesen, unvorstellbar viele Möglichkeiten für ihr Aufeinanderwirken; nur eine verschwindend geringe Anzahl dieser Möglichkeiten führt dazu, daß die Einzelwesen nicht, sich gegenseitig zerstörend, ins Chaos fallen, sondern, sich gegenseitig ergänzend, so zusammenwirken, wie wir es von der Welt unserer Erfahrung kennen: sinnvoll, das heißt als ein Gefüge, in dem das Ganze die Einzelwesen fördert und die Einzelwesen das Ganze fördern. Schon eine wenig komplizierte Maschine kann nicht ohne weiteres mit Geräten oder Ersatzteilen einer ihr fremden Wirkungsart zusammengespannt werden, ohne ihr eigenes Funktionieren zu gefährden. Nicht wahllos und zufällig, sondern in *sorgfältiger Auswahl*, die das *Selbstsein* aller beteiligten Geräte berücksichtigt, muß das Zusammenwirken der Maschine mit anderen organisiert werden. Mit anderen Worten: Es muß sinnvoll statt zufällig organisiert werden. Dies gilt selbstverständlich in noch viel höherem Maße von der gewaltigen Komplexität des ganzen Wirklichkeitsgeschehens. Sinn (statt Chaos) kann sich nur in der Auswahl der jeweils zum Selbstsein der beteiligten Wesen passenden Verknüpfungen und in der darin implizierten Ausblendung der überwältigenden Vielzahl aller zufällig möglichen Kombinationen der Einzelwesen *herstellen* und im Festhalten dieser Ausblendung durch den weiteren Geschehensverlauf hindurch *erhalten*. Die zukünftige Entwicklung der zum Sinngefüge integrierten Einzelwesen und Teilzusammenhänge muß bei der Einrichtung des Gefüges von Anfang an irgendwie gegenwärtig sein, weil nur unter Berücksichtigung der zukünftigen Änderungen im Gefüge der Sinn, also die Chaoslosigkeit, dauerhaft organisiert werden kann. Jeder bestehende Sinn ist also nur möglich kraft eines in seiner Organisation wirksamen *Überblickes* über die oft hochkomplexen Eigenarten der zum Sinngefüge integrierten Wesen und über die darin vorhandenen Möglichkeiten ihres unchaotischen Zusammenspiels sowie, möglichst weitreichend, über die zukünftigen Entwicklungen der zum Sinngefüge integrierten Einzelwesen und Teilzusammenhänge und des Umfeldes des betreffenden Sinngefüges. Solcher weitreichende Überblick ist *Weisheit* (→6170).

Sinn ist daher nicht aus Zufall zu erklären, denn zufällig eintretendes Geschehen ist nicht mit dem vorhergehenden und nachfolgenden Geschehen abgestimmt und kann daher die Konstanz des Sinnes nicht begründen. Zwar vollzieht sich das Wirklichkeitsgeschehen im einzelnen zufällig, aber der überall anzutreffende selbstseinerhaltende Sinn weist auf die Wirksamkeit von Prinzipien, die das Chaos verhindern, indem sie das zufällige Spiel der einzelnen Geschehnisse selbstseinerhaltenden allgemeinen *Ordnungen* unterwerfen und diese Ordnung dadurch konstant erhalten, daß sie dem vergangenen und dem zukünftigen Geschehen Rechnung tragen. Solche sinnverbürgende Prinzipien finden sich in allen Wirklichkeitsbereichen und auf allen Wirklichkeitsebenen – vom Elementarteilchen bis zur Weltgeschichte – und sind von allgemeinerer (Atomstruktur, Gravitation) oder beschränkter (Vererbungskonstanten, chemische Gesetzmäßigkeiten) Reichweite. Müssen sich diese ordnenden Prinzipien aber deswegen, weil in ihnen Vergangenheit und Zukunft berücksichtigt sind, einem weisen Überblick verdanken? Könnten sie nicht ihrerseits durch Zufall entstanden sein, so daß die letzte Ursache des Sinnes doch der Zufall wäre? Sind (anders gefragt) die Ordnungen zufällig eingeklinkt oder sind sie Setzungen einer sinnstiftenwollenden Instanz? Da sich die einzelnen in der Welt vorfindlichen Ordnungen äußerst vielfältig unterscheiden, dennoch aber miteinander verträglich sind, müßte der Zufall nicht nur viele Ordnungen hervorgebracht haben, sondern auch noch solche, die – wiederum zufällig – zusammenpaßten. Selbst wenn man dieses Zusammenpassen evolutionstheoretisch durch die Annahme erklären will, daß viele der entstandenen Ordnungen tatsächlich nicht zusammenpaßten, durch Ausscheiden der unpassenden aber doch ein Zusammenspiel erreicht wurde, muß man voraussetzen, daß erstens zufällig *viele Ordnungen* (statt der wahrscheinlicheren Unordnung) entstanden sind und daß zweitens die zu den einmal vorhandenen schließlich passenden Ordnungen zufällig *eher* auftauchten, als sich die unvereinbaren Ordnungen gegenseitig zerstören konnten. Angesichts dieser Häufung von Zufällen scheint es einleuchtender, auf eine Sinnstiftung zu schließen, die aus weisem Überblick über die Geschehenszusammenhänge und all ihre Möglichkeiten heraus errichtet wurde.

(4) *Götter und Gott*: Wer aber besitzt die Weisheit und taugt so zur Errichtung von Ordnungen in der Wirklichkeit? Als ordnende Instanzen kommen jedenfalls nicht die Einzelwesen selber in Betracht, weil sie wegen ihrer Endlichkeit nicht über den erforderlichen Überblick verfügen. Im untermenschlichen Bereich sind die Daseinsvollzüge eines Elementarteilchens, einer Pflanze, eines Tieres an der Erhaltung und Äußerung des eigenen Daseins, nicht aber am Nutzen für das Selbstsein anderer orientiert. Der Mensch ist zwar selber sinnstiftend tätig, insofern er das Selbstsein von Wesen oder Sachverhalten außer ihm ebenso zum Ziel seines Handelns macht wie sein eigenes Selbstsein (→4385–4388). Aber das menschliche Individuum hat nicht den universalen Überblick, der es ihm erlauben würde, die Zusammenstimmung aller einzelnen Abschnitte seines eigenen Lebens, die Zusammenstimmung seiner Lebensvollzüge mit denen aller anderen Menschen und schließlich die Zusammenstimmung der menschlichen Lebensäußerungen mit der ganzen Natur und ihren Ordnungen zu planen oder gar sicherzustellen (→2831–2834). Ist der Überblick des menschlichen Individuums beschränkt, so taugt die menschliche Gattung vollends nicht zur Organisation der Weltordnung: Gattungen planen und handeln nicht, sondern nur Individuen (Herder [2] Zweiter Teil, Neuntes Buch I, 265). In den ordnenden Prinzipien bekunden sich daher Mächte, die dem Menschen überlegen sind und nicht in seiner Verfügung stehen. Deshalb werden sie als *Götter* bezeichnet (→334; 1773; 2630–2633; 6175f; 8077f). Alle die Teilbereichsordnungen hängen untereinander wiederum zusammen zur Welt*ganzheit*. So weisen die alle Wirklichkeitsbereiche durchziehenden und sie untereinander verknüpfenden Ordnungen auf *ein* göttliches Zentrum aller Wirklichkeit, das mit keiner erfahrbaren Größe innerhalb der Wirklichkeit identisch ist, aber in aller Wirklichkeit als schöpferischer *Ursprung* (→1676f) und sinn- oder selbstseinverbürgende *Ordnungsmacht* sowie Garant der *Konstanz der Ordnung(en)* ist*. Gott verbürgt den Sinn kraft seiner allumfassenden Weisheit.

Man anthropomorphisiert den Wirklichkeitsprozeß nicht, wenn man in ihm Weisheit am Werk sieht. Christof Tobler hat dies in einem von Goethe ausdrücklich als seinem eigenen Denken entsprechend bestätigten Fragment so ausgedrückt: »Gedacht hat sie [die Natur] und sinnt beständig; aber nicht als Mensch, sondern als Natur. Sie hat sich einen eigenen allumfassenden Sinn vorbehalten, den ihr niemand abmerken kann« (Tobler 922; vgl. Goethe [4]). Es ist nicht eigentlich die Natur, die denkt, denn nichts von dem, was wir als Natur kennen, ist

---

* Auch derjenige, der behauptet, alles sinnhaft Geordnete in der Wirklichkeit sei ausschließlich Hervorbringung des blinden Zufalls (und der erlebte Sinngehalt insofern eine bloße Täuschung), wird nicht umhin können, so zu tun, als wären zum Beispiel die Äußerungen seiner Frau und seiner Kinder *keine* sinnlosen Zufallsprodukte. Wäre die Aussage eines Kindes, es habe Hunger, bloß eine blind zufällige Hervorbringung, so hätte sie keine Bedeutung, und es wäre dementsprechend völlig gleichgültig, wie man darauf reagiert: durch Überlassung von Brot, durch eine Ohrfeige oder durch sinnloses Lallen; wobei letzteres der unterstellten Sinnlosigkeit der Äußerung besonders gut entgegenkäme. Tatsächlich aber wird auch der Zufallstheoretiker unter all den möglichen Verhaltensweisen, die ihm Laune oder Zufall anbieten, diejenige auswählen, die ihm der Inhalt jener Äußerung – ihr Selbstsein oder Sinn also, und nicht der Zufall – als angemessen zu erkennen erlaubt.

dieses letzte Weisheitszentrum. Es ist vielmehr etwas uns Verborgenes, dessen Denken sich in der Naturordnung ausdrückt. Die Naturordnung ist einem Denken entsprungen, weil die Einrichtung dieser Ordnung sich dem nur durch Denken erreichbaren menschlichen Ordnen verwandt erweist. Jenes naturbegründende Denken vollzieht sich aber nicht wie menschliches Denken, nämlich beschränkt, sondern vielmehr bemerkt der Mensch umgekehrt an der Natur ein Organisationsvermögen, das die Kraft und Reichweite dessen, was er an sich selbst als »Denken« erfährt, weit übersteigt. Es gilt, daß in der Wirklichkeit »sich eine so überlegene Vernunft offenbart, daß alles Sinnvolle menschlichen Denkens und Anordnens dagegen ein gänzlich nichtiger Abglanz ist« (Einstein 18). Demzufolge muß man sagen, daß im vollen Sinne nicht der Mensch, sondern die den Gesamtprozeß der Wirklichkeit organisierende Kraft denkt. Der Mensch erfährt an seinem Denken einen schwachen Abglanz derjenigen Kraft, die am Ort ihrer Fülle – nämlich in »Sinnen« Gottes (→6159ff) – die Wirklichkeit insgesamt ordnet (→6120). Dieses alle Wirklichkeit bestimmende göttliche Zentrum, welches gewährleistet, daß die Welt insgesamt geordnet, das heißt selbstsicheröffnend oder geordnet ist und nicht ins Chaos zerfällt, ist in *Erda* gegeben (→1678).

(5) *Macht und Liebe*: Die Geordnetheit der Welt beruht darauf, daß das Selbstsein der Einzelwesen nicht nur gefördert, sondern auch eingeschränkt wird. Nur wenn die chaosträchtigen Möglichkeiten, die im Selbstsein eines Einzelwesens angelegt sind, entweder ganz ausgeschaltet bleiben oder durch ihr Scheitern am Widerstand anderer Wesen und der Umstände ausgeglichen werden, ist Ordnung möglich. Würden die Einzelwesen in ihrer Gegenstrebigkeit je für sich nur gefördert, so steigerte sich bloß die Gegenstrebigkeit ins Chaos. Erblickt man nun in der dem Selbstsein der Einzelwesen förderlichen Organisation des Wirklichkeitsprozesses die göttliche *Liebe* zur Vielfalt der Einzelwesen, so kann man andererseits in der Behinderung und Zurückdrängung der chaosträchtigen Möglichkeiten, die ja ebenfalls zum Selbstsein der Einzelwesen gehören, die göttliche *Macht* zur Weltordnung erkennen. Die sinnhafte, weil selbstsicheröffnende und -erhaltende, Verfassung des Wirklichkeitsprozesses ist konstituiert vom *Zusammenspiel* von Macht und Liebe. Wie sich in diesen beiden gegeneinander ausschließenden Komponenten die Einheit der Wirklichkeit ausdrücken könne, ist das göttliche Geheimnis der Wirklichkeit und das Hauptthema des »Ring« (→2780).

(6) *Wechselnde Manifestationen des Sinnes*: Nun werden einzelne selbstseiende Wesen und einzelne Gefüge solcher Wesen jedoch auch zerstört. Darin geht offenbar Sinn zugrunde, wenn Sinn die Organisation, nicht die Zerstörung von Selbstsein meint. Es geht aber immer nur einzelnes Sinnhaftes zugrunde, nicht der Sinn überhaupt, weil anderes Selbstseiendes bleibt bzw. neu entsteht. Die in der Wirklichkeit am Werk befindliche Kraft, den Zufall so steuert, daß statt des Chaos gegenstrebige Selbstseiende entstehen und bestehen können, erlischt nicht, wenn einzelne Wesen zugrunde gehen, sondern sie zieht sich sozusagen aus diesen nur zurück und manifestiert sich in der Organisation anderer Selbstseiender. Diese wechselnden und untereinander verschiedenen Manifestationen sind Erscheinungen *einer* Kraft, weil sie untereinander verbunden sind: Das Neue steht in Kontinuität mit dem Alten, weil es *aus* ihm entsteht (sei es aus dem neugestalteten Material des Alten bei den unbelebten, sei es durch Generationenfolge bei den belebten Wesen). So ist etwa das Leben, das ein Wesen in sich trägt, in seinem individuellen Vollzug nicht erschöpft, sondern trägt die Anlage zu vielen Nachkommen in sich. Zwar vollziehen diese Nachkommen ihr Leben selbst, nicht der Ahn, dennoch war das nachfolgende Leben im Dasein des Ahns miteingeschlossen. Die einzelnen Wesen übersteigen aber in der Geschlechterfolge nicht nur die Grenze ihres individuellen Daseins, sondern (sofern die Evolutionstheorie Recht hat) auch die Grenzen ihrer Art. Im genetischen Code der Reptilien ist ja die Daseinsweise der Vögel angelegt (weil sie durch Weitergabe dieses selben genetischen Materials sich entwickeln kann), obgleich das Fliegen (also der Sinn Spezifisches des Daseinsvollzuges von Vögeln) keinerlei Bedeutung für die Daseinsbewältigung eines Reptils je gehabt hat. Kein Reptil konnte das in seinem eigenen Dasein Angelegte in seinem eigenen Dasein auch vollziehen. Wenn ein untergegangenes Wesen in dem, was von ihm bleibt und weiterwirkt, über das Ende seines individuellen Daseins hinausreicht, dann ist in diesem Wesen *mehr* an Selbstsein angelegt, als in seinem Dasein tatsächlich vollzogen wird. Erst in späteren Generationen vollzieht sich das in früheren schon Angelegte. Das gilt auch für Unbelebtes: Den Stahl der Pflugschar kann man zum Schwert umschmieden und umgekehrt. Diese Veränderbarkeit gehört zum Selbstsein des Stahlstückes. Weil es aber immer etwas Identisches ist, das über das individuelle Dasein eines zerstörten Wesens hinaus in anderen Wesen wirksam bleibt (Material, Keimzelle), ist es *dieselbe* wirkende Kraft, die sich in beiden Wesen – dem alten und dem neuen – manifestiert. Eben dieses ist die göttliche Schöpferkraft, und das Hervorbringen immer neuer Wesen durch den Wirklichkeitsprozeß ist die göttliche schaffende Tätigkeit. Gott schafft nicht dadurch, daß beim Entstehen neuer Wesen ein den natürlichen Verlauf sprengendes Ereignis stattfände, sondern dadurch, daß die Natur der einzelnen »alten« Wesen gerade darin besteht, daß in ihnen eine Kraft wirkt, die immer über das Einzelwesen und sein Dasein hinaus wirksam bleibt (→6151f). Diese göttliche Kraft ist nicht nur im Weiterwirken in die Zukunft gegeben, sie läßt sich auch nach rückwärts feststellen: Ein Wesen kann nur es selbst sein, weil es sich von anderen her bezieht, sowohl was sein Dasein als auch was sein Sosein betrifft. Das Selbstsein eines Wesens ruht nicht in ihm, sondern wächst ihm aus seiner Eingegliedertheit in den es selber übersteigenden Zusammenhang mit anderen Wesen zu. Dies gilt nicht nur vom zeitlichen Zusammenhang alter

und neuer Hervorbringungen der Wirklichkeit, sondern auch vom räumlichen Zusammenhang gleichzeitig existierender Wesen. Nur im Zusammenspiel aller je gegenwärtigen Einzelwesen und Teilbereiche der Wirklichkeit kann das Einzelwesen und kann der einzelne Bereich überhaupt dasein und seine spezifische Eigenart besitzen. Ein Zusammenspiel Verschiedenartiger ist aber nur möglich, wenn eine innere Einheit in allen Zusammenspielenden am Werk ist. Es ist also die das ganze Zusammenspiel durchwirkende und in seiner Einheit tragende Kraft, die das Einzelne in seinem Dasein und Sosein hervorbringt und trägt.

(7) *Vollendeter Sinn*: Wenn es *eine* Kraft ist, die überall in der Wirklichkeit Sinn, also Gefüge gegenstrebiger Selbstseiender, hervorbringt, so bringt sich diese Kraft oder eben der Sinn doch in keinem einzelnen Wesen oder Gefüge *ganz* zum Ausdruck. Jedes Wesen drückt sein Selbstsein ja in einer Vielfalt von zeitlich aufeinanderfolgenden Zuständen aus. Das Selbstsein ist aber selber zu keinem Zeitpunkt ganz, also in der Gesamtheit aller Zustände, gegenwärtig, weil immer einige Zustände schon vergangen und andere noch zukünftig sind. Dies ist die *Endlichkeit* alles Irdischen. Die Selbstsein oder Sinn hervorbringende Kraft macht sich nirgendwo im Wirklichkeitsprozeß ganz gegenwärtig. Jedes (irdisch) Wirkliche ist in den räumlichen und zeitlichen Grenzen seines Daseins und Wirkens nur eine beschränkte Manifestation des Sinnes, die andere neben sich hat und an ihrem eigenen Ort einmal von anderen abgelöst werden wird, so wie sie selber frühere ablöste. Vom Sinnbegriff her formuliert: Jede Ausprägung von Selbstseiendheit oder Sinn in bestimmt gearteten Wesen und Gefügen von solchen hat andere neben sich und wird an ihrem eigenen Ort von anderen abgelöst werden, so wie sie selbst andere ablöste. Diese räumlich und zeitlich begrenzten natürlichen und kulturellen Sinngefüge ergänzen einander (was mehr oder weniger sichtbar sein kann), indem die gleichzeitigen untereinander zum je gegenwärtigen Wirklichkeitsgefüge zusammenspielen und indem die neuen Gestaltungen den Ertrag der älteren (wenn auch nicht restlos und nicht immer in unmittelbarem zeitlichem Anschluß) bewahren und das in diesen Begonnene weiterführen. In keinem Wirklichkeitsausschnitt und in keiner Gegenwart aber ist der Sinn vollständig verwirklicht, weil in räumlicher Hinsicht das, als was der Sinn sich anderswo ausprägt, am Ort des Ausschnitts nicht wirklich ist, und weil in zeitlicher Hinsicht das, was er war, schon vergangen und das, was er sein wird, noch zukünftig ist. Die vollständige Wirklichkeit des Sinnes ist daher nur denkbar als *Ende der Geschichte*, verstanden als vollendete Ausprägung des ganzen Reichtums an Sinn oder Selbstsein. Die verschiedenen, im Laufe der Geschichte nacheinander aufgetretenen Realisationsschritte des Sinnes dürften dabei nicht in Vergangenheit verloren, sondern müßten *gleichzeitig* gegenwärtig sein, um sich so zur Ganzheit des einen Sinnes aller Wirklichkeit zu ergänzen (→1688). Die Gleichzeitigkeit aller Sinngestaltungen ist in *Erda* gegeben (→1672–1675).

6919f: Wotan trinkt das weisheitserfüllte Wasser des Nornenquells (→6914–6917) und gewinnt so selber Weisheit, das heißt die Kenntnis der inneren Zusammenhänge der Natur. Kraft dieser Kenntnis kann Wotan die Naturordnung mit der kulturellen Tätigkeit der Menschen zu sinnvollem, das heißt unchaotischem (→6918) Zusammenspiel vereinen. So begründet und eröffnet er die Geschichte (→6923–6926). In den germanischen Quellen wird berichtet, daß Odin an den weisheitserfüllten Mimirbrunnen kam, um sich aus ihm Weisheit zu trinken: »Hierhin kam eines Tages Allvater und verlangte einen Trunk aus dem Brunnen« (Thule XX 63). Wotan im »Ring« erfaßt aber nicht alle Weisheit (→2902–2922), sondern hat nur *Teil* an der Weisheit, deren Inbegriff nicht er, sondern Erda ist (→6175f).

Die Weisheitserwerbung Odins wird in der Edda noch auf eine andere Weise geschildert. Als Odin, sich selbst geopfert, an der Weltesche hängt, sieht und liest er Runenstäbe, die ihm Ungenanntes zeigen (Thule II 172/2f mit Anmerkungen). Außerdem lernt er von Mimir weitere Runen durch Hören einerseits (Thule II 170/3) und durch die Gewährung eines Trankes andererseits, in den (geritzte und dann abgeschabte) Runen gemischt sind (Thule II 170/4; 172/4). Die Runen symbolisieren die inneren Zusammenhänge der Welt, über die Odin folgerichtig durch seine Runenweisheit Verfügungsmacht (in Gestalt von Zauberkraft) erhält (Thule II 172/6 mit Anmerkung; ebd. 173/9). Da Odin nicht der Schöpfer der Welt ist, sind die Runen, in denen ihr Gefüge niedergelegt und offenbar ist, nicht seine Erfindung (Thule II 172/3 und Anmerkung zu 4), sondern er nimmt sie als eine vorgegebene Wirklichkeit auf. Daneben gibt es aber einige Runen, die Odin selbst erst schafft und ersinnt (Thule II 169 C 1). Aus dieser Tradition ist für den »Ring« die Vorstellung wichtig geworden, daß *Runen* die Welt strukturieren (→6944f).

In den germanischen Quellen wird später (Thule II 170/4 Anmerkung) der Zauber- bzw. Weisheitstrank als ein Met aufgefaßt, der die Gabe der *Dichtung* verleiht. Odin stiehlt diesen Met dem Riesen Suttung oder Fjalar (Thule II 151 C 3; ebd. 149f B; Thule XX 120–123). Teile seines Wissens und seiner Dichtkunst macht Odin den Menschen zugänglich, denen dadurch bestimmte Bereiche der Welt so erschlossen werden, daß sie den Handlungsspielraum, den die Eigengesetzlichkeiten der Weltwirklichkeit offenlassen, entdecken und ausgestalten können (Thule II 166ff); außerdem können besonders begnadete Menschen durch den Gott dichten, wie einer von ihnen, Egil Skallagrimson, bezeugt: »Wolfs Feind [Odin], kampfgewohnt, gab Kunst mir ohne Fehl« (Schier 272/24).

6921f: Den Weisheitstrunk (→6919f) bekam nach einer der eddischen Überlieferungen Odin »erst, nachdem er sein Auge als Pfand hinterlegt hatte« (Thule XX 63), das daher »Walvaters Pfand« (Thule II 38/16 und 18) heißt. Im »Ring« geht das Augenopfer Wotans dem Weisheitstrunk *und* der (eddisch nicht überlieferten) Entnahme des Astes aus der Weltesche (→6923–6926) voraus. Das geopferte Wotansauge ist auf eigentümliche Weise mit dem Auge Siegfrieds identisch (→6385–6388).

6923–6926: Wotan ist »der Starke«. Es wird nicht berichtet, daß er die Stärke erst erworben hätte. Die Stärke ist Wotans *Macht*, seine Verfügungsgewalt über die Wirklichkeit (→326f). Während die Stärke des Menschen eine Verfügungsmacht bedeutet, die sich nur auf kleine Ausschnitte der Wirklichkeit beziehen kann, richtet sich die göttliche Verfügungsmacht auf das *Ganze* der Welt: Wotan ergreift daher mit seiner starken Hand den Ast aus der *Welt*esche. In der Weltesche hat die Natur ihr Zentrum, das ihre sinnvolle, also unchaotische Integration verbürgt (→6909–6913). Wotan ergreift aber die schon vorhandene Natur. Er ist nicht selbst die Macht über den Ursprung der Natur und ihrer Ordnung. In Wotan ist daher nicht die schaffende göttliche Macht in ihrem Vollsinn dargestellt, sondern nur insofern sie über die bloße Naturordnung hinaus Neues verfügt. Der schöpferische Inbegriff des Göttlichen ist im »Ring« Erda (→1678), die in den einzelnen Göttern und sonstigen Handelnden ihrem tatsächlich allumfassenden Walten (→6159ff) differenzierte Ausprägung gibt (→6175f).

Was verfügt Wotan an Neuem, indem er die zentrale Naturachse in Gestalt des Welteschenastes in seine Hand bringt? Nach der Gewinnung des Astes wird er zum Urheber des *menschlich freien Handelns*, indem er die endlichen Freiheitssubjekte – die Menschen – in die Welt bringt (→2605f). Menschliches Handeln ist dadurch charakterisiert, daß es über den Rahmen bloß natürlicher (instinkthafter) Bestimmtheit hinausgeht (→2634f). Der Wirklichkeitsprozeß vollzieht sich von da an als spannungsvolle Einheit von bloßen Naturabläufen einerseits und (endlichen) Integrationshandlungen menschlicher Subjekte andererseits. Diese Einheit von natürlichen Abläufen und kulturell bestimmten Handlungen nennen wir *Geschichte*. Die Entnahme des Astes aus der Weltesche und seine Verwendung als Speerschaft stellt nun die Grundstruktur von Geschichte vor Augen, ja eröffnet sie allererst. Wotan verwandelt nämlich den Repräsentanten der *Natur*, den Welteschenast, in eine Sache der *Kultur*, in einen Speerschaft. Der Ast bleibt dabei zwar natürliches Holz, wird aber ineins damit von einer Zwecksetzung überformt, die so in der Natur nicht vorkommt, sondern kulturell ist. Als Werkzeug (bzw. Waffe) ist der Speer nämlich für Situationen entworfen, die im Augenblick seiner Verfertigung gar nicht bedeutsam sind, weil sie noch in der Zukunft liegen. Insofern der Verfertiger eines Werkzeuges die ihm gegenwärtige Situation auf zukünftige hin übersteigt, löst er sich aus der natürlichen Gebundenheit an momentan vorhandene Reize und die entsprechenden Triebreaktionen. Dieses Übersteigen des engen Horizontes gegenwärtig bedeutsamer Reize charakterisiert den Menschen und hebt ihn vom übrigen Naturreich ab (→4410–4415). Natur ist im Menschen

mehr als Natur. Ganz in diesem Sinne gibt der Speer Wotans seinem Träger die Möglichkeit, Ziele durchzusetzen, ohne aber von sich her auf ein bestimmtes Ziel festgelegt zu sein. Der Speer repräsentiert in seiner mannigfaltigen Einsetzbarkeit die ganze Breite der Ziele, die ein freies Wesen sich als Zwecke für seine Tätigkeit vorsetzen kann. Indem Wotan den Ast zum Schaft macht, vollbringt er also keine einzelne Tat, sondern vereinigt das Prinzip der ganzen Natur (*Welt*eschenast) mit dem Prinzip allen kulturellen Handelns (Verarbeitung zum *universal* einsetzbaren Speerschaft). Damit hat er diejenige Einheit grundsätzlich und im Ganzen hergestellt, die in jeder der vielen menschlichen Taten dann in begrenzter Weise und als einzelne konkrete Gestaltung vollzogen wird. Der Schaft ist so der *Inbegriff aller* möglichen einzelnen geschichtlichen Taten. Da der Speerschaft nicht auf einen Teilbereich der Wirklichkeit beschränkt ist, sondern die ganze Welt (nämlich die Einheit ihrer beiden Grundprinzipien Natur und Kultur) virtuell in sich schließt (→6946), ist er Eigentum eines *Gottes* (und nicht bloß menschliches, endliches Werkzeug): »Gott« wird immer die das Ganze der Wirklichkeit umfassende Macht genannt (→1672–1675).

Nun sind aber nicht alle der möglichen kulturellen Zielsetzungen des Menschen so geartet, daß sie mit anderen kulturellen Zielsetzungen desselben oder anderer Menschen und mit den Gegebenheiten der Naturordnung zusammenstimmen. Vielmehr würden sich viele der möglichen kulturellen Zielsetzungen auf Natur und Kulturwelt zerstörerisch auswirken. Um die Gesamtwirklichkeit vor dem Chaos zu bewahren, bedarf es daher einer Integration der verschiedenen kulturellen Handlungen untereinander und mit der Natur derart, daß die zerstörerischen Möglichkeiten sich gegenseitig oder an förderlicheren kulturellen Bestrebungen oder an der Natur aufheben. Weil nun aber der menschliche Überblick von sehr begrenzter Reichweite ist, können menschliche Handlungssubjekte die unchaotische Geordnetheit der Welt weder als Individuen noch als Gattung organisieren (→2831–2834). Nur durch den göttlichen universalen Überblick – durch Wotans *Weisheit* (→6919f) – ist es möglich, die vielen endlichen Subjekte zu *sinnhafter*, das heißt unchaotischer (→6918) Kulturtätigkeit untereinander und mit der Natur zusammenzuschließen. Die im wotanischen Speerschaft vorliegende Kulturfähigkeit überhaupt der menschlichen Subjekte organisiert Wotan zur unchaotischen Sinnhaftigkeit dadurch, daß er dem Schaft das Geflecht seiner *Verträge* (→6942f) einschneidet (→6944f). Da die Verträge alle endlichen freien Subjekte ihm gegenüber zu »blindem Gehorsam« (→2833) verpflichten, ist er der Herr über den kulturell bestimmten Umgang der endlichen Subjekte mit der Natur, also über ihr geschichtliches Handeln. So ist der speerführende Wotan der *Herr der Geschichte*. Diese Herrschaft »haftet« (→6946) an dem Schaft, in den die Gehorsamsverträge eingeschnitten sind; der wotanische Speerschaft ist deshalb »*der Herrschaft Haft*« (→6456). Herrschaft ist aber eine scheiternde Form des göttlichen Sinnverbürgens, weil darin die endliche Freiheit aufgehoben ist (→6465f), die Wotan doch will. Um seiner Liebe zur endlichen Freiheit willen wird Wotan daher seine Herrschaftsmacht aufgeben (→6282ff) und die Versöhnung von Macht und Liebe (→2780), die ihm undurchsichtig bleiben muß (→6141ff), dem geheimnisvollen und in seiner inneren Wirkungsweise nicht darstellbaren Walten Erdas (→6159ff) überlassen (→6279).

6927–6930: Die Verletzung der Weltesche führt dazu, daß ihr Wald von Ästen (Vers 6928 nimmt Vers 6913 auf) zugrunde geht. Darin ist ein eddisches Motiv zu erblicken: »Die Esche Yggdrasil muß Unbill leiden mehr als man meint« (Thule II 84/28; vgl. ebd. 76/9f). Der vom Gott ihr entschnittene Ast ist ein Wagner eigentümlicher Zug (Pfordten 313); an den genannten eddischen Stellen wird aber immerhin von der Fäulnis des Eschenstammes und vom Wurmfraß an ihren Wurzeln berichtet. Die Weltesche ist das Zentrum der Natur (→6906–6913). Ist nun mit dem Verdorren dieses Zentrums die Natur selbst zerstört? – Keineswegs. Das zeigt sich daran, daß das Naturgefüge weder zusammenbricht noch vom Gotte umfunktioniert wird; deshalb gibt es im gesamten »Ring« keine Naturwunder, die den Rahmen üblicher Naturverläufe sprengen würden (Walküren, Riesen, Zwerge und Zaubergegenstände gelten in der alten Weltauffassung als natürliche Größen). Auch im Schlußbrand der »Götterdämmerung« löst sich nicht etwa die Natur auf, die vielmehr Voraussetzung und Grundlage künftigen Geschehens bleibt. Dieses unbeschadete Bestehen der Natur trotz des Schadens, den ihr Zentrum (die Weltesche) erleidet, ist eddische Überlieferung (Thule II 42/46–44/52).

Was bedeutet aber der Schaden am Naturzentrum, wenn er die Natur nicht schädigt? Er kann dann nur die Zentralität der Natur betreffen. Vor Wotans Eingreifen ist die Natur in sich allein zentriert: Alles, was geschieht, ist natürliches Geschehen und hat seine Integration ins Ganze der Wirklichkeit durch die Weltesche als die Achse des Ganzen. Nun ist aber durch Wotan noch anderes als nur natürliches Geschehen in der Welt, nämlich das freie, nicht mehr bloß von natürlichen Antrieben und Umweltanpassungen geleitete menschliche Handeln (→2605f; 2634f). Zwar gibt es weiterhin die sich eigengesetzlich und unberührt vollziehende Natur, aber in den Bereichen des menschlichen Handelns treten diese Vollzüge nicht mehr nur auf, wenn und wo sie sich von Natur aus ohnehin vollzögen, sondern sie werden nach kulturellen Gesichtspunkten vom Menschen ins Spiel gebracht: so etwa, wenn Siegfried einen Baum verkohlt (→5079–5084) und Glut anfacht (→5087f), um sich ein Schwert zu schmieden. Damit kann aber das bloß natürliche Zentrum nicht mehr Zentrum des *ganzen* Geschehens sein. Das Zentrum der Gesamtwirklichkeit muß jetzt in etwas anderem liegen, das den bisherigen, bloß natürlichen Rahmen übersteigt. Damit ist nicht das Wirken der Natur aufgehoben, wohl aber die Ausschließlichkeit, mit der sie Zentrum des Ganzen – eben Weltesche – war (→6935f). Neues Zentrum der Wirklichkeit als der Einheit von Natur und Kultur ist die Speerschaft Wotans (→6946). Der Mensch aber löst sich schrittweise aus der bloßen Naturbestimmtheit und kombiniert nach und nach die rein natürlichen Abläufe (die für sich selbst freilich solche bleiben) immer mehr nach seinen eigenen (kulturellen) Absichten; diesem Schrittweisen entsprechend verdorrt die Weltesche »in langer Zeiten Lauf«.

6931f: Ein Versiegen des Urdbrunnens oder Mimirquells (→6914f) wird in der Edda nicht erwähnt; der Bericht, daß Odin am Ende dieser Weltzeit zu Mimirs Brunnen reitet (Thule XX 111; Thule II 40/33), scheint vorauszusetzen, daß der Quell nicht versiegt ist. Odin trinkt aber all den Met, der Dichtkunst und Weisheit verleiht, aus den Trinkgefäßen des Riesen und läßt, in dieser Version von seiner Weisheitsgewinnung (→6919f), nichts zurück: »Im ersten Zug trank er Odrerir ganz aus, mit dem zweiten Bod, mit dem dritten Son, und so hatte er den ganzen Met« (Thule XX 123). Dementsprechend ist die Weisheit des Quells (→6916f) im »Ring« durch Wotans Trinken grundsätzlich erschöpft. Was bedeutet das? Wenn der Quell, als die Verkörperung des Wirklichkeitsprozesses (→6914–6917), versiegt, dann muß der Wirklichkeitsprozeß selber irgendwie »versiegt« sein. Der Wirklichkeitsprozeß ist nun in der Tat insofern an ein Ende gekommen, als er nicht mehr derselbe ist, der er einmal war, seit durch Wotan eine über den bloßen Naturverlauf hinausgehende Geschehensfolge initiiert worden ist, nämlich das *kulturelle* und *freie* Handeln des Menschen (→2634f). Daß der Quell versiegt, heißt daher, daß er das Wirklichkeitsgeschehen nur insoweit verkörpert, als es nicht von der menschlichen Freiheit mitbestimmt wird, sondern *bloße Natur* ist. Der Quell symbolisiert den reinen Naturverlauf, nicht aber mehr die *geschichtliche* Synthese von Natur und Kultur (→6923–6926). Der Mensch löst sich aber nur schrittweise aus der bloßen Naturbestimmtheit, und entsprechend versiegt der Quell »in langer Zeiten Lauf« (→6927), denn der Naturverlauf tritt immer weniger rein, sondern immer mehr in Wechselwirkung mit dem nicht nur natürlich bestimmten geschichtlich-kulturellen Handeln des Menschen auf (→6957).

6933f: Die Norn gibt singend den inneren Zusammenhang (»Sinn«) des im Quell verkörperten Naturverlaufes zur Kenntnis (→6916f; 6918). Mit dem Auftreten freien menschlichen Handelns ist nicht mehr nur die Natur der Rahmen, in dem sich alles vollzieht, sondern die Geschichte als die Einheit von Natur und kulturellem Handeln (→6923–6926). Damit bestehen die Naturabläufe zwar in ihrer Eigengesetzlichkeit unbeschädigt weiter (→6927–6930), aber der Sinn, d.h. der innere Zusammenhang der bloßen Natur, kann nicht mehr alles – nämlich nicht die kulturellen Handlungen (→2634f) – erklären. Deswegen muß, wenn man bloß die Natur und die aus ihr sich ergebenden Gesichtspunkte in Anschlag bringt, der innere Zusammenhang der *ganzen* (Natur und Kultur umfassenden) Wirklichkeit undurchsichtig oder »trüb« bleiben. Da der Quell den bloß natürlichen Verlauf des Geschehens verkörpert, muß, von ihm aus geurteilt, der Sinn der Gesamtwirklichkeit um so trüber werden, je mehr an kulturellen Handlungen in ihr auftreten und sie mitbestimmen. Deshalb beginnt der von der Norn dem Quell abgelauschte und singend verkündete Sinn erst trüb zu werden, nachdem Wotan durch die Entnahme und kulturelle Überformung des Weltescheastes die Geschichte eröffnet hat (→6923–6926).

6935–6938: Das Wirklichkeitsgeflecht oder -gewebe (→666), das im Nornenseil abbildlich vergegenwärtigt wird (→1682f), bedarf eines haltgebenden Zentrums, das die sinnvolle, also unchaotische, Ordnung der Komplexität der Weltzusammenhänge sicherstellt (→6918). In diesem Mittelpunkt ordnet sich auch das Geflecht des Nornenseiles (→6905f). Die *Weltesche* war Weltzentrum, solange die Wirklichkeit bloß natürlich bestimmt war; sodann bildete Wotans *Speerschaft* das Zentrum der ineins natürlichen und kulturellen, also geschichtlichen (→6923–6926) Welt (→6927–6930). Um der endlichen Freiheit willen hat Wotan jedoch seinen die Welt beherrschenden Speer aufgegeben; wie die Welt weiterhin gestaltet sein wird, ist jetzt der Entscheidung der endlichen Freiheit, dem *Schwert* Siegfrieds, anheimgegeben (→6465f). Während in der bloßen Naturordnung die Äste der Weltesche (→6911ff) in *stets gleicher* Ordnung am Stamm haften, kann die Freiheit die Verschmelzung von Naturordnung und kulturellen Zielsetzungen von Epoche zu Epoche *unterschiedlich* gestalten, weil sie immer vielen Möglichkeiten gegenüber offen ist. Von Epoche zu Epoche kann somit die inhaltliche Bestimmung des Mittelpunktes des Natur-Kultur-Geflechtes, mithin der Geschichte, wechseln. Die einzelnen Epochen hängen untereinander zwar wiederum alle als *Gesamtgeschichte* (Universalgeschichte) zusammen. Wie dieser letzte Zusammenhang aber beschaffen ist, kann nur im zeitüberhobenen göttlichen Allwissen (→1672–1675), nicht jedoch in dem auf bestimmte Zeitabschnitte beschränkten endlichen Wissen der Nornen (→6939ff; 6960ff; 6983) gegeben sein. Alle drei Nornen können das Geflecht des Seiles, welches die Wirklichkeit abbildet, nur im Zentrum der *jeweiligen Gegenwart* befestigen, weil nur von daher auch die Bedeutung der Vergangenheit (Erste Norn) und der Zukunft (Dritte Norn) sich erschließt. Immer aber wird, solange menschliche Kulturfähigkeit den Weltlauf mitbestimmt, der Mittelpunkt des Geschehens eine irgendwie geartete *Einheit von Natur und Kultur* ausmachen. Die Gegenwart ist nun dadurch charakterisiert, daß die menschliche Kulturfähigkeit Siegfrieds die in Brünnhilde schlafende göttliche Weisheit (→7055–7058) aus eigener Entscheidung erst noch zu dieser oder jener Geschichtstat aktuali-

sieren wird (→3822f; 7127f). So steht für die Gegenwart noch nicht fest, wie der Mittelpunkt inhaltlich bestimmt sein wird, an dem die endliche Freiheit ihr Geschichtshandeln orientieren wird. Mittelpunkt der Gegenwart ist die *Virtualität*, in der sich noch alles befindet. Diese Virtualität, aus der Siegfried dann auf bestimmte Weise handelnd heraustreten wird, ist dort gegenwärtig, wo menschliche Kulturfähigkeit, göttliche Weisheit und Natur zusammen gegeben sind: auf dem Brünnhildenstein. Deshalb schließen die Nornen ihr Seil an die *Tanne* und an den *Fels* (→6958f) des Brünnhildensteins an.

6939ff: Die Erste Norn hat über den Verlauf des Wirklichkeitsprozesses vor dem wotanischen Vertragswerk (→6942f) berichtet (→6907–6938). Da dieses Vertragswerk die Geschichte, also einen Prozeß, der sich als Einheit von Natur und Kultur vollzieht, eröffnet (→6923–6926), repräsentiert die Erste Norn das Wissen von der bloß natürlichen, vorgeschichtlichen Zeit, die jetzt *Vergangenheit* ist (→6991; 7024). Durch ihre Vergangenheitsorientierung entspricht die Erste Norn der germanischen *Urd* (→1679ff). Sie übergibt am Ende der Reichweite ihres Wissens das den Weltverlauf symbolisierende Seil (→1682f) der Zweiten Norn, deren Wissen die geschichtliche Welt, insofern sie von Wotan und der endlichen Freiheit bestimmt ist (→2831–2834), zum Gegenstand hat (→6960ff).

6942f: Verträge setzen voraus, daß die Vertrgspartner sie aus *freiem* Entschluß eingegangen sind. Deshalb können Verträge nicht erzwungen, sondern müssen »beraten« werden. Weil Vertragsverhältnisse von den vertragschließenden Wesen erst errichtet werden, stehen sie nicht schon von Natur aus fest. Daher sind die vertragschließenden Wesen nicht mehr die bloß natürlich determinierten, sondern die *geschichtlich* handelnden Wesen (→6923–6926). Dementsprechend schließt Wotan die Verträge mit Menschen und Riesen als den endlichen Freiheitssubjekten. In der Tatsache, daß Wotan Verträge schließt, statt Riesen und Menschen zu seinen Absichten zu zwingen, was er als »der Starke« (→6926) wohl könnte, bekundet sich der Wille des Gottes zur endlichen Freiheit. Anderseits *bindet* ein Vertrag die Freiheit, indem er ihrer Aktivität eine bestimmte Richtung gibt. Warum schließt Wotan aber, wenn er schon die Freiheit will, mit den endlichen Freiheitssubjekten bindende Verträge, statt sie einfach in ihrer Mannigfaltigkeit ungebunden freizusetzen? Dies geschieht, um einen Zerfall ins Chaos zu verhindern, der wegen der Gegenstrebigkeit (→2535f) der einzelnen Freiheitstaten unweigerlich einträte, wenn jedes freie Wesen seinen eigenen Interessen ohne Abstriche nachginge; denn die endlichen Subjekte könnten, wegen der Endlichkeit ihres Überblicks, selbst bei gutem Willen ohne zerstörerische Absicht, die zentrale Integration eines sinnvollen, also unchaotischen (→6918) Geschehensverlaufes nicht sicherstellen. So bezieht die göttliche Macht (Wotan) durch die Verträge alle einzelnen Freiheitssubjekte auf sich als die zentrale Instanz, welche, kraft ihres universalen, das heißt *weisen* (→6919f), Überblicks, die inneren Spannungen im Aufeinanderwirken der Freiheiten ausgleichen kann (→6946). Diesen Ausgleich erreicht Wotan mit den Riesen dadurch, daß letztere freiwillig die Burg bauen, welche die göttliche Zentralmacht vor der zerstörerischen Dynamik der endlichen Freiheitenvielfalt bewahrt (→353). Die Menschen veranlaßt er, sich zum Gehorsam (→2833) gegen den Gott freiwillig (eben vertraglich) zu verpflichten; dieser Gehorsam gibt der zentralen Integrationsmacht allen Raum gegenüber der dissoziierenden Freiheitenvielfalt. Die Gehorsamsverträge beinhalten aber nur die Unterwerfung unter die Macht, die verbürgt, daß das Geschehen sinnvoll, also ohne Chaos, abläuft. Welche *konkrete* Gestaltung des Sinnes jeweils wirklich wird, ist damit noch nicht entschieden. Diese gewissermaßen inhaltliche Festlegung, wie die Geschichte im einzelnen gestaltet sein soll, vollzieht sich im »Ring« auf zweifache Weise.

Zunächst wird Wotan, also die *göttliche* Freiheit, selbst die Handlungen der endlichen Subjekte festlegen (→2831–2834). So sind Handlungen, die aus bösem Willen und mangelndem Überblick geboren werden und zerstörerischer Art sind, von vorneherein ausgeschaltet, weil Wotan aufgrund seiner Weisheit auch bei größter (und für endliche Geister unübersehbarer) Mannigfaltigkeit den Überblick nicht verliert und daher alle von ihm befohlenen Handlungen der einzelnen Subjekte so aufeinander abstimmen kann, daß sie sinnvoll zusammenspielen. Andererseits scheint die endliche Freiheit dennoch gewahrt, weil sie ihre Unterwerfung ja freiwillig (vertraglich) auf sich nahm. Aber im Grunde ist die Freiheit der endlichen Subjekte durch diese Unterwerfung doch aufgehoben (→2910–2913). Deshalb überläßt Wotan, nachdem er dies eingesehen hat, die weitere Entscheidung über die Handlungen der endlichen Freiheit, also die weitere konkrete Gestaltung der geschichtlichen Welt, schließlich den *endlichen* Freiheitssubjekten selbst (→2835–2838).

Runen dienen nicht nur »als Buchstaben, sondern als magische Sinnbilder« (Thule I 166 Einleitung). Sie repräsentieren symbolisch die von ihnen bezeichnete Sache und geben ihr gleichzeitig Gültigkeit und Wirksamkeit. Durch ihre runische Niederschrift werden die Verträge gültig und ihre Festlegungen wirksam. Dieses Wirken der Runen ist eine alte germanische Vorstellung: »Die Königin und Bard mischten da den Trank mit Gift und brachten ihn hinein; Bard weihte ihn, gab ihn dann der Bierschenkin; sie brachte ihn Egil und bat ihn zu trinken. Da zog Egil sein Messer und stach sich in die Hand; er nahm das Horn und ritzte Runen hinein und rieb das Blut darauf. Er sprach: ›Runen ritz ich ins Horn hier, röte mit Blut die Zeichen, ... Wissen will ich, wie's bekommt, das Bier, das Baröd weihte.‹ Das Horn sprang entzwei und der Trunk floß hinunter auf das Stroh« (Schier 114).

6944f: Wotan schneidet die Runen seiner Verträge in den Speerschaft. Der *Schaft* des Speeres ist daher die Integrationsachse für die in diesen Verträgen untereinander sinnvoll, also unchaotisch, verbundenen endlichen Freiheiten (→6942f). Darin, daß die endlichen Subjekte diesen Zusammenschluß ungezwungen, frei eingehen, bekundet sich Wotans gewährenlassende *Liebe* zur endlichen Freiheit (→5398f). Würde die endliche Freiheit aus ihrer vertraglichen Selbstfestlegung ausbrechen und dadurch chaotisch zerstörerisch wirken, träte Wotans *Macht* in Gestalt der *Spitze* seines Speeres in Tätigkeit, die derartigem Ausbrecher den Weg versperrt. Dies läuft der eigenen Tendenz des Ausbrechers zuwider, geht mithin gegen dessen Selbstsein. Daher ist die Speerspitze das Instrument des *gewaltsamen Zwanges* (→4707f; 6998–7001), während der Speerschaft die Gewalt gegen selbstseiende freie Wesen abwendet (→569) und so das Selbstsein der freien Einzelwesen – nämlich die Verträge, in denen sie als Freie ja vorausgesetzt sind (→6942f) – schützt (→570f).

Durch das Einschneiden werden die Runen niedergeschrieben, womit zugleich das von ihnen Bezeichnete wirksam wird (→6942f). Dies ist germanische Vorstellung. Vom eddischen Odin wird berichtet, daß er Runen schnitt: »Sie schuf er, sie schnitt er, sie ersann Siegvater« (Thule II 169 C 1). Angebracht werden sie auf den Zähnen seines Rosses: »auf Sleipnirs Zähne« (Thule II 168 B); und auf der Spitze seines Speeres: »auf Gungnirs Spitze« (Thule II 169).

Im »Ring« schneidet Wotan die Runen seiner Verträge in einen Schaft, der die Einheit von Naturordnung und Kulturfähigkeit, also die Dimension der Geschichte, verkörpert (→6923–6926). Da das Vertragsgeflecht das sinnvolle, weil unchaotische (→6918) Zusammenwirken der endlichen Freiheiten gegen die Möglichkeit zerstörerischen Aufeinanderpralls derselben sichern soll, wird der Schaft durch das Einschneiden der Runen zum haltgebenden Prinzip der Geschichte (→6946). Zu solcher universaler Vorsorge ist nur die von Weisheit (→6919f) geleitete göttliche Macht in der Lage.

6946: Seit Wotan endliche Freiheitssubjekte – die Menschen – hervorgebracht hat (→2605f), ist die vor dem Chaos bewahrende Integration der Wirklichkeit nicht mehr einfach durch die Naturordnung sichergestellt, da der Mensch auch nach anderen als in der Natur schon integrierten Gesichtspunkten die Wirklichkeit (mit)gestaltet (→2634f). Daher genügt die Weltesche als Integrationszentrum für die ganze Wirklichkeit nicht mehr, weil sie nur die Natur, nicht aber auch die kulturelle Welt in sich ordnet (→6927–6930). Um das unchaotische Zusammenleben der endlichen Freiheitssubjekte untereinander und mit der Natur zu sichern, bedarf es eines neuen Zentrums, das in der Tat *alle* Wirklichkeit (Natur *und* endliche Freiheitssubjekte) umfaßt. Diese Zentralinstanz muß die ganze Welt oder alle Wirklichkeit umfassen – muß des Alls mächtig sein –, weil jedes Einzelwesen, das nicht von einem einheitlich die ganze Wirklichkeit bestimmenden Zentrum her integriert wäre, die Zusammenstimmung mit dem Ganzen verfehlen und so letzteres in chaotische Zerstörung verwickeln würde (wenn man nicht annehmen will, daß die unabsehbar vielen und weit divergierenden Einzelwesen sich ohne jede zentrale Bestimmung, bloß durch Zufall, immer wieder zum Ganzen fügen). Das Zentrum ist der »*Haft*« der Welt, weil es alle Einzelwesen untereinander sinnvoll, also unchaotisch, verbindet oder »verhaftet« (Duden VII 243). Der Mensch kann (sei es als Individuum, sei es als Gattung) weder die Einheit seines eigenen Lebens noch dessen sinnvolle Zusammenstimmung mit dem anderer Menschen und der Naturordnung (→6911ff) letztlich und im Ganzen sicherstellen (→2831–2834). Den »Haft der Welt« kann daher nur eine göttliche Hand erstellen und erhalten. Die Achse, welche Natur *und* kulturelle Welt in sich vereint und deshalb zur Integrationsachse der ganzen Wirklichkeit taugt, ist der von Wotans göttlicher Weisheit (→6919f) gestaltete Speerschaft (→6944f), der somit den neuen haltgebenden »Haft der Welt« darstellen. Weil die Verträge, die dem Schaft sinnverbürgend eingeschnitten sind, keine konkrete Gestaltung des Weltgefüges festlegen, sondern dies der Entscheidung göttlicher und menschlicher Freiheit überlassen (→6942f), ist der Speer kein das Einzelgeschehen festlegendes Zentrum, sondern lediglich der *formale Rahmen*, der viele verschiedene Arten von Weltgefüge als Ausgestaltung verträgt. So sagt der Speer als Mittelpunkt und Achse der Welt nur, daß die Welt ein Sinngefüge (→6918) sein soll, ohne daß an ihm schon gewissermaßen inhaltlich ersichtlich wäre, *welches* der möglichen Sinngefüge sich tatsächlich gestalten wird. Erst die göttliche oder menschliche Entscheidung für bestimmte Handlungen bringt eines der möglichen Weltgeflechte in die Wirklichkeit und impliziert so auch eine inhaltliche Ausgestaltung des Mittelpunktes, in dem jene Handlungen zu dem einen Zusammenhang sich vereinen, den wir »Welt« nennen.

Im »Ring« ist die Welt der endlichen Freiheiten als Vertragsgefüge aufgefaßt. Dies ist eine sehr alte Vorstellung, in der freilich (im Unterschied zum »Ring«) auch die Natur als in »Verträgen« geordnet vorgestellt wird. So erfleht in den Gebrochenheiten der Geschichte, wo es Guten schlecht und Schlechten gut geht, Boethius von der göttlichen Macht: »Firma stabiles foedere terras« (»Stärke als durch ›Vertrag‹ gefestigte die Länder«; Boethius I carmen 5). Wegen der notwendigen Abgestimmtheit mit den Gegebenheiten und Verläufen der Natur, kann die Geschichte nur von derjenigen Macht gelenkt werden, die der ganzen Wirklichkeit mächtig ist: »Quisquis rerum foedera nectis« (»Wer auch immer du [bist, der du] die ›Verträge‹ der Dinge knüpfst«; Boethius I carmen 5). Diese Verwendung des Begriffes »foedus«, die die innere Geordnetheit der Natur, ihre Gesetzmäßigkeit, meint, geht auf Lukrez zurück (Boethius 282 Anmerkung zu I carmen 5, Verse 43, 48): »denique iam quoniam generatim reddita finis crescendi rebus constat vitamque tenendi, et quid quaeque queant per foedera naturai, quid porro nequeant, sancitum quandoquidem extat ... immutabilis materiae quoque corpus habere debent nimirum« (»Schließlich, da ja überhaupt den Dingen unverrückbar ein Ende des Wachstums, des Lebens feststeht, und da ja unübersehbar ins Licht ragt, was nach den ›Verträgen der Natur‹ die Einzelnen jeweils vermögen, was sie nicht vermögen, ... müssen sie ohne Zweifel einen Körper aus unveränderlichen Bausteinen haben« [nach einer Übersetzung von E. Pustet]; Lukrez I 584–592). Im lukrezischen Sinne gibt es sicher keine animistisch oder anthropomorph gedachten Naturwesen, die, gleich Menschen, Verträge schließen würden. Hier meint »foedus« soviel wie festliegende Struktur oder Gesetzmäßigkeit. Es bleibt aber die Tatsache bestehen, daß diese unpersönlich-naturwissenschaftliche Verwendung die sekundäre und übertragene Bedeutung eines Wortes ist, das ursprünglich aus dem menschlichen Bereich des Umgangs freier Staaten miteinander stammt (Georges, Artikel »foedus«). Wenn man die Naturbetrachtung in dieses Wort faßt, dann schwingt unvermeidlich das Bild des vertraglichen Verbundenseins, d.h. des Verbundenseins von für sich selbständigen Wesen mit. Diese »foedera« legen nun Lukrez zufolge fest, was jedes Einzelne vermag und was es nicht vermag. Das aber heißt, daß die »foedera« oder Weltverträge die im Einzelnen wirksame Kraft auf ganz bestimmte Grenzen festlegen, mithin also das *Selbstsein* des Einzelnen umschreiben. Da viele differente Selbstseiende existieren (→2535f), müssen deren Selbstvollzüge so aufeinander abgestimmt sein, daß nicht das ganze Geschehen ins Chaos zerfällt. Deswegen ist nicht jedem Wesen alle Wirkungsart freigegeben, so daß sich keines unter Vernichtung der übrigen allein zu vollziehen vermag. So ist das Bestehen eines Geflechtes vielfältiger Selbstseiender sichergestellt. Ob sich diese Gesamtintegration der komplexen Weltwirklichkeit aber durch Zufall herstellen kann, wie Lukrez annimmt, ist mindestens höchst fraglich: Wer glaubt, »unsre so wunderbar ausgestattete und herrliche Welt entstehe aus dem zufälligen Zusammentreffen dieser Körper (ex eorum corporum concursione fortuita) ..., von dem Mann kann ich nicht begreifen, warum er sich nicht auch einbildet, wenn man die Formen der einundzwanzig Buchstaben, aus Gold oder sonst einem Material, irgendwo zusammenwürfe, könnten sich aus ihnen, wenn man sie auf den Erdboden schüttete, die ›Annalen‹ des Ennius so bilden, daß man sie der Reihe nach lesen könnte; dabei dürfte der blinde Zufall (fortuna) wahrscheinlich auch nicht bei einem einzigen Vers so viel fertigbringen können« (Cicero II 93 [Übersetzung W. Gerlach und K. Bayer]; →6918).

Der Germane hat ebenfalls die Vorstellung, daß die Welt so geordnet ist, daß jedes Einzelwesen sich in seinem Selbstsein vollziehen kann. Diese Weltordnung läßt der »Ring« für die Vielheit menschlicher Freiheitssubjekte aus *Verträgen* hervorgehen (→6942f). Germanisch ist jedoch nicht von Verträgen die Rede, wohl aber kennt die germanische Mythologie die freiwillige Selbstverpflichtung aller Weltwesen zum Frieden: »Die Geschichte fängt so an, daß Baldr der Gute schwere Träume hatte, die

Gefahr für sein Leben bedeuteten. Als er den Asen die Träume erzählte, da gingen sie zu Rate, und es ward beschlossen, dem Baldr Sicherheit vor jeder Nachstellung auszuwirken: Frigg ließ sich *Eide schwören*, daß Balder verschonen sollten Feuer und Wasser, Eisen und jederlei Metall, Steine, die Erde, die Bäume, die Krankheiten, die Vierfüßler, die Vögel, die Giftschlangen. Als dies getan und klargestellt war, da war es der Zeitvertreib Baldrs und der Asen, daß er bei den Dingversammlungen sich aufstellte und alle die andern teils nach ihm schossen, teils auf ihn einhieben, teils ihn mit Steinen bewarfen: was man auch tat, es schadete ihm nicht, und darin sahen alle einen großen Gewinn« (Thule XX 103f). Balder ist »der Gott des Guten und Gerechten, auch des Schönen« (Peterich 44 [220]), in dessen Bereich »Freveltat nimmer nahen mag« (Thule II 82/10). Einem Wesen wird nun aber dann Gerechtigkeit zuteil und es ist dann schön, wenn sein Selbstsein anerkannt ist (→294ff). Die Verpflichtung aller Wesen, Balder nicht zu töten, ist daher die Verpflichtung, das Selbstsein der anderen Wesen nicht zu zerstören. Da die Mistel zu jung und harmlos erschien, sie in das Eide-Werk mit aufzunehmen, konnte Loki sie als Pfeil dem blinden Hödur auf den Bogen legen und diesen auf Balder zu tödlichem Schuß richten (Thule XX 104). Mit Balders Leben verschwindet die Achtung vor dem Selbstsein der Einzelwesen untereinander aus der Welt, wodurch folgerichtig Ragnarök (das Ende dieser Welt →6876) eingeleitet wird (Peterich 44 [220]). In der Edda heißt es darüber: »Brüder kämpfen und bringen sich Tod, Brudersöhne brechen die Sippe; arg ist die Welt, Ehbruch furchtbar, Schwertzeit, Beilzeit, Schilde bersten, Windzeit, Wolfzeit, bis die Welt vergeht – nicht einer will des andern schonen« (Thule II 40/32). Das Zerstörerische im Aufeinanderprall der Wesen (statt der fördernden Spannung des Friedens [→502]) ist hier treffend geschildert. In der neuen Welt, die nach dem Untergang der alten entstehen wird, kehrt Balder – so versichert die Edda – wieder (Thule II 43/49). Das muß so sein, weil die neue Welt nur gedeihen kann, wenn ein an inneren Spannungen reiches, aber nicht im zerstörerischen Kampf aller gegen alle zerfallendes Weltgewebe die Einzelwesen integriert.

6947–6950: Die göttliche Integrationsmacht hat sich, um den endlichen Subjekten den Raum für tatsächlich freie, das heißt von den endlichen Wesen selbst bestimmte, Entscheidungen zu gewähren, selbst suspendiert (→5318f). Von seiten der endlichen Freiheiten besteht aber, eingeschnitten in Wotans Speerschaft (→6942f), noch die vertragliche Selbstverpflichtung zu »blindem Gehorsam« (→2833). Die endlichen Subjekte sind so immer noch bereit, sich *fremdbestimmen* zu lassen. Diese Selbstverpflichtung zur Fremdbestimmung hebt die endliche Freiheit durch die Zerstörung der Gehorsamsverträge auf dem Speerschaft auf und gewinnt sich so in ihrer *Selbstbestimmung* (→6465f). Durch die Aufkündigung des Gehorsams gegenüber der göttlichen Macht ist die vom Gott organisierte unchaotische Integration der endlichen Subjekte – der »Haft«, der sie untereinander und mit der Naturordnung sinnvoll (→6918) zusammenschloß (→6946) – auseinandergebrochen in ein vom möglichen Chaos bedrohtes Aufeinanderprallen der untereinander gegenstrebigen endlichen Subjekte. So ist der »Haft der Welt« bzw. der Geschichte (→6923–6926) nicht mehr »heilig«, das heißt nichtmehr heil oder unversehrt. Um das Chaos und die darin implizierte Selbstzerstörung (→716ff) zu vermeiden, muß sich die endliche Freiheitenvielfalt nun selbst organisieren, da die göttliche Integration entmachtet ist. Diese Organisation kann so geschehen, daß ein *despotisches* Subjekt sein eigenes Selbstsein um den Preis der Vernichtung des Selbstseins der übrigen bewahrt und fördert (→317f). Oder aber die Freiheitenvielfalt wird so organisiert, daß das Selbstsein aller sich im Zusammenspiel der Taten der einzelnen Subjekte bewahrt und gefördert sehen kann. Diese letztere Organisation kann *kein Einzelwesen* leisten, weil ihm dazu der unbeschränkte, göttliche Überblick fehlt (→2831–2834). So bleibt neben der Despotie nur entweder das Vertrauen, daß das Aufeinanderprallen der endlichen Freiheiten sich von selbst *durch Zufall* unchaotisch organisieren wird, oder die Anheimgabe der endlichen Freiheit an die *göttliche* Integration, ohne daß allerdings dies wieder mit einer Selbstaufgabe der endlichen Freiheiten verbunden sein dürfte (→8948).

6951–6956: Die Weltesche ist welk, weil die Naturordnung nicht mehr das alleinige Zentrum der ganzen Welt ausmacht (→6927–6930). Der Mensch ist aus der Bestimmtheit durch die Natur in vieler Hinsicht entlassen, weil die Natur ihm zwar mannigfaltige Antriebe gegeben hat, deren Zusammenwirken untereinander und mit der umgebenden Wirklichkeit aber nicht »von Natur aus« so eingerichtet ist, daß sein Überleben von selbst gesichert wäre. Vielmehr muß der Mensch selbst diese Einrichtung erst vornehmen. Dazu bedarf er einer möglichst weit ausgreifenden Kenntnis der Naturzusammenhänge. Erst dann kann er seine eigenen Fertigkeiten (deren innere Abläufe und Grenzen er ebenfalls gründlich kennen muß) auf die Eigengesetzlichkeiten der Natur abstimmen und letztere so manchem ihm nützlichen Zusammenspiel organisieren. Über die Sicherung des individuellen Lebens hinaus muß aber auch das Zusammenwirken der *vielen*, untereinander höchst gegenstrebigen, menschlichen Subjekte so organisiert werden, daß eine chaotische Zerstörung vermieden wird (→6918).

Das unchaotische Zusammenwirken der endlichen Freiheiten untereinander und mit der Naturordnung stellte eine Zeitlang Wotan sicher, der in göttlich weisem Überblick über das Ganze der Wirklichkeit (→6170) die ihm blind gehorsamen endlichen Subjekte (→2831–2834) zu Taten veranlaßte, die nicht zum Chaos führten. Da sich aber die göttliche Zentralmacht suspendiert (→5318f) und die endliche Freiheit ihre eigene Selbstbestimmung übernommen hat (→6947–6950), ist die endliche Freiheitenvielfalt vor die Aufgabe gestellt, ihr unchaotisches Zusammenleben untereinander und mit der Naturordnung *selbst* zu organisieren. Den dazu erforderlichen weisen Überblick über die *gesamte* Wirklichkeit besitzt der Mensch aufgrund seiner Endlichkeit aber nicht. Zwar weiß der Mensch vom Ganzen der Wirklichkeit, aber dessen innere Zusammenhänge im einzelnen zu überblicken und (in der Folge dessen) über sie zu verfügen, ist ihm versagt: Seine Teilhabe an der göttlichen Weisheit (die in der schlafenden Brünnhilde der Aktualisierung durch menschliches Handeln harrt [→7055–7058]) ist nicht uneingeschränkt (→7071–7074). Ohne göttliche Organisation, ganz auf sich selbst gestellt, muß der Mensch nunmehr, bloß auf seinen begrenzten Überblick angewiesen, sein Zusammenleben mit der Natur und mit seinesgleichen unchaotisch organisieren.

Möglich wäre in dieser Situation freilich auch, daß der Mensch auf die Betätigung seiner Teilhabe an der Weisheit verzichten und, da von der Natur nicht tierhaft instinktsicher gemacht, zugrunde gehen würde. Die Weisheit, in welcher die Geschehenszusammenhänge unchaotisch verknüpft werden, würde damit wiederum von der Naturordnung allein vollzogen, weil sich kein kulturfähiges Wesen der weisen Kenntnis der Naturzusammenhänge zur Errichtung einer über die Natur hinausgehenden geschichtlichen (→6923–6926) Welt bedienen würde. So müßte die Weisheit in dem dann wiederum einzig naturbestimmten Geschehensverlauf erneut in ihrer Naturform, also als Weisheits*quell* (→6914–6917), erstarken und auch der Stamm der Weltesche – als rein naturbestimmtes Wirklichkeitszentrum – müßte wohl wieder erblühen. Nun gibt es aber gar keinen Stamm mehr, der erblühen könnte, weil Wotan ihn hat *fällen* lassen. So drücken diese Verse aus, daß es keine Möglichkeit der Rückkehr zur totalen Naturbestimmtheit gibt: der Mensch ist und bleibt zur Kultur und zur Freiheit verurteilt.

Die Natur als solche bleibt dabei unverletzt: die *Wurzel*, aus der die Weltesche wuchs (→6911ff), ist von der Zerstörung nicht betroffen. Das besagt, daß die Dimension bloß natürlicher Antriebe und Strukturen die *Grundlage* auch des freien kulturellen Handelns bleibt, ohne daß dieser Grundlage aber noch einmal der zentrale Bestimmungsache der Wirklichkeit entwachsen könnte. Dies hat göttlicher Wille (in der Zerfällung des Welteschenstammes) verhindert.

6957: Daß der Quell für »*ewig*« versiegt (wie der Welteschenstamm unwiderruflich zerstört, weil in Stücke gefällt, wird), besagt, daß eine Rückkehr zur reinen Naturbestimmtheit (→6931f), in der es keine freien kulturfähigen endlichen Wesen mehr gäbe, nicht möglich ist (→6951–6956).

6958f: Der Fels des Brünnhildensteins wird hier zum Zentrum des Nornenseils, das den Weltverlauf abbildlich darstellt (→6935–6938).

6960ff: Die Zweite Norn hat über die innere sinnvolle, weil unchaotische Organisation der geschichtlichen Welt (→6923–6926) freier Einzelwesen berichtet (→6942–6946). Sodann berichtete sie über die Auflösung der von Wotan bestimmten (→2831–2834) Integration der endlichen Freiheitssubjekte durch eines dieser Subjekte (→6947–6959). Im Wissen der Zweiten Norn sind Binnenstruktur und Ende der wotanisch bestimmten Geschichtsgestalt, mithin ist in ihm die im Augenblick des Nornenberichtes *gegenwärtige* Epoche des Weltverlaufes zur Sprache gebracht (→7002; 7034). Durch ihre Gegenwartsorientierung entspricht die Zweite Norn der germanischen *Werdandi* (→1679ff). Sie übergibt am Ende der Reichweite ihres Wissens das den Weltverlauf symbolisierende Seil (→1682f) der Dritten Norn, deren Wissen auf die Zeit nach der wotanisch bestimmten Geschichte gerichtet ist (→6983).

Vor 6963: Das Nornenseil bildet das Weltgeschehen ab (→1682f). Deshalb liegt seine zukünftige Fortsetzung der Dritten, für die Zukunft zuständigen (→6983) Norn im Rücken, so daß sie den zukünftigen Verlauf nicht übersehen kann. Nur das in Vergangenheit und Gegenwart schon eindeutig (oder statistisch) Festgelegte kann sie in die Zukunft extrapolieren (→6975–6978), nicht aber das von der endlichen Freiheit zukünftig unableitbar erst zu Setzende vorhersehen (→7035–7042).

6963f: →357.

6965ff: →7545–7552.

6968–6972: →6951–6956.

6973f: →7009ff.

6975–6978: Wotan hatte sich als freiheitswollender Gott selbst aufgehoben, indem er, um das Chaos zu vermeiden, die endliche Freiheit aufhob (→6942f). Diesen negativen Bezug der zentralen göttlichen Macht zu den vielen divergierenden endlichen Freiheiten hat Wotan wiederum aufgehoben, indem er seine im Speerschaft niedergelegte (→6944f) Verfügungsmacht über die endlichen Freien suspendierte (→6282ff). Damit nimmt er zwar die Möglichkeit des zerstörerischen Chaos in Kauf, setzt aber definitiv die endlichen Freien in ihre Freiheit ein. Um das Chaos zu verhindern *und* gleichzeitig die endliche Freiheit zu erhalten, bedürfte es eines Verhältnisses der zentralen göttlichen Macht zu den endlichen Freien, das weder *Herrschaft* über blind gehorchende und daher unfreie endliche Subjekte (→2831–2834) noch bloßes *Gewährenlassen* der dem Chaos zustrebenden Dissoziiertheit der endlichen Subjekte ist. Da Wotan die endliche Freiheit *und* die Chaoslosigkeit, also die Sinnhaftigkeit (→6918), der Welt will (→2780), muß er folglich auch ein *neues* Verhältnis von zentraler göttlicher Macht und endlicher Freiheitenvielfalt wollen, da in den beiden genannten alten, von Wotan praktizierten Verhältnissen immer eine der beiden Seiten aufgehoben werden mußte, um die andere bewahren zu können. In Wotans gegenwärtigem Willen ist daher schon angelegt, daß er sich aufheben wird. Es ist nur der Ausdruck seiner eigenen inneren Widersprüchlichkeit, daß der Gott *selbst* das wotanisch-unversöhnte Verhältnis von göttlicher Zentralmacht und endlicher Freiheitenvielfalt (→2933–2936) dem Medium des Neuwerden, nämlich dem Feuer Loges (→6987–6990), übergeben wird (→7007–7011).

Nur weil diese Zukunft des Gottes in seiner Vergangenheit und Gegenwart schon einschlußweise mitgesetzt ist, kann die Zukunftsnorn (→6983) sie erschauen. Da die neue Synthese von göttlicher Zentralmacht und endlicher Freiheitenvielfalt anders sein wird, als es die bisherigen scheiternden Syntheseversuche Wotans waren, kann die Norn aus der wotanischen Gegenwart nicht ablesen, worin das Neue bestehen wird (→7035–7042). Es wird sich zeigen, daß die neue Synthese menschliches Denken überhaupt übersteigt und deshalb keiner einsehbaren Darstellung zugänglich ist. Die neue Synthese wird am Ende des »Ring« als die auf *geheimnisvolle* Weise wirkliche und wirksame Macht Gottes affirmiert (→8948).

Wenn es heißt, die *ewigen* Götter seien bestimmt zu *enden* (→6977), so scheint sich dies zu widersprechen. Das Göttliche bleibt aber im »Ring« in der Tat unvernichtet und nur eine (nämlich die wotanische) *Ausprägung* von Göttlichkeit vergeht (→D17f). Das Ende dieser wotanischen Ausprägung von Göttlichkeit ist seinerseits »ewig« (→6978), weil es für immer gültig bleibt. Im Wortstamm, zu dem »ewig« gehört, ist Dauer und Gültigkeit zumal ausgesagt (Duden VII 147; 127).

6979f: Falls ihr noch etwas wißt, so sagt die Dritte Norn zu ihren Schwestern, bildet es im Seile ab. Nachdem aber seit dem Beginn des Gesanges der Ersten Norn von der Vergangenheit angefangen über die gegenwärtige Epoche (→6960ff) bis hin zur Zukunft (→6975–6978) das Weltgeschehen gemeldet wurde, ist die Frage angebracht, ob es überhaupt noch etwas gibt, was die Nornen wissen könnten. Bisher wurde die Geschichte der *Weltesche* berichtet, die im Element Loges enden wird (→6909–6974). Mit der Erwähnung Loges kommt ein Moment am Wirklichkeitsgeschehen zur Beachtung, dessen Geschichte bislang nicht erzählt worden war. Dem wenden sich nun die Nornen zu, indem die Zukunftsnorn (→6983), der am äußersten Rande der von der Gegenwart aus noch extrapolierbaren Zukunft Loges Feuer sichtbar wurde (→6973f), das den Geschehensverlauf abbildende (→1682f) Seil der Ersten oder Vergangenheitsnorn (→6939ff) zuwirft, um so das Aufrollen der Geschichte Loges beginnen zu lassen.

6981f: Die der Zukunft zugewandte Dritte Norn (→6983) wirft das den Weltverlauf abbildende Seil (→1682f) wieder der Ersten Norn zu, welche die Vergangenheit betrachtet (→6939ff). So wendet sie die Betrachtung zurück und veranlaßt einen neuen Gang durch das Geschehen, jetzt aber unter anderer Perspektive als vorher (→6987–6990). Die zukunftkündende Norn wirft das Seil »von Norden«, was voraussetzt, daß sie ihren Ort im Norden hat. Von Norden kommt Wotan (→3503f; 3512ff; 3544f), und im Norden vollendet sich die Zukunft der Walhallgötter, nämlich ihr Ende (→D10–D14).

6983: Die Dritte Norn hat aus der Beschreibung der gegenwärtigen Situation (→6963–6972) die Zukunft erschlossen: das Ende der Götter (→6975–6978). Dabei handelt es sich aber nicht um das Vorherwissen einer Freiheitstat. Freiheitstaten sind aus der Gegenwart unableitbar, weil sie durch die Gegenwart nicht eindeutig oder auch nur statistisch bestimmt sind, sondern in der Zukunft ihre Bestimmung aus Eigenem erst setzen (→1682f). Dementsprechend verkündet die Dritte Norn nur das an Zukunft, was in Wotans Selbstaufgabe schon gegenwärtig vollzogen ist, nämlich das Ende der Walhallgötter (→6977 als Aufnahme der Verse 6252ff). Über die Zukunft der endlichen Freiheit sagt und weiß die Norn nichts (→7012ff), ja kann sie nichts sagen und wissen (→7035–7042). Durch ihre Zukunftsorientierung entspricht die Dritte Norn der germanischen *Skuld* (→1679ff).

Vor 6984: →6935–6938.

6986: Der Blick der Ersten Norn ist auf das vergangene Geschehen gerichtet (→6939ff). Loges Feuer zerstört das, was war, und eröffnet das Neuwerden (→6987–6990). So verliert der Gegenstand der Ersten Norn durch Loges Zerstörungswerk seinen inneren Zusammenhalt. Der Blick der Vergangenheitsnorn kann daher, wenn Loge in seinen Horizont eintritt, nur mehr ein verwirrtes und in Zerstörung aufgewühltes, das heißt *trübes* (Duden VII 722) Geschehen erschauen. Die inneren Zusammenhänge eines in Auflösung und Zerstörung begriffenen Geschehens sind »trüb« auch im weiteren Sinn von »undurchsichtig«.

6987–6990: Loge läßt das Alte, das Bestehende, nicht unverletzt oder heilig (→215). Das aber besagt, daß Loge das Alte *zerstört*, und zwar indem er es als Feuer verzehrt (→1822–1826). Durch diese Zerstörung ist das Alte für den Nornenblick nicht mehr »hell«, sondern undurchsichtig, weil verworren geworden (→6986).

Die Zerstörung des Bestehenden durch Loge will aber nicht zum Aufhören allen Geschehens, also ins Nichts, führen (→1827f), sondern will einem *Neuen* Platz schaffen. Loges Natur ist Zerstörung des Alten *und* der Hang zu stets Neuem (→585–588) bzw. das Schweifen von einem zum je anderen (→2776f). Loge gestaltet aber nicht das Neue, er ist nur die Bereitschaft, Altes um des, von woher auch immer kommenden, Neuen willen aufzugeben. Loges Feuer ist nicht selbst das Neue, sondern das Element des Neu*werdens*, das heißt die Dynamik des Überstiegs aller Wirklichkeit über das je Gegenwärtige hin zu stets neuen Gestaltungen.

Als dieses universale Wirklichkeitsprinzip ist Loges Feuer nicht das *empirische* Feuer (→667), sondern letzteres ist bloß eine besonders sinnenfällige Erscheinungsweise der Dynamik des Platzschaffens für Neues, also Loges (→1142–1148).

Wann war das »Einst« (→6989), das den Zeitpunkt angibt, zu dem Loge entbrannte? Die von Loge verkörperte Dynamik ist in der Wirklichkeit schon *vor* Wotan am Werk, der ihr Feuer ja »zähmt« (→6992f). Die Erste oder Vergangenheitsnorn (→6939ff) singt dementsprechend von der Zeit vor dieser Zähmung, denn auf ihre Frage, was aus Loge nach dem von ihr berichteten Abschnitt seines Daseins wurde, erzählt die Zweite Norn erst von der Zähmung durch Wotan (→6991ff). »Einst« meint daher ein Entbrennen in der Zeit vor dem Auftreten Wotans als dem Eröffner menschlich kulturellen Handelns (→6923–6926), also in der Zeit reinen Naturgeschehens. Seit die Natur sich statt als statische Ordnung als (geordnete) Abfolge stets verschiedener Gestaltungen, also dynamisch, vollzieht, ist Loges »Feuer«-Prinzip »entbrannt«. Die Natur war (soviel wir wissen) immer dynamischer Prozeß, nie ruhende Größe. Loges »Entbrennen« findet daher nicht zu einem bestimmten Zeitpunkt statt, sondern begleitet jede Vergangenheit, jedes noch so ferne »Einst«. Was dabei an »alten« Gestaltungen schon zerstört wurde, welche Wandlungen Loges Feuer schon eingeleitet hat, wird von der Norn nicht berichtet; es zu schildern, würde bedeuten, die ganze Naturentwicklung in ihren sukzessiven Umgestaltungen darzulegen.

Der dynamische (logehafte) Charakter der Wirklichkeit ist von dem göttlichen Urgrund der Wirklichkeit selbst eingerichtet (→1688). Das dynamische Prinzip Loge ist somit ein Moment des Göttlichen selbst. Insofern das Göttliche den sukzessiven Vollzug des Wirklichkeitsgeschehens will und wirkt, ist es *als Loge* tätig (→885f).

6991: Den zweiten Gang durch die vorkulturelle oder vorgeschichtliche Zeit (→6987–6990) beendet die Erste Norn, ihrer Vergangenheitsorientierung (→6939ff) entsprechend, sobald in der Reihe der erzählten Ereignisse der geschichtseröffnende Wotan (→6923–6926), das aber heißt die gegenwärtige Epoche, besprochen werden müßte. Da hierfür die Zweite Norn zuständig ist (→6960ff), wendet sich die Erste mit ihrer weiterweisenden Frage an diese und übergibt ihr das den Geschehensverlauf abbildende Seil (→1682f).

Vor 6992: →6958f.

6992f: Es ist immer alles, was im Wirklichkeitsprozeß gerade geworden ist, schon ein »Altes«, weil es für den, der es jetzt betrachtet, bereits aus der (wenn auch allernächsten) Vergangenheit stammt. Loge ist die *Zerstörung* des jeweils bestehenden Alten (→6987–6990). Diese ständige Auflösung des kaum Eingerichteten *zähmt* Wotan, wodurch eine gleichbleibende allgemeine Weltordnung möglich wird, die dem, im einzelnen durchaus vielfältigen und abwechslungsreichen Geschehen (→397ff), Halt gibt, so daß es durch die Gegenstrebigkeit der an ihm beteiligten Einzelwesen nicht ins Chaos zerfällt (→6918). Auch in der vorgeschichtlich vorwotanischen (→6923–6926) Welt reiner Naturbestimmtheit waren solche haltgebenden Ordnungen am Werk, da die Natur in all ihrem mannigfaltigen Wechsel ja doch nicht ins Chaos zerfiel. Dieser natürliche Halt wurde von der Weltesche verbürgt (→6911ff). Folglich muß aber Loge, der vor Wotan schon tätig war (→6987–6990), in der Welteschenordnung bereits gezähmt gewesen sein – wenn das auch im »Ring« nicht eigens gesagt wird. Sobald freilich Wesen auftreten, die nicht mehr von Natur aus völlig in ihren Vollzügen bestimmt und untereinander integriert sind, sondern aus eigenen kulturellen Zielsetzungen heraus frei handeln und darin eine chaoslose Integration erst herstellen müssen, bedarf es zur Verhinderung des Chaos einer zentralen Integrationsinstanz, die nicht mehr bloß natürlich bestimmt (also Weltesche) ist, sondern Naturordnung und kulturelle Welt zumal umfaßt. Diese neue Zentralinstanz ist Wotans Speer (→6946), dem somit auch die Aufgabe der Zähmung des immer zerstörerischen, weil auf Neues begierigen Loge zuwächst.

6994: Es sind die Weltverträge (→6942f), zu denen Loge Wotan rät (→435; 2774–2777).

6995ff Da Loge die nie ruhende Dynamik ist, die zu stets Neuem drängt (→6987–6990), treibt er auch über die wotanische Welt hinaus. Da Wotans geschichtliche Welt (→6923–6926) in den Runen seines Speerschaftes Halt und Sicherheit vor dem Chaos, also Bestehen hat (→6946), richtet sich Loges Auflösungswille (→1822–1826) gegen diese Runen. Im »Ring« wird aber nirgends gesagt, auf welche Weise Loge den Speerschaft mit seinen Runen – und damit die wotanische Weltstruktur – zu zersetzen versucht.

6998–7001: Wotan bannt Loge an den Brünnhildenfelsen, um letzteren vor dem Eindringen des nicht wirklich ganz freien Menschen zu bewahren (→4139ff). Aber auch die nicht ganz freien, weil von Furcht abhängigen Subjekte sind, insoweit sie frei sind (→2634f), Setzer des unableitbar Neuen (→7035–7042). Gegen eine das Neue setzende Kraft ins Feld geführt zu werden, heißt für Loge, der gerade durch den Hang zu Neuem charakterisiert ist (→6987–6990), *gegen sein eigenes Selbstsein* gekehrt zu werden. Deshalb ist Loge nicht von sich aus freiwillig – also »vertraglich« (→6942f) –, sondern nur unter *Zwang* am Brünnhildenstein tätig. Nicht der Schaft, sondern die *Spitze* des Speeres (→6944f) muß daher zum Einsatz kommen, wenn Loge an den Fels der Brünnhilde gebannt wird.

7002: Wotan hat die Bestimmung über das Weltgeschehen aufgegeben (→6252ff). Seine in Brünnhilde schlafende göttliche Weisheit aktualisiert er selbst zu keiner weltbestimmenden Tat mehr. Aber er stellt es dem wirklich freien (→4139ff) endlichen Wesen anheim, kraft einer Teilhabe an dieser göttlichen Weisheit (die durch die Erweckung Brünnhildes erreicht wird [→7055–7058]) nun seinerseits weltgestaltend tätig zu werden. Mit der Verschließung Brünnhildes in Schlaf und schützendes Feuer ist das Bestimmungsprinzip der gegenwärtigen Weltepoche, nämlich Wotans Herrschaft über die Geschichte (→6923–6926), suspendiert. Alles weitere Geschehen gehört nicht mehr der gegenwärtigen Epoche an. Daher wirft die Zweite, der Gegenwart verpflichtete (→6960ff) Norn das geschehenabbildende Seil (→1682f) der Dritten oder Zukunftsnorn (→6983) zu.

Vor 7003: →vor 6963.

7005: Zu dem Zeitpunkt, auf den das zukünftig gemeinte »Einst« verweist →7012ff.

7007f: →6975–6978.

7009ff: In der Zerstörung des Welteschenstammes wurde die Ausschließlichkeit, mit der die reine, weil noch kulturlose, Naturordnung Zentrum der gesamten Wirklichkeit war (→6909), für immer unmöglich gemacht (→6951–6956). Die *endgültige Zerstörtheit* der Allzentralität der Natur liegt in dem in Scheite gespaltenen Welteschenstamm vor. Indem diese Scheite nun ihrerseits durch Feuer (→6973f) zerstört werden, ist die Zerstörtheit der Allzentralität der Naturordnung selbst wiederum zerstört. Das bedeutet aber nicht, daß diese Allzentralität der Natur wiederhergestellt wäre. Auch nach dem Brand bleibt nämlich die kulturfähige endliche Freiheit – der Mensch – erhalten (→nach 8954). Offen bleibt, wie die neue Zentralität des Weltlaufs beschaffen sein wird. Die alte Allzentralität der Naturordnung (Weltesche), die wotanisch göttliche Zentralität (Speer [→6946]) und die siegfriedhafte endliche Freiheit wird durch das Medium des *Neuwerdens*, nämlich dem Feuer Loges (→6987–6990) zugeführt werden (→7003–7008; 8935ff), ohne daß gesagt würde, *was* dann neues Zentrum der Wirklichkeit werden wird (→8948).

7012ff: Wotan wird seine von der endlichen Freiheitenvielfalt isolierte, weil diese nicht mehr sinnhaft (→6918) integrierende Göttlichkeit (→6282ff) in dem Augenblick im Feuer auflösen, in dem die *endliche Freiheit* von sich her ihre Abwendung von der göttlichen Integrationsmacht (→6947–6950) auflösen wird. Durch diese Aufhebung der sich ausschließenden Gestaltungen von göttlicher Integrationsmacht und endlicher Freiheit entsteht Raum für eine neue, und zwar (auf geheimnisvolle Weise) versöhnte Einheit von göttlicher und endlich freier Dimension (→8948). Die Zukunftsnorn (→6983) will nun durch einen Rückblick in die Vergangenheit und einen Hinblick auf die Gegenwart (für welche Zeiten ihre Nornenschwestern zuständig sind [→6939ff; 6960ff], denen sie deshalb das Seil, welches den Geschehensverlauf abbildet [→1682f], zuwirft) die Geschichte der endlichen Freiheit nachvollziehen lassen, um sie dann selbst in die Zukunft hinein zu extrapolieren. So könnte sie den Zeitpunkt des von der Tat der endlichen Freiheit abhängigen Verbrennens der Weltesche durch Wotan erschließen. Weil aber das Eintreten jenes zukünftigen Ereignisses einem Entschluß der endlichen *Freiheit* entstammen wird, ist es nicht schon (eindeutig oder statistisch) in der Gegenwart angelegt. Daher kann die Norn ihre Extrapolation nicht vollziehen (→7035–7042).

7015f: Um Nornenkunde handelt es sich nur, wenn einzelne Ereignisse nicht isoliert als solche, sondern als Momente größerer Zusammenhänge dargestellt werden; die Dimension des einenden Zusammenhangs im Unterschied zur Trennung in Einzelnes wird im »Ring« als *Nacht* im Unterschied zum Tag vorgestellt (→1682f). Nur im Überstieg über einzelne Ereignisse, nämlich im Rückblick und Vorgriff auf Vorgänger- und Nachfolgeereignisse, stellt sich Zusammenhang her. Solchen Überstieg haben die Nornen in ihrem ganzen Gespräch (→6899–7014) ständig vollzogen. Jetzt werden gleich weitere einzelne Geschehnisse sich ereignen, und zwar solche, die die endliche Freiheit setzt. Freiheitstaten sind aber für das Vorherwissen der Nornen unableitbar (→7035–7042) – daher weicht die Nacht: Zum einen deutet dies an, daß die Dimension des Nornenwissens sich auflöst in die Unableitbarkeit der Freiheitstaten, die nicht einem gegebenen Zusammenhang vorherwissbar entfließen, sondern die selbst erst den Zusammenhang mit dem Vorhergehenden gestalten; zum andern weicht die Nacht des Zusammenhangs der Tageshelle der Unterscheidbarkeit einzelner Taten (→6173f).

7017ff: Die Erste Norn weiß von der vergangenen vorwotanischen, das heißt von der bloß natürlichen Welt (→6939ff). Die endliche Freiheit, die durch Wotan in die Welt kommt (→2636), setzt ihre Handlungen zwar innerhalb der Natur, geht dabei aber nach anderen als bloß natürlichen, nämlich nach *kulturellen* Zwecksetzungen vor (→5079–5084). In dieser kulturellen Überformung erhält die Natur selbst eine veränderte Gestalt: menschliches Handeln greift umgestaltend in die Natur ein. Ist innerhalb bloß natürlicher Vorgänge, wegen deren eindeutiger oder statistischer Festgelegtheit (→6914–6917), eine Extrapolation möglich, die aus einem räumlich und zeitlich begrenzten Ausschnitt von Abläufen auf die den ganzen Naturprozeß durchwaltende Naturordnung in ihrer Gesamtheit (→6911ff) schließt, so gibt es, wegen der Unableitbarkeit zukünftiger *Freiheit*staten (→7035–7042), vom Augenblick des Auftretens endlicher Freiheiten an keine Möglichkeit mehr, die gegenwärtig sichtbaren Zusammenhänge der Ereignisse ins Ganze hochzurechnen. Deshalb findet die Norn »des Seiles Fäden« nicht mehr. Die Fäden symbolisieren die einzelnen natürlichen Ereignisfolgen (und die schon geschehenen Freiheitstaten), so wie das ganze Seil ihr

Zusammenwirken zum Wirklichkeitsganzen darstellt (→1682f). Diese Fäden sind zwar da und wirken zum Ganzen des Wirklichkeitsprozesses zusammen, indem sie untereinander zu einem Gewebe (→666) »verflochten« sind. Aber durch zukünftige Taten der endlichen Freiheiten wird sich der Stellenwert einer natürlichen Ereignisfolge (oder einer vergangenen Freiheitstat) rückwirkend immer wieder ändern, weil diese selbe Ereignisfolge von der endlichen Freiheit immer wieder auf unableitbar neue Weise in den Geschehensprozeß einbezogen werden kann und bei dergestalt wechselndem Zusammenspiel mit den anderen Wirklichkeitskomponenten derselbe natürliche Ablauf in jeder Epoche neue Eigenschaften zeigen kann. So kann die Vergangenheitsnorn den genauen Ort und Verlauf, das heißt die genaue und umfassende Beschaffenheit eines jeden ihrer »Fäden«, im Weltgewebe nicht »finden«, weil sich diese Beschaffenheit stets ändert. Der ganze Umfang des Selbstseins eines natürlichen Ablaufes (wie eines jeden Wesens in der Welt) wird überhaupt erst nach Abschluß des ganzen Wirklichkeitsprozesses gegeben sein, wenn keine neuen Taten mehr gesetzt werden. Nur für das zeitüberhobene göttliche Schauen der Erda (→1672–1675), das heißt für Erdas Weisheit (→6170), ist die Vollendung des Wirklichkeitsprozesses nicht mehr zukünftig, sondern ewige Gegenwart (→7043ff).

7020f: In der Erinnerung schaut die Norn die Gewinnung des Ringes durch Alberich (→7022f). Der Ring (→253–257) verwirrt den im Wissen der Norn gegenwärtigen und in ihrem »verflochtenen Seilgewebe« (→7017ff) symbolisierten (→1682f), *objektiven Sinn der Welt*, der darin besteht, daß die Welt bei all ihrer ungeheueren Komplexität nicht ins Chaos zerfällt, sondern ein Gefüge ist, das Einzelwesen mit untereinander höchst verschiedenartigen und gegenstrebigen Selbstseinen hervorbringt und erhält (→6918). Dieser selbstseinerhaltende Sinn wird gestört durch Alberichs lieblose (→317f), alle Selbstseine außer seinem eigenen despotisch zerstörende Bosheit (→5348ff). Diese Verwirrung der göttlichen Weltordnung (→334) durch ein endliches freies Wesen (→5371) ist »wütend«, was man mit »wotanisch« gleichzusetzen hat (→323). Es ist nämlich Wotan selbst, der der endlichen Freiheit die Möglichkeit zur zerstörerischen Bosheit, also den Ring, beläßt (→1715). Der göttliche Urgrund (→6118), dessen Ausprägung oder Erscheinungsweise Wotan ist (→6175f), hat sogar selbst die endliche Freiheit in eine zum Guten *und* zum Bösen fähige geschaffen (→2636) und damit den Rahmen der bloßen Naturordnung (→6911ff) zur Kultur hin überschritten (→4410–4415). Der Wirklichkeitsprozeß vollzieht sich seither als Einheit von Natur und Kultur, mithin als geschichtliche Welt (→6923–6926), deren Geordnetheit sich letztlich der göttlichen Lenkung (→8077f) verdankt, die in Wotans Speerschaft nur unvollkommen dargestellt ist (→6923–6926). Die Freiheit endlicher Subjekte zum Zerstörerischen bewirkt zu haben und doch die Welt in unzerstörter Geordnetheit erhalten zu wollen, sind die beiden sich gegenseitig ausschließenden Komponenten des göttlichen Waltens: die *Liebe* zur endlichen Freiheit und die *Macht*, die Freien der Ordnung zu unterwerfen (→2780).

7022f: →317f.

7025f: Es ist die endliche Freiheit, die nach der Zerschlagung des Wotansspeeres (→6465f) die Welt gestaltet, mithin ihr ordnendes Zentrum ist. Der Brünnhildenstein ist das Abbild dieses Zentrums, an dem die Gegenwartsnorn (→6960ff) das den Weltverlauf symbolisierende Seilgeflecht (→1682f) befestigt (→6935–6938). Da die endliche Freiheit aber, wenn statt der lenkenden (→8077f) göttlichen Weisheit sie selbst das Wirklichkeitsgeschehen bestimmen soll und will, aus der Endlichkeit ihres beschränkten Überblicks (→2831–2834) oder aus der Bosheit ihrer selbstsüchtigen Gesinnung (→5348ff) heraus das hochkomplexe Weltgefüge stört oder gar zerstört, nimmt auch das Abbild des Weltgefüges gerade durch sein neues (eigentlich Halt geben sollendes) Zentrum Schaden: der Stein schneidet störend und zerstörend in das komplexe Fadengewebe des Nornenseiles ein.

7027ff: →7025f. Das Weltgefüge wird im »Ring« als *Gewebe* vorgestellt (→666) und als solches im Geflecht des Nornenseiles (→7017ff) abbildlich dargestellt (→1682f).

7030f: Der Neid erwächst aus der Not (→713), von anderen in seinem eigenen Daseinsvollzug beeinträchtigt zu sein; umgekehrt erzeugt der Neid dann Not, wenn der Neidische seinerseits anderen Beeinträchtigungen zufügt, um seinen eigenen Daseinsvollzug in einer Welt knapper Daseinsmittel zu sichern (→716ff). Weil so im Grunde jedes Wesen nach völligem Unbeeinträchtigtsein durch andere streben muß, um möglichst weitgehend er selbst sein zu können, strebt jedes danach, nach Maßgabe *seines eigenen* Interesses – statt nach Maßgabe dessen, was dem je eigenen Selbstsein auch der anderen Wesen zukommt, jenem ersteren Wesen aber abträglich ist – über die anderen Wesen verfügen zu können. Diese lieblose (→317f) Verfügung über alle anderen Wesen verkörpert der Ring (→253–257). Es ist eben das »Neidspiel« (→810) gegenseitigen Vorherrschaftsstrebens, aus dem die Drohung »herausragt« oder zwingend folgt, daß einer despotisch alle anderen Selbstseine unterwerfen und sie dadurch, oder durch das unabwendbar folgende Chaos (→1490f), zerstören könnte.

7032ff: Der in einer Aufwallung von Rachegesinnung (→316) erstmals wirksam werdende Fluch der endlichen Freiheit besteht darin, aus Lieblosigkeit (→317f) die einzelnen Wesen in der Welt, also die Bestandteile des Weltgewebes (→666), die in den Fäden des Nornenseils abbildlich dargestellt sind (→1682f), in ihrem Selbstsein zerstören oder eben

»zernagen« zu können (→1490f). Ob und wie das geschehen wird, muß die Zukunft zeigen. Daher gibt die Zweite oder Gegenwartsnorn (→6960ff) das Seil, in dem sich der Weltverlauf symbolisch verkörpert, an die Dritte oder Zukunftsnorn (→6983). Da diese Norn die Zukunft aber nur insoweit zu wissen vermag, als sie schon in der Gegenwart eindeutig oder statistisch festgelegt ist, bleibt die an sie gerichtete Frage für sie unbeantwortbar (→7035–7042).

7035–7042: Das Nornenseil ist der symbolisch repräsentierte oder *gewußte* Weltlauf (→1682f). Die Nornen besitzen in ihrem Seil aber kein göttliches Allwissen: von der Zukunft wissen sie nur, was gegenwärtig schon einschlußweise da ist (→6975–6978). Mit dem Auftreten der endlichen Freiheit im Weltgeschehen stehen nun aber in jeder Gegenwart viele Möglichkeiten der zukünftigen Fortgestaltung offen, ohne daß die Freiheit eindeutig oder statistisch auf eine derselben festgelegt wäre. Das Weltseilgeflecht ist dadurch sozusagen *»locker«* (→7035) geworden, das heißt, es ist nicht mehr jeder Faden genau in seinem Lauf festgelegt, sondern er kann im weiteren Ausspinnen des Ganzen auf vielerlei Weise aufgenommen werden. Damit kann man aber sagen, daß der feststehende Zusammenhang der Gegenwart mit der Zukunft, wie er für die eindeutig oder statistisch determinierte Natur gegeben ist, im Auftreten der Freiheit gewissermaßen *»abreißt«* (→7040ff), weil nun nicht mehr bloß in der Gegenwart Angelegtes zwangsläufig vollstreckt, sondern der Zusammenhang mit der Gegenwart von den zukünftigen Entscheidungen der Freiheit erst *gestiftet* wird. Deshalb *»langt«* (→7036) das Seil nicht: die Gegenwart reicht nicht mehr in jeder Hinsicht bestimmend in die Zukunft. So reißt das den Weltverlauf in seiner durchgängigen Determiniertheit (eindeutiger oder statistischer Art) repräsentierende Seil am Orte der Freiheit ab. Dieser Riß im Wissen um den Weltverlauf wird offenbar im Scheitern des Versuches, aus der Gegenwart die Zukunft der Freiheitsentscheidungen abzuleiten. Eben dies versucht ja die Norn, indem sie das lockere, mehrdeutige Geflecht des Seiles *»straffer strecken«* (→7039), das heißt die Zukunft aus der Gegenwart extrapolieren will. Sie streckt das Seil *»nach Norden«* (→7037), weil sich dort die Zukunft (nämlich das Ende) für die Götter erfüllt (→D10–D14). Wegen der Offenheit der Zukunft stößt aber die Extrapolation ins Leere, und das Wissen muß sich eingestehen, daß seine Verbindung zur konkreten Gestalt der Zukunft abgerissen ist. Einzig das göttliche Vorherwissen überblickt, wie die zukünftigen Entscheidungen der Freiheiten die gegenwärtige partielle Unbestimmtheit des Wirklichkeitsgeschehens aufnehmen und ausgestalten werden; dabei handelt es sich um ein Vorher*wissen* der Selbstbestimmung der endlichen Freiheit, nicht aber um eine Vorher*bestimmung* der endlichen Freiheit durch Gott (→7043ff). Für das endliche Bewußtsein, dem die Zukunft verschlossen ist, bleibt nur, sich bewußt zu werden, daß mit dem Auftreten der Freiheit die Kette eindeutiger oder statistischer Determiniertheit abgerissen ist. Das tun die Nornen.

7043ff: Es ist die allesumfassende göttliche Dimension (Erda), deren Wissen alle Zeiten umfaßt (→1672–1675) und deshalb ewige Weisheit ist (→6170). Gegenstand dieses ewigen Wissens ist der Weltverlauf. Insofern die Nornen Teile dieses Weltverlaufs zur Kenntnis geben (→6939ff; 6960ff; 6983), ermöglichen sie dem, dem sie ihre Kenntnis »melden« (→2061), eine Teilhabe am »ewigen Wissen«, nämlich das Wissen, wie es über den gegenwärtigen Augenblick hinaus weitergehen wird. Aber eben dies kann nicht mehr gewußt werden, sobald den weiteren Geschehensfortgang die endliche *Freiheit* mitbestimmt. Innerhalb der bloßen Naturordnung kann aus dem Gegenwärtigen das Zukünftige erschlossen werden, weil Letzteres (unter den Bedingungen deterministischer Physik eindeutig, unter denen indeterministischer Physik in statistischer Häufigkeit) im Gegenwärtigen selbst schon einschlußweise gegenwärtig ist. Freiheit besagt nun aber, daß keine eindeutige oder statistische Determiniertheit vorliegt, aus der ableitbar wäre, was die Freiheit tun wird. Freiheit besagt unfestgelegte Offenheit der Gegenwart vielen verschiedenen Möglichkeiten des Geschehens gegenüber, ohne daß das, was dann tatsächlich in der Zukunft geschieht, im Gegenwärtigen schon eindeutig oder wenigstens statistisch bestimmt wäre. Was aber auf keine irgendwie *bestimmte* Weise festgelegt ist, kann auch nur als unbestimmt gewußt werden. Ein Wissen, wie die zukünftige Bestimmtheit aussehen wird, ist von gegenwärtiger Unbestimmtheit her nicht möglich.

Hat Erda also dadurch, daß sie durch Wotan (→6175f) die endlichen Freiheiten hervorgebracht hat (→2605f), ihr Allwissen selber suspendiert? Dann widerspräche sich die Aussage, daß ein ewiges, also nie endendes Wissen dennoch ende. Dieser Widerspruch besteht aber nicht, weil das »ewige Wissen« eine doppelte Bedeutung hat und eine Suspendierung dieses Wissens nicht bezüglich des Göttlichen (Erdas) selber ausgesagt wird. Die Verse 7044f sprechen lediglich davon, daß das ewige Wissen endet, insofern es *der Welt mitteilbar* ist. Die Verse 1672–1675 hingegen sagen, daß das ewige Wissen kein Ende nehme, insofern es das Göttliche nur *in und für sich selbst* besitzt (»weiß *ich*«; »seh' *ich*« – und sonst niemand).

Der Unterschied zwischen dem »immanenten« und dem »ökonomischen« (das heißt auf den Menschen bezogenen [Rahner 80]) Wissen vom Ganzen der Wirklichkeit ist folgender: Das göttliche immanente Wissen steht nicht in, sondern *über der Zeit*, insofern ihm die Zukunft schon Gegenwart ist (→1672–1675). Das Göttliche ist daher nicht darauf angewiesen, über das, was in der Gegenwart noch unbestimmt ist (Freiheitsentscheidungen), von der verlaufenden Zeit zukünftigen Aufschluß zu erhalten. Das Wissen des Menschen dagegen ist dem *Zeitverlauf unterworfen*, so daß ihm die Zukunft verhüllt ist. Wenn nun jedes Wissen vom *Ganzen* der Wirklichkeit göttliches oder ewiges Wissen ist, dann kann sich dem Menschen, wegen der Zukunftsverschlossenheit, die mit der zeitlichen Struktur seines Wissens einhergeht, nur das an göttlichem Wissen bekunden (»melden«), was in der jeweiligen Gegenwart schon bestimmt angelegt ist. Solange man es nur mit eindeutig oder statistisch bestimmter Wirklichkeit zu tun hat, bildet sich das (der Zeitfolge enthobene göttlich bestimmte) Ganze der Wirklichkeit im einzelnen gegenwärtigen Zeitmoment kraft der in diesem Moment wirksamen, aber über die zeitliche Begrenzung des Moments hinausführenden Bestimmtheit ab (Laplace'scher Dämon). Da Freiheit nicht schon in der Gegenwart für die Zukunft bestimmt ist, geht für die endliche, weil dem Zeitverlauf unterworfene Erkenntnis mit dem Auftreten des freien Menschen die Möglichkeit der Teilhabe am ewigen Wissen zu Ende. Zwar weiß der Mensch auch weiterhin vom Ganzen aller Wirklichkeit, aber dieses ist ihm nur noch als unbestimmte Offenheit auf Zukunft hin gegenwärtig. Das Ganze bekundet sich mittels der Nornen (→1682f) nur noch als diese unbestimmte Offenheit.

Suspendiert ist durch die Hervorbringung der endlichen Freiheit also bloß die Zugänglichkeit des göttlichen Wissens für die menschliche Erkenntnis, nicht aber das Wissen, das Gott immanent besitzt, weil letzteres kraft seiner Zeitüberhobenheit alle zukünftigen Entscheidungen der endlichen Freiheiten schon *vorhersieht*: »gewiß kannst du deinen Vorsatz ablenken, aber doch schaut die untrügliche Vorsehung sowohl, daß du das kannst, als auch, ob du es tust und wozu du dich wendest, als ein Gegenwärtiges. ... Denn allem Zukünftigen eilt das göttliche Schauen voraus, ... und mit einem Schlage kommt es deinen Veränderungen zuvor und umfaßt sie« (Boethius 271/273).

7055–7058: In der Edda bittet Sigurd die Walküre, die er erweckt hat, »ihn Weisheit zu lehren, da sie Kunde aus allen Welten wisse« (Thule I 141; vgl. Thule XXI 81–88). Hier im »Ring« sind die göttlichen Runen, über die Brünnhilde verfügte, mit der göttlichen *Weisheit* gleichzusetzen (→6182; 6709), die die großen Zusammenhänge aller Wirklichkeit überblickt (→6170). Brünnhilde hat Siegfried mit »des Welt-Athems wehendem All« (GSD VII 81) – so nennt der »Tristan« den *Gesamt*zusammenhang alles Wirklichen (→6118) – vertraut gemacht. Wagner sagt ausdrücklich einmal: »Brünnhilde schläft, ermisst im Traum die Welten, in denen Tristan heimisch nun verweilt: bleibt er uns stumm, sie kann die Kunde melden, die ihr der Liebende dort mitgeteilt« (Wagner 32). Die tristanische Welt-*Atem* ist ebenso wie der *Atem* Erdas ein Bild für den allesdurchwaltenden Gottesgeist (→6151f). Brünnhilde ist aber eine Ausprägung Wotans (→2757–2760). Daher verfügt sie nicht über die weltumspannende, zeitlos alles Geschehen umfassende Weisheit der göttlichen Immanenz (→6170; 6175f), die von Erda verkörpert wird (→1672–1675). Brünnhildes göttliche Weisheit ist nur der Überblick über die Weltzusammenhänge insoweit, als diese Zusammenhänge *für menschliches Denken* aus den begrenzten Wirklichkeitsausschnitten extrapolierbar sind, die der irdischen Erfahrung jeweils gegenwärtig und erinnerbar sind (→6733–6737). Die alte Vorstellung aus der Zeit vor dem Ende der als unangemessen erkannten Wotanvorstellung (→6238f) ging davon aus, daß das Handeln des Menschen ganz vom Gotte geleitet wird: Die größeren Zusammenhänge, an denen das Handeln sich orientieren muß, wußte nur der Gott, und die Anweisungen für menschliches Handeln gab Gott selbst durch Orakel oder persönliches Eingreifen (→2208; 2225f; 2651; 2927f) dem Menschen bekannt. Diese Vorstellung von einem Gott, der durch direkten »übernatürlichen« Eingriff in den normalen irdischen Gang der Dinge die Geschehnisse lenkt, ist charakteristisch für lange Epochen der Religionsgeschichte (→6252ff), in denen Orakel und vermummt oder offen auf Erden wandelnde und handelnde Gottheiten den Weltlauf bestimmten. Diese Art von Göttern tritt im »Ring« ab. Wotan hat – wie Wagner es ausdrückt – seinen »unmittelbaren« (GSD II 158) Einfluß auf die Menschen aufgegeben (→2982–2985; 8948). Er gibt den Menschen nicht mehr aus seinem göttlichen Überblick heraus Handlungsanweisungen, sondern hat vielmehr jetzt das göttliche Wissen *der endlichen Freiheit selbst* überantwortet. Nicht mehr durch göttliche Orakel und Sondereingriffe, sondern durch *selbständige* Verarbeitung des Wissens von den größeren Zusammenhängen in Natur und Gesellschaft muß der Mensch handeln. Das göttliche Wissen *schläft* im Schlaf der Brünnhilde (→4125ff); es greift nicht mehr (wie vordem in der Gestalt Wotans) lenkend in das Geschehen unter den Menschen ein, sondern es wird *erweckt* – das heißt in irdisches Handeln umgesetzt – nur durch den endlichen freien Menschen. Damit verschwindet allerdings nicht die göttliche Weisung und Lenkung selber, sondern nur der Glaube, daß das Göttliche dem Menschen mittels Orakeln und an übernatürlichen Sondereingriffen einsichtig und direkt greifbar werden kann. Das geheimnisvoll verborgene göttliche Walten Erdas (→6159ff) wirkt – obgleich das für den Menschen nicht mehr durchsichtig werden kann – gerade *in* den ganz frei, selbständig und scheinbar gottlos gesetzten Taten des Menschen (→6252ff). So ist der gott*ähnliche,* weil übergreifende Zusammenhänge in den Blick bekommende Horizont des Menschen (→4410–4415) doch begrenzt (→2831–2834), mithin nicht gott*gleich* (→7071–7074).

7071–7074: In der altnordischen Völsungen-Geschichte heißt es von Sigurd: »Er war ein weiser Mann, so daß er noch ungeschehene Dinge voraus wußte« (Thule XXI 89). Hiervon weicht der Siegfried des »Ring« entscheidend ab. Zwar ist er durch Brünnhilde zu weisem Überblick über die großen Zusammenhänge der Welt befähigt (→7055–7058), aber diese Weisheit kann er nicht »wahren« und läßt ihn »unbelehrt«. Dies kennzeichnet Siegfried als den Typus des Menschen überhaupt, denn eben die *Gebrochenheit* zwischen der grundsätzlichen Offenheit für das unabschließbare, allumfassende Ganze der Wirklichkeit einerseits (→4410–4415) und der

Beschränktheit seines tatsächlichen Überblicks andererseits (→2831–2834) ist die dem Menschen eigentümliche Daseinsweise (→2637). Der Mensch hat von Gott den unbegrenzt offenen Horizont des Geistes erhalten (→2636; 7055–7058), aber so, daß er auf das Ganze angewiesen ist, ohne es tatsächlich zu besitzen; deshalb vermag der Mensch nicht rein zu »(be)wahren«, was in ihm doch angelegt ist. Gott hat den Menschen die Fähigkeit gelehrt, weite Zusammenhänge zu überschauen; da der Mensch aber nie alle Zusammenhänge übersehen kann, bleibt sein Wissen immer unvollendet, und er ist durch die göttliche Lehre nicht letztlich »belehrt«. Diese Gebrochenheit ist eine unaufhebbare anthropologische Struktur, und sie hat zur Folge, daß der Mensch bei seinem eigenen Handeln meist Störungen und Zerstörungen im Wirklichkeitsgefüge einleitet, die sich in weitere Zusammenhänge dieses Gefüges fortsetzen. Der Mensch kann nun – zum Ersten – die Gebrochenheit ergeben ertragen und sie da, wo er an seine Grenzen stößt, dem weisen Walten Gottes (→6159ff) überlassen. Er kann aber auch – zum Zweiten – versuchen, die größeren Zusammenhänge, deren Eigengesetzlichkeiten er nicht überblickt, dadurch in die Verfügung seiner Beschränktheit zu bekommen, daß er ihr Selbstsein zerstört und sie ganz auf die engen Zwecke seines eigenen Daseinsvollzuges hin sich dienstbar macht; damit ist der Mensch zum bösen Despoten (→5348ff) geworden. Der Mensch kann aber schließlich – zum Dritten – ohne despotische Absichten seine Abhängigkeit vom je größeren Ganzen, das er nicht beherrschen kann, – und damit von der das Ganze tatsächlich beherrschenden Macht Gottes – nicht erkennen und wahrhaben wollen, weil er vom Erlebnis seiner eigenen Kraft zunächst einmal so geblendet ist, daß er nicht über den Kreis ihrer Wirksamkeit hinauszusehen sich veranlaßt fühlt. Dieses Dritte ist die Haltung, die dem Menschen recht nahe liegt, weil er die ganze Wirklichkeit – seiner selbst und der übrigen Welt – ja zwangsläufig von seiner individuellen Person her erleben muß. So ist er immer in Versuchung, alles auf das Handlungszentrum, das er selber ist, beziehen und von hier aus auch bewältigen zu wollen. Würde der Mensch zu schnell auf eigenes Handeln verzichten und alles dem göttlichen Walten überlassen, dann würde er vieles von dem nicht erreichen, was er durch eigene Anstrengung hervorbringen kann und was der von der Vorsehung geleitete Weltprozeß auch nicht »von selbst« heraufführt, weil er es eben der eigenen Anstrengung des Menschen anheimgegeben hat. Die Ausgewogenheit zwischen Eigentätigkeit und Hingabe an Gottes Wirken ist nur durch die lange Erfahrung des menschlichen Lebens erreichbar. *Zuerst* ist der Wille, alles alleine zu bewältigen, im kraftvollen Menschen das dominierende Gefühl, dem gegenüber das Bewußtsein von der eigenen Abhängigkeit von äußeren und inneren Umständen – und von der darin letztlich wirksamen allesbestimmenden Macht Gottes – in den Hintergrund tritt.

Siegfried stellt nun genau die dritte, sehr menschliche Haltung dar. Diese Haltung beinhaltet aber ein Versäumnis. Angesichts seiner Kraft, die ihm alles gelingen zu lassen scheint (→7367f), versäumt Siegfried die Einsicht, daß das Gelingen – der stete Sieg, den sein Name bezeichnet (→3656) – keineswegs vom Menschen selber sichergestellt werden kann, weil es immer auch von Umständen abhängt, über deren Heraufführung oder Verhinderung der Mensch keine Macht hat. Nicht allein Siegfried selbst, sondern alle Umstände des Laufs seines Lebens und der ganzen Welt sind es daher, die sein sieghaftes Gelingen mitverursachen, es aber jederzeit – und das bedenkt Siegfried ebenfalls nicht – auch scheitern lassen könnten. Weil Siegfried die Abhängigkeit seines eigenen Handelns von der Konstellation seiner Umwelt nicht bedenkt, sieht er die Notwendigkeit nicht, auf das für ihn Förderliche oder Schädliche in seiner Lebenswelt zu achten, um sein Handeln darauf einstellen zu können. Auch als das Gelingen erstmals ausbleibt (weil Brünnhilde sich der Täuschung, die Siegfried und Gunther ins Werk setzten [→7378–7387], nicht fügen will [→8019–8169]), bedenkt Siegfried nicht etwa die sich daraus möglicherweise ergebenden Folgen, sondern er verläßt sich gedankenlos blind darauf, daß alles bald von selbst sich »frieden« werde (→8189f). Wenn nun auch der Mensch niemals den völligen Überblick über alle Umstände, die (als ein in Raum und Zeit unabsehbar weit ausgreifendes Geflecht) sein Handeln mitbestimmen, sich erwerben kann, so kann er doch die in ihm schlummernde göttliche Fähigkeit zum weiten Überblick bis zu einem gewissen Grad entfalten und damit zu einem Handeln gelangen, das nicht blind für seine Chancen und Gefahren einfach drauflosstürmt, sondern durch Besonnenheit den Erfolg so weit, wie es dem Menschen möglich ist, zu sichern sucht. Siegfried versäumt es aus Gedankenlosigkeit, diese Fähigkeit einzuüben und einzusetzen. Da er dergestalt gedankenlos über seine Abhängigkeit hinweggeht und nur im Vollgefühl seiner Kraft lebt, handelt Siegfried *maßlos:* Weil er seine Grenzen nicht sieht, glaubt er, ihm sei alles möglich (wenn er dies auch nicht wie Alberich [→253–257] zur despotischen Weltherrschaft [→5371] auszunützen gedenkt [→7787f]); so überschätzt er sich (→7367f). Da aber die Abhängigkeit des Menschen von den übrigen Menschen und der ganzen Wirklichkeit auch im Falle Siegfrieds tatsächlich besteht und sich unweigerlich auswirkt, ob man sie bemerkt oder nicht, führt Siegfrieds Überheblichkeit bloß dazu, daß er diesen Einfluß anderer Menschen und der Umstände nicht bemerkt und ihn infolgedessen nicht kontrollieren kann. So ist Siegfrieds Handeln gar nicht wirklich von ihm selbst, sondern von den Menschen und Umständen bestimmt, deren Einfluß der Held unterworfen ist. Daher wendet sich sein vermeintlich *eigenes* Handeln, weil es in Wahrheit der Heraufführung *fremder* Zwecke dient (→7449ff), *gegen* Siegfried und zerstört ihn schließlich (→7794f). Im Gesamtschicksal eines Menschen ist die den Zusammenhang allen Geschehens bestimmende Gottheit am Werk. Auch über diese tiefste Implikation seiner Welterfahrung hat Siegfried kein Bewußtsein: von Gott weiß er nichts (→5389f).

Wagner bezeichnet Siegfried als den »Schöpfer« (GSD IV 312) der Verhältnisse der Welt, in der er lebt. Nun kann der Mensch zwar nie Schöpfer im genuinen Sinn des Wortes sein, weil das Hervorbringen aus Nichts Gott allein vorbehalten ist (→1676f), aber der Mensch kann sehr wohl nach seiner Befreiung von der Herrschaft der Orakelgötter (→7055–7058) *selber* einen großen Bereich der Weltverhältnisse und -geschehnisse gestalten. Siegfried weiß nun von keiner anderen Gestaltungsmacht als seiner eigenen: »auf dich allein nur verließest du dich« (GSD II 165f) und »deinem muthigen Trotz vertrautest du nur« (GSD II 226; →5745f; 7367f; 8506–8510; 8528ff). Gerade an Siegfrieds Leben wird sich aber zeigen, daß der Mensch wegen seines nur beschränkten Überblickes die Zusammenstimmung seiner eigenen Taten untereinander (→8531f) und mit denen der übrigen Menschen (→7449ff) immer wieder verfehlt: die bloß endliche Erkenntnis führt ständig zum Irrtum hinsichtlich dessen, was in dem Handeln des einzelnen Menschen betroffenen Selbstseins (einschließlich seines eigenen) unzerstört erhält. So hat der Mensch, wie Wagner allgemein formuliert, wenn er selbständig tätig war, immer nur Verhältnisse hervorgebracht, die, »als überlieferte irrthümliche Vorstellungen und Rechtsverhältnisse, endlich den Menschen zwangvoll beherrschen und seine Freiheit vernichteten« (GSD IV 312). Ein Ausgleich ist hier nur durch *Gott* möglich, der den Irrtum des einzelnen durch Taten anderer (die ihrerseits irrtümlich sein können) kompensiert. Die volle Kompensation aller Ausfälle und Brüche des menschlichen Lebens ist nur als zeitüberhobene Gegenwart allen Geschehens möglich (→3260–3265; 7249–7252) und daher nur von dem in ewiger Gegenwart stehenden (→1672–1675; 6170; 6175f) Walten Gottes erhoffbar. Aus Siegfrieds scheiternder Selbständigkeit zieht Brünnhilde die Lehre, daß der Herr über die Erfüllung der menschlichen Eigentätigkeit der geheimnisvolle Gott selber und allein ist (→8949).

7090f: In der altnordischen Völsungen-Geschichte heißt es: »Sigurd sprach: ›Einen gescheitern Menschen als dich gibt es nicht. Und das schwöre ich, daß ich dich zur Frau haben will, du bist nach meinem Herzen.‹ Sie [Brynhild] antwortete: ›Dich will ich am liebsten haben, und hätt' ich unter allen Männern zu wählen.‹ Und dies bekräftigten sie mit Eiden untereinander« (Thule XXI 88).

7110f: Das Luftroß (→7454) einer Göttin (Thule XX 81) wird in der Edda beschrieben: »Gna hat ein Roß, das läuft durch die Luft und übers Meer; es heißt Hufwerfer. Einmal geschah es, als sie ritt, da sahen sie einige Wanen [eine Götterspielart] in der Luft droben. Da sprach einer von ihnen: ›Was fliegt da? Was flitzt da und eilt leicht durch die Luft?‹ Gna antwortete: ›Nicht flieg ich, doch flitz ich, eile leicht durch die Luft auf Hufwerfer, den Haarstruppig zeugte mit Zaunspringe‹« (Thule II 74/C).

7127f: →3822f.

Nach 7153: Zwischen dem Verlassen des Brünnhildenfelsens und der Ankunft am Gibichungenhof (→7271) berichtet der »Ring« nichts über Siegfrieds Leben. Da Hagen aber feststellt, daß »des Helden Ruhm« (→7208) schon in ganzen »Mären« (→7311f) verbreitet ist, muß doch einige Zeit zwischen Siegfrieds Abschied von Brünnhilde und seinem Gibichungenabenteuer liegen. In der altnordischen Völsungen-Geschichte heißt es darüber, daß Sigurd beim Häuptling Heimir gewesen sei: »Sigurd verweilte hier lange in großen Ehren: bekannt wurde damals diese Heldentat in allen Landen, daß er den furchtbaren Drachen erschlagen hatte« (Thule XXI 90).

Erster Aufzug

7157: »Auch Gibich, der Geber (nord. Gjuki), der Stammvater des Königsgeschlechts der Gibichunge (Giukunge), war der Geber-Gott [→1917f] Wotan« (Dahn [2] 254 Anmerkung 1). Wotan hat allen Menschen den Hauch des Menschseins eingehaucht (→2636; 2640f).

7160f: »Gjuki [das heißt Gibich (→7157)] hieß ein König, er hatte ein Reich südlich am Rhein. Er hatte drei Söhne, die so hießen: Gunnar [Gunther], Högni [Hagen] und Gutthorm; Gudrun hieß seine Tochter, sie war die berühmteste Jungfrau. Diese Kinder ragten weit über andre Königskinder an jeglicher Tüchtigkeit, an Schönheit und Wuchs. Sie waren immer auf Heerfahrten und vollbrachten manche rühmliche Tat. Gjuki hatte zur Gemahlin die zauberkundige Grimhild« (Thule XXI 93).

7165: Die Thidreks-Saga schildert Hagens Wesen folgendermaßen: »Er besaß einen scharfen Verstand und war ein großer Vorbedacht; unumgänglich, schweigsam, hart und leidenschaftlich war er, hatte ein mutiges, stolzes Herz, war schnell im Entschluß, steifnackig, einfach, grausam und unbarmherzig« (Thule XXII 232).

7176ff: In der altnordischen Völsungen-Geschichte ist es Gunnars (Gunthers) Mutter Grimhild (→7160f), die ihrem Sohne sagt: »Deine Macht steht in voller Blüte, abgesehen davon, daß du unvermählt bist« (Thule XXI 98).

7179: →7160f.

7182f: In der Thidreks-Saga ist es Sigurd (Siegfried) selbst, der Gunnar (Gunther) auf Brünhild aufmerksam macht: »Ich weiß eine Frau, die alle andern in der Welt überragt an Schönheit und aller höfischen Bildung, am meisten jedoch durch ihre Weisheit, ihre Sehergabe, ihre Tüchtigkeit und ihren hochstrebenden Sinn« (Thule XXII 266). In der Völsungen-Geschichte ist es Grimhild (→7176ff), die ihrem Sohne rät: »Wirb um Brynhild« (Thule XXI 98).

7184f: →6069f.

7189: Als in der altnordischen Völsungen-Geschichte Hjördis meint, König Sigmund könne nochmals genesen und ihren Vater rächen, antwortet der sterbende König: »Einem andern ist das bestimmt« (Thule XXI 64).

7195f: Wälse, der Großvater Siegfrieds, ist »der Echte« (→2601f). Wälses Kinder, Sigmund und Sieglinde, sind die Kinder des Echten. Da sie nun ihrerseits nicht andere – weniger »echte« – Ehegatten wählen, sondern zusammen Siegfried zeugen, ist dieser an Echtheit nicht zu übertreffen. Das Echte ist die unverfälscht bewahrte Güte des Sippencharakters (→7415). Dessen Bewahrung war in der Tat das Ziel des Inzestes zwischen Siegmund und Sieglinde (→2461ff).

7207f: In der Thidreks-Saga heißt es von Sigurd: »Er war so berühmt, weil er den großen Drachen erschlagen hatte, den die Waräger Fafnir nennen« (Thule XXII 234; →nach 7153).

7211f: →253–257.

7240ff: Siegfried vergißt seine Begegnungen mit anderen Frauen *ganz* (→7242), das heißt mit allen näheren Umständen. Im Falle Brünnhildes vergißt er vor allem, daß sie es ist, der er den Ring geschenkt hat (→7100f; 8057–8064).

7249–7252: Die theoretische (→4410–4415) und praktische (→4544) Weltoffenheit des Menschen ist es, die ihn bei keiner seiner Erkenntnisse und Taten befriedigt stehenbleiben läßt. Über die biologischen Ziele hinaus verfolgt der Mensch Ziele kultureller Art. Aber auch in kulturellen Hervorbringungen, also in den »Heldentaten« charakterlicher, politischer oder künstlerischer Art, findet der Mensch keine letzte Erfüllung, weil jede Tat nur einen Ausschnitt seines Strebens befriedigt und auch diese partielle Befriedigung meist nur eine Zeitlang anhält. So ist in der Tat die ganze Welt für die Dynamik des menschlichen Daseins *zu eng*. Die letzte Erfüllung wäre nur von einer Instanz her möglich, welche den Menschen in eine Dimension brächte, in der die vielen endlichen Bruchstücke seiner Selbst- und Welterfahrung zu einer vollendeten Ganzheit zusammengeschaut würden. Eine derartige Instanz wird Gott genannt und ist im »Ring« durch Erda dargestellt (→1672–1675). Weil Gott der Dimension der Endlichkeit enthoben ist, muß sein allesumschließendes Walten (→6159ff) der irdischen Erfahrung des Menschen verborgen bleiben (→6206–6209). Wenn die menschliche Weltoffenheit ihre Erfüllung nur fände, wenn ihr die Welt auf ganz andere als »weltliche« Weise, nämlich nicht in räumlichem Nebeneinander und zeitlichem Nacheinander, erfahrbar würde, dann muß man eigentlich sagen, daß der Mensch über die Welt *hinaus* offen ist (vgl. Pannenberg [2] 9–13). Genauer gesagt, ist der Mensch offen über alles das hinaus, was er unter irdischen Bedingungen an Welt erfahren kann. Die Offenheit »über die Welt hinaus« kann ja nicht sozusagen ins Weltlose gehen, weil auch eine »transmundane« Erfüllung den Eigentümlichkeiten der innerweltlich erfahrenen Antriebe des Menschen entsprechen müßte, wenn anders sie Erfüllung dieses Menschen – und nicht etwas mit dem irdischen Leben ganz Unzusammenhängendes – sein soll.

7311f: →nach 7153.

7313f: →7787f.

7318: →1245f.

7337–7343: Auch in der altnordischen Völsungen-Geschichte heißt es: »Grimhild [→7160f] gewahrte, wie sehr Sigurd Brynhild liebte, und wie oft er sie erwähnte« (Thule XXI 96). Hier ist es dann auch Grimhild, die einen Trank mischt und Sigurd reicht: »und durch diesen Trank dachte er nicht mehr an Brynhild« (Thule XXI 97).

7347–7352: Siegfried ist nicht einfach leichtfertigerweise Brünnhilde untreu. Als er nämlich Gutrune sah, wandte er ihr doch seine Gefühle nicht zu (→7334–7343). Erst der *Zaubertrank* verursachte es, daß Siegfried Brünnhilde vergaß. Siegfrieds Fehler ist, daß er sich ohne jede Vorsicht auf die neuen Bekannten einläßt und ihnen nicht im geringsten mißtraut. Diese gedankenlose Sorglosigkeit, die bei Siegfried aus Überschätzung der eigenen Kraft (→7367f) geboren ist (→7071–7074), liefert den Helden den Ränken der anderen völlig aus, so daß sein eigenes Handeln in Wahrheit den Zielen dieser anderen dient (→7449ff). Dies symbolisiert der Zaubertrank: Weil er ohne Aufmerksamkeit auf das Nützliche und Schädliche im Tun der anderen lebt, kann Siegfried sich grundsätzlich nicht gegen Ränke schützen, sondern erliegt ihnen sogleich und völlig wie einem Zauber, dem man wehrlos ausgesetzt ist. Der Zauber – im Trank vergegenständlicht – liegt allerdings in Siegfrieds eigener Haltung begründet, die sich besonders deutlich in seiner Furchtlosigkeit Ausdruck verschafft (→6273). Mag Siegfrieds gedankenlose Haltung auch eine Schuld darstellen, so geschieht es im Rahmen dieser Haltung dann allerdings ohne böse Absicht, daß er aufgrund der Gibichungenränke (die er bei weniger gedankenloser Grundhaltung vielleicht hätte bemerken können) seine eidliche Verpflichtung Brünnhilde gegenüber vergißt (oder sie nicht besonders ernst nehmen zu müssen glaubt) und die Frau betrügt (→8531f).

7367f: Siegfried überschätzt sich maßlos, weil er den Menschen darstellt, der erstmals in der (Religions-)Geschichte seine Fähigkeit zu *eigener* – das heißt nicht mehr von Orakeln und vermummt unter den Menschen wandelnden Göttern (→6252ff; 7055–7058) bestimmter – Tätigkeit (→2634f) erfaßt hat und von dieser Erfahrung so erfüllt ist, daß er über den Umkreis seiner eigenen Kraft nicht hinauszusehen vermag (→5389f). Weil er bisher nie gescheitert ist, bedenkt Siegfried nicht, daß es keineswegs selbstverständlich und auch nicht in seine eigene Hand gegeben ist, alle Unternehmungen zum Gelingen – zum Sieg (→3655f) – zu führen (→7071–7074). Indem Siegfried (wie die gegenwärtigen Verse sagen) sich für fähig hält, den ganzen Weltlauf nach seinen Absichten gehen zu lassen, überschreitet er, ebenso wie Alberich (→253–257; 5371), sein Maß. Allerdings versucht Siegfried nicht, im Unterschied zu Alberich, tatsächlich aller Welt seinen Willen despotisch aufzuzwingen und alle Wesen damit ihres eigenen Selbstseins lieblos (→317f) zu berauben (→7787f; 7789f). Siegfried ist also nicht aus Bosheit (→5348ff) maßlos, sondern aus gedankenloser Sorglosigkeit (→7071–7074).

In Wagners Entwurf zum »Nibelungen-Mythus« wird Siegfrieds Selbstüberschätzung besonders deutlich, weil sich der Held dort sogar als den Entscheider der Götterdämmerungsschlacht (→6876) sieht: »Dämmert der Tag auf jener Haide, wo sorgend die Helden sie schaaren, – entbrennt der Kampf, dem die Nornen selbst das Ende nicht wissen zu künden: nach meinem Muth entscheid' ich den Sieg« (GSD II 215). Offenkundig hielt Wagner damals – entgegen dem germanischen Mythos – den Ausgang der eschatologischen Schlacht zwischen den weltordnenden Göttern und den weltzerstörenden Kräften noch für offen. Dies wohl deswegen, weil er den Untergang der Welt, in den die germanische Götterdämmerung zunächst ja ausmündet, nicht verkünden wollte, sondern eine Erlösung der Welt irgendwie verbürgt sah. Freilich war sich Wagner höchst unklar darüber, welche Instanz diese Erlösung tatsächlich verbürgen könnte. Diese Unsicherheit führte zu den verschiedenen Schlußfassungen des »Ring« (→8913–8954 samt A–E). Schließlich sieht Wagner ein, daß weder die Walhallgötter – die, wie ihr Hauptvertreter Wotan, bloß nach menschlich einsehbarem Maße die Welt ordnen wollen (→6141ff) –, noch Siegfried, der endliche Mensch, die Welt erlösen, das heißt die Erfüllung aller einzelnen Selbstseine (→E17–E20) sicherstellen können.

7369–7372: →6069f.

7389f: »Sie schwuren sich nun Blutsbrüderschaft, als wenn sie von derselben Mutter geboren wären« (Thule XXI 97).

7395: Die Mischung der Mute (→148) bedeutet die Mischung oder innige Vereinigung der beiden Selbstseine.

7411: →7415.

7415: In der Thidreks-Saga wird von Hagen berichtet: »Er lief ans Wasser und erblickte sein Spiegelbild [→4410–4417]. Da sah er, daß sein Antlitz so bleich wie Bast war und so fahl wie Asche« (Thule XXII 223; vgl. ebd. 399). Dies erklärt sich aus der Abstammung Hagens von Alberich (→7740–7745). Das Blut Hagens ist daher auch nicht »echt« (→7411); es ist gemischt aus dem Blut Grimhilds und Alberichs, also aus Menschen- und Zwergenblut (→7195f).

7449ff: Obgleich Siegfried meint, aus seiner eigenen Kraft heraus sein ganzes Leben und sogar den ganzen Weltlauf (→7367f) lenken zu können (→5745f), ist er dem förderlichen oder schädlichen Einfluß anderer Menschen wehrlos ausgesetzt (→7347–7352). Weil er, vom Gefühl der eigenen Kraft geblendet, diesen Einfluß nicht beachtet (der aber unweigerlich und immer vorhanden und höchst wirksam ist), nützt sein Handeln nur scheinbar den eigenen Zwecken Siegfrieds: in Wahrheit dient es Hagens Absichten, die für Siegfried verderblich sind (→7794f).

7454f: →7110f.

7461: Waltrautes Name sagt, daß sie der Wal – also den Schlachttoten (→3173) – »traut«, das heißt innig zugeneigt (Duden VII 717) ist.

7464: Waltraute ist *kühn*, weil sie trotz Wotans Strafandrohung zu Brünnhilde kommt (→3830–3839; besonders 3835).

7480–7483: →3890–3894.

7486: →4043f.

7487: →3797f.

7488f: →3801f.

7492ff: →4095f; 4097–4100.

7526f: Die Götter werden in der Edda *Rater* genannt (Thule II 36/6), weil ihr Ratschluß (→8079f) alle Geschicke lenkt (→8077f). Lenken die Walküren die Schlacht nun *ratlos*, dann heißt das, daß über den Ausgang des Geschehens ohne göttlich weise (→6918-3) Lenkung, also ungeordnet oder »irr«, entschieden wird. Die Welt ist *götterlos*, weil Wotan seine machtvolle Ordnungstätigkeit aufgegeben hat, um die endliche Freiheit auch in ihren zerstörerischen Tendenzen gewähren zu lassen (→2982–2985). Das besagt aber nicht, daß die Welt ganz ohne Gott – also dem blinden Zufall überlassen – wäre, denn Erdas Walten (→6159ff) ist nicht verschwunden. Allerdings ist dieses Walten verborgen (→6206–6209) und geheimnisvoll (→1692ff), ja der Mensch kann es für gar nicht vorhanden ansehen (→5389). Das wotanische Walten hingegen wollte sich im menschlich-durchsichtigen Bereich halten. Die Wotansgestalt ist die von *irdisch-menschlicher* Erfahrung ausgehende Extrapolation der allgemeinsten – göttlichen – Kräfte, die das Weltgeschehen bestimmen (→6141ff). Gottes Wirken erfährt der Mensch überall als fördernde Liebe zur endlichen Freiheit samt ihrer zerstörerischen Möglichkeiten einerseits und als brechende Schicksalsmacht, die die endliche Zerstörungstätigkeit bricht (→1473) und sie so in die selbstseinerhaltende Weltordnung (→6918-2ff) einfügt, andererseits (→2780). Beide Komponenten des göttlichen Wirkens schließen sich gegenseitig aus, ihr Gegeneinander zerstört aber den Wirklichkeitsprozeß nicht, so daß sie offenbar doch versöhnt sein müssen. *Wie* diese Versöhnung der sich Widersprechenden möglich sei (→2910–2913), versucht der »Ring« für die menschliche Einsicht in den verschiedenen Stadien Wotans jeweils erneut aufzuschlüsseln; dabei scheitert er immer wieder, weil für die irdische Einsicht das Widersprechende eben nicht ineinsfallen kann (erster Schritt: →353; 6942f; zweiter Schritt: →1715; dritter Schritt: →2910–2913; 2933–2936; vierter Schritt: →2982–2985; fünfter Schritt: →6252ff; 6276ff; 6465f; sh. Tafel II). Der »Ring« sieht aber nicht im Scheitern der Versöhnung von endlich zerstörerischer Freiheit und Weltordnung den letzten (absurden) Grund aller Wirklichkeit, sondern in einem über die Darstellbarkeit in einer menschlich einsichtigen Gottesvorstellung hinausgehenden göttlichen Walten, eben in der Wirksamkeit Erdas, die Macht und Liebe versöhnt (→8948).

7531f: →6141ff.

7534ff: →6465f; 6947–6950.

7537–7544: →6951–6956; 6968–6972.

7545: →8079f.

7547f: Bei den Göttern war, der germanischen Mythologie zufolge, »ein Platz, der heißt Hlidskjalf; wenn Allvater sich dort in den Hochsitz setzte, so schaute er über alle Welten und jedermanns Hantierung, und er behielt alles, was er sah, im Gedächtnis« (Thule XX 57; vgl. ebd. 67). Der Hochsitz war der Platz des Hausvaters auch im irdischen Hause.

7551: Götter und Helden sitzen wohl ringförmig, aber in mehreren in Kreisen angeordneten Reihen.

7555: →7547f.

7559f: Weil er seine Macht aufgegeben hat (→2982–2985), braucht Wotan nicht länger die Äpfel zu verzehren, die die Lebendigkeit und Tüchtigkeit seiner Macht verbürgen (→532–546).

7563f: →6417f.

7565f: Die »gute Kunde« meldet die Aufgabe des Ringes durch Brünnhilde (→8896f in Verbindung mit 8902ff und 8920ff). Darin allein ist aber bloß für den Augenblick, nicht jedoch endgültig die Erlösung der Welt – das heißt die Versöhnung von zerstörerischer Freiheit und Unzerstörtheit der Weltordnung – erreicht. Die wahrhaft »gute Kunde« ist im Sinnverbürgen (»Sinnen«) des Waltens der Erda (→6159ff) gegeben (→7584–7587). Der unangemessene Gott Wotan (→6238f) erhält die »gute Kunde« – griechisch heißt diese: *Evangelium* – vom Walten des wahren Gottes, in den hinein sich die unangemessene Gottesgestalt aufhebt (→6252ff).

7567ff: In der Edda heißt es: »Da lachte Brünhild zum letzten Mal« (Thule I 41/10).

7584–7587: Die Rückgabe des Ringes – das heißt das Abtun der zerstörerischen Fähigkeiten (→253–257) der endlichen Freiheit – durch Brünnhilde führt *nicht* zur Erlösung als der endgültigen Versöhnung der endlich zerstörerischen Freiheit mit der unzerstörten Weltordnung, weil der Ring (oder, wenn die Rheintöchter ihn auflösen sollten [→8915f], das Gold) im Weltprozeß anwesend bleibt und somit jederzeit gegen die Bestrebungen der Menschen, ihn wieder zu erringen, gesichert werden muß (→7805f). Wie kann Wotan dann aber so einschränkungslos von der Erlösung »Gottes und der Welt« insgesamt sprechen? Er kann dies nur unter der Voraussetzung einer *anderen* erlösungsverbürgenden Instanz, als es Brünnhilde ist (→6276ff). Man beachte, daß Wotan in der von Waltraute hier berichteten Sentenz nicht sagt, die Wirklichkeit sei *aufgrund* der Ringweggabe durch Brünnhilde erlöst, sondern er stellt beides eigentlich *unverbunden* nebeneinander. Die Weggabe des Ringes verhindert zwar im Augenblick weitere zerstörerische Kämpfe zwischen Hagen und den übrigen Menschen (→nach 8812), aber Alberich oder andere *können* weiterhin nach dem Ring streben und ihn vielleicht erreichen. Hier setzt nun aber Wotans Selbsterkenntnis an, derzufolge sich in ihm – in menschlich einsichtigen und berechenbaren Extrapolationen des göttlichen Wirkens (→6141ff) – das Walten der Gottheit nicht erschöpft (→6238f). Vielmehr ist es Erda, die als göttlicher Urgrund (→6118) aller Wirklichkeit die zerstörerische Freiheit des Menschen mit der Unzerstörtheit der Weltordnung auf geheimnisvolle (→1692ff) Weise versöhnen kann, ohne dabei die Freiheit ihrer zerstörerischen (das heißt nach dem Ring strebenden) Kraft oder die Weltordnung ihrer brechenden Macht dem Zerstörerischen gegenüber zu berauben (→8948).

Das göttliche Walten macht sich selbst freilich immer wieder auch von der endlichen Freiheit des Menschen abhängig, insofern es dem Menschen es überläßt, hier und jetzt zu entscheiden, ob Zerstörung oder Erhaltung des Selbstseins der Weltwesen stattfindet (→7757–7761). Leistet der Mensch von sich her die Erhaltung, so erfüllt er Gottes Willen und »erlöst« damit den göttlichen Willen, der seine Erfüllung (sich selber ohnmächtig machend) von der Entscheidung des Menschen abhängig machte, zur Verwirklichung. Diesen Sachverhalt der Erlösung des Gottes stellt der »Parsifal« dar (Huber [1]). Die selbständige, eigene Tätigkeit des Menschen ist hierbei (wie immer und überall) allerdings wiederum von Gottes schöpferischer Liebe erst ermöglicht. Somit ist in den *eigenen* Taten des Menschen, unbeschadet dessen, daß sie ganz dem Menschen selbst zugehören, immer *Gott* selbst am Werk (→2630–2633). Auch im »Parsifal« wird dies dargestellt, wenn der erlöste, und daher passive, Gottgral *selbst* seinen Erlöser aktiv erwählt und stärkt (Huber [1] 84). Das Walten Gottes umfaßt alles, sogar Gottes eigene, in der Schöpfung endlicher Freier gesetzte Ohnmacht. Weil Gott *alles* schafft und erhält, kann er auch noch die zerstörerischen Taten der Freiheit so lenken, daß die Zerstörung selber Erhaltung ist. *Wie* dies möglich ist (→2910–2913), bleibt für irdische Einsicht geheimnisvoll (→1692ff).

7602ff: Der Götterhimmel ist dieselbe Dimension wie Erdas Gruft (→6117), nämlich der *Nebel*. Dies ist sehr folgerichtig, denn die einzelnen Götter sind ja nichts anderes als die inneren Differenzierungen oder Ausprägungen des *einen* göttlichen Waltens (→6159ff) der Erda (→6175f). Erda umfaßt alle Wirklichkeit als zeitlos vollendetes Ganzes (→1672–1675). Die vollendete Ganzheit des Wirklichen ist auch in der jüdischen und christlichen Überlieferung nur für Gott, kraft der Zeitüberhobenheit seiner ewigen Gegenwart, gegeben. Diese göttliche Daseins- und Erlebensweise aber heißt eben »Himmel«: »Unter der Form der Gleichzeitigkeit steht es als Himmel der irdischen Welt gegenüber« (Pannenberg [3] 203). Deshalb sind es die Engel, die in der Apokalyptik, aus dem göttlichen Himmel kommend, dem Menschen zeitübergreifend die »Endzeit« (Dn 8, 17; 10,14) kundtun können. Erdas Gruft und der Götterhimmel verhalten sich demnach auf folgende Weise zueinander: Wenn speziell gesagt werden soll, daß Erda das Totenreich umfaßt, dann heißt es, daß sie in der Gruft – nämlich in jeder Gruft, also der Gruft überhaupt – gegenwärtig ist; wenn dagegen nicht dieser spezielle Aspekt ihres Allumfassens herausgehoben, sondern dieses als solches ausgesprochen werden soll, dann ist Erdas Daseinsweise der Himmel als die zeitüberhobene Gegenwart des gesamten Wirklichkeitsprozesses in seiner Vollendung. Der Himmel ist somit kein von der irdischen Wirklichkeit verschiedener Ort, sondern bloß eine andere – nämlich nicht mehr außergöttliche, endliche, sondern die göttlich immanente (→6175f) – Gegebenheitsweise derselben irdischen Wirklichkeit. Diese ewige Gegenwart des Wirklichkeitsganzen heißt auch die »Weisheit« Gottes (→6170). An der göttlichen Weisheit hatte Brünnhilde teil (→7055–7058), sie verlor den göttlichen Überblick über das Ganze aber durch ihren Eintritt in die endliche menschliche Sphäre (→4125ff). Der Zusammenhang des Ganzen ist nun für sie, ebenso wie für die Menschen, undurchsichtig – eben *neblig*. Da Wotan das göttliche Walten nur insoweit darstellt, als es der menschlichen Einsicht zugänglich ist (→6141ff), bleibt die Erda-Dimension der letzten Zusammenhänge auch für ihn von Nebel umflort, wie er es ja selbst beschreibt (→6117). Die für menschliche Beschränktheit (→2831–2834) gleichsam in einem Nebel verborgene Weisheit Gottes ist *heilig*, weil sie unverletzlich, unveränderlich ist (→215; 6918). Daran ändert auch die menschliche Freiheit nichts, deren Taten von Gott zwar nicht vorher*bestimmt*, wohl aber immer schon vorherge*wußt* sind (→7043ff): deshalb ändert sich durch Freiheitstaten, die in irdischen Augen grundstürzende Veränderungen des bisher Bestehenden bewirken mögen, nichts am Wissen Gottes, das jede derartige Veränderung immer schon einbegreift.

7623f: Unheil ist Zerstörung, weil Heil die unzerstörte Ganzheit meint (→2190). Der Ring als Verkörperung der endlichen Freiheit und ihrer zerstörerischen Kräfte (→253–257) wirkt unheilbringend auf die Selbstseine der einzelnen Wesen in der Welt (→1490f).

7627f: Das Elend Walhalls ist die Bedrohtheit der selbstseinerhaltenden Weltordnung (→334) durch die im Ring verkörperten zerstörerischen Möglichkeiten der endlichen Freiheit (→253–257).

7631: →3275f.

7632ff: Mehr als die gottgesetzte, in Walhall verkörperte (→334) Weltordnung, die die Selbstseine der einzelnen Wesen unzerstört erhält, gilt Brünnhilde der Ring, weil sie die in ihm verkörperte endliche Freiheit samt ihren zerstörerischen Möglichkeiten (→253–257) liebt (→7649–7652).

7635–7639: →7632ff.

7640f: Siegfrieds Liebe ist seine Liebe zu Brünnhilde, aber auch (als genitivus obiectivus gelesen) die Liebe Brünnhildes zu Siegfried, das heißt zur endlichen Freiheit samt ihren zerstörerischen Möglichkeiten. Diese göttliche Liebe verkörpert Brünnhilde (→7480–7483; 2757–2760).

7645f: →8079f.

7649–7652: Selbst die Zerstörung der in Walhall verkörperten Weltordnung (→334) nimmt Brünnhilde – das heißt aber der Wille Wotans selber (→2757–2760) – in Kauf, um nur ihre Liebe zur endlichen Freiheit samt deren zerstörerischen Möglichkeiten (→253–257) verwirklicht zu sehen. Die göttliche Ordnungsmacht hat sich selbst völlig suspendiert (→2982–2985) und läßt jetzt die endliche Freiheit allein über das Weltgeschehen bestimmen. So ist der Widerstreit von ordnender Macht Gottes und gewährenlassender Liebe Gottes (→2780) nur einseitig um die Ordnungsmacht verkürzt, statt ohne Abstrich an einer seiner Komponenten tatsächlich versöhnt zu sein. Es ist aber nur die *menschlich einsichtige* Machtausübung Gottes zugunsten der endlichen Freiheit aufgehoben (→7055–7058). Im geheimnisvollen (→1692ff) Walten der Erda (→6159ff) bleibt Gott wirksam und ist daher die Versöhnung von göttlicher Macht und endlicher Freiheit verbürgt (→8948). Durch seine rückhaltlose Anerkennung der endlichen Freiheit, wie Wotan sie hier durch Brünnhilde, die ja sein Wille ist (→2957–

2960) und seinen Willen tut (→4081; 4089f), bekräftigt, erweist er sich der zerstörerischen endlichen Subjektivität (Siegfried) gegenüber als ebenso treu, wie er zuvor (untreu gegen Siegmund) der göttlichen Ordnungsmacht (Fricka) gegenüber treu war (→3260–3265).

7657: →7110f.

7661: Den Walhallgöttern, oder eben Wotan, gelingt die Versöhnung von unzerstörter Weltordnung (→334) und endlicher zerstörerischer Freiheit (→253–257) nicht (→2933–2936), weil Wotan das göttliche Wirken nicht in letzter Tiefe, sondern nur, soweit es dem Menschen einsichtig werden kann, darstellt (→6141ff). Für die irdische Erfahrung bleiben göttliche Ordnungsmacht und göttliche Liebe zur zerstörerischen endlichen Freiheit aber unversöhnte Gegensätze (→2780). Die bleibende Abgespaltenheit der endlichen, jetzt auch von Brünnhilde repräsentierten (→3772f), menschlichen Freiheit von der Walhallburg – und umgekehrt – ist das *Weh* der Götter, weil im »Ring« Spaltungen immer als Weh aufgefaßt werden (→573).

7678: Nicht mehr die die ganze Welt ordnend umspannende weise Macht Gottes, sondern der einzelne, in seinen Taten zerstörerische Mensch (→253–257) ist jetzt gewissermaßen *Gott*, das heißt die Instanz, welche entscheidet, was in der Welt geschieht (→326f). Brünnhilde, die selber Gottes Wille ist (→2957–2960), spricht hier deutlich aus, daß der Gott sich selbst suspendiert hat zugunsten der Eigentätigkeit der endlichen Freiheit (→2634f), in der er freilich auf geheimnisvoll (→1692ff) verborgene Weise wirksam bleibt (→7055–7058). Der Mensch ist tatsächlich *nicht* der alles Geschehen lenkende Gott (→8077f), wenn er sich in maßloser (→253–257) Selbstüberschätzung auch oft dafür hält (→7367f).

7691f: In der Edda wird der Windriese als »der Jöte in Aargestalt« bezeichnet (Thule II 91/37).

7700–7705: Es ist die allesbestimmende göttliche Macht, die den Zusammenhang allen Geschehens lenkt und somit (auf eine für den Menschen wegen der Komplexität des Zusammenspiels der Geschehensstränge nicht vorhersehbare Weise) die einzelnen Geschehnisse in der Welt heraufführt (→8077f; 5389f). Freilich ist Erda der letztlich waltende (→6159ff) Urgrund (→6118), nicht Wotan, der nur eine unangemessene Darstellung des Göttlichen (→6141ff) ist, die sich selbst auch schon aufgehoben hat (→6252ff).

7714f: Siegfried ist Räuber und Dieb zugleich. Er kommt *offen* wie ein Räuber, allerdings in der Gestalt Gunthers (→vor 7679; 7386f; 7866ff). Er nimmt Brünnhilde den Ring aber in der Kraft Siegfrieds (→7717ff), als der er nur *heimlich* wie ein Dieb hier ist.

7717ff: Der Ring verleiht maßlose Macht (→253–257). Deshalb kann niemand dem Besitzer des Ringes, hier also Brünnhilde, den Ring in offenem *Raub* entwenden – wie es schon Mime Alberich gegenüber nicht vermochte und deshalb auf eine heimliche List sann (→1055–1058) und wie Loge es wußte, der Alberich deshalb nicht nach Vorkehrungen gegen Räuber, sondern gegen *Diebe* befragte (→1234–1237). Siegfried allein kann den Ring ohne weiteres wieder an sich nehmen, weil er mit Brünnhilde eins (→7137f), also genauso wie sie selber Herr des Ringes ist. Aber Siegfried erkennt den Ring Brünnhildes hier nicht als seinen eigenen, weil er sich nicht mehr erinnert, ihn Brünnhilde gegeben zu haben (→8057–8064). So nimmt er *vermummt* Brünnhilde etwas weg, von dem er annehmen muß, daß es *nicht ihm*, sondern ihr gehört: er ist daher ein *Dieb*.

Nach 7721: Siegfried zieht den Ring von Brünnhildes Finger, bevor er mit ihr das Brautgemach betritt (→7727–7730). Snorris Edda und die Völsungen-Geschichte lassen dieses Ereignis erst nach der Brautnacht stattfinden, wobei es beide Male unterschiedliche Ringe sind. »Da nahm er den Ring Andvaranaut [→1470] von ihr und gab ihr einen andern Ring aus dem Erbe Fafnirs« (Thule XXI 101). Umgekehrt bei Snorri: »Und am Morgen, als er aufstand und sich ankleidete, da schenkte er Brynhild als Morgengabe den Goldring, den Loki dem Zerg Andwari abgenommen hatte, und nahm von ihrer Hand einen andern Ring als Andenken« (Thule XX 189). Das Geschenk des Zwergenringes an Brünnhilde findet im »Ring« bei der ersten Begegnung zwischen Siegfried und Brünnhilde statt (→7100f). Daß Brynhild den Ring von Sigurd bekommen habe, setzt die Völsungen-Geschichte an der vorhin zitierten Stelle voraus, berichtet darüber aber nichts Näheres (vgl. Thule XXI 81–88). Vielleicht ist das der Grund, warum es in der »Geschichte Thidreks von Bern« ohne Bezug auf den *Zwergen*ring ganz unbestimmt heißt: »Als es Morgen wurde, zog er von ihrer Hand einen Goldring und steckte ihr einen andern dafür an« (Thule XXII 268).

7727–7730: Aus geschworener Treue zum Blutsbruder (→7408) wird Siegfried den Beischlaf mit Brünnhilde nicht vollziehen, sondern sich von ihr symbolisch trennen, indem er auf das Lager zwischen sich und Brünnhilde sein Schwert Nothung (→2434f) legt. Während es in der »Geschichte Thidreks von Bern« von Sigurd heißt: »Dann faßte er Brünhild und nahm ihr schnell das Magdtum« (Thule XXII 268), berichtet die Edda: »Die lichte Klinge legte der Held, das blanke Schwert, in beider Mitte. Nicht küßte er die Königin; nicht hielt sie im Arm der Hunnenfürst [Sigurd]: die blutjunge Maid barg er für Gunnar« (Thule I 62/4). Ebenso berichtet Snorri: »Als sie aber zu Bett gingen, da zog er das Schwert Gram [→5066f] aus der Scheide und legte es zwischen sie« (Thule XX 189). Dasselbe bezeugt die Völsungen-Geschichte: »Er verweilte dort drei

Nächte, und sie teilten ein Lager: er nahm das Schwert Gram und legte es entblößt zwischen sie« (Thule XXI 101).

Zweiter Aufzug

7743: →7415.

7744f: →1980.

7757–7761: Wotan, der wütende Gott (→323), ist keineswegs ein Räuber, sondern er hat Alberich den Ring, der die despotisch-selbstseinzerstörerische Weltherrschaft verkörpert (→253–257), entreißen müssen, um die mannigfaltigen Selbstseine der Weltwesen (→5449f) unzerstört zu erhalten (→1473). Dadurch war die endliche Subjektivität aber in ihrer Freiheit zu Zerstörerischem aufgehoben. Schließlich wurde von Siegfried der Speer Wotans – die Verkörperung der göttlichen Weltherrschaft (→6946) – zerschlagen und die Bestimmungsmacht über das Weltgeschehen von der endlichen Subjekten und ihrer zerstörerischen Freiheit in die Hand genommen (→6465f). Darin ist der Gott als machtvoller Herr der Geschichte (→6923–6926) selber getroffen und geschlagen. Macht und Gewalt zur Weltgestaltung hat Wotan aber nicht im Sinne eines Schicksalsschlages gegen sein eigenes Wollen verloren, sondern er hat sie *von sich aus* aufgegeben und dabei, um nur die endliche Freiheit zu erhalten, auch die Zerstörung der Weltordnung in Kauf genommen (→2982–2985). Gott macht sich so im Bösen (Zerstörerischen) und im Guten (Erhaltenden) von der Entscheidung der endlichen Freiheit abhängig (→7584–7587). Diese *Ohnmacht* Gottes ist selber ein Moment der göttlichen allesumfassenden Macht. In den *eigenen* Taten der Freiheitssubjekte (→2634f) wirkt, verborgen und unbeschadet der *Selbst*tätigkeit der Freiheit, doch Gott selbst (→2630–2633; 6252ff).

7783–7786: Siegfried nützt den Ring (→253–257) und damit den darin beschlossenen zerstörerischen Fluch (→1490f) nicht zur Unterwerfung (das heißt zur Zerstörung) des Selbstseins der anderen Wesen in der Welt (→5371) aus, weil er von ihrer Seite (zu Unrecht) keine Bedrohung fürchtet (→6268–6272). Gegen Siegfried selbst wird sich aber der Fluch des Ringes wenden, wenn der Held um des Ringes willen getötet (also zerstört) werden wird (→7787f).

7787f: Siegfried besitzt den Ring, der die Macht über die ganze Welt verbürgt (→253–257), aber er übt diese Macht nicht aus. Siegfried handelt seinen eigenen Zielsetzungen gemäß, und versucht aber nicht, die anderen Wesen sich dienstbar zu machen oder auch nur den Behinderungen seiner Taten vorzubeugen, die von den anderen Handelnden aufgrund der Gegenstrebigkeit zwischen allen Subjekten (→2535f) ausgehen, denn er ist furchtlos (→6272). So überläßt Siegfried die übrige Welt sich selbst, ohne sein eigenes Verhalten achtsam so einzurichten, daß es weder anderen noch ihm selbst verderblich werde. Damit liefert er – der die Fähigkeit zu weitem, vorsorgendem Überblick und (daraus sich ergebendem) besonnenem Handeln besäße und sie bloß zu entwickeln bräuchte – sich seinen eigenen Irrtümern und den Ränken anderer aus (→7071–7074). Selber von Neid frei (→6268–6272), ist er doch dem Neide der anderen unterworfen, dessen Opfer er auch tatsächlich werden wird: Hagen tötet Siegfried aus Neid um den Ring (→8359f) und dessen Macht, die wegen ihrer umfassenden Erstreckung den größten Neid hervorruft, also die »neidlichste« – die am meisten zum Neid reizende – Macht ist.

7794f: →7449ff.

7805f: Auch wenn der Ring wieder bei den Rheintöchtern sein wird, bleibt er doch anstrebbar und vielleicht auch wieder erringbar für die Menschen. Alberich gibt keinen Grund an, warum seine Schlauheit (→714f) oder die vielleicht noch größere zukünftiger Menschen nicht in der Lage sein sollte, eine erfolgreiche List zu ersinnen. Andererseits läßt Alberich keinen Zweifel darin, daß *jede* zukünftige List scheitern wird. Ein solches endgültig sichergestelltes Scheitern kann nur in dem *weisen Walten* der allesüberblickenden Gottheit (→6159ff; 6170) begründet sein, die jede mögliche List vorhersieht und sie durch ihre Lenkung des Gesamtzusammenhangs der Weltgeschehnisse (→8077f) vereitelt (→6276ff). Freilich dürfen die Bestrebungen der Freiheit nach dem Ring – also ihre zerstörerischen Tätigkeiten – nicht einfach zum Scheitern gebracht werden, weil damit die Freiheit bloß aufgehoben (weil an der Verwirklichung ihrer Ziele gehindert) wäre. Das zerstörerische Tun der endlichen Freiheit muß gewähren können (ohne freilich das letzte Wort zu haben und zur völligen Zerstörung, also zum Ring [→253–257], zu gelangen). Aber im zerstörerischen Tun der Freiheit selbst müßte sich die unzerstörte Erhaltung der Selbstseine ereignen. Nur so wäre die göttliche weltordnende *Macht* mit der göttlichen *Liebe* zur zerstörerischen endlichen Freiheit (→2780) wirklich *versöhnt*, statt um eine der widerstreitenden Komponenten bloß verkürzt zu werden (→2933–2936). Die Einheit von sich gegenseitig ausschließenden Komponenten ist für den irdischen Menschen in ihrer Möglichkeit nicht einsehbar. Es ist das *geheimnisvolle* Walten Erdas, das göttliche Macht und göttliche Liebe in sich versöhnt hat (→8948).

7867ff: →7319–7322.

7975: Von Hagens Antlitz heißt es: »Dazu war es groß, grauenerregend und grimmig« (Thule XXII 223).

8003f: Ähnlich beschreibt in der Edda Brünhilds irdischer Vater seine Tochter: »kein edler Weib wachse, sprach er, auf Erden auf, bliebe Unheil fern« (Thule I 111/15).

8056: Siegfried gehört der Ring so gut wie Brünnhilde, denn beide sind eins (→7137f). Dadurch aber, daß Siegfried nicht offen als er selber kam, um den Ring wieder an sich zu nehmen, sondern in Gunthers Gestalt, kam er (qua Siegfried) heimlich wie ein Dieb (und nur qua Gunther offen wie ein Räuber [→7714f]). In Brünnhildes Sichtweise, die den entrissenen Ring als den Siegfrieds weiß, dürfte Siegfried aber nicht als Dieb erscheinen, da er (wenn auch unter einer ihn verhehlenden Gestalt) bloß nahm, was ihm selbst gehört. In der Tat aber wußte Siegfried selber nicht, daß der Ring, den er Brünnhilde entriß (→ nach 7721), *sein* Ring war (→8057–8064), und verhielt sich so wirklich wie ein Dieb (→7717ff). Die Tat des Diebes aber ist, germanisch verstanden, »Neidingswerk [→2006], und er gehört in die Klasse des Mörders, der sein Opfer im Dunkeln überfällt [→2121] und sich davonschleicht, ohne seine Waffe als Zeugnis seiner Tat in der Wunde zu lassen« (Grönbech II 23).

8057–8064: Siegfried, der »in fernes Sinnen entrückt war« (→vor 8050), bevor er die gegenwärtigen Verse sprach, erinnert sich offensichtlich *nicht* daran, daß er seinen Ring zwischendurch Brünnhilde gegeben hatte. Daran trägt der Vergessenheitstrank Hagens die Schuld, der Siegfried die Begegnung mit Brünnhilde *vollständig* vergessen ließ (→7240ff).

8077f: Die *Götter* werden hier als Lenker der irdischen Geschehnisse, also der Weltgeschichte, angesprochen. Das für die großen Ideologien des neunzehnten und zwanzigsten Jahrhunderts – Marxismus, Nationalsozialismus und Technizismus – bestimmende Geschichtsverständnis, das heute weithin das öffentliche Bewußtsein prägt, sieht dagegen im *Menschen* selber den Lenker der Geschichte, das heißt diejenige Instanz, die aus der (wissenschaftlichen) Einsicht in die Grundstrukturen des gesamten Geschichtsprozesses heraus (die man in der Ökonomie, in rassischen Gesetzmäßigkeiten oder im technischen Fortschritt sehen zu können glaubte) diesen Prozeß selbst gezielt vollziehen kann. Darin ist dieselbe Gesinnung wirksam, die in der französischen Revolution durch die Vergottung der *menschlichen Vernunft* ihren treffendsten Ausdruck fand. Aber die Weltgeschehnisse sind komplexer, als der »wissenschaftliche Sozialismus«, jede »Rassenlehre« oder auch die weitestreichende »technische Einsicht« zu erfassen vermögen. Und so mußte gerade der Mensch der letzten hundert Jahre lernen, daß er in seiner Beschränktheit (→2831–2834) weder als Individuum noch als Partei oder Gattung (die beide ja nicht als solche, sondern nur wieder als von Individuen verkörperte handeln) selber das lenkende Subjekt der Geschichte ist. Welchen Gang die Geschichte nimmt, bestimmt im Letzten nicht der Mensch (wenn er auch, frei handelnd [→2634f], daran mitgestaltet), sondern dieser Gang organisiert sich gleichsam *von selbst* aus dem Zusammenwirken der einzelnen menschlichen Handlungen und der vielfältigen, dem einzelnen handelnden Menschen objektiv vorgegebenen Mächte, die in Natur und Geschichte am Werk sind. Es kann aber nicht gesagt werden, daß »*die Geschichte*« ihr eigenes Subjekt sei, denn nichts von dem, was wir als Geschichte kennen und zu beschreiben imstande sind, ist das gesuchte letzte Subjekt (→6911ff). Es ist also eine unbekannte und geheimnisvoll wirkende Tiefendimension an dem, was wir als Geschichte kennen, die das letztlich lenkende Subjekt der Geschichte ist; nicht aber ist es das uns als Geschichte geläufige Erfahrbare und Bekannte. Von dem geheimnisvollen Subjekt der Geschichte kann und muß aber folgendes gesagt werden: Da der Geschichtsprozeß insgesamt trotz seiner unvorstellbaren Komplexität nicht ins Chaos zerfällt, lenkt ihn eine allumfassend *weise göttliche* Macht (→6918-2ff), deren letzte Absichten und Wirkungsweisen uns freilich verborgen bleiben. Diese allesdurchwaltende göttliche Instanz ist der *biblische Gott*, von dem her sich (geistesgeschichtlich gesehen) der Geschichtsgedanke der Menschheit allererst eröffnet hat (Pannenberg [1] 478–482; [2] 99–103; Löwith) und dessen allesbestimmende Macht im »Ring« in der Gestalt *Erdas* gegenwärtig ist (→6159ff). Die *vielen* lenkenden Götter, von denen in den gegenwärtigen Versen die Rede ist, sind Ausprägungen Erdas (→6175f), so daß in Wahrheit Erdas Ratschluß das *eine* Lenkende ist (→8079f; 5389f).

8079f: »Raunen« meint ein heimliches Reden, das entsprechende altisländische Wort die Ausübung des Runenzaubers (Duden VII 553). Der Ratschluß der Götter, der die ganze Weltgeschichte lenkt (→8077f), ist für den beschränkten Überblick des Menschen (→2831–2834) aus den Geschehensausschnitten, denen er konfrontiert ist, in seiner Ganzheit nicht erschließbar. So ist der göttliche Ratschluß für den Menschen *geheimnisvoll;* er ist in der Geschichte aber sehr wohl *wirksam.* Das erfahren wir immer dann, wenn sich anderes als das von uns mit dem Aufwand unserer ganzen Planung und Anstrengung Betriebene als Unvorhergesehenes und Unbeabsichtigtes aus unseren Handlungen ergibt. So stellt sich der göttlich festgelegte Geschehenszusammenhang eigengesetzlich und unaufhaltsam her und ist daher mit einem dem menschlichen Bereich angehörenden Beschluß vergleichbar, der nicht nur gefaßt, sondern durch Runen wirksam gemacht worden ist (→6942f).

Was hat es mit der Vielheit der am geschichtslenkenden Ratschluß beteiligten Götter auf sich? Die verschiedenartigen Mächte, die in Natur und Geschichte als Naturgesetze und Eigengesetzlichkeiten bestimmter Ereignisfolgen und ganzer Epochenzusammenhänge am Werk sind, treten dem Menschen als objektive Wirksamkeiten entgegen, die weitestgehend der Verfügung durch den Menschen entzogen sind, ja seiner Verfügung vielmehr den Menschen unterworfen ist. Deshalb werden diese Mächte als *göttlich* aufgefaßt (→1773f). Die gegenseitige Unterscheidbarkeit dieser Mächte verleitet dazu, jede einzelne als eigenen Gott zu personifizieren. In Wahrheit sind sie in ihrer Vielzahl aber die in sich stark differenzierte Äußerung der *einen*, den gesamten Wirklichkeitsprozeß bestimmenden göttlichen Person (→6120; 6175f). Daß die objektiven Mächte (zu denen auch die der menschlichen Freiheit vorgegebenen und unverfügbaren Grundanlagen der menschlichen Subjektivität gehören) *sinnvoll* zusammenwirken, statt sich chaotisch gegenseitig zu zerstören, zeigt, daß sie untereinander *weise* abgestimmt sind (→6918-2f). Diese Abstimmung ist der göttliche (→6918-4) Ratschluß. Im Falle der Personifizierung der Mächte je für sich erscheint ihr sinnvolles Zusammenspiel als unter ihnen beratener Beschluß; im Falle der Erkenntnis der Einheit der Mächte als differenziertes Wirken der einen göttlichen Instanz ist das sinnvolle Zusammenspiel der immanente Ratschluß der einen göttlichen Weisheit (→6170).

8113f: →7727–7730.

8168: Siegfried brach seine Eide Brünnhilde gegenüber (→7090f).

8172: Brünnhilde schmäht Siegfried, indem sie ihn des Eidbruches (→8168) zeiht. Die Mannen nennen die Schmach, das heißt die Kränkung (→2603f), »wütend«. Damit sagen sie, daß die Schmach von Wotan, dem wütenden Gotte (→323), stammt. In der Tat ist, der germanischen Mythologie zufolge, da, wo Streit zwischen Menschen geschieht, der zwiespältige (→3015) Odin oder Wotan (wenigstens mit) am Werk (→2927f).

8232–8236: Von Sigurd heißt es in der altnordischen Völsungen-Geschichte: »Seine Augen waren so scharf, daß wenige wagten ihm unter die Augenbrauen zu blicken« (Thule XXI 89; vgl. Thule XXII 233).

8359f: →7787f.

8366: In dieser Bezeichnung für Alberich schwingt die alte biblische Vorstellung vom Dämonenfürsten mit, den Gott seiner Bosheit wegen gestürzt hat. Weil er sich selbst an Gottes weltordnende (→334) Stelle setzen (→5371) und die Weltordnung so verkehren wollte, daß sie nicht mehr das je eigene Selbstsein vielfältiger Einzelwesen eröffnen, sondern die Vielfalt auf die begrenzten Interessen des einen Individuums Alberich allein zurückgezwungen würde (→5348ff), entspricht Alberich dem biblischen obersten Dämon, von dem es heißt: »Du plantest in deinem Herzen: ›Zum Himmel will ich steigen, meinen Thron über Gottes Sterne setzen [→1224–1227], auf dem Versammlungsberg im höchsten Norden [auch Walhall, der Versammlungsort der Götter und Helden (→2840), den Alberich stürmen will, liegt auf Höhen (→5369f) im Norden (→D10–D14)] will ich zu Wolkenhöhen [→4696f] mich erheben, gleich sein dem Allerhöchsten‹« (Jes 14,13f). So wie Wotan die im goldglänzenden Ring (→1494f) verkörperte Macht Alberichs zum Nutzen und zur Rettung der Weltwesen gebrochen hat (→1473), stürzte Jahwe das »Glanzgestirn« (was die Vulgata mit »lucifer« übersetzte), den »Fürsten der Dämonen«, wie die Kirchenväter sagten (Jerusalemer Bibel, Anmerkung zu Jes 14,12–14): »Wie bist du vom Himmel gefallen, Glanzgestirn, Sohn der Morgenröte! Wie bist du zu Boden geschmettert, du, der alle Völker versklavte! ... Doch hinabgestürzt bist du in die Scheol, in die allertiefste Tiefe« (Jes 14,12;15). Von diesem Sturz des »Fürsten dieser Welt« (Joh 12,31; vgl. Lk 10,18) berichtet auch das Neue Testament: »Und gestürzt wurde der große Drache, die alte Schlange, die der Teufel heißt und der Satan, der die ganze Welt verführt« (Apk 12,9). Ein vergleichbares, ebenfalls eschatologisch gemeintes Bild findet sich in der Edda: »Der düstre Drache tief drunten fliegt, die schillernde Schlange aus Schluchtendunkel. Er fliegt übers Feld; im Fittich trägt Nidhögg die Toten: nun versinkt er« (Thule II 44/52; vgl. Jes 66,24). Alberich im »Ring« hatte im Besitze der Weltmacht des Ringes ebenfalls Drachengestalt annehmen können (→1287f). Als *Fürst* der Alben (→5264; 8372) und Walter der ganzen Welt (→5265; 253–257) ist er dadurch *zu Fall* gebracht worden, daß Wotan ihm den Ring entrissen hat.

Die Bezeichnung »gefallener Fürst« im gegenwärtigen Vers könnte man nur dann nicht als Parallele zur biblischen Überlieferung vom gestürzten Dämonenfürsten ansehen, wenn man den *Weltherrschafts*charakter der selbstseinzerstörenden Lieblosigkeit Alberichs (→317f) nicht beachtete. Damit ginge man freilich an einem im »Ring« häufig geäußerten Sachverhalt vorbei (→253; 299; 729; 1184f; 5265; 5371; 5760f; 7211f; 7770).

Dritter Aufzug

8393: →312ff.

8502f: →8506–8510.

8504: Mit »Urgesetz« wird manchmal ein altnordisches Wort übersetzt (Golther 105; Ström 249 mit Anmerkung 4; 251), das »Geschick« (Thule II 36/9), »Schicksal« oder »höchste Bestimmung« (Ström 249) bedeutet. Damit ist nicht ein Gesetz im naturwissenschaftlichen Sinn gemeint, unter welches lauter gleichförmige Einzelfälle, deren Individualität bedeutungslos ist, subsumiert werden, sondern die Fest-Setzung einmaliger Ereignisketten, die das jeweilige individuelle Leben ausmachen. Diese Festgesetztheit des allgemeinen Verlaufs seines Lebens (nicht aller seiner Handlungen [→2634f]) bekundet sich dem Menschen in der Erfahrung, daß auch bei besonnenster und kraftvollster Verfolgung seiner Absichten seine Unternehmungen doch nur teilweise das erreichen, was sie erreichen wollen, und immer auch ungeplante, ja oft ungewollte Auswirkungen haben. Darin wird sichtbar, daß die Integration der Ereignisse nicht vom handelnden Menschen selbst »gesetzt« ist, sondern sich gemäß der Setzung oder dem Ge-Setz einer Instanz vollzieht, die den Umkreis menschlichen Planens übersteigt (→8077f). Aus diesem Gesetz größerer Zusammenhänge heraus, nicht aber aus seinen eigenen Setzungen, die aus beschränktem Überblick geboren sind, gestaltet sich der Lebensverlauf des einzelnen. Das Gesetz, »aus dem heraus« (= »ur«; →1676f) sich etwas gestaltet, heißt eben Ur-Gesetz.

Die Lebenslose der einzelnen Individuen sind einerseits höchst gegenstrebig (→2535f), andererseits wird trotz des oft feindlichen Aufeinanderprallens der Taten der endlichen Freiheitssubjekte untereinander und mit der ihrerseits an inneren Spannungen reichen Natur (→5449f) alles, was geschieht, so in den fortlaufenden Wirklichkeitsprozeß integriert, daß die Welt nicht ins Chaos zerfällt. Dies ist nicht aus blindem Zufall zu erklären, sondern weist auf eine die Wirklichkeit sinnvoll (→6918) gestaltende Integrationsmacht; sie integriert die vielen Einzelschicksale, die dem individuellen Leben Einheit geben, und die natürlichen Strukturen, die den Naturabläufen Konstanz verleihen, zur Ganzheit aller Wirklichkeit. Daher ist in der Tiefe aller individuellen »Urgesetze« die eine, *aller Wirklichkeit mächtige* göttliche Integrationsinstanz als das allesbestimmende Ur-Festsetzen am Werk (→6159ff).

8506–8510: Den Fluch des Ringes woben die Nornen ebenso wie alle anderen Geschehnisse in das Seil, das den Weltlauf abbildlich darstellt (→1682f). Der Fluch ist in der von Gott geschaffenen endlichen Freiheit (→2636) selbst schon mitgesetzt, weil zur endlichen Freiheit wegen ihrer Beschränktheit (→2831–2834) und ihrer Bosheit (→5348ff) notwendigerweise die zerstörerische Kraft gehört. Dies ist der Fluch der endlichen Freiheit (→1490f), die der Ring verkörpert (→253–257). Diesen Fluch kann Siegfried nicht durchbrechen, weil er seiner endlichen Freiheit nicht den göttlichen Überblick zu geben vermag, der es ihm erlauben würde, jede einzelne seiner Handlungen so mit dem ganzen übrigen Wirklichkeitsgeschehen abzustimmen, daß Zerstörungen grundsätzlich ausgeschlossen wären. Ein einfaches »Zerhauen« des Urgesetzes (→8504) mit dem Schwert der endlichen Freiheit (→5011) würde überdies lediglich bedeuten, daß ein endliches Wesen alle Weltzusammenhänge aufgelöst hätte, ohne sie aber neu und besser flechten zu können, weil es immer ein endliches Wesen von nur beschränktem Überblick bleibt. Über den Umkreis seiner eigenen Kraft vermag Siegfried jedoch nicht hinauszusehen. Deshalb erkennt er ihre Grenze nicht, sondern erwartet von ihr alles (→7071–7074; 7367f).

8511f: →5735f.

8514f: →5760f; 253–257.

8516ff: Siegfried setzt hier zu Unrecht Minne (→269) und Lust gleich (→279–282).

8519–8522: Siegfried hat niemals despotische Absichten (→7787f). Er will den Ring nicht um der Macht willen behalten, die dieser verkörpert (→253–257), sondern er will lediglich sich selbst nicht durch Drohungen zu irgend etwas – sei es die Weggabe des Ringes oder sonst etwas – zwingen lassen, weil damit seine Freiheit aufgehoben wäre.

8523ff: Es ist ein übermächtiger Wille in Siegfried, seine Freiheit selbst gegen den Zwang, der mit einer Drohung gegen sein Leben verbunden ist, zu erhalten. Daher achtet Siegfried sein Leben geringer als die Freiheit. Dies ist freilich von ihm nicht zu Ende gedacht, denn im Tod verschwindet das Selbst, dessen Erfüllung die Freiheit sein sollte (→3260–3265).

8528ff: Die Weisheit als der Überblick über die letzten Zusammenhänge aller Wirklichkeit kommt im vollen Sinne nur Gott zu (→6170). Siegfried, der nur seine eigene Kraft sieht und von ihr allein alles erwartet (→7071–7074; 7367f), ist blind dafür, daß bei all seiner Stärke dennoch seine Eigentätigkeit (→2634f) eingebunden ist in Gottes allesdurchwaltende (→6159ff) Verfügung (→2630–2633).

8531f: Siegfried kann den inneren folgerichtigen Zusammenhang seines eigenen Lebens, der in der treuen Erfüllung der Eide und im Festhalten an Brünnhilde bestünde, nicht herstellen, weil er die Ränke anderer nicht durchschauen und sich daher gegen sie nicht zu schützen vermag (→7347–7352; 7449ff). Somit lebt Siegfried aber nicht wirklich sein eigenes Leben, sondern das ihm von anderen durch Ränke aufgezwungene. Aber nicht nur durch Ränke, die von außen an ihn herantraten, auch durch seine eigene Beschränktheit, mit der er die Komplexität des Lebens- und Weltlaufs bewältigen soll (→2831–2834), ist der Mensch daran gehindert, alle Taten seines Lebens so aufeinander abzustimmen, daß Brüche und Verkehrtheiten ganz ausgeschlossen wären. Daher ist die innere Einheit eines Lebens immer nur von Gottes Vorsehung her sicherzustellen (der sich der Mensch freilich auch schuldhaft verweigern kann). Siegfried sieht allerdings diese seine Abhängigkeit vom göttlichen Walten (→6159ff) nicht, sondern erwartet alles von seiner eigenen Kraft (→7071–7074; 7367f). So stellt Siegfried den Menschen dar, der, nachdem die Unselbständigkeit, die der Glaube an Orakel und direkte göttliche Eingriffe dem Menschen auferlegt, geschwunden ist (→7055–7058), im ersten Erlebnis seiner Selbständigkeit nichts anderes als seine eigene Kraft für bestimmend hält (→5745f).

8533f: →7071–7074.

8539: →1490f.

8578: Die drei Meerweiber, die Hagen im Nibelungenlied beraten, schweben *vogel*gleich auf der Flut (NL XXV 1536).

Nach 8717: In der Thidreks-Saga heißt es: »Da sprang Högni [Hagen] auf, als er getrunken hatte, faßte seinen Spieß mit beiden Händen und stach ihn Sigurd [Siegfried] zwischen die Schulterblätter, so daß er durch sein Herz drang und zur Brust herauskam« (Thule XXII 375; vgl. Thule XXI 214).

8780f: In der Thidreks-Saga sagt Hagen über den toten Sigurd: »Wir jagten einen wilden Eber, und der schlug ihm die Todeswunde« (Thule XXII 376).

8792ff: Sigurds Frau sagt in der Thidreks-Saga zu Hagen: »Derselbige Eber bist du gewesen, Högni [Hagen], und niemand sonst« (Thule XXII 376).

8798ff: So bekennt sich Hagen auch im Nibelungenlied zu seiner Tat (NL XXIX 1790).

8810: »Albensohn« heißt Hagen auch in der Thidreks-Saga (Thule XXII 412).

8842f: In der Edda heißt es: »Schichtet, Edle, Eichenscheite« (Thule I 105/21).

8861ff: →7727–7730.

8879: Die Schuld der Götter besteht darin, den Menschen mit der endlichen Freiheit ausgestattet zu haben, die als solche *zerstörerisch* wirken muß (→8882–8886). Das ist der Fluch der endlichen Freiheit (→1490f). Nun ist aber in der Welt und im menschlichen Leben nicht nur Zerstörendes, sondern auch Erhaltendes und Förderliches am Werk. Der Mensch könnte Gott aus der Auslieferung des Menschen an das Zerstören und Zerstörtwerden nur dann einen begründeten Vorwurf machen, wenn das Zerstören das *letzte Ziel* der Schöpfung wäre. Denn in diesem Falle hätte Gott widersinnigerweise nach ihrer Verwirklichung strebende Selbstseine geschaffen (→1676f), bloß um diesen unaufgebbaren Anspruch auf Erfüllung und Erhaltung des Selbstseins (→6918-1; 3260–3265) scheitern zu lassen. Da sich aber im Wirklichkeitsprozeß die Erhaltung immer wieder durchsetzt, obgleich die chaotische Zerstörung das Wahrscheinlichere wäre, läßt sich vermuten, daß es Gott letztlich um die Erhaltung von ihm Geschaffenen geht (→6918-2ff). Wenn dem so ist, dann heißt das, daß das irdische Zerstören und Zerstörtwerden selbst irgendwie zur Erhaltung beiträgt. In der irdischen Zeitlichkeit kann dies freilich nicht sichtbar werden. Zerstörung und Erhaltung fallen nicht ineins, sie wechseln sich vielmehr ab. Irdisch sehen wir nur, daß es der Zerstörung nicht gelingt, die Erhaltung ganz zu verdrängen. In Gottes zeitloser ewiger Gegenwart (→1672–1675) hingegen könnten Zerstörung und Erhaltung zusammenfallen zur vollen Erfüllung des Selbstseins einer Sache in all ihren Zuständen (→1692ff).

Gottes ewige Gegenwart ist in Wotan und den Walhallgöttern aber nicht mitgedacht, weil diese Götter das Göttliche nur insoweit darstellen, als sein Wirken irdisch sichtbar und verstehbar, das aber heißt in Zerstörung und Erhaltung unversöhnt auseinanderfallend, sich bekundet (→6141ff). Es ist Erda (→1678), die im »Ring« die für menschliche Augen geheimnisvoll verborgene (→6206–6209) göttliche Immanenz (→6170; 6175f) gegenwärtig hält. Solange Gott sich nur als die alten, auf irdische Verständlichkeit des Wirkens beschränkten Götter bekundet – und jedes menschliche Wissen von Gott und Göttern ist Selbstbekundung Gottes (→6153f) –, klagt (→8880) der Mensch über Gott, weil es als eine Schuld erscheinen muß, den Geschöpfen einen unaufgebbaren Selbstseinsanspruch einzupflanzen und ihn dann nicht erfüllen zu können. Erfaßt der Mensch jedoch einmal Gott als das alle irdischen Maßstäbe übersteigende Geheimnis, dann wird seine Klage (wie die Hiobs) ihres Rechtes unsicher werden und (wie sonst im Alten Testament) eine Hoffnung auf Erfüllung des Selbstseins entstehen können. Aber Gottes immanente Absichten sind dem Menschen unzugänglich. Deshalb kann der Mensch nicht wissen, ob die Vermutung und Hoffnung, daß Gott die Selbstseine in seiner ewigen Erinnerung behalten und damit in einer zeitjenseitigen Daseinsweise erhalten werde, mit Gottes Absicht tatsächlich zusammenstimmt. Nur Gott selbst könnte darüber Aufschluß geben. Christlicher Überlieferung zufolge bekundet Gott in der Auferweckung des Jesus von Nazareth seinen Willen zur Erhaltung der geschaffenen Selbstseine. Brünnhildes Klage mündet im »Ring« schließlich in die Hoffnung auf Erfüllung. Innerhalb des germanischen Bereiches bleibt diese Hoffnung unbegründet, und die Walhallgötter können sie nicht erfüllen, weil sie untergehen. Aber das weiß Brünnhilde selbst. Wenn sie trotzdem auf die letzte Erfüllung hofft, dann muß sie auf eine andere – im »Ring« nicht genannte – göttliche Instanz hoffen, als es die Walhallgötter sind. Erda ist vom Untergang der Walhallgötter nicht betroffen. Ihr Walten (→6159ff) bleibt die bestimmende Dynamik in der Welt. Zudem ist Erda eine Platzhalterin für den christlichen Gott (→6145–6154), der erst im »Parsifal« ausdrücklich angesprochen wird (→8949).

Der höchste der Walhallgötter, Wotan, erwies sich als eine unangemessene Erfassung des Göttlichen (→6238f), weil er nur das im irdischen Weltlauf sinnlich-Sichtbare des göttlichen Waltens, nämlich den Widerstreit von Weltordnungsmacht und Liebe zur zerstörerischen endlichen Freiheit (→2780) vergegenständlicht (→6141ff). An Wotan richtet Brünnhilde daher ihre Klage (→8880f). Aber mit Wotan verschwindet ihr nicht das Göttliche, sondern nur dessen unangemessene Gestalt. Sie richtet sich mit ihrer Hoffnung, wenn auch sozusagen anonym, an den Gott, von dem Wagner schrieb: »Der abstrakte höchste Gott der Deutschen, Wuotan, brauchte dem *Gotte der Christen* nicht eigentlich Platz zu machen; er konnte vielmehr gänzlich mit ihm identifiziert werden: ihm war nur der *sinnliche Schmuck*, mit dem ihn die verschiedenen Stämme je nach ihrer Besonderheit, Örtlichkeit und Klima umkleidet hatten, abzustreifen« (GSD II 144). Der Gott der Christen – das sagt dieser Text – ist auch in den heidnischen Göttern am Werk, aber er ist noch ungleich mehr. Während die heidnischen Götter nur das in Stammesbesonderheit, Örtlichkeit und Klima sich bekundende göttliche Wirken erfassen, bringt der christliche Gottesbegriff zum Ausdruck, daß Gott hinter allem sinnlich-empirisch Erfaßbaren und dessen Unerfülltheiten (→7249–7252) und Widersprüchen als geheimnisvoll versöhnende Instanz am Werke ist, deren Wirkweise in nichts Empirischem sinnfällig-anschaulich werden kann.

8882–8886: Siegfried ist dem Gotte erwünscht, weil er durch die gefahrvolle Gewinnung des Ringes die Fähigkeit zur Weltherrschaft (→253–257) an sich gebracht hat, ohne doch diese Fähigkeit despotisch zur Unterwerfung und Vernichtung der Selbstseine der anderen Wesen auszunützen (→7787f). Damit steht Siegfrieds Freiheit dem göttlichen Willen zur selbstseinerhaltenden Geordnetheit der Welt (→6918) nicht bewußt entgegen, wie das die böse Freiheit Alberichs tat (→5348ff). Als freier Mensch ist Siegfried aber dem Fluche der Freiheit unterworfen, daß der endliche Freie aus Beschränktheit (→2831–2834) oder Bosheit unvermeidlich zerstörerisch wirkt (→1490f). Wenn Siegfried auch selbst nicht zerstörerisch auf andere wirkt, so wirken doch andere zerstörerisch auf ihn (→6268–6272).

Die endliche Freiheit wirkt zerstörerisch, weil kein einzelnes Subjekt wegen seiner Endlichkeit die Unzerstörtheit der komplizierten Weltordnung von sich aus sicherstellen kann. Außerdem ist jedes einzelne Subjekt angesichts der Beeinträchtigungen, die für seinen eigenen Daseinsvollzug von den ihm feindlich gegenstrebig (→2535f) gegenübertretenden anderen Freiheitssubjekten (und natürlichen Wesen) ausgehen, unweigerlich versucht, den Daseinsvollzug der anderen Wesen möglichst weitgehend zu beschränken und damit in letzter Konsequenz zu zerstören, um dem eigenen Dasein gegen alle möglichen Bedrohungen vorbeugend allen Raum zu gewinnen (→716ff). In der Übersteigerung des Sicherns des eigenen Daseins ist das Böse zu erblicken: Der alle Welt sich unterwerfen will, glaubt, daß er selbst und allein sein Dasein sichern müsse und könne, statt willig hinzunehmen, daß nicht er selbst, sondern Gott den Gesamtlauf der Welt und damit auch eines jeden einzelnen Lebens bestimmt. Weil die endliche Freiheit aber auch ohne Bosheit unvermeidlich zerstörerisch wirkt – wegen der Endlichkeit des Einzelnen, die die Gegenstrebigkeit der vielen auch in bester Absicht nicht unzerstört zu integrieren vermag –, ist das Zerstörerische ein auf die Freiheit gelegter unentrinnbarer Fluch. Diesen Fluch aber hat Gott selbst in die endliche Freiheit gelegt, denn Gott hat sie geschaffen (→2605f; 2636). Gott selbst ist diesem zerstörerischen Fluch ebenfalls verfallen dadurch, daß er die endliche Freiheit als zerstörerische schuf (→1519). Denn entweder wirkt Gott mittelbar durch die von ihm eröffnete endliche Freiheit zerstörerisch, oder – wenn er diese Zerstörung verhindern will und daher die endliche Freiheit aufhebt – er wirkt zerstörerisch an der endlichen Freiheit.

Brünnhilde hat zuerst den Zwiespalt Wotans (→3015) erlebt (→2945f; 2982–2985), der ihn zwischen der Liebe zur endlichen zerstörerischen Freiheit und der machtvollen Zerstörung der zerstörerischen Freiheit (→2723f) zerriß (→2780). Dann erlebte sie durch Siegfried, wie endliche Freiheit auch ohne bösen Willen (→7347–7352) aus Beschränktheit an ihr zerstörerisch handelte (→8531f). Wenn Brünnhilde jetzt Wotan einen *Vorwurf* daraus macht, daß er den Menschen der fluchbeladenen Freiheit ausgesetzt hat, dann richtet sich dieser Vorwurf nur gegen die Walhallgötter, nicht gegen die wahre, verborgene Gottheit (→8879).

8887ff: →8882–8886.

8896f: →7565f.

8898: Der an der Versöhnung von Weltordnungsmacht und Liebe zur zerstörerischen endlichen Freiheit (→2780) scheiternde Gott (→2933–2936) tritt ab, weil er als unangemessene Darstellung des göttlichen Wirkens (→6238f) erkannt wurde. Weder die auf irdische Einsichtigkeit beschränkte Weise seines Wirkens (→6141ff) noch seine tatenlose Ohnmacht nach seiner Selbstaufgabe (→2982–2985; 5318f; 6252ff) stellen das göttliche Walten (→6159ff) in der Welt richtig dar, weil Gott weder nur im Rahmen irdisch nachvollziehbarer Maßstäbe noch auch gar nicht wirkt. Brünnhildes Hoffnung richtet sich daher über die Walhallgötter hinaus auf die der menschlichen Einsicht verborgene (→6206–6209) Tiefe (→6121ff) des wahrhaft Göttlichen (→8879), das im »Ring« durch Erda (→1678) gegenwärtig gehalten wird, die den Widerstreit von göttlicher Macht und göttlicher Liebe geheimnisvoll (→1692ff) versöhnt (→8948).

8901: →1487.

8903f: Indem Brünnhilde den Ring weggibt, gibt sie für ihre Person (und für Siegfried, der ihr den Ring ja zu freier Verfügung überlassen hat [→7100f]) in freiwilliger Entscheidung die zerstörerische Kraft endlicher Freiheit auf, die der Ring verkörpert (→253–257). Durch diese Tat ist der Fluch der endlichen Freiheit (→1490f) aber noch nicht überwunden (→8913f).

8913f: Einst wollte Brünnhilde den Ring um keinen Preis aufgeben (→7632ff). Das bedeutete, daß sie sich als endliches Freiheitssubjekt aus Liebe zu dieser Freiheit der göttlichen Ordnungsmacht nicht beugen, sondern die aus Beschränktheit (→2831–2834) oder Bosheit (→5348ff) zerstörerische Freiheit, die der Ring verkörpert (→253–257), ohne jede Einschränkung behalten wollte (→7649–7652). Nun aber hat Brünnhilde den Ring weggegeben (→8903f) und damit sich als die aufgehoben, die sie früher war. Diese Aufhebung der gottlosen Form endlicher Freiheit vollzieht sie im mythologischen Bilde als Verbrennung ihrer selbst. Dadurch bringt sie zum Ausdruck, daß die sich selbst als gottlos verstehende (→5389f) endliche Freiheit Siegfrieds, in deren Sphäre sie ganz versenkt ist (→4125ff; 6880-6882-6884-6886; 7602ff), eine unangemessene Gestalt menschlicher Freiheit darstellt. Die endliche Freiheit kann sich wegen ihrer zerstörerischen Dynamik nicht als den alleinigen Bestimmungsgrund des Weltlaufs aufspielen (→5371), wenn sie nicht alles zerstören will. Dies erkannt habend, gibt Brünnhilde dem unbeschränkt weisen Walten Gottes (→6159ff) und damit einer neuen Gestalt von endlicher Freiheit willig Raum. Damit ist allerdings der Fluch des Zerstörerischen (→1490f) von der endlichen Freiheit noch nicht genommen, denn die Menschen – und vor allem Alberich – können in der Zukunft sich den Ring und seine Kräfte wieder anzueignen versuchen (→7805f). Brünnhildes Tat bewahrt nur den gegenwärtigen geschichtlichen Augenblick vor dem Zerstörerischen. Von der drohenden Zerstörung der selbstseinerhaltenden Weltordnung (→334) durch die endliche Freiheit hat Brünnhildes Tat nur *erlöst* (→6276ff; 7584–7587), wenn auch für die Zukunft sichergestellt ist, daß der Mensch nicht wieder die uneingeschränkt zerstörerische Herrschaft über die ganze Welt kraft des Ringes wird ausüben können. Dabei dürfte die menschliche Freiheit zum Zerstörerischen aber nicht einfach aufgehoben sein, weil so der göttliche Wille zur Freiheit – die Freiheit ist ja Schöpfung Gottes (→2605f; 2636; 6942f) – verfehlt wäre. Sichergestellt müßte demnach sein, daß die zerstörerischen Taten des Menschen sich auf das Ganze des Weltlaufs gesehen, das in Gottes ewiger Gegenwart erinnert ist (→1672–1675), paradoxerweise doch gerade erhaltend auswirken. Dies müßte durch die allesüberblickende göttliche Weisheit im ewig vollendeten Urbild (→6170) der Welt eingerichtet sein und sich im zeitlichen Ablauf der Geschichte als vorsehungsmäßige Lenkung der Geschichte durch Gott (→8077f) vollziehen. Sichtbar in Erscheinung treten könnte dieses Ineinsfallen von Erhaltung und Zerstörung nicht in der irdischen Zeitlichkeit, sondern in der zeitlosen Tiefe (→6121ff) des göttlichen Geheimnisses (→1692ff). Deshalb können es auch nicht die Walhallgötter sein, die diese Versöhnung von göttlicher Weltordnungsmacht und göttlicher Liebe zur zerstörerischen Freiheit verbürgen. Die Walhallgötter stellen das göttliche Walten ja nur insoweit dar, als es sich in der Welterfahrung des Menschen als sichtbare und verstehbare Größe bekundet (→6141ff). Nun kann die Versöhnung von göttlicher Erhaltungsmacht und göttlicher Liebe zur zerstörerischen Freiheit (→2780) zwar nicht irdisch dargestellt werden, gleichwohl muß solche Versöhnung tatsächlich wirksam sein, weil ohne sie der Widerspruch von Erhaltung und Zerstörung den Wirklichkeitsprozeß schon zur Auflösung getrieben hätte. Weil dieses verborgene, Macht und Liebe versöhnende Wirken Gottes in den Walhallgöttern nicht mitbedacht ist, verbrennen diese als unangemessene Darstellungen des Göttlichen (→6238f) ebenso wie Brünnhilde und Siegfried als unangemessene Darstellungen der endlichen Freiheit (→8929f). Im »Ring« ist durch Erda die geheimnisvolle Dimension der letzten Erlösung, die die Weltordnung und die zerstörerische Freiheit – sie beide unverkürzt bewahrend – versöhnt, gegenwärtig gehalten (→8948). Im Verlassen der irdischen Zeitlichkeit hofft Brünnhilde gerade diese Dimension zu erreichen und in ihr die Erfüllung alles dessen zu finden, was in ihrem irdischen Leben mit Siegfried an Zerstörerischem vorhanden war (→8949).

Der Übergang der in Brünnhilde verkörpert gewesenen gottlosen Freiheit zur Offenheit für göttliche Lenkung wie auch der Übergang Brünnhildes in die erfüllende Dimension Erdas geschehen durch das *Feuer Loges,* weil dieses den Übergang zu Neuem darstellt (→6987–6990).

8919: →7623f.

Die Schlußfassungen von »Siegfrieds Tod«

A Aus: »Der Nibelungen-Mythus. Als Entwurf zu einem Drama« (1848)
Text: GSD II 166
Datierung: GSD II 156.
Dieser Prosa-Entwurf enthält eine etwas veränderte Fassung der Verse 8913–8919 und schließt hieran A1-A6 an.

B Aus: »Siegfrieds Tod« (1848)
Text: GSD II 227
Datierung: Borchmeyer 413.
Brünnhildes Schlußrede setzt hier nach den in etwas veränderter Wortfolge gebotenen Versen 8913–8919 mit den Versen B1–B6 fort. Anschließend ruft Brünnhilde noch aus: »Freue dich, Grane: bald sind wir frei!« (GSD II 227). Sodann beschreiben Chöre (Mannen, Frauen) Siegfrieds und Brünnhildes Leichenbrand. Walhall verbrennt nicht. Als »Allvater's freie Genossen« werden Siegfried und Brünnhilde in »ewiger Wonne vereint« sein (GSD II 227f).

C Änderung zur Drittschrift von »Siegfrieds Tod« (1849 oder 1851)
Text: Dahlhaus [2] 102
Strobel [1] Faksimile
Datierung: Westernhagen [1] 75f
Dahlhaus [2] 103.
Schluß wie B, aber die Verse B1–B6 sind ersetzt durch die Verse C1–C18.

A3f: Die feindliche Gegenstrebigkeit (→2535f) der Weltwesen untereinander macht eine weise Ordnung der Welt erforderlich, um die gegenseitigen Beeinträchtigungen der Einzelwesen so auszugleichen, daß eine im Chaos endende fortschreitende Zerstörung verhindert wird. Eine derartig weltumspannende Ordnung kann nur eine göttliche Instanz errichten (→6918-2ff). Innerhalb der so geordneten Welt schafft Gott nun aber die endliche Freiheit des Menschen (→2605f; 2636). Da diese aus Beschränktheit (→2831–2834) und Bosheit (→5348ff) zerstörerisch wirkt, widerstreitet sie – wissend oder unbewußt – der göttlichen Macht. Daher muß Gott, um die Weltordnung zu erhalten, die freien Subjekte oft gegen ihren Willen zwingen, damit das Wohl des Ganzen der Welt nicht gefährdet ist. Darin ist die Freiheit aufgehoben. Hier widerstreitet die göttliche Ordnungsmacht der endlichen Freiheit. Da aber Gott selbst die Freiheit mit einem bloß endlichen Überblick ausgestattet und ihr die Möglichkeit des Bösen eingeräumt hat (→2781f), ist Gott selber der Urheber auch des Zerstörerischen der endlichen Freiheit (→2927f). Gott widerstreitet sich mithin selbst (→2945f). Wie – so fragt der »Ring« – kann dieser Zwiespalt (→3015) Gottes so versöhnt werden, daß nicht eine seiner beiden Seiten unterdrückt wird, wodurch keine Versöhnung, sondern nur eine Verkürzung des göttlichen Willens erreicht wäre.

Der gegenwärtige Schluß versucht, diese Versöhnung darzustellen. Siegfried ist es hier, der sowohl die göttliche Macht vor den zerstörerischen Kräften der endlichen Freien bewahren als andererseits selber gerade darin endlich freier Mensch bleiben soll. Dies geschah dadurch, daß der freie Held seine eigene zerstörerische Freiheit, die der Ring verkörpert (→253–257), freiwillig an Brünnhilde weggeben hat, die ihn ihrerseits freiwillig aufgegeben hat. Zudem wird Siegfried in der gegenwärtigen Schlußfassung als der zukünftige Besieger der zerstörerischen Kräfte in der Götterdämmerungsschlacht angesehen (→7367f). Alle, die nach dem Ring streben möchten, sind durch diesen Sieg endgültig vernichtet, weil durch ihn alle Feinde der Götter und ihrer Weltordnung (→334) – damit aber alle Freunde des Ringes – ausgeschaltet werden. Damit ist Wotan von der endlichen Freiheit und den von ihr ausgehenden Störungen – also vom Ring – befreit, ohne daß doch (wie es scheint) die Freiheit zerstört wäre: Denn es ist die eigene Tat der endlichen Freiheit – also Siegfrieds – selber, die die Freiheit und ihre Zerstörungskraft für seine eigene Person (durch die Ringweggabe) und für die übrigen Wesen (durch den Sieg in der letzten, daher endgültigen, Götterdämmerungsschlacht) aufhebt. Dennoch sind göttliche Weltordnung und endliche Zerstörungsfreiheit damit nicht wirklich versöhnt. Denn in der freiwilligen Selbstaufgabe der Freiheit bleibt die Freiheit nicht erhalten, sondern verliert sich selbst (→6465f). Und so ist die endliche Freiheit in die göttliche Weltordnung nicht etwa als sie selbst – nämlich samt ihrer zerstörerischen Kraft, dem Ring – integriert, sondern bloß beseitigt. Wäre dies das Ende des »Ring« geblieben, so wäre er eine Verfälschung der tatsächlichen Weltwirklichkeit, denn in letzterer ist immer und überall neben dem Moment der Geordnetheit auch das Moment endlicher zerstörerischer

Freiheit am Werk. Allenfalls könnte der »Ring« dann als Aufruf zur Selbstvernichtung der endlichen Freiheit um der ungestörten göttlichen Ordnungsmachtausübung willen gelesen werden. Wotans Wille zur Welt freier endlicher Wesen wäre verfehlt, den er im »Ring« durch seine Vertragsidee (→6942f) bekundet – aber auch schon in »Siegfrieds Tod« einschlußweise: »Der Götter Burg bauten Riesen, begehrten drohend zum Dank den Ring« (GSD II 168). Die Götter zwingen also die Riesen nicht einfach zum Burgbau, sondern deren Leistung ist freiwillig, weil sie von Lohngewährung abhängig gemacht wird. Indem die Götter dies zulassen, anerkennen sie die riesische Freiheit (→353). Da in solcher Schlußwendung wie der gegenwärtigen der Widerstreit von göttlicher Ordnungs*macht* und göttlicher *Liebe* zur endlichen Freiheit (→2780) nicht zur Versöhnung gebracht, sondern nur um das Moment der Liebe zur endlichen Freiheit verkürzt ist, muß dieses Moment der göttlichen Liebe ergänzt werden. Das macht dann die Neufassung des Schlusses erforderlich (→B1–B6).

Da das Moment der Liebe zur endlichen Freiheit – und somit diese selbst – fehlt und Gottes Macht allein am Ende bestehen bleibt, stellt die Fassung A des Schlusses gewissermaßen das Gegenteil zu einer atheistischen Variante (→D17f) des Schlusses dar. Beide Varianten sind unvollständige Einseitigkeiten, die aus sachlicher Notwendigkeit heraus aufgehoben werden müssen.

B1–B6: Diese zweite Fassung des Schlusses nennt ausdrücklich Siegfried den *Bürgen* der Macht Gottes. Dies ist Siegfried dadurch, daß er die endliche Freiheit und ihre der göttlichen Weltordnung widerstreitende zerstörerische Kraft aufhebt, indem er den die zerstörerische Freiheit verkörpernden Ring (→253–257) für seine Person (an Brünnhilde) weggibt und alle nach dem Zerstörerischen – also nach dem Ring – strebenden Wesen in der Götterdämmerungsschlacht endgültig ausschaltet (wie das in »Siegfrieds Tod« noch sein sollte →7367f). Damit ist an Gott, der seine allumfassende Verfügungsmacht am Orte der endlichen Freiheit suspendiert und so sich selbst aus Liebe zur Freiheit ohnmächtig gemacht hat (→5398f), die volle Umfassendheit der Macht wieder zurückgegeben. Insoweit unterscheidet sich der zweite nicht vom ersten Schluß (→A3f). Allerdings wird jetzt ausdrücklich gesagt, Wotan solle Siegfried »minnlichen Gruß« bieten, das heißt Siegfried – und damit die in diesem verkörperte endliche zerstörerische Freiheit – *lieben*. Liebe zur Freiheit schließt aber deren Aufhebung zugunsten der göttlichen Verfügungsmacht aus. Die Selbstaufhebung der Freiheit bleibt jedoch auch hier bestehen: »Nur einer herrsche: Allvater ... Du« (→B1f); die endliche Freiheit hat, dieser zweiten Schlußfassung zufolge, ebensowenig wie in der ersten ein Verfügungsrecht über das Weltgeschehen (→326f). Was Wotan daher minnt oder liebt (→269), ist nicht die endliche zerstörerische Freiheit, sondern die *aufgehobene* endliche zerstörerische Freiheit. So geht die zweite Schlußfassung über die erste lediglich insofern hinaus, als sie die Liebe zur endlichen zerstörerischen Freiheit *fordert*, nicht aber dadurch, daß sie die Versöhnung von göttlicher Macht (die die Weltordnung unzerstört erhält) und zerstörerischer Freiheit des Menschen tatsächlich darstellen würde. Auch die zweite Schlußfassung scheitert an der Lösung des entscheidenden Problems. Im Rahmen der irdischen Erfahrung des Menschen ist das Problem auch nicht zu lösen bzw. die Versöhnung von göttlicher Macht und göttlicher Liebe nicht als möglich einsehbar. Ein Gottesbild, das – wie Wotan – nur Gottes irdisch sichtbares Wirken, nicht aber seine geheimnisvolle Immanenz berücksichtigt (→6141ff), muß bei der Feststellung des ungelösten Widerspruches von göttlicher Macht und göttlicher Liebe (→2780) stehenbleiben (→2933–2936).

Wurde in A der (zum Scheitern verurteilte) Versuch gemacht, die Versöhnung von Macht und Liebe durch Aufgabe der Liebe zu erreichen, so wird in B die Liebe als Postulat wieder eingeführt. Da die Unversöhnbarkeit beider Komponenten des göttlichen Willens aber weiterhin bestehen bleibt, kann es naheliegen, die Lösung in einer Umkehrung der Vorgehensweise von A zu suchen und statt der Liebe die göttliche Macht aufzugeben. Dies führt zur dritten Schlußfassung (→C13ff).

C13ff: Zunächst wurde die Versöhnung von göttlicher Weltordnungsmacht und göttlicher Liebe zur zerstörerischen endlichen Freiheit (→2780) durch die Selbstaufhebung der endlichen Freiheit zu erreichen versucht. Dies scheiterte, weil es sich dabei nicht um die Versöhnung zweier einander widerstreitender Komponenten, sondern bloß um die verkürzende Auflösung des Widerstreites handelte (→A3f; B1–B6). Jetzt wird der andere Weg eingeschlagen und statt der Liebe zur Freiheit die göttliche Weltordnungsmacht ausgeschaltet. Allein »des Menschen Tat« (→C15) soll hinfort über den Weltlauf entscheiden, nicht mehr Gott. Nun ist aber die Tat des Menschen keine einheitliche Größe, sondern eine verwirrende und verwirrte Vielfalt von einzelnen Taten unzähliger Freiheitssubjekte, die untereinander von feindlicher Gegenstrebigkeit sind (→2535f). Wenn diese Gegenstrebigkeit nicht mehr durch Gottes weise Macht selbstseinerhaltend gelenkt wird (→6918-2ff), zerfällt die Welt in das Chaos eines zerstörerischen Kampfes aller gegen alle. Da alle Wesen bestrebt sind, die jeweils anderen um des eigenen Selbstseins willen möglichst weitgehend – ja bis zu der im Ring verkörperten (→253-257) despotischen Unterwerfung der ganzen Welt (→5371) – auszuschalten (→716ff), dämmen sie zwar gegenseitig ihre zerstörerische Kraft wieder ein. Daß dies aber nicht zur völligen Lähmung aller führt, sondern die gegenseitigen Beeinträchtigungen so zusammenspielen, daß die Einzelwesen sich im Gegenteil kräftig entwickeln und einander fördern, ist nur durch eine weise Ordnung dieses ganzen Zusammenspiels über Raum und Zeit hin erklärlich. So umfassend lenken kann nur Gott. Ohne allesüberblickende göttliche Lenkung würde daher die gegenseitige Zerstörungstätigkeit der Wesen in der Welt nicht Mittel zur Erhaltung der Selbstseine, sondern bloße Zerstörung sein. So ist durch die Ausschaltung der göttlichen Macht keineswegs die Unzerstörtheit der Weltordnung mit der zerstörerischen Freiheit versöhnt, sondern der letzteren aufgeopfert. Wiederum handelt es sich also (wie bei A und B) nur um eine Verkürzung statt um die wahrhafte Versöhnung des Widerstreites von göttlicher Ordnungsmacht und göttlicher Liebe zur endlichen Zerstörungsfreiheit. Der wotanische Wille, der eine Welt von Freien, die über Zerstörungskraft verfügen, anstrebt, gleichzeitig aber diese zerstörenden Elemente in eine selbstseinerhaltende Ordnung eingebunden wissen will (→334), ist erneut verfehlt.

Das Zerstörerische an machtloser Liebe erkennt Wagner hier noch nicht. Auch in D wird er die Idee machtloser Liebe als Weltprinzip wieder aufnehmen. Aber in E wird er dann die vernichtenden Konsequenzen dieser reinen Liebe deutlich aussprechen (→E17–E20).

Wäre es beim Liebesschluß des »Ring« geblieben, müßte als Ergebnis tatsächlich Feuerbachs Aufhebung der Theologie in Anthropologie (Feuerbach 26; 33), das heißt hier die Aufhebung der göttlichen Weltlenkung (→D17f) in rein menschliche Tat gelten. Die Gottlosigkeit der Welt bleibt aber nicht die Schlußwendung des »Ring«, der daher in keiner Weise feuerbachianisch gedeutet werden kann (→353; 2630–2633). Vielmehr ist im »Ring« als allesbestimmende Instanz am Werk, wenn der Widerstreit zwischen seinem Willen zur Weltordnungsmacht und dem zur zerstörerischen endlichen Freiheit auch nicht im Rahmen des wotanischen Gottesbildes – das Gottes Wirken nur darstellt, soweit es irdisch sichtbar bekundet (→6141ff) – zur Versöhnung kommt, sondern in den geheimnisvollen (→1692ff) Tiefen (→6121ff) der göttlichen Immanenz, also im Walten (→6159ff) der Erda (→8948).

Der Schluß des »Ring«

8927f: Die Götterdämmerung (→6876) betrifft nur die dem Göttlichen unangemessenen Walhallgötter, nicht jedoch das Walten (→6159ff) der Erda (→6252ff; D17f).

8929f: Wenn in der Person Brünnhildes die endliche Freiheit ihre unangemessene, weil gottlose Gestaltung aufgibt (→8913f), ist dies für Wotan das Zeichen, die unangemessene Gestaltung des Göttlichen, wie sie in den Walhallgöttern gegeben ist (→6238f), ebenfalls aufzuheben: Er selbst wird Walhall in Brand stecken (→7009ff) – gleichzeitig mit Brünnhildes Wurf der Fackel in den Holzstoß – und so seinen Selbstaufhebungswillen (→2982–2985; 6252ff) endgültig vollziehen.

Die vorläufigen Fassungen des Schlusses

D Teil der Umarbeitung von »Siegfrieds Tod« (1852)
Text: GSD VI 254f
Datierung: WWV 86 B TEXT VIII a/ IX.
Nach den Versen 8913–8919, die erhalten bleiben, streicht Wagner den gesamten restlichen Schluß von »Siegfrieds Tod« und fährt mit der Versfolge 8920-8930-D1-D30-8931-8954 fort.

E Änderung an D (1871/72)
Text: GSD VI 255f (Korrektur nach Barth Nr. 113 in E10)
Datierung: WWV 86 B TEXT VIII c, d.
Wagner streicht an dem ansonsten unveränderten Schluß D die Verse D15–D30 und ersetzt sie durch die Verse E1–E20. Strobel [2] 341 sieht den Textkomplex E als Ersatz nur für D21–D30 an, was unhaltbar ist. Wir folgen dem eigenhändigen Verweiszeichen Wagners in Barth Nr. 113 (nach Bestätigung durch Herrn Egon Voss von der Richard-Wagner-Gesamtausgabe, München). In E10 heißt es nach GSD VI 256: »heiligstem«; wir folgen der Handschrift Wagners (Barth Nr. 113; Dahlhaus [2] 107). Statt E20 hatte Wagner ursprünglich geschrieben: »Wer über Alles achtet das Leben, werde sein Auge von mir. Wer aus Mitleid der Scheidenden nachblickt, dem dämmert von fern die Erlösung, die ich erlangt. So scheid' ich grüßend, Welt, von dir!« (Dahlhaus [2] 107; Barth Nr. 113).

D17f: Hier wird die Schlußfassung C von »Siegfrieds Tod« aufgenommen: Göttliche Weltordnungsmacht und göttliche Liebe zur endlichen zerstörerischen Freiheit sollen dadurch versöhnt werden, daß die göttliche Macht verschwindet und einzig die menschliche Tätigkeit (planender und ausführender Art) hinfort den Weltlauf bestimmt (→C13ff). In den gegenwärtigen Versen ist wirklich alles Göttliche überhaupt geleugnet, da nicht von der Abwesenheit von »Göttern« die Rede ist, was sich auf die Walhallgötter beziehen und einschließen würde, daß diese Götter durch andere abgelöst wurden. Hier wird aber ganz allgemein von der Abwesendheit göttlicher waltender Kraft überhaupt gesprochen, also auch von der Abwesendheit des Waltens der Erda (→6159ff). Der Schluß D ist – ebenso wie die Fassung C – daher gewissermaßen die atheistische Variante des Endes des »Ring«, an der allerdings aus sachlichen Gründen nicht festgehalten werden kann (→D21–30; 6282ff).

D21–D30: Alle Ordnungen, die das menschliche Leben so regeln, daß trotz der feindlichen Gegenstrebigkeit der Einzelwesen (→2535f) keine allgemeine Zerstörung, sondern sogar gegenseitige Förderung eintritt (→6918-2), können innerhalb des atheistischen Schlusses D (→D17f) nicht mehr als Setzungen einer göttlichen Weisheit (→6170) aufgefaßt werden, da es voraussetzungsgemäß eine solche ja nicht gibt. Wirtschaftliche (»Gut«, »Gold« [→D21]), soziale (»Haus«, »Hof« [→D23], »Verträge« [→D25]) Ordnungen und solche, die die Gesamtorientierung des menschlichen Lebens in der Welt leiten (»Sitte« [→D27]), gelten als trügerisch (→D26) und erheuchelt (→D27). Es ist in der Tat so: Wenn hinter den besagten Ordnungen, die nicht allein aus menschlicher (individueller oder institutioneller) Planung erklärbar sind und daher auf eine göttliche Einrichtung weisen, keine göttliche Weisheit steht, können sie die Sinnhaftigkeit (→6918) des Weltlaufs nicht verbürgen und ihr diesbezüglicher Anspruch kann nicht tragen. Sie verdanken sich dann (soweit sie menschliche Planungsfähigkeit übersteigen) dem Zufall, und folglich ist der in ihnen anwesende Sinn eine trügerische Täuschung, ein von der Sinnlosigkeit dem Menschen vorgehuechelter Schein. Was in dieser Situation bleibt, ist nur, daß jeder einzelne die Täuschung von sich wirft und fortan ganz nur aus seiner persönlichen individuellen Situation und Interessenlage heraus, ohne Orientierung an vorgegebenen »Ordnungen«, handelt. Den Weltlauf gestalten so die einzelnen Menschen allein, ohne höhere Lenkung. Darin ist dann wirklich jeder und alles *geliebt* (→D30), weil jeder und alles immer und überall (»in Lust und Leid« [→D29]) uneingeschränkt »für sich gewähren« (→5398f) kann. Freilich muß dabei die alles und alle übergreifende Abstimmung dieser höchst partiell orientierten Handlungen der Menschen fehlen, weil kein endliches Wesen (aufgrund seiner Beschränktheit [→2831–2834]) solche Abstimmung einrichten kann, sondern nur Gott allein, der aber hier voraussetzungsgemäß ausgeschlossen ist. Ohne allesüberschauende Lenkung, dem zufälligen Aufeinanderprallen überlassen, müssen die höchst gegenstrebigen Antriebe der Weltwesen die Geordnetheit ihres komplexen Zusammenspiels (→397ff) verlieren und sich schrittweise immer mehr verwirren. Die Welt geht ohne Gott somit zugrunde (→E17–E20). Da die Welt aber offenbar trotz ihrer Kompliziertheit weiterhin bestehen bleibt, muß der »Ring« – wenn er die Wirklichkeit der Welt nicht verfehlen will – einen anderen Schluß erhalten; einen Schluß, der wegen des Scheiterns von A und B die endliche Freiheit und wegen des Scheiterns von C und D die göttliche Macht bewahrt (→8948). Erst darin ist dann der wotanische Wille zur göttlich geordneten Welt endlicher Freier nicht mehr verkürzt und verfehlt. Vor diesem endgültigen Schluß formuliert E aber noch das Scheitern der C-D-Fassung.

E4–E13: Die gegenwärtigen Verse haben einen Inhalt, der stark an Schopenhauers Willensverneinung (WH 109f) und an den Buddhismus erinnert. Im Buddhismus ist das höchste Wissen (→E13) die Einsicht in die Nichtigkeit oder Scheinhaftigkeit oder Wahnhaftigkeit (→E5) des Wünschens und Werdens

(→E6). Daher befreit dieses Wissen vom Wünschen und von dem Wahn, es würde im fortschreitenden Werden neuer Zustände irgendwann einmal die Erfüllung der menschlichen Sehnsucht sich einstellen. Erlangt wird diese Erfüllung nach buddhistischer Lehre vielmehr umgekehrt im Verstummen des Wünschens (→E9), weil da, wo nichts ersehnt wird, auch keine ausständige Erfüllung mehr zu beklagen ist. Das Wünschen kann aber entweder verstummen, weil alles, was es wollte, erreicht ist, oder es kann verstummen, weil es gar nichts mehr will. Der Buddhismus kennt nur das letztere Verstummen. Der Endzustand ist für ihn die »Zerstörung des Hauses«, das heißt die Auflösung aller Weltinhalte (Eliade II 97f). Die Form des Vollendeten ist »nicht mehr bestehend und nicht imstande, sich noch einmal zu entwickeln« (Eliade IV 429), womit ausgedrückt ist, daß die Befreiung von der Sehnsucht darin liegt, daß alle Inhalte und damit alle unerfüllten Tendenzen verschwinden. Dies ist dann das Nirwana, das ganz Differenzlose (vgl. Eliade IV 177) und daher von keiner ungestillten Bewegung (die ja immer differente räumliche oder sachliche Pole voraussetzt) in Spannung Gehaltene. Dies ist in der Tat das »Ende« (→E15) von allem, und weil es von der leidvollen Daseinsspannung befreit, ist es »sel'ges Ende« (→E15). Es ist Ende »Alles Ew'gen« (→E14), weil in der zeitlosen Gegenwart Gottes alles Endliche (von dessen Ende eben hier die Rede ist) als *ewiges* – das heißt eben zeitloses – Urbild da ist (→6170; 6175f). Aber hier verläßt der »Ring« schon den Rahmen des Buddhistischen. Es hätte, buddhistisch gesehen, keinen Sinn zu sagen, daß die einzelnen Weltinhalte im Nirwana als ewige Urbilder da seien. Damit würden die Differenziertheiten gerade bewahrt statt ausgelöscht; die nicht mehr bestehende irdische Form würde in der Ewigkeit doch noch einmal entwickelt, was ausdrücklich abgewiesen wird, wie der vorhin zitierte Text zeigt. Der »Ring« kennt sehr wohl – wie der Buddhismus – das *Ende* aller irdischen Dinge (→1688), aber er versteht – ganz anders als der Buddhismus – dieses Ende als *Vollendung*, die die inneren Spannungen und Differenziertheiten der einzelnen Wesen und der ganzen Welt bewahrt und gerade nicht verschwinden oder sich auflösen läßt: In Erdas Wissen bleibt alles aufbewahrt – erinnert – genau so, »wie alles war, ist und sein wird« (→1672–1675). Erlösung liegt für Wagner nicht im Ende oder im Aufhören, sondern das Ende ist für ihn der Beginn der Vollendung oder Erfüllung alles dessen, was in dem, was da an sein Ende kommt, angelegt ist. Dies zeigt folgende Stelle, an der Wagner sich zum »Tristan« äußert: »Was das Schicksal für das Leben trennte, lebt nun verklärt im Tode auf: … Über Tristans Leiche gewahrt die sterbende Isolde die seligste Erfüllung des glühenden Sehnens« (ohne nähere Angaben angeführt bei Bauer 126). Die Bewahrung des Irdischen dort, wo es scheinbar endet, nämlich im Tod, ist in der Tat das zentrale Thema des »Tristan«: Der Urgrund der Welt vernichtet nicht, sondern erfüllt das Selbstsein (→6118). In der gegenwärtigen Fassung des »Ring«-Schlusses ist die in dem Wort vom »Ew'gen« angedeutete Erhaltung des Irdischen in einer zeitjenseitigen Daseinsweise allerdings nicht wirksam. Vielmehr deutet Wagner – durchaus buddhistisch – die Vernichtung als Erfüllung. Aber dies trägt nicht. Denn wie soll im Ende, in der Auflösung aller erfüllenden Inhalte sich noch Erfüllung ereignen, die man als solche empfinden – also sich »selig« (→E15) fühlen – könnte? Im buddhistischen Ende ist nichts Erfüllendes und nichts zu Erfüllendes mehr gegeben. Was wirklich bleibt und schließlich auch deutlich ausgesprochen wird, ist das Zugrundegehen der Welt, ihr Verschwinden. Dieses aber ist die Folge der in den Schlußfassungen C, D und E vorausgesetzten Gottlosigkeit der Welt (→E17–E20).

Von einer der an den Buddhismus gemahnenden Stellen in den gegenwärtigen Versen ist allerdings zu bemerken, daß sie in der germanischen Vorlage selbst zu finden ist. Wenn Brünnhilde sich »von Wiedergeburt erlöst« (→E12) sieht, ist das Aufhören der Reinkarnationen in dem Edda-Lied als Unheilswunsch verstanden: »Sie werde von dort nie wiedergeboren« (Thule I 68/45). Freilich kennt der Germane keine persönliche Wiederkehr, wohl aber die wechselseitige Partizipation zwischen einem Toten und einem Lebenden innerhalb der Sippe (Ström 180).

E17–E20: Die atheistische Fassung des »Ring«-Schlusses (→D17f) unterstellt einen von göttlicher Lenkung freien, ganz nur von den Menschen (→C13ff) bestimmten Gang der Geschehnisse in der Welt. Ohne jede Beeinflussung durch göttliche Macht kann sich der Mensch ausschließlich *geliebt*, das heißt zu ganz uneingeschränktem Gewährenkönnen entlassen (→5398f) sehen. Das von keiner göttlichen Weisheit geordnete, daher aber in sich nicht aufs Ganze abgestimmte Tun und Lassen der vielen Subjekte aber führt zur gegenseitigen Zerstörung (→D21–D30). Somit scheitert der Versuch, in der Gottlosigkeit die menschliche Freiheit besonders unbeeinträchtigt zu erhalten. Endliche Freiheit braucht nämlich angesichts der feindlichen Gegenstrebigkeit (→2535f) der freien Subjekte zu ihrer eigenen Erhaltung die unendliche Weisheit Gottes als ordnende und durch Ordnung das Selbstsein der Einzelwesen im Kampf aller gegen alle erhaltende Instanz (→334; 6918-2ff). Die reine Liebe, die die endliche Freiheit nicht einmal da, wo sie zerstörerisch wird, von göttlicher Macht unterworfen (und damit aufgehoben) sehen will, führt nur zu häufigeren Zerstörungen, die tiefes Leiden (→E18) und Trauer (→E17) über die Menschen bringen. Auf lange Sicht werden die aus Bosheit (→5348ff) und Beschränktheit (→2831–2834) zerstörerisch aufeinander wirkenden Einzelwesen Kultur und Natur – also die ganze geschichtliche Welt (→6923–6926) – vernichten. Brünnhilde hat die leidvoll zerstörerischen Folgen des bösen (Hagen) und des gedankenlos beschränkten (Siegfried [→7071–7074]) Handelns endlicher Subjekte kennengelernt. Dieses Handeln war freies und selbständiges menschliches Handeln, kein von Götterorakeln oder von vermummten Göttern (→6252ff; 7055–7058) bestimmtes Handeln (→5389f; 6465f). Und dieses endliche Handeln freier Subjekte erlaubt Brünnhilde nun, in einer seherischen Extrapolation seiner inneren Ungeordnetheit, die sie am eigenen Leibe erdulden mußte (→8081f), zu sagen: »enden sah ich die Welt« (→E20). Das heißt: Die ganz ohne göttliches Walten (→D17f) sich vollziehenden »Taten des Menschen« (→C13ff) werden die Zerstörung der Welt heraufführen. Reine, das heißt zur Ordnungsherstellung aus Ohnmacht unfähige Liebe zur endlichen Freiheit ist nichts anderes als der Wille zur Anarchie, zum zerstörerischen Kampf aller gegen alle. Wagner sagt von den gegenwärtigen Versen daher zu Recht, daß Brünnhilde in ihnen »auf die einzig beseligende Liebe verweist, ohne (leider!) eigentlich mit dieser ›Liebe‹ selbst recht in's Reine zu kommen, die wir, im Verlaufe des Mythos, eigentlich doch als *recht gründlich verheerend* auftreten sahen« (an Röckel, 23. August 1856, zitiert bei Dahlhaus [1] 101).

Man sieht und erlebt in der Welt tatsächlich – so wie es die »Götterdämmerung« schildert – viel Zerstörung, die aus Bosheit und Beschränktheit der handelnden Menschen stammt. Und man erblickt – so wie in der »Götterdämmerung« – keinen Gott, der den normalen Lauf der menschlichen Taten unterbrechen und korrigieren würde. Bei all den Kurzsichtigkeiten und Fehlern menschlichen Handelns müßte man daher in der Tat die völlige Zerstörung der Welt vom menschlichen Planen und Handeln erwarten. Wagner selbst drückt dies so aus: Wenn man betrachtet, wie der Mensch die Naturgewalten, mechanische Kräfte und die Mathematik etwa in der Kriegskunst mittels komplizierter Planungen verarbeitet, sollte man »glauben, dieses Alles, mit Kunst, Wissenschaft, Tapferkeit und Ehrenpunkt, Leben und Habe, könnte einmal durch ein *unberechenbares Versehen* in die Luft fliegen« (GSD X 252). Und doch kommt es im normalen Verlauf der Welt trotz all des Zerstörerischen *nicht* zur fortschreitenden Vernichtung, sondern zur Erhaltung, ja zur (naturgeschichtlichen, aber auch kulturellen) Höherentwicklung der verschiedensten Bereiche der Wirklichkeit. Im Weltlauf sind also offenbar Zerstörung *und* Erhaltung am Werk. Das den Weltlauf lenkende Subjekt kann gerade deswegen nicht der Mensch sein, weil die Endlichkeit seiner Planungen und Ausführungen das Zerstörerische nicht ausschließen kann, sondern es viel eher selbst erst herbeiführt. Die Konstanz, mit der in der Welt das Erhaltende und Fördernde am Werk ist, muß von einem anderen Subjekt als dem Menschen sichergestellt werden. Es ist andererseits aber im normalen Gang der Dinge kein übermenschliches Subjekt anzutreffen, denn jedes einzelne Geschehnis kann ja auf mehr oder weniger bekannte irdische Größen zurückgeführt werden. Wenn im sichtbaren Gang der Dinge nur menschliche Subjekte auszumachen sind, das Selbstseinerhaltende in der Welt aber nur von einer übermenschlichen Weisheit herrühren kann, dann muß auf *verborgene* Weise *in* den zerstörerisch wirkenden menschlichen Handlungen selbst die übermenschliche – göttliche – selbstseinerhaltende oder sinnverbürgende (→6918) Weisheit am Werk sein. Anders gesagt: In der Wirklichkeit ist nicht nur die Liebe am Werk, die die zerstörerischen Taten der Menschen gewähren läßt, sondern auch die Macht, die in aller Zerstörung die Erhaltung verbürgt. Da diese Macht aber nicht als eine eigene Instanz neben den menschlichen Subjekten sichtbar auftritt, muß sie verborgen in der Liebe selbst, die die Zerstörung gewähren läßt, am Werk sein.

Die die Freiheit gewährenlassende Liebe kann nun in der Tat nicht als Abwesendheit jeder Macht über die Freiheit gedacht werden. Gewährenlassende Liebe muß ja voraussetzen, daß Subjekte da sind, denen sie die Freiheit gewähren kann. Das aber heißt, daß die Liebe die *schaffende Macht* (→1676f) voraussetzt, von der die endlichen Subjekte allererst ins Dasein gesetzt werden (→2605f; 2636). Und wie wir schon gesehen haben (→2780), kann die Freiheit nur unzerstört bestehen, wenn eine weise *ordnende Macht* den Weltlauf lenkt. Die Liebe zur Freiheit ist also hinsichtlich des Daseins und auch hinsichtlich der Erhaltung des von ihr Geliebten auf die Macht angewiesen.

Da es der *eine* Wirklichkeitsprozeß ist, innerhalb dessen die endlichen Freiheitsubjekte von schöpferischer Macht hervorgebracht und von gewährenlassender Liebe in die Selbstbestimmung (→2634f) entlassen werden, fallen Macht und Liebe im Urgrund (→6118) aller Wirklichkeit zusammen. Macht und Liebe auf zwei Urgründe zu verteilen, würde dem nicht Rechnung tragen, daß beide, da sie im selben Menschen zugleich am Werk sind, zusammenwirken. Dies ist aber nur möglich, wenn in der Verschiedenheit der Zusammenwirkenden eine gemeinsame Dimension am Werk ist. Somit ist der Urgrund eine *Einheits*dimension, die sich als das Zusammenspiel zweier *differenter* Faktoren – also als Zusammenspiel von Macht und Liebe – vollzieht. Wir können Liebe und Macht in ihrer Einheit zwar nicht verstehen, weil beide sich ausschließen: Da, wo Macht ist, kann keine ohnmächtig gewährenlassende Liebe sein; und da, wo gewährenlassende Liebe ist, kann keine verfügende Macht sein. Aber wir können Liebe und Macht trotz ihrer gegenseitigen Ausschließlichkeit doch auch nicht voneinander trennen: Die schöpferische Macht bringt ihre eigene Ohnmacht – nämlich die endliche Freiheit – hervor und hebt sich so in gewährenlassende Liebe auf; in dem liebenden Gewährenlassen der zerstörerischen endlichen Freiheit ist verborgen die selbstseinerhaltende Ordnungsmacht tätig.

Wenn Wotan am Versuch, Macht und Liebe auf irdisch sichtbare Weise zu versöhnen, scheiterte (→2933–2936; 6238f), so scheiterten die Schlußfassungen A–E daran, daß sie den Zwiespalt (→3015) von Macht und Liebe durch Streichung einer dieser beiden Komponenten beseitigen wollten. Wir haben gesehen, daß sich die Einheitsdimension, die Macht und Liebe verbindet, zwar für die menschliche Erfahrung nicht sichtbar machen läßt, daß sich aber

Macht und Liebe auch nicht voneinander trennen lassen und so unübersehbar auf das verborgene Vorhandensein jener geheimnisvollen (→1692ff) Einheitsdimension hinweisen. Der unaufhebbaren Getrenntheit von Macht und Liebe einerseits *und* ihrer tatsächlichen, aber verborgenen, Geeintheit andererseits muß eine Schlußformulierung entsprechen, wenn sie angemessen sein will. Demnach bleibt nur zu sagen: Weil es keine irdisch sichtbare Einheitsdimension von Macht und Liebe gibt, bleibt Macht Macht und Liebe bleibt Liebe. Aber weil Macht und Liebe durch ihr Zusammenwirken in der Welt auf eine in ihnen verborgene Einheitsdimension hinweisen, vollzieht sich in der Macht, die Macht bleibt, doch Liebe, und in der Liebe, die Liebe bleibt, doch Macht. Der »Ring« faßt dies in die endgültige Schlußformel: »Mächtigste Minne« (→8948). Damit spricht er aus, daß die Liebe selbst die Eigenschaft der Macht hat. Da die Liebe aber *als* Liebe mächtig ist, ist der Machtvollzug seinerseits von Liebe bestimmt.

Der endgültige »Ring«-Schluß

Wagner gibt an (GSD VI 254ff), daß er bei der Ausführung der Komposition (beendet 1874 [Borchmeyer 418]) die Textpartien D und E vollständig gestrichen habe. Ansonsten bleibt der Schluß wie in D und E. Zwischen den Versen 8930 und 8931 spielen sich Veränderungen ab, deren Art und Umfang aus nachstehendem Schema leicht ersehen werden können:

D 8920-8930-D1 ---------------- D30-8931-8954
E 8920-8930-D1-D14-E1-E20-8931-8954
Endgültig: 8920-8930 ---------------- 8931-8954

8935f: Im germanischen Bereich ist vor allem der Leichenbrand des Beowulf berühmt: »Dann begannen auf dem Berg das breiteste Scheiterhaufenfeuer Die Gefolgsleute zu entfachen. Der Feuerrauch stieg empor, Schwarz über der schwelenden Glut, schnell auch die prasselnde Flamme, Verwoben mit Wehklagen – der Wind hatte sich gelegt –, Bis der Brand verzehrt hatte des Gebeins Hülle, Heiß im Innern« (Beowulf 3143-3148).

8942-8945: In der Edda heißt es: »Die leidvolle Brust brenne Feuer« (Thule I 105/21), als Gudrun (nicht Brünhild) sich anschickt, Sigurd auf den Scheiterhaufen zu folgen.

8946f: Den *toten* Siegfried kann Brünnhilde zwar umschlingen, sie kann aber nicht von ihm umschlossen werden, und sie kann auch mit ihm keine Vermählung begehen (→8949; 8953). Wenn Brünnhilde dennoch auf diese Vereinigung mit dem toten Siegfried hofft, dann muß sie überzeugt sein, daß er im Tod nicht einfach verschwunden ist, sondern in der Glut seiner Liebe zu ihr lebendig und erreichbar bleibt. Ein in der Vergangenheit Lebendiger, gegenwärtig Toter, kann für eine gegenwärtig lebendige Brünnhilde nur dann erreichbar sein, wenn die Vergangenheit nicht bloß vergangen, sondern aufbewahrt ist und wenn Brünnhilde selbst in die Dimension dieser Aufbewahrung eintritt. In ihrer momentanen Gegenwart ist die Vergangenheit aber nicht Wirklichkeit. Das gilt auch für eine irdische Zukunft, in der Siegfried nie mehr als lebendig Liebender Gegenwart gewinnen wird. Also muß Brünnhilde die irdische Trennung von Vergangenheit, Gegenwart und Zukunft überwinden. Sie muß, um ihre Sehnsucht nach Vereinigung mit dem lebendigen Siegfried zu erfüllen, in die göttliche Dimension der Zeitlosigkeit eingehen, in der alle vergangenen, gegenwärtigen und zukünftigen Ereignisse zu ewiger Gleichzeitigkeit versammelt sind (→1672-1675; 6918-7; 7043ff). Brünnhilde muß – anders gesagt – sterben (→8911), um zur irdisch nicht erreichbaren Erfüllung ihres Selbstseins (→7249-7252) zu gelangen.

Im Unterschied zu Sieglinde, die Trost und Erfüllung *ihres* Selbstseins in der Erhaltung eines *anderen* Menschen sucht (→3659f), strebt Brünnhilde danach, ihr *eigenes* Selbstsein – nämlich die Liebe zu Siegfried – über den Tod hinaus bewahrt und erfüllt zu sehen. Auf einen derartigen Anspruch kann der Mensch nicht verzichten (→3260-3265).

8948: Wenn Brünnhilde mit Siegfried »in mächtigster Minne« vereint sein will (→8949), dann kann damit nicht die Stärke *ihrer* Liebe zu Siegfried gemeint sein, weil sie selbst und damit ihre Liebeskraft ja im Tode erlischt (→8911). Was Brünnhilde im Sterben begegnet, ist die *Macht* der Vernichtung, keineswegs aber die selbstseinerhaltende Liebe. Brünnhilde allerdings glaubt offenbar, in dieser vernichtenden Macht gerade der stärksten Liebe zu begegnen, die, sie *im Tode vernichtet*, doch so »entbrennt« (→8942f), daß sie *über den Tod hinaus* Siegfried erreichen kann (→8946f). Daß die menschliche Liebe im tödlichen Abbruch dennoch ihre Vollendung erreicht, ist nur möglich, wenn die vernichtende *Macht,* die im Tod am Werk ist, selber erhaltende und erfüllende *Liebe* ist. Den Tod so zur Erfüllung der irdischen Liebe zu machen (obgleich er ihre Vernichtung zu sein scheint), steht aber nicht in der Macht derjenigen Liebe, die Brünnhilde oder sonst irgendein Mensch aufbringen kann. Endliche Liebe ist nämlich ihres eigenen Daseins nicht mächtig, und endliche Vernichtungsmacht kann nicht im Vernichten (im Falle Brünnhildes in der Selbsttötung) sich selbst oder andere liebend erhalten.

Um überhaupt dasein und dann auch lieben zu können, ist der Mensch auf eine *göttliche Liebe* angewiesen, die sich von der menschlichen Liebe dadurch unterscheidet, daß sie die *Macht* hat, Mensch und Welt ins Dasein zu setzen (→1676f) und darin zu erhalten. Auch die Erfüllung der in seinem Selbstsein angelegten Bestrebungen kann der Mensch nicht ohne göttliche fördernde Liebe erreichen, weil jede solche Erfüllung vom Vorhandensein einer bestimmten Konstellation der näheren und weiteren Umstände abhängt, über deren Heraufführung nicht der Mensch, sondern die den ganzen Wirklichkeitsprozeß durchwaltende (→6159ff) göttliche Macht entscheidet (→8077f). Die erhaltende und fördernde Liebe des göttlichen Welturgrundes erfährt der Mensch am Dasein eines jeden Wesens in der Welt sowie an der Erfüllung und Förderung, die jedem dieser Wesen zeit seines Daseins durch die kunstvolle Organisation des hochkomplex gewobenen Weltgeflechtes (→666) zuteil wird. Andererseits erlebt der Mensch, daß die so geförderten Wesen zerstörerisch aufeinander wirken. Dieser zerstörerischen Macht, die in der Begrenztheit (→2831–2834) und Bosheit (→5348ff) der endlichen Wesen begründet ist, kann sich auch bei angestrengtesten Bemühungen kein Wesen entziehen (spätestens im Augenblicke des Todes nicht mehr). Weil Gott selbst alle Weltwesen als endlich beschränkte und die Menschen zudem als zum Bösen freie Wesen geschaffen hat, ist die Frage, ob Gott die Erhaltung der Wesen und die Erfüllung ihrer Selbstseine oder ihre Vernichtung und Enttäuschung beabsichtigt. Wir sehen in der Welt Zerstörung am Werk, die aber dennoch nicht zum chaotischen Ende der Welt führt. Das aber bedeutet, daß neben der schöpferischen *Liebe*, die die Geschöpfe frei bis hin zur Bosheit gewähren läßt (→5398f), doch eine ordnende *Macht* am Werk ist, die das Zerstörungswerk zur Chaoslosigkeit lenkt (→6918-2ff). Freilich finden wir in unserer irdischen Erfahrung neben den endlichen Wesen kein einzelnes übermächtiges Wesen, das als die umfassende Ordnungsinstanz in Erscheinung träte. Vielmehr wirken und handeln *nur* endliche und chaosträchtige Wesen, ohne daß aber das Chaos einträte. Eine göttliche Instanz *neben* den endlichen Wesen tritt nicht sichtbar in unserer Erfahrung auf (→6252ff; 7055–7058), aber ihre *Wirkung* – die Chaoslosigkeit der Welt – zeigt sich deutlich. Das bedeutet, daß die göttliche Ordnungsmacht nicht neben den endlichen Wesen, sondern *in* deren Tun und Lassen selber immer schon am Werk ist. Deshalb kann es so scheinen, als ob sich das gegenseitige Zerstörungsgeschehen »von selbst« zur Chaoslosigkeit organisiere. Will Gott also der Geordnetheit und die Erhaltung der Weltwesen, und nicht ihre Vernichtung? Die irdische Erfahrung gibt uns darüber keinen letzten Aufschluß. Wir erfahren nämlich nur, daß die Welt im Ganzen zwar nicht zugrunde geht, daß aber alle Einzelnen und viele Teilzusammenhänge in der Welt der Zerstörung und Vernichtung geweiht sind. Will Gott *aus* der Zerstörung heraus *anderes* sich erhalten lassen, oder will Gott das *Zerstörte selbst*, das er geschaffen hat, in seinem göttlichen Gedenken in der Zerstörung doch erhalten? Diese Frage könnte nur Gott selbst beantworten (→8949). Brünnhilde jedenfalls hofft nicht darauf, daß ihre Vernichtung zur Erhaltung und Erfüllung *anderer* Wesen führen, sondern darauf, daß *sie selbst* erhalten bleiben und Erfüllung finden werde (→8946f).

Brünnhilde hofft darauf, daß die zerstörerische *Macht*, der sie und Siegfried im Tode begegnen, mit der *Liebe*, die die Selbstseine erhält und sie in freiem Gewährenkönnen ihre Erfüllung finden läßt, *ineinsfallen*. Wenn dies für Brünnhilde und Siegfried der Fall wäre, dann hätte es aber für die ganze Wirklichkeit Gültigkeit, denn Brünnhilde und Siegfried verkörpern jeweils die ganze Welt (→6623ff; 6738ff; 6733–6737). Das heißt, daß dann überall da, wo Gott oder Mensch (→326f) zerstörerisch handeln, sich eben darin Erhaltung ereignet und überall da, wo keine Zerstörung geschieht, sich doch gerade auch die zerstörerische Freiheit verwirklicht. Brünnhildes Überzeugung zufolge tritt die erhaltende und gewährenlassende Liebe selber als unüberwindlich starke (»mächtigste«) zerstörerische und unterwerfende Macht auf.

Diese erhoffte Selbigkeit von Macht und Liebe kann sich irdisch nicht zeigen. Da, wo liebendes Gewährenlassen herrscht, kann keine zerstörerische und unterwerfende Macht herrschen und umgekehrt (→2780). Die Selbigkeit von Macht und Liebe wäre nur in einer Erlebensdimension erfahrbar, in der das Dasein und das Zerstörtsein eines Daseins zusammenfielen, in einer Dimension also, in der das Zerstörte doch über die Zerstörung hinaus gegenwärtig bliebe. Dies ist einzig in der Zeitenthobenheit des göttlichen Wissens möglich, das alles irdische Geschehen in ewiger Gleichzeitigkeit bewahrt (→1672–1675). Der irdischen Einsicht bleibt diese göttliche Immanenz (→6170; 6175f) geheimnisvoll (→1692ff).

Das Ende des »Ring« ist nicht das Ende des Wirklichkeitsprozesses (→nach 8954). Die bestimmenden Kräfte Macht und Liebe bleiben weiterhin am Werk, und da ihr Widerstreit den Wirklichkeitsprozeß nicht zugrunde richtet, kann man mit Brünnhilde hoffen, daß dies ein Anzeichen für die tatsächliche Versöhntheit beider Kräfte in den Tiefen (→6121ff) des verborgenen göttlichen Waltens (→6206–6209; E17–E20) ist. Die Aufhebung der Walhallgötter ist nicht gleichbedeutend mit der Aufhebung des Göttlichen überhaupt. *Erda* bleibt vielmehr wirksam als schaffende und gewährenlassende Liebe und ordnende Macht. Daß Erda auch als Macht wirksam bleibt, hat der Verfasser dieser Erklärungen früher übersehen (Huber [2] 293ff; →6282ff). Als Einheit von Macht und Liebe *offenbar* werden kann das Göttliche aber erst am Ende der zeitlich verlaufenden Geschichte, wenn das zeitliche Nacheinander in der Ewigkeit des Reiches Gottes erlöst sein wird (→6276ff). Deshalb tritt das göttliche Walten am Ende nicht mehr sichtbar oder unter der an die empirische Erde gebundenen Bezeichnung »Erda« (→1678) auf, sondern die über alle irdische Endlichkeit hinausgehende Hoffnung wird nur musikalisch angezeigt (→nach 8954).

8949: Hier ist von einer Vermählung im *Tode* oder jenseits des Todes die Rede. Damit erweist sich dieser Tod als identisch mit dem Liebestod aus dem »Tristan«. Dort bedeutet der Tod nicht etwa das

Verschwinden im Nichts, sondern die letzte Erfüllung der im menschlichen Leben wirksamen Sehnsucht, die durch keinen innerweltlich begegnenden Inhalt zu befriedigen ist (→7249–7252) und daher als Hoffnung auf endgültige Erfüllung unvermeidlich über die Todesgrenze hinaustreibt (→3260–3265). Weil eine letzte Erfüllung im Rahmen der irdischen Erfahrungen nicht vorstellbar ist, sondern vom undurchdringlichen Geheimnis des göttlichen Waltens (→6206–6209; 1692ff) abhängig ist (→8948), bleibt das Reich des Todes als der Ort jener letzten Erfüllung ein undurchdringliches Dunkel. Das Todesreich ist bei Wagner aber nicht etwa deswegen eine dunkle Region, weil es die vernichtende Leere wäre. Vielmehr betritt man im Tode das Reich der Erda (→6117), die nicht nur der göttliche Ursprung (→1676f), sondern auch die letzte Vollendung (→1672–1675) des menschlichen Lebens (wie aller Wirklichkeit überhaupt) ist. So wird auch im »Tristan« der Mensch aus der Todesnacht ursprünglich geboren und in der Nacht seines Todes schließlich erst »ganz sich selbst gegeben«; erst das Sterben führt in die göttliche Dimension letzter Erfüllung (→6118). Nur weil Brünnhilde in *diesen* Tod zu gehen überzeugt ist, kann sie sich von ihm als aller irdischen Beschränkung und Gebrochenheit entnommene endgültige Vermählung mit Siegfried erhoffen.

Brünnhilde hofft auf eine Erfüllung, die nicht irgendwann in der Zukunft *anderen* zuteil werden wird, wie das Sieglinde tat (→3659f), sondern auf eine endgültige (→8944f) Erfüllung *ihres eigenen* Lebens. Sie hofft also mit dem Propheten Jesaia darauf, daß ihr leidvolles Leben nicht bloß zukünftigen Anderen zur Erfüllung verhilft, sondern selbst an dieser Erfüllung teilhaben werde: »Sie werden Häuser bauen und darin wohnen, Weinberge pflanzen und ihre Frucht selbst genießen. Nicht werden sie bauen und ein anderer wird darin wohnen, nicht werden sie pflanzen und ein anderer wird es genießen« (Jes 65, 21f). Daß Brünnhildes *ganzes* Selbstsein zur Erfüllung findet, heißt eben, daß auch die in der Vergangenheit liegenden Brüche und Unerfülltheiten dieses Lebens irgendwie geheilt und erfüllt werden. Daß von einer Versöhnung jenseits des Todes die Vergangenheit mitbetroffen sein kann, setzt die *Aufhebung der Zeit*, mithin das Eingehen in die Dimension der ewigen Gegenwart Gottes (→1672–1675) voraus. Unter irdischen Bedingungen kann ein solcher zeitüberhobener Zustand nicht vorgestellt, sondern nur als auf geheimnisvolle Weise – also »irgendwie« – bestehender erhofft und geglaubt werden (→nach 8954).

Nun ist die Hoffnung auf eine Erfüllung jenseits der irdischen Grenzen mit der menschlichen Natur selbst gegeben, weil deren Antriebskräfte so »überschießend« sind, daß sie nirgendwo im irdischen Bereich letzte Befriedigung finden. Das aber heißt, daß *jedem* Individuum, das am Menschsein teilhat, der Anspruch auf erfülltes Selbstsein allein kraft dieser Teilhabe einwohnt. Nicht der Mensch selbst, sondern der von Gott bestimmte Wirklichkeitsprozeß hat aber den Menschen als gerade so geartet hervorgebracht. Somit hat Gott selbst in *alle* Menschen einen Anspruch auf Selbstsein gelegt, der so umfassender Art ist, daß er erst jenseits der irdischen Bedingungen, also jenseits des Todes erfüllt werden kann. Da der Mensch sein Selbstsein nur im geordneten (→6918-3) Zusammenspiel mit der nichtmenschlichen Natur haben kann (→6923–6926), setzt die Erfüllung jenes Anspruches eine universale Integration von Natur und Menschheit voraus. Dabei muß auch hinsichtlich der Natur alles, was in der Vergangenheit von Störung oder Zerstörung betroffen war, in erfüllter Gestalt bewahrt bleiben, weil beim Fortbestand von Störungen oder beim währenden Ausfall bestimmter zerstörter Teilbereiche die Naturordnung nicht endgültig vollendet wäre. Der Gegenstand der Hoffnung des Menschen über den Tod hinaus ist demzufolge die vollendete *Gesamtheit* alles Wirklichen. Über deren Organisation und Heraufführung haben aber die Menschen keine Macht (→6918-4), weshalb sich die Hoffnung nur auf die Gesamtwirklichkeit bestimmende Instanz, also auf *Gott*, richten kann (→8948).

Brünnhilde hofft nun ausdrücklich nur auf ihre eigene individuelle Erfüllung. Da diese aber nur im Kontext der Erfüllung des gesamten Wirklichkeitsprozesses möglich sein kann, ist der Umfang dieser Hoffnung von Brünnhilde selber noch unzureichend erfaßt. Dem wahren Umfang menschlicher – brünnhildescher – Hoffnung über den Tod hinaus trägt die *jüdische Apokalyptik* Rechnung mit ihrer Hoffnung auf eine Teilnahme aller im Tod gescheiterten Individuen wie auch aller nichtmenschlichen Wirklichkeit (Jes 65, 25) an der endgültigen Versöhnung. Diese Hoffnung könnte freilich immer noch eine (obzwar dem Menschen von seiner Anlage her unvermeidliche) *Illusion* sein. Damit wäre Gott dann doch selbstwidersprüchliche Absurdität, weil er im Menschen einen Anspruch erheben, ihn aber nicht einlösen würde. Der »Ring« geht nun zwar zu keinem Zeitpunkt davon aus, daß jene Hoffnung des Menschen auf letzte Erfüllung bloß illusorisch sein könnte, sondern setzt – wie sich an Brünnhilde zeigt – voraus, daß in der die Wirklichkeit insgesamt durchwaltenden göttlichen Instanz jene erhoffte letzte Erfüllung sichergestellt ist. Aber die Wahrheit dieser Voraussetzung kann weder der Mensch noch sonst eine innerweltliche Gegebenheit verbürgen, weil keine endliche Instanz darüber Bescheid wissen kann, ob die *Gesamt*wirklichkeit letztlich auf Absurdität oder Sinnerfüllung gegründet ist. Nur wenn der Urgrund aller Wirklichkeit *selbst* offenbaren würde, ob er sich zur Absurdität oder zur letzten Versöhnung der widerstreitenden Tendenzen in der von ihm geschaffenen (→1676f) Wirklichkeit bestimmt hat, wäre die Frage nach der Illusionshaftigkeit der menschlichen Hoffnung über den Tod hinaus eindeutig beantwortbar. Die *christliche* Überlieferung verweist auf die Auferweckung des toten Jesus von Nazareth durch Gott, mit welcher der Urgrund alles Wirklichen selbst bestätigt habe, daß er die Wirklichkeit tatsächlich zu jener Vollendung führen wolle. So setzt Brünnhildes

Hoffnung das voraus, was im »Ring« noch namenlos bleibt (→8948), im »Parsifal« dann aber beim Namen genannt wird: den Gott der jüdisch-christlichen Religion, dessen geheimnisvolles allesbestimmendes Walten in der eucharistischen Gralsenthüllung ausdrücklich verehrt wird. In der Einheit des Menschen mit dem Erlöserblut *Jesu* im Gral ereignet sich »höchstes Heil« (GSD X 375) für Mensch und Natur (GSD X 371f Karfreitagszauber). Die göttliche Heilsdimension des Gralsgebietes ist nichts anderes als die ewige Gegenwart Gottes (→1672–1675), denn man erreicht sie nur durch das Verlassen der zeitlichen Sphäre: »Du siehst, mein Sohn, zum Raum wird hier die Zeit« (GSD X 339); aber dieser »Raum« ist nicht der Raum unserer irdischen Erfahrung, denn vom Gralsreich gilt: »kein Weg führt zu ihm durch das Land« (GSD X 339). Das Heil des Grales steht dementsprechend in *ewiger Gegenwart* und durchwaltet *alle Räume*. Vom Gral heißt es: »Nicht soll der mehr verschlossen sein« (GSD X 375). Aber die Wirksamkeit des Grales umfaßt nicht nur alle Zukunft, sondern auch alle Vergangenheit, die in Kundrys Gestalt erlöst wird, die ja schon »endlos« (GSD X 360) im Dasein leidet. In Kundry sind auch alle Räume erlöst, denn »von Welt zu Welt« (GSD X 360) dehnt sich ihr Lebensweg. So ist der Gral die ewige Gegenwart des universalen Heiles, das der biblische Gott in Jesu Leiden, Tod und Auferweckung verbürgt. Der Weg Wagners vom »Ring« zum »Parsifal« ist folgerichtig, denn allein die christliche Überlieferung kann die Hoffnung Brünnhildes auf endgültige Erfüllung gegen den Verdacht sichern, auf eine bloße Illusion zu setzen.

Das Nibelungenlied endet ohne Hoffnung auf eine letzte Versöhnung mit der Feststellung, daß Liebe und jede Art von Freude zuletzt immer nur Leid bescheren oder, wie Hans Friedrich Blunck in seiner hervorragenden Prosanacherzählung es ausdrückt, daß »immer Leid die Freude in letzter Wende bricht« (Blunck 205; NL XXXIX, 2378 mit Anmerkung). Anders in dem altnordischen Gedicht von Brünhildens Helfahrt. Dort trifft Brünhild nach ihrem Tode auf dem Scheiterhaufen, als sie gerade in das Totenreich der Hel (→3260–3265) zu fahren im Begriffe ist, eine Riesin. Im Gespräch mit dieser faßt Brünhild ihr ganzes Leben erinnernd zusammen und zieht am Ende als Summe die Erwartung letzter Vollendung ihrer innersten Neigung, nämlich der Liebe zu Sigurd: »Männer und Frauen müssen lange zu Last und Leid das Leben schaun. Weilen wollen wir nun zusammen Sigurd und ich. Versink, Riesin!« (Thule I 108/15). Weder das altnordische Lied noch der »Ring« bringen aber ausdrücklich den Garanten solcher Hoffnung auf Erfüllung ins Spiel, also den biblischen Gott. Wenn daher eine »Ring«-Inszenierung »nach dem Brand Walhalls ein großes Kreuz auf dem Rundhorizont erscheinen« (Bauer 232) ließ, so deutet das keineswegs auf »esoterisch-christliche Neigungen« (ebd.) des Inszenators hin und es kann bei sorgfältiger Beachtung der Implikationen des Todes der Brünnhilde nicht als versuchte (wenn auch in Bauers Augen, die jene Implikationen nicht sehen, mißglückte) »neue Schlußdeutung« (ebd.) aufgefaßt werden. Es geht aber freilich in seiner Ausdrücklichkeit über den Rahmen dessen, was im »Ring« selber ausgesprochen wird, doch hinaus (→8879).

Nach 8954: Die Einheit von Macht und Liebe (→8948), die darzustellen der »Ring« immer wieder versuchte (→2780), läßt sich für die irdische, begrenzte Einsicht des Menschen nicht darstellen. Deshalb weist der Schluß des »Ring« mit der Wiederholung der Musik, die ertönte, als Sieglinde erfuhr, daß sie Siegfried gebären würde (→3657f), hoffnungsvoll »auf eine neue Generation, auf einen neuen Menschen, auf ein neues Menschengeschlecht« (Sawallisch 7). Dieser neue Mensch wird allerdings wiederum in derselben Geschichte leben wie der alte, denn der »Ring« sagt nichts über eine Aufhebung der allgemeinen Bedingungen des menschlichen Lebens. Mit Brünnhildes Hoffnung auf eine endgültige Erfüllung jenseits des Todes (→8949) zusammengenommen, weist der Schluß des »Ring« freilich nicht bloß auf die Hoffnung hin, daß es innerhistorisch irgendwie (vielleicht besser) weitergehen wird. Vielmehr ist die Neuheit, die Brünnhilde sich erhofft, eine vom göttlichen Urgrund (→6118) selbst geheimnisvoll (→1692ff) am Menschen herzustellende. Daher ist es zu kurz gegriffen, wenn man den musikalischen Schluß des »Ring« nur von Sieglindes Hoffnung auf eine neue Generation her deutet. Sieglinde erhofft in der Tat nichts für sich, sondern alles nur für Siegfried (→3659f). Brünnhilde jedoch hofft nicht bloß, daß nach ihr andere Menschen leben werden, sondern daß *sie selbst* in einer zeitjenseitigen neuen Daseinsweise zu voller Erfüllung finden werde (→8946f). Wenn daher die Sieglinde-Musik *nach* den Äußerungen der Brünnhilde über ihre Hoffnung wiederholt wird, dann muß man diesen von Brünnhilde ausgesprochenen Hoffnungsinhalt, der bei Sieglinde noch fehlt, *hinzudenken.*

Der »Ring« stellt keineswegs der »Welt Anfang und Untergang« (so Wagner zu Liszt, zitiert bei Bauer 183) dar, denn vor dem »Rheingold« besteht die Welt schon – Wotan hat etwa seinen Speer schon errungen –, und nach der »Götterdämmerung« geht der Geschichtsprozeß weiter: Nur Walhall geht zugrunde, die Menschen bleiben am Leben. Der »Ring« endet aber wohl mit einer Hoffnung, die sich auf die Aufhebung oder den Untergang der Welt als einer irdisch-zeitlichen richtet (→8946; 8949). Wenn es daher auch so ist, daß am Ende des »Ring« kein verändertes Weitergehen der Welt geschildert wird, sondern alles beim Alten bleibt, so verkündet der »Ring« dennoch keine zyklische Wiederkehr des Gleichen, weil er sagt, daß im gleichbleibenden Alten eine Kraft hin zur endgültigen Verwandlung in die erlösende Zeitlosigkeit des Gottesreiches (→1672–1675) am Werk ist. Der »Ring« ist kein Lehrstück, das für eine bestimmte politische Gestalt der Welt plädiert, sondern mythologische Erörterung der allgemeinsten Konstituentia der Wirklichkeit, die auch der Abfolge verschiedener Weltgestaltungen nochmals ermöglichend zugrunde liegen: göttlicher Liebe und göttlicher Macht (→2780).

Literaturverzeichnis

Das Verzeichnis ist keineswegs vollständig, sondern erfaßt nur die Literatur, die zur Abfassung des Kommentars unmittelbar zu Rate gezogen wurde.
Richard Wagner hat die altnordischen Quellen selbstverständlich nicht in der Fassung der Thule-Ausgaben benutzt, da diese viel später erschienen. Daß wir uns trotzdem auf die Thule-Texte stützen hat seinen Grund darin, daß es eine um so höherwertige Bestätigung der dichterischen Einfühlungsgabe Wagners ist, wenn die hervorragenden Übersetzer der Thule-Reihe im nachhinein Formulierungen wählen, die an Wagner anklingen. Außerdem verwenden selbst Germanisten bei Abhandlungen über Wagner die Thule-Übertragungen (so etwa Wapnewski).

Apg:
Apostelgeschichte

Apk:
Die geheime Offenbarung des Johannes (Apokalypse)

Barth, Herbert; Mach, Dietrich; Voss, Egon (Hrsg.):
Dokumentarbiographie. Wagner. Sein Werk und seine Welt in zeitgenössischen Bildern und Texten. Wien 1975.

Bauer, Oswald Georg:
Richard Wagner. Die Bühnenwerke von der Uraufführung bis heute. Frankfurt am Main 1982.

Beowulf:
Beowulf. Ein altenglisches Heldenepos. Übertr. u. hrsg. v. Martin Lehnert. Leipzig 1986.

Blunck, Hans Friedrich:
Deutsche Heldensagen. Berlin 1938.

Boethius:
Consolationis philosophiae libri quinque. Trost der Philosophie. Hrsg. u. übers. v. Ernst Gegenschatz u. Olof Gigon. Dritte Auflage Zürich/München 1981.

Borchmeyer, Dieter:
Das Theater Richard Wagners. Idee – Dichtung – Wirkung. Stuttgart 1982.

Brockhaus:
Der neue Brockhaus. Allbuch in fünf Bänden. Dritte Auflage Wiesbaden 1958ff.

Chamberlain, Houston Stewart:
Richard Wagner. Neunte Auflage München 1936.

Cicero, Marcus Tullius:
De natura deorum. Vom Wesen der Götter. Hrsg. u. übers. v. W. Gerlach u. K. Bayer. München 1978.

Dahlhaus, Carl:
[1] Richard Wagners Musikdramen. Velber 1971.
[2] Über den Schluß der Götterdämmerung. In: Ders. (Hrsg.): Richard Wagner. Werk und Wirkung. Regensburg 1971, 97–115.

Dahn, Felix:
[1] Odhins Trost. In: Ders.: Gesammelte Werke. Erzählende und poetische Schriften. Zweite Serie, Band IV. Leipzig/Berlin o. J.
[2] Walhall. Germanische Göttersagen. In: Ders.: Gesammelte Werke. Erste Serie, Band V, 207–438. Leipzig o. J.

Dn:
Das Buch Daniel

Dokumente:
Dokumente zur Entstehungsgeschichte des Bühnenfestspiels »Der Ring des Nibelungen«. Hrsg. v. Werner Breig u. Hartmut Fladt.
Richard Wagner: Sämtliche Werke in Zusammenarbeit mit der Bayerischen Akademie der Schönen Künste, München. Hrsg. v. Carl Dahlhaus, Band 29, I. Mainz 1976.

Donington, Robert:
Richard Wagners Ring des Nibelungen und seine Symbole. Stuttgart 1976.

Duden VII:
Etymologie. Herkunftswörterbuch der deutschen Sprache. Mannheim 1963.

Eibl-Eibesfeldt, Irenäus:
Grundriß der vergleichenden Verhaltensforschung. Ethologie. Sechste Auflage München 1980.

Einstein, Albert:
Mein Weltbild. Hrsg. v. C. Seelig. Frankfurt am Main 1987.

Eliade, Mircea:
Geschichte der religiösen Ideen. Band I. Vierte Auflage Freiburg 1978. Band II. Zweite Auflage Freiburg 1979. Band III Freiburg 1983. Band IV, Quellentexte. Übers. u. hrsg. v. Günter Lanczkowski. Freiburg 1981.

Ellis, William Ashton:
Die verschiedenen Fassungen von »Siegfrieds Tod«. In: Die Musik III 10: 239–251; III 11: 315–331.

Engelmann, Emil:
Das Nibelungenlied für das deutsche Haus. Nach den Quellen bearbeitet. Vierte Auflage Stuttgart 1900.

Ettmüller, Ludwig:
Altnordischer Sagenschatz in neun Büchern. Leipzig 1870, Nachdruck Wiesbaden 1972.

Ez:
Das Buch Ezechiel (Hesekiel)

Feuerbach, Ludwig:
Das Wesen des Christentums. Stuttgart 1969. (Text der dritten Auflage, Leipzig 1849).

Fichte, Johann Gottlieb:
Über den Grund unseres Glaubens an eine göttliche Weltregierung (1798). In: Fichtes Werke. Hrsg. v. Immanuel Hermann Fichte. Band V. Nachdruck Berlin 1971, 177–189.

Gehlen, Arnold:
Der Mensch. Seine Natur und seine Stellung in der Welt. Zwölfte Auflage Wiesbaden 1978.

Georges, Heinrich:
Lateinisch-Deutsches Handwörterbuch. Dreizehnte Auflage Hannover 1972.

Gilson, Etienne:
Le Thomisme. Introductin à la philosophie de Saint Thomas d'Aquin. Sechste Auflage Paris 1972.

Gn:
Das Buch Genesis.

Goethe, Johann Wolfgang von:
[1] Metamorphose der Pflanzen. Zweiter Versuch. Artemis-dtv-Ausgabe Band XVII. München 1977, 58–62.
[2] Athroismos. Metamorphose der Tiere. Artemis-dtv-Ausgabe Band XVII. München 1977, 267ff.
[3] Schriften zur Farbenlehre. Artemis-dtv-Ausgabe Band XVI. München 1977.
[4] Erläuterung zu dem aphoristischen Aufsatz »Die Natur«. Artemis-dtv-Ausgabe Band XVI. München 1977, 925f.
[5] West-östlicher Divan. Artemis-dtv-Ausgabe Band III. München 1977, 285–566.
[6] Wilhelm Meisters Wanderjahre. Artemis-dtv-Ausgabe Band VIII. München 1977.

Golther, Wolfgang:
Handbuch der germanischen Mythologie. Nachdruck der revidierten Ausgabe von 1908, Stuttgart o. J.

Gorgias:
Platon. Werke in acht Bänden. Band II. Darmstadt 1973, 269–503.

Gregor-Dellin, Martin:
Richard Wagner. Sein Leben, sein Werk, sein Jahrhundert. München 1980.

Grönbech, Wilhelm:
Kultur und Religion der Germanen. Zwei Bände. Siebte Auflage Darmstadt 1976.

GSD:
Wagner, Richard. Gesammelte Schriften und Dichtungen. Zehn Bände. Leipzig 1887–1888, Nachdruck Hildesheim 1976.

Gutman, Robert:
Richard Wagner. Der Mensch, sein Werk, seine Zeit. Zweite Auflage München 1970.

Hegel, Georg Wilhelm Friedrich:
Sämtliche Werke. Jubiläumsausgabe. Hrsg. v. Hermann Glockner.

Heisenberg, Werner:
Der Teil und das Ganze. Gespräche im Umkreis der Atomphysik. München 1973.

Helm, Karl:
Altgermanische Religionsgeschichte. Band I. Heidelberg 1913.

Heraklit:
Fragmente, Griechisch und deutsch. Hrsg. v. Bruno Snell. Achte Auflage München/Zürich 1983.

Herder, Johann Gottfried:
[1] Über den Ursprung der Sprache. In: Herders Werke. Hrsg. v. Heinrich Kurz. Band IV. Leipzig/Wien o. J., 549–644.
[2] Ideen zur Philosophie der Geschichte der Menschheit. In: Herders Werke. Hrsg. v. Heinrich Kurz. Band III. Leipzig/Wien o. J.

Heusler, Andreas:
Die altgermanische Dichtung. Zweite Auflage Potsdam 1941.

Hoffmann, E. T. A.:
Datura fastuosa. Der schöne Stechapfel. In: Ders.: Phantastische Erzählungen. München o. J., 299–353.

Huber, Herbert:
[1] Richard Wagners »Parsifal« und das Christentum. Zur religionsphilosophischen Bedeutung der Dichtung. In: Philosophisches Jahrbuch der Görres-Gesellschaft, 87. Jahrgang (1980), 57–86.
[2] Das Wotan-Problem in Richard Wagners »Ring des Nibelungen«. In: Neue Zeitschrift für systematische Theologie und Religionsphilosophie, 23. Band (1981), 272–296.
[3] Idealismus und Trinität, Pantheon und Götterdämmerung. Grundlagen und Grundzüge der Lehre von Gott nach dem Manuskript Hegels zur Religionsphilosophie. Weinheim 1984.

Hübner, Kurt:
Die Wahrheit des Mythos. München 1985.

Huizinga, Johan:
Homo ludens. Vom Ursprung der Kultur im Spiel. Hamburg 1956.

HWP:
Historisches Wörterbuch der Philosophie. Hrsg. v. Joachim Ritter. Basel 1971–1984. (bisher erschienen: Band I–VI)

Ilias:
Homer. Ilias und Odyssee. Übertragen v. Johann Heinrich Voss u. hrsg. v. Peter Von der Mühll. Wiesbaden o. J.

Jb:
Das Buch Hiob

Jerusalemer Bibel:
Die Bibel. Die Heilige Schrift des Alten und Neuen Bundes. Deutsche Ausgabe mit den Erläuterungen der Jerusalemer Bibel. Siebzehnte Auflage Freiburg/Basel/Wien 1968.

Jes:
Das Buch Jesaia

Joh:
Das Evangelium nach Johannes

Jüngel, Eberhard:
Gott als Geheimnis der Welt. Zur Begründung der Theologie des Gekreuzigten im Streit zwischen Theismus und Atheismus. Zweite Auflage Tübingen 1977.

JS:
Der junge Siegfried. In: Strobel [1]

Kant, Immanuel:
[1] Vorlesungen über die philosophische Religionslehre. Hrsg. v. K. H. L. Pölitz. Darmstadt 1982. Nachdruck der zweiten Auflage Leipzig 1830.
[2] Kritik der Urteilskraft (1790). Akademie-Ausgabe Band V.

Kellner, Kurt:
Ring-ABC. Namen- und Worterklärungen zum Ring des Nibelungen. Bayreuth 1976.

Kol:
Der Brief des Apostels Paulus an die Kolosser

Kuhn, Hans:
Das alte Island. Düsseldorf/Köln 1971, Neuausgabe 1978.

Kuss, Otto:
Paulus. Die Rolle des Apostels in der theologischen Entwicklung der Urkirche. Regensburg 1971.

Leibniz, Gottfried Wilhelm:
Principes de la nature et de la grace fondés en raison (zusammen mit: Monadologie). Hamburg 1982.

Lk:
Das Evangelium nach Lukas.

Löwith, Karl:
Weltgeschichte und Heilsgeschehen. Die theologischen Voraussetzungen der Geschichtsphilosophie. Vierte Auflage Stuttgart 1953.

Lukrez:
De rerum natura. Welt aus Atomen. Übers. u. mit einem Nachwort hrsg. v. Karl Büchner. Stuttgart 1981

Makk:
Die Bücher der Makkabäer.

May, Karl:
[1] Der Peitschenmüller. Bamberg 1958.
[2] Der Ölprinz. Bamberg 1951.

Neckel, Gustav (Hrsg.):
Sagen aus dem germanischen Altertum. Darmstadt 1974, Nachdruck der Ausgabe Leipzig 1935.

Nietzsche, Friedrich:
Ecce Homo. In: Ders.: Götzendämmerung. Stuttgart 1978.

NL:
Das Nibelungenlied. Nach der Ausgabe v. Karl Bartsch hrsg. v. Helmut de Boor. Wiesbaden 1972. (Die römische Zahl bezeichnet das Abenteuer, die arabische die Strophe.)

Orel, Anton:
Der Ring des Nibelungen. Klosterneuenburg 1936.

Overhoff, Kurt:
Richard Wagners germanisch-christlicher Mythos. Einführungen in den »Ring des Nibelungen« und »Parsifal«. Dinkelsbühl 1955.

Pannenberg, Wolfhart:
[1] Anthropologie in theologischer Perspektive. Göttingen 1983.
[2] Was ist der Mensch? Die Anthropologie der Gegenwart im Lichte der Theologie. Vierte Auflage Göttingen 1972.
[3] Zeit und Ewigkeit in der religiösen Erfahrung Israels und des Christentums. In: Ders.: Grundfragen systematischer Theologie. Gesammelte Aufsätze, Band II. Göttingen 1980, 188–206.
[4] Reden von Gott angesichts atheistischer Kritik. In: Ders.: Gottesgedanke und menschliche Freiheit. Göttingen 1972, 29–47.

Peterich, Eckart:
Kleine Mythologie. Die Götter und Helden der Germanen. Dritte Auflage Frankfurt am Main 1938.
Jetzt wieder zugänglich in: Peterich, Eckart; Grimal, Pierre: Götter und Helden. Die klassischen Mythen und Sagen der Griechen, Römer und Germanen. Zweite Auflage Olten und Freiburg im Breisgau 1973, 191–318. (Zitiert wird zunächst nach der Ausgabe von 1938, in eckigen Klammern wird anschließend die entsprechende Stelle in der Ausgabe von 1973 angegeben.)

Petzet, Detta und Michael:
Die Richard Wagner-Bühne König Ludwigs II. München, Bayreuth. München 1970.

Pfordten, Hermann von der:
Handlung und Dichtung der Bühnenwerke Richard Wagners nach ihren Grundlagen in Sage und Geschichte dargestellt. Zweite Auflage Berlin 1899.

Pidde, Ernst von:
Richard Wagners Ring des Nibelungen im Lichte des deutschen Strafrechts. Zweite Auflage Hamburg 1979.

Pleticha, Heinrich; Schönberger, Otto:
Die Römer. Ein enzyklopädisches Sachbuch zur frühen Geschichte Europas. Gütersloh 1980.

Pohlenz, Max:
Die Stoa. Geschichte einer geistigen Bewegung. Band I. Sechste Auflage Göttingen 1984.

Portmann, Adolf:
Biologie und Geist. Dritte Auflage 1982 Zürich 1956.

Pred:
Das Buch Prediger (Kohelet)

Ps:
Das Buch der Psalmen

Rad, Gerhard von:
Theologie des Alten Testaments. Zwei Bände. Achte Auflage München 1982, 1984.

Rahner, Karl; Vorgrimler, Herbert:
Kleines theologisches Wörterbuch. Siebte Auflage Freiburg/Basel/Wien 1968.

Rappl, Erich:
Die tragische Spaltung von Eros und Macht, Abschnitt: Der Schwarzalbe und der Lichtalbe. Programmheft zum »Rheingold«. München 1975.

Röm:
Der Brief des Apostels Paulus an die Römer

Saitschik, Robert:
Götter und Menschen in Richard Wagners Ring des Nibelungen. Eine Lebensdeutung. Dritte Auflage Tübingen 1957.

Sawallisch, Wolfgang:
Richard Wagners Komposition. In: Zur Debatte. Themen der Katholischen Akademie in Bayern, 17. Jahrgang 1987, Nr. 3, 6f.

Schier, Kurt:
Die Saga von Egil. Aus dem Isländischen hrsg. u. übers. Düsseldorf/Köln 1978.

Schiller, Friedrich:
[1] Über das Erhabene. In: Schiller's sämtliche Werke, Band XII. Stuttgart/Tübingen 1836, 346–369.
[2] Über den Zusammenhang der thierischen Natur des Menschen mit seiner geistigen. In: Schiller's sämtliche Werke, Band X. Stuttgart/Tübingen 1836, 3–54.

Seelow, Hubert:
Die Saga von Grettir. Aus dem Isländischen übers. u. komm. Düsseldorf/Köln 1974.

Shaw, George Bernard:
Ein Wagner-Brevier. Kommentar zum Ring des Nibelungen (1898). Frankfurt am Main 1973.

Simrock, Karl:
[1] Das kleine Heldenbuch. Stuttgart/Augsburg 1859.
[2] Die Edda. I: Die Götterlieder der Älteren Edda. II: Die Heldenlieder der Älteren Edda. Nach der Übersetzung v. Karl Simrock neu bearbeitet u. eingeleitet v. Hans Kuhn. Leipzig 1947.

Sir:
Das Buch Jesus Sirach

Spaemann, Robert:
Die Frage nach der Bedeutung des Wortes »Gott«. In: Theologisches Jahrbuch 1975, 213–229.

Spr:
Das Buch der Sprüche

Strobel, Otto:
[1] (Hrsg.) Richard Wagner. Skizzen und Entwürfe zur Ring-Dichtung. Mit der Dichtung »Der junge Siegfried«. München 1930.

[2] Zur Entstehungsgeschichte der Götterdämmerung. In: Die Musik XXV 5: 336–341.

Ström:
Germanische Religion. In: Ström, Ake v., Biezais, Harald: Germanische und Baltische Religion (= Die Religionen der Menschheit Band XIX, 1). Stuttgart/Berlin/Köln/Mainz 1975.

Thomas von Aquin:
[1] Summa theologiae. Drei Bände. Turin/Rom 1952, 1956, 1962.
[2] Liber de veritate catholicae fidei contra errores infidelium (Summa contra gentiles). Band II. Turin/Rom 1961.

Thule. Altnordische Dichtung und Prosa:
I: Edda. Heldenlieder. Übertr. v. Felix Genzmer. Vierte Auflage Düsseldorf 1975.
II. Edda. Götterdichtung und Spruchdichtung. Übertr. v. Felix Genzmer. Vierte Auflage Düsseldorf 1975.
IV: Die Geschichte vom weisen Njal. Übertr. v. Andreas Heusler. Jena 1922.
V: Die Geschichte vom starken Grettir, dem Geächteten. Übertr. v. Paul Herrmann. Jena 1913.
IX: Vier Skaldengeschichten. Übertr. v. Felix Niedner. Jena 1914.
X: Fünf Geschichten aus dem westlichen Nordland. Übertr. v. W. H. Vogt u. F. Fischer. Jena 1934.
XI: Fünf Geschichten aus dem östlichen Nordland. Übertr. v. W. Ranisch u. W. H. Vogt. Jena 1921
XIV: Snorris Königsbuch (Heimskringla), Band I. Übertr. v. Felix Niedner. Neuausgabe Düsseldorf/Köln 1965.
XIX: Die Geschichte von den Orkaden, Dänemark und der Jomsburg. Übertr. v. Walter Baetke. Jena 1924.
XX: Die jüngere Edda mit dem sogenannten ersten grammatischen Traktat. Übertr. v. Gustav Neckel u. Felix Niedner. Jena 1925.
XXI: Isländische Heldenromane. Übertr. v. Paul Herrmann. Jena 1923.
XXII: Die Geschichte Thidreks von Bern. Übertr. v. Fine Erichsen. Neuausgabe Düsseldorf 1967.

Tobler, Christof:
Die Natur. Fragment. In: Goethe, Sämtliche Werke, 18 Bände. Artemis-dtv-Ausgabe, München/Zürich 1977. Band XVI, 921–924.

VG:
Hegel, Georg Wilhelm Friedrich: Die Vernunft in der Geschichte. Hrsg. v. Johannes Hoffmeister. Fünfte Auflage Hamburg 1970.

Wagner, Richard:
Das braune Buch. Tagebuchaufzeichnungen 1865–1882. Vorgelegt u. komm. v. Joachim Bergfeld. Zürich 1975.

Wapnewski, Peter:
Der traurige Gott. Richard Wagner in seinen Helden. München 1978.

Weber, Gerd Wolfgang:
 WYRD. Studien zum Schicksalsbegriff der altenglischen und altnordischen Literatur. Bad Homburg 1969.

Weish:
 Das Buch der Weisheit

Wessling, Berndt W. (Hrsg.):
 Bayreuth im Dritten Reich. Richard Wagners politische Erben. Eine Dokumentation. Weinheim/Basel 1983.

Westernhagen, Curt von:
 [1] Vom Holländer zum Parsifal. Neue Wagnerstudien. Zürich 1962.
 [2] Wagner. Zürich 1968.

WH:
 Richard-Wagner-Handbuch. Hrsg. v. Ulrich Müller u. Peter Wapnewski. Stuttgart 1986.

Wiessner, Hermann:
 Der Stabreimvers in Richard Wagners »Ring des Nibelungen«. Berlin 1924.

Winkler, Franz:
 Richard Wagner, Der Ring des Nibelungen, verbunden mit einer Betrachtung über Parsifal – das Mysterium des Grals. Versuch zu einem tieferen Verstehen. Schaffhausen 1981.

WWV:
 Wagner-Werk-Verzeichnis. Hrsg. v. J. Deathridge, M. Geck u. E. Voss. Mainz 1986.

Verzeichnisse zum Kommentar

Die folgenden sieben Verzeichnisse erschließen den Inhalt des Kommentars. Sie erlauben das Auffinden der Erklärung wichtiger Namen, Sachen und Quellentexte unabhängig von der Reihenfolge der Verse.

Im systematischen Verzeichnis II. sind nicht alle Stellen, an denen über einen Begriff oder Namen gehandelt wird, aufgeführt, sondern nur die zentralen. Diese Konzentration entlastet die Orientierung des Lesers.

Zwischen den Verzeichnissen II. und III. gibt es naturgemäß viele Parallelen. Dies ist unvermeidlich, wenn der Zugang zum »Ring« von beiden Aspekten – dem ursprünglich Germanischen und der dichterischen Verarbeitung durch Wagner – her erschlossen werden soll.

Für alle Verzeichnisse gilt, daß die Fundstellen im Kommentar mit der *Versnummer* bezeichnet werden, die dem betreffenden Kommentarteilstück voransteht. Dabei werden Versgruppen im Verzeichnis nur mit der *ersten* Zahl benannt (also »4«, statt »4f« und »2831« statt »2831–2834«).

Quellentexte aus der germanischen Welt und aus den Werken Wagners werden im Kommentar meist nicht mit Einzeltiteln genannt, sondern nach den Bänden der Reihe (Thule, GSD) angeführt. Dabei bezeichnet die römische Ziffer den *Band,* die folgende arabische die *Seite* und (bei der Thule-Reihe) nach dem Schrägstrich eine weitere arabische Zahl (mit vorangestelltem oder ohne solchen Buchstaben) den *Vers* oder die Versgruppe. Wenn der Leser in den Verzeichnissen IV. und VI., die nach der Bandfolge von Thule und GSD geordnet sind, die im Kommentar angeführten Stellen aufsucht, so findet er sie dort dem *Titel* des einzelnen Eddaliedes, der einzelnen Saga oder des einzelnen Aufsatzes Wagners zugeordnet. Auf diese Weise können die Quellen auch in anderen Ausgaben als den hier benützten nachgeschlagen werden.

I. Verzeichnis der Worterklärungen zum »Ring« (ohne Namen)

Alb   Vor 20
Anmut   145
Balg   118
billig   164
blöde   2637
Brünne   2468
Brunst   97
Ehre   326
entgleißt dir   215
Ewig   6975
fegen   5049
festfahen   808
Flausen   4537
Friede   502
Friedel   64
fromm   6164
Furcht   1506
Geck   104
Gelichter   170
Gemüt   148
Geschlüpfer   58
Gezwerg   106
glau   115
Glimmer   54
Götterdämmerung   6876
grau   2630
greulich   4423
Harst   3576
hehr   141, 213, 2630
heil(ig)   215, 2190
Held   5400
Hild   2468
hold   125, 138
Kauz   49
kiesen   130
kindisch   3785
leiten   3568
Linde   6
lüderlich   170
Mage   2073
Milde   147
Minne   269
Munt   1979
Mut   148
neckisch   115
Neiding   2006
neidlich   22
Neidspiel   716
Nicker   20

niedlich   21
Norn   1682
Ort   3405
Raunen   8079
Reisige   3433
Saal   324
Schleck   58
Schmach   2603
schmählich   169
Schoß der Welt   2807
selig   149, 1198
sich zehren   143
sinnen   6159, 6206
spähen   4410
Spiegel   4410
Stern, der Wassertiefe wonniger   238
traut   124, 7461
Trotz   354
trüb   6986
umdämmern   6173
ur-   1676
Urgesetz   8504
versagen   270
Waga   1
waia(n)   1
Wal   3173
Wala   6111
Walküre(n)   3173
wallen   3
Walstatt   3170
Waltende   6175
Walten des Wehes   2059
– des Wissens   6159
weben   666
Weckerin   194
wehren, den Mut   2827
weihlich   215
Welle   2
Wiege   3
Wissen   1672
Woge(n)   2
wohl   265
Wonne   324
Wucher   1504
Wunsch   1917
Wunschmaid   3754
Wut   323
zierlich   143

II. Systematisches Verzeichnis

1. Namen aus dem »Ring«

Alberich (→II. 2. Fluch, Maß, Maßlosigkeit) 7020
– Name Vor 20
– Despotieversuch 2831
– als maßlos 317
– als zerstörerisch und böse 5348
– als Gegenbild zu Gott 317
– setzt sich an die Stelle Gottes 5348, 5371
– als »Gefallener Fürst« 8366
Brünnhilde 3173, 6263
– Name 2468
– als präexistenter göttlicher Logos 6733
– als irdisch auftretende Walküre 6733
– ihr Ursprung 2809
– ihre Zeugung und Geburt 2814
– und der göttliche Weltgedanke 6621, 6623
– und Wotans Gedanke 6623
– ihre Angst 6718
– verkörpert das ganze Leben 6773
– als Liebesaspekt des Willens Wotans 2757, 6214
– ihre Liebe zur endlichen Freiheit 7649
– als Aufreizerin der endlichen Freiheit 2835
– und der göttliche Widerstreit (→II. 2. Gott, Wotan) 3880
– ihr Trotz 3926
– ihre Strafe 3822
– als Teil Wotans 3985
– als Wotans Stolz 4081
– als von Wotan immer geliebt 4089
– ihr Schlaf 7055
– ihre erlösende Weltentat 6276, 8913
– ihre Ringweggabe 7584
– ihre Hoffnung 8946, Nach 8954
– ihre Vermählung im Tode 8949
– ihre Verbrennung 8913
Donner 564, 764, 1773
Erda
– Name 1678
– als Gottesgeist 6151, 6159
– ist in den menschlichen Gehirnen am Werk 6153
– ihr Allwissen 1672, 7043, 6170
– als Person 6120
– ihr Wissen und das Nirvana E4
– als Geheimnis 1676, 1678, 1692, 6206
– als Versöhnung des Widerspruchs 1692, 8949
– ihr Schlaf 6159, 6162, 6206, 6212, 6279
– ihr Träumen 6159, 6281
– wachend 6242, 6249
– wirkt im Leben und im Tod 6117
– ist der Urgrund von allem 6118, 6159
– als Ursprung der Zwerge 2781
– manifestiert sich in den Göttern und endlichen Subjekten 6159, 6175

– und Loge 1688
– und Wotan 6175, 6238, 6281
Fasolt 524
Floßhilde 12
Freia 473, 532
Fricka 2510, 2614
– ist gegen die endliche Freiheit 2616
– will Macht ohne Liebe 2616
– als Machtaspekt des Willens Wotans 369, 2990
Friedmund 1979
Froh 1773, 1788
Gerhilde 3566
Gibich 7157
Grane 3469
Grimgerde 3431
Hagen 2964
Helmwige 3401
Loge 431, 435, 585, 654, 1822, 2777, 6998, 8913
– als Element des Neuwerdens 6987
– als Feuer 667, 668, 2601
– sein Heer 6901
– und Erda 667, 885, 1688, 6159, 6175
– und Wotan 6992
– rät zu Verträgen 6994
– und Alberich 885
Nibelheim 4655
Nibelungen 2781, 4655
Niblung 39
Ortlinde 3405
Roßweiße 3431
Schwertleite 3568
Siegfried
– Name 3656
– als Mensch überhaupt 7071
– als Symbol der ganzen Welt 6738
– seine Echtheit 7195
– sein Schwert 5011, 5066 (Name)
– seine Freiheit 5011, 5389, 6465
– will seine Geschicke selbst bestimmen 5745
– seine Sorglosigkeit 7347
– überschätzt sich 7367
– als Entscheider der Götterdämmerungsschlacht 7367
– als Bürge der Macht Gottes B1
– seine Liebe 4385, 6268, 7640
– ist undespotisch 3656
– übt die Macht des Ringes nicht aus 7787
– ist neidlos 6268
– ist furchtlos 6272
– und der Fluch 6268
– seine Torheit 6272
– seine Angst 5540
– als Räuber und Dieb 7714, 7717
– seine Eide 8531
– und das Licht 6585
– und die Hindin 5610, 6069

– seine Schmiedelieder 5171
Sieglinde 3659, 4468
Siegmund 1947
– Name 2418
– als Odinsberserker 2015
– sein Schwert 2897, 5011
Siegrune 3424
Wälsungen 2601
Waltraute 7461
Wellgunde 7
Woglinde 6
Wölfing 2016
Wotan (→ III. Odin, II. 2. Gott)
– Name 323
– Namen 2726
    – Heervater 2726
    – Siegvater 3041
    – Speeres Herr 4721
    – Streitvater 6198
    – Wälse 2601
    – Wanderer 4953
    – Wilder Jäger 3512
    – Wolfe 1990
    – Wolfs Feind 2601
    – Wunsch 1917, 7157
– sein blauer Mantel 2208
– Grau als Wotanszeichen 2208
– sein Speer 6923, 6944, 6946
– lenkt die Schlacht 6190
– und der Sturm 323, 389
– als Wolf 2601
– sein Roß 3510, 3550
– und Hunde 3141
– und seine Raben 6417
– und die Weisheit 6919, 6144
– sein Auge 406, 2210, 4748, 6385, 6921
– seine Liebe 353, 1473, 1715, 2766, 2780, 5398
– als Urheber der menschlichen Freiheit 2636, 6923
– anerkennt die endliche Freiheit 353, 1715, 7649
– anerkennt das Recht 569
– Ringerwerbung als Ausdruck seiner Liebe 1473
– ist kein Räuber 7757
– als zwiespältig 3015, 3577
– sein Gedanke 1808 (→ Brünnhilde)
– leidend 573
– sein Wille ist gefesselt 2736
– seine Meineide 6221
– seine Furcht und Sorge 6236, 6251, 6282
– ist nicht Gott im Vollsinn 6238
– und Erda 6175, 6238, 6281
– sein Trug 361, 412, 2933
– seine Wonne 6282
– seine Not 2914
– seine Schmach 2603
– sein Schmerz 3885
– seine Treue und Untreue 1715, 2577, 3302, 3659, 3815, 7649
– seine Bande 2570, 2884
– seine listige Geschichtslenkung 2674
– als der Starke 6923
– seine Macht 323, 326, 334, 1473, 2780, 6923

– als Herr der Geschichte 6923
– seine Herrschaft 325
– als Waltender 6175
– ist Gott nach dem Maß endlichen menschlichen Denkens 6141
– sein Ende 6252, 6281
– hofft auf Erlösung 6282
– und Fricka 369, 397, 2990
– und Freia 369
– und Brünnhilde 2757, 3985, 4081, 4089, 6214
– und Alberich 397, 4700
– Wotanvorstellung 6141, 6276

2. Sachen

Albensohn 8810
Alpha und Omega 6170
Anthropomorphisierung der Natur 6918-4
Apokalyptik 2674, 7602, 8949
Auferweckung von den Toten 8879, 8949
Ausschnitt als Ausschnitt 4410
Blutschande 2540
Böses (→ Gut und Böse) 8882
Buddhismus E4
Chaos 253, 716, 2720, 2766, 5449, 6918-2, 6918-5, 8948
Christentum und germanisches Heidentum 6876
Christus 573
Denken 6621
Despotie 2852
– nicht beim Gotte Israels 3389
Drache 3622
Dreifaltigkeit → Trinität, Gott
Ehebruch 2537
Ehre und Blut 3112
Ehre und Leben 3077
Elemente 6155
Empfindung 6621
Endlichkeit 6918-7
Energiefeld 1678
Engel 7602
erebos 6876
Erlösung 6276, 6279, 7584
Evangelium 7565
Evolution 1678
Ewig(keit) 1672, 1692
fatalis ordo 6159
Feuer
– Loges 667
– bei Heraklit 667
– stoisch 667
– in Muspellheim 1676
Fluch
– Alberichs erster 317
– Alberichs zweiter 1487, 1490, 1498, 1519

– der endlichen Freiheit 1490, 1519
Flut 4555, 4560, 6752, 6773
foedus 6946
Französische Revolution 8077
Frau und Mann 400, 6645
Freiheit 7043, 7805
– endliche 253, 353, 7025, 7035, 7055
– des Menschen 2634
– der Riesen 325, 353, 4675
– der Zwerge 2781
– und Maß 253
– endliche und Gott 1475
– als Geschöpf Gottes 326, 2636
– als Geschenk Gottes 1471
– ihr Fluch 1490, 1519
– und Determination 1682, 2614, 2780 (Anmerkung)
– als Selbstverfügung 2921
– ihre freiwillige Selbstaufgabe 353, 1715, 6465
– als neuzeitliches anthropologisches Problem 2916
Freude 1980
Friede 502, 6946
– und Freude 1980
Funktion 215
Gedanke Wotans (→ II. 1. Wotan) 1808
Gefühl 6621
Gegenstrebigkeit der Weltwesen 2535
Gegenwart
– ewige 1672, 1692
– zeitlose 1672, 1692
Geist 6151
Gerechtigkeit 6946
Geschichte
– als Einheit von Natur und Kultur 6923
– ihr Verlauf 2839, 6942
– Universalgeschichte 6935
– ihr Ende 2839, 6918-7
  – als Nirwana E4
  – als Vollendung E4
– ihr Subjekt
  – nicht der Mensch als Individuum oder Gattung 8077
  – nicht die Geschichte selber 8077
  – Gott 8077
Geschöpflichkeit 1676
Gewalt 569
Gewebe 6159, 7017
Gleichzeitigkeit 1672, 1692, 6918-7
Gold 262, 268
Gott (→ Götter, Mensch, Religionsgeschichte; → II. 1. Erda, Wotan)
a) Gott in sich
– Gottheit Gottes 1672, 1715
– immanent 1692, 6170, 6175, 7043
– ökonomisch 7043
– als Person 6120
– als Geist 6151
– sein ewiges Wissen 1672, 7043
– Vorherwissen und Vorherbestimmung 7035, 7043
– seine Weisheit 6170

– sein Gedenken 3659
b) Wirklichkeit und Erkennbarkeit Gottes
– als letzter Bestimmungsgrund 6159
– als Schöpfer 1676
– und Gottesvorstellung 6876
– ist keine Projektion des Menschen 2630
– seine Wirklichkeit 8079
– aus der Welt erkennbar, daß, nicht wie und zu welchem Ende er wirkt 1692, 8879
– als Geheimnis 1692, 6206, Nach 8954
– bekundet sich in der Wirklichkeit fragmentarisch 6153
– weiß im menschlichen Wissen von sich 6153
– verschlüsselt sich in Strittigkeit 6153
c) Dreifaltigkeit
– Monotheistisch 2914
– Trinitarisch 2914, 6175, 6733
– und sein Anderes 2910, 2919
– als Einheit seiner selbst und seines Anderen 6175
– Tochter der Göttin 6733
– Sohn Gottes 2914, 2919
d) Gott und Welt
– Sohn Gottes und endliche Welt 6170
– Mensch geworden 6276
– verendlicht sich 885
– und endliche Freiheit 1475
– und Riesen 798, 818
– seine Weltordnungsmacht 326, 334, 2839, 6918-1, 6918-4f
– seine brechende (Schicksals-)Macht 2780
– seine Liebe 5398
– als Liebe und Wille zur endlichen Freiheit 353, 400, 2831, 6942
– seine Not 2914
– und der Fluch der endlichen Freiheit 1519
– als Ursprung des Bösen und Zerstörerischen 2570, 2780, 2781, 2927
– als Stachel und Reiz des Menschen 2640, 2927
– hat Anspruch auf Selbstseinserfüllung in den Menschen gelegt 3260, 8949
– als Erfüller des Sinnes 3260
– als leidend 573
– seine Selbstsuspendierung 325
– Selbstaufgabe seiner Macht 2717, 2780, 2831
– seine Ohnmacht 357, 4125, 7584, 7757
– als abhängig vom Menschen 4125, 7584
– sein Wille als schlafend 4125
– dem endlichen Freien gehorsam 3822
– seine Erlösung 7584
– Widerstreit (Widerspruch, Gegensatz, Spaltung) in Gott und in der Wirklichkeit
  – von Macht und Liebe 326, 1692, 2780, 2835, 2910, 2927, 2933, 6141, 6282, 6876, 6975, 7526, 7649
  – von Freiheit (Zerstörung) und Ordnung 323, 325, 1811, 3890, 6159
  – Verkürzung des Widerstreites 2621, 2701, A3, 8949
  – Versöhnung des Widerstreites 2835, 6141, 6238, 6276, 6876
    – nur für später 3659

- vollständig 3659, 8949
- seine Treue und Untreue 1471, 3260
- als Wille zur Erhaltung der Schöpfung 8879
- als Einrichter des Rechtes 2720
- als Einrichter der Ordnungen D21
- als Herr der Geschichte 6923, 6946, 8077
- seine Weltherrschaft 334, 6946
- als Subjekt des menschlichen Handelns 2630, 2831, 8077
- als List (der Vernunft) 2674
- als Zusammenhang aller Dinge 2674
- Ausschaltung seiner Macht C13
- Gottlosigkeit der Welt E4, D21
- Gottlosigkeit und endliche Freiheit E17
- Reich Gottes 8948
- und Götter 6918-4
- christlicher Gott und heidnische Götter 8879
- Hochgott inn riki 6876
Götter (→III. Götter)
- ihre Verwandtschaft und Verheiratung 369, 617
- als Manifestationen Erdas 6175
- ihre Zeugung und Geburt 6175
- Göttersystem 6175
- als Garanten der Weltordnung 334
- als Garanten der Naturordnung 1773
- ihr Rat(schluß) 2927, 8079
- als Lenker der Geschichte 8077
- Walhallgötter 6876, 7661
- ihr Weh 7661
- ihre Leidlosigkeit 532
- ihre Treue 377
- ihre Schuld 1473, 8879
- ihr Ende 6252, 6975, 8913
Götterburg 325, 334, 464, 2982
Götterdämmerung 3155, 6876, 6901, 6927
Gottesnamen 2599
Gottgral 7584
Gral 8949
Gralsenthüllung 8949
Gralsgebiet 8949
Griechen 6252
Gut und Böse (→Böses) 2927, 5348
Haft der Welt 6946
Harlequin 3512
Hausfrau 64
Heil(ig) 215, 2190, 8949
Hella 3260
Herrschaft über die Welt (→Gott) 334
Himmel 7602
Hybris 5371
Ideologien 6240, 8077
Instinktausstattung 2634
Inzest 2461
Jahwe 1676, 3389
Jesus von Nazareth 8879, 8949
Karfreitagszauber 8949
Kirchenväter 8366
Kosmogonie 1676
Krieg 2535
Kultur 2634, 6923
Kundry 8949
Laplace'scher Dämon 7043

Licht 4655, 6118
- und Finsternis 312, 3386, 6173
Liebe
- und Lieblosigkeit 679
- als gewährenlassend 5398
- als Postulat B1
- Lust der 272
- als verheerend E17
- angewiesen auf Macht E17
Liebe(snacht) 6118
Lindwurm 3622
»Lohengrin« 1692 (Anmerkung)
lucifer 8366
Macht
- göttliche 326, 334
- zur Weltordnung 334
- endliche 326
- maßlose 253
- im »Tristan« 6118
- fördernde 2780
- brechende 2780
- des Schicksals 2780
- der Liebe 3991
- und Liebe 2780, 6141, 6918-5, 7805
  - sind untrennbar E17
  - ihre Einheit Nach 8954
  - ihre Selbigkeit 8948
  - fallen im Urgrund zusammen E17
Magie 6252
Männlich, weiblich 6173
Marduk 1676
Marxismus 3659, 6240, 8077
Maß 716
- und Freiheit 253
Maßlosigkeit 253, 5371
Mensch
- Weltoffenheit
  - theoretische 2831, 4410
  - praktische 4544
- vorgreifend auf das Ganze 2637
- blind 2831
- von endlichem Überblick 2831, 6951
- offen über die Welt hinaus 7249
- gottähnlich, nicht gottgleich 7055
- sein Denken und Gottes Denken 6918-4
- als Person 6120
- und Tier 2636, 2637, 2831, 4410
- seine Entstehung 2605
- Einhauchung des Gottesgeistes 2636
- die ersten Menschen 2042
- seine Identität 2780, 6645
- sein gebrochenes Selbstsein 6752, 6118
- sein unvermeidlicher Anspruch auf Erfüllung seines Selbstseins 2780, 3260, 8949
- sein innerer Widerstreit 2630, 2780
- die Einheit seines Lebens und die Vorsehung 8531
- ist nicht das Subjekt der Geschichte 2831, 6918-4, 8077
- als Knecht Gottes 3389
- und Gott in der Religionsgeschichte 6252
- als endliches Freiheitssubjekt 326, 4544, 7025, 7035

Mord 2121
mysterium tremendum et fascinans 215
Nacht 312
Nachtphilosophie 6118
Nationalsozialismus 6240, 8077
Natur 1678, 6918, 6927
– bloße 6931
– als in Verträgen geordnet 6946
– Entscheidungen 1692
– Darstellungswert natürlicher Gestalten 5449
Naturbetrachtung 294
Naturgötter 764, 1773
Naturordnung 1773, 6914, 6918-2f
Naturphilosophie, antike 667
Naturverlauf 6914
Nebel 2781, 7602
Neid 431, 716, 6118, 6268
– und Ring 1498
Neidspiel 716
Nirwana E4
Norden 6981
Nornen 1679, 1682, 2061
– wachen 6162
– weben das Seil 6164
– Erste Norn 6939
– Zweite Norn 6960
– Dritte Norn 6983
Nornengesang 6918, 6933
Nornengewebe 6905
Nornenkunde 1682, 7015
Nornenseil 1682, 6167, 6935, 7017, 7035
Nornenwort 1682
Not 713
Orakel 5389, 6252, 7055, 7367, E17
Ordnung (Geordnetheit) der Welt →Weltordnung
Pantheon 6876
»Parsifal« 1692, 7584, 8879, 8949
– vom »Ring« zum »Parsifal« 8949
Parzen 1679
pneuma 6151
Polytheismus 2599, 6175
Prästabilierte Harmonie 5449
Rache 3077, 3112
Raum und Zeit 1692
Reinkarnation E4
Religion(en) 334
Religionsgeschichte 5389, 6153, 6252, 6281, 7055, 7367
Rheintöchter Vor 1, 77
– ihr Gesang 4
– als Meerweiber 8578
Riesen
– und Erda 6175
– ihre Entstehung 4675
– ihre Freiheit 353, 4675
– als Burgbauer 325
– sind dumm 808
»Ring«
– Thema des Werkes 1473, 3318, Nach 8954
– vom »Ring« zum »Parsifal« 8949
– der Schluß des Werkes
   – schopenhauerisch E4

– buddhistisch E4
– atheistisch D17, E4, E17
– feuerbachianisch C13
– Liebesschluß C13, E17
Ring 253, 273, 798, 818, 7020, 7717
– sein Fluch 1490
– und Neid 1498
– Alberich entrissen 1473, 1475
– an endliche Freie (Riesen) übergeben 1715
– bleibt in der Welt anstrebbar 6276, 7805
– der Welten 662
Römer 6252
ruach 6151
Runen 6942
– als Weltstruktur 6919
– in Wotans Speer 6944, 6946
Satan 8366
Schicksal(smacht) 2780
Schildmädchen 3757
Schön(heit) 294, 516, 6946
Schöpfung 1676
Selbstsein 215, 4410, 6918-1, 6946, 2535
Sinn
– als Weltzusammenhang 6918
– Selbstsein 6918-1
– Chaoslosigkeit 6918-2
– Ordnung kraft Weisheit 6918-3
– seine Konstanz 6918-3f
– seine Einheit und wechselnden Manifestationen 6918-6
– vollendeter 6918-7
Sozialismus, wissenschaftlicher 8077
Spiel 397, 3512
spiritus 6151
Stoa (stoisch) 666, 667, 1490, 3260, 6151, 6159
Technizismus 8077
Teufel 8366
Tiamat 1676
Tiefe 6121
Tier und Mensch 2634
Tochter der Göttin 6733
Tod 2839, E4
– als Folge der Gottferne 1490
– und Selbstsein 3260
– als letzte Erfüllung des Lebens 8949
Todesnacht 6118, 8949
Totenreich 6117
Treue unter Göttern 377
Trinität (→Gott) 6175, 6733
»Tristan« 6118, 6121, 7055, E4, 8949
Unheil 7623
Urbild 2914, 6733
– der Welt 8913
– der Schöpfung 6170
– und endliche Welt 6170, 6175
Urgesetz 6164, 8504
Urgrund 1692, 6911
– als Erda 1676
– als Identität der Identität und der Nichtidentität 6733
– seine Einheit 6118
– als Auflösung und Gewinn des Selbstseins 6118

– geheimnisvoll 1692, 6118
– göttlicher, undespotischer 1805
– als Erde 2781
– Macht und Liebe fallen in ihm zusammen E17
Urstoff 1676
Urweisheit 6144
Vertrag 353, 435, 499, 5348
– Gottes mit den Menschen und Riesen 6942
– sein Sinn 2831
Vorgriff 4410
Waberlohe 6442
Wagnerforschung 5326
Wala 6111, 6117
Waldgang 2041
Waldgänger 2009
Walhall 1811, 2839, 3260, 3285
Walküre(n) 2577, 3173, 3275, 3450
Weben 666, 3173, 6118
Weh 573, 2059
Weisheit 6170, 6918-3f, 7602
– Ende der göttlichen Weisheit 6244
Weisheitsquell 6914
Welle 6752, 6773
Welt 1676
– ihr Sinn 6918, 7020
– ihre Chaoslosigkeit 6918-2, 8948
– als Friedensgewebe 2535
– als gottlos 7526, D21
Weltachse →Zentrum der Welt
Weltatem 6118, 7055
Weltdespot(ie) 253, 273, 818, 1805
Weltennacht 6118

Weltesche 1773, 6909, 6911
– ihre Wurzel 6951
– ihre Verletzung 6927
– ihre Scheite 7009
– ihr Quell 6914
Weltfeuer 667
Weltganzheit 6918-4
Weltgewebe 666
Weltordnung 334, 2537, 2540, 2780, 6918-2f
– durch göttliche Bande 2570
Weltspiel 397
Welt und Umwelt 2831, 4410
Werwolf (-wölfin) 2015, 2037, 2061
Wildes Heer 3512
Wind(hauch) 4561, 6151
Wölfin →Werwolf
Wunsch 1917
Wunschmaid 3754
Wurm 3622
Zaubertrank 7347
Zeitlosigkeit 1672, 1692, 6918-7
Zentrum der Welt (Wirklichkeit) 6909, 6918-4, 6927, 6946, 7009, 7025
– nicht empirisch faßbar 6911
Zufall 1773, 5389, 6918-3, 6918-4 (Anmerkung)
Zwang 2882
Zwerge
– ihre Herkunft 4655
– ihre Entstehung 2781
– als Typ menschlicher Freiheit 2781
– Weltoffenheit 5265
– und Erda 6175

III. Verzeichnis zu Namen und Sachen der germanischen Religion und Kultur

Ächtung (→Waldgang) 2007
Ägir 1945
Agnar 3318
Alben 1679
Althing 2007
Alwis 4750
Andvaranaut 1470, 1715, Nach 7721
Andvari 77, 1352, 1354, 1356, 1370, 1374, 1390, 1410, 1470, 1490, 1500, 5722, Nach 7721
Arbeitslieder 5171
Asen (Asinnen) 532, 1563, 1679, 2570, 6564, 6911, 6946
Asgard 2577
Auda 3318
Balder 2570, 4821, 6111, 6876, 6946
Balmung 5066
Bard 6942
Baröd 6942
Berserker 323, 2015
Blutsbrüderschaft 7389
Bod 6931
Bralund 6164
Brünhild 3754, 7567, 7727, 8003, 8949
Bruni 2726
Brynhild 3757, 3779, 3801, 4043, 4055, 5176, 6200, 6442, 6508, 7182, 7337, Nach 7721
Buddhismus E4
Buri 1676
Dichtungsmet 6919
Disen 3166
Drache 3622
Dwalin 1679
Egil Skallagrimsson 323, 3077, 4721, 6919, 6942
Ehre und Leben 3077
– und Blut 3112
Eide 6946, 7090
Einherjer 1811, 3182, 3781
Eirik Blutaxt 3184, 5176, 6175
Etzel 3260
Eylimi 2210
Fafnir 1500, Nach 1742, 3622, 3624, 5443, 5501, 5707, 5733, 5735, 7207, Nach 7721
Fenrir(wolf), Fenris(wolf) 1811, 6901
– seine Fesseln 2570
– als Töter Odins 2570
Fjalar 6919
Fluch 1487
Folkwang 2470
Frau 3077
Freyja 551, 836, 2470, 3510
Fridthjof 3279
Friede(nsgewebe) 502, 6946
Frigg 6946
Fylgien 3166
Gangleri 2061
Geirröd 3141

Geiselher 3260
Gerenot 3260
Gestumblindi 4821, 5457
Ginnungagap 1676, 4675, 6911
Gjuki 7157, 7160
Gna 7110
Gnitaheide 3622
Göndul 3173
Götter 1628, 1656, Nach 1742, 2781, 3781, 6252, 6914, 7526, 7547
– ihr Gericht 6909
– als Hafte und Bande 2570
– als Fessler des Fenriswolfes 2570
– eine ungenannte göttliche Macht 2839
Götterburg 564, 836
Götterdämmerung (→ragnarök) 2570, 3155, 3182, 6901, 7367
Gram 3653, 4220, 4521, 5066, Vor 6003, 7727
Grettir Sterki Asmundarson 2007, 2012
Grimhild 7160, 7176, 7182, 7337
Grimnir 4728
Grindel 657
Groa 6111, 6117
Gudrun 7160, 8942
Gungnir 6944
Gunnar 7160, 7176, 7182, 7727
Gunnlöd 2577
Gutthorm 7160
Haarstruppig 7110
Hagen (→Högni) 3260, 7165, 7415, 7975, 8780
Hamal 2016
Hamdir 502
Häming 2016
Hakon der Gute 3166, 3450
Harald Hilditand 2726, 3260
Heidrek 4821, 5457
Heidrun 3781
Heil (eines Schwertes) 2440
Heimir Nach 7153
Hel 3206, 3260, 3285, 3318, 5735, 6117, 8949
Helgi Hjörwardssohn 3653, 6593
Helgi Hundingstöter 2016, Nach 6131
Helmgunnar 3318
Herthiof 2208
Hild 3173
Hildebrand 573
Hindarberg 6442
Hindarfjall 6069
Hindin 6069
Hjördis 7189
Hjörthrimul 3173
Hjörward 3653
Hlidskjalf 7547
Hoch 2061
Hochsitz 7547
Hödur 2570, 6876, 6946

Högni (→Hagen) 7160, Nach 8717, 8792
Hönir 1390, 1470, 1563
– und der Storch 2605
Hort 5443, 5735
Hreidmar 1390, 1470, 1563, 1608, 1628, 1656, 1715
Hring 2726
Hufwerfer 7110
Hugin 6417
Hunding 2016, 6461
Hwergelmir 6914
Hyndla 6111
Idun 532
inn riki 6876
Inzest 2461
Jörmunrek 502
Jöten 2006, 7691
Kormak 2440
Kriemhild 3260
Leichenbrand 8935
Lodur 2605
Loki 77, 427, 532, 572, 1352, 1354, 1356, 1374, 1390, 1410, 1470, 1563, 2006, 2605, 3510, 5722, 6901, 6946, Nach 7721
– als Abspaltung Odins 2601
– als Vater des Fenriswolfes 2570
Luftroß 7110
Lyngvi Hundingssohn 3386
Midgardschlange 6901
Mime 4275
Mimir 6914
Mimirbrunnen 6914, 6919, 6931
Mimung 5033
Mistel 6946
Mittgart 1676
Mjöllnir 564
Mord 2121
Munin 6417
Muspellheim 990, 1676, 4675, 6901
Nebelheim 564, 990, 1676, 4675, 6911
Neiding 2006
Nerthus 1678, 6117, 6733
Neue Erde (nach der Götterdämmerung) 2570, 2927, 6876, 6946
Nibelungenhort 1487
Niblung 1487
Nidhögg 8366
Nidung 5033
Nornagest 2061, 6164
Nornen 1679, 2061, 6164, 6909
Nornengewebe 6905
Odin (→II. 1. Wotan, II. 2. Gott) 77, 323, 573, 1390, 1470, 1563, 1676, 1715, 1811, 2006, 2207, 2212, 2221, 2470, 2651, 3182, 3184, 3192, 3275, 3289, 3318, 3450, 3754, 3757, 3779, 3801, 4043, 4095, 4586, 4590, 4607, 4633, 4643, 4728, 4757, 5176, 6111, 6117, 6121, Nach 6131, 6200, 6461, 6931
– seine Namen:
– Allvater 2599, 6919, 7547
– Bölwerk 2577, 2927
– Gagnrad 4587
– Gangmatr 2599
– Graubart 2599

– Grani 2208
– Grim(nir) 2599, 3431
– Hangatyr 2599
– Har 2599
– Heerblender 2599
– Heervater 2726
– Hehr 2630
– Helmträger 2599
– Herrscher 2599
– Hrosshârsgrani 2208
– Oski 1917
– Rabengott 2599, 6417
– Siegs Entscheider 6190
– Siegvater 3041, 3173, 6944
– Speeres Herr 4721
– Streitvater 6198
– Thund 2599
– Tveggi 2726, 2927, 3015
– Walvater 2599, 3176, 6921
– Wegtam 4593
– Wilder Jäger 3512
– Wolfs Feind 2599, 2601, 6919
– Wunschgott 1917
– Wunschherr 1917, 2599
– Ygg 2599, 6909
– als zwiespältig 2927
– sein Meineid 2577
– erwirbt Weisheit 6919
– sein Augenopfer 6921
– seine Einäugigkeit 2210, 2726
– und der Dichtermet 6153
– lehrt den Heerkeil 2726
– seine Wissenswetten 4633, 4643, 4821, 4857, 5457
– sein Speer 3386
– sein Schwert 2221, 2222, 2225, 2227, 2233
– sein Hut 2209
– sein blauer Mantel 2208
– Grau als Odinsfarbe 2208
– vom Weine lebend 3781
– als Pferd 2208
– seine Wölfe 2601
– als Wolf 2015, 2927
– als Falke 4821
– und seine Raben 6417
– und die Hunde 3141
– und Fenris 2570
– und Loki 2601
Odrerir 6931
Olaf 2208, 2209, 2210
Otr 1743
Rache 3077, 3112
ragnarök (→Götterdämmerung) 532, 3206, 6876, 6946
ragnarökkr 6876
Ran 3279
Rater 1676, 1945, 7526
Regin 4220, 4226, 4305, 4524, Nach 5279, 5733, 5871, Vor 6003
Riesen 1395
– Windriese 7691
– Reifriesen 6911, 6914
Ring Andvaris 1470, 1490

Runen 6942
Runenstäbe 6919
Runenweisheit 573
Sangrid 3173
Schildmädchen 3192, 3757
Schlachtjungfrau 6069, 6431
Schlafdorn 6200
Schwarzalbenheim 77
Semnonen 2570
Sigdrifa 3275, 3289
Siggeir 2015, 2199, 2207, 2208, 2209, 2210, 2222, 2225, 2227
Siglind 3653
Sigmund 1983, 1990, 2009, 2015, 2016, 2037, 2210, 2440, 2461, 3184, 3344, 3386, 3649, 4005, 4521, 6561, 7189
— sein Schwert 2651, 3649, 3653
Signy 1983, 2015, 2461
Sigrun Nach 6131, 6593
Sigurd 1947, 3646, 3649, 4275, 4305, Nach 5279, 5715, 5733, 5760, 6508, 6561, 6593, 7055, 7071, 7090, Nach 7153, 7182, 7207, 7337, Nach 7721, 8232, Nach 8717, 8780, 8792, 8942, 8949
— und die Hindin 5610
— sein Schwert 4220, 4226, 4521, 4524, 6506, 7727
— seine Vaterrache 6461
Sinfjötli 2009, 2015, 2037, 2461, 3184
Sippe E4
Skeggi 2440
Skögul 3173, 3450
Sköfnung 2440
Skuld 1679, 6909, 6983
Sleipnir 3510, 5457, 6944
Son 6931
Sonne 4750
Sörli 502
Spadisen 3326
Starkadh 2208, 2651, 2726
Suttung 2577, 6919
Swadilfari 3510
Swipul 3173
Thjazi 532
Thor 564, 572, 836, 1078, 1945, 2470, 4750
Thrym 551
Thursenheim 1679
Treue 3260
Tyr 1078, 2570
Unsterblichkeit 3206

Urd 1679, 6170, 6909, 6939
Urdbrunnen 6914, 6931
Urfehdebann 675
Urgesetz 6164
Utgard 2006
Utgardloki 2006
Ve 1676
Vili 1676
Völsung 1983, 1999, 2199, 2227, 2233, 2440, 2461, 2601
Waberlohe 6442
Wafthrudnir 4586, 4587, 4590, 4633, 4643, 4757, 4821, 4857
Waldgang (→Ächtung) 2009, 2041
Waldgänger 2009
Walhall 464, 1811, 2577, 3173, 3182, 3206, 3260, 3285, 3757
Walküren 3166, 3173, 3192, 3275, 3450, 3781, 7055
— Erweckung der Walküre 6554, 6555, 6557, 6564
Walse (Wälse) 1983, 1990, 2601
Waltam 6198
Waltende 6175
Wanen 7110
Waräger 7207
Weben 6164
Weisheit 6914
Welent 5033
Weltesche 573, 6905, 6911, 6914
— Brunnen 6909
— ihre Verletzung 6927
Werdandi 1679, 6909, 6960
Werwolf (Werwölfin) 2015, 2037, 2061
Wiedergeburt E4
Wieland 5033
Wikar 2208
Wolf 2016
Wölsi 2601
Wölund 1947
Wunschmaid 3754
Wurm 5540, 5748
Wyrd 6159, 6170
Yggdrasil 6909, 6927
Ylfing 2016
Ymir 1676, 2605, 2781, 4675
Yngwi 3173
Zaunspringe 7110
Zentrum der Welt (der Wirklichkeit) 6909
Zwerge 2605, 2781

IV. Verzeichnis der germanischen Quellentexte

1. Thule

Das Wölundlied (Volundarkvida)
I   23/16   1947

Das alte Sigurdlied (Brot af Sigurdarkvidu)
I   39/1   5540

Das alte Hamdirlied (Hamdismal en fornu)
I   58/26   502

Das jüngere Sigurdlied (Sigurdarkvida en skamma)
I   62/4   7727
     68/45   E4

Das grönländische Atlilied (Atlamal en groenlenzku)
I   87/97   2041

Gudruns Sterbelied (Gudrunarhvot)
I   105/21   8942

Brünhildens Helfahrt (Helreid Brynhildar)
I   106ff   6111
     107/7ff   3275
     107/9   3318
     107/10   4097
     108/11   4095, 4097
     108/15   8949

Oddruns Klage (Oddrunargratr)
I   111/15   3754, 8003

Das Lied vom Drachenhort (Reginsmal und Fafnismal)
I   116ff   1470, 1563
     117/1   77, 223, 1352, 1354
     118   1410, 1608, 1628, 1715
     118/5   1500, 5722
     118/6   1390
     120   3622, 3624
     121/13   5707
     122/17   5709, 5717
     122/18   5715
     123/21   5735
     128   5748
     129   5871

Die Vogelweissagung (Reginsmal und Fafnismal)
I   130   5748
     130f   5871
     131   Vor 6003
     131/5   6067
     131/7   223
     131/7f   6069
     131/8   6431

Sigurds Vaterrache (Reginsmal und Fafnismal)
I   133-137   6461

Die Erweckung der Walküre (Sigrdrifumal)
I   140   4097, 6506, 6508
    140/1   6557, 6561
    140/2   6555
    141   3173, 3275, 3289, 4043, 4055, 7055
    141/3   6554
    141/4   6564

Die ältere Dichtung von Helgi, dem Hundingstöter (Helgakvida Hundingsbana II)
I   152   2016
    153   2016
    155 C/13   6593
    158/29   1980
    158/30   2927
    159/39   Nach 6131

Das jüngere Lied von Helgi, dem Hundingstöter (Helgakvida Hundingsbana I)
I   162/2   6164
    162/3   6164, 6905
    163/5   2016
    163/6   2016

Die Dichtung von Helgi Hjörwardssohn (Helgakvida Hjorvardssonar)
I   173/7   3653

Das Thrymlied (Thrymskvida)
II 11   564
    13/18   572
    14/23   551

Das Hymirlied (Hymiskvida)
II 17/2   1945
    18/6   1078
    22/37   564

Balders Träume (Baldrs draumar, Vegtamskvida)
II 25/4   6117, 6121
    25/5   Nach 6131, 6136
    25/6   4593, 6198

Der Seherin Gesicht (Völuspa)
II 34-44   6111
    36/6   7526
    36/8f   1679
    36/9   6164, 8504
    37/15   836
    38/16   6921
    38/18   6921
    40/31   6876
    40/32   6946
    40/33   6931
    40/34   3155
    41/36   6876
    41/40-42/43 6876
    41/41   3041
    42ff   2839
    42/44f   6876
    42/45   6876
    42/46-44/52 6927
    42/47   2927
    43   6876
    43/48f   6876
    43/49   2927, 6946
    43/51   464
    44/52   8366

Die kürzere Seherinnenrede (Völuspa in skamma)
II   45ff   6111
      46f   2839

Das Walkürenlied (Darradarljod)
II   49   3173

Harbardlied (Harbarzljod)
II   62   2599
      66/24   2470, 2927

Bruchstücke und Einzelstrophen
II   74 C   7110
      75 E/1f   1676
      75 E/3f   2781
      75 E/4   2605
      76/5   2605
      76/6   2605
      76/8   6909
      76/9f   6927

Das Grimnirlied (Grimnismal)
II   80-86   4633
      80   2599, 3141
      81/8   464, 1811
      82/10   6946
      82/12   2470
      83/20   1811
      83/22   3781
      83/23   3781
      84/25   2601, 3781
      84/28   6927
      85/35   1917
      85/35f   2599
      86/38   4728

Das Wafthrudnirlied (Vafthrudnismal)
II   87-94   4633
      87/1   4633
      87/3   4607
      88/5f   4633
      88/6   4586
      88/7   4590, 4643
      88/8   4587
      89/19   4633
      89/20   4757
      91/37   7691
      92/41   3781
      93/51   3176
      93/52-94/53 4821
      94/53   4857

Das Hyndlalied (Hyndluljod)
II   95/1   6111

Das Alwislied (Alvissmal)
II   105/36   4750

Das Fjölswinnlied (Fjolsvinnsmal)
II   108/14   6911

Die Odinsbeispiele
II   149f B   323, 6919
      150/7   2577, 2927
      150/8   2577
      151 C/3   6919

Die Heidreksrätsel (Heidreks gatur)
II 155-165   4633
    165/35   5457
    165/36   4821

Allerlei Runenweisheit
II 166ff   6919
    168 B   6944
    169   6944
    169 C/1   6919, 6944
    170/3   6919
    170/4   6919

Odins Runengedicht (Runatal)
II 171   2630
    172/2   6911
    172/2f   6919
    172/3   6919
    172/4   6919
    172/6   6919
    173/9   6919

Der Zaubergesang der Groa (Grogaldr)
II 178/1   6111, 6117

Die Wölsistrophen
II 185ff   2601

Der Urfehdebann (Tryggdamal)
II 188-191   675

Das Eiriklied (Eiriksmal)
II 196/1   3781
    197/5   3184
    197/6   5176
    198/8   3184

Das Hakonlied (Hakonarmal)
II 199/1   2599, 3173
    201/12   3173
    201/13   3450

Die Geschichte vom weisen Njal
IV 278   2001
    375   3173

Die Geschichte von dem starken Grettir
V   2007

Kormak, der Liebesdichter
IX 164   2440
    165   2440

Snorris Königsbuch (Heimskringla)
XIV 32   2015, 2601
    271   2209, 2210
    271f   2208

Die jüngere Edda (Snorris Edda)
XX 51   990
    52ff   1676
    52f   4675
    57   7547
    61   2781
    62f   6909
    63   6911, 6914, 6919, 6921
    64   2061, 6164, 6909
    67   7547

	69	1917, 3176, 3206
	69f	2599
	70	564
	73	3206
	74	532
	76	2570, 6901
	77	2570, 3206, 3260
	77-80	2570
	81	6557, 7110
	84f	2601, 3781
	85	6417
	88f	3510
	89	564
	95	2006
	103f	6946
	110f	6876
	111	6931
	111f	6876
	112	6901
	114f	2570
	118	532
	120-123	6919
	120f	6153
	123	6153, 6931
	124-131	2599
	125	2599
	177	223
	185	77, 1354, 1356, 1370, 1374, 1563
	185f	1470
	186	1490, 1608, 1628, 1656, 1715
	187	4220, 5066, Nach 5279
	188	6506
	189	6442, Nach 7721, 7727

Die Geschichte von den Völsungen

XXI	41	2601
	42	1983, 1990, 1999
	43	2199, 2207, 2208, 2210, 2221
	43f	2221, 2651
	44	2207, 2212, 2222, 2225, 2227, 2233, 2440
	49ff	2461
	51	1990, 2037, 2061
	52	2009
	55	2461
	63	2208, 2210, 3326, 3344
	63f	3386, 6190
	64	3646, 3649, 3653, 7189
	67	4305
	69	1743
	69ff	77, 1470
	70	1352, 1354, 1410
	70f	1490
	71/4	1390, 1395
	71	1500, 1563, 1608, 1628, 1715, Nach 1742, 3622, 5443
	72	4226, 4521, 4524, 5066, Nach 5279
	73-76	6461
	76f	5540
	77	5501, 5707, 5709, 5715, 5717
	78	5733
	79	5735
	80	5748, 5760, 5871, Vor 6003, 6067, 6069
	81-88	7055, Nach 7721

81	6437, 6508, 6555, 6561
82	3318, 3779, 3801, 4043, 4055, 6200
89	7071, 8232
90	Nach 7153
93	7160
96	7337
97	7337, 7389
98	7176, 7182
100	5176
101	Nach 7721, 7727
135f	502

Die Geschichte von Ragnar Lodbrok

XXI	160/8	1947
	161/10	1947

Die Erzählung von Nornagest

XXI	204	4005
	205	4220
	214	Nach 8717
	217	2061, 6164

Die Geschichte Thidreks von Bern

XXII	131f	4220, 5033
	217	5610
	218	4275
	219	Nach 5279
	223	7415, 7975
	232	7165
	233	5066, 8232
	234	7207
	266	7182
	268	Nach 7721, 7727
	375	Nach 8717
	376	8780, 8792
	389	Vor 1
	411	3260
	412	8810

2. Altnordischer Sagenschatz

Ettmüller   2208, 2651, 6190, 6252

3. »Der Söhne Verlust« (Egil Skallagrimsson)

Schier   323, 2599, 2601, 2927, 3077, 4721, 6190, 6919

4. »Beowulf«

657, 1980, 5449, 8935

5. »Nibelungenlied«

NL   1487, 1500, 3260, 5066, 8578, 8798, 8949

6. Sonstige

Amelungenlied   2461
Heldenbuch (Simrock)   573
Rigveda   1676
Saga von Egil (Schier)   6942
Wessobrunner Gebet   1676

V. Verzeichnis der Bibelstellen (Kanonische Reihenfolge)

Gn 2,7	2636		42,18	6127
Dt 4, 15-19	1676		42,25	6170, 6918-2
2 Makk 7,28	1676		Jes 14,12	1494, 8366
Ps 90,2	1676		14,13f	8366
104,4	1688		14,15	8366
104,29	6151		49,15	6153
104,30	6151		54,16	2927
119,90	3389		65,21f	8949
119,90f	6170		65,25	8949
139,17	6733		66,13	6153
Jb 10,8	3260		66,24	8366
10,8f	2674		Ez 37,1-14	6151
10,11	3389		Dn 2,22	6147
12,10	6151		3,55 (LXX)	6147
16,21	573		8,17	7602
28,1-28	6170		10,14	7602
28,14	1676		Lk 10,18	1494, 8366
32,8	6153		Joh 1,1ff	6170
Spr 8,22-31	6170		12,31	8366
21,31	3389		Apg 17,25	6151
Pred 3,11	2780, 6153		17,28	666
8,16f	2831		Röm 1,20	1692
11,5	6206		11,34	6733
12,7	6151		Kol 1,15ff	6170
Weish 1,7	6151		1,19	6170
7,21	6170		Apk 1,8	6170
7,22-8,1	6170		8,10	1494
8,1	6150, 6170		12,9	8366
11,24	2780		21,6	6170
Sir 11,4	6206		21,11	464
24,1-22	6170			

VI. Verzeichnis der Stellen aus Richard Wagners Werken

Lohengrin
    GSD II 75   1692 (Anmerkung)

Die Wibelungen. Weltgeschichte aus der Sage
    131   6118
    132   6141
    144   8879

Der Nibelungen-Mythus. Als Entwurf zu einem Drama
    156   808, 2781, 4655, 5371
    157   334, 1473, 1773
    158   2630, 6252, 7055
    159   6461
    163   Vor 1, 354
    165f   7071

Siegfrieds Tod
    168   A3
    202   5066
    215   7367
    226   7071
    227   B

Eine Mitteilung an meine Freunde
    IV 312   7071

Die Walküre
    VI 14   2208

Götterdämmerung
    254f   D
    254ff   Vor 8935
    255f   E

Tristan und Isolde
    VII 1-81   6118, 7055

Religion und Kunst
    X 252   E17

Parsifal
    339   8949
    360   8949
    371f   8949
    375   8949

JS
    74   4597
    88   6171, 6214
    115   6272, 6773
    120   2781
    121   4675, 5796
    122f   2630
    123   4748, 6151
    132   5066
    140   1428
    168   6159
    169   6159

Dokumente
    92   163
    93   6141

Wagner
    32   7055

VII. Verzeichnis sonstiger Namen

Aristoteles 6170
Augustinus, Aurelius 163, 5348
Barth, Herbert E
Bauer, Oswald Georg 1473, E4, 8949
Bayer, Karl 6946
Blunck, Hans Friedrich 8949
Boethius 6946, 7043
Borchmeyer, Dieter 1473, 6252, B, Vor 8935
Cicero, Marcus Tullius 6946
Dahlhaus, Carl 1473, C, E
Dahn, Felix 323, 1917, 3206, 6117, 7157
Donington, Robert 1473
Eibl-Eibesfeldt, Irenäus 4410
Einstein, Albert 6918-4
Eliade, Mircea 1672, 1678, E4
Engelmann, Emil 1487, 1500, 3260
Ennius 6946
Ettmüller, Ludwig 2208, 2651, 6190, 6252
Feuerbach, Ludwig 353, 798, 2630, 2916, 6252, D13
Fichte, Johann Gottlieb 6120
Gehlen, Arnold 4410
Georges 6946
Gerlach, Walter 6946
Gilson, Etienne 1676
Goethe, Johann Wolfgang von 294, 666, 2630, 2927, 6918-4
Golther, Wolfgang 427, 564, 573, 1676, 1679, 1917, 2570, 2599, 2605, 2781, 3166, 3192, 3206, 3260, 3279, 3450, 4675, 4748, 6252, 6909, 8504
Gregor-Dellin, Martin 4
Grönbech, Wilhelm 215, 323, 502, 1979, 1980, 2006, 2015, 2016, 2121, 2190, 3077, 3112, 3566, 5171, 8056
Hegel, Georg Wilhelm Friedrich (VG) 2535, 2674, 6252, 6733
Heisenberg, Werner 1692
Helm, Karl 323, 4593
Heraklit 667, 2535, 2637
Herder, Johann Gottfried 2674, 4410, 6918-4
Heusler, Andreas 238, 5171
Hoffmann, E.T.A. 115
Höfler, Otto 3512
Huber, Herbert 3389, 6252, 6282, 6733, 6876, 7584, 8948
Hübner, Kurt 6252
Jüngel, Eberhard 1676
Kant, Immanuel 1676, 2921, 6911
Kellner, Kurt 6, 7, 12, 115, 118, 3401
Kuhn, Hans 1990, 2001, 2007, 2009
Kuss, Otto 666

Leibniz, Gottfried Wilhelm 1676
Löwith, Karl 8077
Lukrez 6946
Luther, Martin 666
May, Karl 4
Neckel, Gustav 3512
Otto, Rudolf 215
Overhoff, Kurt 1473
Pannenberg, Wolfhart 163, 353, 4410, 5348, 7249, 7602, 8077
Paulus 666
Peterich, Eckart 564, 1676, 2006, 2570, 2601, 2781, 3182, 3510, 3781, 6876, 6909, 6914, 6946
Petzet, Detta und Michael 4
Pfordten, Hermann von der 1473, 1678, 6927
Pidde, Ernst von 1473
Platon (Gorgias) 5348
Pleticha, Heinrich 6252
Pohlenz, Max 666, 667, 1490
Portmann, Adolf 5449
Pustet, Eberhard 6946
Rad, Gerhard von 3260, 6170
Rappl, Erich 1473
Röckel, August 6141
Saitschick, Robert 1473
Sartre, Jean-Paul 353
Sawallisch, Wolfgang Nach 8954
Schier, Kurt 238, 323, 2015, 2599, 2601, 2927, 3077, 6153, 6190, 6919, 6942
Schiller, Friedrich 240, 2637
Schopenhauer, Arthur E4
Seelow, Hubert 1979, 2007, 2012
Simrock, Karl 573, 2461, 4587
Shaw, George Bernard 1473, 6240
Snorri Sturluson 532, 1356, 1676, 2015, 2570, 6164, 6442, 6909, 6911, Nach 7721
Strobel, Otto C, E
Ström, Ake von 573, 1676, 1811, 2006, 2208, 2470, 2599, 2601, 2605, 2927, 3166, 3510, 3512, 3550, 6111, 6164, 6876, 6909, 6911, 6914, 8504, E4
Tacitus, Cornelius 1678
Thomas von Aquin 1676, 6170
Thomas von Erceldoune 4
Tobler, Christof 6918-4
Voss, Egon E
Wapnewski, Peter 1473
Weber, Gerd Wolfgang 573, 1679, 6159, 6170
Wessling, Berndt W. 6240
Westernhagen, Curt von C
Winkler, Franz 1473
Zenon 667

Übersichtstafeln
zum Grundproblem des »Ring des Nibelungen«

Anhand dieser Tafeln wird der hauptsächliche systematische Aufbau der im »Ring« beschlossenen Philosophie veranschaulicht.

I. Der Widerstreit von göttlicher Liebe und göttlicher Macht

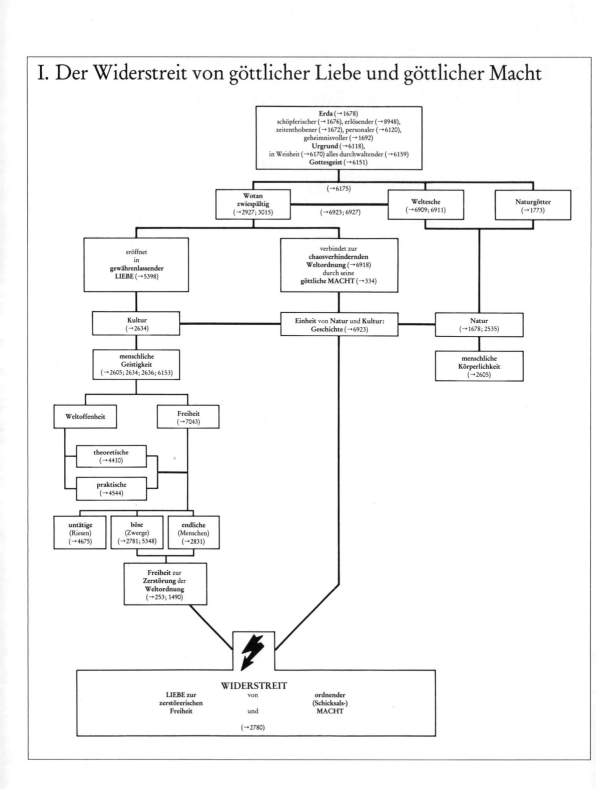

II. Wotans Versuche zur Lösung der »Not« (→2914) des Widerstreites von göttlicher Macht und göttlicher Liebe (→2780)

1. *Vermeintliche Versöhnung* durch freiwillige (vertragliche) Selbstaufgabe der endlichen Freiheit:

a) Die Selbstbestimmung der Freiheit scheint durch die Freiwilligkeit gerade in der Selbstaufhebung bestätigt (→6942; 2831; 353).
b) Dies scheitert, weil die endliche Freiheit in Folge der Selbst*aufgabe* tatsächlich keinen selbstbestimmten Willen mehr besitzt, sondern den Inhalt ihres Willens ganz nur von Gott empfängt (→473; 6465).
c) Dieser Lösungsversuch wird im verworfenen *Schluß A* wieder aufgenommen.

2. Unversöhntes *Nebeneinander* der Widerstreitenden:

a) Burg contra Ring (→1715); Leben contra Tod der Wälsungen (→2809); Brünnhilde contra Fricka (→2835; 2616).
b) Dies scheitert, weil im Nebeneinander keine innere Einheit der Widerstreitenden sichtbar wird (→2831).
c) Dieser Lösungsversuch wird im verworfenen *Schluß B* wieder aufgenommen.

3. *Verkürzung* des Widerstreites durch Aufhebung der zerstörerischen endlichen Freiheit:

a) Der eigene unabhängige Wille der endlichen Freiheit soll von sich her mit dem göttlichen Weltordnungswillen übereinstimmen, indem er nur scheinbar unabhängig, in Wahrheit aber von unmerklicher (»listiger«) göttlicher Lenkung gesteuert ist (→2674; 2910).
b) Dies scheitert, weil die Verkürzung des Widerstreites um eine Seite keine Versöhnung seiner beiden Seiten ist (→2933).
c) Dieser Lösungsversuch wird in *keiner Schlußfassung* mehr aufgenommen.

4. *Verkürzung* des Widerstreites durch Aufhebung der göttlichen Macht:

a) Gott gibt alle Weltgestaltungsmacht an die endliche Freiheit. Er läßt seine eigene Macht enden und nimmt die chaotische Zerstörung der Welt im ungeordneten Kampf aller gegen alle in Kauf (→2982; 3822; 4125; 5318).
b) Dies scheitert, weil die Verkürzung des Widerstreites um eine Seite keine Versöhnung seiner beiden Seiten ist (→6276; 6282).
c) Dieser Lösungsversuch wird in den *Schlußfassungen C, D, E* wieder aufgenommen.

5. Alle bisherigen Lösungsversuche scheitern, weil sie auf eine für den endlichen Menschen einsichtige Weise die Versöhnung von sich Widersprechenden ersinnen wollen (→6141). Dies ist unmöglich (→2933).

a) Der Widerstreit von Macht und Liebe bleibt innerhalb der Geschichte bestehen. Da er aber die Welt nicht zerstört, muß er in der Tiefe des Urgrundes aller Wirklichkeit (→6118) versöhnt sein (→2780).
b) Wotan gibt daher den Anspruch auf irdisch einsichtige Versöhnung von Macht und Liebe auf. Die auf endliche Einsicht beschränkten Götter enden zugunsten des Waltens (→6159) des Gottes, den Erda gegenwärtig hält (→6151). Dieser – der biblische Gott – versöhnt in seiner zeitlosen Allumfassendheit (→1672) auf geheimnisvolle Weise (→1692) den Widerstreit (→6252; 6255; 6276; 6279; 6282).
c) Diese Lösung wird von der *endgültigen Schlußfassung* des »Ring« formuliert.